# O TOMISMO

ÉTIENNE GILSON

# O TOMISMO

INTRODUÇÃO À FILOSOFIA DE SANTO TOMÁS DE AQUINO

Tradução
JUVENAL SAVIAN FILHO

Revisão técnica
CARLOS ARTHUR RIBEIRO DO NASCIMENTO

Esta obra foi publicada originalmente em francês com o título
LE THOMISME - INTRODUCTION À LA PHILOSOPHIE DE SAINT THOMAS D'AQUIN,
6ᵉ édition revue, por Librairie Philosophique J. Vrin, Paris (http://www.vrin.fr).

Copyright © 1965; 1989, Librairie Philosophique J. Vrin, Paris
Copyright © 2024, Editora WMF Martins Fontes Ltda., para a presente edição

Todos os direitos reservados. Este livro não pode ser reproduzido, no todo ou em parte, armazenado em sistemas eletrônicos recuperáveis nem transmitido por nenhuma forma ou meio eletrônico, mecânico ou outros, sem a prévia autorização por escrito do editor.

1ª edição 2024
2ª tiragem 2025

**Tradução e coordenação**
*Juvenal Savian Filho*
**Acompanhamento editorial**
*Helena Guimarães Bittencourt*
**Revisões**
*Ricardo Franzin*
*Sandra Garcia Cortés*
*Beatriz de Freitas Moreira*
**Índice remissivo**
*Maria Cláudia Carvalho Mattos*
**Produção gráfica**
*Geraldo Alves*
**Paginação**
*Moacir Katsumi Matsusaki*
**Capa e projeto gráfico**
*Gisleine Scandiuzzi*

**Dados Internacionais de Catalogação na Publicação (CIP)**
**(Câmara Brasileira do Livro, SP, Brasil)**

Gilson, Étienne, 1884-1978
   O tomismo : introdução à filosofia de Santo Tomás de Aquino / Étienne Gilson ; tradução Juvenal Savian Filho ; revisão técnica Carlos Arthur Ribeiro do Nascimento. – 1. ed. – São Paulo : Editora WMF Martins Fontes, 2024. – (coleção Étienne Gilson)

   Título original: Le thomisme – Introduction à la philosophie de Saint Thomas d'Aquin, Paris : Vrin, 2006.
   ISBN 978-85-469-0457-0

   1. Cristianismo – Filosofia 2. Tomás, de Aquino, Santo, 1225?-1274. Suma teológica 3. Tomismo I. Nascimento, Carlos Arthur Ribeiro do. II. Título.

23-151024                                                      CDD-189-4

**Índices para catálogo sistemático:**
1. Tomismo : Filosofia escolástica    189.4

Aline Graziele Benitez – Bibliotecária – CRB-1/3129

*Todos os direitos desta edição reservados à*
**Editora WMF Martins Fontes Ltda.**
*Rua Prof. Laerte Ramos de Carvalho, 133   01325-030 São Paulo SP Brasil
Tel. (11) 3293-8150 e-mail: info@wmfmartinsfontes.com.br
http://www.wmfmartinsfontes.com.br*

*Was du ererbt von deinen Vätern hast*
*Erwirb es, um es zu besitzen.*

*Aquilo que de teus pais recebeste*
*Faz por merecer, a fim de possuí-lo.*

GOETHE, *Fausto I.*

# ÍNDICE

Apresentação à tradução brasileira .................................................. XI

## O TOMISMO

Prefácio à 6ª edição .................................................................. 3

Introdução ............................................................................ 7
    I. O contexto intelectual ......................................................... 8
    II. O filósofo e o crente ........................................................ 36

### PRIMEIRA PARTE

### DEUS

**Capítulo 1: O PROBLEMA DA EXISTÊNCIA DE DEUS** ............................. 51

    I. Pretensa evidência da existência de Deus ................................. 51
    II. As teologias da essência .................................................. 54
    III. A existência de Deus como problema .................................... 61

**Capítulo 2: AS PROVAS DA EXISTÊNCIA DE DEUS** ............................. 67

    I. A prova pelo movimento ...................................................... 67
    II. A prova pela causa eficiente ............................................... 77
    III. A prova pelo necessário ................................................... 80
    IV. A prova pelos graus de ser ................................................. 83
    V. A prova pela causa final .................................................... 89
    VI. Sentido e alcance das cinco vias .......................................... 91

**Capítulo 3: O ENTE DIVINO** ..................................................... 101

    I. *Haec sublimis veritas* ..................................................... 102
    II. O conhecimento de Deus .................................................... 116
        A. *O conhecimento de Deus por via de negação* ......................... 117
        B. *O conhecimento de Deus por via de analogia* ........................ 125

III. As perfeições de Deus ........................................................... 134
  IV. O criador ............................................................................... 146

Capítulo 4: A REFORMA TOMISTA ............................................. 159

  I. Uma nova teologia ................................................................ 159
  II. Uma nova ontologia ............................................................. 176

SEGUNDA PARTE

A NATUREZA

Capítulo 1: A CRIAÇÃO ................................................................ 203

Capítulo 2: OS ANJOS .................................................................. 219

Capítulo 3: O MUNDO DOS CORPOS E A EFICÁCIA DAS CAUSAS
SEGUNDAS ................................................................................... 237

Capítulo 4: O SER HUMANO ...................................................... 253

Capítulo 5: A VIDA E OS SENTIDOS ......................................... 269

Capítulo 6: O INTELECTO E O CONHECIMENTO RACIONAL ........ 279

Capítulo 7: CONHECIMENTO E VERDADE ............................. 299

Capítulo 8: O DESEJO E A VONTADE ...................................... 317

TERCEIRA PARTE

A MORAL

Capítulo 1: O ATO HUMANO ..................................................... 335

  I. A estrutura do ato humano ................................................... 337
  II. Os *habitus* ............................................................................ 341
  III. O bem e o mal. As virtudes ................................................ 345
  IV. As leis ................................................................................... 351

Capítulo 2: O AMOR E AS PAIXÕES .......................................... 359

Capítulo 3: A VIDA PESSOAL ..................................................... 379

Capítulo 4: A VIDA SOCIAL ........................................................ 403

Capítulo 5: A VIDA RELIGIOSA .................................................. 439

Capítulo 6: O FIM ÚLTIMO .................................................................................. 463

Capítulo 7: O ESPÍRITO DO TOMISMO ................................................................ 471

Posfácio, por Henrique Cláudio de Lima Vaz (*in memoriam*) .............................. 497

Lista das obras de Tomás de Aquino citadas por Étienne Gilson ....................... 521
Modo como étienne gilson cita as obras mais evocadas de tomás de aquino  523
Índice de nomes ................................................................................................ 527
Índice analítico .................................................................................................. 531

APRESENTAÇÃO À TRADUÇÃO BRASILEIRA

# OBRA EM MOVIMENTO:
# *O TOMISMO*, DE ÉTIENNE GILSON

> *O Tomismo [de Étienne Gilson] é a melhor introdução doutrinal a Tomás de Aquino.*
> Alain de Libera[1]

O livro *O Tomismo – Introdução à filosofia de santo Tomás de Aquino*, de Étienne Gilson (1884-1978), aqui traduzido a partir da sexta e última edição, é considerado por seu autor o "companheiro de uma vida inteira"[2]. Tal afirmação merece atenção, porque permite conhecer melhor não apenas a estrutura da obra que se tem em mãos, mas também o que ela representou e representa para os estudos sobre Tomás de Aquino, bem como para a prática da História da Filosofia Medieval no século XX.

A redação de *O Tomismo*[3], feita e refeita ao longo de 50 anos, iniciou-se em 1913, quando Gilson ministrou um curso, em Lille, intitulado *Sistema de Tomás de Aquino*. Até a sexta e última edição, de 1965, o professor e pensador francês conceberá a obra como uma introdução histórico-conceitual ao pensamento de Tomás de Aquino, escrita inicialmente para cobrir uma lacuna

---

[1] De Libera, A. *A filosofia medieval*. Trad. Nicolás Nyimi Campanário; Yvone Maria C. Teixeira da Silva. São Paulo: Loyola, 1998, p. 499. Alain de Libera (1948-) é um dos mais destacados historiadores da filosofia medieval. Foi professor-pesquisador na École Pratique des Hautes Études de Paris e na Universidade de Genebra. Em 2012 foi eleito docente do Collège de France.

[2] Gilson, É. *Le Thomisme. Introduction à la philosophie de saint Thomas d'Aquin*. 6ª ed. Paris: Vrin, 1965, p. 7. Doravante utilizarei a abreviatura T6 para me referir à obra de Gilson em sua 6ª edição, seguida da página. Por exemplo: T6, p. 7.

[3] Usarei a mesma abreviação para as outras edições, porém seguida pelo ano de sua edição: T1– 1919; T2 – 1922; T3 –1927; T4 – 1942; T5 – 1944; T6 – 1965. Nesta Apresentação, o termo *Tomismo* (em itálico e com inicial maiúscula) é referência ao título da obra de Étienne Gilson, conforme à última edição francesa já citada. A tradução que aqui se tem em mãos foi feita a partir da oitava reimpressão (2006) da edição de 1965. Quando, porém, nesta Apresentação, se falar de tomismo (sem itálico e com inicial minúscula), a referência é ao pensamento de Tomás de Aquino ou por ele influenciado e autoconstituído como reflexão sobre questões modernas e contemporâneas.

dos estudos de filosofia medieval na Universidade francesa da época e para mostrar que a Idade Média não é menos importante do que a Idade Moderna na produção e na historiografia filosófica. Adicionalmente a essas "razões históricas", o leitor de *O Tomismo* reconhecerá que Gilson volta-se para os textos mesmos de Tomás de Aquino, parafraseando-os de um modo engenhoso e segundo uma ordem sistemática: "paráfrase explicativa e ordem da razão, tais são as palavras-chave para caracterizar a obra de Gilson"[4]. Em seu trabalho de introdução à filosofia de Tomás de Aquino há, pois, uma inseparabilidade entre *história da filosofia* e *filosofia* propriamente dita, uma vez que a recomposição histórica somente alcança seu fim desejado quando chega à compreensão filosófica. Essa complementaridade entre história da filosofia e filosofia se constitui na elaboração de um "quadro do conjunto da parte doutrinal que o próprio Tomás admitia como justificável à luz da razão natural" (T6, p. 7). Em outras palavras, essa história da filosofia revela uma "filosofia viva" como "fato histórico" por meio da qual é possível explicitar as "articulações doutrinais" (T6, p. 8). *O Tomismo* mostra-se, assim, obra de um historiador da filosofia que apresenta uma reflexão metodologicamente rigorosa cuja expressividade deu "à tradição francesa uma lição de estilo a perpetuar"[5].

O longo percurso histórico e redacional pode ser corretamente visualizado de uma perspectiva evolutiva, pois revela revisões, correções e, por assim dizer, ressistematizações na apresentação didática de diferentes aspectos do pensamento de Tomás de Aquino. Para além da historiografia filosófica em geral, foi a filosofia patrística e medieval (cristã oriental e ocidental, judaica e muçulmana) – ou, melhor dizendo, o rico mundo de formas filosóficas produzidas no imenso arco temporal que vai do século II ao XIV – que mais ganhou em termos de inteligibilidade e mesmo de valorização teórica com o trabalho de Gilson ao receber um tratamento sem outro interesse que não o científico-universitário. Sua história da filosofia é demarcada pelo reconhecimento das diferenças, sem se deixar levar pelas ilusões de uma falsa unidade do pensamento tomasiano, como certo tomismo oficial aspirava encontrar. Seu senso histórico o levava mais a insistir na diversidade do que na homogeneidade pretensamente ortodoxa. Não por acaso se chegou a dizer que "devemos a Gilson a descoberta da história da filosofia medieval"[6].

Gilson lecionou em algumas universidades francesas, entre elas a Sorbonne e a École Pratique des Hautes Études (EPHE), terminando sua carreira como membro da Académie Française, mas foi sua experiência

---

[4] Imbach, R. L'étude historique de saint Thomas et les thomismes. In: Doré, J. (org.). *M.-D. Chenu – Moyen Âge et Modernité*. Paris: Centre d'études du Saulchoir, 1997, p. 124.

[5] De Libera, A. Retour de la philosophie médiévale. *Le débat* 72 (1992), pp. 155-69.

[6] Guisalberti, A. Étienne Gilson (1884-1978). Aurell, J.; Crosas, F. (org.). *Rewriting the Middle Ages in the Twentieth Century*. Turnhout: Brepols, 2005, p. 107.

norte-americana, primeiro em Harvard e depois em Toronto, particularmente no *Pontifical Institute of Mediaeval Studies*, que lhe rendeu um contato mais intenso com o pensamento de Tomás de Aquino. Cabe, porém, aos leitores de O Tomismo saber que, nele, Gilson expõe a filosofia de Tomás de Aquino de acordo com a *ordem teológica* própria do pensamento do autor medieval, sobretudo tal como ela se depreende das suas duas obras mais conhecidas, a *Suma de teologia* e a *Suma contra os gentios*. Seu esforço é apresentar aquilo que na obra de um teólogo pode ser entrevisto precisamente como filosofia; e, no tocante especificamente ao pensamento de Tomás de Aquino, sua contribuição à história do ser em relação com a noção de Deus. Nesta obra aqui traduzida será possível entrever não apenas o Gilson historiador da filosofia, mas o filósofo determinado a pensar a "filosofia existencial" de Tomás de Aquino e também o pensador católico preocupado com a "ação moral e política" do cristão na sociedade em que vive. Ambos os aspectos foram essenciais para Gilson sedimentar, entre outras, suas teses sobre a "filosofia cristã" e a "cristandade"[7].

## 1. DE DESCARTES A TOMÁS DE AQUINO

Na Sorbonne em que Gilson obteve sua *Licence* (1904-5) e sua *Agrégation* (1905-7)[8], a filosofia medieval era uma terra pouco conhecida ou mesmo desprezada tanto por filósofos e professores não religiosos como por pensadores e professores católicos. O quadro intelectual por ele frequentado era dominado pelos "sociólogos da Sorbonne" [Durkheim (1858-1917), Marcel

---

[7] O Tomismo da última edição – que aqui se vai ler – é contemporâneo de outras três obras dos anos 1960 que explicitam esse traço filosófico e político do pensamento de Gilson: *Introduction à la philosophie chrétienne* (1960); *Elements of Christian philosophy* (1960) e *Tribulations de Sophie* (1967). Para as referências históricas e críticas que envolvem o autor e a obra aqui apresentada, utilizarei a autobiografia de Gilson, intitulada *Le philosophe et la théologie*, cuja primeira edição é de 1960, a biografia de SHOOK, L. *Étienne Gilson*. Toronto: Pontifical Institut of Mediaeval Studies,1984, e o ensaio biográfico de MICHEL, F. *Étienne Gilson. Une biographie intellectuelle et politique*. Paris: Vrin, 2018.

[8] De sua extensa vida, vale destacar que Gilson iniciou seus estudos na cidade natal, Paris, no Pequeno Seminário Notre-Dame-des-Champs (colégio diocesano aberto a leigos). Frequentou o prestigioso Liceu Henri IV e depois seguiu sua formação universitária na Sorbonne (1904-1907). Lecionou em Lille e Estrasburgo, duas referências que, como veremos, marcaram a redação do *Tomismo*. Funda, em 1926, com G. Théry, os *Archives d'histoire doctrinale et littéraire du Moyen Âge*, indispensável instrumento de trabalho para medievalistas do mundo todo. Pouco depois, em 1929, funda, a convite dos padres basilianos, o *Institute of Mediaeval Studies*, na cidade de Toronto. A vida acadêmica e intelectual de Gilson foi dividida entre a França e a América do Norte, e sua obra foi escrita parte em francês, parte em inglês. Morreu aos 96 anos, na cidade de Auxerre, França.

Mauss (1872-1950) e Lucien Levy-Bruhl (1857-1939)]⁹, para os quais a Idade Média era um período fechado em si mesmo, com temas específicos que a definiam na sua totalidade (como o da relação entre razão e fé, a querela dos universais etc.), não sendo a Escolástica nada mais do que um aristotelismo mal ensinado por uma legião de teólogos que expressavam em termos aristotélicos os dados da Revelação. Diante de tal positivismo cientificista, quem se dispusesse a estudar um autor medieval dedicava-se, como se dizia, a um cemitério de ideias e viria a descobrir que não fazia mais do que uma *mental archeology*¹⁰.

Da parte de grande número de intelectuais católicos autoproclamados tomistas "ortodoxos"¹¹, havia uma impermeabilidade às questões históricas, pois negligenciavam propositalmente as origens dos problemas filosóficos, convencidos da homogeneidade, da perenidade e do caráter definitivo da tradição tomista como critério de abordagem e de solução a todas as questões filosóficas. Alguns desses pensadores, considerando-se filósofos pelo simples emprego da razão, se uniam aos racionalistas universitários para recusar a existência de alguma filosofia nos autores do período medieval.

Assim, entre os professores da Sorbonne, os nomes de É. Durkheim e Levy-Bruhl eram bastante significativos no âmbito universitário e intelectual francês, naquele início do século XX. O primeiro era para Gilson um "filósofo" de formação, mas que já ocupava um lugar proeminente nos estudos de sociologia. O segundo, conhecedor do racionalismo moderno, era especialista em Descartes. Ambos reconheciam a importância da história da filosofia para a cultura filosófica geral, a ponto de fazer dessa disciplina universitária uma referência para a formação intelectual. Gilson frequentou os cursos de O. Hamelin (1856-1907)¹² sobre o "espírito histórico" do cartesianismo e o de Levy-Bruhl sobre a filosofia cartesiana. Foi aluno de ambos no ano letivo de 1904-5. O curso de Levy-Bruhl era conhecido por ser um "estudo atento e paciente" do texto cartesiano, expressão de uma leitura histórico-filosófica em oposição às interpretações idealistas¹³. Mas o projeto acadêmico dos pro-

---

⁹ Expressão de SHOOK, *Étienne Gilson, op. cit.*, p. 97.

¹⁰ Cf. GILSON, É. *God and Philosophy*. Yale: New Haven, 1941, p. xii.

¹¹ Gilson, como historiador da filosofia, se contrapõe a diversos tomismos, tanto aqueles da chamada "segunda Escolástica" como aqueles do início do século XX. O comentário de Cajetano (1469-1534), por exemplo, fazia de Tomás de Aquino um seguidor de Aristóteles com um pensamento que seria a expressão da verdade filosófica em estado acabado. Outro tomista eclesiástico, mas agora da passagem do século XIX ao XX, como Garrigou-Lagrange (1877-1964), defendia a homogeneidade das doutrinas no domínio do pensamento medieval, recebendo certa influência racionalista (de inspiração wolffiana) na interpretação de Tomás e na defesa da impermeabilidade das questões históricas.

¹² Cf. HAMELIN, O. *Le Système de Descartes*. Paris: Félix Alcan, 1911.

¹³ Cf. GILSON, É. Le Descartes de Levy-Bruhl. *Revue philosophique de la France et de l'étranger* 147 (1957), pp. 432-51.

fessores sociólogos não era a reflexão filosófica nem a história da filosofia propriamente dita, e sim o projeto, em nova perspectiva, de levar a bom termo a sociologia de Auguste Comte (1798-1857), a saber, tratar o *fato social* como suscetível de ser apreendido com cientificidade e provar que o *fato moral* era regido por leis e suscetível de interpretação objetiva. A busca de "objetividade" deixava para segundo plano a especulação metafísica. Segundo a memória de Gilson, o domínio da racionalidade e da objetividade, dominante no discurso científico, conduzia a filosofia a uma multiplicidade de discursos: "nossos mestres reduziam a filosofia a essas disciplinas que, tendendo a se construir como ciência separada, distanciavam-se cada vez mais de toda metafísica e, com maior razão, de toda religião. A psicologia se tornava fisiologia e psiquiatria, a lógica era uma metodologia, e a moral desaparecia diante das ciências dos costumes"[14]. Tal espírito científico-positivista tinha impacto, aos olhos de Gilson, na compreensão da história da filosofia, na qual autores e temas eram escolhidos segundo os interesses da época: por exemplo, de Descartes enfatizava-se sobretudo o método como precursor do espírito cientificista; o "idealismo" de Platão triunfava sobre o "empirismo" de Aristóteles, pouco estudado à época. Merece menção, ainda, a atividade de Léon Brunschvig (1869-1944), que, para Gilson, era da mesma estatura intelectual de Henri Bergson (1859-1941). Sua filosofia era entendida como racionalista, com a particularidade de insistir na importância do espírito no domínio do conhecimento, com sua pretensão de alcançar a verdade sobre o objeto.

Esse racionalismo será assumido, poucos anos depois, por Émile Bréhier (1876-1952), para quem a filosofia é apenas a expressão de uma elaboração racional, isto é, de um pensamento capaz de autocrítica e de autojustificação mediante razões. No dizer de Bréhier, a filosofia, ao aspirar a um valor racional, torna-se distinta da crença religiosa, e, nesse sentido, a filosofia no Ocidente não teria recebido nenhuma influência do cristianismo, tema da mais elevada importância para Gilson. O racionalismo de Bréhier convergia fortemente com o de Brunschvig, a ponto de ambos, na sessão em que a *Société Française de Philosophie* discutiu o tema da possibilidade e do eventual sentido de falar de uma *filosofia cristã*, tomarem explicitamente uma posição contrária à de Gilson, bem como à de Jacques Maritain (1882-1973), que começava a ganhar destaque nesse debate[15]. Numa palavra, o cristianismo, para

---

[14] Gilson, É. *O filósofo e a teologia*. São Paulo: Paulus, 2015, p. 43. Em uma das discussões do Xème Congrès de philosophie française (1959), em homenagem a Henri Bergson, Gilson manifestou a ideia de que os intelectuais católicos de sua geração devem o total reconhecimento a Bergson, por ele ter afirmado os direitos da filosofia e da metafísica em face da presença reinante do "sociologismo". Cf. *Bergson et nous*. Actes du Xème Congrès des societés de philosophie de langue française, Discussions. *Bulletin de la Société Française de philosophie* (1959), p. 278.

[15] A sessão ocorreu em 21 de março de 1931. A pertinência do tema de uma *filosofia cristã* foi posta em dúvida por Bréhier, em 1925, em sua *Histoire de la philosophie*: "Não houve, todavia,

Bréhier, não teria apresentado nenhum interesse para a filosofia, uma vez que esta tem outra significação e mesmo uma exigência própria, expressa pelo racionalismo, ao passo que a fé cristã, mesmo quando envolvida em questões filosóficas, termina, no limite, por submeter-se à autoridade da Revelação e do magistério eclesiástico.

O racionalismo de Bréhier pode ser ainda entrevisto em sua compreensão da história da filosofia, que exercerá influência maior na historiografia filosófica de língua francesa da primeira metade do século XX e terá curiosamente afinidades com algumas teses do próprio Gilson. No seu entender, a história da filosofia não deve ser tratada como uma técnica separada na aquisição de certo saber, mas deve guardar contato estreito com outros fenômenos da civilização, como aqueles da linguagem, da psicologia e mesmo da religião. A história da filosofia é, aos olhos de Bréhier, uma ciência rigorosa e, a um só tempo, uma disciplina propriamente filosófica. O termo-chave da reflexão de Bréhier é *atitude histórica* (atitude do historiador, diante do texto filosófico, ao reencontrar a vida real no passado em continuidade com a vida presente; o historiador deve ser aquele que mostra o passado como contemporâneo do presente, sem deformá-lo)[16]. A história da filosofia reconhece a "continuidade" do pensamento filosófico, sua natureza e limites, mas diferentemente da "continuidade" como entendida no pensamento hegeliano, quer dizer, como uma marcha gloriosa ou duração de um único espírito. Para Bréhier, a história não está acabada, mas é feita de correntes que continuam ou podem continuar; e a meditação dessas correntes nutre o pensamento filosófico. Há uma história interna e uma história crítica da filosofia que respondem à ideia de exigência científica e filosófica da filosofia. Cabe ao historiador da filosofia buscar as justificações que cada filósofo estudado apresenta às suas teses e ao que ele assume como verdadeiro; se explicita a história interna da obra, o historiador é fiel à ideia que o filósofo faz dela[17].

---

durante os primeiros cinco séculos de nossa era, filosofia cristã como uma tábua de valores intelectuais fundamentalmente original e diferente daquela dos pensadores do paganismo" (*Histoire de la philosophie*. Tome premier. 3ª ed. Paris: PUF, p. 45). O próprio É. Bréhier voltará ao tema no artigo "Y a-t-il une philosophie chrétienne?", na *Revue de Métaphysique et morale* 38 (1931) pp. 133-62. Escreveu também um volume da coleção "L'évolution de l'humanité": *La philosophie du Moyen Âge*. Paris: Albin Michel, 1937.

[16] BRÉHIER, E. L'histoire de la philosophie: sa nature et ses méthodes. In: UNIVERSIDADE DO BRASIL. *Lições inaugurais da missão universitária francesa durante o ano de 1936*. Rio de Janeiro: Universidade do Distrito Federal, 1937, p. 10.

[17] Em *La philosophie et son passé*, Bréhier reconhece que a tarefa do historiador da filosofia é revelar "certa estrutura": ele é capaz de depreender das formas históricas as estruturas mentais essenciais, intemporais e permanentes da filosofia. Bréhier antecipará aquilo que mais tarde ficou conhecido como "estruturalismo" em história da filosofia. Cf. BRÉHIER, E. *La philosophie et son passé*. Paris: Vrin, 1950, p. 39

Quanto ao pensamento católico, de expressão oficial por eclesiásticos ou leigos, havia, por assim dizer, certa *desordem* no labor intelectual[18], especialmente por parte daqueles com quem Gilson teve contato direto, seja como aluno seja como como participante de alguma polêmica. O Pe. Lucien Paulet (1876-1915), por exemplo, recebe de Gilson, além do afeto e do reconhecimento pela longa amizade, a crítica por essa desordem. Paulet era um profundo admirador de Bergson, a ponto de praticar uma "escolástica bergsonizante", que, aos olhos de Gilson, "se confundia com a verdadeira filosofia" como pretenso antídoto contra a velha escolástica praticada nas salas de aula, cujo modelo eram os manuais uniformizantes que faziam da filosofia aristotélico-tomista o modelo por excelência do pensar filosófico, distante de qualquer outra filosofia: "os autores desses tratados pensam que são filósofos, e na verdade o são, mas também são, ao mesmo tempo, teólogos. (…) A própria formação filosófica deles já estava orientada para a teologia e como que antecipadamente enformada por ela, de tal modo que, voltando a ser filósofos, eles não o eram completamente"[19].

Os mal-entendidos não se limitavam ao campo doutrinal, mas também ao domínio da política e da ação, no qual havia movimentos que procuravam estabelecer um catolicismo social e republicano e ensinavam que "o melhor regime político" era aquele preconizado por Tomás de Aquino no seu tratado *O governo dos príncipes*, isto é, a monarquia, ideia aceita, segundo Gilson, até por eminentes teólogos. Adverte, porém, Gilson: "Basta abrir a *Suma de teologia* no lugar certo para perceber que isso não é verdade"[20]. Afinal, na I$^a$II$^{ae}$ q. 105, a. 1, Tomás propõe o regime misto. A questão de Gilson não era fazer um juízo de valor sobre fatos históricos, mas saber de qual Tomás de Aquino se falava. Aquela desordem levou alguns padres que se aproximaram realmente de filósofos desautorizados pela Igreja com condenações, bem como outros que se enfileiraram nas raias da pretensa ortodoxia a "buscarem legitimidade numa filosofia cuja língua não era mais a da nossa época"[21]. Como pensador católico, Gilson assume posições contrárias àquelas defendidas, entre outros, por Marc Sangnier (1873-1950), no caso *Sillon*, e por Charles Maurras (1868-1952), no caso da *Action Française*[22]. Gilson defende a primazia do espiritual sobre o político, concebendo que, da mesma forma que a graça leva à perfeição a natureza, ela pode fazê-lo com a política. Nas obras da década de 1960, entre as quais se inclui sua autobiografia, Gilson já se

---

[18] Cf. GILSON, É., *O filósofo e a teologia*, op. cit., pp. 49 ss.
[19] *Idem*, p. 56.
[20] *Idem*, p. 66.
[21] *Idem*, p. 67.
[22] Cf. *idem*, pp. 63-66.

mostra um pensador com posições bem definidas, crítico do modernismo[23] defendido por grupos católicos desde o início do século XX.

A consideração do caso Paulet expressa, segundo Gilson, o desconhecimento da filosofia medieval naqueles anos confusos da crise modernista, sobretudo porque o verdadeiro tomismo e o sentido da metafísica faziam falta a muitos intelectuais da época. No seu dizer, Tomás de Aquino era mais moderno do que os modernistas do início do século XX. A partir dessa desordem, Gilson sente-se ainda mais motivado a fazer uma pesquisa de fôlego e a estudar o pensamento de Tomás com base nos próprios textos tomasianos, e não nos manuais aristotélico-tomistas, pretensamente definitivos e corretos, estudados predominantemente nos seminários católicos.

Ainda que a perspectiva da filosofia universitária da Sorbonne fosse desfavorável para o futuro historiador da filosofia medieval, Gilson, por sugestão de Levy-Bruhl, desenvolveu sua tese sobre Descartes e a Escolástica, cujo título será *La liberté chez Descartes et la théologie*, publicada em 1913, um verdadeiro divisor de águas em sua vida intelectual[24]. É como historiador da filosofia que Gilson apresenta, nessa tese, precisamente na primeira parte, o programa filosófico da escola onde Descartes se formara, o colégio de *La Flèche*, para, na sequência, tratar do que Descartes entendia por aristotelismo, tomismo e molinismo. Gilson acentua a ideia de que a liberdade divina e humana, na obra de Descartes, não se explica sem a devida correlação com as correntes teológicas católicas predominantes no século XVII: a teologia de Tomás de Aquino, o agostinismo dos Padres do Oratório e o jansenismo nascente. Pode-se dizer que, partindo desse estudo sobre Descartes, Gilson teve acesso à Escolástica, e, desta, chegou a Tomás de Aquino. O futuro medievalista encontra não apenas Tomás de Aquino, mas também Agostinho, Bernardo de Claraval, Boaventura de Bagnoregio e Duns Scotus, teólogos com obras muito diferentes, mas igualmente representantes do "espírito" próprio do pensamento filosófico na Idade Média.

---

[23] Gilson por diversas vezes refere-se ao modernismo em termos de crise, desordem, desarranjo e emaranhado de erros. Na esfera eclesiástica, o modernismo foi gestado nos últimos anos do século XIX e início do XX, e contava entre seus protagonistas estudiosos convencidos da necessidade de utilizar métodos científico-históricos no estudo dos textos sagrados e do próprio desenvolvimento do cristianismo. Seu epicentro estava em questões bíblicas e na relação entre história e dogma, tendo no Pe. Alfred Loisy (1857-1940) um de seus maiores divulgadores. As obras de Loisy foram condenadas pela autoridade romana com a encíclica *Pascendi* (1907). Mesmo o dominicano Marie-Joseph Lagrange (1855-1938), geralmente considerado ortodoxo e tradicionalista, enfrentou vários obstáculos erguidos por Roma contra o sucesso de sua grande criação, a *Escola Bíblica de Jerusalém*, importante centro de estudos de exegese bíblica. Gilson descreve o modernismo como um movimento apologético em reação ao tradicionalismo do século XIX, período "em que tudo pertencia à ciência e quando nada que não fosse estritamente científico não era respeitado": cf. *idem*, p. 82.

[24] Cf. MAURER, A. *St. Thomas and historicity*. Milwaukee: Marquette University Press, 1979, p. 33.

Um lugar de destaque para os estudos medievais no início do século XX na França era ocupado na École Pratique des Hautes Études (EPHE), inicialmente pela presença de François Picavet[25] como diretor da seção de "Ciências Religiosas", depois substituído pelo próprio Gilson para o período de 1921-1933. Estudos sobre a história da filosofia medieval latina e árabe tinham destaque nos cursos oferecidos pela EPHE, como o de Gilson no ano letivo de 1925-26, sobre as teorias greco-árabes da noção de intelecto, cujo resultado será o trabalho intitulado *Pourquoi Saint Thomas a critiqué Saint Augustin*, publicado no primeiro número dos *Archives d'histoire doctrinalle et literaire du Moyen Âge*. Como sucessores de Gilson na EPHE aparecem os nomes de Paul Vignaux (1904-1987), R. Roques (1917-) e Jean Jolivet (1925-2018).

## 2. FILOSOFIA E HISTÓRIA DA FILOSOFIA

Na primeira edição de *O Tomismo* é clara a ênfase dada à história da filosofia, a fim de fazer vir à tona o sentido da especulação própria da Idade Média e, em particular, de Tomás de Aquino. Sua primeira tarefa foi desconstruir a ideia de uma Idade Média completamente estéril em termos de reflexão filosófica ou como um intervalo vazio de filosofia entre a Antiguidade e a Idade Moderna, como se a filosofia tivesse dado um salto sobre a Idade Média (*Sprung über das Mittelalter*), pulando da Antiguidade à Modernidade. Gilson estava convencido, porém, de que falar de filosofia medieval era certamente falar do trabalho de teólogos que encontraram a filosofia e dela se valeram para seu exercício reflexivo: "se a história da filosofia pode ser um instrumento de cultura, é pelo fato de que ela se liga aos mestres do pensamento, os únicos nos quais a prática e o aprofundamento podem ter um valor educativo"[26]. Essa é a perspectiva na qual se dá o encontro de Gilson com Tomás de Aquino e da qual vem a certidão de batismo de *O Tomismo*: "O sentimento dessa necessidade [a prática da história da filosofia] me levou a começar o estudo sério de Santo Tomás, sobretudo de suas obras teológicas, as únicas onde se encontra, explicitamente ensinado, seu corpo de ensinamentos metafísicos distintos daqueles de Aristóteles e de onde se pode dizer que, por meio de Descartes, tornou-se um bem comum da filosofia

---

[25] F. Picavet (1851-1921) foi também professor na Sorbonne, onde ministrou cursos de história da teologia e da filosofia medieval, e orientador principal da tese de P. Rousselot sobre o intelectualismo de Santo Tomás, um trabalho historicamente importante sobre o pensamento de Tomás de Aquino. Para Gilson cabe a Picavet o mérito de ter defendido a ideia da permanência do neoplatonismo nas filosofias da Idade Média, numa época em que muitos só viam a manifestação de um aristotelismo. Cf. GILSON, É. *La liberté chez Descartes et la théologie*. Paris: Félix Alcan, 1913, p. 207.

[26] GILSON, T1, p. 5.

moderna"²⁷. O projeto da primeira edição do livro não era apresentar uma exposição ou um resumo completo da filosofia de Tomás, mas apontar as linhas diretrizes do "sistema do mundo elaborado por Tomás de Aquino"²⁸. A primeira edição apresenta, com poucas modificações, o curso *Le système de St. Thomas*, ministrado na Universidade de Lille no ano letivo de 1913-14 e publicado na *Revue des cours et conférences*²⁹. O título da primeira edição é *Le thomisme. Introduction au système de Thomas d'Aquin*³⁰, publicada quando Gilson já era professor em Estrasburgo.

A ordem teológica da exposição do pensamento de Tomás de Aquino na primeira edição de *O Tomismo* revela o que Gilson considerava o sistema de Tomás de Aquino, estruturado por uma investigação filosófica rigorosa no interior da teologia do autor medieval: "essa filosofia não se oferece a nós sob a forma sistemática que lhe é própria, a não ser nas obras essencialmente teológicas ou apologéticas, e, coisa mais importante, tratada segundo a ordem teológica de exposição"³¹. É pela atenção do historiador à letra do texto de Tomás, sobretudo a *Suma de teologia* e a *Suma contra os gentios*, que se depreende essa ordem teológica determinada e assumida pelo projeto tomasiano do *intellectus fidei* (a intelecção da fé)³².

A recepção crítica³³ da obra foi marcada: 1) por uma acolhida ponderada, sem deixar de mencionar a insuficiência da parte propriamente metafísica (que será plenamente desenvolvida a partir da 4ª edição); 2) pela observação de que o livro, ao apresentar a filosofia de Tomás de Aquino, segue a ordem teológica; 3) pela suposição de um pensamento filosófico próprio de

---

²⁷ GILSON, *O filósofo e a teologia, op. cit.*, p. 97.
²⁸ GILSON, É. T1, p. 7.
²⁹ Cf. SHOOK, *Étienne Gilson, op. cit.*, p. 119.
³⁰ A primeira edição consta de 14 capítulos, assim distribuídos: cap. 1: O problema tomista, com a subseção sobre santo Tomás e o aristotelismo; cap. 2: Fé e razão: objeto da filosofia; cap. 3: A suposta evidência da existência de Deus; cap. 4: Primeira prova da existência de Deus; cap. 5: As quatro últimas provas da existência de Deus; cap. 6: Os atributos divinos: a) o conhecimento de Deus pela via da negação e b) o conhecimento de Deus pela via da analogia; cap. 7: A criação, com as seguintes subseções: a natureza da ação criadora, o princípio, a distinção das coisas.; cap. 8: Os anjos; cap. 9: União de alma e corpo; cap. 10: As potências da alma. A vida e os sentidos; cap. 11: O intelecto e o conhecimento racional; cap. 12: O apetite e a vontade; cap. 13: O fim último; cap. 14: Conclusão. Essa ordem sofreu alterações ao longo das seis edições, mas cabe notar que a sexta edição retorna ao plano geral aqui indicado ao abordar, inicialmente, as provas da existência de Deus, e não o problema da essência e do ato de ser.
³¹ GILSON, É. T1, p. 24.
³² A prioridade do texto aparece como essencial no trabalho de Gilson. O exercício de leitura (e releitura) do texto permite reconhecer a terminologia técnica e o estilo do autor estudado. Tudo aquilo que é acrescido a título de informação (sociedade e meio cultural) ilumina o texto estudado. Cf. FAFARA, R. J. *Étienne Gilson. Formation and Accomplishment*. The Étienne Gilson Lecture. Toronto: The Pontifical Institut of Mediaeval Studies, 2017, p. 19.
³³ Cf. GILSON, *O filósofo e a teologia, op. cit.*, pp. 97-100.

Tomás de Aquino e distinto daquele de seus contemporâneos. O que estava em jogo nessas observações dizia respeito ao papel que a metafísica ocupa no pensamento de Tomás de Aquino, às relações entre filosofia e teologia e à ideia de uma suposta uniformidade no pensamento medieval do séc. XIII. Vale insistir na última observação, já que a primeira será acolhida por Gilson e resolvida na 4ª edição, ao passo que a segunda é abertamente assumida como método por Gilson.

O autor da terceira posição crítica foi um teólogo da Universidade de Lovaina, chamado J. Baylac e sobre quem pouco se conhece, mas cuja principal discordância com Gilson residia no fato de este querer atribuir a Tomás de Aquino uma filosofia própria, ao passo que, segundo o lugar comum do início do século XX, o pensamento medieval mostrava-se indiferenciado, e cada autor representava uma síntese mais ou menos acabada por meio de uma reelaboração de Aristóteles[34]. O esforço de Gilson, em vez disso, era apontar, pelo viés da história da filosofia, aquilo que se mostrava próprio de Tomás de Aquino, segundo "as exigências da articulação propriamente filosófica". Ao enfatizar o prejuízo para a história da filosofia daquilo que se admitia como mera síntese produzida pelos intérpretes neoescolásticos de santo Tomás, Gilson procurava mostrar uma Idade Média digna do nome de produtora de filosofia.

Uma prova da presença da filosofia na Idade Média, e distinta daquela de Tomás de Aquino, foi oferecida por Gilson no livro *A filosofia de São Boaventura*, publicado em 1924. O contato de Gilson com os textos de Boaventura aparece já no final da década de 1910, quando ele ainda trabalhava com *O Tomismo*. Seu livro sobre Boaventura demarca a ideia de que a filosofia do franciscano está enraizada precisamente em seu franciscanismo, em sua vida e em sua fé vivida segundo o espírito de São Francisco de Assis. Por seu empenho de historiador da filosofia medieval, Gilson situou o ponto de partida da escola franciscana na figura de Alexandre de Hales (1175-1245) e destacou a sua importância na transmissão do saber filosófico de autores da tradição cristã (como Dionísio Pseudoareopagita, João Damasceno e Anselmo de Cantuária) ao tratar de questões fundamentais da teologia trinitária e cristológica. Gilson, ao longo de seu estudo, mostrou o esforço do *studium* franciscano de Paris em concretizar uma síntese propriamente agostiniana, e não simplesmente aristotélica, apontando assim para outra tradição presente no pensamento medieval, marcada por uma assimilação muito menos forte de Aristóteles. Esses aspectos são descritos no início da obra, no capítulo intitulado "O

---

[34] O argumento de Baylac é incisivo: "não aprovo o Sr. Gilson quando diz que 'ao se suprimir o tomismo, teríamos uma filosofia a menos'. Não faltaria uma filosofia; faltaria uma admirável obra-prima, porque os outros doutores da Idade Média fizeram a mesma obra de Tomás, só que com menos sucesso e de modo menos metódico" (Cf. BONINO, Pluralisme et theologisme. Autour d'Étienne Gilson. *Revue Thomiste* (94), p. 531).

homem e seu meio", com extrema fineza de análise histórica. O esforço de Gilson para fazer sobressair a especificidade de Boaventura estendia-se até o embate com os editores da excelente edição Quaracchi (iniciada em 1877) que, em notas ao texto de Boaventura e atendendo a pedidos da autoridade católica romana, procuravam atenuar as diferenças entre Tomás e Boaventura. Tal busca da concordância e tal espírito de síntese não faziam jus à história[35].

Parte dessas críticas e sugestões serão acolhidas na segunda edição de *O Tomismo*, publicada em 1922 com a revisão e o complemento teórico de alguns temas. Pontualmente, na segunda edição, o capítulo 1 ganhou o acréscimo de uma nota histórica sobre a vida e a obra de Tomás de Aquino, o cap. 13 ("Sobre o agir humano") é inteiramente novo; e a antiga conclusão, reformulada, passa a ser o último capítulo, intitulado "O espírito do tomismo"[36]. Esse capítulo final persistirá nas edições subsequentes, mas seu conteúdo será modificado à medida que Gilson apreende com mais clareza o núcleo comum do edifício metafísico do Aquinate, consignado na noção de *ser*.

## 2.1. Sistema e filosofia

Na história de *O Tomismo*, algo importante a reter é a indicação do termo *sistema* no título das três primeiras edições e sua substituição por *filosofia* na quarta edição, em 1942. Não se trata de mera substituição, mas do resultado de um aprofundamento historiográfico e reflexivo de Gilson. Há, com efeito, uma dupla perspectiva no trabalho de Gilson, aquela da história da filosofia e aquela do filosofar propriamente dito, ou, se se preferir, a do que é histórico e a do que é reflexivo; e ambas caminham juntas no seu espírito. Para além dos já citados professores de Gilson na Sorbonne, essa conjunção parece provir de dois autores decisivos (cujo antagonismo é resolvido por ele em seu modo de praticar a historiografia filosófica ligada ao trabalho do pensamento): seu ex-professor também na Sorbonne, Octave Hamelin (1856-1907), por sua insistência na importância da história da filosofia, e o filósofo Henri Bergson, por sua valorização do pensar em primeira pessoa[37].

---

[35] O esforço de Gilson para destacar a originalidade de Boaventura é bem entrevisto na seguinte passagem: "A primeira condição a ser observada, se se quiser estudar e compreender Boaventura, é encarar a sua obra em si mesma, em vez de considerá-la, como por vezes se faz, como um esboço mais ou menos feliz da que, no mesmo momento, santo Tomás realizará. A doutrina de Boaventura se caracteriza, de fato, por um espírito que lhe é próprio e procede por caminhos que escolheu conscientemente, em direção a uma meta perfeitamente definida". GILSON, É. *A filosofia na Idade Média*. 2ª ed. Trad. Eduardo Brandão. São Paulo: Martins Fontes, 2007, p. 544.

[36] GILSON, É. T2, p. 8.

[37] Acompanho aqui o artigo sobre a historiografia da filosofia medieval de JOLIVET, J. Les études de philosophie médiévale en France d'Étienne Gilson à nos jours. In: IMBACH, R.; MAIERÙ, A.

Logo após a primeira edição de *O Tomismo*, Pierre Mandonnet (1858--1936) criticava o traço particular e limitado do termo *sistema*, para se referir ao pensamento de Tomás de Aquino, sendo preferível *filosofia*, pois fazia jus à grandeza intelectual do mestre dominicano na Idade Média do século XIII[38]. O uso do termo *sistema* no título do trabalho de Gilson está associado aos trabalhos de recorte historiográfico de O. Hamelin.

Nas duas obras de Hamelin publicadas após a sua morte, *O sistema de Descartes* e *O sistema de Aristóteles*, o método da história da filosofia aparece como modelo de reflexão e estudo da filosofia. Emile Durkheim, idealizador da publicação desses livros[39], com o apoio de Léon Robin (1866-1947) e Levy-Brühl, escreve o prefácio do livro de Hamelin sobre Descartes e afirma que os dois métodos relativos à história da filosofia, a saber, o dogmático e o histórico, foram combinados e transformados pelas análises do professor de história da filosofia. O primeiro método considera as doutrinas como um corpo de proposições abstratas, independentes do tempo e do espaço; o segundo, considera que um pensamento é 1) redutível à ideia de sistema por se constituir segundo uma estrutura coerente, da qual se podem explicitar suas articulações, 2) movido pelo "espírito histórico", que reconhece possíveis influências da sociedade, do tempo e da personalidade dos autores. O método histórico, longe de transfigurar o passado no presente, de modo precário e artificial, apenas como prova de erudição, aproxima metodicamente o presente do passado, a fim de esclarecer o primeiro pelo segundo. Para Hamelin, o historiador reconstrói a economia interna da obra tal como concebida pelo autor, situando-a historicamente, mede as influências recebidas e vale-se de uma análise filológica que permite ater-se aos textos e fazer a análise deles. Afirma Durkheim que a "história da filosofia é um instrumento de cultura filosófica (...) interessante não apenas para a filosofia, mas também para a renovação dos próprios problemas históricos"[40]. O sociólogo francês destacava a

---

(org.). *Gli studi di filosofia medievale fra otto e novecento*. Roma: Edizioni di storia e letteratura, 1991, pp. 1-20.

[38] MANDONNET, P. Le thomisme. *Bulletin thomiste* (1924), p. 133. A reação de Gilson pode ser lida em *O filósofo e a teologia*, op. cit., p. 99.

[39] O termo *sistema*, tal como empregado nos títulos dessas obras, ressalta Robin, foi definido pelo próprio Durkheim e se refere ao universo conceitual do sociólogo que estuda os chamados "sistemas de representação", utilizados, por exemplo, na sociologia da religião, mas estendidos à filosofia. Cf. ROBIN, L. Sur la notion de histoire de la philosophie. Séance du 25 avril de 1936. *Bulletin de la Societé Francaise de philosophie*. Paris: Librairie Armand Colin (1936) 135. Quando Durkheim se propõe a estudar, por exemplo, o totemismo, ele quer compreender a natureza religiosa do homem, e não tratar das singularidades dos ritos; ele quer descobrir a necessidade humana que os ritos ou crenças religiosas traduzem, as condições às quais eles respondem, assim como Hamelin, no dizer de Durkheim, soube discernir a qual necessidade especulativa o cartesianismo respondia. O método histórico responde as essas necessidades no âmbito da sociologia da religião e da filosofia.

[40] DURKHEIM, É. Préface. In: HAMELIN, O. *Le système de Descartes*. 4ª ed. Paris: Felix Alcan, 1921, p. 18.

importância do "espírito histórico", seja na filosofia, seja na sociologia da religião. Na breve apresentação de *O sistema de Aristóteles*, Robin[41] confirma a ideia segundo a qual a originalidade desse outro livro de Hamelin consiste na capacidade de conciliar a "análise filológica" do texto, a determinação exata do sentido, com o esforço de um pensador que busca, em vista da cultura filosófica, extrair o espírito das doutrinas[42].

Nas primeiras edições de *O Tomismo*, esse princípio, consubstanciado na noção de sistema, que une análise rigorosa dos textos – com sólida análise filológica – e determinações históricas em vista da cultura filosófica, não deixou de ser uma conquista de Gilson para os estudos de história da filosofia medieval. A ideia de sistema também está presente no estudo sobre São Boaventura[43]: no final do livro, ao falar do "espírito de São Boaventura", Gilson tem a oportunidade de reconhecer que, com a obra do franciscano, a filosofia medieval do século XIII teve "dois sistemas", o de Tomás e o de Boaventura, sendo o de São Boaventura essencialmente místico, sem deixar de ser filosófico porque "concebeu o projeto de sistematizar o saber e as coisas em função da mística"[44].

Essa concepção de história da filosofia será reforçada e ampliada por Gilson no período em que lecionou na Universidade de Estrasburgo (1919-1921), onde estabeleceu uma forte amizade com dois colegas, Lucien Febvre (1878-1956) e Marc Bloch (1886-1944), idealizadores da *Escola dos Anais*. Foi um período em que Gilson, nas palavras de Shoock, ganha uma visão mais ampla da história da filosofia, complemento da sua formação inicial na Sorbonne. Descortina-se para ele uma visão historiográfica desvinculada das limitações impostas pelo isolamento disciplinar, metodológico e doutrinário[45]. Se a dedicação a temas filosóficos, principalmente políticos, de um

---

[41] ROBIN, L. Présentation. In: HAMELIN, O. *Le système d'Aristote*. 4ª ed., Paris: Vrin, 1989, p. 1.

[42] A história da filosofia como disciplina autônoma do conhecimento e leitura crítica de textos tem como data aproximada de nascimento a segunda metade do século XIX, por volta de 1850, com a obra de Jules Lachelier (1832-1918), cuja atenção ao estudo do texto filosófico, ao exercício da livre investigação, ao espírito de pesquisa e ao senso histórico se opõe abertamente ao ecletismo de Victor Cousin (1792-1867), influente nas primeiras décadas do século XIX. Nome igualmente importante nesses primórdios da história da profissionalização e especialização da filosofia é o de Emile Boutroux (1845-1921), saudado por Gilson no prefácio ao livro *La philosophie de Kant* como um dos "clássicos franceses da história da filosofia" (GILSON, É., Préface. In: BOUTROUX, E. *La philosophie de Kant*. Paris: Vrin, 1926, p. 8).

[43] GILSON, É. *La philosophie de saint Bonaventure*. 3ª ed. Paris: Vrin, 1953. A primeira edição é de 1922.

[44] GILSON, *Idem*, p. 390.

[45] Cabe notar que a influência dessa nova concepção historiográfica se fez presente de modo direto para outro grande medievalista do século XX, também estudioso de Tomás de Aquino: Marie-Dominique Chenu (1895-1990). Ao revisitar sua obra *O Saulchoir: uma escola de teologia* para a publicação da tradução italiana, Chenu afirmou que "suas pesquisas históricas se conjugavam,

Gilson pensador *católico* causavam perplexidade a historiadores também leigos (Bloch e Febvre), havia claramente pontos de contato entre eles no tocante à noção de historiografia, seja pela ideia de longa duração, seja pelo cuidado com a comparação entre os períodos e com a desconstrução de limites cronológicos. A tese de Gilson a respeito das influências franciscanas sobre Rabelais serve de apoio e fundamento para o livro de Lucien Febvre, *O problema da incredulidade no século XVI. A religião de Rabelais*, em oposição à leitura de Abel Lefranc (1863-1952), que fazia do autor de *Gargantua* um autor anticlerical, um "inimigo de Cristo, um ateu militante"[46]. A partir da leitura de Gilson, Febvre reconheceu a influência persistente da Idade Média – de sua teologia – no século XVI francês.

Mas a substituição da noção de *sistema por filosofia* é o reflexo da evolução do pensamento de Gilson na interpretação de Tomás de Aquino[47]. Sua recusa de admitir certas posições teóricas e inteligíveis em si mesmas e que visam formar um todo orgânico, em prol da intuição de um princípio filosófico, tem a ver com a "descoberta" da noção de ato de ser: "o tomismo não é um sistema, se por sistema se entende uma explicação global do mundo, que se deduziria ou se construiria segundo o modo idealista, a partir de princípios enunciados *a priori*. O ser mesmo não é uma noção que possa ser definida e estabelecida *a priori*"[48]. Essa afirmação remete à gnosiologia de Tomás

---

por uma coincidência significativa com a nova historiografia, desvinculada da história dos grandes homens e inclinada para a vida cotidiana, as sensibilidades elementares, as mentalidades; (...) em resumo, à fé vivida e não somente a fé ensinada" (*Post-scriptum*, publicado na edição francesa, *Le Saulchoir: une école de théologie*. Paris: Cerf, 1985, p. 125). A referência aos historiadores da escola dos *Anais* é feita diretamente por Chenu: "aquilo que fazíamos como teólogos, ou historiadores da teologia, outros faziam no mesmo momento no plano profano. Era um bom sinal, sinal de que estávamos engajados num grande movimento cultural, e de que nossa teologia não era marginalizada, esclerosada. Naquele momento, Lucien Febvre e Marc Bloch tinham criado os *Anais de história econômica e social*, a fim de renovar os métodos de pesquisa histórica. Fui um dos primeiros assinantes dessa revista, e não por acaso" (CHENU, M.-D. Spinosa, G. *Studi di lessicografia filosófica medievale*. Firenze: Leo S. Olschki, 2001, p. 105). Chenu foi, assim, um dos primeiros a criar um diálogo fecundo entre teólogos e historiadores, e não concebia o funcionamento da teologia ou da história da teologia fora da história das sociedades. Se Gilson faz coincidir o trabalho do historiador da filosofia com aquele reflexivo, próprio do filósofo, com Chenu temos uma inteligência rigorosamente histórica da obra de Tomás de Aquino. Cf. MARTINES, P. Under the signy of history: Étienne Gilson's and Marie-Dominique Chenu's Thomism. MICHELI, M. e LONGO, M. *La filosofia e la sua historia. Studi in onore di Gregorio Piaia*. Padova: Libreria Editrice Università di Padova, 2017, pp. 291-306.

[46] FEBVRE, L. *O problema da incredulidade no século XVI. A religião de Rabelais*. Trad. Maria Lucia Machado. São Paulo: Companhia das Letras, 2009, p. 41. Cf. GILSON, É. *Rabelais Franciscain*. Extrait de la revue d'histoire franciscaine. Paris: Librairie Auguste Picard, 1924.

[47] JOLIVET, J. Les études de philosophie, *op. cit.*, p. 14.

[48] GILSON, É. T4, p. 438. Essa ideia aparece no capítulo "O espírito do tomismo", que nesta quarta edição foi totalmente reformulado, mantendo-se inalterado até a última edição. A obra de Gilson sobre Scotus mantém a recusa da noção de sistema, não sendo possível lhe atribuir, afirma

de Aquino segundo a interpretação de Gilson, na qual o conhecimento não tem prioridade sobre o ser, como quer o idealismo, mas é ativado pelo ser: "numa unidade vivida e experimentada do sujeito cognoscente e o objeto conhecido, o conhecimento se deixa condicionar, de maneira consciente e inteligente, pelo ser do real"[49]. É o que se entrevê na reflexão de Gilson em *O ser e a essência*[50], obra que faz do ser o ponto de partida e de chegada do conhecimento do mundo, concebido este pela perspectiva de dizer a existência e não por assumir a determinação da essência de algo. Esse último aspecto é próprio dos diversos sistemas idealistas, incompatíveis com aquilo que Gilson entende por filosofia: "não mais do que a ciência, a filosofia não pode ser um sistema, pois todo pensamento sistemático começa por assumir, ao passo que como conhecimento, a filosofia deve começar e terminar por ver"[51]. Essa nova etapa do pensamento de Gilson, recorda Jolivet, é formulada pelo princípio bergsoniano "inscrito na intuição fundamental que cada filósofo busca exprimir, sem jamais chegar a fazê-lo inteiramente, e que o historiador deve encontrar por um esforço de simpatia"[52]. A intuição, como entendida por Bergson, é algo tão simples que o filósofo jamais conseguiu formulá-la, de modo a constituir "uma incomensurabilidade entre sua intuição e os meios que dispunha para exprimi-la"[53].

A referência a Bergson[54] tem muito a dizer sobre a nova etapa do pensamento de Gilson, ainda que ele não fosse propriamente um bergsoniano. Bougerol, ao comentar a compreensão de Gilson do pensamento de São Boaventura, exprimiu-se nos termos de uma "experiência de Bergson", formulada por princípios que devem nortear a leitura de Boaventura: a obra filosófica apresenta algumas teses principais que se reduzem a uma só, a qual, por sua vez, pode ser reduzida a "algo como uma imagem primeira nascida de uma

---

Gilson, uma síntese doutrinal filosófica nem teológica, "na qual tudo se apresentaria de modo linear e em ordem, a partir de alguns princípios". Cf. GILSON, É. *Jean Duns Scotus. Introduction à ses positions fondamentales.* Paris: Vrin, 1952, p. 8.

[49] GUISALBERTI, A., *Étienne Gilson, op. cit.*, p. 107.

[50] Cf. GILSON, É. *O ser e a essência.* Vários tradutores. São Paulo: Paulus, 2016, p. 368.

[51] *Idem*, p. 369.

[52] JOLIVET, J. *Les études de philosophie, op. cit.*, p. 15.

[53] BERGSON, H. A intuição filosófica. *Cartas, conferências e outros ensaios.* Trad. Franklin Leopoldo e Silva. São Paulo: Abril, 1979, p. 56. (Col. Os Pensadores)

[54] A orientação crítica da filosofia de Bergson é concomitante com sua reelaboração da história da filosofia, de sua crítica aos sistemas filosóficos, da imprecisão das teorias que pretendem chegar a conceitos partindo de conceitos: "Os sistemas filosóficos não se ajustam à realidade em que vivemos. São demasiadamente vastos; (...) um verdadeiro sistema é um conjunto de concepções tão abstratas e, consequentemente, tão vastas, que nele caberiam todos os possíveis e mesmo o impossível, ao lado do real" (BERGSON, *La pensée et le mouvant*, citado por LEOPOLDO E SILVA, F. *Bergson: Intuição e discurso filosófico.* São Paulo: Loyola, 1994, p. 36).

intuição única e inefável da qual o sistema inteiro decorre"[55]. No caso de Gilson intérprete de Boaventura, essa intuição é o Cristo salvador. No caso de *O Tomismo*, não parece possível dissociar o plano sistemático e orgânico do plano filosófico, tanto como não parece possível distinguir o histórico do filosófico, em um pensamento em que este é adquirido pelo exercício e aprofundamento daquele. Ambos, o sistemático e o filosófico, estão estreitamente relacionados, na medida em que o que o sistema procura é ser expressão da intuição.

Gilson apresenta, desde a redação inicial de *O Tomismo*, a centralidade da noção de história para a interpretação da obra e pensamento de Tomás de Aquino, da busca daquilo que há de autêntico na sua doutrina, até encontrar a sua clarificação, que se dará segundo a perspectiva da filosofia. O trabalho do historiador tem uma relação estreita com aquele do filósofo, quando este pensa a compreensão do real, nos quadros de pensamento metafísico fundado na noção de existência. Essa noção reconhecida e assumida como uma intuição filosófica remete para a chamada 'experiência bergsoniana', para uma releitura e compreensão da história da filosofia na qual a intuição do filósofo é precedida por uma análise conceitual explicitada no discurso do filósofo. A descoberta do *esse* (ser) existencial se apresenta segundo duas perspectivas convergentes, a de uma articulação conceitual e estrutural do pensamento de Tomás de Aquino com a compreensão filosófica da realidade última das coisas, fruto da originalidade e capacidade criadora do filósofo estudado, expressa na intuição do ato primordial. Há no estudo de determinada doutrina o reconhecimento das ideias que a compõem e de como elas se articulam de um modo estrutural ou orgânico, no sentido de que há uma interdependência harmoniosa entre as teses que compõem essa mesma doutrina. Cabe ao historiador mostrar, numa terminologia essencialmente tomásica, a *ordem* de exposição do pensamento, num sistema completo onde todas as noções estejam elucidadas. A recomposição histórica por si só não alcança o fim desejado, mas prepara o caminho de sua compreensão, que, filosoficamente, será fruto de uma intuição. A história da filosofia para Gilson cumpre esses dois movimentos; no *tomismo* ela é histórica e estrutural, e sua compreensão filosófica emana de uma intuição que iluminou o filósofo. Como bom discípulo de E. Boutroux, ele não vê a inseparabilidade entre a história da filosofia e a filosofia, não sendo ambas senão dois modos diferentes de servir a mesma verdade[56]. Da história da filosofia extrairá um modo privilegiado de leitura e descoberta filosófica, herança por ele reconhecida

---

[55] BOUGEROL, J. Quand Étienne Gilson rencontre Saint Bonaventure. In: COURATIER, M. (org.). *Étienne Gilson et nous: la philosophie et son histoire*. Paris: Vrin, 1980, p. 38. Este princípio, identificado pela busca da intuição original e única, também orientou o trabalho de Gilson sobre Descartes, *La liberté chez Descartes et la théologie*. Cf. FAFARA, R. J. *Étienne Gilson, op. cit.*, p. 6.

[56] Cf. GILSON, T4, p. 8.

como provinda de seus professores da Sorbonne: "A história da filosofa não consiste em fabricar para si uma doutrina, a fim de atribuí-la ao filósofo do qual se fala, mas, em vez disso, para lhe atribuir somente aquilo que é racionalmente certo e aquilo que pensou e disse"[57].

Dessa perspectiva, *O Tomismo* revela que Gilson pertence à tradição historiográfica francesa dos assim chamados "historiadores filósofos" (*historiens philosophes*)[58], presença constante na cena cultural francesa do século XX, cujos trabalhos combinavam a objetividade histórica com a investigação filosófica em profundidade. Plural e diversificada, essa história da filosofia especializada e científica parte de E. Boutroux (1845-1921), vai até E. Bréhier (1876-1952) e reencontra por outros caminhos aquilo que nos anos 40 e 50 do século passado farão V. Golsdschmidt (1914-1981) e M. Guéroult. (1891-1976).

## 3. FILOSOFIA CRISTÃ

As duas primeiras edições de *O Tomismo* suscitaram em parte de seus leitores a ideia segundo a qual seria difícil reconhecer uma filosofia na obra de um teólogo medieval. Gilson é levado, na terceira edição de sua obra (1927), a reconhecer que na "tradição histórica" da Idade Média do século XIII, a filosofia de Tomás se apresenta como *filosofia cristã*, "uma filosofia que é a interpretação racional do dado revelado, mas para a qual o elemento capital permanece a fé religiosa cujo objeto é definido pela Revelação cristã"[59]. Essa novidade, registrada na terceira edição, foi elaborada por Gilson a partir da ênfase na ideia da existência de uma filosofia propriamente dita em Tomás

---

[57] GILSON, *Le Philosophe et la théologie, op. cit.*, pp. 87-8. Gilson enfrentou esse desafio historiográfico ao estudar o assim chamado "argumento ontológico" do *Proslogion* de Anselmo de Cantuária, que, por vezes, foi interpretado pelos historiadores da filosofia como expressão de um pensamento meramente teológico, ao passo que, outras vezes, foi visto como resultado de uma elaboração racional, ou, ainda, como resultado de uma experiência mística. Isso ocorre porque, em geral, é o historiador da filosofia que classifica e ordena os filósofos ou filosofias segundo denominações preconcebidas (falando-se, por exemplo, de racionalismo ou empirismo, nominalismo ou realismo etc.), assim como um funcionário dos correios que, na agência, separa as cartas de acordo com o código postal para sua posterior distribuição. Esse método de classificação, para o caso da história da filosofia, diz Gilson, é um meio ineficiente de "exploração geográfica", de reconhecimento de filosofias e de busca de suas singularidades, pois estas são interpretadas a partir de sistemas já concebidos. Cf. GILSON, É. Sens et nature de l'argument de saint Anselme. *Archives d'histoire doctrinale et littéraire du Moyen Âge* (1934) 5-51, especialmente p. 43.

[58] Esse termo aparece na obra de Martial Guéroult, *Histoire de l'histoire de la philosophie* (Paris: Vrin, 1968, p. 235). P. Vignaux (1904-1987) refere-se a Gilson como um historiador-filósofo, no sentido daquele que, formado em história da filosofia, era também filósofo. Cf. VIGNAUX, P. Étienne Gilson. *École pratique des hautes études. Section des sciences religieuses. Annuaire* 87 (1978), p. 34.

[59] GILSON, É., T3, p. 40.

de Aquino. O prefácio à terceira edição de *O Tomismo* é de 12 de junho de 1925, anterior ao debate travado por Gilson com Bréhier e Brunschvicg na sessão da Sociedade Francesa de Filosofia aqui já mencionado.

A origem da expressão é difícil de ser determinada, uma vez que Gilson diz encontrá-la numa biografia de Tomás de Aquino redigida no século XVIII[60] e, anos mais tarde, reconhece a sua presença na encíclica *Aeterni Patris*, um documento que "traz tradicionalmente o seguinte título: sobre o restabelecimento, nas escolas católicas, da *filosofia cristã* segundo o espírito de doutor angélico santo Tomás de Aquino"[61] (grifo meu). Mas esse termo não aparece no início ou no corpo da encíclica, apenas *philosophia scholastica*[62]. O certo é que esse texto da encíclica, publicado no final do século XIX (1879), destaca que essa filosofia escolástica é aquela que se desenvolveu na Idade Média sob o regime cristão; tornou-se uma filosofia constituída sob o domínio da fé, cujo cume é demarcado pela obra e pensamento de Tomás de Aquino. Esse documento foi fundamental para a valorização do tomismo como filosofia católica oficial.

O termo *filosofia cristã* fará parte do debate intelectual no início dos anos 1930 na França. Gilson, nos debates da sessão da Sociedade Francesa de Filosofia, dirigindo-se a Jacques Maritain (seu irmão na fé, porém com posições bastante distintas, seja em filosofia no sentido geral, seja na exegese dos textos tomasianos), explicita seu itinerário intelectual: "é a história da filosofia que me conduziu a colocar o problema da filosofia cristã, e não a posição teórica do problema que me levou ao estudo da história. (…) O que busco na noção de filosofia cristã é uma tradução conceitual daquilo que creio ser um objeto historicamente observável, a filosofia em seu estado cristão"[63]. Ainda que, aos olhos de Gilson, Boaventura e Agostinho tenham elaborado um pensamento cristão, Tomás de Aquino apresentou uma atitude diferente ao renovar a filosofia, principalmente naquilo que diz respeito ao tema das relações entre razão e fé.

Sua definição da *filosofa cristã* aparece em *O espírito da filosofia medieval*: "chamo pois de filosofia cristã *toda filosofia* que, embora distinga formalmente as duas ordens, considere a revelação cristã uma auxiliar indispensável

---

[60] Trata-se da obra de Antoine Touron. *La vie de Saint Thomas d'Aquin*. Paris: Durand, 1737. Cf. GILSON, É., T3, p. 40.

[61] GILSON, É., *O filósofo e a teologia, op. cit.*, p. 179.

[62] Ferdinand Van Steenberghen menciona a ausência do termo *filosofia cristã* na encíclica e lembra que a edição francesa de 1925 traz o seguinte subtítulo: *Epistola encyclica de philosophia scholastica* (Paris: Bonne Presse, 1925). Cf. STEENBERGHEN, F. Étienne Gilson, historien de la philosophie médiévale. *Revue philosophique de Louvain* 79 (1979), p. 493.

[63] GILSON, É. Philosophie chretienne. *Bulletin de la Societé francaise de philosophie*, sessão de 21 de março de 1931. Apud GOUHIER, H. *Trois essais: Bergson, philosophie chrétienne*. Paris: Vrin, 1993, p. 41.

da razão"⁶⁴. Dois princípios estão aqui em jogo: 1) a filosofia cristã acolhe o dogma cristão; 2) esse acolhimento não destrói a racionalidade. Tal definição corresponde, segundo Gilson, a uma realidade histórica concreta da qual a obra *O espírito da filosofia medieval* fará a apresentação. Sob a influência do dogma, a razão não perece; em vez disso, é levada a bom termo, pois a fé não lhe destrói a essência, mas age sobre ela para lhe conferir a "plenitude da razão"⁶⁵. Um filósofo religioso reconhece a fraqueza da razão quando entregue somente às suas próprias forças na busca de inteligibilidade da experiência humana e reconhece, ainda, as enormes contradições entre as diferentes filosofias, contradições essas que contribuem para engendrar o ceticismo. Assim, para a *debilitas rationis* (fraqueza da razão) requer-se o recurso divino oferecido pela fé. A definição de filosofia cristã não é "abstrata" para Gilson, mas a descrição de uma realidade histórica.

Parte do caminho filosófico percorrido por Gilson para tratar desse tema é exposta no seu *Christianisme et philosophie*, obra publicada em 1938. Seu ponto de partida é novamente a teologia: o discurso teológico sabe discernir quais filosofias pode aceitar ou deve rejeitar em sua estruturação, permitindo reconhecer um ponto de vista cristão sobre o filosofar. Se não há filosofia cristã para o filósofo, há pelo menos para o teólogo, o que "explica que haja uma para a história; (...) e cabe ao "historiador da filosofia esforçar-se para descrever um estado histórico da filosofia explicitamente situada em relação à teologia"⁶⁶. A construção da noção de filosofia cristã leva em conta muito dos termos indicados na encíclica, mas não se reduz a ela, seja na compreensão do pensamento de Tomás de Aquino ou na compreensão de outros complexos teológicos da Idade Média. De fato, Gilson chegou à noção de filosofia cristã independentemente da encíclica. É preciso minimizar a importância deste texto oficial da Igreja no desenvolvimento de seu pensamento⁶⁷.

Na última edição de *O Tomismo*, Gilson evita a expressão *filosofia cristã* para se referir à filosofia de Tomás de Aquino para não criar "intermináveis controvérsias"⁶⁸ naquela que pretendia ser uma exposição histórica do tomismo. Mas essa expressão jamais perdeu seu sentido para o pensador católico que foi Gilson; ela foi exposta e retrabalhada em outras obras, com o objetivo de explicar a filosofia de Tomás⁶⁹.

---

[64] GILSON, É. *O espírito da filosofia medieval*. Trad. Eduardo Brandão. São Paulo: WMF Martins Fontes, 2006, p. 45.

[65] GILSON, É. L'idée de philosophie chrétienne chez St. Augustin et St. Thomas d'Aquin. *La vie intellectuelle, op. cit.*, 1930, p. 38.

[66] GILSON, É., *Christianisme et philosophie, op. cit.*, Paris: Vrin, p. 118.

[67] MAURER, A., *St Thomas, op. cit.*, p. 37.

[68] GILSON, É., T6, p.14.

[69] O *tomismo* indicado no título da obra de Gilson pode levar a equívocos como o de assimilá-lo ao movimento de renovação tomista (ou neotomista) de caráter doutrinal, do qual essa

Outro aspecto importante a ressaltar na terceira edição de *O Tomismo* é a confirmação da leitura rigorosa dos textos e da fidelidade a eles para chegar o mais perto possível daquilo que Tomás de Aquino terá efetivamente produzido: "escrevemos todas essas páginas com o texto de Tomás sob os olhos; é a ele que sempre deixamos a palavra"[70]. Gilson, assim, distancia-se dos manuais pretensamente compostos *ad mentem Sancti Thomae* (segundo o espírito de Santo Tomás) que dominavam o ensino teológico nos séculos XIX e XX. Esses manuais consistiam mais em uma síntese ou resumo de elementos filosóficos tomados de Aristóteles (tomado por "empirista e científico", ao passo que Platão seria um "idealista e retórico") e de Tomás de Aquino (tomado por pensador oficial do catolicismo) e menos em apresentações realmente fiéis ao pensamento aristotélico ou tomasiano. Alguns desses manuais, mesmo autoproclamando-se "aristotélico-tomistas", mesclavam elementos vindos de autores modernos, como Leibniz, Malebranche, entre outros, em um amálgama que visava dar a impressão de fidelidade a Aristóteles e a Tomás.

Tema novo e igualmente polêmico na terceira edição de *O Tomismo* foi o da *species*, assim definida por Gilson: "A *species* será concebida de início como sendo o inteligível ou o sensível do próprio objeto, sob outro modo de existência, mas é capital compreender que a essência de um objeto não é um ser, enquanto o objeto seria outro ser; a *species* é o próprio objeto ao modo de espécie"[71]. Marie-Dominique Roland-Gosselin (1883-1934), dominicano e também especialista no pensamento de Tomás de Aquino, declara, em uma carta dirigida a Gilson[72], não concordar com a concepção de que entre a coisa e a *species* houvesse algo como um prolongamento do objeto; em vez disso, haveria algo de distinto, ao modo de uma *repraesentatio*[73]. Na recensão que faz da obra, Gosselin mantém sua crítica[74], mas Gilson, de seu lado, manterá firmemente sua posição até a sexta edição de *O Tomismo*, defendendo que Tomás de Aquino teria, por assim dizer, antevisto os problemas trazidos por uma "filosofia da representação", insolúveis se se quer garantir uma correspondência efetiva entre a coisa conhecida e sua presença no espírito de quem a conhece.

---

encíclica é bastante responsável e cujos resultados em muitos casos tende a certa uniformização do saber. Se é certo que Gilson destacava a importância do documento papal, é certo também que seu trabalho de historiador filósofo faz dele um leitor atento do texto de Tomás e da pluralidade da filosofia medieval.

[70] GILSON, É., T3, p. 8.
[71] GILSON, É., T3, p. 234.
[72] Cf. SHOOK, *Étienne Gilson, op. cit.*, p. 207.
[73] O capítulo *Connaissance et vérité* (cap. 13) é inteiramente novo.
[74] Cf. ROLAND GOSSELIN, M.-D. Le thomisme. *Bulletin Thomiste* (1929), pp. 45-51.

## 4. FILOSOFIA EXISTENCIAL

A quarta edição de *O Tomismo* (1942) é considerada o ponto de inflexão na trajetória de composição desse livro, tanto pelo aprofundamento histórico-teórico de temas centrais do pensamento de Tomás de Aquino como pelo alcance filosófico do emprego do termo *existência* no âmbito da investigação metafísica. Essa edição ganha uma nova redistribuição em sua divisão interna, com três partes que serão mantidas até a sexta e última edição: Deus, Natureza e Ser humano. No aspecto material, torna-se um livro com mais de 500 páginas, ultrapassando as edições anteriores. Da perspectiva teórica, além da filosofia da existência, destacam-se outros dois aspectos: 1) a noção de revelável; 2) a reflexão tomasiana sobre a moral.

Se as relações entre filosofia e teologia dominam as preocupações de *O Tomismo* desde sua primeira versão, é na quarta edição que, com a concepção do *revelável* (empregada para introduzir à leitura da obra tomasiana), Gilson pretende explicitar o que considera a autêntica filosofia de Tomás de Aquino. A questão é apresentada em termos de "como introduzir o filosófico numa teologia, sem corromper a essência da teologia"[75]. O termo *revelável* aparece numa passagem da *Suma de Teologia* (I, q. 1, a. 3), na qual se discute a unidade da *sacra doctrina* (a doutrina sagrada ou, numa palavra, a investigação e o ensinamento teológicos). Tomás reconhece tal unidade ao afirmar que as Sagradas Escrituras consideram todas as coisas sob o mesmo aspecto formal na medida em que são *divinitus revelabilia* (divinamente reveláveis). Gilson sabia que teólogos anteriores a Tomás, no tocante ao ensino da *sacra doctrina*, já haviam acionado diferentes posições filosóficas, entre eles Alberto Magno (1206-1280), seu mestre, e, obviamente, Pedro Lombardo (1096--1160), autor do "livro didático" de teologia mais empregado na Idade Média, o *Livro das Sentenças*. A diferença de Tomás, segundo Gilson, está no fato de sua reflexão levar em conta o saber humano na construção da teologia, sem, contudo, corromper sua unidade: "para que a teologia permaneça uma ciência formalmente una, é preciso que tudo que ela contenha de conhecimento natural se ordene e se subordine ao ponto de vista do teólogo, que é o da Revelação"[76]. O termo *revelável* designará, assim, na exegese de Gilson, verdades de ordem natural que podem ser acolhidas e elevadas ao nível da teologia. O tema gerou muita controvérsia na história da interpretação do pensamento tomasiano, a começar pela leitura de João de São Tomás (1589-1647), para quem o termo *revelável* designa o que foi revelado virtualmente, isto é, algo que, pela introdução de uma proposição nova, porque procedente da razão natural, pode ser deduzido daquilo que foi explicitamente revelado, alcan-

---

[75] GILSON, É., T4, p. 17.
[76] *Idem, ibidem.*

çando assim uma conclusão lógica[77]. Na interpretação de Gilson, o *revelável* identifica-se com a filosofia, não sendo nada mais do que o saber humano assumido pela teologia em vista de seus próprios fins.

Quanto à parte sobre a moral tomasiana, trata-se da que teve o maior incremento, manifesto no número de páginas (mais de 100) em relação às edições anteriores, e que recebeu com essa edição seu tratamento definitivo. Duas ideias merecem ser aqui destacadas: 1) a exploração da noção de pessoa conforme ao emprego tomasiano, com o modo como Gilson soube enfatizar o nascimento dessa noção, bem como o afastamento dela em relação a outros modelos morais conhecidos por Tomás: "essa noção, que desempenha um papel considerável na teologia cristã, e, por conseguinte, na filosofia cristã, parece ser estranha ao pensamento de Aristóteles"[78]; 2) a compreensão de que a moral tomasiana penetra a vida individual e social, chegando à profundidade da experiência religiosa, donde a questão: "existe uma moral natural, feita de virtudes morais naturais, que possa ser legitimamente atribuída a Tomás de Aquino?", ou ainda: "podem existir virtudes morais dignas desse nome, mas sem a virtude teologal da caridade?"[79]. Nessa moral não há contraposição com a noção de revelação cristã e de suas ideias de céu e inferno, pois a caminhada e a peregrinação do homem é são feitas por ações que são investidas de um valor prodigioso e dramático, como numa peça teatral, imagem de Paul Claudel lembrada por Gilson, que foi escrita por um autor infinitamente sábio e bom, cujo papel essencial é ocupado por nós, e da qual não é possível saber de antemão qualquer desfecho. Se a reflexão moral de santo Tomás de Aquino reconhece no homem a decisão livre e o domínio de suas ações, ela também reconhece o princípio transcendente que funda a autonomia humana e faz da vida um projeto: "Para nós a vida é sempre nova e interessante, porque a cada segundo temos algo novo a aprender e algo de necessário para realizar"[80].

A quarta edição apresenta ainda a insistência com a qual Gilson ficou conhecido como intérprete de Tomás de Aquino: o *esse* (o ser) é um *actus essendi* (um ato de ser), distinto da essência. Tratava-se de algo que era "para o historiador a chave que abre a inteligência do tomismo"[81], expressão de

---

[77] João de São Tomás, *Cursus theologicus* I, 4, disp. 2, a. 7. Ver também Congar, Y. Théologie. Vacant, A. *Dictionnaire de Théologie Catholique*. Vol. XV. Paris: Letouzéy et Ané, 1940, pp. 477-79.

[78] Gilson, É., T4, p. 413.

[79] *Idem*, p. 463.

[80] Claudel, P. Réligion et poésie, *apud* Gilson, É. Paul Claudel poète catholique. In: De Lubac, H. *La pensée religieuse de Claudel*. Paris: Desclée de Brouwer, 1969, p. 46.

[81] Gilson, É., T4, p. 138. Na quinta edição do *Tomismo* aparecerá uma reflexão importante sobre a chamada *filosofia existencial*, no último capítulo da obra ("O espírito do tomismo"). Esse será o único acréscimo em relação à quarta edição.

uma "verdade sublime". *Esse* ou *ser* é a noção mais importante e última por definição, fundamento de uma metafísica que Gilson chamará de *metafísica do Êxodo*, dado que o eixo articulador de toda filosofia cristã deve consistir, segundo Gilson, na identificação entre *ser* e *Deus* (tal como se enuncia em Êxodo 3, 14), com a consequente composição de essência e existência em todo ente criado.

As principais noções filosófico-teológicas do pensamento de Tomás de Aquino são penetradas, assim, por Gilson, mediante o exame do ser como ato, tanto quando o Aquinate trata da criação (ato pelo qual Deus, segundo o seu ser, causa ou produz o existir dos entes) como quando elabora sua teologia da Trindade (em cujo interior a geração do Verbo é expressa como "movimento" decorrente do ser mesmo de Deus como ato puro, o qual tende, por sua natureza, a comunicar-se e a operar).

Ao formular sua metafísica do ser (*esse*), Tomás reelabora e define em termos inteiramente novos o vocabulário herdado da tradição greco-cristã. Assim, termos como *ser*, *essência* e *ente* recebem um tratamento coerente com as exigências do pensamento filosófico de Tomás de Aquino e só podem ser autenticamente inteligidos, segundo Gilson, sob a perspectiva de uma filosofia existencial. A metafísica tradicional, aos olhos de Gilson, teria excluído da noção de ser a de existir, de modo que conceber algo como ente deixou de significar a sua visão como algo que existe. No domínio do conhecimento, a tese de uma representação conceitual do real é "cega à existência". Mas a solução tomasiana a essa problemática, segundo Gilson, não passa justamente por alguma filosofia da representação, como a de Kant, por exemplo, nem pela ideia de que o ser não é um predicado.

Na *Suma contra os gentios*, ao tratar diretamente de Deus, Tomás enfatiza uma primeira identificação crucial: Deus é sua própria essência, tese já conhecida por Agostinho. Mas, segundo Gilson, Tomás vai além no caminho seguido até aqui pelos filósofos ao identificar a essência divina com o ser (*esse*) mesmo de Deus, sem deixar de ter em mente que o ser divino é o nome de um ato. Para Tomás, Deus mostra-se como ato puro, ato de ser, sem nada de potencial. Ser o que é, é o traço da simplicidade divina, sublime verdade contida nas palavras de Deus a Moisés: "Eu sou o que sou" (Ex 3, 14). Gilson toma essa notável identificação operada por Tomás como a intuição de um primeiro princípio da existência atual, com consequências de grande importância para a reflexão filosófica: "se na realidade algo é ente, então é tão importante que se apresente como condição necessária para tudo o mais". Deus é puro ato existencial, ato cuja essência toda é ser e nada mais do que ser. O ato puro é assim entendido em sua absoluta atualidade, e sua identidade não é pensável nos termos em que se pensa a união entre matéria e forma, mas entre essência e ser/ato de ser. Para além da forma, é divisado o ser (*esse*), e não o ente (*ens*). O puro ser é, além disso, isento de passividade e identificado como plenitude, sem qualquer carência; e, dado seu caráter de causa de todas as coisas, é o ser supraessencial: "embora seja apenas ser, não é preciso que lhe faltem as restantes perfeições e excelências; (...) Deus tem todas as perfeições no seu próprio ser"[82].

Da identificação entre a essência e o ser/ato de ser de Deus decorre outro princípio fundamental da metafísica de Tomás de Aquino: a composição e distinção de essência e ser/ato de ser nas criaturas. Tudo aquilo que não é Deus é finito, e a causa da finitude é a essência, porque o ser é nela recebido, e não inerente ou necessário aos entes finitos. Em outras palavras, o ser de Deus é ato puro, e o ser dos entes é uma composição de essência e de ser/ato de ser. Nada limita o ser divino, mas, nos entes criados, o ser é restringido pela essência. Para Tomás, o princípio constitutivo do ente é o que se designa pelo verbo *esse* (ser como ato). Pela forma, o ente é aquilo que é, mas, pelo *esse*, o ente é ou existe: *omnis res est per hoc quod habet esse* (tudo é em virtude de possuir ser)[83]. O *esse* como ato é, assim, a raiz última da realidade e o que constitui o ente propriamente em sua entidade: *ipsum enim esse quo aliquid est* (o ser mesmo pelo qual algo é)[84]. Dessa perspectiva, o ente como ente, quer dizer, o ente visualizado precisamente como ente, continua a ser, para Tomás de Aquino, o que era para Aristóteles, a saber, o objeto primordial da filosofia primeira; no entanto, agora ele é descrito como "o que tem ser" (*esse habens*), o que efetiva o ato de ser. Ora, se o ente é ou existe graças ao ser que é o seu ato, então "aquilo que tem um ato de ser chama-se essência, de modo que, em última análise, um ente finito pode ser chamado, com exatidão, uma essência dotada de um ato de ser"[85]. Na sexta edição de *O Tomismo*, ao comentar o que chama de reforma tomista no âmbito da metafísica, Gilson é enfático: "A ontologia de Tomás, considerada naquilo que ela traz de novo em relação a Aristóteles, é uma doutrina do primado do ato de existir"[86]. Se reconhecermos que o ente primeiro (Deus) não é receptor, porque

---

[82] TOMÁS DE AQUINO. *O ente e a essência*. 8ª ed. Trad. Carlos Arthur R. do Nascimento. São Paulo: Vozes, 2014, cap. 5.

[83] TOMÁS DE AQUINO. *Suma contra os gentios* I, 22. Trad. Joaquim Pereira. São Paulo: Loyola, 2015.

[84] TOMÁS DE AQUINO. *Suma Teológica* I, 75, 5, ad 4m. Vários tradutores. São Paulo: Loyola, 2003.

[85] GILSON, É. *A existência na filosofia de S. Tomás*. São Paulo: Duas Cidades. Uma nova edição está sendo preparada pela Editora Madamu.

[86] GILSON, É. T6, p. 186. Nos anos 1960 a consideração do ser (*esse*) será o tema central da obra de Gilson publicada em inglês, *Elements of Christan Philosophy*. Em carta a Pegis, Gilson explicita o seu projeto: "**Objeto do livro**: explicar o significado da noção de *esse*. **Método do livro**: mostrar a formulação de tal noção no tratamento tomásico do ser, dos transcendentais, da causalidade, do homem, da intelecção, do amor e da vida social (isto é, o ser da sociedade) (...). **No centro**: a noção onipresente de que apenas um único objeto responde plenamente à noção de ser, nomeadamente, Deus" (SHOOK, Étienne Gilson, 1984, p. 41).

isento de passividade, damo-nos conta de que tudo aquilo que não é seu próprio ser recebe-o de outro; e, no tocante especificamente à distinção entre essência e existência, esta última é mais perfeita do que a primeira, como afirma Tomás: "este nome *ser* é tomado do próprio ato que chamamos *ser*"[87]. Assim, o ser substantivado, sinônimo de ente, não deve ser confundido com o ser verbal, sinônimo do ato de ser ou existir. Exige-se, portanto, dos leitores uma redobrada atenção ao contexto em que aparece o termo *ser*, que é ambivalente tanto em português como em francês (*ser/être* = ente; *ser/être* = ato de ser), ambivalência que não existia em latim, pois o ente se diz *ens*, particípio presente do verbo *esse*.

Aliás, o vocabulário de Gilson no tocante à equivalência ou distinção dos termos *ser, existência* e *ente* não se manteve uniforme ao longo de seus anos de estudo e interpretação de Tomás de Aquino. Nos anos 1950 e 1960, porém, ele procura determinar com precisão tal vocabulário, como se observa particularmente nos apêndices da segunda edição de *L'être et l'essence*, de 1958. Se antes o termo *ser* (être, em francês) designava indiferentemente o ato de ser (*esse*) e aquilo que é (*ens*), agora, com a obra de 1958, Gilson afirma que teria sido melhor usar o termo *ente* (*étant*, em francês) para designar o ser substantivado, tradução de *ens* (termo, aliás, que, mesmo sendo um substantivo, contém uma conotação verbal de ação, pois é um particípio presente segundo a nomenclatura da gramática latina), aquilo que tem o ser ou que este efetiva[88]. *Ens* (no plural: *entia*), segundo Gilson, ganha definitivamente cidadania no vocabulário filosófico a partir do uso feito por Boécio em seus comentários de lógica, tomando-o como equivalente de *quod est* (no plural: *quae sunt*) para designar a substância. Inúmeras vezes Gilson emprega o termo *existência* para se referir ao ato de ser, uso legitimado, no seu dizer, por Domingos Bañez, escolástico espanhol do século XVI, autor de primeira grandeza na história do tomismo e que se servira de *existentia* para traduzir *esse*[89].

---

[87] GILSON, É., T6, p. 186.

[88] Toda a dificuldade reside no fato de que o termo francês *étant* (ente), mais explícito do que o termo em português para indicar um particípio presente, não era usual na língua francesa, o que leva Gilson a manter a ambivalência de *être* (ser; ente). Essa dificuldade não existe em português, pois, embora o termo *ente* não mostre com clareza que é um resquício do que na gramática clássica se chamava de particípio presente (assim como *falante, amante, presidente* etc.), ele é um equivalente exato de *ens*. O *étant* francês tem a sua origem no vocabulário jurídico do francês antigo, no qual o termo *ester* significa comparecer, no tribunal, diante do juiz.

[89] Gilson relembra que esse espanhol tem grande importância na história do tomismo justamente por enfatizar o papel do ato de ser, o que, na visão de Gilson, passou despercebido por ilustres comentadores de Tomás desde o período da segunda Escolástica, como é o caso do cardeal Tomás de Vio (1469-1534), também conhecido como Cajetano, que, ademais, não manteria fidelidade ao mestre. Sua obra seria "o exemplo perfeito daquilo que pode ser um tomismo sem o ato de ser". (Cf. GILSON, É. Élements d'une métaphysique thomiste de l'être. *Archives d' histoire doctrinalle et litéraire du Moyen Âge* (1973), p. 34.)

A reflexão no domínio da linguagem acerca de termos como nome (substantivo) e verbo permite visualizar melhor o emprego tomasiano do vocabulário do ser. Se os tomarmos isoladamente, nome e verbo são partes constitutivas (significativas) de uma proposição. Pela função que aí exercem, o nome é o sujeito da proposição predicativa, e o verbo indica uma ação ou propriedade, além de uma conotação temporal. Ainda que haja uma complementaridade entre ambos, expressa na estrutura mesma da proposição, eles podem exercer funções opostas, nas quais o nome viria a exercer a função de predicado e o verbo, na sua condição de particípio ou infinitivo, a de nome. O caso paradigmático é o termo *ser*, que, como nome, indica o ente, aquilo que é; já como predicado complexo, exprime a inerência de propriedades no sujeito (*ser* como cópula); ainda, como predicado simples, significa a existência do que é mencionado no sujeito (*ser* como existência factual)[90]. No primeiro caso, não é afirmada a existência efetiva daquilo que é expresso pelo sujeito, embora se possa supô-la, razão pela qual alguns tomistas (Maritain, por exemplo) dizem que uma proposição desse tipo indica a existência, aquela que é ideal ou possível. A segunda proposição indica a existência factual. O ser não é uma noção vazia; por seu conteúdo nominal, ele cossignifica, isto é, designa algo (*aliquid*): o ente (*ens*) é aquilo que é (*quod est*), da mesma forma que *currens* é alguém que corre; ora, se *currens* expressa uma atividade, a de correr, *ens* faz o mesmo, a atividade de ser. Esse aspecto dinâmico desempenha papel central na exposição de Tomás.

Diante da referência explícita e direta ao ato de existir (*esse*) não se pode, porém, depreciar a essência, pois, sem ela, não haveria *esse*: ambos, *esse* e *essentia*, são coprincípios do *ens*, e um não existe sem o outro. O *esse* atualiza a essência, faz com que ela exista, e, ao constituir o ente, pode-se dizer que o *esse* está impregnado existencialmente nas fibras da essência[91]. A essência, ao ser atualizada pelo *esse*, o especifica e o faz dar realidade a determinada espécie de entes, de modo que se pode dizer que a essência limita o *esse*, impondo-lhe um contorno: "É preciso admitir que a essência é a determinação, a delimitação, a restrição do *esse*"[92]. Mas, a propósito da relação entre essência e ser/ato de existir, parece haver certo elemento ininteligível: somente a essência é conceitualizável, isto é, pode ser expressa como conceito quiditativo (que indica o *quid*, o *que* algo é), mas o mesmo não se dá com o ser (*esse*), uma vez que ele não é um *quid*. No entanto, ele é pensável. Se o ato de ser fosse uma quididade, não se distinguiria da essência. Ele pode ser concebido; mas, para um ente, não é possível definir seu ato de ser. Aqui reside um dos pontos marcantes da metafísica tomasiana por sua ênfase na operação

---

[90] LANDIM, R. Predicação e juízo em Tomás de Aquino. *Kriterium* 43 (2006), pp. 27-49.
[91] Cf. ECHAURI. *El pensamiento de Étienne Gilson*. Pamplona: Eunsa, 1980, p. 30.
[92] GILSON, É. *Introduction à la philosophie chrétienne*. Paris: Vrin, 1960, p. 193.

do juízo (ato de unir um sujeito a um predicado) como forma de apreender o ser. Assim, explicita-se a distinção entre a apreensão do conceito em termos quiditativos e a significação dada pelo juízo que apreende o ser: "é evidente que não se pode ver a existência, mas sabe-se que ela está aí, e se pode ao menos colocá-la, por um ato de juízo, como a raiz oculta daquilo que se pode ver e do que se pode tentar definir. (...) A ontologia tomista convida-nos a olhar, além da nossa ciência atual, para esta energia positiva de onde nascem ao mesmo tempo cada sujeito cognoscente e cada objeto conhecido"[93]. Pelo *esse*, a essência torna-se um ente, mas, em si mesmo, ele não é um ente: *esse non est ens, sed est quo ens est* (o ser não é ente, mas aquilo pelo qual o ente é)[94].

No seu relato autobiográfico, *O filósofo e a teologia*, Gilson diz o quanto foi perturbador dar-se conta de que passou anos como leitor e estudioso dos textos de Tomás sem perceber o sentido verdadeiro e primordial do ser: "Durante quanto tempo pude espreitá-la sem vê-la? Vinte anos talvez"[95]. Considero a hipótese de que essa descoberta foi formulada pela primeira vez nas conferências apresentadas em inglês na Universidade de Indiana, em 1940, e publicadas no livro *God and Philosophy*. Tais conferências foram escritas em Toronto e apresentadas também em Harvard.

Em 1944 surge a quinta edição de *O Tomismo*, com poucas diferenças em relação à quarta edição: o acréscimo de 15 páginas (Parte III, cap. 7) a respeito da expressão *filosofia existencial* aplicada ao pensamento de Tomás de Aquino. O conteúdo dessas páginas esclarece a compreensão do pensamento filosófico de Gilson e de sua compreensão do tomismo. Falar de filosofia existencial em referência a um autor medieval não é apresentá-lo com roupagem moderna, uma vez que essa expressão, no final da primeira metade do século XX, remete aos nomes de Kierkegaard, Heidegger, Jaspers e muitos outros aos quais o pensamento de Tomás, segundo Gilson, não poderia ser somado, pois, de modo geral, trata-se de filósofos que consideram a existência como objeto de uma fenomenologia possível da existência humana. "É Tomás que nos fez ler Kierkegaard, e não o contrário"[96].

---

[93] Gilson, É., T6, p. 455.

[94] Cf. Echauri, *El pensamiento de Étienne Gilson, op. cit.*, p. 20.

[95] Gilson, É., *O filósofo e a teologia, op. cit.*, p. 208.

[96] Gilson, É., *O filósofo e a teologia, op. cit.*, p. 176. Qualquer comparação da filosofia existencial de feição tomasiana com o existencialismo moderno tem possibilidade de êxito se se tiver em conta a compreensão da existência tal como expressa na reflexão ética de Tomás de Aquino na Segunda Parte da *Suma de Teologia*. Isso já havia sido entrevisto por Maritain (*Court traité de l'existence et de l'existent*. Paris, P. Téqui, 1947, pp. 25-26) bem como tematizado por Geiger (In: "Existencialisme, essentialisme et ontologie existentielle". *Étienne Gilson: Philosophe de la chrétienté*. Paris: Cerf, 1949, pp. 236-237) e Henri Dominique Robert (In: "Phémenologie existentielle et morale thomiste". *Morale chrétienne et requêtes contemporaines*. Tournai: Casterman, 1954, p. 204).

A sexta edição fecha o percurso de quase sessenta anos de *O Tomismo* e mantém o traço peculiar do projeto historiográfico de Gilson, indicado pela ideia de que esse livro é uma introdução histórica a Tomás de Aquino, com a modéstia de não ser mais do que uma "iniciação escolar à sua doutrina"[97]. Essa sexta edição é marcada pela maturidade intelectual de seu autor, pois temas que lhe são caros, como a filosofia cristã e o estatuto da teologia, são revisitados em cursos e conferências e depois apresentados em dois livros dessa época que se tornaram contemporâneos de *O Tomismo*, um escrito em inglês, *Elements of christian Philosophy*, e outro em francês, *Introduction à la philosophie chretienne*. A preocupação com o vocabulário metafísico persiste no Gilson filósofo atento à língua e sua expressividade, a ponto de dizer no prefácio dessa sexta edição que, se lhe fosse permitido reescrever o livro, traduziria *ens* por ente e *esse* por ser[98], mesmo que esse vocabulário já tenha sido matéria de muita discussão (e revisões), como consta nos apêndices da segunda edição de *O ser e a essência*.

A mudança mais significativa presente nessa sexta edição em relação à anterior ocorre na redistribuição dos capítulos da primeira parte, intitulada Deus, não motivada pela simples mudança terminológica, mas pela compreensão de que as provas da existência de Deus não pressupõem a discussão metafísica do *esse* tomásico. A quinta edição abria a parte I com o capítulo "Existência e realidade", sob a justificativa de que o problema da existência de Deus supõe a compreensão da existência como ato, algo reconhecido pelo próprio Tomás em uma de suas primeiras obra, o *De ente et essentia*, afirma Gilson[99]. Nesta sexta edição este capítulo é suprimido e se passa diretamente ao tema da existência de Deus.

Essa mudança na discussão sobre as provas da existência de Deus leva Gilson a fazer duas *retractationes*. A primeira refere-se à distinção entre a primeira e segunda "via" e seu significado histórico. Das chamadas provas "físicas" de Tomás, fundadas sobre os objetos do conhecimento sensível, dimensionadas assim pela sua noética, o primeiro caminho é uma prova estabelecida tão somente pela noção de movimento – tudo o que é movido é movido por outro – e nela não se encontra a noção de causa[100]. Isso é ressaltado por Gilson para afirmar que não se trata, como dito na quinta edição, de uma prova pela causa eficiente do movimento. A primeira "via" é distinta da

---

[97] GILSON, É., T6, p. 7.

[98] *Idem*, p. 8. A respeito da terminologia aqui empregada, ver as observações de Gilson em T6, p. 170.

[99] GILSON, É., T5, p. 45.

[100] Essa primeira prova de santo Tomás, a qual não é possível retomar aqui em seus detalhes, apresenta uma estrutura dialética na qual aparecem elementos dispersos da obra de Aristóteles, a fim de demonstrar que existe uma substância imóvel pela qual a sua perfeição, desejada pelos outros seres, move o universo.

segunda, ela não é a prova de uma primeira causa eficiente do movimento. A bem dizer, a primeira "via" é distinta da segunda, terceira e quarta vias. Essa revisão já aparece no artigo de 1963, publicado nos *Archives d'historie doctrinale et littéraire du Moyne Âge*, com o título de "Prolegomènes à la *prima via*", no qual Gilson rechaça a ideia de fundar a primeira via pelo princípio de causalidade. O historiador da filosofia retoma passagens do *Compêndio de Teologia* (I,2), da *Suma contra os gentios* (I,13) e da *Suma de Teologia* (I,2,3) para mostrar que o termo causa não é utilizado pelo Aquinate. Tomás "evita intencionalmente" o termo causa não porque quisesse eliminar a noção de causalidade, mas por querer ressaltar o movimento em si mesmo e de modo absoluto, abstração feita da noção de causa eficiente[101].

A segunda *retractatio*, ainda relacionada às provas da existência de Deus, reconhece que as *quinque viae* não partem da composição de *essentia* e *esse* nos seres finitos para provar a existência de Deus. Também em sua revisão, Gilson afirma que o capítulo quarto do opúsculo *De ente et essentia* não contém nem a sexta "via" nem o esquema metafísico das cinco "vias", mas, ao contrário, "possui uma profunda meditação sobre a noção de Deus a partir da certeza de sua existência e de sua perfeita unidade"[102]. Até a quinta edição, as provas da existência de Deus eram precedidas (metodologicamente) por uma discussão sobre a noção do *esse* tomásico.

## 5. TOMISMO NO BRASIL

O tomismo, como reflexão amparada no pensamento de Tomás de Aquino e como modelo de reflexão filosófica (não necessária nem exclusivamente o neotomismo, movimento cujos membros autoproclamavam-se representantes do "verdadeiro" pensamento de Tomás, o que alguns fazem ainda hoje), teve considerável impacto no quadro cultural brasileiro desde o início do século XX[103]. Quanto à prática da história da filosofia medieval e dos estudos sobre Tomás de Aquino desenvolvidos por Gilson, eles foram assimilados mais tardiamente, já num ambiente universitário consolidado. Gilson esteve por duas vezes no Brasil: a primeira em meados dos anos 1930, quando passou dois meses no Rio de Janeiro, em missão diplomática do Ministério das Relações Exteriores da França, ministrando conferências sobre a

---

[101] GILSON, É. Prolegomènes à la prima via. *Archives d'histoire doctrinale et littéraire du Moyen Âge* 30 (1963), pp. 53-70.

[102] GILSON, É., T6, p. 97, nota 85. A quinta edição traz a citação de um trecho desse opúsculo de santo Tomás para afirmar que as cinco vias alcançam o Deus cuja essência não é diferente de sua existência: GILSON, É., T5, p. 121.

[103] CAMPOS, F. A. *Tomismo no Brasil*. São Paulo: Paulus, 2014. Cf. LIMA VAZ, H. C. O pensamento filosófico no Brasil de hoje. *Revista Portuguesa de Filosofia* 37 (1961), 235-273.

cultura francesa, especialmente literária, mas também com alguma incursão na filosofia medieval; a segunda passagem se deu em São Paulo, no ano de 1956, quando ministrou seis conferências sobre Tomás de Aquino, por iniciativa do Centro Dom Vital de São Paulo. Dessas preleções resultou a obra em português *A existência na filosofia de Santo Tomás*, cujo conteúdo é representativo da fase madura do pensamento do autor, à qual pode ser somada a edição inglesa de *O Tomismo* (*The Christian philosophy of St. Thomas Aquinas*), publicada no mesmo ano de 1956[104].

A presença do pensamento de Tomás de Aquino no Brasil é difusa e difícil de ser acompanhada em seus detalhes; há fases distintas de sua recepção da perspectiva dos modelos historiográficos-teóricos. É possível dizer que ela não se restringiu ao círculo católico nem às instituições eclesiásticas de ensino, fazendo-se presente também no início do sistema federal de ensino leigo, como foram os casos da criação dos cursos de filosofia em Porto Alegre e Belo Horizonte, com professores de formação predominantemente jurídica.

Dos principais tomistas do século XX, Jacques Maritain e em menor grau Gilson foram os que mais influência exerceram no catolicismo brasileiro, como atestam, entre outros, os nomes de Alceu Amoroso Lima (1893-1983), também conhecido como Tristão de Ataíde[105], e do Pe. Leonel Franca (1893--1948), tomista preocupado em repensar questões modernas principalmente em face do desenvolvimento da ciência de sua época. Ao Pe. Leonel Franca está associada a criação da primeira universidade católica no Brasil, no Rio de Janeiro; sua participação em atividades políticas, de viés conservador e tradicionalista, foi intensa no Ministério da Educação, no final dos anos 1930.

A versão neoescolástica do tomismo também dirigiu a criação do primeiro curso de filosofia do Brasil, o da Faculdade Livre de Filosofia e Letras de São Paulo, no ano de 1908, por iniciativa do abade D. Miguel Kruze, do Mosteiro de São Bento da mesma cidade. Capitaneado em sua primeira fase pelo professor belga Charles Sentroul (1876-1933), trazia à risca o legado neotomista do cardeal Désiré-Joseph Mercier (1851-1926), da primeira escola de Lovaina. Discípulos de Sentroul no Mosteiro de São Bento de São Paulo foram Leonardo Van Acker (1896-1986), belga radicado no Brasil, e Alexandre Correia (1890-1984), aluno da primeira turma de filosofia do curso beneditino que seguiu para Lovaina a fim de aperfeiçoar seus estudos de filosofia, tornando-se, depois de seu retorno ao Brasil, professor da Faculdade de Direito do Largo São Francisco, bem como de filosofia no Mosteiro de São

---

[104] GILSON, É. *The Christian Philosophy of St. Thomas*. Trad. L. K. Shook. New York: Random House, 1956.

[105] No artigo de Alceu Amoroso Lima, "Maritain et l'Amérique Latine", publicado na *Revue Thomiste* 48 (1948), pp. 15-27, o nome de Gilson aparece ao lado do de Maritain. Ambos são chamados de tomistas contemporâneos importantes para o contexto da América Latina.

Bento e na Faculdade Sedes Sapientiae, posteriormente integrada à PUC-SP. O tomismo de Alexandre Correia é de recorte neotomista e tradicionalista, reverberando as ideias de Lamennais (1782-1854), Louis-Gabriel-Ambroise de Bonald (1754-1840) e Joseph de Maistre (1753-1821)[106].

Quanto à abordagem, por assim dizer, mais científico-acadêmica de reconstrução e exegese histórico-filosófica do pensamento de Tomás, deve-se ressaltar o trabalho iniciado nos anos 1950 e 1960 em alguns círculos católicos, mas, sobretudo, universitárioss. Oriundo destes, um nome de primeiríssima grandeza é, sem dúvida, o do jesuíta Henrique Claudio de Lima Vaz (1921-2002), atuante inicialmente em Nova Friburgo e no Rio de Janeiro e depois em Belo Horizonte, de início na Faculdade Jesuíta de Filosofia e Teologia, no Departamento de Filosofia da Universidade Federal de Minas Gerais, do qual foi um dos fundadores. Em filosofia, Lima Vaz estrutura sua atividade historiográfico-teórica com base na consideração do *ser* (*esse*) como *ato de ser* (*actus essendi*) e do ser humano como ser de *expressividade*. Em uma vertente, digamos, próxima a uma filosofia da história, as ideias formuladas por Lima Vaz em seu artigo *Cristianismo e consciência histórica* tiveram impacto significativo não apenas para a reflexão católica e tomista em geral nos anos 1960, mas também para a ação política de cristãos e não cristãos inspirados por princípios humanistas[107]. Não há dúvida de que a consideração do ato de ser e do ser humano como ser de expressividade está na raiz da importância dada por Lima Vaz à necessidade de repensar a metafísica e a antropologia filosófica nos séculos XX e XXI.

Sua orientação em teologia identifica a herança medieval no pensamento moderno, relembrando o projeto gilsoniano que reconstruiu as fontes medievais do pensamento de Descartes[108]. Especificamente no que concerne ao

---

[106] Alexandre Correia fez a primeira tradução da *Suma de teologia* em língua portuguesa entre os anos 1935 e 1937. A segunda edição apareceu nos anos 1990, publicada em Porto Alegre pela Escola Superior de Teologia e pela Editora Sulina, sendo reeditada em 2016 pela Editora Eclesiae, de Campinas.

[107] Lima Vaz foi um dos principais mentores da JUC (Juventude Universitária Católica) e da AP (Ação Popular): em um contexto de falta de ideais claros, Lima Vaz desenvolverá elementos de orientação dialética-existencial, malgrado sua crítica conceitualmente contundente da posição marxista, completada por sua insistência na necessidade humana de abrir-se ao Transcendente. Cf. LIMA VAZ, H. C. Cristianismo e consciência histórica I e II. 2ª ed. *Ontologia e história*. São Paulo: Loyola, 2002, pp. 165-217; e, também, o seu artigo "Marx e o cristianismo". In: *Perspectiva teológica* 15/37 (1983), pp. 351-364.

[108] Vale lembrar que a formação intelectual de Lima Vaz é marcada, em grande parte, pelos autores da chamada *Nouvelle Théologie* (Nova Teologia) – Henri De Lubac, Y. Congar, M. D. Chenu, e outros – que já assumiam a perspectiva do estudo histórico sobre Tomás de Aquino, distante do tomismo oficial da Igreja. Cf. SAVIAN FILHO, J. Tomás de Aquino intérprete da tradição eudaimonista, segundo manuscrito inédito de Henrique Cláudio de Lima Vaz. In: *Síntese* 48, 2021, pp. 43-57.

cristianismo, Lima Vaz via a urgência do diálogo com o pensamento moderno, como num cristianismo em saída, não autocentrado, muito menos repetidor de afirmações anacrônicas, sem significação para o mundo contemporâneo e mesmo, muitas vezes, equivocadas. Dessa perspectiva, o caráter tomasiano do pensamento de Lima Vaz é explícito, sobretudo via seus intérpretes Joseph Maréchal (1878-1944), Étienne Gilson e Karl Rahner (1904-1984), entre outros[109]. Seu livro *Raízes da Modernidade* resulta de um longo tempo de frequentação dos textos de Tomás de Aquino, mas também de Husserl, Hegel, Aristóteles e Platão[110]. Lima Vaz destaca o modelo filosófico da *intuição* como determinante de seu pensamento, tanto ao abordar temas de ontologia e metafísica, no início de sua carreira filosófica, como ao tratar da práxis histórica, iluminada por seu encontro com o pensamento de Hegel[111], "montanha" que ele se viu instado a escalar e pela qual se afeiçoou profundamente, mas que também critica por ter reduzido a transcendência plantada por Platão no coração da filosofia à mais crua imanência da matéria e do espírito concebido em termos também materiais.

No Rio Grande do Sul, Ernani Maria Fiori (1914-1985) desenvolveu uma carreira docente pioneira no domínio da filosofia e com um itinerário intelectual marcado pelos nomes de Alceu Amoroso Lima e Lima Vaz. O tomismo professado por Fiori consubstanciava-se também na recepção do *esse* como ato de existir. Seu trabalho de ensino e pesquisa refletia, a um só tempo, a exigência do rigor acadêmico profissional e aquela referente à constituição de uma sabedoria cristã pelo estudo analítico dos textos originais e por um profundo conhecimento da história da filosofia. Filósofos como Cornélio Fabro (1911-1995), além do próprio Gilson, são algumas de suas principais

---

[109] Ver, a respeito, a entrevista com Pe. Vaz publicada em NOBRE, M.; REGO, J. M. (org.). *Conversas com filósofos brasileiros*. São Paulo: Editora 34, 2000, pp. 29-44. Para os trabalhos históricos sobre Tomás e a Idade Média, consultar os livros *Escritos de Filosofia: Problemas de fronteira*. São Paulo: Loyola, 1986, e *Ontologia e História. Escritos de Filosofia VI*. 2ª ed. São Paulo : Loyola, 2001.

[110] A tese de doutorado de Lima Vaz teve por tema o pensamento de Platão e foi defendida em Roma, em latim, nos anos 1960. Tradução brasileira: LIMA VAZ, H. C. *Contemplação e dialética nos diálogos platônicos*. Trad. Juvenal Savian Filho. São Paulo: Loyola, 2012.

[111] Cf. LIMA VAZ, H. C. O itinerário do absoluto no pensamento de E. Fiori. In: FIORI, E. *Textos escolhidos*. Vol. 1. Metafísica e História. Porto Alegre: L&PM, 1987, pp. 19-31. Esse texto de Vaz é ilustrativo ao apontar, no tocante ao método de trabalho em história da filosofia, as duas referências textuais sobre o assunto presentes por volta dos anos 1960 no nosso meio intelectual universitário: "o modelo sistemático inspirava o clássico Émile Bréhier que, como bom racionalista, dava primazia à ordem das razões e à lógica interna dos sistemas; o modelo intuitivo guiava o discípulo de Bergson, Jacques Chevalier, na sua recente *Histoire de la pensée*. (...) [O professor Ernani Maria] Fiori se reconhecia no modelo intuitivo, mas então já éramos ambos confrontados com a poderosa atração do sistema hegeliano" (*id.*, p. 23).

referências[112]. É de ressaltar ainda o papel da atividade pública de Fiori em prol da educação, do ensino de filosofia, tanto no Brasil como, por muito tempo, no Chile, onde desenvolveu atividades de ensino e pesquisa.

Na cena filosófica mineira, o nome do Pe. Vaz foi precedido pelo pioneirismo de Arthur Versiani Velloso (1906-1986), um dos fundadores da Faculdade de Filosofia e Ciências Humanas da Universidade Federal de Minas e do seu Departamento de Filosofia. Egresso da esfera do direito, Velloso fez do tomismo o centro de suas preocupações filosóficas, e, como leitor de Maréchal e Rousselot, tentou conciliar o realismo crítico de Tomás com o criticismo kantiano. Seu nome associa-se também ao de Bréhier, com quem estabeleceu fortes laços de amizade intelectual e que, nas palavras do próprio Velloso, muito contribuiu quando da fundação da Faculdade de Filosofia de Minas. Velloso recepcionou Bréhier em Belo Horizonte, em 1936, quando, encarregado de uma missão universitária francesa, o professor da Sorbonne ministrou cursos de historiografia e história da filosofia, seminários de leitura de textos e um curso sobre sua particular compreensão da tradição medieval, com o tema das relações entre fé e razão. É precisamente no domínio da historiografia e da história da filosofia que o contato de Velloso com Bréhier se revelou propício para a instauração do debate, ainda então incipiente nos meios universitários brasileiros, sobre o sentido e o papel da história da filosofia. Velloso escrevera um longo artigo em 1935, intitulado *O problema da história da Filosofia*, que se constituiu como um comentário crítico à Introdução do livro de Bréhier, *L'histoire de la philosophie*, quando da sua publicação em três volumes pela editora Félix Alcan, em 1931[113].

Referência importante como polo propulsor dos estudos acadêmicos sobre Tomás de Aquino, numa vertente historiográfica e acadêmica-profissional, é a Escola Dominicana de Teologia de São Paulo (outrora chamada *Studium generale* da Província Dominicana do Brasil). Nela, nos anos 1950 e 1960, os professores dominicanos Carlos Josaphat e Francisco Catão, entre outros, desenvolviam uma leitura atenta dos textos mesmos de Tomás de Aquino, tomando distância das sínteses neotomistas e neoescolásticas.

---

[112] Fiori, E. *Op. cit.*, p. 87. Os textos de Ernani Fiori foram reunidos em dois volumes: *Metafísica e História. Textos escolhidos.* Vol. 1. Porto Alegre: L&PM, 1987 e *Educação e Política. Textos escolhidos.* Vol. 2. Porto Alegre: L&PM, 1991.

[113] O artigo de Velloso foi publicado no jornal *Estado de Minas* e dele Bréhier tomou conhecimento, a ponto de discuti-lo com Velloso quando esteve em Belo Horizonte. Esse estudo será republicado anos mais tarde, com grande aporte bibliográfico, na forma de apêndice à obra de Umberto Padovani: Padovani, U. *História da filosofia.* 8ª ed. São Paulo: Melhoramentos, 1970. Na nova versão, Velloso vale-se de outro trabalho de Bréhier, central para sua discussão historiográfica (Comment je comprends l'histoire de la philsphie, publicado na revista *Les études philosophique*, 1947), bem como do trabalho de Henri Gouhier, *La philosophie et son histoire*, publicado pela editora Vrin em 1948.

Apenas para dar uma pálida noção da importância da Escola Dominicana nos anos 1950-1960, vale citar a intensa produção bibliográfica de Carlos Josaphat, que depois lecionou na Universidade de Friburgo, e a tese doutoral de Francisco Catão, defendida em Estrasburgo (onde frequentou teólogos como Yves Congar, Karl Rahner e Joseph Ratzinger), intitulada *Salvação e redenção em Tomás de Aquino*, trabalho que se tornou referência mundial como o melhor estudo já produzido sobre a soteriologia tomasiana. Tanto frei Carlos Josaphat quanto Francisco Catão passaram pelo *studium* de Saint Maximin (centro de formação dos dominicanos na França, transferido posteriormente para Toulouse; um outro era Le Saulchoir, estúdio da província de Paris, que na mesma época contava com presença de M.-D. Chenu e Y. Congar da província de Toulouse). Em Saint Maximin foram alunos de Marie-Michel Labourdette (1908-1990), um professor que já fazia uma exegese rigorosa dos textos, distante do tomismo oficial, porque em grande medida valia-se do método histórico e genético para resolver certas dificuldades internas ao pensamento de Tomás, verificar mudanças ou evoluções conceituais ao longo da obra, em vista da inteligência do texto estudado. Suas aulas e posteriores publicações sobre a moral de Tomás (segunda parte da *Suma de Teologia*) serviam de modelo de estudo filosófico e teológico, pelo rigor da reflexão e fineza de apreciação da obra de Tomás, algo seguido pela comunidade dominicana de São Paulo.

Egresso do convento dominicano de São Paulo e do então *Studium generale*, Carlos Arthur Ribeiro do Nascimento (1935-) fez seus estudos de pós-graduação no Instituto de Estudos Medievais de Montreal: o mestrado, com a dissertação intitulada *O estatuto epistemológico das ciências intermediárias segundo Santo Tomás de Aquino*, e o doutorado, com a tese *Uma teoria das operações naturais fundada sobre a óptica: o De multiplicatione specierum de Roger Bacon*[114]. De retorno ao Brasil, Carlos Arthur lecionou história da filosofia medieval na PUC-SP. Seu trabalho é aquele do historiador da filosofia centrado na *experiência do texto*, em busca de sua inteligibilidade, resultante da leitura e interpretação deste[115]. Soma-se a isso o exercício de tradução de função acadêmica, importante para a fixação de um vocabulário em língua portuguesa e para a criação de um acervo de textos para o ensino de filosofia. Sua produção bibliográfica sobre Tomás de Aquino é extensa, e vale destacar

---

[114] A respeito desses estudos iniciais de Carlos Arthur, ver *De Tomás de Aquino a Galileu*. Coleção Trajetória. Campinas: IFCH/Unicamp, 1995.

[115] A título de referência, vale a pena consultar dois artigos de Carlos Arthur sobre Tomás de Aquino, O comentário de Tomás de Aquino à *Política* de Aristóteles e os inícios do termo Estado para designar a forma do poder político. *Veritas*, 38 (1993), pp. 243-252; A prudência segundo Santo Tomás de Aquino. *Síntese* 20 (1993), pp. 365-385.

o artigo *Da neoescolástica ao Santo Tomás histórico*[116]. Carlos Arthur é também um profícuo e exímio tradutor de Tomás de Aquino[117].

Nome influente na cena universitária e filosófica de São Paulo desde meados dos anos sessenta e estudioso do pensamento medieval e do chamado médio platonismo foi o professor Francisco Benjamin de Souza Netto (1937-2019), monge do mosteiro de São Bento de São Paulo. Seu conhecimento erudito instigava o público ouvinte ao exercício de um pensamento sem imposição de limites e aos leitores de seus textos, o prazer da leitura, não sem o esforço da atenção, para aí reconhecer a elegância da análise filosófica. Entre seus mestres, a contar ao menos os franceses, estão Maritain e Gilson, como se entrevê em extensa atividade de professor e escritor. Foi a partir do tomismo de Jacques Maritain que o professor Benjamin encontrou um pensamento católico mais ágil e aberto e também uma filosofia que reivindicava a necessidade da inteligência, da qual soube valer-se de um modo próprio e singular, o que o fez ir além do mestre[118]. Da inspiração de *O Tomismo* de Gilson revela-se o historiador atento ao domínio da leitura do texto e de suas articulações com a história, como se depreende no seu estudo sobre o tema da censura no pensamento político de Platão, de grande interesse para a história do pensamento político e especialmente, como diz, "para a história do homem como ente político"[119]. Seu esforço nesse estudo situa-se no mais estrito trabalho de "exposição" e "interpretação" de um texto filosófico, na dupla acepção que recobre as ideias de expor as articulações internas do texto estudado, sua estrutura, e o de fazer vir à luz o histórico, no caso, as articulações do pensamento de Platão e a história política da Grécia antiga. Foi como leitor atento da *Suma de teologia* que o professor Benjamin soube

---

[116] NASCIMENTO, C. A. R. Da neoescolástica ao santo Tomás histórico. MUCHAIL S.T. (org.). *Um passado revisitado: 80 anos do curso de filosofia da PUC-SP*. São Paulo: Educ, 1992, pp. 13-21.

[117] TOMÁS DE AQUINO, *O ente e a essência*. 8ª ed. São Paulo: Vozes, 2014; *Comentário ao Tratado da Trindade de Boécio – Questões 5 e 6*. São Paulo: Unesp, 1999; *Suma de Teologia I, 84-89*. Uberlândia: Edufu, 2004.

[118] Além de professor nas principais universidades paulistas e em seminários católicos e protestantes, o professor Benjamin foi membro atuante do Instituto Superior de Estudos da Religião – ISER (do qual foi um dos sócios-fundadores), onde publicou estudos sobre o pensamento católico no Brasil, tais como "O católico conservador no Brasil. O pensamento" e "Tendências atuais do catolicismo no Brasil", ambos publicados nos *Cadernos do ISER* 8 (1979), pp. 32-38. Outros trabalhos nas áreas da religião e teologia dignos de nota são o artigo "Ética, teologia e libertação", na coletânea *Articulação da teologia moral na América Latina* (São Paulo: Aparecida, 1987, pp. 169-182) e o extenso trabalho "Jesus nas cristologias do Novo testamento", em *Jesus: anúncio e reflexão* (Campinas: Instituto de Filosofia e Ciências Humanas, 2002, pp. 59-206).

[119] SOUZA NETTO, F. B. *O problema da censura no pensamento de Platão*. Tese de doutoramento. Campinas: IFCH, 1990, p. 3. De seus trabalhos sobre Tomás de Aquino, ocupa um lugar preponderante o seu trabalho de tradutor. Ver especialmente "o proêmio de Sto. Tomás ao comentário à Metafísica de Aristóteles" em colaboração com Carlos Arthur, *Revista Trans/Form/Ação* (1982, pp. 103-106) e *Escritos políticos de Tomás de Aquino* (Vozes, 1997).

extrair todos os recursos da *expositio* medieval em sua atividade de pensamento e na medida em que se fez um leitor e intérprete de Platão, Agostinho e Tomás de Aquino, nos legou o ofício do pensar.

Os estudos de Filosofia medieval já estão consolidados no cenário universitário brasileiro, seja nas universidades públicas seja nas privadas; em grupos de pesquisa ou associação de estudos[120]; nos cursos de graduação e pós-graduação. A presença de estudos sobre Tomás de Aquino na pós-graduação é bastante considerável, e de longe é o autor medieval mais estudado, algo que se constata em uma busca rápida no catálogo de teses e dissertações da Capes. A isso deve ser somado o grande número de publicações 'de' e 'sobre' Tomás de Aquino, junto das quais deve ser agora acrescentado *O Tomismo* de Gilson, obra indispensável ao estudo de Tomás de Aquino.

Prof. Dr. Paulo Ricardo Martines
Universidade Estadual de Maringá

---

[120] Nesse sentido, cabe destacar o papel pioneiro da *Comissão de filosofia medieval*, cujas origens remontam à X Semana de Filosofia da Universidade de Brasília dedicada à filosofia medieval, no ano de 1982, organizada por iniciativa do professor José Antonio de Camargo Rodrigues de Souza. Dez anos depois, em 1992, surge o *Centro de estudos de filosofia patrística e medieval de São Paulo* (CEPAME), de cuja ata fundadora faziam parte os professores José Carlos Estevão, Moacyr Novaes, Francisco Benjamin de Souza Netto e Carlos Arthur Ribeiro do Nascimento.

ÉTIENNE GILSON

# O TOMISMO

# PREFÁCIO
## À 6ª EDIÇÃO

Esta sexta edição de *O Tomismo* incorpora à substância da edição precedente o resultado de reflexões mais recentes sobre o sentido da filosofia de Santo Tomás de Aquino. Digo com clareza: filosofia, porque, insistindo sobre o caráter essencialmente teológico da doutrina, sustento mais do que nunca que essa teologia, por sua natureza mesma, inclui, não somente de fato, mas necessariamente, uma filosofia estritamente racional. Negá-lo significaria negar que as pedras sejam verdadeiras pedras quando servem para construir uma catedral.

O livro ficou mais leve sem os antigos Prefácios, que não tinham mais objeto. Controvérsias que perderam a validade foram suprimidas. A ordem desta edição retomou aquela das edições anteriores à quinta; compreenderemos o porquê disso. Algumas teses relativas às provas da existência de Deus foram retratadas ou corrigidas. Elas serão indicadas à medida que se apresentarem, ao menos quando forem importantes o bastante para merecer assinalamento.

Ficaria triste ao ver que tenho de dar por encerrado um livro que foi o companheiro de toda a minha vida, não soubesse eu que ele a acompanhará silenciosamente até seu fim. Inquieta-me mais o pensamento das ignorâncias e erros que ainda podem prejudicar a interpretação de uma doutrina no pensamento de um historiador que a cultivou durante sessenta anos. Se a juventude imaginasse as incertezas que pesam sobre a história da filosofia, não cometeria a imprudência de nela se engajar. Cãs brancas, o historiador deve pelo menos ter aprendido a modéstia para com seu próprio pensamento e a indulgência para com o pensamento dos outros. Há uma "lei das consciências blindadas". Aquela de um tão grande gênio como Santo Tomás de Aquino não se deixará talvez nunca verdadeiramente penetrar.

Essa revisão de um livro antigo não pôde mudar seu caráter ou mesmo a terminologia. Eu teria preferido modificar profundamente ambos, mas considerei impossível essa tarefa. Nascido do primeiro curso sobre o pensamento de Santo Tomás, que dei em 1913-1914, na Universidade de Lille, *O Tomismo* sempre conservou o caráter de uma introdução histórica da qual eu mesmo precisava tanto quanto meus alunos. O livro permaneceu, então, uma visão de conjunto daquela parte do pensamento de Santo Tomás por ele mesmo considerada pertencente à jurisdição da luz da razão natural. Embora não tenha abordado muitas noções importantes, este livro permanece uma espécie de iniciação escolar ao pensamento de Tomás.

Ensinei Santo Tomás um pouco na Sorbonne, nunca no Collège de France, mas muito e durante vários anos, no Instituto Pontifício de Estudos Medievais, criado pelos religiosos da Congregação de São Basílio, em Toronto, Canadá. Os estudantes a quem eu me dirigia, já bem formados na tradição escolástica, não precisavam de uma introdução histórica ao tomismo. Concluí, entretanto, que, sendo o tomismo, para eles, uma filosofia viva ao menos como fato histórico, eu podia ajudá-los se pusesse em relevo as articulações mestras do pensamento de Santo Tomás, de modo que eles mesmos pudessem um dia vir a ensiná-lo. Donde meu novo esforço para expor os elementos filosóficos do tomismo. Dado que, como sempre, eu seguia unicamente a ordem de exposição do pensamento garantida por Santo Tomás mesmo, ordem essa que é teológica, eu me via embaraçado para encontrar um título. Não há, em Santo Tomás, teologia natural propriamente dita, porque, ainda quando ele filosofa, ele teologiza. Por outro lado, ele mesmo é sempre consciente do terreno sobre o qual opera e, quando suas conclusões não dependem de nenhuma premissa sustentada pela fé, sente-se autorizado a estabelecer o diálogo com os filósofos e a falar como eles. Caí, portanto, inevitavelmente, na famosa fórmula "filosofia cristã", que alguns equivocadamente imaginam ser-me cara, quando, na verdade, só me é caro o direito de dela me servir. Daí nasceram os *Elements of Christian Philosophy*, Nova Iorque: Doubleday & Co., 1960. A edição na forma de livro de bolso apareceu em 1963.

Uma terceira tentativa de expor o pensamento tomista respondeu ao desejo de expor ao olhar de um possível público francês as noções próprias do tomismo que me parecem particularmente preciosas por sua fecundidade filosófica, teológica e mesmo religiosa. Desejei dar apenas os nervos e os músculos, porque as perdemos de vista quando deixamos a carne recobri-las. Donde o pequeno volume intitulado *Introduction à la philosophie chrétienne*, Paris: Librairie Philosophique J. Vrin, 1960. É um livro de tom inteiramente livre, redigido com leveza, e com o qual me agradaria pensar que outros sentirão por qual subida íngreme – natural ou sobrenatural? – a especulação metafísica tende a alcançar a espiritualidade.

Pensar-se-á talvez que teria sido mais simples reunir em um único volume a substância dessas três obras. Eu mesmo o pensei, mas a experiência convenceu-me de que, ao menos para mim, a empreitada é irrealizável. Cada vez que se recomeça um livro, obtém-se um novo livro, que segue sua ordem própria e complica ainda mais o problema; o insucesso na tentativa de unificar a linguagem é o que eu mais lamento. Se eu o escrevesse hoje, tal livro

## PREFÁCIO

falaria sem escrúpulos do ente (*ens*) e do ser (*esse*); nele, falar-se-ia o tempo todo do ser e menos frequentemente da existência. Espero, porém, que a língua do livro que se tem em mãos será compreendida por si mesma e que não me serão excessivamente cobradas as entorses que a fiz sofrer no intuito de mostrar como poderíamos modernizá-la.

Paris, 9 de janeiro de 1964.
Étienne Gilson

# INTRODUÇÃO

## NATUREZA DA FILOSOFIA TOMISTA

Por três de seus aspectos mais importantes, a personalidade de Santo Tomás excede os limites de nosso estudo. O santo que ele foi é assunto propriamente da hagiografia; o teólogo exigiria um estudo especial, conduzido com método apropriado, cujos resultados ocupariam, de direito, o primeiro plano em uma investigação de conjunto sobre ele; o místico e sua vida íntima escapam em larga medida às nossas tentativas de captá-lo. Só a reflexão filosófica que ele pôs a serviço da teologia concerne-nos diretamente. Felizmente, é o caso de dizer que um dos aspectos de sua carreira perpassa mais ou menos de modo igual todas as facetas dessa múltipla personalidade e parece corresponder ao ponto de vista mais central que poderíamos adotar para conhecê-la. O que há de mais aparente e mais constante na personalidade de Santo Tomás, o rosto, enfim, com mais probabilidade de ele ter-se representado a si mesmo, é este: o Doutor[1]. O santo foi um Doutor da Igreja; o homem foi um Doutor em teologia e em filosofia; o místico, enfim, jamais separou completamente suas meditações e o ensino que nelas se inspirava. Não corremos, portanto, o risco de perder-nos se procurarmos nessa direção uma das fontes principais do pensamento que iremos estudar[2].

---

[1] Santo Tomás declarou de próprio punho, fazendo suas as palavras de Santo Hilário, que ele considerava a principal função de sua vida aquela de falar de Deus: "Para citar Hilário (*De Trin.* I, 37), estou ciente de que a função precípua da minha vida vincula-me inescapavelmente a Deus, para que toda palavra minha e todos os meus sentidos o comuniquem" (*Suma contra os gentios* I, 2).

[2] Sobre esse ponto, ver Touron, A. *La vie de Saint Thomas d'Aquin... avec un exposé de sa doctrine et de ses ouvrages.* Paris, 1737, sobretudo o livro IV, capítulos II e III: "Portrait d'un parfait Docteur selon saint Thomas". Sobre o aspecto místico de sua personalidade, ver: Lavaud, L. *Saint Thomas d'Aquin. Sa sainteté, sa doctrine spirituelle.* Saint-Maximin: Éditions de la Vie Spirituelle, 1930 (Les Grands Mystiques); Joret, O. P. *La contemplation mystique d'après saint Thomas d'Aquin.* Lille & Bruges: Desclée, 1924; Chenu, M.-D. *Saint Thomas d'Aquin et la théologie.* Paris: Éditions du Seuil, 1959. Este último título é igualmente indispensável para a interpretação da noção tomista de ciência sagrada. Consultar também Mandonnet, P. & Destrez, J. *Bibliographie thomiste.* Paris: J. Vrin, 1921, pp. 70-72.

## I. O CONTEXTO INTELECTUAL

O ser humano só pode escolher entre dois tipos de vida: a vida ativa e a vida contemplativa. O que confere às funções do Doutor sua dignidade eminente é o fato de que elas implicam um e outro desses dois tipos de vida, efetivados segundo a ordem de sua exata subordinação. O próprio do Doutor, com efeito, é ensinar; ora, o ensino (*doctrina*) consiste em comunicar aos outros a verdade que se meditou previamente[3], o que requer necessariamente a reflexão do contemplativo para descobrir a verdade e a ação do professor para transmitir os resultados dessa descoberta aos seus ouvintes. Mas, o que há de mais notável nessa atividade tão complexa é que o superior, nela, preside exatamente o inferior, quer dizer, a contemplação preside a ação. Com efeito, segundo o modo como acabamos de defini-la, a função do Doutor encontra-se naturalmente orientada para um duplo objeto, interior e exterior, em função da direção que ele toma: seja a verdade que ele medita e contempla em seu interior, seja os ouvintes que ele ensina. Daí decorrem as duas dimensões de sua vida, sendo melhor a primeira e cabendo a ele, o Doutor, ordená-las.

Fica claro, de saída, que a atividade do Doutor não é artificialmente acrescentada à sua vida contemplativa; ao contrário, ela encontra aí a sua fonte e, por assim dizer, não é mais do que a expansão dessa vida contemplativa. O ensino, assim como a pregação, à qual, aliás, ele se assemelha, é seguramente uma obra da vida ativa, mas que deriva, de algum modo, da plenitude mesma da contemplação[4]. É por isso que, de saída, não seria conveniente considerar o ensino uma verdadeira e completa interrupção da contemplação. Aquele que relaxa na meditação das realidades inteligíveis das quais se alimenta um pensamento contemplativo para dirigir-se a obras boas, porém meramente exteriores, interrompe, este sim, completamente a contemplação. Distribuir esmolas e receber peregrinos são coisas excelentes, mas não excluem minimamente uma meditação propriamente dita sobre o que significam. Ensinar é proferir "fora" a contemplação "interior", e, se é verdade que uma alma verdadeiramente livre dos interesses temporais conserva, em cada um de seus atos exteriores, algo da liberdade que ela conquistou, não há lugar mais apropriado para conservar mais integralmente essa liberdade

---

[3] "Pelo ensino, alguém leva a verdade meditada ao conhecimento de outrem" – *Suma de teologia* IIaIIae, 181, 3, 3ª obj. Para a sequência da reflexão, ver o corpo do artigo (Respondeo), na mesma questão.

[4] "Deve-se dizer que a obra da vida ativa é dúplice: uma delas deriva, certamente, da plenitude da contemplação, como é o caso do ensino e da pregação (...); e ela prevalece sobre a simples contemplação: assim como iluminar é superior ao simples reluzir, levar aos outros o que se contemplou é superior a simplesmente contemplar" – *idem*, 188, 6, Resp.

senão no ato de ensinar⁵. Combinar dessa maneira a vida ativa com a vida contemplativa não é efetuar uma subtração, mas uma adição. Fica evidente, também, que não há outra forma de realizar mais integralmente esse equilíbrio entre os dois tipos de vida cuja busca impõe-se necessariamente à nossa atual condição humana⁶; ensinar a verdade que a meditação nos descortinou é expandir a contemplação sem nada perder dela; é, antes, expandi-la, acrescentando-lhe a melhor parte.

Disso resultam várias consequências importantes para determinar o papel exato a que se atribuía Santo Tomás ao assumir as funções eminentes de um Doutor cristão. Essas funções pareciam-lhe particularmente apropriadas ao estado religioso do monge⁷ e especialmente a uma Ordem religiosa a um só tempo dedicada ao ensino e contemplativa, como a Ordem dos Dominicanos. Santo Tomás jamais cessou de defender, contra os ataques dos seculares, a legitimidade do ideal ao qual ele consagrara sua vida, qual seja, o de um monge pobre e dedicado ao ensino. Quando lhe é contestado o direito à absoluta pobreza, ele invoca o exemplo dos antigos filósofos, que renunciavam muitas vezes às riquezas para consagrar-se mais livremente à contemplação da verdade. E com que mais forte razão essa renúncia não se impõe a quem quer seguir não somente a sabedoria, mas Cristo, segundo o belo refrão de São Jerônimo ao monge Rústico: *Seguir desnudo o Cristo nu!*⁸ Quando atacam sua legitimidade de aceitar uma honra como a do magistério ou de assumir o título de mestre, Santo Tomás objeta com bom senso que o magistério não é uma honra, mas uma responsabilidade⁹; e, não sendo o título de mestre algo que o portador dá a si mesmo, mas recebe, é difícil impedir que os outros lhe atribuam tal título¹⁰. Quando se objeta, enfim, que o verdadeiro monge restringe-se ao dever do trabalho manual, cujas exigências combinam mal com aquelas da meditação e do ensino, Santo Tomás excede em distinções para dispensar-se de um ofício tão manifestamente subalterno e para

---

⁵ Cf. *idem*, 182, 1, Resp. e ad 3m. Ver, sobretudo, a conclusão do artigo: "Fica claro, assim, que, quando alguém é chamado da vida contemplativa à vida ativa, isso não se faz a modo de uma diminuição, mas de acréscimo".

⁶ Sobre a diversidade das aptidões naturais à vida ativa ou à vida contemplativa, ver *idem*, 182, 4, ad 3m.

⁷ Cf. *idem*, 188, 6, Resp. Vemos nesse texto que as Ordens contemplativas e dedicadas ao ensino prevalecem em dignidade sobre as Ordens exclusivamente contemplativas. Na hierarquia eclesiástica, aquelas vêm imediatamente abaixo dos bispos, porque "os fins dos primeiros unem-se aos princípios dos segundos". [A última afirmação da nota de Gilson refere-se ao que se costuma chamar de *axioma de continuidade*: cf. MONTAGNES, B. L'axiome de continuité chez Saint Thomas. *Revue des sciences philosophiques et théologiques* 52 (1968) 201-221. N. do T.]

⁸ Cf. *Suma de teologia* IIaIIae, 186, ad 3m.

⁹ Cf. *Contra os que atacam o culto a Deus e a religião*, cap. II: "É falso dizer que o magistério é uma honra: é, antes, um ofício, e é a ele que se deve honra".

¹⁰ Cf. *idem, ibidem*.

pôr em seu lugar o trabalho oral do ensino e da pregação[11]. Nada, portanto, é mais legítimo, a seus olhos, do que uma Ordem religiosa de monges contemplativos e dedicados ao ensino.

Nada, aliás, é mais desejável para o membro de uma Ordem desse tipo do que aspirar às funções de Doutor e consagrar sua vida a cumpri-las. Certamente, o papel do mestre não deixa de ter riscos. Pode ser o caso de que alguém ensinará toda sua vida por vanglória, em vez de visar o bem alheio, e levará por conseguinte uma existência indigna de um religioso[12]. Mas quem tem consciência de exercer o magistério como uma obra de misericórdia e como uma verdadeira caridade espiritual não deveria experimentar nenhum escrúpulo ao desejar exercê-lo. Objeção constantemente dirigida pelos seculares contra o membro de uma Ordem religiosa que se candidatava ao título de mestre: como conciliar essa pretensão à autoridade com a humildade do monge?[13]. Santo Tomás a resolve referindo-se perspicazmente ao lugar que ocupavam os mestres na Universidade de Paris e distinguindo com cuidado a situação do candidato a uma cátedra magisterial daquela do candidato a um bispado: quem deseja uma cátedra episcopal ambiciona uma dignidade que ele ainda não possui; quem é nomeado para uma cátedra magisterial não recebe desse fato nenhuma dignidade nova, mas somente a oportunidade de comunicar sua ciência aos outros. Com efeito, conferir a alguém a licença para ensinar não é, de modo algum, conferir-lhe a ciência; é dar-lhe permissão para ensiná-la. Uma segunda diferença entre os dois casos está no fato de que a ciência requerida para ocupar uma cátedra magisterial é uma perfeição do indivíduo mesmo que a possui, ao passo que o poder pontifical do bispo dá-se em função das outras pessoas. Uma terceira diferença é o encontrar-se habilitado acima de tudo pela graça divina para receber as dignidades episcopais, enquanto é a ciência que torna um indivíduo digno de ensinar. Os dois casos são, portanto, diferentes: é louvável desejar sua própria perfeição; portanto, é louvável desejar tanto a ciência como o ensino para o qual ela torna digno, mas é mau desejar a autoridade sobre outrem sem saber se se tem a graça exigida para exercê-la. Não sendo o desejo de ensinar, isto é, de comunicar aos outros a ciência que se possui, mais do que o desejo de cumprir um ato de caridade, nada é mais louvável do que almejar sua autorização,

---

[11] Cf. *Suma de teologia* IIaIIae, 187, 3, ad 3m; *Questões quodlibetais* VII, aa. 17-18. Ver também *Contra os que atacam o culto a Deus e a religião*, cap. II, onde o ensino é considerado uma partilha espiritual e uma obra de misericórdia.

[12] Puseram, certa vez, a Santo Tomás esta curiosa questão: um mestre que sempre ensinou por vanglória pode reconquistar o direito à auréola fazendo penitência? Resposta: a penitência devolve o direito às recompensas merecidas; ora, quem ensina por vanglória nunca teve direito a uma auréola; nenhuma penitência poderia permitir-lhe reconquistá-la. Cf. *Questões quodlibetais* XII, a. 24.

[13] Cf. *idem* III, a. 9 ("Se é lícito a alguém pedir para si a licença para ensinar teologia").

desde que se seja realmente capaz de ensinar. Ora, ninguém pode saber, com certeza, se possui ou não a graça, da qual somente Deus pode dispor, mas cada um pode saber, com certeza, se possui ou não os conhecimentos requeridos para ensinar legitimamente[14]; é, pois, com a plena segurança de possuir a ciência necessária, e por amor pelos espíritos que ele desejava iluminar, que Santo Tomás dedicou sua vida inteira ao exercício do ensino. *Contemplata allis tradere* ("levar aos outros o que foi contemplado"): uma contemplação da verdade pelo pensamento, que se expande para fora de si por amor e se comunica, tal é a vida do Doutor, imitação humana a menos infiel, embora sempre tão deficiente, da vida mesma de Deus.

Fiquemos atentos, entretanto, ao sentido exato das palavras de Santo Tomás. Sempre que ele fala de Doutor ou Mestre, pensamos imediatamente no filósofo, ao passo que ele pensa no teólogo. O Mestre por excelência não pode ensinar senão a Sabedoria por excelência, quer dizer, a ciência das coisas divinas que é essencialmente a teologia; e tal é também o único magistério ao qual poderia legitimamente ambicionar um membro de Ordem religiosa. É, portanto, na teologia que pensa Santo Tomás de Aquino quando faz o elogio de uma vida partilhada entre o ensino e a contemplação que o inspira, e é em vista dela que ele requer a multiplicidade de graças necessárias ao Doutor[15]: ciência plena das coisas divinas nas quais ele deve instruir os outros, sendo a fé que confere a ele; força persuasiva ou demonstrativa para convencer os outros da verdade, no que é ajudado pelo dom da Sabedoria; aptidão a desenvolver seu pensamento e a exprimi-lo de maneira conveniente para instruir os outros, no que é ajudado pelo dom da Ciência[16]; sabedoria e ciência voltadas, antes de tudo, para o conhecimento das coisas divinas e postas a serviço de seu ensino. Se, então, queremos procurar na complexa personalidade de Santo Tomás um Doutor da verdade filosófica, é somente no interior do teólogo que podemos esperar descobri-lo.

Com efeito, quando remontamos à noção que ele mesmo teve de seu papel, não se descobre, em última análise, senão a de um filósofo a serviço de um teólogo. A fórmula é abstrata e insuficiente por sua indeterminação mesma, posto que doutrinas muito diversas poderiam reclamá-la legitimamente, mas, caso desejemos evitar certos erros sobre o sentido do pensamento de Santo Tomás, importa considerá-la em sua nudez pura, com todas as exigências que ela inclui nesse pensamento mesmo.

---

[14] "Alguém pode saber com certeza que possui a ciência pela qual está apto a ensinar; ninguém pode saber com certeza, porém, se possui a caridade pela qual está apto ao ofício pastoral" (*idem, ibidem*, a. 9). No ad 3m desse artigo, enfatiza Tomás: "A ciência com caridade – que ninguém pode saber com certeza se possui – evita os perigos do magistério da cátedra pastoral; já a ciência – que alguém pode saber possuir – evita os perigos do magistério da cátedra magisterial".

[15] Cf. *Suma de teologia* IaIIae, 111, 4, Resp. Cf. também *Comentário ao Evangelho de Mateus* V.

[16] Sobre esse ponto, ver *Suma de teologia* IIaIIae, 177, 1, Resp.

Um religioso, estima Santo Tomás, pode pretender legitimamente o título e as funções de mestre, mas, como não lhe caberia ensinar senão as coisas divinas, seria somente com relação à ciência das coisas divinas que as ciências seculares poderiam legitimamente interessá-lo. Isso é exigência, com efeito, da essência mesma da vida contemplativa, cujo ensino é o prolongamento imediato na ordem da vida ativa. Se a contemplação é a forma mais alta da vida humana, é porque ela versa sobre o objeto cujo conhecimento é a finalidade dessa vida; conhecimento e contemplação que serão perfeitos na vida futura e conferir-nos-ão plena beatitude, mas, só podendo ser imperfeitos na vida presente, são acompanhados de um começo de beatitude. É ainda o caso de dizer que o melhor para nós é gozar dela e que o cultivo da filosofia é, ao mesmo tempo, legítimo em si e útil para a suprema contemplação. Constataremos, com efeito, que no estado atual da vida humana todos os conhecimentos têm fundamento na ordem das coisas sensíveis; é inevitavelmente de um conhecimento científico e filosófico do Universo, portanto, que o Doutor em teologia deverá partir para constituir a ciência de seu objeto próprio, a palavra de Deus[17]; mas é somente na medida em que esse conhecimento poderá facilitar-lhe a inteligência da palavra divina que ele deverá trabalhar para adquiri-lo[18]. Pode-se dizer, assim, a respeito do Doutor cristão, que o estudo da filosofia e das ciências é-lhe necessário, mas, para que ele lhe seja útil, não deve ser para si mesmo sua própria finalidade.

O que será, então, essa filosofia? Santo Tomás praticou-a em vista dos serviços que ela presta à sabedoria cristã. Foi sem dúvida por isso que ele não pensou em separar a filosofia dessa sabedoria para dar-lhe um nome. Santo Tomás provavelmente não previa que chegaria o dia em que colheríamos em suas obras os elementos de uma filosofia extraída de sua teologia. Ele mesmo nunca tentou essa síntese. Sendo teólogo, não lhe incumbia constituí-la. Outros fizeram-no depois dele e é para marcar o seu caráter que se qualificou a filosofia de Santo Tomás com o título de "filosofia cristã"[19]. Como essa

---

[17] A determinação do objeto da teologia propriamente dita não entra diretamente no quadro de nosso estudo. Para uma primeira introdução aos problemas referentes ao tema, ver CHENU OP, M.-D. *La théologie comme science au XIIIème siècle.* Paris: Librairie Philosophique J. Vrin, 1957, Bibliothèque Thomiste; BONNEFOY OFM, J.-F. *La nature de la théologie selon Saint Thomas d'Aquin.* Paris: Librairie Philosophique J. Vrin, 1939; R. GAGNEBET OP. La nature de la théologie speculative. *Revue Thomiste* 44 (1938) 1-39, 213-225, 645-674, bem como a preciosa discussão desses trabalhos feita por Yves Congar OP, em: *Bulletin Thomiste*, tomo V, pp. 490-505; VAN ACKEREN SJ, G. F. *Sacra doctrina...* Roma: Catholic Book Agency, 1952; GILSON, É. *Elements of Christian Philosophy.* Nova Iorque: Doubleday, 1960, capítulo 2: *Sacred doctrine.*

[18] Situado em seu lugar apropriado na vida do Doutor cristão, o conhecimento da Natureza aparece como uma contemplação dos efeitos divinos, preparatório para o conhecimento da verdade divina. Cf. *Suma de teologia* IIaIIae, 180, 4, Resp.

[19] A expressão é empregada pelo Pe. Touron, que captou tão perfeitamente o espírito adequado do pensamento tomista. Ver *La vie de Saint Thomas d'Aquin*, p. 450. Essa expressão era de uso

expressão não se encontra em Santo Tomás e como, aliás, ela provocou intermináveis controvérsias, é preferível não introduzi-la nesta introdução histórica do tomismo[20]; mas não é inútil saber por que certos historiadores julgaram seu emprego legítimo para designar a filosofia de Santo Tomás de Aquino.

É possível conceber uma exposição da filosofia tomista na forma de um inventário mais ou menos completo de todas as noções filosóficas presentes na obra de Santo Tomás de Aquino. Dado que seu pensamento filosófico global deveria ser aí incluído, encontrar-se-ia necessariamente todo o material que Santo Tomás acumulou em vista de sua obra pessoal, inclusive as noções que ele simplesmente tomou emprestadas de Aristóteles sem fazê-las sofrer nenhuma modificação. É possível também conceber uma exposição da filosofia tomista ao modo de uma síntese das noções que entraram no pensamento de Santo Tomás tomado como verdadeiramente seu, quer dizer, como distinto dos pensamentos que o precederam. Contestou-se repetidas vezes que haja uma filosofia tomista original e distinta de outras. Pretendo, porém, expor essa filosofia, deixando para os que quiserem dedicar-se a tal empreitada a tarefa de demonstrar onde, antes de Santo Tomás, ela já pode ser encontrada. Sob a segunda perspectiva de concepção da filosofia tomista, nem tudo se oferece sobre um mesmo plano na obra de Santo Tomás. Aquilo que ele simplesmente tomou de empréstimo pode e deve, quando é o caso, ter seu lugar na exposição, mas o que Santo Tomás soube fazer disso que ele tomava emprestado passa, então, a primeiro plano. É o que explica a escolha dos aspectos do pensamento tomista que fizemos e a ordem mesma segundo a qual eles serão examinados em nosso estudo.

Se nos atemos às partes da filosofia nas quais Santo Tomás mostra-se mais original, constatamos que elas são, em geral, limítrofes do território próprio da teologia. Chamá-las de "limítrofes" não é dizer o bastante; elas aí

---

corrente no primeiro terço do século XIX e encontra-se de certo modo embutida no título que geralmente leva a encíclica *Aeterni Patris*, de 04 de agosto de 1879: *De philosophia christiana ad mentem sancti Thomae Aquinatis doctoris Angelici in scholis catholicis instauranda* (A filosofia cristã segundo o espírito de Santo Tomás de Aquino, o Doutor Angélico, a ser ensinada nas escolas católicas), texto reproduzido em *Sancti Thomae Aquinatis Summa Theologica*. Roma: Forzani, 1894, tomo VI, pp. 425-443.

[20] Sua legitimidade não nos parece, entretanto, menor do que a que ela desfrutava na época em que a usaram, mas a história pode dispensá-la, desde que se conserve intacta a realidade que essa fórmula designa. Quanto ao sentido do uso que fiz dessa expressão, expliquei-me em *Christianisme et philosophie*. Paris: Librairie Philosophique J. Vrin, 1936. A ideia fundamental desse livro é de que a noção de "filosofia cristã" exprime uma visão teológica sobe uma realidade historicamente observável: *op. cit.*, pp. 117-119. Sobre a história dessa controvérsia, ver o trabalho de conjunto de B. BAUDOUX OFM. Quaestio de philosophia christiana. *Antonianum* XI (1936) 486--552; a nota crítica de A.-R. MOTTE OP. Le problème de la philosophie chrétienne. *Bulletin Thomiste* V/3-4, pp. 230-255; e as observações de DERISI, O. N. Concepto de la filosofía Cristiana. Buenos Aires, 1935. Numerosas publicações ulteriores não trouxeram nenhum progresso, e a noção, ambígua por natureza, não está entre aquelas sobre as quais há fácil acordo.

estão ancoradas. Não somente não tentamos nunca expor sua filosofia sem acionar livremente suas obras teológicas, mas é frequentemente nelas que buscamos a fórmula definitiva de seu pensamento a respeito da existência de Deus e seus atributos, da criação, da natureza humana e das regras da vida moral. Os *Comentários* de Santo Tomás a Aristóteles são-nos documentos muito preciosos, cuja perda seria deplorável. Todavia, se eles tivessem sido todos perdidos, as duas *Sumas* permitiriam ainda conhecer o que há de mais pessoal e de mais profundo em sua filosofia. Caso fossem as obras teológicas de Santo Tomás que tivessem sido perdidas e se os comentários a Aristóteles tivessem permanecido, estaríamos nós suficientemente bem informados sobre sua filosofia? Doutor cristão, Santo Tomás colheu de todos os lados elementos para levar a bom termo a tarefa que havia assumido. Para elaborar sua obra, ele extraiu tudo o que pôde utilizar de Aristóteles, mas também de Dionísio, o Pseudoareopagita, do *Livro das causas,* de Santo Agostinho, de Boécio, de Avicena, de Averróis. Não se pode, portanto, esquecer que ele não estudou Aristóteles senão para melhor preparar uma obra que, acima de tudo, era uma teologia. Donde ser possível estabelecer essa regra geral: as partes da filosofia tomista foram tanto mais profundamente elaboradas quanto mais elas interessavam diretamente à sua teologia. A teologia de Santo Tomás é a de um filósofo, mas sua filosofia é a de uma pessoa santa.

Vê-se logo, assim, por que, da segunda perspectiva quanto à exposição da filosofia tomista, torna-se natural apresentá-la segundo a ordem de sua teologia. Se se trata do que lhe interessava verdadeiramente em sua teologia e dos pontos com os quais ele se comprometeu pessoalmente, a única síntese que nos provém dele é a síntese teológica oferecida pelas duas *Sumas* e pelo *Compêndio de teologia*. Para um historiador que deve retraçar um pensamento tal como esse existiu, nada de mais perigoso do que inventar um novo pensamento para atribuí-lo a Santo Tomás. Isso não seria, entretanto, o que há de mais grave. Extrair das obras teológicas de Santo Tomás os dados filosóficos que elas contêm, e depois reconstruí-los segundo a ordem que o próprio Tomás dá à filosofia, seria fazer crer que ele quis construir sua filosofia com vistas a fins puramente filosóficos, não em vista dos fins próprios do Doutor cristão. Seria correr um risco infinitamente mais grave errar sobre o sentido propriamente filosófico de sua filosofia. Admitamos, a título de simples hipótese, que a filosofia de Santo Tomás tenha sido, senão inspirada, ao menos aspirada por sua teologia, quer dizer, suponhamos que Santo Tomás tenha encontrado, em seu trabalho de teólogo, a ocasião de fazer a metafísica ir além do ponto em que seus predecessores a haviam deixado: poderíamos cortar a filosofia tomista de seus laços teológicos sem correr o risco de ignorar sua origem e sua finalidade, ou ainda de alterar-lhe a natureza e, para tudo dizer, de não compreender seu sentido? Esse perigo nem sempre foi evitado[21], mas ele não é inevitável. Se fosse impossível apresentar a filosofia de Santo Tomás segundo a ordem de sua teologia sem confundi-la com a fé cristã, melhor seria renunciar a essa ordem. Mas nada é menos impossível. Primeiro, Santo Tomás mesmo fez isso[22]; logo, podemos procurar refazê-lo depois dele. Em seguida, Santo Tomás o fez com conhecimento de causa, tendo clara consciência da situação definida que ocupa a filosofia na obra de um Doutor cristão. Ele nomeou essa situação com um nome que designa propriamente o estado do conhecimento filosófico integrado à síntese teológica: ele a nomeou *revelabile* (revelável). É a natureza desse "revelável", objeto próprio de nosso estudo, que devemos definir a fim de compreender corretamente o sentido pleno desta fórmula, frequentemente mais citada do que definida: a filosofia de Santo Tomás de Aquino.

Em muitos de seus intérpretes modernos, Santo Tomás exprime-se sobretudo como um filósofo cuidadoso em não comprometer a pureza de sua filosofia com a menor mistura de teologia. Na verdade, o Santo Tomás da História inquietava-se com o contrário. Na *Suma de teologia*, o problema não era, para ele, como introduzir o filosófico no teológico sem corromper a essência da filosofia. Antes, era como introduzir o filosófico no teológico sem corromper a essência da teologia. Não somente a hostilidade dos "biblistas" de seu tempo o advertiam sobre isso, mas ele mesmo, como eles, dava-se conta da gravidade do problema. Ele percebia ainda mais essa gravidade porque faria largo uso da filosofia. Seja qual for o modo como a definamos, a teologia deve ser concebida como uma doutrina da Revelação. Sua matéria é a palavra de Deus; seu fundamento é a fé na verdade dessa palavra; sua unidade "formal", já falando como Santo Tomás, liga-se precisamente ao fato de que há uma Revelação, que a fé recebe exatamente como Revelação. Para aqueles teólogos que não se ocupavam com filosofia não se punha nenhum problema. Convencidos de nada acrescentar de humano ao conteúdo bruto da Revelação, eles podiam orgulhar-se de respeitar integralmente a unidade da Ciência Sagrada. Iam da fé à fé, pela fé. Para Santo Tomás de Aquino, o problema apresentava-se, antes, desta maneira: como integrar o filosófico no ensino sagrado sem que a filosofia e esse ensino percam aí suas respectivas essências? Dito de outra maneira, como integrar à ciência da Revelação uma ciência da razão sem corromper a pureza da Revelação nem a pureza da razão?

---

[21] Cf. as poucas páginas, porém muito ricas de sugestões de toda ordem, do Pe. Marie-Dominique Chenu, OP: CHENU, M.-D. Ratio superior et inferior. Un cas de philosophie chrétienne. *Revue des sciences philosophiques et théologiques* XXIX (1940) 84-89.

[22] Particularmente na *Suma contra os gentios*, cujos livros I a III, que incluem, todavia, mesmo os princípios da doutrina da graça e da predestinação, requerem um método puramente filosófico e racional, "segundo o qual a razão natural pode, por meio das criaturas, chegar ao conhecimento do que é divino" – *Suma contra os gentios* IV, 1.

A obra de Santo Tomás não era a única obra que levantava esse problema. Outros teólogos, antes dele, haviam derramado no ensino sagrado uma massa considerável de ensinamentos filosóficos. Por exemplo, Alberto Magno, cuja teologia enciclopédica não negligenciava nenhuma ciência como estranha a seu propósito. O que caracteriza Santo Tomás e marca seu lugar no conjunto desse movimento é precisamente o esforço de reflexão que ele fez para introduzir esse saber humano na teologia sem romper sua unidade. Desde que se põe o problema dessa maneira, vê-se em qual sentido dever-se-á procurar sua resposta. Para que a teologia continue uma ciência formalmente una, é preciso que seja ela a aspirar a filosofia, a elevá-la a si e a assimilá-la, de modo que tudo o que ela contém de conhecimento natural ordene-se em direção a ela e se subordine a ela, segundo a perspectiva própria do teólogo, que é aquela da Revelação. Incorporado assim à ordem teológica, o saber humano faz parte do ensino sagrado que se funda ele mesmo sobre a fé. Tal saber assumido pela teologia, em vista dos fins próprios dela, é precisamente o que Santo Tomás nomeou, ao menos uma vez, de revelável, expressão que recebeu interpretações muito diferentes, talvez porque não se tenha percebido exatamente o sentido do problema para o qual ela propunha a solução[23].

O que torna difícil de perceber esse sentido é o hábito que contraímos de abordar do ponto de vista o mais formal todos os problemas da filosofia tomista. É conhecido o célebre adágio: *formalissime semper loquitur Divus Thomas* (o divino Tomás sempre fala de maneira maximamente formal). Na verdade, somos nós que o fazemos falar assim, porque, se ele fala sempre formalmente do abstrato, ele também fala sempre concretamente do concreto[24]. Tendo esquecido isso, intérpretes deixaram perder todo um jogo de noções essenciais ao equilíbrio do tomismo e transformaram em lógica das essências um pensamento que fora concebido por seu autor como uma explicação dos fatos. Procuremos, então, falar, como ele mesmo faz, ambas as línguas e cada uma delas no momento que convém.

---

[23] Tomado em si mesmo, esse problema não difere daquele da noção de teologia para Santo Tomás. O termo *teologia*, no sentido atual de ciência da Revelação, parece remontar a Abelardo – cf. J. Rivière. Theologia. *Revue des sciences religieuses* XVI (1936) 47-57. Santo Tomás, com efeito, usa-o às vezes, mas emprega, de preferência, *sacra doctrina*, que significa "ensino sagrado". Ocorre que *sacra scriptura* (Sagrada Escritura) seja tomado como equivalente de *sacra doctrina*, porque o "ensino sagrado" é aquele que Deus mesmo dá. Sobre a maneira como se podem distinguir e definir esses termos, ver as observações do Pe. Yves Congar OP, em *Bulletin Thomiste*, 1939, pp. 495--503. Sobre a origem da expressão *teologia natural*, ver Santo Agostinho, *A cidade de Deus* VI, capítulo 5, n. 1 (Patrologia Latina, tomo 41, colunas 180-181).

[24] Notar-se-á que, do ponto de vista abstrato, os conceitos excluem-se mutuamente, como as essências que eles representam; ao contrário, do ponto de vista concreto, as essências as mais diversas podem entrar na composição de um mesmo assunto sem romper sua unidade. Ver o texto capital de Santo Tomás, *Comentário ao De hebdomadibus de Boécio*, capítulo II. In: *Opuscula omnia*, edição de P. Mandonnet, tomo I, pp. 173-174.

A primeira noção a definir é a de *revelado*. Para alcançarmos sua natureza, é, com efeito, *formalissime* (de maneira maximamente formal) que convém encará-la. Tal como o concebe Santo Tomás, o *revelatum* corresponde unicamente àquilo cuja essência é a de ser revelado, porque ele não pode tornar-se cognoscível para nós senão por revelação. Não nos engajemos, portanto, para definir o *revelatum*, em uma pesquisa empírica sobre o que Deus, de fato, julgou bom revelar aos humanos. O que constitui o *revelado* como tal não é o fato de que foi revelado, mas de que exige ser revelado para ser conhecido. Assim concebido, o *revelado* é todo conhecimento sobre Deus que ultrapassa o poder da razão humana. É possível, aliás, que Deus revele-nos conhecimentos acessíveis à razão, mas, precisamente porque não são inacessíveis à luz natural do entendimento, esses conhecimentos não concernem ao "revelado". De fato, Deus pode revelá-los, mas, de direito, não pertence à essência deles não ser cognoscíveis senão por via de revelação[25].

Assim, Deus pode ter considerado bom revelar conhecimentos que não concernem ao *revelado*. Para definir a classe de conhecimentos que, de fato, são assim dispostos ao alcance de nossa razão, requer-se uma nova noção, mas bem concreta dessa vez e flexível o suficiente para abraçar uma pluralidade de fatos heterogêneos. Sem dúvida, essa noção terá, ela também, sua unidade. Se ela não fosse uma, simplesmente não seria. No lugar da unidade estrita de uma essência, teremos o que a imita melhor, a unidade de uma ordem. Tal é precisamente a noção de *revelabile*, o *revelável*, que devemos agora definir.

Ora, não chegaremos a essa noção senão com a condição de, ao contrário, proceder empiricamente, com base nos fatos que ela deve unificar. Esses fatos, aos quais nossa nova noção deve vestir sob medida, são todos os que compõem esse evento extremamente complexo que se nomeia Revelação. Trata-se sem dúvida aqui de um evento; portanto, de um fato de ordem existencial que se refere mais à faculdade de julgar do que à definição propriamente dita. Cernir *a priori* seus contornos, por meio de um conceito abstrato seria algo impossível, mas podemos construir progressivamente sua noção com base em julgamentos de existência sobre os dados de fato que se trata de unificar. Com efeito, a Revelação refere-se essencialmente ao revelado, mas inclui muitas outras coisas. Porque a Revelação as inclui, elas concernem a ela em algum grau. Tomadas em conjunto, elas formarão, portanto, uma classe

---

[25] Lembremos que a questão de saber como distinguir a Escritura da teologia concebida como ciência da fé é da competência do teólogo. A questão de saber se Santo Tomás mesmo distinguiu o revelado, como objeto próprio da fé divina, do revelável, objeto próprio da teologia, é da competência dos historiadores da teologia (cf. BONNEFOY, *op. cit.*, pp. 19-20). A única questão que devemos reter aqui é a de saber se a contribuição pessoal de Santo Tomás à filosofia está ou não incluída na ordem disso que ele mesmo chama *revelável*. Que ela está, é precisamente o que tento estabelecer.

de fatos sob a jurisdição da mesma noção, cuja unidade será constituída pela relação comum delas com o ato divino de revelar.

Tomada em si mesma, uma revelação é um ato que, como qualquer ato, visa certo fim. No caso da Revelação, trata-se de tornar possível a salvação do ser humano. Para este, a salvação consiste no fim a ser alcançado. Ele não pode alcançá-lo sem conhecê-lo. Ora, esse fim é Deus, isto é, um objeto que ultrapassa infinitamente o conhecimento natural. Para que o ser humano pudesse obter sua salvação, era preciso, então, que Deus lhe revelasse conhecimentos que ultrapassem os limites da razão. O conjunto desses conhecimentos é o que se nomeia ciência sagrada, assim nomeada do modo como falamos de história sagrada: *sacra doctrina* (ensino sagrado), *sacra scientia* (ciência sagrada) ou *theologia* (teologia). O problema, para nós, está em saber qual é o conteúdo dessa ciência.

Da maneira como Santo Tomás a concebe, a Revelação apresenta-se como uma operação de certo modo hierárquica, tomando-se esse termo no sentido que lhe havia dado Dionísio, o Pseudoareopagita: a verdade sobrenatural não chega a nós senão como um rio que desceria, por assim dizer, em cascatas, partindo de Deus, que é sua fonte, descendo aos anjos, que a recebem por primeiro segundo a ordem das hierarquias angélicas, e chegando aos humanos, quando ela atinge inicialmente os apóstolos e os profetas, derramando-se em seguida na multidão daqueles que a aceitam pela fé. A ciência sagrada ou teologia tem, então, por fundamento, a fé em uma revelação feita por Deus àqueles que nomeamos os apóstolos e os profetas. Essa revelação confere-lhes autoridade divina, portanto inatacável, e a teologia repousa sobre nossa fé na autoridade deles.

A teologia remete inicialmente e acima de tudo, portanto, ao conjunto dos escritos inspirados por Deus, aos quais chamamos de *Sacra Scriptura*, as Sagradas Escrituras. Digamos mais: ela remete unicamente a esses escritos, dado que ela é a ciência mesma que temos deles[26]. Aqui, mais do que nunca,

---

[26] A distinção entre a teologia como palavra de Deus e a teologia como ciência dessa fé seria talvez menos espinhosa se se abordasse o problema de maneira mais concreta. É curioso, aliás, que teólogos peçam sua solução a Santo Tomás, para quem esse problema praticamente não existia. O que Santo Tomás requer para a justificação do ser humano é a fé em todos os artigos de fé (cf. *Comentário à Carta de São Paulo aos Romanos*, cap. I, lição 5. Parma: Fiaccadori, 1872, tomo XIII, p. 14b), mas de modo algum a fé na ciência teológica desses artigos. Quanto a essa ciência, ele a concebe bem menos como um acréscimo às Escrituras do que como algo contido nelas. É mesmo desnecessário dizer, mas Santo Tomás encontra como que inteiramente as Escrituras nas cartas de São Paulo e nos Salmos de Davi, "porque em ambos os conjuntos de textos está aproximadamente contido todo o ensinamento teológico" (*op. cit.*, Prólogo, p. 2b). O ensino sagrado ou teologia não existe validamente, portanto, senão como incluído *nas* Sagradas Escrituras; quando queremos concebê-lo como uno em si e separado de sua fonte escriturística, o problema de suas relações torna-se inextrincável. A teologia dita escolástica é um caso particular da teologia dita bíblica, porque, tratando-se de teologia cristã, uma teologia que não fosse bíblica não seria de modo nenhum uma teologia.

é preciso lembrar-se de falar concretamente de coisas concretas. De mesma natureza em todos aqueles que a possuem, a teologia não tem em todos um mesmo grau de perfeição. Seu conteúdo, portanto, não é necessariamente idêntico em todos. Sem dúvida, ela contém, antes de tudo, o *revelatum* propriamente dito, quer dizer, o que aprouve a Deus revelar aos humanos em vista da salvação deles, mas ela contém também toda a nossa compreensão racional desse revelado. Manifestamente, a revelação dá-se em nós segundo o conhecimento que dela temos; ora, como já dissemos, ela é um ato que nos atinge em ordem hierárquica, e isso, que é válido tanto para o apóstolo como para o profeta e os outros humanos, recobre desde o Doutor cristão até os fiéis mais simples. Pela ciência da Palavra de Deus que ele constrói, o teólogo explicita, com a ajuda da razão natural, o dado revelado. Essa ciência não é, pois, senão a Escritura Sagrada acolhida em um entendimento humano, ou, se se preferir, a revelação divina que continua a dar-se, graças à luz de uma razão que perscruta o conteúdo da fé, sob a autoridade da fé e com vistas aos fins da fé. Perguntar-se-á, talvez, por que Deus não revelou diretamente esses conhecimentos. É que eles não são necessários à salvação. Para atingir sua finalidade, o ser humano deve crer nos *artigos de fé* revelados todos por Deus e que basta ao ser humano aceitar para ser salvo. Assim, não sendo necessário à salvação, tal conhecimento não foi revelado. Todavia, ele se relaciona à salvação como a seu fim, posto que não faz outra coisa senão explicitar a palavra que salva. Daí que toda elaboração legítima da Santa Escritura entre na ciência sagrada e pertença à teologia de pleno direito.

O problema seria relativamente simples se um novo dado não viesse complicá-lo. Trata-se da filosofia em sentido próprio, pois, entrando ela em forte proporção na composição da *Suma de teologia*, põe-se a questão de saber como ela toma lugar aí sem comprometer nem a pureza de sua própria essência nem a da teologia. Visto tratar-se de filosofia, falamos aqui de verdades acessíveis ao entendimento humano, que a razão natural pode conhecer sozinha, sem o socorro da Revelação. Essas verdades, não indo além dos limites da razão natural, não poderiam ser consideradas pertencentes à ordem do revelado. Se Deus, entretanto, também as revelou, foi por esta razão diferente, qual seja, que o seu conhecimento é necessário à salvação. Sendo de direito cognoscíveis naturalmente, essas verdades não são sempre conhecidas de fato, e é preciso, todavia, que elas sejam conhecidas por todos, para que todos possam ser salvos. É o caso, por exemplo, da existência de Deus, que o metafísico demonstra, mas cuja demonstração, por razões que serão expostas adiante neste livro, não é facilmente compreensível para todos. Esses conhecimentos naturais, incluídos no conjunto da Revelação, pertencem à ordem daquilo que Santo Tomás nomeia *revelabile*. Tal *revelável* é um elemento filosófico, por assim dizer, inserido na órbita da teologia, porque, como ocorre com o revelado, seu conhecimento é necessário à salvação. Diferentemente do relevado, o revelável não figura na Revelação de pleno direito e em virtude de sua própria essência, mas como incluído na teologia, que o assume em vista do fim próprio da teologia.

A noção dominante, que permite resolver finalmente o problema, é aquela que o início da *Suma de teologia* põe imediatamente em relevo: a salvação. A noção de revelação subordina-se a ela, pois designa o instrumento, na verdade necessário, de nossa salvação. A noção de revelação contém implicitamente, de modo particular, os conhecimentos salvíficos que não poderíamos obter de modo algum sem ela, mas ela não deixa de designar, falando em geral, todo conhecimento que pode ser revelado como necessário ou útil à obra da salvação. Os debates em torno desse aspecto acentuaram, no mais das vezes, a distinção entre teologia e filosofia, como se fosse o caso, acima de tudo, de separá-las, ao passo que Santo Tomás, antes, sublinha a noção concreta de revelação, que, incluindo toda verdade salvífica, pode aplicar-se tanto a conhecimentos naturais como a conhecimentos sobrenaturais. A teologia, ou ciência sagrada, não sendo senão a explicitação da revelação, permanece fiel a sua essência tratando de uns e outros segundo métodos apropriados, desde que o fim perseguido por ela siga sendo aquele da revelação: fazer o ser humano possuir todos os conhecimentos que lhe permitam alcançar sua salvação. Tal é a unidade verdadeira da ciência sagrada. Mesmo quando o teólogo fala de filosofia como filósofo, ele não deixa um instante de trabalhar pela salvação dos seres humanos e de realizar a tarefa de teólogo.

A unidade formal da teologia assim compreendida não é outra senão aquela da revelação mesma, cuja complexidade, por conseguinte, ela deve respeitar. A noção de revelável, que os teólogos parecem ter consideravelmente ampliado depois de Santo Tomás, desempenhava, ao menos para ele, este papel definido: permitir compreender como a ciência sagrada pode absorver uma dose de filosofia, por menor que seja, sem corromper sua própria essência nem perder sua unidade. Vê-se por que Santo Tomás não se inquieta com o destino da filosofia que o teólogo poderá utilizar. Se essa filosofia perdesse sua essência própria ao integrar-se à teologia, a unidade da ciência sagrada não seria comprometida e não haveria nenhum problema a esse respeito. Quando ele se pergunta como essa ciência pode permanecer una se ela se ocupa de objetos tão diferentes como Deus e as criaturas, é o problema da unidade da ciência sagrada que ele quer resolver, sobretudo porque as criaturas já são objetos de diversas ciências filosóficas, como a física e a moral. A isso Santo Tomás responde que a Sagrada Escritura fala de todas as coisas como compreendidas sob uma única ciência, aquela que as Escrituras denominam "ciência dos santos". O que dá unidade a essa ciência é que, por mais diversos que sejam os temas de que trata, ela os considera todos do mesmo ponto de vista, ou, como diz Santo Tomás, sob a mesma "razão formal". Por que objetos tão diferentes como uma pedra, um animal e um ser humano podem ser percebidos por uma única e mesma faculdade, a visão? Porque a visão retém desses objetos diversos o que eles têm em comum, a cor. Assim também, a teologia vê as ciências filosóficas e naturais enquanto elas são visíveis do ponto de vista que é seu, quer dizer, da teologia. Esse ponto de vista é aquele da fé na revelação que salva. Tudo o que pode contribuir para gerar essa fé pertence à teologia, mas também, como já notava Santo Agostinho, tudo o que alimenta essa fé, tudo o que a protege, tudo o que a reforça[27]. A unidade formal da teologia deve-se, pois, a isto: ela encara todo objeto em sua relação com a revelação. O revelável de que fala aqui Santo Tomás não é diferente; é revelável todo conhecimento natural assumido pela ciência sagrada em vista do próprio fim desta.

Os comentadores de Santo Tomás tiveram tanto zelo em multiplicar as distinções formais que alteraram progressivamente a posição tomista da questão. Antes de explicar como a filosofia natural pode entrar na teologia como ciência sem destruí-la, tratava-se para Santo Tomás de explicar como a revelação mesma pudera continuar una mesmo falando, ao mesmo tempo, de Deus, objeto que transcende a razão natural, e dos seres humanos, dos animais, das plantas, objetos respectivamente da antropologia, das ciências morais e das ciências biológicas e físicas. Com efeito, a Sagrada Escritura mesma está repleta de noções naturais, no mínimo pelo que contém de história verificável e de geografia, que devem aí encontrar seu lugar sem romper a unidade da revelação. Tudo isso é da ordem do revelável, quer dizer, um bloco de conhecimentos que, não sendo transcendentes à razão, não *deviam* necessariamente ser revelados para dar-se a conhecer, mas que *podiam* ser revelados como úteis à obra da salvação humana: "Dado pois que, como acaba de ser dito, a Sagrada Escritura considera certos objetos porque eles foram divinamente revelados, tudo o que, falando em geral, é revelável por Deus compartilha a razão formal dessa ciência; donde tudo isso ser posto sob a ciência sagrada como sob uma ciência única"[28].

Se tudo o que contribui para fazer nascer, alimentar, defender e fortificar a fé salvífica entra na teologia sem arruinar sua unidade, como excluir *a priori* um conhecimento? Poderíamos fazê-lo e mesmo deveríamos fazê-lo se o conteúdo da ciência sagrada se definisse pela noção de *revelatum*, mas não podemos se ele se define pela noção de *revelabile*, pois sua "revelabilidade" não é mais do que a disponibilidade permanente do saber total em vista da obra do teólogo. Aliás, esse conhecimento totalmente ordenado ao conhecimento de Deus não é uma quimera; ele existe na ciência que Deus tem de si mesmo e que dele têm os bem-aventurados. É essa ciência perfeitamente

---

[27] Cf. Santo Agostinho, *De trinitate* I, capítulo 1, citado por Santo Tomás na *Suma de teologia* I, 1, 2, Sed contra.

[28] *Suma de teologia* I, 1, 3, Resp.

unificada que nossa teologia imita a seu modo, ordenando todo conhecimento natural ao conhecimento sobrenatural que temos de Deus pela revelação. Santo Tomás não somente provou pelo exemplo que a filosofia pode, quando necessário, aparecer nessa síntese, mas também disse: "A ciência sagrada pode, sem deixar de ser una, considerar sob uma razão única as matérias tratadas nas diversas ciências filosóficas, a saber, enquanto elas são reveláveis, a fim de que a ciência sagrada seja assim como um vestígio da ciência divina, que é única e simples acerca de tudo"[29].

Assim ligada à ciência que Deus tem de si mesmo[30] e como que glorificada por sua assunção teológica, a filosofia merece eminentemente o interesse do Doutor cristão. É ela que gostaríamos de considerar aqui como o objeto próprio de nosso estudo. Não dizemos que Santo Tomás identificou as duas noções de *revelável* e de *filosofia*. Também não julgamos ilegítimo encarar a filosofia de Santo Tomás sob outra luz[31]. Mas pedimos licença para abordá-la, ao menos uma vez, sob o aspecto que o próprio Tomás diz-nos tê-la abordado, quer dizer, tal qual ela aparece na perspectiva própria do Doutor cristão. Uma vez não significa costume. Se a filosofia do revelável é, de fato, aquela pela qual Santo Tomás interessou-se realmente, aquela que ele renovou por tê-la encarado sob esse aspecto mesmo e aquela que ele nos transmitiu segundo a ordem teológica seguida pelas duas *Sumas*, então o historiador merece, pelo menos, ser desculpável por interessar-se por essa filosofia como pelo pensamento pessoal de Santo Tomás de Aquino[32].

---

[29] *Idem, ibidem,* ad 2m. Sobre a oposição de Cajetano à noção tomista de *revelabile*, ver GILSON, É. Note sur le revelabile selon Cajétan. *Mediaeval Studies* 15 (1953) 202-203. Santo Alberto Magno também estivera em desacordo com seu ilustre aluno sobre esse ponto importante.

[30] Cf. *Suma de teologia* I, 1, 2, Resp.

[31] O próprio Santo Tomás descreve a ordem seguida pelos Antigos em seus estudos filosóficos: *Comentário ao Livro das Causas*, lição I. In: *Opuscula omnia*, edição de P. Mandonnet, tomo I, p. 195. Vemos também, nessa descrição, quanto a situação dos cristãos devia parecer a Santo Tomás diferente daquela dos pagãos. No seu dizer, os pagãos não abordavam a metafísica senão no fim da vida: "Deixavam para o final a ciência das primeiras causas, a cuja consideração dedicavam o último tempo da vida". Ao morrer, o próprio Tomás tinha apenas 49 anos. Teria sido para ele o momento de perguntar-se por uma prova da existência de Deus.

[32] Os convites insistentes que nos são endereçados para reconstruir o ensinamento de Santo Tomás segundo a ordem filosófica (que vai das coisas a Deus), em vez de seguir a ordem teológica (que vai de Deus às coisas), não têm noção das dificuldades de tal trabalho. Há, aqui, uma dificuldade de princípio que se traduzirá, a cada passo, nos fatos. As fórmulas nas quais se exprime um pensamento são ligadas à ordem que ele segue. Para expor Santo Tomás segundo a ordem inversa à sua, seria preciso, de saída, desarticular continuamente seus textos e, sobretudo, seu pensamento, obrigando-o a subir contra corrente aquela mesma que ele afirma ter descido. E para qual resultado? Para conseguir ver sua filosofia sob a luz em que ele mesmo se recusou vê-la, ou, então, obrigando-o a subir contra aquela mesma corrente que ele afirma ter descido. E, para qual resultado? Para conseguir ver sua filosofia sob a luz em que ele se recusou vê-la, quer dizer, para negar-se a vê-la sob a luz na qual ele mesmo preferia ver com o brilho da luz da fé, aquela mesma

Como devemos, então, compreender o objeto da metafísica, quer a nomeemos ainda "filosofia primeira", quer a chamemos "sabedoria"? Segundo o uso comum, o *sábio* é aquele que sabe ordenar as coisas como convém e bem governá-las. Bem ordenar uma coisa e bem governá-la é dispô-la em vista de seu fim. Donde vermos que, na hierarquia das artes, uma governa a outra e, de algum modo, serve-lhe de princípio, visto que seu fim imediato constitui o fim último da arte subordinada. Por exemplo, a medicina é uma arte principal e diretriz com relação à farmácia, porque a saúde, fim imediato da medicina, é, ao mesmo tempo, o fim de todos os remédios que o farmacêutico prepara. As artes principais e dominantes recebem o nome de artes arquitetônicas, e os que as exercem recebem o nome de *sábios*. Mas estes só merecem o nome de sábios em referência às coisas mesmas que eles sabem ordenar em vista do fim delas. Versando sobre fins particulares, sua sabedoria é apenas uma sabedoria particular. Suponhamos, ao contrário, que um sábio não se proponha a considerar tal ou tal fim particular, mas a finalidade do Universo: ele não poderá mais ser nomeado sábio em tal ou tal arte, mas sábio absolutamente falando. Ele será o sábio por excelência. O objeto próprio da sabedoria, ou filosofia primeira, é, então, a finalidade do Universo, e, visto que o fim de um objeto confunde-se com seu princípio ou sua causa, nós reencontramos a definição de Aristóteles: a filosofia primeira tem por objeto o estudo das primeiras causas[33].

Busquemos agora qual é a primeira causa ou a finalidade última do Universo. O fim último de qualquer coisa é evidentemente aquele que se propõe seu primeiro autor, ao fabricá-la, ou seu primeiro motor, movendo-a. Ora, ser-nos-á dado ver que o primeiro autor e o primeiro motor do Universo é uma inteligência; o fim que ele se propõe ao criar e ao mover o Universo deve ser, então, o fim ou o bem da inteligência, ou seja, a verdade. A verdade é,

---

fé que jamais cessou de iluminar seu trabalho. Muitos não refletem sobre aquilo em que se empenham quando escrevem uma filosofia *ad mentem sancti Thomae* (segundo o espírito de Santo Tomás). Santo Tomás nos define o pensamento profundo que o animava, fazendo sua a palavra de Santo Hilário já citada (*De Trinitate* I, 37): "No que concerne a mim, tenho consciência de que o dever para com Deus, de longe o mais importante de minha vida, é que eu fale dele em tudo o que penso e em tudo o que digo" (*Suma contra os gentios* I, 2). Seguramente é possível construir uma filosofia feita de elementos emprestados do tomismo e que não fala de Deus em tudo o que ela diz: é possível, desde que se tenha clara consciência do alcance dessa empreitada e desde que se meçam exatamente suas consequências. Isso equivale a apresentar o pensamento filosófico de Tomás de Aquino segundo a ordem exigida por uma doutrina em que tudo seria "considerado pela razão natural sem a luz da fé" (cf. DESCARTES, R. *Principes*, Prefácio. Edição de Adam-Tannery, tomo IX, p. 4, 1.19-21 e p. 5, 1.13-18). Em suma, isso significa apresentar uma *philosophia ad mentem sancti Thomae* (filosofia segundo o espírito de Santo Tomás) como se fosse uma *philosophia ad mentem Cartesii* (filosofia segundo o espírito de Descartes). Quanto às consequências disso, elas dizem respeito à ordem da filosofia dogmática, com o que não nos comprometemos aqui.

[33] Cf. *Suma contra os gentios* I, 1; *Suma de teologia* I, 1, 6, Resp.

assim, o fim último de todo o Universo, e, visto que o objeto da filosofia primeira é o fim último de todo o Universo, segue-se que seu objeto próprio é a verdade[34]. Mas devemos, aqui, precaver-nos contra uma confusão: visto tratar-se, para a filosofia, de alcançar o fim último e, por conseguinte, a causa primeira do Universo, a verdade de que falamos não poderia ser uma verdade qualquer; ela só pode ser essa verdade que é a fonte primeira de toda verdade. Ora, a disposição das coisas na ordem da verdade é a mesma que na ordem do ser (*sic enim est dispositio rerum in veritate sicut in esse* – assim como é a disposição das coisas na verdade, assim também é a disposição das coisas no ser), pois o ser e o verdadeiro são equivalentes. Uma verdade que é a fonte de toda verdade só pode encontrar-se em um ser que é a fonte primeira de todo ser. A verdade que constitui o objeto da filosofia primeira seria, então, essa verdade que o Verbo feito carne veio manifestar ao mundo, segundo a palavra de João: "Eu nasci para isso e para isso vim ao mundo: para dar testemunho da verdade"[35]. Em uma palavra, o objeto verdadeiro da metafísica é Deus[36].

Essa determinação, posta por Santo Tomás na abertura da *Suma contra os gentios*, não tem nada de contraditório com aquela que o conduz a definir alhures a metafísica como ciência do ente considerado simplesmente como ente e como ciência das primeiras causas do ente[37]. Se a matéria imediata da pesquisa do metafísico é o ente em geral, este não constitui seu verdadeiro fim. Aquilo para o qual tende a pesquisa filosófica é, para além do ente em geral, a causa primeira de todo ente: *Ipsa prima philosophia tota ordinatur ad Dei cognitionem sicut ad ultimum finem; unde et scientia divina nominatur* (a própria filosofia primeira é inteiramente ordenada ao conhecimento de Deus como a seu fim último; donde também chamar-se ciência divina)[38]. Por isso, quando Tomás de Aquino fala em nome próprio, deixa de lado a consideração do ente como tal e define a metafísica do ponto de vista de seu objeto supremo: o princípio primeiro do ser, Deus.

De quais meios dispomos nós para alcançar esse objeto? Dispomos, de saída, e isso é evidente, da nossa razão. O problema está em saber se nossa razão constitui um instrumento suficiente para alcançar o termo da pesquisa metafísica, a saber, a essência divina. Notemos imediatamente que a razão natural, só com suas próprias forças, permite-nos atingir certas verdades relativas a Deus e à sua natureza. Os filósofos podem estabelecer, por via

---

[34] Cf. *Suma contra os gentios* I, 1.

[35] João 18, 37.

[36] Cf. *Suma contra os gentios* I, 1; III, 25. Cf. também o *Comentário às Sentenças de Pedro Lombardo*, livro II, Prólogo (edição de P. Mandonnet, tomo II, pp. 1-3).

[37] Cf. *Comentário à Metafísica de Aristóteles*, livro IV, lição I (edição Cathala, n. 533, Turim: Marietti, p. 181).

[38] *Suma contra os gentios* III, 25.

demonstrativa, que Deus existe, que ele é uno etc. Mas salta à vista também com evidência que certos conhecimentos relativos à natureza divina excedem infinitamente as forças do entendimento humano. Eis aí um ponto que importa estabelecer a fim de fazer calar os incrédulos que consideram como falsas todas as afirmações relativas a Deus, as quais nossa razão não pode estabelecer. Aqui o sábio cristão vai acrescentar-se ao sábio grego.

Todas as demonstrações que podemos fornecer para essa tese acabam por fazer sobressair a desproporção existente entre nosso entendimento finito e a essência infinita de Deus. A que nos introduz talvez mais profundamente no pensamento de Santo Tomás vem da natureza dos conhecimentos humanos. O conhecimento perfeito, se crermos em Aristóteles, consiste em deduzir as propriedades de um objeto tomando sua essência como princípio da demonstração. O modo segundo o qual a substância de cada coisa nos é conhecida determina, então, o modo dos conhecimentos que dela temos. Ora, Deus é uma substância puramente espiritual; nosso conhecimento, ao contrário, é aquele que um ser composto de uma alma e de um corpo pode adquirir, de modo que nosso conhecimento origina-se necessariamente nos sentidos. A ciência que temos de Deus é, portanto, aquela que, com base nos dados sensíveis, podemos adquirir a respeito de um ser puramente inteligível. Assim, nosso entendimento, fundando-se sobre o testemunho dos sentidos, pode inferir que Deus existe. Mas é evidente que a simples inspeção dos sensíveis, que são os efeitos de Deus e, por conseguinte, são inferiores a ele, não pode introduzir-nos no conhecimento da essência divina[39]. Há, pois, verdades relativas a Deus que são acessíveis à razão, mas há também as que a ultrapassam. Vejamos qual é, em um e outro sentido, o papel particular da fé.

Constatamos de início que, abstrata e absolutamente falando, lá onde a razão pode compreender, a fé não tem mais nenhum papel. Em outras palavras, não podemos saber e crer algo ao mesmo tempo e sob o mesmo aspecto: *impossibile est quod de eodem sit fides et scientia* (é impossível que sobre o mesmo haja fé e ciência)[40]. O objeto próprio da fé, se seguimos o que diz Santo Agostinho, é precisamente aquilo que a razão não alcança; segue daí que todo conhecimento racional que pode fundar-se por resolução nos primeiros princípios escapa, por isso mesmo, ao domínio da fé. Essa é a verdade de direito. De fato, a fé pode tomar o lugar da ciência em um grande número de nossas afirmações. Com efeito, não somente é possível que certas verdades sejam cridas pelos que não têm conhecimento e sabidas pelos sábios[41],

---

[39] Cf. *idem* I, 3.

[40] *Questão disputada sobre a verdade*, q. XIV, a. 9, Resp. e ad 6m.

[41] Mais ainda, pois, se toda ciência humana recebe seus princípios de uma ciência superior, uma ciência aceita seus princípios "com base na fé" na sua ciência superior. Assim, o físico, considerado como tal, fia-se no matemático; a música crê na aritmética. A teologia, ela mesma, baseia-se numa ciência superior, aquela que Deus e os bem-aventurados possuem; ela é, pois, subalterna

mas também ocorre frequentemente que, em razão da fragilidade de nosso entendimento e dos desvios de nossa imaginação, o erro introduz-se em nossas pesquisas. Muitos são os que percebem mal o que há de conclusivo em uma demonstração e que, por conseguinte, permanecem duvidosos a respeito de verdades que, no entanto, foram demonstradas. A constatação do desacordo que reina sobre as mesmas questões entre pessoas reputadas sábias acaba por embaraçá-las. Foi, portanto, salutar que a Providência impusesse como verdade de fé certas verdades acessíveis à razão, a fim de que todos participassem seguramente do conhecimento de Deus, sem precisar temer a dúvida nem o erro[42].

Se considerarmos, por outro lado, as verdades que ultrapassam nossa razão, veremos, com não menor evidência, que era conveniente que elas fossem propostas à aceitação de nossa fé. A finalidade do ser humano, com efeito, é Deus; ora, esse fim excede manifestamente os limites de nossa razão. Além disso, é preciso que o ser humano possua algum conhecimento de seu fim, para poder dirigir a ele suas intenções e suas ações. A salvação do ser humano exigia, então, que a revelação divina o fizesse conhecer certo número de verdades incompreensíveis pela razão[43]. Em uma palavra, como o ser humano tinha necessidade de conhecimentos referentes ao Deus infinito que é sua finalidade, esses conhecimentos, excedendo os limites da razão, não podiam ser propostos senão à aceitação de sua fé. Não poderíamos ver na crença uma violência imposta a nossa razão. Em vez disso, a fé no incompreensível confere ao conhecimento racional sua perfeição e sua completude. Não conhecemos Deus verdadeiramente, por exemplo, senão quando o cremos superior a tudo o que o ser humano pode pensar. Ora, é evidente que solicitar nossa aceitação das verdades incompreensíveis a respeito de Deus é um bom meio

---

a um saber que transcende todo saber humano, o saber de Deus. Na ordem do conhecimento natural, cada ciência é "subalternada" àquela da qual ela recebe seus próprios princípios, ainda que esses princípios sejam racionalmente cognoscíveis pela respectiva ciência superior. Enfim, entre indivíduos, a ciência de um depende frequentemente de um ato de confiança na ciência de um outro, a quem consideramos como alguém que *sabe* alguma coisa que nós não compreendemos, mas que *cremos* ser verdadeira. Cf. *Suma de teologia* I, 1, 2, Resp.; *Suma contra os gentios* I, 3.

[42] Cf. *Suma contra os gentios* I, 4. A fonte de Santo Tomás, aqui, é Maimônides, como se observa na *Questão disputada sobre a verdade*, q. XIV, a. 10, Resp. A esse respeito, ver o excelente estudo do Pe. P. Synave: SYNAVE, P. La révélation des vérités divines naturelles d'après Saint Thomas d'Aquin. *Mélanges Mandonnet*. Paris: Vrin, 1930, tomo I, pp. 327-370. Notar particularmente esta conclusão (p. 348): as mesmas razões conduzem, nos dois teólogos, a duas conclusões diferentes. Maimônides prova que não se devem desperdiçar com o vulgo as verdades metafísicas que o vulgo não pode compreender; Santo Tomás argumenta diferentemente, dizendo que o vulgo tem direito às verdades metafísicas necessárias à salvação, de modo que, como ele não pode compreendê-las, elas devem ser-lhe fornecidas pela revelação. Cf. também STRAUSS, L. *Philosophie und Gesetz. Beiträge zum Verständnis Maïmunis und seiner Vorläufer.* Berlim: Schocken, 1935, pp. 87-122.

[43] Cf. *Suma de teologia* I, 1, 1, Resp.; *Questão disputada sobre as virtudes*, artigo 10, Resp.

para nos inculcar a convicção de sua incompreensibilidade⁴⁴. Ademais, a aceitação da fé reprime em nós a presunção, mãe do erro. Alguns creem poder medir a natureza divina com a régua de sua razão; propor-lhes, em nome da autoridade divina, verdades superiores a seu entendimento é chamá-los de volta ao sentimento justo de seus limites. Dessa maneira, a disciplina da fé atua em proveito da razão.

Convém admitir, no entanto, que, para além desse acordo inteiramente exterior e de simples conveniência, um acordo interno e tomado do ponto de vista da verdade possa estabelecer-se entre a razão e a fé? Dito de outra maneira, podemos afirmar o acordo das verdades que ultrapassam nossa razão com aquelas que nossa razão pode apreender? A resposta cabível a essa questão depende do valor atribuído aos motivos de credibilidade que a fé pode reivindicar. Se se admite, como aliás convém admitir, que os milagres, as profecias e as maravilhas operadas pela religião cristã provam suficientemente a verdade da religião revelada⁴⁵, dever-se-á admitir também que a fé e a razão não podem contradizer-se. Só o falso pode ser o contrário do verdadeiro. Entre uma fé verdadeira e conhecimentos verdadeiros o acordo realiza-se por si mesmo e como que por definição. Mas podemos demonstrar esse acordo de maneira puramente filosófica. Quando um mestre instrui seu discípulo, é preciso que a ciência do mestre contenha aquilo que ele introduz no espírito do discípulo. Ora, nosso conhecimento natural dos princípios vem-nos de Deus, pois Deus é o autor de nossa natureza. Segue daí que tudo o que é contrário a esses princípios é contrário à sabedoria divina e, por conseguinte, não poderia ser verdadeiro. Entre uma razão que vem de Deus e uma revelação que vem de Deus o acordo deve estabelecer-se necessariamente⁴⁶. Digamos, então, que a fé ensina verdades que parecem contrárias à razão; não digamos, todavia, que ela ensina proposições que são contrárias à razão. Um inculto considera contrário à razão que o Sol seja maior que a Terra, mas essa proposição parece razoável ao sábio⁴⁷. Do mesmo modo, cremos que as incompatibilidades aparentes entre a razão e a fé conciliam-se na sabedoria infinita de Deus.

Aliás, não somos reduzidos a esse ato de confiança geral em um acordo cuja percepção direta escapar-nos-ia. Há muitos fatos observáveis que não podem receber interpretação satisfatória a menos que se admita a existência de uma fonte comum de nossas duas ordens de conhecimento. A fé dirige a razão não como modo de conhecer, porque ela, a fé, dada sua obscuridade, é, ao contrário, um conhecimento de ordem inferior; a fé dirige a razão enquanto

---

⁴⁴ Cf. *Suma contra os gentios* I, 5.
⁴⁵ Cf. *Suma contra os gentios* I, 6; *Questão disputada sobre a verdade*, q. XIV, a 10, ad 11m.
⁴⁶ Cf. *Suma contra os gentios* I, 7.
⁴⁷ Cf. *Questão disputada sobre a verdade*, q. XIV, a. 10, ad 7m.

move o pensamento humano em posse de um objeto que ele naturalmente é incapaz de alcançar. Pode, então, provir da fé toda uma série de influências e ações cujas consequências, no interior da razão mesma e sem que ela deixe de ser pura razão, podem ser das mais importantes. A fé na revelação não terá por resultado a destruição da racionalidade de nosso conhecimento, mas permitirá, ao contrário, que a razão se desenvolva mais completamente. Assim, como a graça não destrói a natureza, mas cura-a, fecunda-a e leva-a a acabamento, assim a fé, pela influência que exerce do alto sobre a razão como tal, permite o desenvolvimento de uma atividade racional mais fecunda e mais verdadeira[48].

Essa influência transcendente da fé sobre a razão é um fato essencial, que importa bem interpretar se se quer garantir à filosofia tomista seu caráter próprio. Muitas das críticas dirigidas contra ela visam precisamente a mistura de fé e razão que se pretende aí encontrar. Mas é igualmente inexato sustentar que Santo Tomás tenha isolado dois domínios ou que ele os tenha, ao contrário, confundido. Adiante, neste livro, deveremos perguntar se ele os confundiu; desde já, entretanto, fica claro que ele não os isolou e que soube mantê-los em contato de um modo que não o constrangeu ulteriormente a confundi-los[49]. É o que permite compreender a admirável unidade da obra filosófica e da obra teológica de Santo Tomás. É impossível fingir que tal pensamento não seja plenamente consciente de seu objetivo; mesmo nos comentários a Aristóteles, esse pensamento sabe sempre aonde vai, e ele vai, mesmo aí, ao encontro da doutrina da fé, não quando explica Aristóteles, mas ao menos quando o completa e corrige. Ainda assim, podemos dizer que Santo Tomás trabalha com plena e justa consciência de nunca recorrer a argumentos que não seriam estritamente racionais, pois, se a fé anima a razão, essa razão que sua fé eleva e fecunda não deixa por isso de desempenhar operações puramente racionais e de afirmar conclusões fundadas apenas sobre a evidência dos princípios primeiros comuns a todos os espíritos humanos. O receio de fazer crer em uma contaminação possível da razão pela fé, testemunhado por alguns discípulos de Santo Tomás, não tem, portanto, nada de tomista. Negar que ele conhece e almeja essa influência benéfica é condenar-se a apresentar como puramente acidental o acordo de fato no qual termina a reconstrução de sua filosofia e de sua teologia; é também manifestar uma inquietação que Santo Tomás mesmo nunca teria compreendido. Ele é mais do que seguro de seu pensamento para vir a ter esse tipo de receio. Sua razão progride sob a ação benéfica da fé, ele o reconhece, mas também constata que, passando pelo caminho da revelação, a razão penetra mais profundamente e,

---

[48] Cf. *Idem, ibidem*, a. 9, ad 8m; a. 10, ad 9m.

[49] Sobre o caráter geral do pensamento tomista, ver o livro fundamental de MARITAIN, J. *Distinguer pour unir, ou les degrés du savoir*. Paris: Desclée de Brouwer, 1932.

por assim dizer, reconhece verdades sobre as quais ela arriscava ficar na ignorância. O viajante que um guia conduziu até o cimo não vê menos do que o guia o espetáculo que descobre lá no alto; a vista que ele tem de lá de cima não é menos verdadeira porque um auxílio externo o conduziu para lá. Não é possível frequentar muito tempo Santo Tomás sem convencer-se de que o vasto sistema do mundo que seu ensino apresenta-nos construía-se em seu pensamento à medida que nele também se construía a doutrina da fé. Quando afirma aos outros que a fé é para a razão um guia salutar, a lembrança do ganho racional que a fé lhe possibilitou é bem viva nele.

Não nos surpreenderemos, portanto, que, no tocante prioritariamente à teologia, haja lugar para a pesquisa filosófica, mesmo quando se trata de verdades reveladas que excedem os limites de nossa razão. Sem dúvida, e isso é evidente, a razão não pode pretender demonstrar essas verdades, nem mesmo esgotá-las, mas, encorajada pela certeza superior de que há, aí, uma verdade escondida, ela pode fazer-nos entrever algo com o auxílio de comparações bem fundadas. Os objetos sensíveis, que constituem o ponto de partida de todos os nossos conhecimentos, conservam alguns vestígios da natureza divina que os criou, uma vez que o efeito assemelha-se sempre à causa. A razão pode, então, encaminhar-nos para a inteligência da verdade perfeita que Deus nos descortinará na pátria celeste[50]. Essa constatação limita o papel que cabe à razão quando ela pretende esclarecer as verdades de fé; ela não deve assumir a demonstração de tais verdades. Tentar demonstrar o indemonstrável equivale a confirmar o incrédulo em sua incredulidade. A desproporção aparece com tanta evidência entre as teses que cremos estabelecer e as falsas provas que delas damos que, em vez de servir a fé por tais argumentações, expomo-nos ao ridículo[51]. Mas podemos explicar, interpretar e trazer para perto de nós aquilo que não poderíamos provar; podemos, portanto, como que conduzir pela mão nossos adversários à presença dessas verdades inacessíveis; podemos mostrar sobre quais razões prováveis e sobre quais autoridades seguras elas encontram, nesta vida, seu fundamento.

É preciso ir mais longe: colhendo o benefício das teses já estabelecidas, podemos afirmar que há lugar para a argumentação racional mesmo em matéria de verdades inacessíveis à razão e, depois, mostrar como pode haver uma intervenção teológica nas matérias aparentemente reservadas à pura razão. A razão tem a tarefa de demonstrar que aquilo que a revelação ensina é possível, quer dizer, não contém nenhuma impossibilidade ou absurdidade racional. Vimos, com efeito, que a revelação e a razão não podem contradizer-se. Se, pois, é certo que a razão não pode demonstrar a verdade revelada,

---

[50] Cf. *Suma contra os gentios* I, 7; *Questões disputada sobre a verdade*, q. XIV, a. 9, ad 2m.

[51] Ver as aplicações desse princípio na *Suma de teologia* I, 46, 2, Resp., e na *Suma contra os gentios* I, 8; II, 38.

não é menos certo que toda demonstração pretensamente racional que busque estabelecer a falsidade da fé repousa sobre um sofisma. Qualquer que seja a sutileza dos argumentos invocados, é preciso manter firmemente este princípio: como a verdade não pode estar dividida contra ela mesma, a razão não pode ter razão contra a fé[52]. Pode-se, então, procurar sempre um sofisma em uma tese filosófica que contradiga o ensinamento da revelação, pois é certo de antemão que essa tese contém ao menos um. Os textos revelados não são nunca demonstrações filosóficas da falsidade de uma doutrina, mas são o sinal, para o crente, de que se engana o filósofo que a sustenta, e cabe unicamente à filosofia demonstrar isso.

Com mais razão ainda, as fontes da pesquisa filosófica são exigidas pela fé quando se trata de verdades reveladas que são também racionalmente demonstráveis. Esse corpo de ensinamentos filosóficos verdadeiros, que o pensamento humano possuiria raramente intacto e completo graças unicamente aos recursos da razão, o pensamento o constrói facilmente, ainda que por um método puramente racional, caso ele lhe seja apresentado pela fé. Como uma criança que compreende aquilo que não poderia descobrir, mas que um mestre lhe ensina, o intelecto humano apropria-se sem dificuldade de um ensino cuja verdade é garantida por uma autoridade sobre-humana. Donde a incomparável firmeza que ele testemunha em presença dos erros de todos os tipos que a má-fé ou a ignorância podem engendrar em seus adversários; ele sempre pode opor-lhes demonstrações conclusivas, capazes de impor-lhes silêncio e restabelecer a verdade.

Acrescentemos, enfim, que mesmo o conhecimento puramente científico das coisas sensíveis não pode deixar a teologia completamente indiferente. Não é o caso de pensar que não há conhecimento das criaturas válido por si mesmo e independente de toda teologia; a ciência existe como tal, e, desde que não exceda seus limites naturais, ela se constitui sem intervenção da fé. Mas é a fé que, na contrapartida, não pode não levar em consideração a ciência. A partir do momento em que a ciência constituiu-se por si mesma, a teologia não poderia de modo algum desinteressar-se por ela: primeiro, porque a consideração das criaturas é útil à instrução da fé; em seguida, como acabamos de ver, porque o conhecimento natural pode, no mínimo, desfazer os erros relativos a Deus[53].

---

[52] Cf. *Suma contra os gentios* I, 1; I, 2; I, 9. Todos os socorros que a teologia busca nos saberes humanos são resumidos nesta palavra de Santo Tomás: "as outras ciências são ditas servas da teologia" – *Suma de teologia* I, 1, 5, Sed contra. Donde a célebre fórmula *philosophia ancilla theologiae* (filosofia serva da teologia), que parece moderna quanto a seu teor literal (ela não se encontra nesses termos em Santo Tomás), mas que é muito antiga quanto ao sentido. Sobre sua história e sua significação, consultar-se-á com proveito o artigo de BAUDOUX OFM, B. Philosophia "ancilla theologiae". *Antonianum* XII (1937) 293-326.

[53] Cf. *Suma contra os gentios* II, 2 e sobretudo *Suma de teologia* I, 5, ad 2m.

Sendo essas as relações íntimas que se estabelecem entre a teologia e a filosofia, resta dizer que elas constituem dois domínios formalmente distintos. Primeiro porque eles não coincidem, embora seus territórios ocupem em comum certa área. A teologia é a ciência das verdades necessárias à salvação; ora, nem todas as verdades são necessárias à salvação, e não havia por que Deus revelar, no tocante às criaturas, aquilo que somos capazes de aprender por nós mesmos e cujo conhecimento não é necessário à salvação. Para além da teologia, há, pois, lugar para uma ciência das coisas naturais que as considera em si mesmas, por elas mesmas, e subdivide-se em partes diferentes segundo os diferentes gêneros das coisas, ao passo que a teologia considera-as todas sob a perspectiva da salvação e com relação a Deus[54]. O filósofo estuda o fogo como tal, o teólogo vê nele uma imagem da eminência divina; há pois, lugar, para a atitude do filósofo (*philosophus*) ao lado daquela do crente (*fidelis*), e não há motivo para reprovar à teologia o silenciar um grande número de propriedades das coisas, tais como a figura do céu ou a natureza de seu movimento, pois elas são da incumbência do filósofo, que tem a tarefa de explicá-las.

Lá mesmo onde o terreno é comum às duas disciplinas, elas conservam caracteres específicos que garantem sua distinção. Elas diferem já e sobretudo pelos princípios da demonstração, e é isso que as impede definitivamente de confundir-se. O filósofo toma seus argumentos das essências e, por conseguinte, das causas próprias das coisas; é o que faremos constantemente na sequência desta exposição. O teólogo, ao contrário, argumenta com base na primeira causa de todas as coisas, que é Deus, e recorre a três ordens diferentes de argumentos que, em nenhum caso, são considerados satisfatórios pelo filósofo. O teólogo afirma uma verdade em nome do princípio de autoridade, ora porque ela nos foi transmitida e revelada por Deus, ora porque a glória de Deus infinito exige que seja assim, quer dizer, em nome do princípio de perfeição, ora porque o poder de Deus é infinito[55]. Disso não resulta, ademais, que a teologia não mereça o título de ciência, mas a filosofia explora um domínio que lhe é próprio, porque se serve de métodos essencialmente racionais. Como duas ciências estabelecem um mesmo fato partindo de princípios diferentes e chegam às mesmas conclusões por vias que lhe são específicas, assim as demonstrações do filósofo, fundadas sobre os princípios da razão, diferem *toto genere* (inteiramente) das demonstrações que o teólogo deduz de princípios recebidos da fé.

Uma segunda diferença, ligada aliás à primeira, reside não nos princípios da demonstração, mas na ordem que a demonstração segue. Afinal, no

---

[54] Cf. *Suma contra os gentios* II, 4.

[55] "O crente parte da causa primeira, pois considera que o que foi transmitido é divino ou porque algo cabe à glória de Deus, ou ainda porque o poder de Deus é infinito" – *Suma contra os gentios* II, 4.

ensinamento filosófico, ligado à consideração das criaturas nelas mesmas e pelo qual procuramos elevar-nos das criaturas a Deus, a consideração das criaturas é primeira, ao passo que a consideração de Deus é última. No ensinamento da fé, ao contrário, abordando as criaturas em relação a Deus, a consideração primeira é sobre Deus; a das criaturas é posterior. Nesse aspecto, o ensinamento da fé segue uma ordem que, tomada em si mesma, é mais perfeita, pois imita o conhecimento de Deus, que, conhecendo-se a si mesmo, conhece todo o resto[56].

Sendo essa a situação de direito, o problema da ordem a seguir para expor a filosofia de Santo Tomás põe-se com ainda maior acuidade. Já dissemos que não se encontra em nenhuma de suas obras o *corpus* de suas concepções filosóficas, expostas por elas mesmas e unicamente segundo a razão natural. Há inicialmente uma série de obras compostas por Santo Tomás segundo o método filosófico, como seus comentários a Aristóteles e um pequeno número de opúsculos, mas cada opúsculo só nos permite obter um fragmento de seu pensamento, enquanto os comentários a Aristóteles, dedicados a seguir um texto obscuro, não permitem entrever senão imperfeitamente o que teria sido uma *Suma* da filosofia tomista organizada pelo próprio Tomás e comparável ao gênio lúcido que rege a *Suma de teologia*[57]. Mas há uma segunda série, cujo protótipo mais perfeito é a *Suma de teologia*, que contém sua filosofia demonstrada segundo os princípios da demonstração filosófica e apresentada segundo a *ordem* da demonstração teológica. Restaria, então, reconstruir uma filosofia tomista ideal, tomando nesses dois grupos de obras o que elas contêm de melhor e redistribuindo as demonstrações de Santo Tomás segundo as exigências de uma ordem nova. Mas, quem ousará fazer tal síntese? Quem garantirá que a ordem filosófica da demonstração adotada para tanto será aquela mesma que o gênio de Santo Tomás teria escolhido e seguido? Quem garantirá, sobretudo, que, procedendo assim, não deixaremos

---

[56] Cf. *idem, ibidem*.

[57] Em sentido contrário, ver os artigos de J. Le Rohellec, na *Revue thomiste*, tomo XXI, p. 449, e P. Mandonnet, no *Bulletin thomiste*, tomo I (1924), pp. 135-136, bem como a obra: De Tonquédec, J. *La critique de la connaissance*, 1929, pp. X-XI. As objeções de De Tonquédec mostram claramente em torno do que gira o mal-entendido: "Apegar-se servilmente (*sic*) a essa ordem (isto é, a ordem das duas *Sumas*) não é certamente expor a *filosofia* tal como Santo Tomás a concebeu". De acordo, mas fazer isso é certamente expor *sua filosofia* da única maneira como ele mesmo expôs. Quanto a dizer que "nas *Sumas* a ordem seguida para os desenvolvimentos filosóficos é exterior a eles e não procede desses desenvolvimentos", isso é esquecer que o problema está em saber se tais desenvolvimentos não seguem tal ordem. Enfim, o Pe. De Tonquédec argumenta como se a filosofia de Santo Tomás devesse ser exposta de tal maneira que um debutante pudesse aprender aí a filosofia. Isso não é mais necessário do que para expor a filosofia de Descartes, Espinosa ou Kant. Certamente a empreitada é legítima, mas uma introdução histórica à filosofia de Santo Tomás não é um manual de filosofia; nem sequer é um manual de filosofia tomista; ela deveria, portanto, ser desculpável por seguir a ordem mesma que seguiu Santo Tomás de Aquino.

escapar isto a que Santo Tomás apegava-se talvez mais do que a todo o resto: a prova tangível do benefício que a filosofia encontra ao integrar-se, na qualidade de revelável, à teologia; a alegria, enfim, de uma razão que discorre segundo a ordem mesma em que as Inteligências contemplam, graças ao fio condutor que a revelação oferece a essa razão? A prudência histórica não é uma virtude desprezível para quem procede como historiador. Mas trata-se aqui de algo mais. A verdadeira questão está em saber se podemos, sem destruí-lo, extrair um pensamento filosófico do meio que o viu nascer e fazê-lo viver fora das condições sem as quais esse pensamento não teria jamais existido. Se a filosofia de Santo Tomás constituiu-se como revelável, é respeitar sua natureza expô-la segundo a ordem do teólogo.

Não resulta daí, de forma alguma, que a verdade de uma filosofia disposta segundo essa ordem seja subordinada àquela da fé, que, de seu ponto de partida, recorre à autoridade de uma revelação divina. A filosofia tomista é um conjunto de verdades rigorosamente demonstráveis e justifica-se, precisamente como filosofia, pela simples razão. Quando Santo Tomás fala como filósofo, são somente suas demonstrações que estão em causa, e é menos importante que a tese por ele defendida apareça no momento que a fé lhe reserva, pois ele não faz nunca intervir nem nos pede para fazer intervir a fé nas provas do que ele considera como racionalmente demonstrado. Permanece, então, entre as asserções dessas duas disciplinas, mesmo quando elas tratam do mesmo conteúdo, uma distinção formal estrita, fundada sobre a heterogeneidade dos princípios da demonstração. Entre a teologia, que situa seus princípios nos artigos de fé, e a filosofia, que pede à simples razão o que ela pode fazer-nos conhecer de Deus, há uma diferença de gênero: "a teologia, que pertence à doutrina sagrada, difere segundo o gênero daquela teologia que se põe como parte da filosofia"[58]. Pode-se demonstrar que essa distinção genérica não foi sustentada por Santo Tomás como um princípio ineficaz que se pode dispensar depois de tê-lo reconhecido. O exame de seu ensinamento, visto em sua significação histórica e comparado à tradição agostiniana cujo mais ilustre representante era São Boaventura, mostra por quais remanejamentos profundos e por quais transformações incrivelmente ousadas ele não hesitou em assumir a responsabilidade, a fim de satisfazer às exigências do pensamento aristotélico sempre que ele os julgava idênticos às exigências da razão[59].

É nisso que consiste precisamente o valor propriamente filosófico do tomismo e o que faz dele um momento decisivo na história do pensamento. Com plena consciência de todas as consequências que tal atitude implica,

---

[58] *Suma de teologia* I, 10, ad 2m.

[59] Desenvolvemos esse aspecto em *Études de philosophie médiévale*, Estrasburgo, 1921 (*La signification historique du thomisme*, pp. 95-124).

Santo Tomás aceita simultaneamente sua fé e sua razão, cada qual com suas exigências próprias. Seu pensamento não visa constituir tão economicamente quanto possível uma conciliação superficial na qual teriam lugar as doutrinas mais facilmente conciliáveis com o ensinamento tradicional da teologia; ele quer que a razão desenvolva seu próprio conteúdo com toda liberdade e manifeste integralmente o rigor de suas exigências. A filosofia que ele ensina não é filosofia porque cristã, mas ele sabe que quanto mais sua filosofia for verdadeira, mais ela será cristã, e que quanto mais ela for cristã, mais será verdadeira. É por isso, aliás, que o vemos igualmente livre perante Santo Agostinho e Aristóteles. Em vez de seguir passivamente a corrente tradicional do agostinismo, ele elabora uma nova teoria do conhecimento, desloca as bases sobre as quais repousavam as provas da existência de Deus, submete a uma nova crítica a noção de criação e funda ou reorganiza completamente o edifício da moral tradicional. E, em vez de seguir passivamente o aristotelismo de Aristóteles, ele faz abrir fendas por todos os lados nos seus quadros e o metamorfoseia, carregando-o de um sentido novo. Todo o segredo do tomismo está aí, nesse imenso esforço de honestidade intelectual para reconstruir sua filosofia sobre um plano tal que seu acordo de fato com a teologia apareça como a consequência necessária das exigências da razão mesma e não como o resultado acidental de um simples desejo de conciliação.

Parecem-nos ser esses os contatos e a distinção que se estabelecem entre a razão e a fé no sistema de Santo Tomás de Aquino. Elas não podem nem contradizer-se nem ignorar-se, menos ainda confundir-se; a razão até poderá justificar a fé, mas jamais a transformará em razão, pois, no momento em que a fé for capaz de trocar a autoridade pela prova, ela deixará de crer e passará a saber. Por sua vez, a fé até poderá mover de fora ou guiar por dentro a razão, mas a razão jamais deixará de ser ela mesma, pois, no momento em que ela renunciar a fornecer a prova demonstrativa daquilo que ela propõe, ela se renegará e se apagará imediatamente para dar lugar à fé. É, pois, a inalienabilidade mesma de suas essências próprias que lhes permite ajudar-se uma à outra sem se contaminar. Mas nós não vivemos em um mundo de essências puras, e a complexidade dessa ciência concreta que é a teologia pode incluí-las a ambas, ordenando-as à unidade de um e mesmo fim. Tornando-se do âmbito do revelável, a filosofia não abdica em nada à sua racionalidade essencial, mas eleva o uso dessa racionalidade à sua perfeição última.

Podemos conceber por que, visto sob esse aspecto e como uma disciplina que alcança já nesta vida tudo o que a razão natural pode conhecer de Deus, o estudo da sabedoria filosófica aparece para Santo Tomás como uma ciência divina. Aristóteles já o tinha dito, mas Santo Tomás o rediz em um sentido inteiramente novo. Transposto por seus cuidados ao campo do revelável, esse estudo participa, de agora em diante, dos atributos da Sabedoria teológica, que Santo Tomás afirma ser, ao mesmo tempo, o mais perfeito, o mais sublime e o mais útil dos conhecimentos que o ser humano pode adquirir nesta vida: o mais perfeito, porque, à medida que se consagra ao estudo da sabedoria, o ser humano participa, já nesta vida, da verdadeira beatitude; o mais sublime, porque o ser humano sábio aproxima-se um pouco da semelhança divina, uma vez que Deus fundou todas as coisas com sabedoria; e o mais útil, porque conduz ao reino eterno. É também o mais consolador, porque, segundo a palavra da Escritura (Sb 8, 16), o diálogo com a Sabedoria não tem amargor, nem sua frequentação, tristeza. Nele só encontramos prazer e alegria[60].

Sem dúvida, alguns espíritos aos quais toca unicamente ou principalmente a certeza lógica, contestarão facilmente a excelência da pesquisa metafísica. A investigações que não se declaram totalmente insuficientes mesmo na presença do incompreensível eles preferem as deduções certas da física ou das matemáticas. Mas o conhecimento não depende somente de sua certeza; depende ainda de seu objeto. Aos espíritos inquietos com a sede do divino vão oferecer-se os conhecimentos mais certos referentes às leis dos números ou à disposição do Universo. Orientados para um objeto que escapa às suas tentativas de dominá-lo, eles se esforçam por levantar uma ponta do véu, imensamente felizes por perceber, mesmo às vezes em meio a espessas trevas, algum reflexo da luz eterna que deve iluminá-los um dia. A esses espíritos, os mínimos conhecimentos relativos às realidades mais elevadas parecem mais desejáveis do que as certezas mais completas relativas a objetos menores[61]. Tocamos aqui o ponto no qual se conciliam a desconfiança extrema com relação à razão humana, o desdém mesmo que às vezes Santo Tomás lhe concede, e o gosto tão vivo que ele sempre conservará pela discussão dialética e pelo raciocínio. Quando se trata de atingir um objeto que sua essência mesma torna inacessível, nossa razão revela-se impotente e deficiente de todos os lados. Ninguém mais do que Santo Tomás foi persuadido dessa insuficiência. Se, apesar de tudo, ele aplica infatigavelmente esse instrumento falível aos objetos os mais excelsos, é porque os conhecimentos mais confusos, e aqueles mesmos que mal mereceriam o nome de conhecimentos, deixam de ser desprezíveis quando têm por objeto a essência infinita de Deus. Pobres conjecturas, comparações que não são totalmente adequadas, eis do que tiramos nossas alegrias as mais puras e as mais profundas. A soberana felicidade do ser humano nesta vida está em antecipar, por mais que isso se dê em um lusco-fusco, a visão face a face do Ser.

---

[60] Cf. *Suma contra os gentios* I, 2.

[61] Cf. *Suma de teologia* I, 1, 5, ad 1m; IaIIae, 66, 5, ad 3m; *Comentário ao Livro das Causas*, lição I (in *Opuscula omnia*, ed. P. Mandonnet, tomo I, p. 195). Cf. também ARISTÓTELES, *As partes dos animais* I, 5, traduzido e comentado por BREMOND SJ, A. *Le dilemme aristotélicien*. Paris: Beauchesne, 1933, pp. 14-15.

## II. O FILÓSOFO E O CRENTE

Uma filosofia é, antes de tudo, um filósofo. Essa evidência não muda quando o filósofo é, antes de tudo, um teólogo. Não se compreende realmente o tomismo enquanto não se sente nele a presença do próprio Santo Tomás, ou, mais do que do santo, a presença do Frei Tomás anterior à inscrição de sua festa no calendário religioso. Em suma, a presença do homem com seu temperamento, seu caráter, seus sentimentos, seus gostos e mesmo suas paixões; afinal, em se tratando de paixões, ele teve ao menos uma: no nível da natureza humana pura e simples, Tomás teve a paixão da inteligência. Sabemos todos que o ser humano é um animal racional; e, dito isso, não pensamos mais no assunto. Sendo evidente, não falamos mais nisso.

Se a admiração é o começo da filosofia, podemos dizer que, no caso de Santo Tomás, houve uma admiração primeira e fundamental, origem de todas as outras e na qual é literalmente verdadeiro dizer que ele permaneceu por toda a sua vida: para ele, foi sempre um motivo de maravilhamento que haja entes inteligentes e, como ele diz, intelectos. Não podemos avançar um passo em seu ensinamento se perdemos de vista que Santo Tomás vive em uma admiração perpétua por ser dotado de inteligência e razão. Ele sabe que os filósofos admiravam-se disso, e não se surpreende. Ao contrário, ele considera natural que Aristóteles tenha concebido o intelecto agente como quase divino por natureza, e que Alexandre de Afrodísia, Avicena e Averróis, cada qual a seu modo, tenham feito do intelecto uma substância separada da qual o ser humano pode participar, mas não possuir. Menos ainda ele se espanta ao ver que Santo Agostinho fez de Deus o Sol dos espíritos, ou que discípulos cristãos de Aristóteles, por um artifício mais engenhoso do que sólido, tenham ensinado que Deus mesmo é o intelecto agente, como foi o caso do bispo Guilherme de Paris. Ele, Tomás, pensa diferentemente, mas é justamente aí que nasce seu maravilhamento: é quase belo demais para ser verdade que o intelecto seja o intelecto do indivíduo que o possui e que conhece por meio dele. Deve haver um mistério por trás disso. Veremos que esse fato aparentemente tão simples esconde, na verdade, o mistério dos mistérios, pois a razão de ser da criação do ser humano é, para o ser humano, o primeiro de todos os mistérios, cuja chave só a natureza intelectual dos seres humanos detém. Desvelemos alguns sinais desse elevado respeito pela inteligência nos escritos de Santo Tomás. O mais exterior é talvez a admiração profunda e mesmo afetuosa que ele sempre experimentou pelos grandes filósofos – *ista praeclara ingenia*, esses gênios luminosos –, de um modo bem particular por Aristóteles. Tempos depois, será difícil entender esse mesmo sentimento e experimentá-lo por parte daqueles que, mais cientistas do que filósofos, só veem em Aristóteles o representante de uma astronomia e de uma física ultrapassadas. Todavia, a menos que eles realmente creiam ter inventado sozinhos toda a ciência moderna (como fez Descartes para as matemáticas), aqueles que consideram Aristóteles antiquado devem, pelo menos, compreender quão elevado testemunho do maravilhoso poder do intelecto humano dão os escritos do Estagirita. Na enciclopédia do Filósofo, é esse intelecto em ação que Santo Tomás via acima de tudo e ao qual homenageava.

Um segundo sinal desse mesmo respeito pela eminente dignidade do intelecto vem da constatação de que, dentre todos os entes que conhecemos no nível da experiência sensível, somente o ente humano é capaz da operação de contemplar a verdade; e essa operação lhe é própria. É o que se lê na *Suma contra os gentios* III, 37: "Essa é a única operação própria do ser humano; nenhum outro ente compartilha dela em nada".

Um terceiro sinal está em que, segundo Santo Tomás, participar do conhecimento intelectual faz do ser humano um ser espiritual comparável às criaturas mais elevadas formadas por Deus. Cada ser humano é um composto de alma e corpo; o anjo é puro espírito, e, por isso, é mais perfeito que o ser humano. Os anjos são espíritos mais nobres que nós; entretanto, nós também somos espíritos; Deus também é espírito. O conhecimento intelectual do verdadeiro é, então, a única operação que se encontra ao mesmo tempo em Deus, no anjo e no ser humano. É a única, mas é comum: "Dentre as operações humanas, unicamente isso se encontra também em Deus e nas substâncias separadas"[62]. Já enfatizaram bastante que é perigoso conceber o ser humano como uma espécie de anjo ligeiramente inferior. Com efeito, o ser humano é uma substância intelectual; o anjo é um intelecto. Todavia, não seria conveniente esquecer que o ser humano, o anjo e Deus formam, no pensamento de Santo Tomás, um grupo distinto de todo o restante, precisamente porque eles são dotados de conhecimento intelectual e nisso são os únicos. Com um arranjo doutrinal diferente, o tomismo, nesse aspecto, continua fiel ao espírito do agostinismo, pois não admite nenhuma substância intermediária entre Deus e o ser humano. Não há nada de mais elevado do que o pensamento racional, salvo Deus: "nada do que subsiste é maior do que a mente racional, a não ser Deus"[63]. A noção de ser humano feito à imagem de Deus adquire aqui todo o seu sentido.

A noção de imagem está no centro da antropologia tomista, inclusive de sua epistemologia, assim como a noção de ser está no coração de sua metafísica. Não é uma inovação de Santo Tomás. Aqui, como alhures, ele renova uma tradição e faz frutificar uma herança. A teologia ocidental transmite-lhe o ensinamento de Santo Agostinho[64] e de São Bernardo de Claraval; a teologia

---

[62] *Suma contra os gentios* III, 37.

[63] *Suma de teologia* I, 16, ad 1m.

[64] Cf. SANTO AGOSTINHO, *Livro das 83 questões*, questão 51, citado por Santo Tomás in *Suma de teologia* I, 93, 2, Resp.

oriental transmite-lhe o de Dionísio Pseudoareopagita, de Gregório de Nissa e dos grandes Capadócios. O que, salvo engano, é novo na teologia tomista da imagem é a interpretação técnica da noção de imagem com a consequência que dela resulta: fortalecer mais estreitamente do que nunca o laço familiar essencial do homem a Deus.

A expressão que Santo Tomás emprega e repete com insistência diz que o ser humano e Deus, em certo sentido, são de mesma *espécie*. Em qual sentido isso é verdadeiro? Para definir um ser, assinalamos seu gênero e sua diferença específica. Esta é tomada da diferença última, aquela que especifica o objeto como pertencente a tal espécie e nenhuma outra. No caso do ser humano, essa diferença última é a razão. Por outro lado, há também semelhança específica entre a imagem e seu modelo. Isso não vale para qualquer semelhança. Por exemplo, o ser humano é, assim como Deus é, e a esse título ele se parece com Deus, mas também nesse aspecto ele não é mais imagem de Deus do que são os outros entes. Porém, o ser humano vive, e nisso também se assemelha a Deus, mas, embora seja mais próxima, essa semelhança a Deus é ainda comum com os outros viventes e não faz do ser humano uma imagem de Deus. Para encontrar tal imagem é preciso chegar à diferença última que faz do ser humano uma espécie distinta no gênero animal. Como já dissemos, trata-se da inteligência e do conhecimento racional. É porque o ser humano é inteligente e porque Deus é inteligente que aquele é feito à imagem deste[65]. Dizemos bem à imagem porque a única imagem verdadeira de Deus é gerada, não criada; é o Verbo, Imagem em si e perfeita do Pai. O ser humano não faz senão aproximar-se de seu modelo divino, que é também sua causa e seu fim, nisso que, à sua maneira e no seu grau, ele também é uma substância intelectual. Não há, portanto, entre o ser humano e Deus comunidade de ser, nem mesmo comunidade de espécie (aliás, Deus não é incluído em uma espécie), mas é quanto à sua espécie que o ser humano é a imagem de Deus. É isso que Santo Tomás exprime falando de *similitudo speciei* (semelhança de espécie) entre o ser humano e Deus[66]. Assim entendida, a semelhança de imagem exprime não uma unidade de ser, mas uma unidade de maneira de ser;

---

[65] Cf. *idem, ibidem*.

[66] "Somente na criatura racional ocorre semelhança com Deus ao modo de imagem. (...) Aquilo em que a criatura racional excede as outras criaturas é o intelecto ou a mente. (...) Ora, a imagem representa segundo semelhança de espécie, como foi dito anteriormente (artigo 2). (...) No tocante à semelhança com a natureza divina, as criaturas racionais parecem alçar-se, de certo modo, à representação de espécie, não só porque é e vive, mas também porque é inteligente" – *Suma de teologia* I, 93, 6, Resp. "Ao constitutivo nocional de 'imagem' pertence certa representação de espécie" – *Suma de teologia* I, 93, 7, Resp. "A imagem implica como que uma semelhança com a representação de espécie" – *Suma de teologia* I, 93, 8, Resp. Notar as cláusulas atenuantes: "de certo modo" (*quodammodo*), "certa" (*aliqualis*), "como que" (*utcumque*). Não se trata, com efeito, senão de uma "unidade de semelhança de espécie".

em suma, uma unidade de qualidade⁶⁷. Essas noções são tão pouco comuns que foram frequentemente esquecidas, mesmo pelos intérpretes de Santo Tomás de Aquino. É preciso admitir que elas são bastante sutis. A mais importante delas o é particularmente, pois requer que se represente uma relação do ser humano a Deus de tal modo que, pela espécie mesma que lhe é própria (animal racional), o ser humano seja semelhante a Deus, que não se encontra em nenhuma espécie. Teremos mais de uma ocasião para ver que é sempre assim, pois todas as relações são entre as coisas e Deus, e não o inverso. Esse gênero de relação é pensável, mas não representável. Todavia, é essencial pensá-lo, pois essa "semelhança específica" do ser humano a Deus é exatamente, para Santo Tomás, o sentido da palavra divina: "Façamos o homem à nossa imagem e semelhança" (Gn 1, 26). Toda criatura é à semelhança de sua causa; só o homem é à imagem dela. O intelecto é a imagem mesma de Deus nele.

Verdades múltiplas descortinam-se, então, aos nossos olhares. Toda a epistemologia e todo o intelectualismo de Santo Tomás encontram aqui sua fonte e sua justificativa. Elas lhe são reprovadas frequentemente como marcas de paganismo, de naturalismo e de falta de espírito religioso. Ao contrário, é porque Santo Tomás vê no intelecto a marca impressa por Deus em sua imagem que não põe nada acima dela: "Foi gravada em nós, Senhor, a luz da tua face" (Sl 4, 7). Essa palavra exprime, para Santo Tomás, o sentido preciso daquela outra segundo a qual o homem é dito à imagem de Deus. Ele vai tão longe nesse sentido que, em uma de suas observações feitas de passagem e que entretanto tocam o fundo das coisas, o Doutor Comum chega a dizer que os princípios da razão são-nos naturalmente inatos, pois Deus é o autor de nossa natureza, do que ele tira esta surpreendente consequência: "a sabedoria divina contém esses mesmos princípios"⁶⁸. Consequência surpreendente, com efeito, se pensarmos nisso, mas realmente pensamos nisso? Cada conclusão verdadeira conhecida pelo ser humano é garantida em sua verdade pelo fato notável de que os princípios dos quais nosso espírito tira-a ou que a sustentam encontram-se já no pensamento de Deus. Sua sabedoria garante os princípios da nossa: "esses princípios também a sabedoria divina os contém". A verdade da ciência e da filosofia encontra, pois, em Deus seu último fundamento.

Por aí se explica a surpreendente passagem do comentário ao Livro de Jó, no qual, exasperado pelos males que sofre, o santo personagem declara de repente: "Desejo discutir com Deus". Quase todo comentador moderno para com surpresa diante desse *cum Deo disputare cupio* (desejo discutir com Deus). "Que audácia!", pensamos nós, se não for simples maneira de dizer.

---

⁶⁷ "O uno na qualidade causa a semelhança" (*Suma de teologia* I, 93, 9). Cf. *Comentário à Metafísica de Aristóteles*, livro V, lição 17.

⁶⁸ *Suma contra os gentios* I, 7.

Mas, precisamente, não é maneira de dizer. Santo Tomás traduz, em primeiro lugar, o sentimento comum ao assinalar que a fala de Jó parecia inconveniente, como seria inconveniente uma discussão do homem com Deus, cuja perfeição o faz imensamente desproporcional à sua criatura: "Essa discussão do homem com Deus parecia indevida, por causa da excelência pela qual Deus excede o ser humano". Mas acrescenta imediatamente: a desproporcionalidade entre os interlocutores não afeta em nada a verdade do que eles dizem; se o que alguém diz é verdadeiro, ninguém pode vencê-lo, não importando quem seja seu oponente na discussão. Gravemos este notável princípio: *cum aliquis veritatem loquitur, vinci non potest, cum quocumque disputet* (quando alguém diz a verdade, não pode ser vencido, independentemente de com quem debata)[69]. Sem forçar nenhuma das falas de Santo Tomás para além do que autoriza o contexto delas, é difícil não sentir o clima de confiança e admiração que elas criam em torno à razão. Santo Tomás lhe dedicou uma espécie de devoção. Dizer isso não é excessivo, pois cada uma das teses que acabamos de ver tem como efeito sublinhar a origem divina da razão, a semelhança divina, o privilégio que ela possui de criar como que laços de família entre o ser humano, o anjo e Deus. Para impregnar-se do espírito do tomismo é necessário, primeiro, conseguir compartilhar esse maravilhamento que sempre experimentou Santo Tomás diante de uma razão cuja verdade é suficientemente segura de si mesma para ousar afirmar-se perante o próprio Deus, uma vez que os princípios que ela reivindica são os mesmos na criatura e no criador. Não se pode imaginar uma expressão de confiança no poder da razão mais impressionante do que essa.

A bem da verdade, há, no pensamento de Santo Tomás, uma confiança ainda mais absoluta, qual seja, aquela que ele dedica à verdade da fé. Não há dúvida de que à fé falta a evidência racional, própria das certezas da ciência e da filosofia. O entendimento não dá assentimento às verdades da fé senão sob a moção da vontade, que substitui a evidência ausente. A fé é, em si mesma, um conhecimento inferior ao da razão; a prova disso é que ela é chamada a apagar-se um dia, diante da visão daquilo que ela hoje afirma sem o ver. Não se imagina uma beatitude celeste que consista em um conhecimento do gênero daquele que dá a fé[70]. Todavia, quaisquer que sejam os motivos, ela participa finalmente da certeza inquebrantável da verdade divina à qual adere. Se o crente sabe por que crê, ele se sabe participante da certeza do conhecimento que Deus tem de si mesmo. Qualquer que seja a confiança do ser humano na evidência da razão, a confiança que ele tem na evidência da ciência

---

[69] *Comentário ao livro de Jó*, capítulo 13, lição 2 (edição Fretté, vol. 18, p. 90). As passagens da Escritura particularmente visadas são Jó 13, 3; 13-22.

[70] Cf. *Suma contra os gentios* III, 40: "A felicidade humana não consiste no conhecimento de Deus que se tem pela fé".

divina só pode ser mais firme ainda. Sem dúvida, ele não a vê, mas, aderindo à visão que dela tem Deus, a certeza que ele tem é mais firme ainda do que aquela que ele presta aos princípios primeiros da razão: "o fiel assente até mais intensa e firmemente àquilo que é da fé do que aos primeiros princípios da razão"[71].

Qual é o objeto desse conhecimento de fé? Essencialmente, é a verdade revelada por Deus aos humanos, a fim de permitir-lhes alcançar seu fim último, a beatitude: "Pertence ao objeto da fé, propriamente e por si, tudo aquilo pelo que o homem obtém a beatitude"[72]. Essa beatitude é a visão beatífica, ou seja, a visão de Deus face a face pela eternidade. A desproporção entre o ser humano e Deus é tal que mesmo os filósofos gregos não puderam conceber a possibilidade desse destino para o humano. A ideia pareceu-lhes, sem dúvida, não razoável. Talvez eles aspirassem a essa beatitude confusamente e sem sabê-lo, mas eles sabiam muito bem que ela era inacessível às forças da natureza humana. Como não dispunham da noção cristã de uma ordem sobrenatural, consideravam pouco sábio aspirar a algo parecido. A finalidade da revelação é tornar essa beatitude divina acessível ao ser humano, revelando-lhe o conhecimento sobrenatural que a razão natural sozinha não poderia descobrir.

Em que sentido a revelação põe-nos em posse de um conhecimento *sobrenatural*? Como já foi dito aqui, trata-se de um ensinamento santo – sagrado, religioso – no sentido primeiro de que vem de Deus; por via de consequência, no sentido de que, em vez de consistir em certezas conhecidas à luz da razão natural, que é aquela de nosso próprio espírito, a revelação comunica, em linguagem humana, algo do conhecimento que Deus tem de si mesmo. Não vejo eu mesmo a verdade daquilo que creio, mas meu intelecto, sob a moção de minha vontade, que supre a falta de evidência, dá seu assentimento à verdade sobre Deus conhecida por Deus mesmo e por ele comunicada por meio de sua palavra, obscuramente, enigmaticamente, como um reflexo. É porque sei que o objeto de meu assentimento é uma visão divina da verdade, ou, antes, essa verdade divina mesma, que a certeza de fé é muito mais sólida em mim do que aquela da ciência. Sou mesmo muito mais certo da verdade que Deus sabe do que posso estar certo de qualquer verdade humana, inclusive a evidência dos princípios.

Esse caráter *santo* ou *sagrado* do conhecimento de fé põe-na em uma ordem à parte da ordem da filosofia. Os filósofos também têm uma teologia; eles a nomeiam mesmo "ciência divina", porque seu objeto é Deus, mas trata-se de Deus como resposta às questões que a razão faz a respeito do mundo e como causa primeira, conhecida à luz natural do entendimento. A teologia

---

[71] *Comentário ao Livro das Sentenças de Pedro Lombardo* I, Prólogo, 1, 3, quaestiuncula 3, Sol.
[72] *Suma de teologia* IIaIIae, 2, 4, ad 1m.

do teólogo cristão é muito diferente. Ela difere da teologia do filósofo não simplesmente por uma diferença específica (como uma espécie diferente de outra espécie de teologia, dentro de um mesmo gênero que conteria ambas), mas por uma diferença quanto ao gênero. Ora, é preciso lembrar que a diferença entre gêneros é extrema: o que se predica de dois objetos diferentes quanto ao gênero é o objeto de uma predicação não unívoca nem análoga, mas equívoca. Isso quer dizer que o Deus de que falam as duas teologias é especificamente diferente. A teologia de Aristóteles pode, é claro, chamar-se uma ciência divina, e pode sê-lo, mas apenas por seu objeto; por sua substância, ela continua um conhecimento humano da divindade, uma *humana doctrina de Deo* (doutrina humana sobre Deus), não uma *sacra doctrina* ou participação no ser humano, pela fé, da ciência que Deus tem de Deus. Lembremos: "a teologia que pertence à doutrina sagrada difere quanto ao gênero daquela teologia que é parte da filosofia"[73].

Uma consequência imediata do mesmo princípio concerne à natureza da própria teologia filosófica. Simples conhecimento de Deus por parte do ser humano, ela não eleva o humano acima de si mesmo; não serve de nada para a salvação. Isso vale para todo conhecimento relativo a Deus. Qualquer que seja seu objeto, naturalmente acessível à razão natural (*revelabile*) ou transcendente à razão (*revelatum*), a teologia filosófica, que é o coroamento da metafísica, permanece essencialmente humana em sua origem e em seu conteúdo. É por isso que, do ponto de vista da salvação, é necessário crer em todas as verdades relativas a Deus, mesmo aquelas que a razão pode conhecer. Nenhuma especulação puramente racional pode fazer-nos conhecê-las da maneira como elas devem ser conhecidas para ser um meio de salvação.

Esse ponto dá ocasião a inumeráveis mal-entendidos. Santo Tomás ensina, como é verdade, que é impossível saber e crer a mesma coisa ao mesmo tempo e sob o mesmo aspecto. Mas, justamente, isso que eu sei e creio nunca é identicamente a mesma coisa, nem é jamais conhecido sob o mesmo aspecto. Suponhamos que um filósofo tenha demonstrado a existência de um Primeiro Motor Imóvel; como ele sabe que esse ser existe, ele não pode mais crer em sua existência. Mas, se Deus revela sua existência ao ser humano, ele não revela a existência de um primeiro motor imóvel, mas instrui-nos pessoalmente a respeito de sua existência e permite-nos participar, pela fé, do conhecimento que ele mesmo tem de sua existência. Vemos por que Santo Tomás fala, aqui, de *gêneros* distintos: a diferença deles não é de grau, mas de ordem, e é uma diferença tal que não podemos passar de um gênero a outro simplesmente levando um deles até seu limite. Não há demonstração filosófica possível da existência de Javé nem de Jesus Cristo como Filho de Deus Salvador. A Escritura não revela a existência de um Deus, mas a do verdadeiro

---

[73] *Suma de teologia* I, 2, 1, ad 2m.

Deus, que se faz conhecer pessoalmente pelo ser humano, a fim de estabelecer com ele e com seu povo um contrato cuja iniciativa e cujos termos só ele, o próprio Deus, pode estabelecer. A demonstração filosófica da existência de um Deus incorpora-se à teologia enquanto, por ela, ganhamos certa inteligência da fé; integra-se como o meio ao seu fim, mas a intelecção da fé continua inteligência, não se torna nunca fé. Eu sei que existe um Deus, mas creio na existência daquele que me diz que existe; creio com base em sua palavra. Crer verdades que a filosofia, em certo sentido, pode demonstrar não é crer, com fé divina, nas conclusões da filosofia, o que é, com efeito, contraditório e impossível, mas é assentir a toda verdade referente a Deus, demonstrável ou não, cujo conhecimento é necessário à salvação. Por exemplo, que Deus é uno e incorpóreo: "É necessário crer que Deus é uno e incorpóreo, o que é provado pela filosofia, por meio da razão natural. (...) E é necessário ao homem acolher, segundo o modo da fé, não apenas aquilo que está acima da razão, mas também aquilo que pode ser conhecido pela razão"[74].

É nesse nível do concreto humano que se põe o problema das relações entre fé e razão que muitos esforçam-se inutilmente por pôr em termos de essências abstratas e, portanto, inconciliáveis por definição. A revelação não é um simples desvelamento da verdade salvífica; é um convite à salvação. Deus faz inclusive mais do que um simples convite à beatitude, revelando ao ser humano, com base em sua própria autoridade confirmada pelos milagres, os meios para alcançá-la; ele nos impele interiormente a aceitar esse convite: "Aquele que crê tem um estímulo suficiente para crer (*habet sufficientem inductivum ad credendum*); é conduzido pela autoridade divina confirmada pelos milagres e, acima de tudo, pelo impulso interior (*interiori instinctu*) de Deus que convida"[75]. O ato de fé é nossa aceitação desse convite.

Essa doutrina é fundamentada sobre o ensinamento de São Paulo, em Hb 11, 6: "Sem fé é impossível agradar a Deus, porque aos que dele se aproximam é preciso crer que ele é e que ele recompensa a quem o procura". Não podemos aproximar-nos do Deus salvador a não ser que creiamos, ao mesmo tempo, que ele existe e que ele recompensa os que o buscam. A fé em Deus salvador implica, portanto, o desejo de procurá-lo e de encontrá-lo. Ela é desejo, amor do bem que chama. É por isso que a presença da fé no entendimento modificará necessariamente suas operações, não para alterar-lhes a natureza, mas para suscitá-las: "Quando a vontade de alguém está disposta a crer, ele ama a verdade que crê, ele quer compreendê-la, ele lhe aplica sua reflexão (*super ea excogitat*) e, se consegue encontrar algumas razões em favor dela, ele as assume como suas"[76]. Não seria possível evocar aqui, em benefício

---

[74] *Suma de teologia* IIaIIae, 2, 4, Sed contra e Resp.
[75] *Suma de teologia* IIaIIae 2, 9, ad 3m.
[76] *Suma de teologia* IIaIIae, 2, 10, Resp.

do conhecimento teológico de Deus, algo mais explícito do que aquilo que tantos filósofos modernos reprovam nesse conhecimento: um exercício da razão que se deixou dominar pelo desejo de justificar uma crença. Os que querem conservar o direito de dizer-se tomistas, eliminando porém essa influência do desejo de compreender a fé sobre a intelecção que o entendimento dela obtém, arrogam-se um título ao qual não têm direito. É verdade que Santo Tomás não se apresenta como um *filósofo* se é preciso, para sê-lo, escolher entre esse título e o de *teólogo*, mas não é essa a questão. Trata-se de saber se, em algum caso, o desejo de compreender aquilo que cremos da Palavra de Deus pode obscurecer a luz natural da razão. O contrário é verdadeiro. O espírito do tomismo autêntico implica uma confiança sem limites no efeito benéfico que a fé exerce sobre o exercício da razão natural. "A fé", diz Santo Tomás, "encontra-se entre dois pensamentos: um inclina a vontade a crer e precede a fé; o outro tende à intelecção do que já crê e é simultâneo com o assentimento de fé"[77]. Não pode haver tomismo autêntico sem essa íntima simbiose de dois modos de conhecimento ao mesmo tempo distintos e aliados.

A distinção do revelado e do revelável continua intacta. No caso em que o objeto da fé transcende as forças da razão natural, uma luz especial é requerida, vinda de Deus, para que se obtenha o assentimento do entendimento à verdade revelada, mas não se pode esquecer que para todo conhecimento verdadeiro (*in omni cognitione veritatis*) o pensamento humano precisa do concurso da operação divina. Se se trata de uma verdade cognoscível naturalmente, o pensamento não precisa de uma nova luz; basta-lhe ser movido e dirigido por Deus[78]. Talvez não haja tese tomista que mais se tenha perdido completamente de vista no curso das controvérsias (estéreis, aliás) que se mantiveram em torno da relação entre razão e fé na pesquisa filosófica. A distinção fundamental entre o "revelado" e o cognoscível levou a pensar que o conhecimento natural é completamente subtraído à influência divina. Mas nenhuma operação natural é subtraída à influência divina, porque não há uma sequer que não receba de Deus seu ser e sua eficácia. Já de início é filosoficamente verdadeiro dizer que em Deus nós temos o ser, o movimento e a vida. Se Deus move e dirige sua criatura, como não a dirigiria, antes de tudo, rumo a ele, que é o fim de todas as coisas? Um entendimento que o amor move a buscar o conhecimento de Deus perscrutando o sentido de sua palavra pode estar seguro de sua ajuda. O teólogo que filosofa não faz mais do

---

[77] *Comentário ao Livro das Sentenças de Pedro Lombardo* III, d. 23, q. 2, a. 2, sol. 1 e ad 2m.

[78] "Em todo conhecimento da verdade a mente humana carece da divina operação. Naquilo que conhece naturalmente não requer uma nova luz; basta-lhe o movimento e a direção dela. Nos outros conhecimentos, porém, precisa de uma nova iluminação. É por isso que, a respeito do assunto, diz Boécio: 'tanto quanto a divina luz dignou-se iluminar a fagulha de nossa mente'" (*Comentário ao De Trinitate de Boécio*, Proêmio, q. 1, a. 1, Resp.).

que usar sua capacidade de conhecer e sua capacidade de amar para a finalidade mesma em vista da qual ele as recebeu de Deus.

É fácil compreender que o exercício da razão natural, legítimo em si, não diminui em nada o mérito da fé naquele que pratica tal exercício. Esse problema, no qual os intérpretes modernos não pensam nunca, é, todavia, a principal preocupação de Santo Tomás. Inquietamo-nos quanto ao estrago que a fé pode fazer a razão sofrer, mas Santo Tomás inquieta-se, antes, do contrário. Se o conhecimento de fé é o único meritório, não perderei seu mérito à medida que o conhecimento racional toma seu lugar?

Seria esse, com efeito, o caso, se a certeza racional que adquiro não fosse solicitada pelo amor ao bem supremo. O conhecimento que desejo como uma intelecção da minha fé não é, seguramente, mais fé, mas permanece informado pela mesma caridade que me fazia crer. Pelo fato mesmo de eu saber que Deus existe, e de saber com uma certeza tal que eu não poderia mais pensar que ele não existe ainda que eu quisesse pensar isso, minha vontade continua a aderir pelo amor ao Deus da revelação. Com efeito, posso menos do que nunca querer pensar que ele não existe. Assim, quando temos a vontade de crer o que é de fé com base somente na autoridade divina, mesmo que cheguemos a obter a demonstração de tal ou tal ponto (por exemplo, a existência de Deus), o mérito da fé não era nem suprimido nem diminuído: "por exemplo, algo como 'haver um Deus' não diminui nem tolhe o mérito da fé"[79]. Uma intelecção desejada pela fé, fomentada pelo desejo que tem de saber e dirigida rumo à visão beatífica: eis uma descrição quase completa da intelecção teológica. Tudo aí é religioso, a origem, o meio e o fim; todavia, a razão é, também aí, mais do que nunca ela mesma. A razão não poderia renunciar a suas exigências essenciais sem condenar-se a errar o alvo para o qual ela tende.

O tomismo apresenta-se, assim, como uma filosofia do intelecto, amado e servido por si mesmo. Nessa ordem, Santo Tomás não põe nada acima da sabedoria filosófica, amor da verdade procurada e desejada por si mesma como Soberano Bem que ela é, pois Deus é a Verdade. Mas o tomismo apresenta-se ao mesmo tempo como ciência sagrada, fundada sobre a Palavra de Deus e tendida inteiramente rumo ao fim último do ser humano, do qual ela é como que um penhor nesta vida. Dizer isso não é o bastante, pois é preciso compreender ainda que esses dois aspectos do tomismo reduzem-se a um só. Só a teologia da imagem pode ajudar-nos. Se Deus criou o ser humano à sua imagem, dotando-o de conhecimento intelectual, parece natural, de certo modo, que esse conhecimento, tal qual, ponha já o ser humano sobre a via de seu fim último, e que todos os meios sobrenaturais que Deus lhe oferece para atingir esse fim concorram para levar a natureza ao ponto supremo de perfeição, que ela deseja confusamente, mas que suas próprias forças não lhe

---

[79] *Suma de teologia* IIaIIae, 2, 10, ad 1m; ad 2m.

permitem alcançar. Em todas as ordens e em todos os níveis, o tomismo encara a Natureza como querida por Deus para seu fim sobrenatural. Nisso, como em tudo, a finalidade é a causa das causas, e o mundo só tem um fim, Deus. Essa visão unitária do pensamento tomista é a mais precisa. Contrariamente ao que se poderia temer, é ela que também permite melhor apreciar sua imensa aptidão para ordenar a multiplicidade dos entes segundo suas essências próprias e, ao mesmo tempo, situá-los no lugar que lhes cabe na ordem universal. Aqui teremos muitas ocasiões para evocar essa visão; seria necessário querer para poder evitá-la.

PRIMEIRA PARTE
# DEUS

# DEUS

O estudo da filosofia termina na metafísica, cujo coroamento é a teologia. O problema da existência e da natureza de Deus só é abordado ao final desse esquema. Isso, aliás, é requerido pela natureza mesma do conhecimento humano, que, partindo do sensível, eleva-se progressivamente ao conhecimento do abstrato e do inteligível. A ciência sagrada procede de outra maneira. Fundada sobre a Palavra de Deus, ela parte necessariamente de Deus mesmo e desce de Deus ao ser humano, que é um de seus efeitos.

Tal como Santo Tomás a pratica, a reflexão filosófica é um esforço para inteligir o objeto da fé cristã. Ele deve, então, acompanhar, em seus procedimentos, a ciência sagrada da qual ela é auxiliar. A ordem de seu objeto deve ser também a sua ordem. Ora, a ciência sagrada supõe como conhecida a existência de Deus. Essa verdade está implicada em cada uma das palavras de Deus ao ser humano, e, nesse sentido, toda a Escritura proclama-a. A fé na verdade da Escritura implica a certeza de que Deus existe. Essa certeza é acessível à razão natural, mas se o uso particular que dela fazemos consiste em tentar compreender o mais possível aquilo em que se crê, a demonstração da existência de Deus vem em primeiro lugar. Com efeito, não saber demonstrativamente que Deus existe é ignorar a existência daquilo a que se referem todas as nossas crenças religiosas. Em outros termos, nada se pode *saber* a respeito de Deus se não se sabe que ele existe. Santo Tomás não precisa justificar-se por seguir uma ordem que é a mesma da teologia, pois é teologia que ele ensina. Ele sabe muito bem que a existência de Deus não é um *artigo de fé*, mas sabe também que todos os artigos de fé pressupõem-na, pois, sem ela, eles não teriam objeto. Encontrar as justificativas racionais da proposição "Deus existe" é estabelecer uma verdade preambular, senão à verdade da fé, ao menos a tudo o que o intelecto do filósofo pode pensar de verdadeiro concernente ao objeto da fé. Nesse sentido, a fé na existência do Deus da Escritura contém virtualmente a fé em tudo o que podemos e devemos crer a seu respeito: o conhecimento da existência de Deus pela razão contém implicitamente o conhecimento de tudo o que podemos saber sobre ele. Em busca da inteligência da fé, é, pois, pelo estabelecimento do objeto da fé que a reflexão filosófica deve começar.

# CAPÍTULO 1

# O PROBLEMA DA EXISTÊNCIA DE DEUS

Alguns teólogos consideram a existência de Deus uma evidência. Estimam que a demonstração de sua existência é supérflua, ou melhor, impossível, pois a evidência não é suscetível de demonstração. Devemos, então, examinar inicialmente suas razões, as quais, se fossem bem fundamentadas, autorizar-nos-iam a afirmar, sem mais, a existência de Deus como, ao mesmo tempo, uma certeza fundada sobre a revelação divina e uma evidência imediata da razão natural.

## I. PRETENSA EVIDÊNCIA DA EXISTÊNCIA DE DEUS

Dentre os que consideram que a existência de Deus dispensa demonstração, é preciso pôr à parte os simples fiéis. Acostumados, desde sua infância, a ouvir falar de Deus, e habituados a orar, eles tomam seu hábito de crer em Deus por uma certeza racional de sua existência[1]. Não é a eles que se endereça Santo Tomás, mas aos filósofos e teólogos que fazem da existência de Deus uma evidência imediata[2]. Embora forneça um número maior de pensadores na *Suma contra os gentios*, podemos reduzir as posições deles às três principais que Santo Tomás examina na *Suma de teologia*[3]. Observamos,

---

[1] Cf. *Suma contra os gentios* I, 11.
[2] Para a história das provas da existência de Deus antes de Santo Tomás, consultar GRUNWALD, G. *Geschichte der Gottesbeweise im Mittelalter bis zum Ausgang der Hochscholastik*, Münster, 1907; BAEUMKER, C. *Witelo, ein Philosoph und Naturforscher des XIII Jahrhunderts*, Münster, 1908, pp. 286-338; DANIELS, A. *Quellenbeiträge und Untersuchungen zur Geschichte der Gottesbeweise im dreizehnten Jahrhundert, mit besonder Berücksichtigung des Argumentes im Proslogion des hl. Anselm*, Münster i. Westf., 1909; P. HENRY. Histoire des preuves de l'existence de Dieu au Moyen Âge, jusqu'à la fin de l'apogée de la Scolastique. *Revue Thomiste* 19 (1911) 1-24 e 141-158; ARNOU SJ, R. *De quinque viis sancti Thomae ad demonstrandam Dei exsistentiam apud antiquos Graecos et Arabes et Judaeos praeformatis vel adumbratis*. Roma: Pontifícia Universidade Gregoriana, 1932 (coletânea de textos muito útil).
[3] Cf. *Suma de teologia* I, 2, 1; *Suma contra os gentios* I, 10.

aliás, que os argumentos retidos por ele em vista da análise não se apresentam segundo alguma ordem sistemática. O resumo que ele apresenta nem sequer implica necessariamente que seus autores subscrevem expressamente a tese que ele mesmo vai criticar. De fato, todos os teólogos dos quais esses argumentos são mais ou menos diretamente tirados tentaram expressamente demonstrar a existência de Deus. Tal é o caso, evidentemente, de São João Damasceno, por exemplo, cujas demonstrações exerceram grande influência sobre a história do problema e que Santo Tomás, entretanto, citará, num primeiro momento, entre aqueles que pensam que a existência de Deus não é objeto de demonstração. Aqui, como alhures, Santo Tomás toma emprestado de diversos autores temas que lhe permitirão pôr em relevo alguns aspectos importantes.

É bastante simples o primeiro dos três argumentos que a *Suma de teologia* retém. João Damasceno diz, no começo de seu *A fé ortodoxa*, que "o conhecimento de que Deus existe é naturalmente inserido em todos"[4]. Não tem importância, aqui, que João Damasceno tenha, na mesma obra, demonstrado a existência de Deus pela mudança e pela finalidade, pois, se fosse verdadeiro que todo ser humano sabe de nascença que Deus existe, seria seguramente impossível demonstrá-lo.

O segundo argumento parte do princípio segundo o qual é imediatamente evidente toda proposição em que basta compreender os termos para saber que ela é verdadeira. É o que se nomeia uma proposição *conhecida por si*, quer dizer, uma proposição cuja verdade impõe-se tão logo se compreenda o enunciado. Por exemplo, *o todo é maior que a parte*. Tal seria o caso da proposição *Deus existe*. Com efeito, a definição do termo *Deus* é: aquilo do que não se pode conceber nada maior. Se alguém ouve o termo *Deus*, formará, então, essa proposição em seu pensamento. Ao formá-la, Deus existe em seu pensamento, ao menos no sentido de que, a título de objeto de pensamento, ele é posto como existente. Ora, não seria o caso de pensar que Deus só exista a esse título, pois o que existe ao mesmo tempo no pensamento e na realidade é maior do que o que existe somente no pensamento. Se o termo *Deus* significa aquilo do que não se pode conceber nada maior, então Deus existe ao mesmo tempo no pensamento e na realidade. A existência de Deus é, portanto, conhecida por si, em virtude simplesmente da definição de seu nome[5].

O terceiro argumento retido por Santo Tomás é ainda mais simples e mais direto: "É conhecido por si que a verdade existe, pois quem nega que a verdade existe concede que ela existe. Com efeito, se a verdade não existe, é

---

[4] João Damasceno, *A fé ortodoxa*, caps. 1 e 3, in *Patrologia graeca*, edição Migne, tomo 94, colunas 789C e 793C.

[5] Cf. Tomás de Aquino, *Suma de teologia* I, 2, 1, 2ª obj.; *Suma contra os gentios* I, 10.

verdadeiro que ela não existe; mas, se algo é verdadeiro, é preciso que a verdade exista. Ora, Deus é a verdade mesma, como diz São João (Jo 14, 6): 'Eu sou o caminho, a verdade e a vida'. É, portanto, conhecido por si que Deus existe"[6].

Desses três argumentos a favor da evidência da existência de Deus, o primeiro é tomado de empréstimo de um autor que, aliás, demonstrou a existência de Deus; o segundo é o resumo do que Santo Anselmo considerava a demonstração por excelência da existência de Deus; o terceiro provém de textos de Santo Agostinho, que certamente não pensou que a existência de Deus fosse tão evidente a ponto de não poder ser demonstrada. Esses autores não são, portanto, responsáveis pela conclusão que Santo Tomás de Aquino tirou dos argumentos que deles toma[7], mas não segue daí que Santo Tomás deduziu arbitrariamente tal conclusão de tais argumentos. A ideia de que a existência de Deus é uma evidência imediata representa exatamente a opinião mediana de todo um grupo de teólogos cuja obra era familiar a Santo Tomás, e os argumentos reproduzidos por ele são do gênero de argumentos dos quais esses teólogos se serviam para justificar tal opinião.

A obra do século XIII que mais bem exprime essa opinião é, sem dúvida, a vasta compilação conhecida na Idade Média sob o título de *Suma teológica* de Alexandre de Hales. Os três argumentos discutidos por Santo Tomás encontram-se aí[8], como, aliás, também se encontram no comentário de São Boaventura sobre Pedro Lombardo[9]. É a obras desse gênero que convém dirigir-se, e não exatamente às fontes primitivas de tais teses, para entender a atitude de Santo Tomás a respeito, pois elas representam o estado da questão à época. Mas esse estado mesmo tinha causas longínquas no passado da filosofia; precisamos relembrar sua existência se quisermos tornar compreensível o pensamento de Santo Tomás.

---

[6] *Suma de teologia* I, 2, 1, 3ª obj.

[7] Isso é tanto mais certo quanto se observa que Santo Tomás toma de seu próprio ensinamento argumentos dos quais poderíamos inferir que a existência de Deus não precisa ser demonstrada (ainda que estaríamos em erro se o fizéssemos). Por exemplo: todos os humanos desejam naturalmente Deus (como será provado em *Suma contra os gentios* III, 25); então, eles sabem naturalmente que Deus existe (cf. *Suma contra os gentios* I, 10). Ou ainda: Deus é sua essência; então, na proposição "Deus é", o predicado "é" está incluído no sujeito (*Suma contra os gentios* I, 10). Todas essas premissas são verdadeiras, segundo Santo Tomás, mas a conclusão que se tira delas é falsa.

[8] Cf. ALEXANDRE DE HALES, *Summa theologica*, tomo I, edição Quaracchi, 1924. Para o argumento tirado de João Damasceno, ver n. 26, p. 43b; para o de Santo Anselmo, n. 26, p. 42a; para o da verdade, n. 25, p. 41, III.

[9] Cf. SÃO BOAVENTURA, *Opera theologica selecta*, tomo I, *Liber I Sententiarum*, dist. 8, p. 1, art. 1, q. 2, edição Quaracchi, 1934, pp. 118-121.

## II. AS TEOLOGIAS DA ESSÊNCIA

É notável que Platão sempre responda à questão *O que é ser?* pela descrição de uma certa maneira de ser. Para ele, só há ser lá onde há possibilidade de inteligibilidade[10]. Como poderíamos dizer que uma coisa é se não pudéssemos dizer o que ela é? Ora, para que ela seja alguma coisa, é preciso que ela continue a sê-lo. Admitir que uma coisa muda é constatar que o que ela era não é mais e que ela vai tornar-se alguma coisa que ela ainda não é. Como conhecer como sendo aquilo que não cessa de tornar-se outra coisa? As três noções de ser, de inteligibilidade e de imutabilidade são, pois, intimamente ligadas no pensamento de Platão. Só merece o nome *ser* aquilo que, por continuar sempre o mesmo, é objeto de possível intelecção. "O que é que sempre é e nunca nasce? E o que é que sempre nasce e nunca é?", pergunta Platão no *Timeu* (27d). Esse mesmo princípio permite compreender a resposta de Platão à questão posta pelo *Sofista*: "O que é ser?"[11]. O que permanece constante, nos meandros de sua dialética, é que as expressões *eînai* (ser) e *eînai ti, eînai ti tôn ónton* (ser alguma coisa, ser um dos entes) são equivalentes no espírito de Platão. Donde a dificuldade de traduzir o termo *ousía*. Hesita-se, com razão, em traduzi-lo por *essência* ou por *substância*, pois nenhum desses termos faria sentir sua força e medir seu alcance: *ousía* é aquilo que possui verdadeiramente o ser, porque permanece sempre o que é[12]. Aqui, como alhures, o *tò ón* platônico define-se por oposição ao *tò gignómenon*; o ser seria o contrário do devir[13].

Num pensamento em que o ser reduz-se assim à estabilidade da essência, como determinar o que é, para distingui-lo do que não é? Eis aí, responde finalmente o *Sofista*, o trabalho do dialético[14]. Munido de seu método e olhar fixo no inteligível, ele poderá dizer de cada essência "o que ela é" e, por conseguinte, "que ela é", mas também "o que ela não é" e, consequentemente, "que ela não é". A oposição empírica da *existência* ao *nada* tende, aqui, a reduzir-se à distinção dialética do *mesmo* e do *outro*. Sempre que o dialético define uma essência, ele põe simultaneamente que ela é o que ela é e que ela não é aquilo que é diferente do que ela é. Nessa perspectiva da essência, as noções de *ser* e de *não ser* despem-se, assim, de toda conotação existencial. Como diz o próprio Platão no *Sofista*: "parece que, quando enunciamos o não ser, isso não

---

[10] Para a história do ser metafísico, ver GILSON, É. *L'être et l'essence*. 2ª ed. Paris: Librairie Philosophique J. Vrin, 1963 (edição brasileira: *O ser e a essência*. Vários tradutores. São Paulo: Paulus, 2016).

[11] Cf. PLATÃO. *Sofista* 244a. Ed. A. Diès. Paris: Belles Lettres, 1925, p. 348.

[12] A definição provisória do ser, proposta adiante em *Sofista* 247b (o que pode agir ou sofrer ação), não faz mais do que indicar as marcas nas quais se reconhece a presença de alguma coisa, de um *tí*.

[13] Cf. PLATÃO, *Sofista*, ed. Diès, 242a e p. 352, nota 1.

[14] Cf. *idem*, 254a, p. 365.

equivale a enunciar algo contrário ao ser, mas somente algo outro"[15]. O ser e o não ser estão tão longe de opor-se em uma ontologia essencial (tanto quanto ocorre rigorosamente com a existência e o nada em uma ontologia existencial) que eles se reclamam e implicam-se mutuamente. Uma essência só pode ser estabelecida uma vez como ser, pois ela é ela mesma; porém, sendo ela uma vez, pode-se dizer que há um número indefinido de vezes que ela não é, pois ela é outra com relação a todas as outras essências. Se só uma vez a essência *mesmo* é *ser* (contra as inúmeras vezes que ela é *outro* e *não ser*), então, o ser está tão longe de excluir o não ser que ele não pode estabecer-se uma só vez sem estabelecer o não ser uma infinidade de vezes. Podemos estar seguros de encontrar-nos na tradição do platonismo autêntico quando as noções de *existência* e de *nada* são reduzidas às noções puramente essenciais de *mesmo* e de *outro: de eodem et diverso*.

Tal é precisamente a noção de ser que, graças a Platão, foi herdada por Santo Agostinho. Nele, como em Platão, a oposição existencial radical do ser ao nada apaga-se diante da distinção entre o que "é verdadeiramente" e o que "não é verdadeiramente". O ser adquire, então, esse valor variável que ele tem sempre numa ontologia das essências. Em sentido pleno, ele se define como o absolutamente imutável, o mesmo e o repouso, por oposição a um não ser concebido como o mutável, o outro e o movimento puro. Entre o imutável puro e a duração pura escalonam-se todos os entes dos quais não poderíamos dizer nem que eles não são absolutamente (pois participam de alguma essência estável) nem que eles "são verdadeiramente" (pois nascem e perecem). Ora, nascer é passar do não ser ao ser, como perecer é passar do ser ao não ser; por toda parte onde há não ser, igualmente falta ser[16]. Situamo-nos, pois, claramente, no plano do *vere esse* (ser verdadeiramente), no qual o ser é um valor variável que se mede pela estabilidade da essência. Se Deus, aí, deve ser estabelecido como princípio de tudo, é porque ele é no grau supremo, visto ser supremamente imutável[17]; inversamente, tudo o que é supremamente imutável é em grau supremo e é Deus. A verdade é assim, ela que não poderia mudar, pois é necessária e eterna. Avançamos, então, no ser ao mesmo tempo em que avançamos no imutável e alcançamos simultaneamente em Deus o grau supremo de ambos. Só Deus é o ser supremo, porque, sendo a totalidade estável do ser, não pode mudar nem para perder nem para ganhar algo: "ele é sumamente, pois nada perde nem nada ganha por nenhuma mutabilidade"[18].

---

[15] PLATÃO, *Sofista* 257b, ed. Diès, p. 371.

[16] "Qualquer que seja a excelência de alguma coisa, se ela é mutável, então não é verdadeiramente; com efeito, não há ser verdadeiro aí onde há também não ser" – SANTO AGOSTINHO, *Comentário ao Evangelho de João*, XXXVIII, cap. 8, n. 10 (Patrologia Latina, ed. Migne, tomo 35, coluna 1680).

[17] "Eis o que é ser: o princípio não pode mudar-se" (*idem*, n. 11, coluna 1682).

[18] SANTO AGOSTINHO, *Epístolas* 118, n. 15 (Patr. lat., tomo 33, col. 439).

Um Deus assim concebido ocupa manifestamente o topo do ser, mas ele se encontra aí como supremo na ordem da *ousía*. Antes de Santo Agostinho, Cícero e Sêneca concordaram em traduzir esse termo grego pelo equivalente latino *essentia* (essência)[19]. As discussões que conduziram à definição do dogma trinitário puseram *essentia* em lugar de honra, designando a realidade divina una, comum às três pessoas distintas. Entende-se, então, por que Agostinho preferiu esse termo a qualquer outro para designar o ser divino em sua realidade a mais profunda. Um texto notável reúne em poucas linhas tudo o que Santo Agostinho pensa a respeito: "Deus é, todavia, indubitavelmente substância, ou, se este nome lhe é mais conveniente, essência. É o que os gregos chamam de *ousía*. Com efeito, 'essência' provém de *esse* [ser, em latim], como *sapientia* [sabedoria] vem de *sapere* [saber] e *scientia* [ciência] vem de *scire* [saber]. E quem é mais do que aquele que disse a Moisés, seu servidor: 'Eu sou aquele que sou. Tu dirás aos filhos de Israel: Aquele que é me enviou a vós (Ex 3, 14)'? As outras coisas que chamamos de essências ou substâncias comportam acidentes, que causam nelas alguma mudança, pequena ou grande. Em Deus, ao contrário, nada como um acidente é possível. É por isso que só há uma substância ou essência imutável, Deus, a quem o ser mesmo (*ipsum esse*) de onde a essência tira seu nome pertence supremamente e em toda verdade. Afinal, aquilo que muda não conserva o ser mesmo; e aquilo que pode mudar, ainda que não mude, pode não ser o que foi. Só resta, portanto, aquele que não somente não muda, mas também não pode mudar em absoluto, do qual possamos falar como de um ser, sem escrúpulos e em toda verdade"[20].

Esse Deus *essentia* de Santo Agostinho seguiu sendo aquele de Santo Anselmo. Que o Deus que ele tem em mente seja aquele do livro do Êxodo, provam-no suficientemente as formas gramaticais usadas por Anselmo no final do *Proslogion*, mas vemos também, no mesmo texto, quanto ele permanece fiel à ontologia da essência legada por Platão a seus sucessores: "Assim, Senhor, só tu és o que tu és, e só tu és *qui es* (quem és)". Manifestamente, trata-se aqui do *Qui sum* (Quem sou) da Bíblia. Mas, se Santo Anselmo reserva propriamente a Deus o ser "o que ele é", é exatamente em virtude do que antes dele havia alegado Santo Agostinho: "aquilo em que há algo de mutável não é inteiramente o que ele é". É próprio de Deus ser sempre o mesmo, sem nenhuma mescla, e, por conseguinte, ser pura e simplesmente: "Mas tu, tu és o que tu és, porque tudo o que sempre foste, ou tudo o que de algum modo tu és, tu o és sempre e inteiramente. E tu és *qui es*, puramente e simplesmente, porque

---

[19] Cf. Sêneca, *Epístolas a Lucílio*, epístola 59; Santo Agostinho, *A cidade de Deus* XII, cap. 2 (Pat. lat., tomo 41, col. 350).

[20] Santo Agostinho, *A Trindade* V, 2, 3 (Pat. lat. 42, co. 912). Ver ainda: "Como Deus é a essência suprema, ou seja, como ele é sumamente, ele é igualmente imutável" (*A cidade de Deus* XII, 2 – Pat. lat. 41, col. 350).

não há em ti nem *foi* nem *dever ser*, mas somente o *ser presente*; não se pode conceber que em algum momento pudeste não existir"[21]. É por isso que, embora use termos como *substantia* ou *natura*[22], Santo Anselmo prefere *essentia* para designar Deus considerado como o ser mesmo que é fora e acima de toda substância[23]. Afinal, *essentia* (essência) está para *esse* (ser) e para *ens* (ente) assim como *lux* (luz) está para *lucere* (luzir) e para *lucens* (luzente). A *essência* corresponde, pois, para ele, a *o que é* ou *o que existe*, ou ainda, *o que subsiste*, e é a título de essência suprema que Deus é supremamente existente[24].

Por esse texto do *Monologion*, vê-se quanto Anselmo estava mais próximo do *Proslogion* do que ele mesmo podia pensar. Todos os seus argumentos em favor da existência de Deus comunicam por uma noção fundamental que os engendra: a do ser-essência. O Bem é proporcional ao Ser, ou, melhor dizendo, visto que é a perfeição da essência que o mede, o Ser é proporcional ao Bem. Daí as provas ditas físicas do *Monologion*. Elas são, todavia, assim qualificadas por analogia com as provas de Santo Tomás. Alheias ao plano da existência atual, elas limitam-se a mostrar que a essência das coisas mais ou menos boas e mais ou menos grandes pressupõe a essência de um supremamente bom, supremamente grande e supremamente ser[25]. Essa mesma noção é a pedra angular do *De veritate*, que prova que tudo o que é verdadeiro, em não importa qual sentido, só o é em virtude de uma única e suprema Verdade[26]. É ainda ela, enfim, que inspira o célebre argumento do *Proslogion*, pois, sendo Deus *essentia*, todo o problema reduz-se a saber se a *essentia* – cuja definição mesma é a de ser "o que é" – pode ser concebida como não sendo. A resposta impõe-se por si mesma. Aquele que é o ser é, como por definição, "isso do qual não se pode conceber nada maior. Bem compreender esse *isso* é entender, de uma só vez, que ele é de tal maneira que, mesmo em pensamento, não pode não ser. Quem compreende que Deus é dessa maneira não pode, portanto, pensar que ele não é"[27]. O *est id quod* (é isso que) e o *sic esse* (ser assim) do texto de Santo Anselmo desempenham aqui uma função necessária, pois é a modalidade do ser divino que funda a necessidade de sua

---

[21] Santo Anselmo, *Proslogion* XXII (Pat. lat., Migne, tomo 158, col. 238). Cf. também: "O que quer que (*quidquid*) de algum modo sejas, tu és essencialmente, quer dizer, tu és inteiramente o que ela [a suma essência] é" (*Monologion* XVII, Pat. lat., 158, col. 166C).

[22] Para o uso do termo *substantia*, ver *Proslogion* IV; XV; XXIV. Para *natura*, capítulos IV; V; XV; XVIII.

[23] Cf. Santo Anselmo, *Monologion* XXVI (Pat. lat. 158, col. 179).

[24] Cf. *idem* VI.

[25] Cf. Santo Anselmo, *Monologion* I-IV; *A verdade* I e IV (Pat. lat., 158, respectivamente col. 145C e cols. 148-150).

[26] Cf. Santo Anselmo, *De veritate* XIII. Cf. também o cap. VII: "Há, pois, verdade na essência de tudo o que é, pois tudo é o que é na suma verdade" (Pat. lat., 158, col. 475B).

[27] Santo Anselmo, *Proslogion* IV (Pat. lat., 158, col. 229B).

existência numa doutrina em que a existência é função da essência. Em nenhum momento saímos do plano da essencialidade.

De Santo Anselmo a Santo Tomás, a mesma tradição perpetua-se graças a numerosas obras, entre as quais a mais significativa é o *De Trinitate* de Ricardo de São Vítor. Esse teólogo, com efeito, perguntou-se – coisa rara – qual relação de sentido há entre as duas noções, *essentia* (essência) e *existentia* (existência). Definindo o mistério da Trindade, Ricardo fazia notar que, quando se quer distinguir pessoas, é preciso considerar cada uma delas sob dois pontos de vista: qual ser ela é e de onde ela recebe seu ser. Dizer qual pessoa ela *est* (é), ou seja, *quale quid sit*, é enfocá-la em sua essência; dizer de onde ela recebe o ser que ela é, é enfocá-la do ponto de vista da existência. Assim, no pensamento de Ricardo, a existência não é senão a essência relacionada à sua origem. Isso é tão verdadeiro que, como ele mesmo observa, o termo *existentia* conota simultaneamente as duas noções. *Existere* (existir) é *sistere ex*: *sistere* ("ser", no sentido de situar-se, estar) designa a essência; *ex* ("a partir de", "saído de") designa a origem. Como mais tarde dirá Alexandre de Hales, *existere* é *ex alio sistere* ("ser a partir de outro", "ser por obra de outro"), o que equivale a dizer que "o nome 'existentia' significa a essência remetida à origem"[28].

Em acordo, nesse ponto, com Ricardo de São Vítor, a *Suma* dita de Alexandre de Hales encontrava-se inevitavelmente fadada a reduzir a problemas de essência todos os problemas de existência, inclusive o da existência de Deus[29]. Com efeito, encontra-se aí, de saída, a identificação da *essentia* com a *ousía* dos gregos, justificada pelo texto do *De Trinitate* de Agostinho, livro V, capítulo 2, que já citamos. Na sequência, aparece a identificação do *ens* (ente) que é Deus à *essentia*, pois, se se a toma precisamente em si mesma, abstração feita de toda noção de dependência, de composição ou de mutabilidade, a *essentia* é a propriedade de ser, pura e simplesmente. Esse termo torna-se, então, o nome próprio da *essentialitas* (essencialidade) divina, pois a *essentia* assim compreendida designa a *essentialitas*, sem adição[30].

Explica-se dessa maneira que o que se costuma chamar de "provas da existência de Deus" entra aqui sob o título geral: *de divinae substantiae essen-*

---

[28] RICARDO DE SÃO VÍTOR, *De trinitate* IV, 11-12 (Pat. lat., t. 196, col. 936-938); ALEXANDRE DE HALES, *Suma teológica* I, n. 349 (edição Quaracchi, 1924, tomo I, pp. 517-518).

[29] A partir desse momento, aliás, trata-se mais frequentemente de textos tomados a comentários das *Sentenças* de Pedro Lombardo. Ora, ocorre que, nas *Sentenças*, o livro I, na distinção 8, apresenta uma preciosa coletânea de textos de Agostinho e de Jerônimo, nos quais o *Ego sum* (Eu sou) do Êxodo é interpretado em termos de *essentia* e de imutabilidade essencial. Essa é, sem dúvida, a fonte próxima de Alexandre, de Boaventura e dos boaventurianos sobre esse ponto importante.

[30] "Se for entendido com precisão ou privação daquilo que é por outro, quer dizer, o ente mutável, então [o nome *essência*] torna-se o nome próprio da divina essencialidade: a essência nomeia a essencialidade tomada sem nenhum acréscimo" (ALEXANDRE DE HALES, *Suma teológica* I, n. 346, tomo I, p. 514).

*tialitate* (a essencialidade da divina substância). Trata-se, com efeito, de mostrar que a propriedade de ser pertence de pleno direito à substância divina, ou seja, de provar que, necessariamente, sendo a substância divina o que ela é, é preciso necessariamente que ela seja (*quod necesse est divinam substantiam esse*, é necessário que a divina substância seja). A verdadeira dificuldade, para o autor da *Suma* alexandrina, não é provar que Deus existe, mas, antes, encontrar uma fórmula do problema tal que se possa, ao menos, crer que é o caso de prová-lo. É sem dúvida por isso que o vemos servir-se do termo *substantia*, embora ele tenha repetido, depois de Santo Agostinho, que *essentia* seria o termo correto. Mas, como fazer crer que a *essentialitas divinae essentiae* (essencialidade da divina essência) é algo a ser provado? Toda a questão reduz-se a investigar se há uma substância cujo ser seja inseparável. Bastará, então, estabelecer que certa essência implica o ser para ter uma prova da existência de Deus.

Em toda doutrina desse gênero, as provas reduzem-se naturalmente a uma inspeção das essências. Trata-se, com efeito, de constatar se uma essência implica ou não a necessidade de existir. Nesse quadro, as provas ditas "físicas" conservarão o sentido puramente essencial que elas tinham no pensamento de Santo Anselmo. A mudança não se apresenta aí como um fato existencial, mas como o índice puramente essencial de uma deficiência ontológica. O que muda aparece imediatamente como não necessário e, por conseguinte, como não ser. Donde as duas noções de mutável e de criatura serem equivalentes na *Suma* dita de Alexandre. Encontram-se nela, pois, argumentos como este, que, em uma ontologia existencial, seria um paralogismo grosseiro: consta que a universalidade das criaturas, quer se a considere como finita quer como infinita, é inteiramente causada; ora, nada é, para si mesmo, sua própria causa; o Universo tem, então, necessariamente, uma causa que, por sua vez, não é causada[31]. Se o ser é imutável, a mutabilidade atesta certo grau de não ser, característico do estado de criatura, onde quer que ele seja observado, postulando a existência do ser imutável puro que chamamos de *Deus*.

É, pois, natural que, no mesmo capítulo, a *Suma* de Alexandre tome emprestada de Santo Anselmo – que, por seu turno, inspirava-se em Santo Agostinho – uma prova de Deus pela existência da verdade[32]. O espírito das provas é o mesmo. Não se pode conceber, dizia Anselmo, um tempo no qual não tenha sido verdade que alguma coisa viria a ser, nem um tempo no qual deixará de ser verdade que alguma coisa virá a ser; é, então, sempre verdade que houve e haverá alguma coisa; portanto, a verdade não tem começo nem fim.

---

[31] Cf. *idem*, livro I, n. 25, 2; tomo I, p. 41.

[32] Cf. *idem*, livro I, n. 25, 3; tomo I, pp. 41-42. Cf. Santo Anselmo, *A verdade*, cap. 1 (Pat. lat., Migne, tomo 158, cols. 468-469). Os editores de Alexandre de Hales observam, com razão, que a *Suma* cita Santo Agostinho, aqui, somente segundo o sentido, e remetem, ademais, a *Solilóquios* II, 2, 2 (Pat. lat., tomo 32, col. 886) e II, 17, 31 (col. 900).

Acrescenta, por sua vez, Alexandre: a verdade é eterna e é ela que chamamos de essência divina: *et hanc dicimus divinam essentiam*. Impossível, dessa vez, haver engano: quem alcança a essência que é Deus alcança Deus.

Nessas condições, era seguramente mais simples retomar o caminho real para Deus que Santo Anselmo havia inaugurado, aquele pelo qual não apenas se começou a andar, mas com o qual já se chegou. A *Suma* de Alexandre entrou decididamente nele e mesmo com evidente satisfação. Como a essência, nele, prima por todas as partes sobre a existência, o ser existencial confunde-se por todos os lados com o da predicação: "O melhor é o melhor; logo, o melhor é, pois na noção de 'é o melhor' o intelecto inclui o ser"[33]. Mostrar a essencialidade divina é mostrar identicamente que Deus existe, e, para estabelecer isso, basta mostrar que a não existência de Deus é impensável: "para manifestar a essencialidade divina, deve-se mostrar que ela é conhecida de modo a não poder ser pensada como não sendo"[34]. Concordaremos, portanto, que Santo Tomás não falseia a posição daqueles que ele apresenta como tendo feito da existência de Deus uma verdade conhecida por si.

A mesma conclusão resultaria, aliás com a mesma força, por um exame, mesmo rápido, dos textos de São Boaventura. Já mostramos em outra obra que todo seu esforço concentrava-se em fazer aparecer a existência de Deus como evidente, mais do que em demonstrá-la[35]. Vemos aqui a razão profunda disso. Porque a *essentialitas* divina domina todo o problema, trata-se menos, para São Boaventura, de estabelecer a existência de Deus do que de manifestar sua eminente "cognoscibilidade". Se Deus é o ser como que por definição, é falar de ser falar de Deus. Donde essa declaração típica: "Se Deus é Deus, Deus é; ora, o antecedente (isto é, a proposição "Deus é Deus") é de tal modo verdadeiro que não se pode conceber que ele não seja. É, portanto, uma verdade indubitável dizer que Deus é"[36]. Haveria nisso algo com que se surpreender se não se soubesse qual noção de ser ditou essas fórmulas. Para que a existência de Deus seja assimilável ao ser da cópula que predica Deus dele mesmo, é preciso que São Boaventura não a conceba como tendo outra natureza que a relação da essência divina a si mesma, ou seja, é preciso que ele reduza o ser existencial ao ser essencial. Chega-se diretamente, assim, a fórmulas muito próximas daquelas que vai criticar Santo Tomás: "A verdade do ser divino é evidente ao mesmo tempo em si e quando se a demonstra: em si,

---

[33] Alexandre de Hales, *Suma teológica* I, n. 25, 4; tomo I, p. 42. Assinalaremos esse caso como exemplo da confusão frequentemente denunciada por Santo Tomás entre *é* como cópula do juízo e *é* que significa a existência.

[34] *Idem*, n. 26; tomo I, p. 42.

[35] Cf. Gilson, É. *La philosophie de Saint Bonaventure*. Paris: Vrin, 1924 (cap. III, "L'évidence de l'existence de Dieu").

[36] São Boaventura, *O mistério da Trindade* I, 1, 29, in *Opera omnia*, edição Quaracchi, tomo V, p. 48.

pois os princípios são evidentes em si, porque nós os conhecemos desde que conhecemos seus termos e porque a causa do predicado está incluída no sujeito. É esse o caso aqui, pois Deus, ou a verdade suprema, é o ser mesmo do qual não se pode conceber nada melhor. Portanto, ele não pode nem não ser nem ser concebido como não sendo. Com efeito, o predicado está contido no sujeito: *praedicatum enim clauditur in subjecto*. Essa verdade não é somente evidente por si, mas também por demonstração, pois toda verdade e toda natureza prova e conclui que a verdade divina é, uma vez que, se há um ser por participação e por outro, há um ser por essência e por si"[37]. Numa palavra, a existência de qualquer verdade atesta que Deus existe, mas porque não se trata aqui senão do ser da essência, que é o ser da verdade.

### III. A EXISTÊNCIA DE DEUS COMO PROBLEMA

Substituindo o ponto de vista da essência pelo da existência, Santo Tomás via-se, então, levado não somente a procurar novas provas da existência de Deus, mas também e sobretudo a sublinhar o fato de que a existência de Deus requer uma demonstração propriamente dita. É, portanto, a especificidade da existência de Deus como problema que se afirma imediatamente em sua doutrina, contra a redução desse problema ao da essencialidade divina que praticavam as teologias da essência. Nada mais significativo, a esse respeito, do que a atitude adotada por Santo Tomás em seu *Comentário às Sentenças de Pedro Lombardo*. Nesse texto, Tomás não se empenha em demonstrar a existência de Deus, porque o problema não se impõe a ele enquanto comenta Pedro Lombardo, mas, na passagem exata onde a *Suma* de Alexandre e o *Comentário* de São Boaventura dedicavam-se a mostrar que a existência de Deus é evidente, Santo Tomás consagra um artigo a provar que ela não o é.

As teses às quais Santo Tomás opõe-se já nos são conhecidas, mas devemos precisar o sentido da refutação que ele lhes impõe. Sua objeção fundamental concentra-se nisto: todos os argumentos em favor da evidência de Deus repousam sobre um único e mesmo erro, qual seja, o de tomar por Deus aquilo que não passa de um efeito causado por Deus. Por exemplo, admitamos com João Damasceno que há em nós um conhecimento natural da existência de Deus; esse conhecimento não será em nós mais do que um efeito de Deus, ou sua imagem gravada em nosso pensamento, mas uma demonstração

---

[37] São Boaventura, *Comentário ao livro das Sentenças de Pedro Lombardo*, livro I, dist. 8, p. 1, art. 1, q. 2; editio minor, tomo I, p. 120. A substituição de *majus* (maior) por *melius* (melhor) é tão somente uma transposição. Santo Anselmo mesmo sugere-a a São Boaventura: "Se a mente pudesse pensar algo melhor do que a Ti, a criatura ascenderia acima do Criador" – *Proslogion* III (Pat. lat., tomo 158, cols. 147-148).

será necessária para daí inferir que Deus existe. Se se diz, com os agostinianos, que Deus é imediatamente cognoscível para o intelecto assim como a luz é imediatamente visível para a vista, ou que Deus é mais íntimo à alma do que a própria a alma, será necessário responder que os únicos entes diretamente acessíveis ao nosso conhecimento são as coisas sensíveis. Uma demonstração é, pois, necessária para que a razão ascenda das realidades que lhe são assim dadas na experiência até a realidade de Deus, que não o é. Quanto ao argumento de Santo Anselmo, ele comete o mesmo erro. Se se parte do princípio segundo o qual há um ser tal que não se pode conceber nada de maior, daí decorre por si só que esse ser existe, mas sua existência só é evidente em virtude da suposição desse princípio. Em outros termos, o argumento resume-se a dizer que não se pode compreender que Deus existe e conceber ao mesmo tempo que ele não existe. Mas é bem possível pensar que não existe um ser tal que não se possa conceber nada de maior. Em suma, a ideia de uma existência não é, em nenhum caso, o equivalente de uma existência. Uma existência é constatada ou inferida, mas não deduzida[38].

Tanto quanto se pode julgar pelo texto de Santo Tomás, sua atitude explicar-se-ia, de início, por sua familiaridade com um mundo que muitos teólogos só conheciam bastante mal, o mundo dos filósofos. Por mais que a filosofia de Aristóteles pudesse ser útil aos cristãos, o Universo que ela descrevia não era, em nenhum sentido, um Universo cristão. Basta ler o livro I da *Metafísica* para aí encontrar Demócrito e outros que parecem não precisar falar de uma primeira causa eficiente e, por conseguinte, de Deus[39]. Que haja tais pessoas pode parecer impossível às almas piedosas, mas sua existência é um fato; um fato que conta. Por fim, não haveria ateus se a existência de Deus fosse tão evidente a ponto de não precisar ser demonstrada. A isso se acrescenta este outro fato, não menos decisivo, a seu modo: o próprio Aristóteles demonstrou a existência de Deus em sua *Física* e em sua *Metafísica*. Ela não é, então, evidente, pois foi demonstrada, e convinha realmente demonstrá-la, porque, não havendo experiência intuitiva de Deus, não se pode afirmar sua existência senão ao final de uma indução fundada em seus efeitos.

Delineando, em seu *Comentário ao Livro das Sentenças de Pedro Lombardo*, o caminho que seguiria tal prova, Santo Tomás faz esta interessante observação: "Tal é a prova de Avicena no capítulo I de seu livro *As inteligên-*

---

[38] Santo Tomás observa que toda proposição conhecida por si é imediatamente conhecida pelos sentidos: assim, quando se veem um todo e sua parte, percebe-se logo, sem nenhuma investigação complementar, que o todo é maior que sua parte (cf. *Comentário ao Livro das Sentenças de Pedro Lombardo* I, d. 3, q. 1, a. 2, Resp.). Seria difícil enfatizar com mais força a origem empírica de toda evidência, por mais abstrata que ela possa parecer.

[39] Cf. Tomás de Aquino, *Comentário às Sentenças de Pedro Lombardo* I, d. 3, q. 1, a. 2, Resp., e *Comentário à Metafísica de Aristóteles* I, lectio 7, n. 112 (edição Cathala, p. 39).

*cias*"⁴⁰. Talvez haja aqui mais do que uma simples coincidência. Que o mais claramente existencialista de seus predecessores, como Santo Tomás reconhecia, o tenha advertido quanto ao caráter existencial do problema, isso não é nenhuma surpresa; mas ninguém nos ensina nada que não soubéssemos confusamente por nós mesmos. Mostraríamos facilmente que Avicena anunciava mais o essencialismo de Duns Scotus do que o existencialismo de Santo Tomás. Seja como for, pode-se dizer que Santo Tomás não modificará nunca a atitude adotada no *Comentário às Sentenças* e que, no essencial, não fará mais do que retomar nas duas *Sumas* suas primeiras críticas da pretensa evidência da existência de Deus.

À tese que, fundada sobre um texto de João Damasceno, atribui-nos o conhecimento inato de que Deus existe, Santo Tomás evita objetar que não haja nada inato em nosso conhecimento da existência de Deus. Observemos imediatamente a esse respeito – pois se trata aqui de um princípio que deve dominar toda a exegese de seus textos – que Santo Tomás não nega nunca uma tese que lhe parece suscetível de uma interpretação saudável; ele tem o cuidado de interpretá-la no sentido da verdade. No caso da tese fundada em Damasceno, bastará a Santo Tomás observar que o que é inato em nós não é o conhecimento mesmo de que Deus existe, mas a luz natural da razão e seus princípios, graças aos quais poderemos ascender a Deus, causa primeira, partindo de seus efeitos. Quando chegar o momento de estudarmos a origem de nossos conhecimentos, veremos quão justificada é essa reserva. Se se diz, por outro lado, que conhecemos Deus naturalmente porque tendemos para ele como para nosso fim, será preciso concedê-lo também, até certo ponto e em certo sentido, pois é bem verdade que o ser humano tende naturalmente para Deus na medida em que tende para sua beatitude, que é Deus. No entanto, é preciso distinguir. O ser humano tende para a felicidade, e sua felicidade é Deus, mas ele pode tender para a felicidade sem saber que ela é Deus. Com efeito, alguns situam o soberano bem nas riquezas; outros, no prazer. É, portanto, de maneira confusa que tendemos naturalmente para Deus e o conhecemos. Conhecer que um homem está chegando não é conhecer Pedro, mesmo que seja Pedro quem chega; igualmente, conhecer que há um soberano bem não é conhecer Deus, mesmo que seja Deus o soberano bem⁴¹.

Esse argumento, que se oferece inicialmente como uma discussão de ordem puramente epistemológica, repousa finalmente sobre uma observação de alcance metafísico. O que domina o problema é o fato de que o ser que conhecemos não é o ser de Deus. Porque todo objeto de experiência requer

---

⁴⁰ *Comentário ao Livro das Sentenças de Pedro Lombardo* I, d. 3, q. 1, a. 2, Sol. A obra *As Inteligências* é um apócrifo de Avicena. Cf. *Questões disputadas sobre a verdade*, q. 10, a. 12, Resp.

⁴¹ Cf. *Suma de teologia* I, 2, 1, ad 1m; *Suma contra os gentios* I, 11, ad 4m; *Questão disputada sobre a verdade* X, 12, ad 1m e ad 5m. A discussão completa desse aspecto preciso ocorrerá adiante neste livro, quando abordarmos a tese tão controversa do desejo natural de ver Deus.

Deus como causa, pode-se partir desse objeto para demonstrar que Deus existe; mas, porque a existência que nos é dada não é aquela de Deus, precisamos demonstrá-la. É por isso, aliás, que o argumento tirado da verdade, qualquer que seja sua forma, não pode ser considerado conclusivo. Diz-se que a verdade existe, que Deus é a verdade, e que, por conseguinte, Deus existe. Ora, é bem verdadeiro que há verdades, assim como há entes, mas o fato de que verdades existem não implica senão a existência das verdades em questão, assim como o fato de que certos entes existem não implica, por si, mais do que sua própria existência. Se o que queremos alcançar é a existência que pensamos, então passar das verdades empiricamente dadas à sua causa primeira é passar de uma existência a outra, o que não pode ser feito senão por um ato de fé ou por uma demonstração[42].

Resta o argumento do *Proslogion*, retomado de muitas maneiras por Alexandre de Hales e São Boaventura: não se pode pensar que Deus não existe. Do ponto de vista de Santo Tomás, esse argumento sofre de dois vícios principais. O primeiro é supor que pelo termo "Deus" todo ser humano designa necessariamente um ser do qual não se pode conceber nada maior. Ora, vários pensadores antigos consideraram que o Universo era Deus, e é facilmente possível conceber um ser superior ao Universo. Ademais, entre todas as interpretações dadas por João Damasceno a esse nome, não se encontra nenhuma que remeta a tal definição. Na mesma medida dos antigos mencionados, há espíritos para os quais a existência de Deus não poderia ser evidente *a priori*. O segundo vício desse argumento está em que, mesmo se se concede que pelo termo *Deus* todos entendem um ente do qual não se pode conceber nada maior, a existência real de tal ser não decorrerá necessariamente daí. Aliás, ela não decorrerá de modo algum. Do fato que compreendemos essa definição resulta simplesmente que Deus existe para nosso entendimento; não que ele existe na realidade[43]. Não há, pois, contradição em admitir simultaneamente que Deus não pode não ser concebido como existente e que ele não exista. A situação é inteiramente diferente se se nos concede que existe um ente tal que não se pode conceber nada maior do que ele. Evidentemente, se tal ser existe, ele é Deus. Mas como o adversário, por hipótese, nega essa existência, é impossível, seguindo semelhante via, constrangê-lo a nos concedê-la.

O que separa Santo Tomás de seus adversários não é, pois, a conclusão, sobre a qual aliás todos se põem de acordo, mas o meio de justificá-la. Eles concordam não somente que Deus existe, mas também que a existência necessária pertence-lhe de pleno direito; o conflito concerne a um problema de método, que repousa, por sua vez, sobre um problema de metafísica. Se se vai

---

[42] Cf. *Suma de teologia* I, 2, 1, ad 3m.
[43] Cf. *Suma de teologia* I, 2, 1, ad 2m; *Suma contra os gentios* I, 11.

da essência à existência, deve-se procurar na noção de Deus a prova de sua existência; se se vai da existência à essência, deve-se servir-se das provas da existência de Deus para construir a noção de sua essência. Esse segundo ponto de vista é o de Santo Tomás. Depois de ter estabelecido que existe uma primeira causa, ele estabelecerá, em virtude das provas mesmas de sua existência, que essa primeira causa é o ser tal que não se pode conceber nada maior do que ele e que não poderá ser concebido como não existente. A existência de Deus será, então, uma certeza demonstrativa; em nenhum momento ela terá sido a evidência de uma intuição.

Para que esse conhecimento, que é evidente em si, fosse igualmente evidente para nós, teria sido necessária uma visão da essência divina que não é naturalmente dada ao ser humano. Ela será evidente para nós – acrescenta Santo Tomás – na pátria celeste, onde veremos a essência de Deus. Então, ser-nos-á conhecido por si que Deus existe, e nós o conheceremos ainda melhor do que atualmente sabemos que uma coisa não pode ser e não ser ao mesmo tempo e sob o mesmo aspecto. Afinal, nenhuma essência do que agora conhecemos inclui sua existência; tudo o que conhecemos não pode não existir se existe, embora pudesse não existir. A impossibilidade da contradição posta pelo juízo a respeito de toda coisa é, pois, tão condicional quanto a existência mesma da coisa. Ao contrário, aqueles que veem a essência divina nela veem a existência daquele que, sendo o ato de ser mesmo, não pode não existir[44].

Compreende-se, assim, o quanto estavam equivocados aqueles que consideram uma evidência, já na vida atual, nosso conhecimento da existência de Deus. São crentes perfeitos que tomam sua fé por uma evidência, e o erro que eles cometem não lhes faz pessoalmente nenhum mal. É, porém, perigoso induzir os não crentes a pensar que tais são as únicas razões que um filósofo poderia apresentar para afirmar a existência de Deus. Postos na presença de argumentos frívolos, aqueles que não têm nem fé em Deus nem demonstrações de sua existência concluem que Deus não existe. Quanto àqueles que percebem a fragilidade de tais argumentos, mas creem na existência de Deus, eles concluem simplesmente que, não sendo nem evidente nem demonstrável, essa verdade só pode ser aceita por um ato de fé. Moisés Maimônides conhecia teólogos desse tipo[45]. A única razão que justificaria filosoficamente a atitude deles seria que nossas demonstrações devessem ser tiradas da essência mesma de Deus. Ora, como acabamos de ver, isso não é nem necessário nem mesmo possível. Ver a essência de Deus é ter a intuição

---

[44] Cf. *Questão disputada sobre a verdade* X, 12, Resp. (ao final da resposta).

[45] Cf. *idem*, início da resposta. Nenhuma indicação sugere que Santo Tomás conheceu defensores dessa tese. Todavia, ver É. GILSON. Les seize premiers Theoremata et la pensée de Duns Scotus. *Archives d'histoire doctrinale et littéraire du Moyen Âge* 1938, p. 55, nota 1, e p. 59, nota 1.

de sua existência, e essa intuição suprime toda possibilidade de demonstração. Não ver a essência de Deus é não ter o conceito próprio dela, necessário para ter a certeza de sua existência. Não resta, pois, ao ser humano, nenhum outro recurso nesta vida senão elevar-se até Deus por meio do pensamento, partindo do conhecimento sensível que temos dos efeitos de Deus. Afinal, fazendo isso, não fazemos mais nada do que dar seu sentido filosófico pleno à palavra do Apóstolo: *Invisibilia Dei per ea quae facta sunt, intellecta conspiciuntur* – os atributos invisíveis de Deus são percebidos inteligivelmente por meio de tudo o que foi criado (Rom 1, 20). Podemos dizer que todos os teólogos e filósofos cristãos que falaram da existência de Deus citaram essa palavra, mas Santo Tomás a tomou em toda a sua força. Ela significa para ele que nós podemos conhecer a existência de Deus com base em seus efeitos, e que não podemos conhecê-la senão demonstrando-a com base nos efeitos de Deus. Trata-se, desde logo, de ir das existências dadas na experiência à existência da causa delas, existência esta que é inferida. Fazendo sobressair, assim, em toda sua pureza, o sentido profundo da fórmula tão simples *Utrum Deus sit* (Se Deus é), Santo Tomás deu ser ao problema mesmo que ele ia resolver. Ele fez desse problema aquilo que se poderá, depois dele, nomear de pleno direito o problema da *existência* de Deus.

# CAPÍTULO 2

# AS PROVAS DA EXISTÊNCIA DE DEUS

Cinco provas da existência de Deus são formuladas na *Suma de teologia* e quatro na *Suma contra os gentios*[1]. Nas duas *Sumas*, as demonstrações são substancialmente as mesmas, mas o modo da exposição é diferente. De maneira geral, as provas da *Suma de teologia* apresentam-se sob uma forma muito sucinta e simplificada (não esqueçamos que a *Suma de teologia* endereça-se aos iniciantes, como diz seu Prólogo); elas abordam também o problema sob seu aspecto mais metafísico. Na *Suma contra os gentios*, as demonstrações filosóficas são, ao contrário, minuciosamente desenvolvidas; podemos acrescentar que elas abordam o problema sob um aspecto mais físico e recorrem mais frequentemente à experiência sensível. Consideraremos sucessivamente cada prova em uma e outra de suas exposições.

## I. A PROVA PELO MOVIMENTO

Ainda que, segundo Tomás de Aquino, as cinco demonstrações que ele oferece para a existência de Deus sejam todas conclusivas, seus diversos fundamentos não são todos igualmente fáceis para compreender. A demonstração que se funda sobre a consideração do movimento sobressai entre as outras quatro, desse ponto de vista[2]. É por isso que Santo Tomás dedica-se a esclarecê-la no detalhe e procura demonstrar até as menores de suas proposições.

---

[1] Um opúsculo prático para aceder a esses textos é KREBS, E. *Scholastische Texte. I – Thomas von Aquin. Texte zum Gottesbeweis, ausgewählt und chronologisch geordnet*. Bonn, 1912. Os textos das diversas provas tomistas são aí recolhidos por ordem cronológica. Sobre as dificuldades gerais de interpretação do tema, ver GILSON, É. *Trois leçons sur le problème de l'existence de Dieu. I – Le labyrinthe des Cinq Voies*. Archives d'histoire doctrinale et littéraire du Moyen Âge 30 (1963) 53-70.

[2] Cf. *Suma de teologia* I, 2, 3, Resp.

A origem primeira da demonstração encontra-se em Aristóteles[3]. Naturalmente, ela permanecerá ignorada tanto tempo quanto a própria física aristotélica, ou seja, até fins do século XII. Se se considera como característica dessa prova o fato de que ela tem seu ponto de partida na consideração do movimento cósmico e que ela funda sobre os conceitos de ato e potência o princípio segundo o qual nada se move por si mesmo[4], pode-se dizer que ela reaparece pela primeira vez em Adelardo de Bath. Encontramo-la sob sua forma completa em Alberto Magno, que a apresenta como uma adição às provas de Pedro Lombardo e que se inspira, sem dúvida alguma, em Maimônides[5].

A *Suma de teologia* expõe a demonstração sob a forma que segue. É certo, e nós o constatamos pelos sentidos, que há movimento no mundo. Ora, tudo o que se move é movido por algo. Nada, com efeito, é movido a não ser se está em potência com relação àquilo para o que é movido; e, ao contrário, nada move a não ser que esteja em ato. Afinal, mover algo é fazê-lo passar da potência ao ato. Ora, algo não pode ser levado da potência ao ato senão por um ente em ato; assim, é o quente em ato (por exemplo, o fogo) que torna quente em ato a madeira que só era quente em potência; fazendo-a queimar, move-a e a altera. Mas não é possível que o mesmo ente esteja, ao mesmo tempo e sob o mesmo aspecto, em ato e em potência. Assim, o quente em ato não pode ser ao mesmo tempo frio em ato, mas apenas frio em potência. É, portanto, impossível que algo seja, da mesma maneira e sob o mesmo aspecto, motor e movido, quer dizer, que ele se mova a si mesmo. Por aí vemos que tudo o que se move é movido por algum outro. Se, porém, aquilo pelo que algo é movido está ele mesmo em movimento, é porque ele é movido por sua vez por algum outro motor, o qual é movido por outro, e assim por diante. Mas não se pode recuar aqui até o infinito, porque não haveria, então, primeiro motor nem, por conseguinte, nenhum motor, visto que um motor segundo não move a não ser que um primeiro o mova, tal como o bastão que não move senão porque a mão imprime-lhe movimento. É, portanto, necessário, para explicar o movimento, recuar até um primeiro motor ao qual nada mova, quer dizer, Deus[6].

---

[3] Cf. ARISTÓTELES, *Física* VIII, 5, 311a, 4ss; *Metafísica* XII, 6, 1071b, 3ss. A esse respeito, ver ROLFES, E. *Die Gottesbewise bei Thomas von Aquin und Aristoteles*. 2ª ed. Limburgo, 1926, e os textos de Aristóteles agrupados e traduzidos em latim por ARNOU SJ, R. *De quinque viis sancti Thomae ad demonstrandam Dei existentiam*, pp. 21-46.

[4] Cf. BAEUMKER, *Witelo*, pp. 322 ss.

[5] Cf. MAIMÔNIDES, *Guia dos perplexos* (trad. Munk, tomo II, pp. 29-36); LÉVY, L.-G. *Maïmonide*, pp. 126-127. Os textos de Maimônides encontram-se com praticidade em ARNOU SJ, R., *op. cit.*, pp. 73-79.

[6] Cf. TOMÁS DE AQUINO, *Suma de teologia* I, 2, 3, Resp.

Já se falou do caráter bastante geral que aqui reveste a ideia de movimento[7]; este se encontra reduzido às noções de potência e ato, transcendentais que dividem todo o ser. Aquilo que, na *Suma de teologia*, funda a prova inteira é apresentado como apenas um dos fundamentos possíveis da prova na *Suma contra os gentios*[8]. A própria prova apresenta-se sob duas formas na *Suma contra os gentios*: uma direta e outra indireta.

A prova direta proposta por Aristóteles pode resumir-se como segue[9]. Tudo o que é movido é movido por alguma outra coisa. Ora, cai sob os sentidos que há movimento, por exemplo, o movimento solar. O sol, portanto, é movido porque alguma coisa o move. Mas aquilo que o move é movido ou não: se não é movido, nós temos nossa conclusão, a saber, a necessidade de afirmar um motor imóvel a que chamamos *Deus*; se é movido, é porque outro motor o move. Assim, ou se deve recuar ao infinito ou se deve afirmar um motor imóvel, mas não se pode recuar ao infinito; é, então, necessário afirmar um Primeiro Motor Imóvel.

Nessa prova, há duas proposições a estabelecer, quais sejam, "tudo é movido por outro" e "não se pode recuar ao infinito na série de moventes e movidos".

Aristóteles prova a primeira proposição por três argumentos. O primeiro supõe, ele mesmo, três hipóteses. Inicialmente, supõe que, para que algo se mova, é preciso que esse algo tenha em si o princípio de seu movimento, sem o que ele seria manifestamente movido por outro. O segundo supõe que esse algo que se move seja movido imediatamente, quer dizer, que se mova em virtude de todo ele mesmo, e não em virtude de uma de suas partes (como ocorre com o animal, que é movido pelo movimento de seu pé, caso em que não se pode dizer que o todo move-se a si mesmo, mas somente que uma parte do todo move outra parte do todo). O terceiro supõe que esse algo seja divisível e possua partes, pois, segundo Aristóteles, tudo o que se move é divisível. Posto isso, podemos demonstrar que nada se move a si mesmo. Aquilo que supomos mover-se a si mesmo é movido imediatamente; então, ao repouso de uma de suas partes segue o repouso do todo[10]. Se, com efeito, uma parte se movesse enquanto outra estivesse em repouso, não seria o todo mesmo

---

[7] Mover-se é simplesmente mudar, seja qual for a ordem da mudança: "Move-se aquilo que agora se mostra diferente do que era antes" (*Suma contra os gentios* II, 33).

[8] Cf. WEBER, S. *Der Gottesbeweis aus der Bewegung bei Thomas von Aquin auf seinem Wortlaut untersucht*. Friburgo na Brisgóvia, 1902.

[9] Cf. ARISTÓTELES, *Física* VII, 1, 241b24-243a2, texto reproduzido em ARNOU, R., *op. cit.*, pp. 21-25.

[10] Adotamos a opção *sequitur* (segue-se), pois *non sequitur* (não se segue) parece claramente inaceitável. A respeito dessa controvérsia textual, ver GRUNWALD, *op. cit.*, p. 136 e notas. Encontram-se aí as referências necessárias. Essa é, aliás, a opção adotada pela edição leonina (tomo XIII, p. 31).

que seria movido imediatamente, mas a parte que estaria em movimento enquanto a outra permaneceria em repouso. Ora, nada cujo repouso depende do repouso de outro move-se a si mesmo. Aliás, se o repouso de uma coisa depende do repouso de outra coisa, é preciso que seu movimento dependa também do movimento da outra, e, por conseguinte, ela não se move a si mesma. Assim, porque aquilo que estabelecíamos como movente de si mesmo não se move a si mesmo, é preciso necessariamente que tudo o que se move seja movido por outro[11].

A segunda demonstração que Aristóteles propõe para o princípio segundo o qual "tudo é movido por outro" é uma indução[12]. Tudo o que é movido por acidente não é movido por si mesmo; seu movimento depende, com efeito, do movimento de outro. Isso é também evidente a respeito de tudo o que sofre um movimento violento, bem como de tudo o que é movido por uma natureza e compreende em si o princípio de seu movimento (tal como os animais, que são movidos por sua alma), e, enfim, de tudo o que é movido por uma natureza sem ter em si o princípio de seu movimento (tal como os corpos pesados ou leves, que são movidos por seu lugar de origem). Ora, tudo o que é movido o é por si ou por acidente. Se é movido por acidente, então não se move a si mesmo; se é movido por si, então é movido ou por violência ou por natureza; se é movido por natureza, o é ou por sua natureza própria, como o animal, ou por outra, como o pesado e o leve. Assim, tudo o que é movido é movido por outro.

A terceira prova de Aristóteles é a seguinte[13]: nada está, ao mesmo tempo e sob o mesmo aspecto, em potência e em ato. Mas tudo que é movido está em potência, pois o movimento é o ato daquilo que está em potência enquanto está em potência. Tudo o que move está em ato enquanto move, pois nada age senão por estar em ato. Assim, nada é, ao mesmo tempo e sob o mesmo aspecto, movente em ato e movido; por conseguinte, nada se move a si mesmo.

Resta provar a segunda proposição, a saber, é impossível recuar ao infinito na série dos moventes e movidos. Também a esse respeito podemos encontrar, em Aristóteles, três razões.

A primeira é a seguinte[14]: se recuarmos ao infinito na série dos moventes e dos movidos, é preciso afirmarmos uma infinidade de corpos, pois tudo o que é movido é divisível e, por conseguinte, é um corpo. Ora, todo corpo que move e que é movido encontra-se movido ao mesmo tempo em que move. Daí a infinidade de corpos que se movem; afinal, movidos devem mover-se simultaneamente quando um dentre eles se move. Mas, como cada um

---

[11] Cf. ARISTÓTELES, *Física* VII, 1, 242a4-15.
[12] Cf. ARISTÓTELES, *Física* VIII, 4, 255b29-256a.
[13] Cf. ARISTÓTELES, *Física* VIII, 5, 257b7-12.
[14] Cf. ARISTÓTELES, *Física* VII, 2, 242b5-15.

dentre eles, considerado em si mesmo, é finito e deve mover-se em um tempo finito, então a infinidade dos corpos (que devem mover-se no mesmo tempo em que ele se move) deverá mover-se em um tempo finito. Ora, isso é impossível. Portanto, é impossível recuar ao infinito na série dos moventes e dos movidos.

Aliás, a impossibilidade de uma infinidade de corpos mover-se em um tempo finito é provada por Aristóteles como segue: aquilo que move e aquilo que é movido devem estar juntos, como se pode demonstrar por indução, percorrendo todos os tipos de movimento. Porém, corpos não podem estar juntos a não ser por continuidade ou contiguidade. Posto que todos esses moventes e movidos são necessariamente corpos, seria preciso que constituíssem como que um único móvel cujas partes estariam em continuidade ou contiguidade[15]. Assim, um infinito único deverá mover-se num tempo finito, o que Aristóteles provou ser impossível[16].

A segunda razão que prova a impossibilidade de uma regressão ao infinito é a seguinte[17]: quando uma série de moventes e móveis é ordenada, quer dizer, quando esses formam uma série em que cada um move o seguinte, é inevitável que, se o primeiro motor desaparece ou deixa de mover, nenhum dos seguintes continua a ser movente nem movido; é o primeiro motor, com efeito, que confere a todos os outros a faculdade de mover. Ora, se temos uma série infinita de motores e móveis, não haverá primeiro motor, e todos desempenharão o papel de motores intermediários. Então, faltando a ação de um primeiro motor, nada será movido e não haverá no mundo nenhum movimento.

A terceira razão reduz-se à segunda, com a diferença de que a ordem dos termos é invertida. Começamos pelo termo superior e raciocinamos: a causa motriz instrumental não pode mover a não ser que exista alguma causa motriz principal; mas, se se recua ao infinito na série dos motores e dos móveis, tudo será, ao mesmo tempo, motor e movido; não haverá causa motriz principal; não haverá movimento no mundo, a menos que se veja um machado ou uma serra construir sem a ação do carpinteiro.

Resultam, assim, provadas as duas proposições que encontramos na base da primeira demonstração pela qual Aristóteles estabelece a existência de um primeiro motor imóvel.

A mesma conclusão pode ainda ser estabelecida por uma via indireta, quer dizer, estabelecendo a proposição "tudo o que move é movido" não é uma proposição necessária[18]. Com efeito, se tudo o que move é movido e se essa proposição é verdadeira por acidente, ela não é necessária. É, então,

---

[15] Cf. ARISTÓTELES, *Física* VII, 1, 242a16-31.
[16] Cf. ARISTÓTELES, *Física* VI, 7, 237b23-238a18.
[17] Cf. ARISTÓTELES, *Física* VIII, 5, 256a4-256b3.
[18] Cf. ARISTÓTELES, *Física* VIII, 5, 256b3-13.

possível que, de tudo o que move, nenhum seja movido. Mas o adversário mesmo reconheceu que o que não é movido também não move. Se, então, é possível que nada seja movido, é possível que nada mova e que, por conseguinte, não haja movimento. Ora, Aristóteles considera impossível que, num momento qualquer, não houve movimento. Assim, nosso ponto de partida é inaceitável, ou seja, não é o caso de dizer que nenhum dos moventes não é movido; por conseguinte, a proposição "tudo o que move é movido por outro" é verdadeira por uma verdade necessária, não acidentalmente.

A mesma conclusão pode ser ainda demonstrada por um recurso à experiência. Se duas propriedades são unidas por acidente em um sujeito e se podemos encontrar uma sem a outra, é provável que poderemos encontrar também essa outra sem a primeira. Por exemplo, se encontramos *branco* e *músico* em Sócrates e em Platão e se podemos encontrar *músico* sem *branco*, é provável que, em algum outro sujeito, poderemos encontrar *branco* sem *músico*. Se, então, as propriedades de motor e de móvel encontram-se unidas em algum sujeito por acidente e se se encontra, em algum lugar, a propriedade de ser movido sem a propriedade de mover, é provável que se poderá encontrar alhures um motor que não seja movido[19]. A conclusão ultrapassa aqui o objetivo que nos propúnhamos alcançar. Demonstrando que a proposição "tudo o que move é movido" não é verdadeira por acidente, demonstramos, simultaneamente, que, se o vínculo que liga o motor ao móvel fosse acidental, a possibilidade, ou melhor, a probabilidade de um primeiro motor encontrar-se-ia já estabelecida.

A proposição "tudo o que move é movido" não é, pois, verdadeira por acidente. Seria ela verdadeira por si?[20] Se ela for verdadeira por si, resultará daí uma impossibilidade. Com efeito, aquilo que move pode receber um movimento de mesma espécie que o movimento que ele imprime ou um movimento de espécie diferente. Se é um movimento de mesma espécie, resultará que tudo o que altera será alterado, que tudo o que cura será curado, que tudo o que instrui será instruído, e isso sob o mesmo aspecto e segundo a mesma ciência. Mas isso é impossível, pois se é necessário que aquele que instrui possua a ciência, não é menos necessário que aquele que aprende essa ciência não a possua. Por outro lado, se se trata de um movimento de espécie diferente, de tal modo que o que imprime um movimento de alteração receba um movimento segundo o lugar, e que o que move segundo o lugar receba um movimento de aumento e assim por diante, resultará – visto que os gêneros e as espécies de movimento são em número finito – impossível recuar ao

---

[19] Esse argumento foi utilizado por Maimônides, no *Guia dos perplexos* (trad. Munk, II, p. 36), e por Alberto Magno, no *As causas e a processão do Universo* (*De causis et proc. universitatis*) I, tr. 1, c. 7 (ed. Jammy, t. V, p. 534b-535a). Ver, aliás, sobre esse ponto e para os diversos exemplos evocados, BAEUMKER, *Witelo*, p. 326.

[20] Cf. ARISTÓTELES, *Física* VIII, 5, 256b28-257a28.

infinito; deveremos, então, encontrar um primeiro motor que não seja movido por nenhum outro.

Talvez se diga que, depois de ter percorrido todos os gêneros e todas as espécies de movimento, é preciso voltar ao primeiro gênero e fechar o círculo, de sorte que, se aquilo que move segundo o lugar fosse alterado, e se aquilo que altera se encontrasse aumentado, aquilo que aumenta encontrar-se-ia, por sua vez, movido segundo o lugar. Mas voltaríamos sempre à mesma consequência; aquilo que move segundo certa espécie de movimento seria movido segundo a mesma espécie, com a única diferença de que ele seria movido mediatamente em vez de sê-lo imediatamente. Em ambos os casos, a mesma impossibilidade exige que se afirme um primeiro motor que nada de externo põe em movimento.

A segunda demonstração, no entanto, não está acabada. Da afirmação da existência de um primeiro motor que não seja movido do exterior não resulta que um primeiro motor absolutamente imóvel existe. Aristóteles esclarece, por isso, que a fórmula "um primeiro motor que não seja movido" é suscetível de duplo sentido: ela pode significar um primeiro motor absolutamente imóvel, e, se a tomarmos nesse sentido, teremos nossa conclusão; mas ela também pode significar que esse primeiro motor não recebe nenhum movimento do exterior, admitindo, entretanto, que ele pode mover-se a si mesmo e, por conseguinte, que ele não é absolutamente imóvel. Mas esse que se move a si mesmo é movido todo inteiro por si todo inteiro? Recaímos, então, nas dificuldades precedentes: o mesmo ente é instrutor e instruído, em potência e ato, ao mesmo tempo e sob o mesmo aspecto. Diríamos nós, ao contrário, que uma parte desse ente é somente motriz, enquanto a outra parte é somente movida? Obtemos, então, nossa conclusão: há, ao menos a título de parte, um motor que não seja senão motor, quer dizer, que move sem ser movido[21].

Atingimos, aqui, o último momento dessa longa pesquisa. Com efeito, a conclusão precedente toma como demonstrado que, no primeiro motor que nada move de fora, o princípio motor é também imóvel. Trata-se ainda, pois, da parte motriz, ela mesma imóvel, de um ente que se move a si mesmo. Ora, o que se move a si mesmo é movido pelo desejo de alcançar aquilo rumo ao qual ele se move. Nesse sentido, a parte motriz daquele que se move a si mesmo é ela mesma movida, se não de fora, ao menos de dentro, pelo desejo que ela tem do desejável. Ao contrário, para ser desejado, o desejável mesmo não tem nada a fazer senão ser o que ele é. Se ele move como desejado, ele mesmo permanece totalmente imóvel, como um belo objeto para o qual se move quem o vê. Dessa maneira, acima do que se move a si mesmo por desejo coloca-se o objeto mesmo que causa seu desejo. Esse objeto ocupa o ápice na

---

[21] Cf. ARISTÓTELES, *Física* VIII, 5, 257a258b9. Cf. TOMÁS DE AQUINO, *Suma contra os gentios* I, 13, Quia vero hoc habito.

ordem dos moventes, "porque aquele que deseja é, por assim dizer, um motor movido, ao passo que o desejável é um motor que não é de modo algum movido". Como esse supremo desejável é, assim, a origem primeira de todo movimento, é ele que deve ser situado na origem do devir: "Deve haver um Primeiro Motor separado e absolutamente imóvel, que é Deus"[22].

Tais são, em seus elementos essenciais, as demonstrações propostas pela *Suma contra os gentios* quanto à existência de um primeiro motor. No pensamento de Tomás de Aquino, a noção de Primeiro Motor Imóvel e a noção de Deus são a mesma. Na *Suma de teologia*, ele considera que, se se nomeia o motor primeiro que nada move, todos compreenderão que se trata de Deus[23]. Isso não quer dizer que Santo Tomás pede-nos para receber essa conclusão como uma evidência pura e simples; nós teremos sua demonstração completa vendo proceder da noção de um Primeiro Motor Imóvel todos aqueles atributos divinos que a razão humana pode alcançar. O *Compêndio de teologia* notadamente demonstra, sobre a base desse único princípio, a eternidade, a simplicidade, a asseidade, a unidade; numa palavra, todos os atributos que caracterizam, a nossos olhos, a essência de Deus[24].

Nota-se certamente também, nas demonstrações precedentes, a ausência de toda alusão a um começo qualquer do movimento no tempo. A prova não consiste em demonstrar que o movimento presente requer uma causa eficiente passada, que seria Deus. Com efeito, o termo *causa* nem sequer é pronunciado. A prova só fala de moventes e movidos; ela visa simplesmente estabelecer que, no Universo atualmente dado, o movimento atualmente dado seria ininteligível sem um primeiro movente que, no presente e em qualquer sentido em que ele seja motor, é fonte de movimento para todas as coisas. Em outros termos, a impossibilidade de uma regressão infinita não significa uma regressão ao infinito no tempo, mas no instante presente em que consideramos o mundo. Pode-se ainda exprimir esse fato dizendo que nada se alteraria na estrutura da prova caso se admitisse a falsa hipótese da eternidade do movimento. Santo Tomás sabe isso e declara-o explicitamente[25].

---

[22] Tomás de Aquino, *Suma contra os gentios* I, 13 (*Sed quia Deus*). Cf. Aristóteles, *Metafísica* XI, 7, 1072a19-1072b13. Notar a fórmula importante: *Quum enim omne movens seipsum moveatur per appetitum* (tudo o que se move a si mesmo move-se pelo desejo). Santo Tomás segue tão fielmente Aristóteles, que interrompe a primeira via no primeiro motor imóvel que move como desejado; portanto, também como causa final, não como causa eficiente do movimento.

[23] Cf. *Suma de teologia* I, 2, 3, Resp.

[24] Cf. *Compêndio de teologia*, Parte I, Caps. 5-41. Na *Suma contra os gentios* I, 13, Quod autem necesse sit, Santo Tomás só afirma a eternidade do primeiro motor que se move a si mesmo, e o faz da perspectiva de Aristóteles ("segundo sua posição"), mas é evidente que o Primeiro Motor Imóvel e separado é ainda mais necessariamente eterno.

[25] Cf. *Suma contra os gentios* I, 13, Quorum primum est.

Se admitimos, com a fé cristã, que o mundo e o movimento tiveram um começo no tempo, encontramo-nos numa posição muito mais favorável para demonstrar a existência de Deus. Afinal, se o mundo e o movimento tiveram um começo, a necessidade de afirmar uma causa que tenha produzido o movimento e o mundo impõe-se por si mesma. Tudo de novo que se produz requer, com efeito, uma causa que seja a origem dessa novidade; nada pode fazer passar a si mesmo da potência ao ato ou do não ser ao ser. Mas, na mesma proporção em que uma demonstração desse tipo é fácil quando se assume o começo temporal do mundo e do movimento, ela é penosa quando se supõe a eternidade de ambos. No entanto, é a esse modo de demonstração relativamente difícil e obscuro que vemos Santo Tomás dar preferência. Em seu pensamento, uma demonstração da existência de Deus pela necessidade de um criador que faça aparecer no tempo o movimento e todas as coisas não seria nunca, do ponto de vista estritamente filosófico, uma demonstração exaustiva[26]. Do ponto de vista da simples razão, como veremos adiante, não poderíamos provar que o mundo teve um começo. A esse respeito, Tomás de Aquino opõe-se irredutivelmente à opinião recebida e mantém até o fim sua fidelidade ao peripatetismo. Demonstrar a existência de Deus *ex suppositione novitatis mundi* (partindo da suposição da novidade do mundo) seria, então, no fim das contas, fazer da existência de Deus uma verdade de fé, subordinada à crença que prestamos à narrativa do Gênesis; não seria mais uma verdade filosófica e provada por razão demonstrativa. Ao contrário, demonstrando a existência de Deus na hipótese de um movimento eterno, Santo Tomás a demonstra com tanto mais razão para a hipótese de um Universo e de um movimento que teriam começado. Sua prova permanece, portanto, filosoficamente inatacável e coerente com o conjunto de seu ensino.

Importa, enfim, observar por que uma regressão ao infinito no instante presente em que consideramos o mundo seria um absurdo. É que os moventes sobre cuja série raciocinamos aqui são hierarquicamente ordenados; tudo o que é movido, na hipótese em que se coloca a prova pelo primeiro motor, é movido por uma causa motriz que lhe é superior e que, por conseguinte, é causa ao mesmo tempo de seu movimento e de sua força motora. Aquilo de que a causa superior deve dar conta não é somente o movimento de um indivíduo de um grau qualquer, porque um outro indivíduo de mesmo grau bastaria para dar conta disso – uma pedra que move uma pedra –, mas o movimento da espécie. Com efeito, se nos colocamos no interior mesmo da espécie, descobrimos aí sem dificuldade a razão suficiente dos indivíduos ou dos movimentos que eles perfazem, estando dada a espécie. Mas cada causa motriz, tomada em si mesma, não poderia ser considerada como sendo a

---

[26] Santo Tomás, aqui, não faz mais do que seguir o exemplo dado por Maimônides. Ver Lévy, L. G., *Maïmonide*, pp. 125-126.

fonte primeira de seu movimento, e o problema será posto igualmente para todos os indivíduos da espécie considerada, pois, para cada um deles, a natureza que o define é aquela da espécie. É, portanto, fora da espécie e acima dela que se deve necessariamente procurar a razão suficiente da eficácia dos indivíduos[27], ou supor-se-á que o que recebe sua natureza é, ao mesmo tempo, a causa dessa natureza e que, por conseguinte, é causa de si mesmo, o que é absurdo. Ou, então, considerar-se-á que tudo o que age em virtude de uma natureza recebida não é senão uma causa instrumental que deve ser reconduzida, por causas superiores, a uma causa primeira: *oportet omnes causas inferiores agentes reduci in causas superiores sicut instrumentales in primarias* ("convém que todas as causas agentes inferiores sejam reconduzidas às causas superiores assim como as causas instrumentais são reconduzidas às causas primárias")[28]. Nesse sentido, pode-se dizer que não somente a série ascendente dos moventes hierarquicamente ordenados não é infinita, mas também que os termos não são muito numerosos: "Vemos que tudo o que é movido é movido por outro; os inferiores, pelos superiores. Assim como os elementos são movidos pelos corpos celestes, os inferiores são postos em ação pelos superiores"[29]. A prova pelo primeiro motor não adquire seu sentido pleno senão na hipótese de um Universo hierarquicamente ordenado.

Das cinco vias seguidas por Santo Tomás para demonstrar a existência de Deus, esta é a mais célebre e a mais frequentemente citada. Não se pode, aliás, duvidar de que Santo Tomás tinha preferência por ela. A interpretação dela, porém, não é das mais fáceis. À primeira vista, parece mera repetição de um texto de Aristóteles. De fato, embora ela não reproduza um texto do Estagirita, mas construa a síntese de textos tomados dos livros VII e VIII da *Física* e do livro XI da *Metafísica*, olhando mais de perto, constata-se que ela se compõe de duas partes de extensão desigual: uma, bastante desenvolvida, repousa sobre os textos da *Física*; outra, bastante breve, repousa sobre um texto da *Metafísica*. Enfim, se se comparam os conteúdos dessas duas partes, elas se revelam especificamente diferentes. Aquela que utiliza a *Física* de

---

[27] Cf. *Suma contra os gentios* III, 65 (*Item nullum particulare*).

[28] *Suma contra os gentios* II, 21. Introduzimos aqui o termo *causa* a exemplo do próprio Santo Tomás, que o introduz ao definir a noção de moventes e movidos ordenados (*per ordinem* – cf. *Suma contra os gentios* I, 13, *Secunda ratio*). O termo *instrumento* é, aliás, o termo técnico exato para designar um motor intermediário, ao mesmo tempo motor e movido: *Est enim ratio instrumenti quod sit movens motum* ("é constitutivo de *instrumento* o ser movente e movido" – *Ibidem*). Ver também o texto do *Comentário à Física de Aristóteles*, livro 8, lição 9, n. 5, que insiste sobre este ponto: "[A impossibilidade da regressão ao infinito] é mais evidente em instrumentos do que num ordenamento de móveis, embora a mesma verdade esteja em ambos, pois nem todos consideram o segundo movente um instrumento do primeiro". Ver ainda a observação profunda de Santo Tomás, que explicita a fonte lógica do tema em *Suma de teologia* IaIIae, 1, 4, ad 2m.

[29] *Compêndio de teologia* I, 3. Cf. J. Owens. The Conclusion of the prima via. *The Modern Schoolman* 30 (1952-1953) 33-53; 109-121; 203-215.

Aristóteles conduz o leitor a uma conclusão que é, com efeito, de ordem física, ou, mais exatamente, de ordem cosmográfica: a existência de um primeiro motor que se move a si mesmo e, movendo-se, causa o movimento em todo o Universo faz ver que, como esse primeiro motor não é completamente imóvel e separado, ele não é Deus. O problema da existência de Deus só é diretamente abordado na segunda parte da prova, como um problema metafísico cuja solução é fornecida pela *Metafísica* de Aristóteles. Santo Tomás aceita essa solução e a reproduz com uma fidelidade notável. O primeiro motor físico move-se a si mesmo ao desejar Deus; quanto a Deus, ele é completamente imóvel e separado, pois ele move simplesmente como desejado. Como devemos interpretar a prova de Santo Tomás de Aquino pelo movimento? Conclui ela verdadeiramente pela existência de um primeiro movente que não move senão como desejado, como pretendia Aristóteles, ou ultrapassa ela o plano do aristotelismo para atingir uma primeira causa eficiente do movimento? Como o mesmo problema deve ser posto novamente a respeito das quatro outras demonstrações tomistas da existência de Deus, passemos à exposição delas, para discuti-lo na sequência.

## II. A PROVA PELA CAUSA EFICIENTE

A segunda prova da existência de Deus é tirada da noção de causa eficiente (*ex ratione causae efficientis*)[30]. Sua origem encontra-se em Aristóteles[31], que declara impossível uma regressão ao infinito em qualquer um dos quatro gêneros de causas – material, motora, final ou formal – e conclui ser necessário sempre recuar a um princípio primeiro. Duas observações devem, no entanto, ser feitas. Em primeiro lugar, Aristóteles não fala nesse texto de *causa eficiente*, mas de *causa motora*, o que é curioso, pois o texto citado é o mesmo citado por Santo Tomás para justificar a passagem da motricidade à causalidade eficiente. Em segundo lugar, Aristóteles não deduz imediatamente, nesse texto, a existência de Deus. Avicena, ao contrário[32], e depois dele Alano de Lille[33] e Alberto Magno[34] utilizam a argumentação de Aristóteles

---

[30] Sobre essa prova, consultar ALBRECHT, A. Das Ursachgesetz und die erste Ursache bei Thomas von Aquin. *Philosophisches Jahrbuch* 33 (1920) 173-182.

[31] Cf. *Metafísica* II, 2, 994a1. De Santo Tomás, ver o livro II de seu *Comentário à Metafísica de Aristóteles* (edição Cathala, art. 299-300). Para a história dessa prova, ver BAEUMKER, *Witelo*, pp. 326-335. Cf. a importante nota de S. van den Bergh, em VAN BERGH, S. *Die Epitome der Metaphysik des Averroes*. Leiden, 1924, pp. 150-152.

[32] Ver os textos em BAEUMKER, *op. cit.*, pp. 328-330.

[33] Cf. ALANO DE LILLE, *A arte da fé* (*Ars fidei*), Prólogo, Patrologia Latina Migne, tomo CCX, pp. 598-600.

[34] Cf. ALBERTO MAGNO, *As causas e a processão do Universo*, I, cap. 7 (edição Jammy, tomo V, p. 534).

com esse fim. Das diversas formas que assume a prova nesses pensadores, aquela que dá Avicena é particularmente interessante, porque ela se aproxima bastante da prova tomista. As semelhanças não são tais, entretanto, a ponto de não podermos supor legitimamente[35] que Santo Tomás tenha obtido essa prova diretamente e por um aprofundamento pessoal do texto de Aristóteles. Podemos, então, abordar diretamente sua exposição.

Consideremos as coisas sensíveis, único ponto de partida possível para uma demonstração da existência de Deus. Constatamos nelas uma ordem de causas eficientes. Por outro lado, não se encontra e não se pode encontrar um ente que seja causa eficiente de si mesmo. Sendo a causa necessariamente anterior a seu efeito, um ente que fosse sua própria causa eficiente deveria ser anterior a si mesmo, o que é impossível. Além disso, é impossível recuar ao infinito na série das causas eficientes ordenadas. Já constatamos, com efeito, que há uma ordem das causas motoras, isto é, que elas são dispostas de tal maneira que a primeira é causa da segunda; e a segunda, da última. Essa afirmação permanece verdadeira para as causas eficientes, quer se trate de uma única causa intermediária ligando a primeira à última ou de uma pluralidade de causas intermediárias. Nos dois casos, independentemente do número de causas intermediárias, é a primeira causa que é a causa do último efeito, de modo que, se se suprime a primeira causa, suprime-se o efeito, além do fato de que, se não há primeiro termo nas causas eficientes, também não haverá intermediário nem último. Ora, se houvesse uma série infinita de causas assim ordenadas, não haveria nem causas eficientes intermediárias, nem último efeito. Mas nós constatamos no mundo que há tais causas e tais efeitos; é, portanto, necessário afirmar uma Causa Eficiente primeira a que todos chamam Deus[36]. O texto da prova do *Contra os gentios* é quase idêntico ao da *Suma de teologia*; as diferenças estão apenas no modo de expressão, donde ser inútil insistir nelas.

Convém, todavia, notar o estreito parentesco que une a segunda prova tomista da existência de Deus à primeira. Em ambos os casos, a necessidade de um primeiro termo encontra-se fundada na impossibilidade da regressão ao infinito numa série ordenada de causas e efeitos. Em nenhuma outra ocasião seríamos mais vivamente tentados a admitir a tese de que não há cinco provas, mas uma única prova da existência de Deus dividida em cinco partes[37]. Se entendermos que as cinco vias de Santo Tomás condicionam-se umas às outras – e chegou-se ao ponto de apresentar a prova pelo primeiro

---

[35] Cf. GRUNWALD, *op. cit.*, p. 151.

[36] Cf. *Suma de teologia* I, 2, 3, Resp.

[37] Cf. AUDIN, A. A proposito della dimostrazione tomistica dell'esistenza di Dio. *Rivista di filosofia neo-scolastica* 4 (1912) 758-769. Ver a crítica feita por H. Kirfel a esse artigo: KIRFEL, H. Gottesbeweis oder Gottesbeweise beim hl. Thomas von Aquin? *Jahrbuch für Philosophie und spekulative Theologie* 27 (1913) 451-460.

motor como uma simples preparação da prova –, a conclusão é inaceitável[38]. Cada prova basta-se a si mesma e isso vale eminentemente para a prova pelo primeiro motor: *prima et manifestior via* (primeira e mais clara via). Mas é correto afirmar que as cinco provas tomistas têm estrutura idêntica e mesmo que elas formam um todo, completando-se reciprocamente, pois, se cada uma delas basta para estabelecer que Deus existe, cada uma também toma seu ponto de partida em uma ordem diferente de efeitos e enfatiza, por conseguinte, um aspecto diferente da causalidade divina. Enquanto a primeira fazia-nos alcançar Deus como origem do movimento cósmico e de todos os movimentos que dele dependem, a segunda nos faz alcançá-lo como causa da existência mesma das coisas. Em um sistema de conhecimento que subordina, no que respeita à essência divina, a determinação do *quid est* (o que é?) à do *an est* (existe?), a multiplicidade de provas convergentes não poderia ser considerada algo indiferente.

É enfim necessário assinalar que, se a prova pela causa eficiente repousa, como a prova pelo primeiro motor, sobre a impossibilidade de uma regressão ao infinito na série das causas, isso se deve ao fato de que, ainda aqui, causas essencialmente ordenadas são causas hierarquicamente ordenadas em principais e instrumentais. Uma série infinita de causas de mesmo grau é não somente possível, mas mesmo necessária na hipótese aristotélica da eternidade do mundo. Um ser humano pode gerar um ser humano, que por sua vez gera outro, e assim por diante, até o infinito; isso porque tal série não tem ordem causal interna, visto que é como ser humano e não como filho de seu pai que alguém gera outro. Queremos, ao contrário, encontrar a causa de sua forma como tal, a causa em virtude da qual ele é ser humano e capaz de gerar? Evidentemente, não será no seu grau, mas num ente de grau superior que a descobriremos: assim como esse superior explica ao mesmo tempo a existência e a causalidade dos entes que lhe são subordinados, assim também ele recebe, por sua vez, sua causalidade de um ente que lhe é superior. Donde impor-se a necessidade de um primeiro termo: tal termo primeiro contém virtualmente a causalidade da série inteira e de cada um dos termos que a constituem[39]. No pensamento tomista, não há só uma eficácia, mas há só uma fonte de eficácia para o mundo inteiro: *nulla res dat esse nisi in quantum est in ea participatio divinae virtutis* (coisa alguma dá o ser senão à medida

---

[38] Já mesmo se enfatizou, e com razão, o que há de empírico (no sentido de não metafisicamente necessário) na escolha e na ordem das provas propostas por Santo Tomás. Ver MOTTE, A. R. À propos des cinq voies. *Revue des sciences philosophiques et théologiques* 27 (1938) 577-582.

[39] Cf. *Suma de teologia* I, 46, 2, ad 7m; I, 104, 1. Cf. *Suma contra os gentios* II, 21: "O que é segundo uma natureza não pode simplesmente ser causa dessa natureza, pois seria causa de si mesmo. Pode, no entanto, ser causa dessa natureza nisto, como Platão é causa da natureza humana em Sócrates, porém não pura e simplesmente, já que ele próprio foi criado na natureza humana".

que nela há participação da força divina). É também por isso que, na ordem das causas eficientes como na ordem das causas motoras, é necessário deter-se num grau supremo.

A fonte histórica da segunda prova é indicada por Santo Tomás na *Suma contra os gentios*, cuja exposição refere-se explicitamente à *Metafísica* de Aristóteles, livro II. Ela é mesmo apresentada aí como uma prova do próprio Aristóteles, para mostrar "que é impossível proceder ao infinito nas causas eficientes, sendo preciso chegar a uma única Causa Primeira, aquela que nós denominamos *Deus*". Ora, como já dissemos, se nos referirmos à passagem que Santo Tomás parece ter em vista (isto é, *Metafísica* II, 2, 994a1-19), constatamos que, nela, não se fala diretamente de causa eficiente. Aristóteles demonstra aí que não se pode recuar ao infinito em nenhum dos quatro gêneros de causas – material, motora, final e formal –, mas não menciona uma causa eficiente propriamente dita. O problema que se nos apresentava a respeito da causa motora põe-se aqui novamente e com uma urgência ainda maior: Santo Tomás apenas segue Aristóteles ou retoma, por sua própria conta, a letra dos argumentos, dotando-a de um novo sentido?

## III. A PROVA PELO NECESSÁRIO

O ponto de partida da terceira via encontra-se na distinção entre o que é possível e o que é necessário[40]. Duas premissas podem ser consideradas como os fundamentos da prova. Primeira: o possível é contingente, isto é, ele pode ser ou não ser, donde ele se opor ao necessário. Segunda: o possível não tira sua existência de si mesmo, quer dizer, de sua essência, mas de uma causa eficiente que a comunica a ele. Com essas proposições e o princípio já demonstrado (segundo o qual não se pode recuar ao infinito na série das causas eficientes), temos em mãos com que estabelecer nossa demonstração. Mas, convém precisar, de início, as condições históricas de sua aparição.

Por considerar o possível como aquilo que não tira sua existência de si mesmo, a terceira prova supõe como admitida certa distinção entre essência

---

[40] Sobre essa prova, ver Gény, P. À propos des preuves thomistes de l'existence de Dieu. *Revue de philosophie* 31 (1924) 575-601; Sertillanges OP, A. D. À propos des preuves de Dieu. La troisième voie thomiste. *Revue de philosophie* 32 (1925) 319-330; Sertillanges OP, A. D. Le P. Descoqs et la 'tertia via'. *Revue Thomiste* 9 (1926) 490-502 (cf. P. Descoqs SJ, in *Archives de Philosophie*, 1926, pp. 490-503); Chambat Osb, L. La 'tertia via' dans Saint Thomas et Aristote. *Revue Thomiste*, 1927, pp. 334-338, com as notas de C.-V. Héris, no *Bulletin Thomiste*, 1928, pp. 317-320; Bouyges, M. Exégèse de la Tertia Via de Saint Thomas. *Revue de Philosophie* 32 (1932) 115-146; Holstein SJ, H. L'origine aristotélicienne de la tertia via de Saint Thomas. *Revue philosophique de Louvain* 48 (1950) 354-370 (cf. também H.-D. Simonin OP, no *Bulletin Thomiste* 8 (1951) pp. 237-241); Degl'innocenti, U. La validità della III Via. *Doctor Communis* 1 (1954) 42-70.

e existência nas coisas criadas. Essa distinção, que os filósofos árabes haviam trazido à luz, principalmente Alfarabi, iria tornar-se a mola mestra e secreta das provas tomistas da existência de Deus. Mas ela havia fornecido a Avicena a base de uma demonstração distinta, na qual também atuam as duas premissas que acabamos de enunciar[41]. Essa demonstração, ligeiramente modificada, encontra-se em Maimônides, que a recebe sem dúvida de Avicena[42]. Nós a encontramos, enfim, em Santo Tomás, cuja demonstração, como mostrou C. Baeumker, segue passo a passo a do filósofo judeu[43]. Maimônides parte do fato de que há entes[44] e considera a possibilidade destes três casos: (1) nenhum ser nasce ou perece; (2) todos os seres nascem e perecem; (3) há seres que nascem e perecem e há seres que não nascem nem perecem. O primeiro caso nem sequer precisa ser discutido, pois, como mostra a experiência, há seres que nascem e perecem. O segundo caso não resiste a exame, pois, se todos os seres pudessem nascer e perecer, seguir-se-ia que, em um dado momento, todos os seres teriam necessariamente perecido; com efeito, falando-se de um indivíduo como possível, ele pode realizar-se ou não, mas, com relação à espécie, o possível deve inevitavelmente se realizar[45], sem o que esse possível não seria mais do que uma palavra vã. Então, se a desaparição constituísse um verdadeiro possível para todos os seres considerados como espécie, eles já teriam desaparecido. Mas, se eles tivessem caído no nada, jamais teriam podido voltar por si mesmos à existência, e, por conseguinte, ainda hoje nada existiria. Ora, nós vemos que existe algo; é preciso, portanto, admitir que a terceira hipótese é a única verdadeira: certos seres nascem e perecem, mas há um que se subtrai a toda possibilidade de destruição e possui a existência necessária, a saber, o ser primeiro, que é Deus.

---

[41] Os elementos da prova parecem tirados de ARISTÓTELES, *Metafísica* IX, 8, 1050b2-20. Para a demonstração de Avicena, ver CARAME, N. *Avicennae Mataphysices Compendium*, Roma, 1926, pp. 91-111, ou ainda MUCKLE, J.-T. *Algazel's Metaphysics*, Toronto: St. Michael's College, 1933, pp. 46-51. Sobre suas doutrinas, ver DE VAUX, C. *Avicenne*. Paris, 1900, pp. 266ss, e SALIBA, D. *Étude sur la métaphysique d'Avicenne*. Paris, 1926, pp. 96-113. O essencial dos textos encontra-se também em ARNOU, *De quinque viis, op. cit.*, pp. 59-68. Sobre a crítica dirigida pelo Pe. Gény SJ contra essa prova (cf. art. cit.) ver GILSON, *Trois leçons, art. cit.*, pp. 33-34.

[42] Ver o texto de Maimônides em ARNOU, R., *De quinque viis, op. cit.*, pp. 79-82.

[43] Cf. BAEUMKER, C., *Witelo, op. cit.*, p. 338.

[44] Cf. ARNOU, R., *De quinque viis, op. cit.*, pp. 79-82, ou MAIMÔNIDES, *Guia dos perplexos* II, 1 (trad. Munk, pp. 39ss). Ver também LÉVY, *Maïmonide, op. cit.*, pp. 127-128; KOPLOWITZ, E. S. *Die Abhängigkeit Thomas von Aquins von R. Mose Ben Maimon*. Mir (Polônia), 1935, pp. 36-40.

[45] Trata-se de uma concepção aristotélica, como diz C. Baeumker (*op. cit.*, p. 128, nota 2). Ver em LÉVY, *op. cit.*, p. 128, nota 1, a explicação que oferece o próprio Maimônides, ao ser consultado sobre essa passagem pelo tradutor Ibn Tibbon: "Se estabelecermos que a escrita é algo possível para a espécie humana, é preciso necessariamente que, a um dado momento, haja homens que escrevem; sustentar que nunca houve um homem que escreveu nem que escreverá seria dizer que a escrita é impossível à espécie humana".

Essa demonstração não foi incluída na *Suma contra os gentios*, mas constitui, em seu teor quase literal, a terceira via que a *Suma de teologia* abre rumo à existência de Deus. Há, diz Santo Tomás, entes que nascem, corrompem-se e, por conseguinte, podem ser ou não ser. Mas é impossível que todos os entes desse gênero existam sempre, pois, quando o não ser de algo é possível, acaba por ocorrer um momento quando esse algo não existe. Se, então, o não ser de todos os entes fosse possível, chegaria um momento em que nada existiria. Mas, se fosse verdade que se poderia dar tal momento, ainda agora não haveria nada, porque aquilo que não é não pode começar a ser sem a intervenção de algo que é. Se, então, nesse momento, nenhum ente existiu, foi absolutamente impossível que algo tenha começado a ser, e nada mais deveria existir, o que é evidentemente falso. Não se pode, portanto, dizer que todos os entes são possíveis, e é preciso reconhecer a existência de algo necessário. Esse necessário, enfim, pode tirar de si ou de outro ente sua necessidade, mas não se pode recuar ao infinito na série dos entes que tiram de outro sua necessidade, não mais do que na série das causas eficientes, assim como já provamos. É, portanto, inevitável afirmar um ente que, necessário por si, não tire de outros a causa de sua necessidade, mas que seja, ao contrário, causa da necessidade para os outros. Tal ente é aquele a que todos chamam *Deus*[46].

Essa terceira prova tomista da existência de Deus aparenta-se à primeira por também supor, e ainda com mais evidência, a tese da eternidade do mundo. Se o filósofo judeu e o filósofo cristão admitem que, caso o não ser de todas os entes tivesse sido possível, teria havido necessariamente um momento em que nada existiu: é o que eles raciocinam na hipótese de uma duração infinita, e, numa duração infinita, um possível digno desse nome não pode não se realizar. Sem dúvida, como já notamos a respeito de Santo Tomás, eles não admitem realmente a eternidade do mundo, mas, segundo as palavras de Maimônides, querem "firmar a existência de Deus em nossa crença, por um método demonstrativo sobre o qual não possa haver nenhuma contestação, evitando apoiar esse dogma verdadeiro e de tão grande importância sobre uma base que alguém possa abalar e outro possa considerar como não existente"[47]. O acordo entre Maimônides e Santo Tomás sobre esse ponto é, pois, inteiro. É fácil determinar o ganho que essa terceira demonstração nos garante: Deus, que já era conhecido como causa motora e causa eficiente de todas as coisas, é conhecido de agora em diante como ser necessário. Trata-se de uma conclusão da qual teremos de nos relembrar mais de uma vez. Porém, aqui ainda se põe com insistência o problema de saber até onde Santo Tomás apenas segue os autores cujos argumentos toma de

---

[46] Cf. *Suma de teologia* I, 2, 3, Resp.
[47] MAIMÔNIDES, *Guia dos perplexos* I, 71 (trad. Munk, p. 350).

empréstimo. Quase não se pode evitar essa questão, sobretudo no que concerne a Avicena e ao próprio Aristóteles, cujos princípios estão na origem desta terceira prova. A noção de ser necessário implica a noção de ser, e, em função do ser de que se fala, falar-se-á de sua respectiva necessidade. Mais precisamente, visto que essa demonstração supõe, como vimos, certa distinção entre essência e existência, é provável que o que havia de novo na noção tomista de existência tenha afetado com um sentido igualmente novo mesmo os elementos que ele tomou mais evidentemente de empréstimo em sua prova.

## IV. A PROVA PELOS GRAUS DE SER

A quarta prova da existência de Deus funda-se sobre a consideração dos graus do ser. De todas as provas tomistas, nenhuma suscitou tantas interpretações diferentes[48]. Vejamos inicialmente as duas exposições que dela faz Santo Tomás. Precisaremos, na sequência, as dificuldades que esses textos encerram e para as quais proporemos uma solução.

Na *Suma contra os gentios*, Tomás de Aquino diz que se pode construir outra prova, extraindo-a do que ensina Aristóteles no livro II de sua *Metafísica*.

Aristóteles diz[49] que as coisas que possuem o grau supremo do verdadeiro possuem também o grau supremo do ser. Por outro lado, ele mostra em outras passagens[50] que há um grau supremo do verdadeiro. De duas falsidades, com efeito, uma é sempre mais falsa do que a outra, donde resulta que, das duas, uma é sempre mais verdadeira. Porém, o mais ou menos verdadeiro define-se como tal por aproximação ao que é absoluta e soberanamente verdadeiro. Donde podermos concluir, enfim, que existe algo que

---

[48] Sobre essa prova, ver os estudos: JOLY, R. *La preuve de l'existence de Dieu par les degrés de l'être: 'Quarta via' de la Somme théologique. Sources et exposés*. Gand, 1920; CHAMBAT, L. La 'quarta via' de Saint Thomas. *Revue thomiste* 33 (1928) 412-422; LEMAITRE SJ, C. La preuve de l'existence de Dieu par les degrés des êtres. *Nouvelle Revue Théologique*, 1927, pp. 331-339 e pp. 436-468, com as observações de C.-V. HÉRIS OP, no *Bulletin Thomiste*, 1928, pp. 320-324; MUNIZ OP, P. La quarta via de Santo Tomás para demostrar la existencia de Dios. *Revista de Filosofía* 3 (1944) 385-433; 4 (1945) 49-101; DE COUESNONGLE, V. Mesure et causalité dans la quarta via. *Revue thomiste* 58 (1958) 55-75; GILSON, *Trois leçons, op. cit.*, pp. 35-38.

[49] Cf. ARISTÓTELES, *Metafísica* II, 1, 993b19-31.

[50] Cf. *idem* IV, 4. Santo Tomás pode ter conhecido o fragmento do *De philosophia* conservado por Simplício em seu comentário do *De coelo* e que contém exatamente a prova que ele mesmo reconstruiu com a ajuda da *Metafísica* (fragmento 1476b22-24): "De maneira geral, lá onde se encontra o melhor encontra-se também o excelente. Como entre os entes um é melhor do que outro, é preciso que haja um excelente, o qual seria o ser divino". Simplício acrescenta que Aristóteles tomou essa prova de Platão, o que mostra que aquilo que o primeiro aristotelismo tinha guardado de platonismo permitia a Santo Tomás sentir-se em acordo com as duas filosofias sobre esse ponto fundamental.

seja, soberanamente e em seu grau supremo, o ser, e é a esse algo mesmo que nomeamos *Deus*[51].

Na *Suma de teologia*, Santo Tomás anuncia que tirará sua prova dos graus que descobrimos nas coisas. Com efeito, constatamos que há o melhor e o pior, o mais e o menos nobre, o mais e o menos verdadeiro, e assim para todas as perfeições do mesmo gênero. Mas o mais ou o menos só se dizem de diversas coisas segundo a aproximação delas, em graus diversos, àquilo que é a coisa é em seu grau supremo. Por exemplo, é mais quente aquilo que mais se aproxima do quente supremo. Existe, pois, alguma coisa que é, no supremo grau, o verdadeiro, o bom e o nobre e que, por conseguinte, é o grau supremo do ser. Afinal, segundo Aristóteles[52], aquilo que possui o grau supremo do verdadeiro possui também o grau supremo do ser. Além disso, aquilo que designamos como supremo grau em um gênero é causa e medida de tudo o que pertence a esse gênero. Por exemplo, o fogo, que é o supremo grau do quente, é causa e medida de todo calor. Deve, então, existir algo que seja causa do ser, da bondade e das perfeições de todo tipo que se encontram em todas as coisas, e é a esse algo mesmo que chamamos *Deus*[53].

Dissemos que a interpretação dessa prova levantou numerosas controvérsias. Diferentemente das outras, ela apresenta um aspecto conceitual – e de certa forma ontológico – bastante e claramente acentuado. Podemos também citar vários filósofos que nutrem dúvidas a seu respeito. Karl Staab[54] só lhe atribui um valor de probabilidade. Georg Grunwald[55] constata que a prova passa do conceito abstrato à afirmação do ser. Mais ainda, seria o sentimento dessa inconsequência que teria conduzido Santo Tomás a modificar a prova na *Suma de teologia*. Recorrendo constantemente, nessa segunda redação, à experiência sensível, e tomando como exemplo o fogo e o quente, Tomás teria tentado estabelecer sua demonstração sobre uma base mais empírica, e essa modulação, destinada a baixar a prova das alturas do idealismo aos fundamentos do realismo tomista, seria perceptível na simples comparação dos dois textos. Porém, numerosos são os historiadores que devotam a essa prova uma admiração sem reservas e, sendo mais tomistas nisso do que Santo Tomás, dão mesmo preferência a ela[56]. Essas diferenças de apreciação são interessantes porque recobrem diferenças de interpretação.

---

[51] Cf. *Suma contra os gentios* I, 13.
[52] Cf. Aristóteles, *Metafísica*, IV, 4 (final).
[53] Cf. *Suma de teologia* I, 2, 3, Resp.
[54] Cf. Staab, K. *Die Gottesbeweise in der katholischen deutschen Literatur von 1850-1900*. Paderborn, 1910, p. 77.
[55] Cf. Grunwald, *Geschichte der Gottesbeweise, op. cit.*, p. 155.
[56] Cf. Pègues, T. *Commentaire littéral de la Somme théologique*. Toulouse, 1907, tomo I, p. 105.

Não se pode levantar dificuldade quanto a essa constatação factual de que há graus de ser e de verdade nas coisas. Porém, não se dá o mesmo quanto à conclusão que dela tira Santo Tomás: há um grau supremo da verdade. Já se perguntou se era preciso entender essa conclusão em sentido relativo ou absoluto. Heinrich Kirfel[57] a compreende em sentido relativo, quer dizer, como o grau mais elevado dado atualmente em cada gênero. Eugen Rolfes[58], ao contrário, a compreende como o mais alto grau possível, isto é, em sentido absoluto. No mesmo sentido, escreve o Pe. Pègues: "Trata-se, antes de tudo e imediatamente, do ser que é superior a todos os outros em perfeição, mas, por isso mesmo, alcançamos o mais perfeito que se possa conceber"[59].

A interpretação que toma a expressão *maxime ens* (maximamente ente) em sentido relativo explica-se facilmente; ela se destina a eliminar da prova tomista todo traço disso que se crê dever-se ao ontologismo. Santo Tomás diz: há graus no erro e na verdade; então, há uma verdade suprema e, por conseguinte, um ente supremo que é Deus. Mas isso não seria passar, como Santo Anselmo, do pensamento ao ser, da ordem do conhecimento à ordem do real? Ora, nada menos tomista do que tal atitude. Para evitar essa dificuldade, atribui-se a Santo Tomás uma indução que, do supremo grau relativo que constatamos em toda ordem de realidade atualmente dada, nos elevaria ao supremo grau absoluto do ser, quer dizer, ao ser mais elevado que pudermos conceber.

Compreende-se ainda, em tal hipótese, a importante adição que caracteriza a prova da *Suma de teologia*. A *Suma contra os gentios* concluía a prova afirmando a existência de um *maxime ens* que se encontra imediatamente identificado com Deus; a *Suma de teologia* demonstra ainda que o que é *maxime ens* é também causa universal do ser, e, por conseguinte, só pode ser Deus. Por que esse suplemento de demonstração? Se tomarmos a expressão *maxime ens* no sentido relativo, é fácil de compreender. Nesse caso, com efeito, não é imediatamente evidente que esse supremo grau do ser seja Deus, mas talvez apenas um mais alto grau que ainda é finito e atingível por nós. Assimilando-o à causa universal e suprema, estabelecemos, ao contrário, que esse *maxime ens* é Deus. Se, no entanto, se quer tomar essa expressão no sentido absoluto, é mais do que evidente que esse ente supremo confunde-se com Deus, e torna-se incompreensível que Santo Tomás tenha inutilmente alongado sua prova, sobretudo numa obra como a *Suma de teologia*, na qual ele quer ser claro e breve[60].

---

[57] Cf. KIRFEL, H. Gottesbeweis aus den Seinstufen. *Jahrbuch für Philosophie und spekulative Theologie* 26 (1912) 454-487.

[58] Cf. ROLFES, E. *Der Gottesbeweis bei Thomas von Aquin und Aristoteles erklärt und verteidigt*. Colônia, 1898, p. 207 e p. 222. Ver sua resposta ao artigo de H. Kirfel em *Philosophisches Jahrbuch* 26 (1913) 146-159.

[59] PÈGUES, *Commentaire, op. cit.*, tomo I, p. 106.

[60] Cf. KIRFEL, *op. cit.*, p. 469.

Esses argumentos são engenhosos, mas põem dificuldades inextricáveis no lugar de uma que no lugar onde talvez não as haja. A primeira está em que, se *maxime ens* deve ser entendido em um sentido puramente relativo, a argumentação da *Suma contra os gentios* constitui um paralogismo grosseiro. Nessa obra, Santo Tomás raciocina assim: o que é o verdadeiro supremo é também o Ente supremo; ora, há um verdadeiro supremo; então, há um Ente supremo, que é Deus. Se *maxime verum* (maximamente verdadeiro) e *maxime ens* (maximamente ente) têm um sentido relativo nas premissas, como seria possível dar a *maxime ens* um sentido absoluto na conclusão? E é isso, entretanto, que exige a prova, pois ela conclui imediatamente em Deus[61]. Se nos remetermos à prova supostamente mais completa, a da *Suma de teologia*, vemos que a letra mesma do texto combina mal com essa interpretação. O exemplo do mais ou menos quente que usa Santo Tomás não deve, aqui, deixar espaço para ilusão; é uma simples comparação, uma *manuductio* (um guia pedagógico) que deve ajudar-nos a compreender a tese principal. Sem dúvida, o *maxime calidum* (maximamente quente) é um grau supremo totalmente relativo; poder-se-ia, ainda, a rigor, discutir sobre o *maxime verum* e o *maxime nobile* (maximamente nobre), mas a discussão parece difícil no que concerne ao *maxime ens*. É possível conceber um supremo grau relativo em qualquer ordem de perfeição, exceto na ordem do ser. A partir do momento em que Santo Tomás estabelece um verdadeiro por excelência que é também o ser por excelência, ou bem a expressão que ele emprega não tem sentido compreensível, ou bem ele afirma, pura e simplesmente, o grau supremo do ser, que é Deus. Quanto ao recurso à noção de causalidade que termina a demonstração da *Suma de teologia*, ele não se destina, de modo algum, a estabelecer a existência de um Ente supremo; a conclusão já está obtida desde esse momento. Esse recurso destina-se simplesmente a fazer-nos descobrir nesse Ente primeiro que estabelecemos acima de todos os entes a causa de todas as perfeições que aparecem nas coisas segundas. Tal consideração não acrescenta nada à prova considerada como prova, mas precisa a conclusão da prova.

Resta, pois, que Santo Tomás, da consideração dos graus do ser teria concluído diretamente pela existência de Deus. Tal argumentação pode ser interpretada como concessão ao platonismo? As fontes mesmas da prova pareceriam convidar a crê-lo. Na origem primeira dessa demonstração, encontramos, com Aristóteles[62], a passagem célebre da *Cidade de Deus*, na qual Santo Agos-

---

[61] Cf. H. ROLFES, in *Philosophisches Jahrbuch* 26 (1913) 147-148.

[62] Ver, acima, p. 83, notas 49 e 50. O texto capital da *Questão disputada sobre o poder divino*, q. III, a. 5, Resp. atribui expressamente essa concepção a Aristóteles e faz dela a razão especificamente aristotélica da criação: "A segunda razão está em que, quando algo é participado diversamente por muitos, convém que, por aquilo em que ocorre perfeitissimamente, se atribua a todos os outros nos quais ocorre imperfeitamente. (…) Essa é a prova do Filósofo no livro II da *Metafísica*". Todavia, Santo Tomás teve clara consciência de estar tão perto de Platão quanto o seu próprio pensamento e o de Aristóteles o permitiam. Cf. a nota seguinte.

tinho louva os filósofos platônicos por terem visto que, em todas as coisas mutáveis, a forma pela qual um ente é o que ele é (não importando qual seja sua natureza) só pode advir-lhe daquele que É verdadeira e imutavelmente: "Como, segundo o pensamento dos platônicos, tanto o corpo como a alma são mais ou menos belos e nem sequer existiriam caso carecessem de forma, esses autores viram que há algo (*aliquid*) no qual reside uma primeira forma imutável e, portanto, sem comparação; creram corretamente também que nele se encontra o princípio das coisas, o qual não foi feito, mas a partir do qual foram feitas todas as coisas"[63]. Porém, basear-se na inspiração platônica para concluir pelo caráter ontológico da prova, ou ainda, dizer com G. Grunwald que é inútil despender esforços para reconduzir essa argumentação idealista à perspectiva propriamente tomista do realismo moderado[64] é talvez ir um pouco rápido demais.

A crítica dirigida por Santo Tomás contra as provas *a priori* da existência de Deus culminava, com efeito, na conclusão de que é impossível situar o ponto de partida das provas na consideração da essência divina e de que, por conseguinte, devemos necessariamente situá-lo nas coisas sensíveis. Mas dizer "coisas sensíveis" não significa dizer apenas coisas materiais; Tomás de Aquino tem o direito incontestável de tomar o sensível em sua integralidade e com todas as condições que ele requer segundo seu próprio pensamento. Ora, veremos adiante que o sensível é constituído pela união da forma inteligível e da matéria; além disso, se a ideia puramente inteligível não cai diretamente sob a apreensão do entendimento, ele pode, entretanto, abstrair das coisas sensíveis o inteligível que nelas se encontra implicado. Visados sob esse aspecto, o belo, o nobre, o bom e o verdadeiro (porque há graus de verdade nas coisas) constituem realidades que podemos apreender; do fato de que seus exemplares divinos escapam-nos não se segue que suas participações finitas devam também nos escapar. Mas, se é assim, nada impede de tomá-las como pontos de partida de uma nova prova. O movimento, a eficiência e o ser das coisas não são as únicas realidades que postulam uma explicação. O que há de bom, de nobre e de verdadeiro no Universo requer também uma primeira causa; procurando a origem daquilo que as coisas podem conter de perfeição, não excedemos de modo algum os limites que nos havíamos previamente assinalado.

Sem dúvida, tal pesquisa não se concluiria se não fizéssemos intervir a ideia platônica e agostiniana de participação, mas veremos que, tomado em um sentido novo, o exemplarismo é um dos elementos essenciais do tomismo. Jamais Tomás de Aquino mudou sobre esse ponto, quer dizer, que os

---

[63] Santo Agostinho, *A cidade de Deus* VIII, 6 (Patrologia Latina, tomo 41, cols. 231-232). Cf. Platão, *Banquete*, 210e-211d.

[64] Cf. Grunwald, *op. cit.*, p. 157.

graus inferiores de perfeição e de ser supõem uma essência em que as perfeições e o ser encontram-se em seu grau supremo. Ele admite ainda, sem discussão, que possuir incompletamente uma perfeição e a receber de uma causa são sinônimos; como uma causa não pode dar senão o que ela tem, é preciso que aquilo que não tem por si uma perfeição e só a tenha incompletamente receba-a do que a tem por si e em seu supremo grau[65]. Mas daí não se segue que essa prova de Santo Tomás reduza-se, assim como alguns pretenderam, a uma dedução puramente abstrata e conceitual. Todas as provas supõem, ao mesmo tempo, a intervenção de princípios racionais transcendentes ao conhecimento sensível e o fato de que o sensível mesmo forneça-lhes uma base existencial onde se apoiar para nos elevar rumo a Deus. Ora, tal é precisamente o caso, pois a inteligibilidade mesma das coisas vem de sua semelhança a Deus: *nihil est cognoscibile nisi per similitudinem primae veritatis* (nada é cognoscível senão pela semelhança da verdade primeira)[66]. É por isso que a concepção de um Universo hierarquizado segundo os graus do ser e de perfeição encontra-se implicada desde as provas da existência de Deus pelo primeiro motor ou pela causa eficiente. Se, pois, essa nova demonstração devesse ser considerada essencialmente platônica, seria preciso conceder, em boa lógica, que as demonstrações anteriores também o são. Elas o são à medida que, por meio de Agostinho e Dionísio Pseudoaeropagita, Santo Tomás toma emprestado de Platão sua concepção de uma participação das coisas em Deus por modo de semelhança. Por aí, com efeito, ele se via convidado a considerar o Universo como hierarquicamente ordenado segundo os diversos graus possí-

---

[65] Cf. *Suma contra os gentios* I, 28, In unoquoque, e II, 15, Quod alicui. Cf. também: "Alguns chegaram ao conhecimento de Deus a partir da dignidade do próprio Deus; foi o caso dos platônicos. Consideraram, então, que tudo aquilo que é algo por participação reconduz-se a um que seja esse algo por sua essência como primeiro e supremo. Por exemplo, tudo o que é ígneo por participação reconduz-se ao fogo, que é tal por sua própria essência. Como, portanto, tudo o que é participa do ser e é ente por participação, é necessário que haja algo no topo de todas as coisas e que seja o ser mesmo por sua essência, isto é, que sua essência seja seu próprio ser; e isso é Deus, que é a causa suficientíssima, nobilíssima e perfeitíssima de todo ente, pela qual tudo o que é participa do ser" (*Comentário ao Evangelho de João*, Prólogo).

[66] *Questão disputada sobre a verdade*, q. XXII, a. 2, ad 1m. Trata-se do que permite a Santo Tomás reservar certo lugar para a prova agostiniana pela ideia de verdade. Cf. o que ele diz no *Comentário ao Evangelho de João*: "Alguns chegaram ao conhecimento de Deus com base na incompreensibilidade da verdade". Mas Santo Agostinho considera essa prova como a mais manifesta de todas, porque ele argumenta unicamente com base nas características intrínsecas da verdade. Santo Tomás, que não pode argumentar senão com base em algo verdadeiro sensível e empiricamente dado (por causa do cuidado que ele tem de partir das existências), considera necessariamente a verdade como menos manifesta aos sentidos do que o movimento. Donde o papel apagado que desempenha a prova na transposição que dela dá Santo Tomás. Contra e a favor dessa forma de prova, ver CUERVO OP, M. El argumento de 'las verdades eternas' según San Tomás. *Ciencia Tomista* 37 (1928) 18-34, e HÉRIS OP, C.-V. La preuve de l'existence de Dieu par les vérités éternelles. *Revue Thomiste* 10 (1926) 330-341.

veis de participação finita na causalidade da Causa, na atualidade do Motor imóvel, na bondade do Bem, na nobreza do Nobre e na verdade do Verdadeiro. Mas as demonstrações anteriores não são essencialmente platônicas porque Santo Tomás começou, como ainda veremos, por metamorfosear a noção platônica de participação em uma noção existencial de causalidade.

## V. A PROVA PELA CAUSA FINAL

A quinta e última prova funda-se sobre a consideração do governo das coisas. É dispensável de determinar sua origem filosófica, pois a ideia de um Deus ordenador do Universo era um bem comum da teologia cristã e porque os textos bíblicos sobre os quais se poderia apoiar eram extremamente numerosos. Santo Tomás remete, entretanto, a São João Damasceno[67], que parece ter-lhe fornecido o modelo de sua argumentação.

É impossível que coisas contrárias e díspares concordem e conciliem-se em uma mesma ordem, sempre ou frequentemente, se não existe um ente que as governe e que faça com que todas, juntas e cada uma, tendam para um fim determinado. Ora, nós constatamos que, no mundo, coisas de naturezas diversas conciliam-se numa mesma ordem, não de vez em quando e fortuitamente, mas sempre ou a maior parte do tempo. Deve, pois, haver um ente por cuja providência o mundo é governado, e a ele nós chamamos *Deus*[68]. A *Suma de teologia* argumenta exatamente da mesma maneira, mas especificando que essa providência ordenadora do mundo, pela qual todas as coisas são dispostas em vista de seu fim, é uma inteligência. Poder-se-ia chegar à mesma conclusão por vias diferentes, notadamente raciocinando por analogia com base nos atos humanos[69].

Embora mais familiar aos teólogos e mais popular do que as precedentes, essa última prova e a conclusão que ela estabelece não deixam de possuir o mesmo valor aos olhos de Santo Tomás. Se ela se põe à parte das outras, em certo sentido, é porque a própria causa final difere profundamente das outras causas, mas ela não se distingue apenas por seu lugar eminente na ordem da causalidade. Podemos seguramente compreender essa prova em graus diversos de profundidade[70]. Sob seu aspecto mais óbvio, ela conclui por algum

---

[67] Cf. João Damasceno, *A fé ortodoxa* I, 3 (Patrologia Grega, tomo 94, col. 795).

[68] Cf. *Suma contra os gentios* I, 13; II, 16, Amplius quorumcumqu). Cf. *Comentário à Física de Aristóteles* II, 7, 8. Trata-se, aos olhos de Santo Tomás, da prova do senso comum por excelência e, de certo modo, popular. Ver *Suma contra os gentios* III, 38.

[69] Cf. *Suma de teologia* I, 2, 3, Resp.; *Questão disputada sobre a verdade*, q. 5, a. 1, Resp.

[70] É a prova da qual Santo Tomás mesmo se serviu, dando-lhe a forma mais simples, em seu *Comentário ao Símbolo dos Apóstolos* (*Opuscula omnia*, edição P. Mandonnet, tomo IV, opúsculo XXXIII, pp. 351-352). A autenticidade desse opúsculo é geralmente aceita.

artesão supremo, ou demiurgo, mais ou menos parecido com o Autor da Natureza tão caro ao século XVIII francês. Sob seu aspecto o mais profundo, ela vê na causa final a razão pela qual a causa eficiente exerce-se, isto é, a causa da causa. Então, ela não alcança somente, em primeiro lugar, o porquê de haver ordem na Natureza, mas também e sobretudo a razão pela qual há uma Natureza. Em suma, para além das maneiras inteligíveis de existir, a causa final alcança a razão suprema pela qual as coisas existem. É exatamente essa razão que a prova pela causa final visa e alcança quando conclui pela existência de Deus.

Existencial como as precedentes, a prova pela finalidade também não difere das outras em sua estrutura. Admitir que as coisas sensíveis ordenam-se por acaso significa admitir que há lugar no Universo para um efeito sem causa, a saber, sua própria ordem. Afinal, se a forma própria de cada corpo basta para explicar a operação particular desse corpo, ela não explica de modo algum por que os diferentes corpos e suas diferentes operações ordenam-se em um conjunto harmonioso[71]. Temos, então, na prova pela finalidade, como em todas as provas precedentes, um dado sensível que busca sua razão suficiente e que não a encontra senão em Deus somente. O pensamento interior às coisas explica-se, como as próprias coisas, por sua imitação longínqua do pensamento do Deus providência que as rege.

As diversas *vias* que segue Santo Tomás para alcançar a existência de Deus são manifestamente distintas se se consideram seus pontos de partida sensíveis, mas não menos manifestamente familiares se se consideram sua estrutura e suas relações[72]. Primeiro, cada prova apoia-se sobre a constatação empírica de um fato, porque uma existência não poderia ser induzida senão a partir de outra existência. A esse respeito, todas as provas tomistas opõem-se às provas agostinianas pela verdade ou à prova anselmiana pela ideia de Deus: há movimento, ações recíprocas, entes que nascem e morrem, coisas mais ou menos perfeitas, ordem nas coisas, e é porque tudo isso é, que se pode afirmar que sua causa existe. A presença de uma base existencial sensível é, pois, um primeiro traço comum às cinco provas da existência de Deus.

Uma segunda característica acrescenta-se à primeira. Todas as provas supõem que as duplas de causa e efeito sobre as quais se argumenta são hierarquicamente ordenadas. Fortemente visível na quarta via, esse aspecto do pensamento tomista não é menos perceptível mesmo na primeira: é essa subordinação hierárquica de efeitos e causas essencialmente ordenadas em causas principais e instrumentais que torna impossível uma regressão ao infinito na série das causas e permite à razão afirmar a existência de Deus.

---

[71] Cf. *Questão disputada sobre a verdade*, q. 5, a. 2, Resp.
[72] Sobre esse ponto ver: GARRIGOU-LAGRANGE, R. *Dieu, son existence et sa nature*. 3ª ed. Paris, 1920, Apêndice I, pp. 760-773; ROLFES, *Die Gottesbeweise, op. cit.*, pp. 329-338.

Notemos, entretanto, para evitar qualquer equívoco, que a hierarquia das causas à qual Santo Tomás reserva um primeiro termo é-lhe muito menos necessária como escada ascensional rumo a Deus do que como o que lhe permite considerar toda a série das causas intermediárias como uma só causa segunda cuja Causa Primeira é Deus. Certamente, a imaginação de Santo Tomás compraz-se em subir esses degraus, mas, para sua razão metafísica, eles não formam senão um, pois a eficácia de cada causa intermediária pressupõe que a série completa de suas condições está atualmente realizada. Reencontramos, assim, o primeiro caráter geral das provas que acabamos de estabelecer: é preciso partir de uma existência, pois basta determinar a razão suficiente completa de uma única *existência* qualquer e empiricamente dada para provar a *existência* de Deus. Aparentemente, nada de mais simples do que uma fórmula como essa, mas ela é menos fácil de compreender do que muitos imaginam. Para atingir seu sentido mais secreto, a via mais curta é talvez aquela que inicialmente parece a mais longa. É quase impossível discernir o sentido verdadeiro das provas tomistas da existência de Deus, a menos que as situemos na história.

## VI. SENTIDO E ALCANCE DAS CINCO VIAS

Os teólogos fiéis ao Concílio Vaticano I (1869-1870) mantêm que a existência de Deus é demonstrável pela razão natural. É o que já ensinava expressamente Santo Tomás, mas ele acrescentava que o número dos que podem compreender a demonstração é muito pouco elevado. Quando hoje lembramos sua posição a esse respeito, somos suspeitos de fideísmo ou de semifideísmo. Para que serve, diz-se, que essa verdade seja demonstrável se, de fato, a maior parte das pessoas é incapaz de compreender as provas filosóficas que damos? Por outro lado, acabamos de ver o desacordo que reina, mesmo entre tomistas, sobre o sentido e o valor das demonstrações da existência de Deus propostas por Santo Tomás. Aliás, só oferecemos aqui um leve traçado dessas demonstrações; nem sequer falamos dos teólogos católicos não tomistas que rejeitam a maneira como Santo Tomás pôs o problema e procuram em vias diferentes os princípios de sua solução. Se as provas são de fácil compreensão, por que há desacordo a seu respeito?[73].

---

[73] Para o detalhe dessas controvérsias, ver GILSON, É. Trois leçons sur le problème de l'existence de Dieu. *Divinitas* 1 (1961) pp. 23-87, particularmente a primeira lição: *Le labyrinthe des cinq voies*. Essa expressão inspira-se no título do artigo de BOEHM, A. Autour du mystère des Quinque Viae de Saint Thomas d'Aquin. *Revue des Sciences Religieuses* 24 (1950) 217-234, particularmente pp. 233-234. Parece paradoxal que provas vistas por Santo Tomás como simples e mesmo elementares, acessíveis a iniciantes em teologia, tenham se tornado um "mistério" para o nosso tempo. Convém rever a posição da questão. Cf. BRYAR SJ, W. *St. Thomas and the existence of God. Three interpretations.* Chicago, 1951.

O historiador não tem outra função senão compreendê-las, tanto quanto possível, da mesma maneira como Santo Tomás as compreendia. Reestabelecer seu sentido primitivo é uma tarefa difícil e repleta de riscos, motivo a mais para não pretendermos ensinar grandes coisas, mas apenas expor à vista de todos o gênero de demonstrações às quais devemos recorrer para permanecer fiéis ao pensamento de Santo Tomás de Aquino. Compreende-se que a atitude do historiador indispõe frequentemente o filósofo, mas, se o filósofo diz-se "tomista", temos o direito de pedir que ele conheça o pensamento que adota. Os mais autoritários não são sempre os mais bem informados a esse respeito.

O ponto essencial, salvo engano, é lembrar-se de que as duas *Sumas* e o *Compêndio de teologia* são escritos teológicos[74], e que as exposições das provas da existência de Deus que deles extraímos são a obra de um teólogo que persegue um fim teológico. Os desacordos muito reais sobre o sentido das provas devem-se, sobretudo, ao fato de elas terem sido tratadas como demonstrações filosóficas. Se dizemos que elas são teológicas, a réplica consiste em dizer que, nesse caso, elas não são racionais, como se toda a teologia de Santo Tomás não fosse, ao contrário, um esforço para se obter um entendimento racional da fé. A partir disso, não nos entenderíamos mais sobre nenhum aspecto. Seria vão continuar a conversa.

Não se deve, todavia, perder a coragem e parar de redizer a verdade. Sobre o ponto em questão, a verdade é o que Santo Tomás pergunta: pode-se demonstrar que Deus existe? Sua resposta é: sim, é possível. A prova é que isso já foi feito. Sua intenção primeira não é, pois, propor uma prova de sua própria lavra; ele quer simplesmente pôr à disposição dos teólogos seja uma, sejam quatro ou cinco das maneiras principais como os filósofos procederam para demonstrar essa verdade[75]. Cada uma das cinco vias representa uma abordagem racional possível do problema da existência de Deus.

Em sua maneira de apresentá-las, Santo Tomás obedece a duas preocupações maiores. Primeiramente, ele quer que a demonstração seja racionalmente conclusiva, não importa o pensamento no qual ela se inspira; em segundo lugar, ele deseja ligar essa demonstração, tanto quanto possível, a algum tema metafísico de origem aristotélica, porque ele mesmo segue

---

[74] O título mesmo da *Suma de teologia* atesta-o ao menos no que toca a essa obra. Quanto à *Suma contra os gentios*, seu título completo era outrora *De veritate catholicae fidei contra gentiles* (A verdade da fé católica contra os gentios); cf. livro I, capítulo 2: "nosso propósito é manifestar, na medida que nos for possível, a verdade que a fé católica professa, eliminando os erros contrários". Impossível ser mais claro, mais breve e mais exato. Nada pode ir contra um tão firme propósito e tão abertamente declarado. O *Compêndio de teologia* traz um título bastante claro para dispensar qualquer discussão sobre seu objeto.

[75] "Procedamos estabelecendo as razões pelas quais tanto os filósofos como os doutores católicos provaram que Deus existe" – *Suma contra os gentios* I, 13.

preferencialmente a filosofia de Aristóteles e porque, para garantir ao menos uma unidade de espírito nas provas, ele procura ligá-las à metafísica do Filósofo tanto quanto possível. É aqui que o historiador encontra as mais graves dificuldades de interpretação; seus escrúpulos históricos ameaçam esconder-lhe o sentido do pensamento que ele se propõe explicar. Com efeito, sua tarefa própria é descobrir e relatar o sentido autêntico do pensamento; ele não cita Santo Tomás senão ao final, mas é tentado a crer que Santo Tomás mesmo procede assim, donde sua possível grande perplexidade. Afinal, Tomás também procede como filósofo; cada tema filosófico de reflexão tem, para ele, o sentido que ele mesmo lhe atribui, qualquer que seja a fonte da qual o toma emprestado. O historiador deve, então, ser assaz historiador para reconhecer que o próprio Santo Tomás não procede sempre como historiador. É seguramente útil, quando se pode, discernir as diversas correntes de pensamento que alimentam tal ou tal prova tomista da existência de Deus; mas não é subindo essas correntes rumo a suas fontes que se obterá o sentido da prova. Ao contrário, quando ela se abandona à sua própria inclinação, a erudição histórica torna-se uma fonte de confusão. Provas que Santo Tomás pretendeu simples e fáceis transformam-se, então, em outros tantos labirintos históricos inextrincáveis[76]. O sentido da prova está na própria exposição que dela faz Santo Tomás.

A dificuldade mais séria não está nisso. Reprovou-se ao pensamento tomista sua incoerência filosófica. Partindo das diversas filosofias das quais Santo Tomás tomou materiais de empréstimo (Aristóteles, Platão, Avicena, Averróis e tantos outros), viu-se no tomismo um hábil mosaico, feito de peças heterogêneas e destramente organizadas, de maneira a produzir uma espécie de duplo racional da revelação cristã. As respostas dadas a essa reprovação não são convincentes, pois concedem a noção de o que o pensamento de Santo Tomás deveria ser para satisfazer às condições de uma verdadeira filosofia. Ora, embora o pensamento de Tomás contenha muita filosofia, e da mais profunda, seu pensamento mesmo não é uma mera forma de filosofia. Tudo o que há de filosófico no tomismo é autenticamente filosófico, mas encontra-se integrado a uma síntese teológica cujo fim próprio domina os elementos que ela subordina. Que esses elementos aí percam ou ganhem em racionalidade é uma questão a discutir por si mesma; o desacordo sobre as conclusões é previsível, como ocorre quando uma questão comporta duas respostas possíveis. Em todo caso, não é uma questão histórica, pois se trata de emitir um juízo de valor. Nem sequer é uma questão puramente filosófica.

---

[76] As notas bibliográficas sucintas que acompanham a apresentação da terceira e quarta vias nas páginas precedentes dão uma pálida ideia do arsenal de erudição histórica que se tornou necessário para abordar essas apresentações nada fáceis, é certo, mas claras e breves. Sobre o sentido filosófico das provas e de seu valor atual, ver GILSON, É. L'existence de Dieu est-elle encore démontrable? Apud GILSON, Trois leçons sur l'existence de Dieu, op. cit., pp. 48-67.

Só está habilitado para falar disso quem, como o próprio Santo Tomás, une a dupla competência do filósofo e do teólogo. Como historiadores, nossa tarefa própria é limitada; podemos unicamente tentar fazer compreender o sentido da questão que é posta por uma teologia como a de Santo Tomás.

Essa questão está ligada à possibilidade de uma visão teológica da filosofia. O termo "teológica", lembremos, não significa necessariamente irracional. Não se pode dizer o que ele significa a não ser examinando o pensamento ao qual ele se aplica.

As cinco vias são essencialmente metafísicas, pois o ente divino cuja existência elas levam a afirmar encontra-se para além da Natureza da qual ele é a causa. Por outro lado, cada uma dessas provas distingue-se das outras por partir de uma experiência física distinta: a motricidade, a causalidade eficiente, a contingência do relativo em relação ao absoluto, o fim como causa do meio. Cada uma dessas vias apresenta-se como distinta das outras, e cada uma o é de fato; cada uma delas leva a afirmar a existência de um ente tal que, se existe, não se pode negar que seja aquele a quem todos chamam de *Deus*. Notemos, entretanto, que, se o Primeiro Motor é Deus, se a Causa Primeira é Deus, se o Primeiro Necessário é Deus, e assim por diante, não poderíamos dizer sem mais: "Deus é o Primeiro Motor, Deus é a Causa Primeira, Deus é o Primeiro Necessário". Com efeito, se não houvesse nenhum movimento, nenhum ente causado, nenhum participante, Deus não seria menos Deus. Toda prova da existência de Deus fundada sobre um dado da experiência sensível pressupõe a existência do mundo, que nada obrigava Deus a criar. Todos esses aspectos do ente sensível requerem sua causa primeira, donde as vias que conduzem a Deus serem diferentes. Por outro lado, pode-se já pressentir que essa causa é a mesma, e Santo Tomás não deixará de estabelecê-lo a seu tempo, mas seus intérpretes são apressados, o que os faz, às vezes, queimar etapas da investigação metafísica e procurar combinar as cinco vias em uma só ou de maneira a mostrar que elas não constituem senão uma[77].

A empreitada é legítima e qualquer dialético treinado é capaz de realizá-la. Pode-se mesmo realizá-la de várias maneiras diferentes, mas não é certo que ela responda aos desejos de Santo Tomás de Aquino. Primeiro, porque ele mesmo não fez essa unificação das cinco vias; portanto, ele não a considerava necessária[78]. Segundo, porque o *Compêndio de teologia* inteiro

---

[77] O modelo dessas sínteses continua sendo o de Domingo Bañez, admirável comentador da *Suma de teologia*: BAÑEZ, *Comentário à primeira parte da Suma de teologia*, q. II, a. 3. Essa passagem é reproduzida em GILSON, *Trois leçons, op. cit.*, p. 43, nota 14. Outro método de redução é proposto e realizado por A. BOEHM, *Autour du mystère, op. cit.*, pp. 233-234. Sem dúvida, vistas do alto e da perspectiva da noção de Deus, à qual elas conduzem, as cinco vias formam um todo único, mas, no nível da prova mesma, cada uma se basta. Tudo o que se pode perguntar a cada uma é se ela prova corretamente a existência de um ente tal que todos aceitarão chamá-lo de *Deus*.

[78] Observação de bom senso feita pelo Pe. Paul Gény SJ (*art. cit.*, p. 577).

construiu-se somente sobre o fundamento da prova da existência do Primeiro Motor (se uma única via era suficiente, não se fazia necessário fabricar dialeticamente um todo composto de cinco partes). Por fim, a redação das cinco vias testemunha o desejo de Santo Tomás de Aquino de apresentar as cinco vias como distintas, cada uma delas se bastando tal qual é.

É particularmente o caso das duas primeiras vias. Há quarenta anos, o saudoso Pe. Paul Gény SJ punha uma questão pertinente, à qual, entretanto, ninguém, salvo engano, respondeu explicitamente. Se a causa motriz de que fala a primeira via não é a causa eficiente do movimento, como pode ela concluir pela existência da causa com base na existência do efeito? Porém, se a causa motriz é a causa eficiente do movimento, então em que a primeira via distingue-se da segunda, da qual Santo Tomás fala expressamente: *secunda via est ex ratione causae efficientis* (a segunda via é elaborada a partir do constitutivo inteligível da causa eficiente)?[79]

Essas palavras bastam para estabelecer que, no pensamento de Santo Tomás, a primeira via é a da motricidade tomada em si, abstração feita da causalidade eficiente. Objetar-se-á que isso é impossível, pois, no pensamento do próprio Santo Tomás, a causa motriz é a causa eficiente do movimento. Concedamos isso em linhas gerais, mas precisamente porque o dito que acaba de ser citado quer ser tomado ao pé da letra. Já na *Suma contra os gentios*, depois de ter desenvolvido por inteiro a prova da existência do Primeiro Motor Imóvel, Santo Tomás acrescentava: *Procedit autem Philosophus alia via* (procede, porém, o Filósofo, por outra via – I, 13). Se a segunda via é outra, a primeira não prova Deus pela causa eficiente, nem que fosse a causa do movimento. Uma observação confirma essa maneira de compreender o texto: o termo "causa" não é pronunciado no corpo de nenhuma das três exposições da primeira via (*Suma de teologia, Suma contra os gentios, Compêndio de teologia*)[80]. Quanto mais se está certo de que para o próprio Tomás de Aquino a *causa movens* (causa motriz) é também *causa agens* (causa agente) e *causa efficiens* (causa eficiente), mais também se está certo de que as duas vias não foram expostas separadamente por simples inadvertência. Cada uma delas se basta, pois, e deve poder ser interpretada à parte das outras, como válida em si.

---

[79] O texto não deixa lugar a nenhuma ambiguidade. A prova pela causa eficiente é apresentada como uma via distinta da que parte do movimento. Na *Suma de teologia*, elas constituem duas vias distintas; na *Suma contra os gentios*, a via da causa eficiente é apresentada como *alia via* (outra via).

[80] Retiro, portanto, completamente minha interpretação, muito visível na quinta edição desta obra, na qual eu apresentava a prova pelo movimento como uma prova pela causa eficiente do movimento. Esse erro faz ver a que ponto o preconceito histórico pode cegar o intérprete de boa vontade e quanto é difícil hoje alcançar o pensamento autêntico de Santo Tomás. Ensinei, comentei e interpretei a *prima via* durante cinquenta anos sem me dar conta disso e sem que alguém me tenha feito perceber que a palavra *causa* é ausente. Essa abstenção repetida três vezes só pode ter sido voluntária em Santo Tomás e deve ter um sentido.

Santo Tomás tinha, aliás, uma excelente razão para apresentar a primeira prova à parte das outras. Com efeito, houvera filósofos em favor da primeira e ao mesmo tempo opostos à segunda. Averróis fora um deles[81], no que, aliás, ele se mostrava fiel ao espírito do aristotelismo autêntico. Aristóteles não falou do primeiro motor como causa eficiente do movimento; é, então, possível demonstrar a existência de um Primeiro Motor independentemente de toda consideração da causa eficiente. Por que aqueles que pensam assim não teriam direito à prova que lhes parece satisfatória e que, aliás, o é? Tudo o que ela afirma é verdadeiro. Deus é verdadeiramente o Primeiro Motor Imóvel; como desejado, ele move todos os entes, ou seja, a título de Causa Final. Ora, a Causa Final é a causa das causas. Ela é a causa dos movimentos que são as gerações e as corrupções, o que equivale a dizer que ela é, como fim último, a causa de todos os entes que povoam o Universo. Ela é causa da substância mesma deles, pois o amor que as causas deles têm pelo primeiro motor as faz executar as operações geradoras dos entes. Não é, portanto, necessário que o movente seja causa eficiente para que a *prima via* seja válida[82]. A razão pela qual Santo Tomás especifica que a segunda via é aquela da causa eficiente é que, com efeito, a primeira via não põe em cena nenhuma outra noção além da relação de movente e movido.

O interesse que apresenta a prova pelo primeiro motor está em pôr em evidência, em um caso privilegiado e perfeitamente definido, o que para Santo Tomás é uma prova da existência de Deus. Essa prova é válida? Sim. É ela a melhor de todas? Ela é a mais manifesta, porque seu ponto de partida, a

---

[81] Ver GILSON, É. *Elements of Christian Philosophy*, p. 68. Poder-se-ia fazer ver que essa interpretação de Aristóteles é já a de Averróis, que Santo Tomás cita várias vezes para mostrar que, mesmo se se elimina a noção de um primeiro motor como causa eficiente, Deus não deixa de ser a causa da substância mesma dos entes. Com efeito, a causa final é a origem de todos os desejos, eles mesmos sendo as causas dos movimentos que causam a geração dos entes.

[82] Cf. MUGNIER, R. *La théorie du premier moteur et l'évolution de la pensée aristotélicienne*. Paris: Vrin, 1939, pp. 111-122. Para uma interpretação diferente, mas não contrária, ver JOLIVET, R. *Essai sur les rapports entre la pensée grecque et la pensée chrétienne*. Paris: Vrin, 1931, pp. 34-39. A posição de Santo Tomás é clara: "Donde se vê manifestamente quanto é falsa a opinião daqueles que sustentam que Deus não é causa da substância do céu, mas somente de seu movimento" (*Comentário à Metafísica de Aristóteles* XII, lição 7, n. 2534 – edição Cathala, pp. 714-715). Aristóteles mesmo diz: "Desse primeiro princípio que é motor a título de fim depende o céu, tanto no tocante à perpetuidade de sua substância como no tocante à perpetuidade de seu movimento. Por conseguinte, a Natureza inteira depende desse princípio, pois todos os entes naturais dependem do céu e de seu movimento" (ARISTÓTELES, *Metafísica* XII, 7, 1072b14-30). Falando em nome próprio, Santo Tomás assimila explicitamente a causa motriz à causa eficiente: "Já demonstramos igualmente, por uma razão do próprio Aristóteles, que existe um Primeiro Motor Imóvel a que nós chamamos *Deus*. Ora, em todas as ordens de movimento, o primeiro motor é causa de todos os movimentos que nelas se produzem. Se, então, os movimentos do céu fazem existir muitas coisas, e se Deus é o Primeiro Motor com relação a esses movimentos, é preciso que Deus seja para muitas coisas causa de sua existência" (*Suma contra os gentios* II, 6).

percepção do movimento, é o mais manifesto de todos. É ela a mais profunda e a mais completa quanto à noção de Deus que ela permite obter? Todas as provas são equivalentes, desde que consideradas como respostas à questão *an sit* (existe?). Cada uma das cinco vias conclui validamente pela existência de um ente tal que, independentemente de outros sentidos que o nome "Deus" possa conter, ele não possa ser-lhe recusado. As cinco vias são, pois, ao mesmo tempo independentes e complementares. Não falamos aqui senão do sentido que elas têm no trecho preciso da *Suma de teologia* onde são formuladas pela primeira vez. Em outras passagens, livre da obrigação advinda da questão que ele formula na *Suma de teologia*, Santo Tomás falará frequentemente como filósofo que sabe que Deus não é somente Primeiro Motor como Causa Final, mas também como Causa Eficiente do movimento que causa os entes. Por enquanto, ele considera o Primeiro Motor a origem do movimento, não importando a ordem de causalidade que se queira considerar.

Um filósofo que só fosse filósofo não poderia satisfazer-se com deixar o problema indecidido. Ele diria imediatamente em que ordem de causalidade ele pensa e precisaria qual prova parece-lhe mais favorável ao desenvolvimento ulterior de seu pensamento. Em vez de apresentar quatro ou cinco provas igualmente válidas, ele colocaria em evidência aquela que é mais conforme aos princípios de sua própria filosofia, apegando-se a fazer ver como ela pode ser deles deduzida. Mas Santo Tomás persegue outra finalidade, bem definida: obter certo entendimento da fé. Ele seguramente não pensa em constituir para si uma filosofia destinada a fundar uma teologia, que, ao mesmo tempo, seria a sua e tornar-se-ia, entretanto, a de todos. As duas *Sumas* que ele escreve são exposições de conjunto da teologia da Igreja, tal como progressivamente a constituíram, desenvolveram e ampliaram os Padres, os autores eclesiásticos e, então, mais recentemente os mestres de teologia que ensinavam nas universidades do Ocidente. Não se trata de uma suma da *sua* teologia, mas *da* teologia, retendo o essencial dela, ordenando-o ao modo de uma ciência e definindo seu sentido com toda a precisão desejável. O melhor instrumento para levar a bom termo essa empreitada é a filosofia de Aristóteles, sobretudo sua lógica, mas está fora de questão ajustar a teologia cristã a esse instrumento. Ao contrário, é ele que deve adaptar-se às necessidades da ciência sagrada. O teólogo permanecerá, então, livre para acolher todos os elementos doutrinais verdadeiros ou úteis que a tradição teológica pode fornecer, solicitando à técnica de Aristóteles apenas que proveja um quadro filosófico ao mesmo tempo verdadeiro e apto a acolhê-los. Como cada um desses elementos introduz consigo sua linguagem própria, o teólogo que se dedica a fazer a suma da tradição vê-se então obrigado, mantendo os direitos da técnica intelectual que escolheu, a flexibilizá-la a fim de permitir--lhe uma abertura a tudo o que há de verdadeiro e bom nas teologias do passado. Donde uma série de intercâmbios ao longo dos quais o neoplatonismo de um Agostinho, de um Dionísio ou de um Gregório de Nissa recebe da nova teologia a garantia de que sua verdade essencial será preservada a despeito das diferenças de linguagem, ao mesmo tempo que essa teologia mesma é convidada a abrir-se bastante amplamente para que todas as vias antigas rumo a Deus permaneçam acessíveis junto às novas. Não permitir a nenhuma verdade ganhar lugar à custa de outra verdade já conhecida, mas, antes, obrigar a verdade nova a fazer-se bastante ampla para acolhê-las todas é o que vemos Santo Tomás de Aquino fazer constantemente.

Para que esse duplo movimento seja possível sem que o todo desvalorize-se no nível de um ecletismo de comodidade, é preciso, antes e acima de tudo, que o teólogo não cometa o erro de constituir uma síntese filosófica de filosofias, pois sua tarefa própria é a de elaborar uma síntese teológica. Só com esse preço a empreitada é possível. O teólogo tem o dever de tomar certo recuo com relação à sabedoria filosófica. Ele deve introduzir e manter certa distância entre a ciência sagrada e as diversas filosofias que ele pode fazer questão de acolher. É inútil pretender que o teólogo acolha os filósofos em pé de igualdade. Seu dever é outro: "Submeter todo entendimento, levando-o ao serviço de Cristo" (2Cor 10, 5). Nunca se meditará o bastante a conhecida passagem da *Suma de teologia* I, 1, 3, ad 2m, na qual Santo Tomás compara a posição da *sacra doctrina*, impressão una e simples do saber de Deus mesmo (em referência às disciplinas filosóficas), à posição do *sensus communis*, sentido interior uno e simples (em referência aos objetos dos cinco sentidos). O sentido comum não vê, não ouve nem toca; ele não tem órgãos para fazer isso, mas todas as relações dos sentidos exteriores chegam-lhe como a um centro de informação. Ele compara os sentidos externos, julga-os e sabe finalmente sobre cada um deles mais do que cada um sabe de si mesmo. Semelhantemente, a doutrina sagrada não é nem física, nem antropologia, nem metafísica; ela nem sequer é moral, mas pode conhecer o que é de todos esses conhecimentos em uma luz una, mais elevada e, na verdade, de outra ordem. É sua função mesma unir essa multiplicidade em sua unidade[83].

Ainda é preciso que o múltiplo se preste a isso, mas, justamente, ele o faz. A teologia das provas da existência de Deus apenas une argumentações metafisicamente aparentadas. Todas se referem a algum aspecto ou propriedade do ser, e, como as propriedades transcendentais do ser são ao mesmo tempo concebíveis em si mesmas e inseparáveis dele, o teólogo não faz mais do que operar uma síntese do ser com si mesmo, buscando encontrar o Primeiro pelas vias do bem, do uno, do necessário e da causalidade. Do topo que a teologia ocupa, ela pode ver cada um desses esforços tal como ele é em si, com

---

[83] Sobre essa comparação com o sentido comum, ver É. GILSON, *Elements of Christian Philosophy*, pp. 32-33. Ver outro uso da mesma comparação em *Suma contra os gentios* II, 100. Cf. É. GILSON, *Introduction à la philosophie chrétienne*. Paris: Vrin, 1960, p. 83.

seus limites particulares, e todavia orientado rumo ao mesmo objeto que os outros. Por si mesma, cada prova tende a ser considerada suficiente, frequentemente mesmo dispensando as outras; a ciência sagrada ensina-lhes que, em vez de serem exclusivas, elas são complementares[84]. Quanto mais fizermos história ou filosofia, mais as cinco vias tenderão a perder-se nisso que se chamou de o "labirinto" delas. Porém, tão logo as recoloquemos no meio teológico em que nasceram, elas encontrarão facilmente, com sua finalidade própria, sua inteligibilidade.

O mais difícil ainda está por dizer. Talvez o termo "impossível" convenha mais do que "difícil". Por uma surpreendente mudança de perspectiva, o observador que toma a distância exigida pelo teólogo, longe de perder de vista a filosofia, experimenta a impressão de vê-la viver e aprofundar-se sob seus olhos. Nenhuma das cinco vias põe em ação a noção propriamente metafísica do ser tal como, para além de Aristóteles, Santo Tomás mesmo a concebeu. Em nenhuma outra parte de toda sua obra ele demonstrou a existência de Deus, ato puro de ser, a partir das propriedades dos entes[85]. Todavia, mesmo enquanto ele colige laboriosamente as provas da existência de Deus legadas

---

[84] Ao mesmo tempo como filósofo e como teólogo, Santo Tomás ocupa uma perspectiva de onde as doutrinas particulares de Platão e Aristóteles aparecem como incluídas sob uma noção primeira do ser (filosofia) ou de Deus (teologia) que subsume uma e outra a título de casos particulares. A filosofia platônica do Uno ou do Bem e a filosofia aristotélica do ente (*ens*) são igualmente incluídas na metafísica tomista do Ser (filosofia) e na teologia sagrada do 'Aquele que é' (ciência santa). Alfarabi e Avicena tendiam já a considerar o platonismo e o aristotelismo uma só filosofia. De fato, essas filosofias são uma ou várias segundo o nível em que a questão é posta. Santo Tomás sabe muito bem distinguir suas ontologias, suas noéticas e suas morais, mas, quando a ocasião o exige, ele não se abstém de escrever "Platão, Aristóteles e os seguidores deles" (cf. *Questão disputada sobre a potência* III, 6).

[85] Retiro, a esse respeito, o que escrevi na quinta edição deste livro sobre uma suposta prova da existência de Deus fundada sobre a dependência dos entes com relação a um primeiro Ente, que é Deus. Primeiro, porque Santo Tomás nunca usou a composição de essência e ser no finito para provar a existência de Deus. Segundo, porque a composição de essência e de ser não é um dado sensível, mesmo no sentido amplo do termo. Nós vemos a motricidade, a contingência, os graus de ser etc., mas vemos tão pouco essa distinção entre ser e essência que muitos se recusam a admiti-la. A evidência sensível requerida faltaria ao ponto de partida de tal prova. O *O ente e a essência* não contém nenhuma prova da existência de Deus; em compensação, ele contém uma meditação profunda sobre a noção de Deus a partir da certeza de sua existência e da unidade perfeita. Não admito mais o que escrevi à p. 119 da quinta edição: "as provas tomistas da existência de Deus desenvolvem-se imediatamente sobre o plano existencial". Isso não é exato se entendemos, como eu fazia, então, que essas provas supõem como admitido o *ser* (*esse*) tomista. Ao contrário, as cinco vias são válidas independentemente dessa noção; é a partir delas que a adquirimos, como veremos adiante. Uma vez obtida, segue-se que a noção de Deus como puro ato de ser reflua sobre tudo o que se disse sobre ele, inclusive as provas de sua existência, mas as provas precedem tal noção e não a implicam. Não se poderia sustentar o contrário, a menos que se atribua essa noção a Aristóteles, o que ninguém sonha em fazer. Note-se bem: a noção de que um ente seja contingente com relação à sua causa não implica que a essência desse ente seja distinta de seu ser (*esse*).

por seus predecessores, Santo Tomás não pode não ter em mente aquela noção nova de *ser* (*esse*) que lhe permitirá transcender, mesmo na ordem puramente filosófica, os pontos de vista de seus predecessores mais ilustres. A reflexão teológica expande-se em iluminações filosóficas, como se a razão natural, à medida que se integra mais completamente à ciência sagrada elaborada pelo teólogo, tomasse consciência de recursos que antes ignorava. Isso é tão surpreendente que, mesmo entre os discípulos mais ilustres de Tomás de Aquino, vários não tiveram coragem de segui-lo. Redescendo da teologia à filosofia sozinha, eles viram a *sacra doctrina* desmembrar-se e a própria metafísica esfacelar-se sob seus dedos. Entrar nessa via seria empreender a história do "tomismo" que não é necessariamente o pensamento de Santo Tomás de Aquino.

# CAPÍTULO 3

# O ENTE DIVINO

Quando sabemos que algo existe, resta perguntar de qual maneira existe, a fim de saber o que é. Podemos saber o que é Deus? Veremos que, falando propriamente, não podemos, embora possamos interrogar acerca de sua natureza, partindo do que nos ensinam sobre ele as provas de sua existência.

A primeira noção que devemos formar sobre ele é a de sua simplicidade. Cada uma das vias que conduzem à sua existência culmina num termo primeiro, origem de uma série de outros entes da qual ele mesmo não faz parte. O Primeiro Motor, fonte de todo movimento, é imóvel; a Primeira Causa Eficiente, que a tudo causa, é ela mesma incausada, a tal ponto que ela não se causa a si mesma; e o mesmo se dá com as outras provas. Parece que esse foi um fato dominante no pensamento de Santo Tomás. Assim, para algo ser primeiro em uma ordem qualquer, é preciso que seja simples. Com efeito, tudo o que é composto depende do conjunto de suas partes. Elas devem estar todas presentes para que haja o composto; a ausência de uma só já pode bastar para tornar impossível o composto. Um primeiro termo fora da série é, pois, necessariamente simples: eis algo que podemos saber pela simples inspeção das cinco vias. Esse ente a que se denomina *Deus*, do qual sabemos existir, se basta a si mesmo – como também sabemos –, sob todos os pontos de vista e como primeiro em todas as ordens.

Antes mesmo de abordar explicitamente o problema da cognoscibilidade de Deus, Santo Tomás observa que a noção de simplicidade é negativa. Não se pode formar nenhuma noção concreta de um objeto de pensamento absolutamente simples. O único recurso em tal caso é pensar em um objeto composto de partes, para, na sequência, negar de Deus toda composição de qualquer gênero. Essa maneira negativa de pensar Deus vai aparecer cada vez mais como característica do conhecimento que dele temos. Deus é simples; ora, o simples nos escapa; a natureza divina, então, escapa a nossa abordagem. O conhecimento humano de um Deus tal só pode, portanto, ser uma teologia negativa. Saber o que é o ente divino é aceitar que o ignoramos.

## I. HAEC SUBLIMIS VERITAS

Mal parece crível que a teologia cristã não tenha jamais podido descobrir a natureza existencial do Deus cristão. Não bastava abrir a Bíblia para descobrir essa natureza? Quando Moisés quis conhecer o nome de Deus para revelá-lo ao povo judeu, ele se dirigiu diretamente ao próprio Deus e lhe disse: "Eis que irei aos filhos de Israel e direi: o Deus de vossos pais me envia a vós. Se eles me perguntarem qual é seu nome, o que responderei?". Deus diz a Moisés: "Eu sou aquele que sou". E acrescentou: "É assim que responderás aos filhos de Israel: *Aquele que é* me envia a vós" (Êxodo 3, 13-14). Se o próprio Deus atribuiu-se o nome *Eu sou* ou *Aquele que é* (*Qui est*) como o nome que lhe convém propriamente[1], então como os cristãos jamais poderiam ter ignorado que seu Deus fosse o Ente supremamente existente?

Não dizemos que eles o tenham sempre ignorado, pois todos o creram, muitos se esforçaram por compreendê-lo e alguns aprofundaram sua interpretação antes de Santo Tomás até o nível da ontologia. A identificação entre Deus e o Ente é certamente um bem comum da filosofia cristã como cristã[2], mas o acordo dos pensadores cristãos sobre esse ponto não impede que, como filósofos, eles se tenham dividido quanto à interpretação da noção de ser. As Sagradas Escrituras não contêm nenhum tratado de metafísica. Os primeiros pensadores cristãos, ao pensar filosoficamente o conteúdo de sua fé, só dispunham de técnicas filosóficas elaboradas pelos gregos em vista de fins bem diferentes. A história da filosofia cristã é, em larga medida, a história de uma religião que toma progressivamente consciência de noções filosóficas que, como religião, ela pode dispensar, mas que reconhece sempre mais claramente como definidoras da filosofia daqueles fiéis que querem ter uma. Pela simples inspeção das duas noções de ser que vimos opor-se no problema da existência de Deus poderíamos já adivinhar que os pensadores cristãos refletiram longamente sobre o sentido daquele texto fundamental do Êxodo e que um progresso produziu-se em sua interpretação metafísica. Mas a história permite observá-lo, por assim dizer, ao vivo, ao comparar a interpretação essencialista do texto do Êxodo, na qual finalmente Santo Agostinho

---

[1] Sobre o sentido das fórmulas do livro do Êxodo, ver GILSON, É. *L'esprit de la philosophie médiévale*. 2ª ed. Paris: Vrin, p. 50, nota 1 (tradução brasileira: *O espírito da filosofia medieval*. Trad. Eduardo Brandão. São Paulo: Martins Fontes, 2006). Ver também as significativas observações feitas em VINCENT, A. *La religion des judéo-araméens d'Éléphantine*. Paris: P. Geuthner, 1937, pp. 47-48. Contra a interpretação tradicional dessas fórmulas, ver as objeções de DUBARLE OP, A.-M. La signification du nom de Iahweh. *Revue des sciences philosophiques et théologiques* 34 (1951) 3-21. Dubarle liga-se a uma outra interpretação, segundo a qual Deus teria dito: "Eu sou quem sou e não direi meu nome". Santo Tomás, como veremos, adota sem discussão a primeira interpretação.

[2] Referente ao acordo dos pensadores cristãos sobre esse ponto, ver GILSON, *L'esprit, op. cit.*, pp. 39-62 (capítulo III – *O ser e sua necessidade*).

fixou-se, com a interpretação do mesmo texto desenvolvida por Santo Tomás de Aquino.

Santo Agostinho duvidava tão pouco de que o Deus do Êxodo fosse o ser de Platão que se perguntava como explicar semelhante encontro sem admitir que, em alguma medida, fosse ela qual fosse, Platão tivesse conhecido o livro do Êxodo: "O que me faz quase subscrever eu mesmo a ideia de que Platão não ignorou completamente o Antigo Testamento é que, quando um anjo leva a mensagem de Deus ao santo homem Moisés – que pergunta o nome daquele que lhe ordena liderar a libertação do povo hebreu –, é-lhe respondido: 'Eu sou aquele que sou, e tu dirás aos filhos de Israel que é *Aquele que é* que me enviou a vós'. É como se, em comparação com aquele que é verdadeiramente, porque é imutável, aquilo que foi feito mutável não fosse. Ora, Platão estava intensamente convencido disso e empregou todos os seus esforços para o fazer valer"[3]. Manifestamente, o Ser do Êxodo é aqui concebido como o imutável de Platão. Lendo essas linhas, é impossível não recear que o acordo com o qual se maravilha Santo Agostinho dissimule alguma confusão.

Não se pode, aliás, duvidar de que esta seja a noção agostiniana de Deus e do ser: "É o ser primeiro e supremo, aquele que é absolutamente imutável e que pôde dizer com toda sua força: 'Eu sou aquele que sou; e tu dirás *Aquele que é* me enviou a vós'"[4]. Mas Agostinho, com consciência profunda da dificuldade do problema, talvez não tenha jamais expressado melhor seu pensamento final sobre essa questão do que em uma homilia sobre o Evangelho de São João, que seria preciso citar por completo, tal é a plenitude e a profundidade do sentido cristão de Agostinho que nela se sente concomitantemente com a percepção dos limites platônicos de sua ontologia:

> *Prestai bem atenção nas palavras que aqui diz Nosso Senhor Jesus Cristo:* "Se não crerdes que eu sou, morrereis em vossos pecados" (Jo 8, 24). *O que quer dizer* si non credideritis quia ego sum? *Ademais, Eu sou o quê? Ele não acrescentou nada, e por não ter acrescentado nada, sua palavra embaraça-nos. Esperaríamos, com efeito, que ele dissesse o que ele é; todavia, ele não disse. O que suporíamos que ele iria dizer? Talvez:* "se não crerdes que eu sou o Cristo"; "se não crerdes que eu sou o Filho de Deus"; "se não crerdes que eu sou o Verbo do Pai"; "se não crerdes que eu sou o autor do mundo"; "se não crerdes que eu sou o formador e o reformador do ser humano, seu criador e recriador, aquele o fez e refaz"; "se não crerdes que eu sou isso, morrereis em vossos pecados". *Esse Eu sou, que ele diz ser, é embaraçante. Afinal, Deus também havia dito a Moisés:* "Eu sou aquele que sou". *Quem dirá convenientemente o que é esse Eu sou? Por seu anjo, Deus enviara seu servidor Moisés para libertar seu povo do Egito. Vós lestes o que acabo de dizer, e*

---

[3] Santo Agostinho, *A cidade de Deus* VIII, 11 (Patrologia Latina, tomo 41, col. 236).
[4] Santo Agostinho, *A doutrina cristã* I, 32, 35 (Patrologia Latina, tomo 34, col. 32).

*vós o sabíeis, mas eu vo-lo recordo. Deus enviou um Moisés que tremia, desculpava-se, mas obedecia. Com o fim de se desculpar, Moisés diz a Deus, que ele sabia falar-lhe no anjo: "Se o povo me diz 'e quem é esse Deus que te enviou?', o que responderei?". O Senhor lhe diz: "Eu sou aquele que sou"; depois repetiu: "É* Aquele que é que me enviou a vós". Aqui também ele não diz *"Eu sou Deus"; ou "Eu sou o fabricador do mundo"; ou "Eu sou o criador de tudo"; ou ainda "Eu sou o propagador desse povo mesmo que precisa ser libertado". Ele diz somente isto: "Eu sou aquele que sou"; na sequência: "tu dirás aos filhos de Israel:* Aquele que é". Ele não acrescentou: "Aquele que é *vosso Deus"; Aquele que é o Deus de vossos pais", mas disse somente isto:* "Aquele que é me enviou a vós". Para o próprio Moisés talvez tenha sido difícil, assim como é para nós – e mesmo muito mais para nós –, compreender estas palavras: *"Eu sou aquele que sou; e,* Aquele que é, me enviou a vós". Aliás, mesmo que Moisés as compreendesse, como teriam podido compreendê-las aqueles a quem Deus enviava Moisés? Deus adiou, então, o que o ser humano não podia compreender e acrescentou o que era compreensível para o ser humano. Com efeito, Ele fez esse acréscimo, dizendo: *"Eu sou o Deus de Abraão, de Isaac e de Jacó" (Ex 3, 13-15). Isso vós podeis compreender, mas, Eu sou qual inteligência compreenderia?*

Façamos uma breve pausa aqui para saudar esse primeiro encontro, na palavra do próprio Deus, entre o Deus de Abraão, Isaac e Jacó e o Deus dos filósofos e dos sábios. Agostinho sabe muito bem que é o mesmo Deus. Não mais do que o povo de Israel, ele não pode hesitar sobre a identidade do Deus vivo da Escritura. Mas é o *Qui est* (Aquele que é) que o intriga, pois não mais do que fez a Moisés nem do que faz a nós, Deus não quis explicá-lo a Agostinho. Tendo revelado aos humanos a verdade de fé que salva, Deus reservou a inteligência dessa verdade ao paciente esforço dos metafísicos. Todavia, fiel à doutrina do *mestre interior*[5], é a Deus mesmo que Agostinho vai rogar aqui para ser esclarecido quanto ao sentido de sua palavra:

> Eu vou, então, falar a Nosso Senhor Jesus Cristo. Vou falar-lhe, e ele me ouvirá. Porque eu creio que ele é presente; a esse respeito não tenho a menor dúvida, pois ele mesmo disse: "Eis que sou convosco até o fim do mundo" (Mt 28, 20). Senhor nosso Deus, o que é isto que disseste: "Se não crerdes que eu sou"? O que há, com efeito, entre tudo o que fizeste, que não seja? Talvez o céu não seja? Talvez a Terra não seja? Talvez as coisas que estão sobre a Terra e no céu não sejam? Talvez o ser humano a quem falais não seja? Se todas as coisas que fizestes são, o que é então o ser mesmo [ipsum esse] que vós vos reservastes como algo próprio a vós e que vós não destes a outros, a fim de só

---

[5] Cf. Gilson, É. *Introduction à l'étude de Saint Augustin*. 2ª ed. Paris: Vrin, 1943, pp. 88-103 (edição brasileira: *Introdução ao estudo de Santo Agostinho*. Trad. Cristiane Negreiros Abbud Ayoub. São Paulo: Paulus & Discurso, 2006).

*vós existirdes? Será, então, preciso ouvir "Eu sou aquele que sou" como se o resto não fosse? Quanto a "Se não crerdes que eu sou", como ouvi-lo? Aqueles que ouviram essas palavras acaso não eram? Mas, se eram pecadores, então eram humanos. Como fazer, então? Que o ser mesmo [ipsum esse] diga pois o que ele é; que ele o diga ao coração; que o diga dentro; que ele fale dentro; que o homem interior o ouça; que o pensamento compreenda que ser verdadeiramente é ser sempre da mesma maneira*[6].

Nada de mais claro do que essa fórmula: *vere esse est enim semper eodem modo esse* (verdadeiramente ser é ser sempre do mesmo modo). Identificar, assim, o *vere esse* (verdadeiramente ser), que Deus é, ao *ser imutável* é assimilar o *Ego sum* (Eu sou) do Êxodo à *ousía* do platonismo. Eis-nos às voltas com a mesma dificuldade que aparece quando se trata de traduzir esse termo nos diálogos de Platão. O equivalente latino de *ousía* é *essentia*, e, com efeito, parece que Agostinho identificou em seu pensamento o Deus de Abraão, Isaac e Jacó a somente aquilo que, sendo imutável, pode ser dito *essentia* em toda a plenitude do termo. Como poderia ser de outro modo se *ser é ser imutável*? Donde esta declaração formal do *De Trinitate*: "Talvez seja preciso dizer que só Deus é *essentia*. Afinal, só ele é verdadeiramente, porque é imutável; ademais, foi isso que ele pronunciou a Moisés, seu servidor, quando lhe disse: 'Eu sou aquele que sou, e tu lhes dirás: é Aquele que é que me enviou a vós'" (Ex 3, 14)[7]. Assim, o nome divino por excelência, *Sum* (Sou), traduzir-se-ia melhor, em língua filosófica, pelo termo abstrato *essência*, que designa a imutabilidade "daquele que é".

Vê-se aqui a fonte da doutrina da *essentialitas* (essencialidade) divina que deverá, mais tarde, por meio de Santo Anselmo, influenciar tão profundamente a teologia de Ricardo de São Vítor, Alexandre de Hales e São Boaventura. Para passar dessa interpretação filosófica do texto do Êxodo àquela que proporá Santo Tomás era necessário vencer a distância que separa o ser da essência do ser da existência. Já vimos como, por seu empirismo, as provas tomistas da existência de Deus a venceram. Só nos falta reconhecer a natureza própria do Deus cuja existência elas demonstraram, quer dizer, reconhecê-lo como o supremamente existente. Distinguir, como faz Santo Tomás, esses diversos momentos em nosso estudo metafísico de Deus é simplesmente

---

[6] Santo Agostinho, *Comentário ao Evangelho de João* XXXVIII, 8, 8-10 (Patrologia Latina, tomo 35, cols. 1678-1679).

[7] Santo Agostinho, *A Trindade* VII, 5, 10 (Patrologia Latina, tomo 42, col. 942). Encontram-se outros textos indicados em Schmaus, M. *Die psychologische Trinitätslehre des hl. Augustinus*. Münster, 1927, p. 84, nota 1. Em Santo Tomás, a presença imutável da essência divina não é mais a significação direta e primeira do *Qui est* (Aquele que é) do Êxodo. Como se trata do tempo e como o tempo é cossignificado pelo verbo, esse sentido não é mais do que uma "cossignificação" de *Qui est*. Sua "significação" é dada: *ipsum esse* (o existir mesmo) – cf. *Suma de teologia* I, 13, 11, Resp.

ceder às exigências da ordem. Não se pode dizer todas essas coisas ao mesmo tempo, embora seja preciso pensá-las conjuntamente. É mesmo impossível pensá-las de outra maneira, porque provar Deus como primeiro em todas as ordens da existência é provar, a um só golpe, que ele é, por definição, o *Esse* (Existir) mesmo.

Nada de mais claro nem de mais convincente, a esse respeito, do que a ordem seguida pela *Suma de teologia*. Sabendo que uma coisa é, resta perguntar de que maneira ela é, a fim de saber o que ela é. Com efeito, e deveremos dizer por quê, não sabemos o que Deus é, mas somente o que ele não é. A única maneira concebível de circunscrever sua natureza é afastar sucessivamente de sua noção todas as maneiras de existir que não podem ser a sua. Ora, nota-se que a primeira das maneiras de existir que Santo Tomás elimina como incompatível com a noção de Deus é a composição. Ao final desse procedimento, o que se pode encontrar senão o existir mesmo, puro de tudo o que não é o existir? Progredir rumo a essa conclusão não será mais do que pôr em evidência uma noção já contida inteiramente nas provas da existência de Deus.

Seguindo a análise de Santo Tomás, convém fixar a atenção de modo pelo menos equivalente nas razões pelas quais todas as composições são sucessivamente eliminadas e na natureza mesma das composições que sua análise elimina. Comecemos pela mais bruta dentre elas, ou seja, aquela que consiste em conceber Deus como um corpo. Para eliminar essa composição da noção de Deus, basta retomar, uma a uma, as principais provas de sua existência. Deus é o Primeiro Motor imóvel; ora, nenhum corpo move, a menos que seja movido; então, Deus não é um corpo. Deus é o primeiro ente, e, portanto, o ente em ato por excelência; ora, todo corpo é contínuo, e, como tal, divisível ao infinito; assim, todo corpo é divisível em potência, e não é puramente ato; portanto, não é Deus. Provamos ainda a existência de Deus como o mais nobre dos entes; ora, a alma é mais nobre do que o corpo; é impossível, então, que Deus seja um corpo[8]. O princípio que domina esses diversos argumentos é claramente um: em cada caso, trata-se de estabelecer que aquilo que não é compatível com a atualidade pura do existir não é compatível com a noção de Deus[9].

Em nome desse mesmo princípio, deve-se negar que Deus é composto de matéria e forma, pois a matéria é o que está em potência; e, como Deus é o ato puro, sem nenhuma mescla de potência, é impossível que ele seja composto de matéria e forma[10]. Essa segunda conclusão acarreta imediatamente

---

[8] Cf. *Suma de teologia* I, 3, 1, Resp.

[9] Cf. *Suma contra os gentios* I, 18, Adhuc, omne compositum.

[10] Cf. *Suma de teologia* I, 3, 2, Resp. Cf., sob uma forma mais geral ainda, *Suma contra os gentios* I, 18, Nam in omni composito.

uma terceira. Tomada em sua realidade[11], a essência não é mais do que a substância mesma em seu caráter inteligível a modo de conceito e suscetível de definição. Assim entendida, a essência exprime antes de tudo a forma ou a natureza da substância. Ela inclui, portanto, tudo o que entra na definição da espécie; nada além disso. Por exemplo, a essência do ser humano é a *humanitas* (humanidade), cuja noção inclui tudo o que faz que o humano seja humano, isto é, um animal racional composto de alma e corpo. Note-se que a essência não retém da substância nada além do que todas as substâncias de uma mesma espécie têm em comum; ela não inclui aquilo que cada substância possui a título de indivíduo. É da essência da humanidade que todo ser humano tenha um corpo, mas a noção de *humanitas* não inclui a noção de tal ou tal corpo, tais ou tais membros, tal ou tal carne, tais ou tais ossos determinados, conjunto esse que seria de tal ou tal pessoa particular. Todas essas determinações individuais pertencem à noção de ser humano, pois nenhum humano pode existir se não as possuir. Dir-se-á, então, que *homo* (substantivo para indicar um ser humano) designa a substância completa, tomada com todas as determinações específicas e individuais que a tornam capaz de existir; já *humanitas* (substantivo derivado de *homo*, pelo acréscimo do sufixo *-itas*) designa a essência ou parte formal da substância *homo*. Em suma, a *humanitas* é o elemento que define o ser humano em geral como tal. Resulta dessa análise que, em toda substância composta de matéria e forma, a substância e a essência não coincidem completamente. Posto que na substância "homem" há mais do que há na essência "humanidade", então *non est totaliter idem homo et humanitas* (homem e humanidade não são inteiramente idênticos). Ora, nós dissemos que Deus não é composto de matéria e forma; não pode, então, haver nele nenhuma distinção entre a essência, de um lado, e a substância ou natureza, de outro. Pode-se dizer que um ser humano é ser humano em virtude de sua humanidade, mas não se pode dizer que Deus seja Deus em virtude de sua deidade. Deus é idêntico à sua *deitas* (deidade); trata-se inteiramente de um só, como, aliás, é o caso de tudo o que se pode atribuir a Deus a modo de predicação[12].

Essa última fórmula permite reconhecer imediatamente os adversários a quem visa Santo Tomás nessa discussão, bem como compreender o sentido exato de sua própria posição. No ponto que acaba de atingir em sua análise, Santo Tomás ainda não chegou à ordem da existência, termo último para o qual tende. Tratar-se-ia, ainda, para ele, de uma noção de Deus que não ultrapassa o ser substancial, se assim se pode dizer; o que ele pergunta é simplesmente se, nesse plano que ainda não é o do existir, pode-se distinguir entre o que Deus é, quer dizer, sua substância, e aquilo pelo que ele é Deus, quer

---

[11] No que concerne ao ente divino, cf. adiante, neste livro, p. 110.
[12] Cf. *Suma de teologia* I, 3, 3, Resp.; *Suma contra os gentios* I, 21.

dizer, sua essência. Isso pelo que Deus é Deus nomear-se-ia, então, sua *deitas* (deidade), e o problema reduzir-se-ia a perguntar se Deus é distinto de sua *deitas* ou se é idêntico a ela[13].

Essa tese era a consequência de um platonismo diferente do de Agostinho: o platonismo de Boécio. É um fato bastante curioso que o pensamento de Platão tenha exercido uma influência tão profunda sobre o pensamento da Idade Média, uma vez que ela não conheceu quase nada de seus textos. O pensamento de Platão alcançou a Idade Média por meio de várias doutrinas que ele influenciou direta ou indiretamente. Já encontramos o platonismo de Santo Agostinho e seus derivados; encontraremos ainda o platonismo de Dionísio, o Pseudoaeropagita, e seus derivados; mas é preciso considerar também o platonismo de Alfarabi, Avicena e seus discípulos. Esse que se impõe agora ao nosso exame, o platonismo de Boécio, não é o menos importante. Houve, pois, platonismos, e não um só platonismo na origem das filosofias medievais. É importante saber distingui-los, mas é importante também lembrar que, pelo parentesco que eles nutriam por sua origem comum, esses platonismos tenderam constantemente a reforçar-se mutuamente, a aliar-se, e, muitas vezes, a confundir-se. A corrente platônica que chega a Tomás parece um rio que brota de Santo Agostinho e encorpa-se com o afluente Boécio e o afluente Dionísio, nos séculos V-VI, o afluente João Scot Erígena, no século IX, e o afluente Avicena, por seus tradutores latinos, no século XII. Poderiam ser citados outros tributários, de menor impacto, como Hermes Trismegisto, Macróbio e Apuleio, por exemplo. Não se deve esquecer a tradução do *Timeu*, feita por Calcídio, com seu comentário, pois se trata da única parte da obra platônica que a Alta Idade Média conheceu, ou, se não conheceu bem, ao menos utilizou. Santo Tomás encontrava-se, pois, na presença de uma pluralidade de platonismos aliados; logo cedo ele teve de compor com eles ou de criticá-los; de uma forma ou de outra, ele sempre tentou represá-los.

No caso em questão, a raiz comum ao platonismo de Boécio e ao de Santo Agostinho é a ontologia que reduz a existência ao ser e concebe o ser como *essentia*; mas esse princípio desenvolve-se diferentemente em Boécio e em Agostinho. Boécio parece partir da observação célebre de Aristóteles, feita como se não tivesse maior importância, mas que terminaria por gerar montanhas de comentários: "o que o homem é, é distinto do fato de que o homem existe" (*Segundos Analíticos* II, 7, 92b10-11). Tocava-se, a respeito de uma questão de lógica, no problema da relação da essência com a existência, problema esse tão largamente discutido desde então. O próprio Aristóteles não pôs o problema, pela simples razão de que, como bem viu seu fiel comentador Averróis, ele nunca distinguiu o que as substâncias são do fato de que elas são. Aristóteles não diz, nessa passagem, que a essência da substância é distinta de

---

[13] Cf. *Suma de teologia* I, 3, 3, 2ª objeção.

sua existência, mas simplesmente que não se poderia, com base só na definição da essência da substância, concluir que ela existe.

Abordando o problema, Boécio iria levá-lo ao plano metafísico, e a obscuridade de suas fórmulas lapidares não seria de pouca monta para atrair a atenção dos comentadores[14]. Boécio distingue entre o ser e isto que é: *diversum est esse et id quod est*[15]. Por *esse* (ser) Boécio entende aqui a existência, mas sua distinção entre *esse* (ser) e *id quod est* (isto que é) não marca uma distinção de essência e existência que seria interior ao ser[16], como fará Santo Tomás; ela designa, ao contrário, a distinção entre Deus e as substâncias criadas. Deus é o *esse* (existir), o *ipsum esse* (o existir mesmo) que não participa de nada, mas do qual participa tudo que é porque é. Assim entendido, o existir é puro, de direito e por definição: *ipsum esse nihil aliud praeter se habet admixtum* (o existir mesmo não tem nada além de si, mesclado a si)[17]; já o *quod est* (aquilo que é) só existe à medida que é enformado pelo *ipsum esse* (o existir mesmo). Nesse sentido, o existir puro que é Deus pode ser considerado a forma à qual tudo "o que é" real deve seu existir: *quod est accepta essendi forma est atque consistit* (aquilo que é, recebida a forma de ser, é consiste)[18].

Dizer que o *ipsum esse* que é Deus confere às coisas a forma do existir significa encontrar, por outro caminho, uma teologia análoga à de Santo Agostinho. É certo que se trata de dois pensamentos distintos, e cada um deles só é responsável por sua própria técnica, mas ambos brotaram sobre o terreno comum da mesma ontologia platônica da essência. Porque Santo Agostinho não pensava nos elementos existenciais constitutivos de existentes concretos, mas nos fatores essenciais da inteligibilidade dos entes, ele pôde dizer que o Verbo de Deus é a forma de tudo o que é. Com efeito, o

---

[14] Sobre essa temática, ver FOREST, A. Le réalisme de Gilbert de la Porrée dans le commentaire du De Hebdomadibus. *Revue néo-scolastique de philosophie* 36 (1934) pp. 101-110; VICAIRE, M. H. Les Porrétains et l'Avicenisme avant 1215. *Revue des Sciences philosophiques et théologiques* 26 (1937) 449-482, particularmente as excelentes páginas 460-462.

[15] BOÉCIO, *Como as substâncias são boas nisso que são* (mais frequentemente citado como *De hebdomadibus* – Patrologia Latina, tomo 64, col. 1311B). Cf.: "Em todo composto, um é o ser; outro, o ser mesmo" (*ibidem*, C). Sobre as fontes platônicas de Boécio, chamamos a atenção para dois trabalhos que poderiam escapar à maioria dos historiadores da filosofia medieval: BIDEZ, J. Boèce et Porphyre. *Revue belge de philosophie et d'histoire* 2 (1923) pp. 189-201; COURCELLE, P. Boèce et l'École d'Alexandrie. *Mélanges d'Archéologie et d'Histoire de l'École Française de Rome* 52 (1935) 185-223. [Uma tradução em português do *De hebdomadibus* encontra-se em BOÉCIO. *Escritos (Opuscula sacra)*. Trad. Juvenal Savian Filho. São Paulo: Martins Fontes, 2005. Uma segunda versão da tradução, melhorada, encontra-se como anexo em: SAVIAN FILHO, J. *Metafísica do ser em Boécio*. São Paulo: Loyola, 2008. N. do T.]

[16] Cf. VICAIRE, *Les Pórrétains, op. cit.*, p. 461.

[17] BOÉCIO, *Como as substâncias, op. cit.*, col. 1311C.

[18] *Ibidem*, col. 1331B.

Verbo é a semelhança suprema do Primeiro Princípio; ele é, então, a verdade absoluta, o mesmo sem nenhuma mistura de nada de outro; a esse título, *forma est omnium quae sunt* (é a forma de tudo o que é)[19]. Em virtude da lei dos "platonismos comunicantes", todo comentador de Boécio devia ser tentado a compreendê-lo nessa direção. É o que parece ter feito Gilberto de la Porrée, no século XII. Comentar Boécio por Gilberto é com certeza explicar *obscurum per obscurius* (o obscuro pelo mais obscuro ainda). A obscuridade de Gilberto talvez se deva, em parte, ao estado presente de seu texto; deve-se certamente em grande parte à sua língua; mas a causa mais grave de sua obscuridade talvez não seja de sua responsabilidade, pois ela parece dever-se ao nosso hábito de pensar os problemas de existência em termos de essência. Se o fazemos, os planos confundem-se e os falsos problemas multiplicam-se ao infinito.

Seja qual for o modo como interpretam Gilberto de la Porrée, seus comentadores mais recentes concordam em concluir que, nos seus textos, "é preciso evitar traduzir *essentia* por *essência*. Esse último termo evoca, com efeito, em seu sentido próprio, uma distinção no interior do ser (essência e existência) que ainda não existia no pensamento latino. Assim também, o *esse* é concebido como uma forma. *Esse* e *essentia* são, nesse sentido, equivalentes. A *essentia* de Deus é o *ser* de todo ser, e, ao mesmo tempo, a forma por excelência"[20]. Visto tratar-se, aqui, de uma posição de princípio, seja metafísico, seja ao menos epistemológico[21], ela devia dominar até o problema que levanta a noção de Deus. Com efeito, Gilberto concebeu o próprio Deus, forma de todo ser, como definido por uma forma que determina sua noção como noção de Deus. O pensamento conceberia, então, o que é Deus (*quod est*) como determinado a ser pela forma *divinitas* (divindade). Não se pode pensar que Gilberto concebeu Deus como composto de dois elementos realmente distintos, quer dizer, *Deus* e *divinitas*, mas ele parece ter admitido ao menos isto: Deus não é concebível para nós senão como um *quod est* (algo que é) informado por um *quo est* (pelo que é), ou seja, sua *divinitas*[22]. A influência dessa doutrina foi considerável. Aceita ou matizada por uns, condenada por outros, ela deixou marcas mesmo em muitos dos que a rejeitaram

---

[19] Santo Agostinho, *A verdadeira religião* XXXVI, n. 66 (Patrologia Latina, tomo 34, col. 152). Cf. Gilson, É. *Introduction à l'étude de Saint Augustin, op. cit.*, p. 281.

[20] Vicaire, *Les Porrétains, op. cit.*, p. 461. Cf. Gilberto de la Porrée, *In librum Boetii de Trinitate*, Patrologia Latina, tomo 64, col. 1268D-1269A.

[21] Esse problema é posto no notável trabalho de Hayen, A. Le Concile de Reims et l'erreur théologique de Gilbert de la Porrée. *Archives d'histoire doctrinale et littéraire du Moyen Âge*, anos 1935-1936, pp. 29-102 (ver principalmente a Conclusão do artigo, pp. 85-91).

[22] Não podendo aqui discutir esse problema por ele mesmo, esquematizamos as conclusões, já cuidadosas para evitar todo excesso, de Hayen, Le concile, *op. cit.*, pp. 56-60 (ver particularmente a p. 58, notas 4 e 5).

energicamente. Nada surpreendente, aliás, pois é frequente que filósofos rejeitem consequências cujos princípios eles ainda aceitam, não vendo que aquelas decorrem destes. Para eliminar de fato a doutrina de Gilberto, era preciso ultrapassar o realismo da *essentia* para atingir o do *esse*. Em suma, era preciso operar a reforma filosófica mesma que permanece para nós ligada ao nome de Santo Tomás de Aquino.

Interpretada em termos de filosofia tomista, a distinção entre *Deus* e *divinitas* equivalia, com efeito, a conceber o ente divino como um tipo de substância determinada a ser tal, em virtude de uma essência que seria a essência da divindade. É possível que essa conclusão seja praticamente inevitável enquanto se busca circunscrever o ente divino pela definição conceitual de uma essência. Foi precisamente isso que a metafísica tomista do juízo quis evitar. Mesmo que Tomás afirme, assim como Gilberto de la Porrée, que Deus é sua divindade, quem tenta definir tal essência só pode fazê-lo se conceber Deus como sendo Deus pela *divinitas* mesma que ele é. Isso significa reintroduzir nele, ao menos pelo pensamento, uma distinção de determinado e determinante, de potência e ato, incompatível com a atualidade pura do ser divino[23]. Para vencer esse obstáculo, é preciso, com Santo Tomás, ultrapassar a identificação da substância com a essência de Deus e afirmar a identidade da essência de Deus com seu ato mesmo de existir. O que distingue sua posição daquela de Gilberto e de seus seguidores não é o fato de testemunhar um sentido mais vivo da simplicidade divina; afinal, todos os teólogos cristãos sabem que Deus é absolutamente simples, e todos o dizem, mas eles não o dizem do mesmo modo. A lição que nos dá aqui Santo Tomás é que não podemos dizer bem a simplicidade divina se ficamos no plano da substância e da essência. A simplicidade divina é perfeita porque ela é a simplicidade do ato puro; só se pode, portanto, afirmá-la, sem concebê-la, por um ato da faculdade de julgar.

Para compreender a posição de Santo Tomás nesse ponto decisivo, é preciso, antes de tudo, lembrar o papel privilegiado que ele atribui ao *esse* (existir) na estrutura do real. Para ele, cada coisa tem seu ato próprio de ser; cada coisa é em virtude do ato de ser que lhe é próprio: *unumquodque est per suum esse*. Dado tratar-se, aqui, de um princípio, pode-se estar certo de que seu alcance estende-se até Deus. Dir-se-ia melhor, aliás, que é a existência mesma de Deus que funda esse princípio, pois Deus é o ente necessário, como mostrou a terceira prova de sua existência. Deus é, então, um ato de ser tal que sua existência é necessária. É o que chamamos de ser necessário *por si*. Estabelecer Deus dessa maneira é afirmar um ente que não requer nenhuma causa para sua própria existência. Não seria esse o caso se sua essência se distinguisse, no que quer que fosse, de sua existência; com efeito, se a essência de

---

[23] Santo Tomás de Aquino, *Suma contra os gentios* I, 21, Item quod non est sua essentia.

Deus determinasse em algum grau o seu ato de ser, tal ato não seria mais necessário. Deus, portanto, é o ente que ele é, e nada mais. Eis o sentido da fórmula *Deus est suum esse* (Deus é seu próprio existir)[24]: como tudo o que é, Deus é por seu próprio existir, mas, nesse único caso, é preciso dizer que *o que o ente é, é aquilo pelo que ele existe*, quer dizer, o ato puro de existir. Santo Tomás mesmo diz, a respeito dessa tese, que *multipliciter ostendi potest* (ela pode ser mostrada de diferentes modos). Deus é a Causa Primeira; ele não tem, então, causa; ora, Deus teria uma causa se sua essência fosse distinta de seu ser, porque, para existir, não lhe bastaria ser o que ele é; é, portanto, impossível que a essência de Deus seja diferente de seu existir. Podemos também partir, se quisermos, do fato de que Deus é ato, puro de toda potencialidade. Perguntar-se-á, então: o que há de mais atual em toda realidade dada? É preciso responder: o existir, *quia esse est actualitas omnis formae vel naturae* (porque o ser é a atualidade de toda forma ou natureza). Assim, ser atualmente bom é ser um ente bom que existe. Como a humanidade, a bondade não tem realidade atual a não ser em uma pessoa atualmente existente. Suponhamos, então, que a essência de Deus fosse distinta de sua existência; o existir divino seria ato da essência divina; tal essência estaria, no tocante ao *esse* de Deus, numa relação de potência e ato. Ora, Deus é ato puro; é preciso, portanto, que sua essência seja seu ato de existir. Podemos proceder mais diretamente ainda, partindo de Deus posto como ente. Dizer que a essência de Deus não é seu *esse* (ser) seria dizer que *o que* Deus é tem *esse*, mas não é o *esse*. Ora, o que tem o existir, mas não é existir, só é por participação. Dado que, como acabamos de ver, Deus é sua essência ou sua natureza mesma[25], ele não é por participação. É isso, aliás, que queremos dizer ao nomeá-lo *o ser primeiro*. Assim, Deus é sua essência, e sua essência é o ato mesmo de existir: ele é, portanto, não somente sua essência, mas seu existir[26].

Tal é o Deus que, por cinco vias diferentes, visam e finalmente alcançam as provas de Santo Tomás de Aquino. Tratava-se incontestavelmente aqui de uma conclusão propriamente filosófica. Situada na história, essa conclusão aparece como o resultado de um esforço repetidamente secular para alcançar a raiz mesma do ser, que devia, desde então, identificar-se com o existir. Ultrapassando assim a ontologia platônica da essência e a ontologia aristotélica da substância, Santo Tomás ultrapassava, ao mesmo tempo com a substância primeira de Aristóteles, o Deus *essentia* de Santo Agostinho e seus discípulos.

---

[24] "Cada qual é por seu ser. Aquilo, porém, que não é o seu próprio ser não é, por si, necessariamente ser. Deus é, por si, necessariamente, ser; logo, Deus é o seu ser" – *Suma contra os gentios* I, 22.

[25] Ver, acima, pp. 106-108.

[26] "Deus é, então, seu ser, e não apenas sua essência" – *Suma de teologia* I, 3, 4, Resp. A mesma conclusão pode ser inferida a partir das criaturas que, elas sim, *têm* o existir e não *são* o existir. A causa do *existir* delas só pode ser o *Ser* divino; o existir é, portanto, a essência mesma de Deus (cf. *Questão disputada sobre o poder divino*, q. VII, a. 2, Resp.).

Até onde sabemos, Santo Tomás jamais diz que Deus não tem essência[27], e, se consideramos as inumeráveis ocasiões que se apresentaram para ele o dizer, admitiremos sem dúvida que ele teve boas razões para evitar essa fórmula. A mais simples é provavelmente a seguinte: dado que só conhecemos entes cuja essência não é o existir, é-nos impossível conceber um ente sem essência; no caso de Deus, concebemos menos um existir sem essência do que uma essência que, por um tipo de passagem ao limite, viria a constituir uma unidade com seu ato de ser[28]. Tal é, aliás, no pensamento de Tomás de Aquino, o caso de todos os atributos de Deus: assim como se diz que Deus não tem sabedoria, mas que sua sabedoria é seu ser, assim também se diz que ele não tem essência, mas, antes, que sua essência é seu ser[29]. Para perceber a um só golpe a amplitude da reforma operada por Santo Tomás no plano da teologia natural, basta medir a distância que separa o Deus *essentia* de Santo Agostinho do Deus de Santo Tomás, cuja *essentia* é como que absorvida pelo *Ser*.

Esse puro ser, que o filósofo Santo Tomás encontrava ao termo da metafísica, o teólogo Santo Tomás encontrava também na Escritura, não mais como a conclusão de uma dialética racional, mas como uma revelação feita pelo próprio Deus aos humanos, para aceitação por parte deles, pela fé. Afinal, e é impossível duvidar disso, Santo Tomás pensava que Deus havia revelado aos humanos que sua essência é existir. Santo Tomás é muito econômico quanto a epítetos. Filósofo, ele jamais cedeu às tentações da eloquência. Dessa

---

[27] Segundo o Pe. Sertillanges, "Santo Tomás concede formalmente, no opúsculo *O ente e a essência* (capítulo VI), que Deus não tem essência" (SERTILLANGES, *Le christianisme et les philosophies*, op. cit., tomo I, p. 268). Na realidade, Santo Tomás, nesse opúsculo, diz somente que "segundo alguns filósofos, Deus não tem quididade, porque sua essência não é diferente de seu ser" (cf. a edição de Roland-Gosselin, *Le De ente et essentia de Saint Thomas d'Aquin*, op. cit., capítulo V, p. 37; cf. também os textos de Avicena citados nessa edição, à mesma página, nota 1). Santo Tomás explica em qual sentido seria verdadeira aquela fórmula dos filósofos citados, mas ele mesmo não parece ter jamais feito uso dela. Entretanto, lê-se em Avicena: "aquele que é o primeiro não tem quididade" (AVICENA, *Metafísica*, tratado VIII, cap. 4, edição de Veneza, 1508, fólio 99, reto, col. 2).

[28] Na perspectiva do dogma cristão, existe uma razão mais simples ainda: a noção de *essentia* é necessária para exprimir o mistério da Santíssima Trindade *et in personis proprietas et in essentia unitas* (tanto o que é próprio nas pessoas como a unidade na essência). Notar-se-á, aliás, que é o *esse* que absorve a essência, e não o inverso: "Em Deus, o seu ser mesmo é sua quididade; assim como o nome que se toma partir de *esse* (ser) nomeia-o propriamente e é o nome próprio dele, assim o nome próprio do *homem* é tomado da sua quididade" (*Comentário às Sentenças de Pedro Lombardo* I, d. 8, q. 1, a. 1, Sol.). Deus nomeia-se, portanto, mais propriamente *Qui est* (Aquele que é) do que se se nomeasse *essentia*.

[29] "[*Ente* ou *ser*] ora significa a essência da coisa; ora, o ato de existir; ora, a verdade da proposição (...). No primeiro modo entra o caso do existir de Deus, que é substância, e, assim como sua substância é-nos desconhecida, assim também o é seu existir. Pelo segundo modo, porém, sabemos por que Deus existe, pois concebemos essa proposição em nosso intelecto com base nos efeitos de Deus" – *Questão disputada sobre o poder divino*, q. VII, a. 2, ad 1m.

vez, no entanto, vendo esses dois feixes de luz convergir a ponto de confundir-se, ele não pôde evitar uma palavra de admiração pela irradiante verdade que jorra desse encontro. A essa verdade Santo Tomás saudou com um título que a exalta acima de todas: "A essência de Deus é, então, seu existir. Ora, essa verdade sublime (*hanc autem sublimem veritatem*) foi ensinada por Deus a Moisés, que interrogava o Senhor, dizendo: 'Se os filhos de Israel me perguntarem qual é seu nome, que direi eu?'. Ao que o Senhor respondeu: 'Eu sou quem sou. Dirás aos filhos de Israel: 'é *Qui est* (Aquele que é) que me enviou a vós'. Com isso, ele mostrava que seu nome próprio é *Aquele que é*. Ora, todo nome é destinado a significar a natureza ou a essência de algo. Daí, pois, que o existir divino mesmo (*ipsum divinum esse*) seja a essência ou natureza de Deus"[30]. Notemos bem: essa revelação da identidade entre essência e existência em Deus equivalia, para Santo Tomás, a uma revelação da distinção entre essência e existência nas criaturas. *Qui est* significa: Aquele cuja essência é existir; é o nome próprio de Deus; por conseguinte, nada do que não é Deus é algo cuja essência é existir. Poder-se-ia, sem grandes riscos, tratar como mera suposição a possibilidade de que Santo Tomás tenha feito essa inferência tão simples, mas os textos provam que ele a fez de fato: "É impossível que a substância de algum ente diferente do Primeiro Agente seja o existir mesmo. Daí o nome que o livro do Êxodo estabelece como nome de Deus, *Aquele que é*, pois esse nome pertence propriamente a ele só, ele cuja substância não é outra senão seu existir"[31].

Duas consequências principais parecem decorrer desses textos. Em primeiro lugar, o pensamento tomista do *esse* não foi um evento somente na história da teologia natural, mas na da teologia pura e simplesmente. Trata-se, com efeito, aqui, de interpretar a palavra mesma de Deus, tomada em seu teor literal, e basta comparar a interpretação tomista do texto do Êxodo à interpretação agostiniana para aquilatar a importância teológica do que está em jogo. Quando lia o nome de Deus, Santo Agostinho compreendia: Eu sou aquele que nunca muda. Lendo a mesma fórmula, Santo Tomás compreendia: Eu sou o ato puro de existir. Donde a segunda consequência: o historiador

---

[30] *Suma contra os gentios* I, 22, Hanc autem.

[31] *Idem*, II, 52. Essa fórmula mesma não é absolutamente perfeita, pois parece exprimir Deus como composto de *Qui* e *est*, mas ela é a menos imperfeita de todas, pois é a mais simples que um entendimento humano pode conceber para designar Deus. Todas as outras, como "Aquele que é um" ou "Aquele que é bom", acrescentam à composição de *qui* e *est* a composição com um terceiro termo – cf. *Comentário às Sentenças de Pedro Lombardo* I, d. 8, q. 1, a. 2, ad 3m e ad 4m. Dizer que ela é a menos imperfeita não significa dizer, aliás, que ela não seja própria a Deus. Esse nome, *Qui est*, é-lhe *maxime proprium*, maximamente próprio; ele não convém – nesse sentido absoluto – senão a Deus unicamente (cf. *Suma de teologia* I, 13, 11, Sed contra). Mas, ele ainda não é uma designação perfeitamente simples do *Ipsum Esse*. Ademais, tomados separadamente, os termos de que se compõe podem atribuir-se às criaturas, pois é com base nelas que nosso intelecto os formou.

não pode representar-se o pensamento de Santo Tomás como povoado de disciplinas tão distintas umas das outras como são as definições delas. Nem a identidade, em Deus, de essência e existência nem a distinção entre ambas, nas criaturas, são da ordem do revelado, pois nem uma nem outra dessas duas verdades excede o alcance da razão natural tomada como faculdade de julgar. Uma e outra são, para Santo Tomás, da ordem do revelável, e mesmo do revelável que foi revelado. Em nenhum momento talvez se veja mais claramente do que aqui o quão complexa é a economia da revelação, isto é, o ato pelo qual Deus dá-se a conhecer ao ser humano segundo o pensamento tomista. Santo Tomás estava bem longe de crer, ou de querer dar a crer, que Deus revelou a Moisés o Capítulo 22 do livro I da *Suma contra os gentios*. Lá onde se imaginar tal coisa, não haverá ingenuidade. Deus disse-nos seu nome, e basta ao ser humano crê-lo para que nenhum falso deus possa, a partir de agora, seduzi-lo. Mas a teologia dos Doutores cristãos é apenas a revelação continuada pelo esforço de razões que trabalham à luz da fé. Foi preciso tempo para que a razão fizesse sua obra. A razão de Agostinho entrou na boa estrada; a de Tomás de Aquino seguiu pelo mesmo caminho, até o final. Depois disso, fica-se livre para imaginar o gênio de Santo Tomás como uma viva classificação das ciências. Quem o fizer ver-se-á logo às voltas com este problema: é o teólogo Santo Tomás que, lendo no Êxodo a identidade, em Deus, de essência e existência, ensinou ao Santo Tomás filósofo a distinção de essência e existência nas criaturas ou é o Santo Tomás filósofo que, levando a análise da estrutura metafísica do concreto até a distinção de essência e existência, ensinou o Santo Tomás teólogo que o *Qui est* do Êxodo significa o Ato de ser? O próprio Santo Tomás concebeu essas duas proposições como filósofo, ao modo de verso e reverso de uma única e mesma tese metafísica, e, desde o momento em que as compreendeu, pensou sempre lê-las na Bíblia. A palavra de Deus é muito mais profunda para que razão humana esgote seu sentido, mas é sempre o mesmo sentido da mesma palavra que a razão dos Doutores da Igreja persegue em profundidades sempre maiores. O gênio de Santo Tomás é uno, e sua obra é una; não separaremos nunca, sem arruinar seu equilíbrio, aquilo que Deus revelou aos humanos do sentido do que ele lhes revelou.

Essa verdade sublime é, ao menos para o historiador, a chave que abre o entendimento do tomismo. A obra filosófica de Santo Tomás não é nada se não for a descoberta, pela razão humana, da *ultima Thule* (do último recôndito) da metafísica. É difícil de alcançá-la; é quase igualmente difícil de aí permanecer. É, todavia, o que vamos tentar, perseguindo até suas últimas consequências essa verdade sublime – *haec sublimis veritas* – cuja luz ilumina todo o pensamento. Iniciando essa pesquisa, tomemos conosco, como viático, a fórmula talvez a mais completa e a mais límpida que o próprio Santo Tomás elaborou: "Ser (*esse*) diz-se em dois sentidos. Em um primeiro sentido, ele designa o ato de ser (*actum essendi*); em um segundo, a composição da proposição que a alma forma ao juntar um predicado a um sujeito. Se se toma, pois, *esse* no primeiro sentido, não podemos saber o que é o ser de Deus, não mais do que não podemos conhecer sua essência; somente podemos sabê-lo no segundo sentido. Com efeito, sabemos que a proposição que formamos sobre Deus, dizendo *Deus é*, é verdadeira; e o sabemos, partindo de seus efeitos"[32].

## II. O CONHECIMENTO DE DEUS

Um estudo completo dos problemas que se referem a Deus, uma vez demonstrada sua existência, deveria propor três objetos principais: primeiro, a unidade da essência divina; segundo, a trindade das pessoas divinas; terceiro, os efeitos produzidos pela divindade[33]. Desses três temas, o segundo não concerne ao conhecimento filosófico. Ainda que seja lícito ao ser humano aplicar seu pensamento a esse mistério, não se poderia pretender demonstrá-lo por meio da razão, a menos que se aceite destruí-lo como mistério. A Trindade é conhecida somente pela Revelação; é um objeto que escapa às iniciativas do entendimento humano[34]. Os dois únicos objetos que a teologia natural pode examinar são, portanto, a essência de Deus e as relações que com ele têm seus efeitos.

É preciso acrescentar que mesmo a esses dois casos a razão humana não poderia perscrutar inteiramente. Já o dissemos, a razão só se sente à vontade na ordem do conceito e da definição. Definir um objeto é, antes de tudo, designar seu gênero: é um animal, por exemplo. Acrescenta-se, em seguida ao gênero, sua diferença específica: é um animal racional. Enfim, pode-se determinar ainda essa diferença específica por diferenças individuais: é Sócrates. Ocorre que, no caso de Deus, nenhuma definição é possível. Pode-se nomeá-lo; mas designá-lo por um nome não é defini-lo. Para defini-lo, seria preciso indicar seu gênero. Como Deus nomeia-se *Aquele que é*, seu gênero seria o do *ens* ou ente. Mas Aristóteles já tinha visto que o ente não é um gênero, pois todo gênero é determinável por diferenças que, por determiná-lo, não estão compreendidas nele. Ora, não se pode conceber nada que não seja algo, e, por conseguinte, que não esteja compreendido no ente. Fora do ente só há não-ente, que não é uma diferença porque não é nada. Não se pode, portanto, dizer que a essência de Deus pertence ao gênero "ente", e, como não se

---

[32] *Suma de teologia* I, 3, 4, ad 2m. Cf. *Questão disputada sobre o poder divino*, q. 7, a. 2, ad 1m.
[33] Cf. *Compêndio de teologia* I, 2.
[34] Cf. *ibidem* I, 36.

pode atribuir-lhe nenhuma outra essência, qualquer outra definição de Deus é impossível[35].

Isso, porém, não quer dizer que somos reduzidos a um silêncio completo. Na impossibilidade de dizer o que é a essência de Deus, podemos tentar determinar o que ela não é. Em vez de partir de uma essência inacessível e de a ela acrescentar diferenças positivas que nos fariam conhecer sempre melhor o que ela é, podemos recolher um número mais ou menos considerável de diferenças negativas que farão conhecer sempre mais precisamente o que ela não é. Perguntar-se-á talvez se, assim, obteremos dela um verdadeiro conhecimento. A essa questão, deve-se responder: sim! Sem dúvida, um conhecimento dessa ordem é imperfeito, mas também preferível à ignorância pura e simples, tanto mais que ele elimina certos pseudoconhecimentos positivos que, pretendendo dizer o que é a essência de Deus, representam-na de maneira impossível que ela seja. Distinguindo a essência desconhecida – da qual se o afirma, em um número sempre maior de essências –, cada diferença negativa determina com precisão crescente a diferença precedente e discerne, sempre de mais perto, o contorno exterior de seu objeto. Por exemplo, dizer que Deus não é um acidente, mas uma substância, equivale a distingui-lo de todos os acidentes possíveis. Se se acrescenta, então, que Deus não é um corpo, determina-se, com mais precisão, o "lugar" que ele ocupa no gênero das substâncias. Assim, procedendo ordenadamente e distinguindo Deus de tudo o que não é ele por negações desse tipo, alcançaremos um conhecimento não positivo, embora verdadeiro, de sua substância, pois o conheceremos como aquilo que é distinto de todo o restante[36]. Sigamos essa via tão longe quanto ela nos possa conduzir; assim que atingirmos seu término, será tempo de abrir uma nova.

### A. O conhecimento de Deus por via de negação

Conhecer Deus por via de negação é mostrar não como ele é, mas como ele não é. É, aliás, o que já começamos a fazer ao estabelecer sua perfeita simplicidade[37]. Dizer que Deus é absolutamente simples, por ser o ato puro de existir, é não ter o conceito de tal ato, mas negar dele, como vimos, toda composição (a do todo e das partes, composição essa que convém aos corpos; a de forma e matéria; a de essência e substância; a de essência e existência), o

---

[35] Cf. *Suma de teologia* I, 3, 5, Resp. Essa conclusão resulta, aliás, diretamente da simplicidade perfeita de Deus, que já estabelecemos (cf. *Suma de teologia* I, 3, 7): ela torna impossível encontrar nele a composição de gênero e diferença requerida pela definição.

[36] Cf. *Suma contra os gentios* I, 14.

[37] Ver acima, pp. 113-116, *Haec sublimis veritas*.

que nos conduziu a pôr Deus como o ente cuja essência é existir. Partindo daí, podemos acrescentar à simplicidade divina um segundo atributo, que segue necessariamente do primeiro: sua perfeição.

Também aqui, é-nos impossível conceber um ente perfeito, mas devemos, ao menos, afirmar que Deus é perfeito, negando-lhe toda imperfeição. É o que fazemos ao afirmar que ele é perfeito. Assim como conclui que Deus existe (embora a natureza de seu ato de existir seja-nos inconcebível), o juízo conclui que Deus é perfeito, ainda que a natureza de sua perfeição exceda os limites de nossa razão. Para nós, eliminar da noção de Deus toda imperfeição concebível significa atribuir-lhe toda a perfeição concebível. A razão humana não pode ir além desse ponto no conhecimento do divino, mas ela deve chegar ao menos até aí.

Com efeito, esse ente do qual afastamos todas as imperfeições típicas de uma criatura, em vez de reduzir-se a um conceito abstraído por nosso entendimento daquilo que há de comum a todas as coisas (como seria o conceito universal de ente), é, em certo sentido, o ponto de encontro e como que o lugar metafísico de todos os juízos de perfeição. Não se deve entendê-lo no sentido de que o ente deve remeter-se a certo grau de perfeição, mas no sentido inverso, ou seja, toda perfeição consiste na posse de certo grau de ser. Consideremos, por exemplo, a perfeição da sabedoria. Possuir a sabedoria, para o ser humano, é "ser sábio". É porque o indivíduo ganhou um grau de ser, tornando-se sábio, que ele também ganhou um grau de perfeição. Afinal, tudo é dito mais ou menos nobre, mais ou menos perfeito, à medida que "é" um modo determinado de perfeição (aliás, mais ou menos elevado). Se, então, supomos um ato puro de existir, visto que toda perfeição não é senão certa maneira de existir, o existir absoluto será também a perfeição absoluta. Ora, conhecemos algo que é ato de existir absoluto; é aquele mesmo do qual dissemos ser esse ato. Aquilo que é o existir, ou melhor, aquilo cuja essência é existir, é necessariamente também o ente absoluto, ou, em outros termos, possui o poder de ser no grau mais elevado. Uma coisa branca, com efeito, pode não ser perfeitamente branca, pois ela não é a brancura, e sua natureza é talvez de tal modo que ela não possa participar da brancura integral. Mas, se existisse alguma brancura em si, cujo ser consistisse precisamente em ser branco, não lhe faltaria evidentemente nenhum grau de brancura. O mesmo ocorre com o ser. Já provamos que Deus é seu existir; ele não o recebe; mas sabemos que ser imperfeitamente algo reduz-se a recebê-lo imperfeitamente; Deus, que é seu existir, é, então, o ente puro ao qual não falta nenhuma perfeição. E, visto possuir Deus toda perfeição, ele não apresenta nenhum defeito. De fato, assim como tudo é perfeito à medida que é, assim também tudo é imperfeito à medida que, sob certo aspecto, não é. Mas, porque Deus é o existir puro, ele é inteiramente puro de não ser. Deus não apresenta, portanto, nenhum defeito e possui todas as perfeições; quer dizer, ele é universalmente perfeito[38].

Donde, então, pode provir a ilusão de que, negando a Deus certo número de modos de ser, nós diminuímos seu grau de perfeição? Simplesmente de um equívoco sobre o sentido destas palavras: *somente ser*. Sem dúvida, o que *somente é*, é menos perfeito, por exemplo, do que é vivo; mas isso se aplica ao ser de essências que não são seu ato de existir. Trata-se de entes imperfeitos e por participação, os quais ganham em perfeição à medida que ganham em ser (*secundum modum quo res habet esse est suus modus in nobilitate* – o modo de algo em relação à nobreza dá-se segundo o modo pelo qual tem ser). Concebe-se facilmente, então, por exemplo, que aquilo que *somente é* a perfeição do corpo seja inferior àquilo que, além disso, é a perfeição da vida. A expressão *somente ser* não designa, então, nada além de um modo inferior de participação no ser. Mas, quando dizemos de Deus que ele é somente o existir, sem podermos acrescentar que ele é matéria, corpo, substância ou acidente, queremos dizer que ele possui o ser absoluto, afastando dele tudo o que seria contraditório com o ato puro de existir e com a plenitude de sua perfeição[39].

Ser perfeito é não carecer de nenhum bem. Dizer que Deus é perfeito equivale, então, a dizer que ele é o bem, e, por ser sua perfeição a pureza de seu ato de existir, é como atualidade pura do existir que Deus é o bem. Afirmar, assim, Deus como bom não é imaginar uma qualidade suplementar que se acrescentaria a seu ser. Ser é ser bom. Como já dizia Santo Agostinho, numa passagem de *A doutrina cristã* (I, 32) que Santo Tomás cita em apoio de sua tese, *inquantum sumus, boni sumus* (somos bons por sermos). Atentemos, porém, para a transposição que o pensamento de Agostinho deve sofrer para integrar-se ao tomismo. Ele se presta a isso, aliás, sem resistência, assim como o fazia o pensamento de Aristóteles, que Santo Tomás coloca no mesmo quadro. Com efeito, pergunta Tomás por que se pode dizer, com Santo Agostinho, que somos bons por sermos? Porque o bem e o ser são realmente idênticos. Ser bom é ser desejável. Como diz Aristóteles na *Ética nicomaqueia* (I, 1), o bem é o que todos desejam. Ora, tudo é desejável à mesma proporção que é perfeito, e tudo é perfeito à mesma proporção que é em ato. Ser é, então, ser perfeito, e, por conseguinte, ser bom. Não se pode desejar acordo mais completo entre Aristóteles, Agostinho e Tomás de Aquino. Todavia, Tomás de Aquino não harmoniza aqui seus predecessores pelo arbítrio de uma

---

[38] Cf. *Suma contra os gentios* I, 28; *Suma de teologia* I, 4, 1, Resp.; I, 4, 2, ad 2m. É evidente que mesmo o nome *perfeito* continua inapropriado para qualificar Deus. Ser perfeito é ser acabado ou completamente feito; ora, Deus não é feito; logo, ele não é completamente feito. Nós estendemos aqui o alcance desse termo, indo do que alcança sua compleição no termo de um devir ao que a possui de direito, sem jamais ter devindo (cf. *Suma contra os gentios* I, 28).

[39] Cf. *Suma contra os gentios* I, 28. Cf. *O ente e a essência*, capítulo 5 (edição Roland-Gosselin, pp. 37-38).

conciliação eclética. Seu próprio pensamento transmuta literalmente o dos dois pensadores que ele evoca. Para metamorfosear a ontologia da essência, comum a eles, basta a Santo Tomás transpor suas teses do tom do ente ao tom do existir. É o que ele faz em uma frase tão simples, que o sentido profundo pode escapar-nos: "É manifesto que uma coisa é boa por ser; com efeito, o *esse* (ser) é a atualidade de todas as coisas, como aparece disso que foi dito"[40]. Assim, a identidade do bem e do ente, ensinada por seus predecessores, torna-se, em Santo Tomás, a identidade do bem e do ato de existir.

É preciso, então, transformar também a doutrina do primado do ente sobre o bem em doutrina do primado do *esse* (existir). Deve-se insistir nisso, sobretudo porque, ainda aqui, para fazê-lo, Santo Tomás apoia-se sobre a letra de um texto platônico, o *Livro das Causas*, lição IV: *prima rerum creatarum est esse* (o ser é o primeiro do que foi criado)[41]. Esse primado do *esse* apresenta-se como um primado do ente quando se o coloca na ordem do conhecimento. O ente é o primeiro objeto inteligível; só se pode, portanto, conceber como bom aquilo que se concebe primeiro como ente[42]. Mas é preciso ir mais longe. Dado que o *ens* (ente) é *habens esse* (algo que tem ser), o primado noético do ente sobre o bem é a expressão conceitual do primado ontológico do *esse* (ser) sobre o bem. Na raiz de todo bem há um ente que é a perfeição definida de certo ato de existir. Se Deus é perfeito, é porque a um ente "que é seu existir cabe existir em toda a força do termo"[43]. Semelhantemente, se uma coisa qualquer é boa, é porque a um ente que é certa essência cabe ser bom segundo o grau dessa essência. O caso de Deus continua, entretanto, único, pois devemos identificar o que se nomeia "bem" com o que se nomeia "existir". A mesma conclusão vale, aliás, para todas as perfeições particulares que se queiram atribuir a Deus: "Visto que cada coisa é boa por ser perfeita, e visto que a bondade perfeita de Deus é seu existir divino mesmo (*ipsum divinum esse est ejus perfecta bonitas*), então, para Deus, existir e viver são o mesmo, assim como ser sábio, bem-aventurado, e, falando em geral, ser tudo o que parece implicar perfeição e bondade. Dito de outro modo, "a bondade divina total é como o ato de ser divino mesmo" (*quasi tota divina bonitas sit ipsum divinum esse*)[44]. Em suma, para Deus, é uma só e mesma coisa ser bom e ser o ato puro de existir[45].

---

[40] Cf. *Suma de teologia* I, 5, 1, Resp. O texto ao qual remete aqui Santo Tomás é *Suma de teologia* I, 3, 4, Resp. Cf. também *Suma contra os gentios* III, 20, Divina enim bonitas.

[41] Cf. *Suma de teologia* I, 5, 2, Sed contra.

[42] Cf. *ibidem* I, 5, 2, Resp.

[43] *Suma contra os gentios* I, 28 (Licet autem).

[44] *Ibidem* III, 20. Cf. *Suma de teologia* I, 6, 3, Resp.

[45] *Suma contra os gentios* III, 20, final do capítulo: "Para Deus, é absolutamente o mesmo ser e ser bom". Sobre o ser e o bem, cf. GILSON, *Elements of Christian Philosophy*, op. cit., parte 3, cap. VI, seção 4.

Pôr Deus como perfeição e bem absolutos é pô-lo, simultaneamente, como infinito. Que Deus seja infinito, todos os filósofos antigos o admitiram, como atesta Aristóteles na *Física*, livro III, lição 6. Santo Tomás, aliás, viu muito bem em qual sentido eles o admitiram. Considerando eterno o mundo, eles não puderam deixar de ver que o princípio de um Universo de duração infinita devia ser também infinito. Erraram, todavia, quanto ao tipo de infinitude que convém a esse princípio. Considerando-o como material, atribuíram-lhe infinitude material. Alguns chegaram a pôr como princípio primeiro da Natureza um corpo infinito. O corpo seria infinito em certo sentido, por ser, *de per si*, não finito ou indeterminado: é a forma que o determina. Por outro lado, a forma seria, por ela mesma, não finita ou incompletamente determinada, pois, sendo comum à espécie, ela só é determinada pela matéria a ser a forma de tal ou tal coisa singular. Notar-se-á, entretanto, que os dois casos são muito diferentes. A matéria ganha em perfeição ao ser determinada pela forma, donde sua não finitude ser nela a marca de uma verdadeira imperfeição. Ao contrário, a forma perde algo de sua amplitude natural quando se contrai, por assim dizer, nas dimensões de certa matéria. A não finitude da forma, que se mede pela amplitude de sua essência, é, antes, uma marca de perfeição. Ora, no caso de Deus, trata-se da forma a mais forma de todas, visto já termos dito que a forma das formas é o existir mesmo: *illud quod est maxime formale omnium est ipsum esse*. Deus é o *esse* absoluto e subsistente, que não é recebido nem contraído por nenhuma essência, pois ele é *suum esse*. Manifestamente, o Ato puro e absoluto de existir é infinito no sentido mais positivo do termo, e ele o é de pleno direito[46].

Se ele é infinito, não se pode conceber nada de real em que esse Deus não esteja; do contrário, haveria algum ente exterior e estranho ao seu, o que constituiria para ele um limite. Essa consequência, que é da mais alta importância na metafísica tomista, afeta, ao mesmo tempo, nossa noção de Deus e nossa noção da natureza criada. Negar que haja algo em que Deus não esteja é afirmar que ele está em todas as coisas, mas não se pode afirmar isso senão recusando conjuntamente que ele esteja em todas as coisas como uma parte da essência delas ou como um acidente da substância delas. O princípio que permite afirmar sua onipresença permanece aquele cujas provas de sua existência garantem-nos a posse: *Deus est ipsum esse per suam essentiam* ("Deus é o ser mesmo por sua própria essência"). Se se supõe que o *ipsum esse* ("o ser mesmo") age como causa – e veremos adiante que ele o faz como criador –, então seu efeito próprio será o *esse* (ser) das criaturas. Deus não causa somente no momento da criação de todas as coisas, mas também tanto quanto elas duram. Tudo existe em virtude do existir divino, assim como a luz solar existe em virtude do Sol. Enquanto o Sol brilha, faz dia; desde que a luz cessa, faz noite.

---

[46] Cf. *Suma de teologia* I, 7, 1, Resp.

Semelhantemente, se o ato divino de existir deixa um só instante de fazer existir as coisas, tem-se o nada. O Universo tomista aparece-nos, assim, no plano mesmo da metafísica, como um Universo sagrado. Outras teologias naturais, como a de Santo Agostinho, por exemplo, comprazem-se em contemplar os vestígios de Deus na ordem, nos ritmos e nas formas das criaturas. Santo Tomás também se compraz com isso. Essas teologias naturais vão mais longe: a ordem, os ritmos e as formas são, no dizer delas, o que confere às criaturas a estabilidade do ser; assim, o mundo inteiro dos entes oferece-se como um espelho translúcido onde se reflete aos olhos da razão a imutabilidade do ser divino. Santo Tomás segue tais teologias até aqui, e é exatamente aqui que ele as ultrapassa. O Universo tomista é um mundo de entes onde cada um atesta Deus por seu ato mesmo de existir. Todas as coisas não estão no mesmo nível; há as que são gloriosas, como os anjos, as nobres, como os humanos, e há também as mais modestas, como os animais, as plantas e os minerais. Todavia, dentre todos esses entes, não há um sequer que não testemunhe o supremo existir de Deus. Tanto quanto o mais glorioso dos anjos, o mais humilde capinzinho realiza esta coisa que é a mais admirável de todas: existe. Esse mundo, onde nascer é um acontecimento maravilhoso e onde a distância que separa do nada o menor ente é propriamente infinita, esse mundo sagrado, impregnado até suas fibras mais íntimas da presença de um Deus cujo existir soberano o salva em permanência do nada, é o mundo de Santo Tomás de Aquino.

Cruzar a fronteira desse Universo encantado é não poder viver em outro. A simplicidade técnica com que Santo Tomás o diz concorreu para dissimular a entrada nesse Universo, mas é a ele que suas fórmulas tão simples convidam-nos, a ponto de não haver nenhuma outra anteriormente utilizada que não pareça frágil quando compreendemos as suas. É um belo pensamento dizer que tudo está repleto de deuses. Tales de Mileto o dissera; Platão emprestara a mesma expressão. Agora, porém, tudo é repleto de Deus. Ou, então, Deus é o existir de tudo o que existe, pois todo existir não existe senão pelo seu existir: *Deus est esse omnium, non essentiale, sed causale* (Deus é o ser de tudo, não essencial, mas causal)[47]. Digamos, enfim, para voltar simplesmente às conclusões de nossa análise do ser[48]: "Tanto quanto dure a existência de uma coisa, é preciso que Deus seja-lhe presente tanto quanto ela existe. Ora, existir é o que há de mais íntimo em cada ente e é o que há de mais profundo, pois o existir é forma para tudo o que há no ente. É preciso, então, que Deus esteja em todas as coisas, e intimamente (*unde oportet quod Deus sit in omnibus rebus et intime*)"[49].

---

[47] *Comentário ao Livro das Sentenças de Pedro Lombardo* I, dist. 8, q. 1, a. 2, Solutio. Cf. Bernardo de Claraval, *Comentário ao Cântico dos Cânticos*, sermão IV, n. 4 (Patrologia Latina, tomo 183, col. 798B).

[48] Ver, acima, capítulo I, pp. 54-56.

[49] *Suma de teologia* I, 8, 1, Resp. Cf. *Comentário às Sentenças de Pedro Lombardo* I, dist. 37, q. 1, a. 1, Solutio.

Deus está, portanto, em tudo; quer dizer, em todos os lugares. Essa fórmula, já desgastada, encontra aqui, para além das efusões piedosas, o sentido pleno que melhor pode nutri-las, pois estar em todos os lugares é o existir de tudo o que existe em um lugar[50]. Dir-se-ia, ainda melhor, que Deus é presente em tudo de todos os modos de presença concebíveis: visto que sua presença impregna cada ente em seu ato mesmo de existir, isto é, na raiz de todos os seus outros atos, Deus está em todas as coisas por essência como o *Esse* (Ser) que causa o *esse* (ser) delas. Pela mesma razão, ele está nelas por sua presença, pois, não sendo senão por ele, tudo está nu e descoberto a seus olhos. Ainda pela mesma razão, ele está em todas as coisas por sua força, pois nada opera senão como ente, e Deus, causa de cada ente, é causa de todas as operações do ente[51]. Assim, ser em tudo por sua essência, presença e força é o próprio de Deus, pois ele se presta a isso a título de ato puro de existir.

Encontramos, dessa maneira, aquele atributo divino cuja importância Santo Agostinho teve grande razão de sublinhar, mas cuja raiz Santo Tomás enfim descobriu: a imutabilidade. Para Santo Agostinho, dizer que Deus é o ente imutável era chegar ao que ele tem de mais profundo. Para Santo Tomás, há, para além da imutabilidade divina mesma, uma razão dessa imutabilidade. Mudar é passar da potência ao ato; ora, Deus é ato puro; ele não poderia de modo algum mudar, portanto[52]. É algo que já se sabia, pois se provou sua existência como Primeiro Motor imóvel: negar que Deus seja sujeito de movimento é afirmar sua completa imutabilidade[53]. Completamente imutável, Deus é, por isso mesmo, eterno. Ainda uma vez, renunciemos a conceber o que pode ser um ato eterno de existir. O único modo de existir que nos é conhecido é o dos entes que duram no tempo, isto é, o de uma duração em que o depois substitui incessantemente o antes. Tudo o que podemos fazer é negar que o existir de Deus comporta algum antes e algum depois. Isso é necessário porque Deus é imutável e porque seu ser não sofre nenhuma sucessão. Dizer que uma duração não comporta sucessão é pô-la como não tendo nenhum termo, nem de origem nem de fim; é pô-la, então, como duplamente *interminável*. Mas é, ao mesmo tempo, pô-la como não sendo propriamente o que chamamos de duração, pois, nela, nada sucede a nada. A eternidade é *tota simul existens* ("existente toda simultânea")[54]. Essa eternidade é a uniformidade do existir mesmo que é Deus, e, por ser Deus sua essência, ele é sua eternidade[55].

---

[50] Cf. *Suma de teologia* I, 8, 2, Resp.

[51] Cf. *Suma de teologia* I, 8, 3, Resp. e ad 1m.

[52] Cf. *idem*, I, 9, 1, Resp.

[53] É por isso que a imutabilidade de Deus é imediatamente posta, *per viam remotionis* (pela via da remoção) na *Suma contra os gentios* I, 14 (fim do capítulo).

[54] Cf. *Suma de teologia* I, 10, 1, Resp.

[55] Cf. *ibidem*, I, 10, 2, Resp.

Pode resumir-se o mais simplificadamente possível o que dissemos até aqui afirmando que Deus é uno, pois não fizemos até agora nada além do que negar toda multiplicidade à sua essência. Assim como o bem, o uno é o ente mesmo sob um de seus aspectos. Agora, não é mais o ente como desejável, mas como indiviso. Com efeito, um ente dividido não é mais o ente que era; dois entes aparecem então, entre os quais cada um é uno. Não se pode falar de um ente senão lá onde há um ente uno. Como diz energicamente Santo Tomás, *unumquodque sicut custodit suum esse ita custodit suam unitatem*, "assim como preserva seu ser, tudo preserva sua unidade"[56].

Significa isso dizer que podemos empregar indiferentemente os dois termos e dizer *uno* em vez de *ente*? De modo algum! Ocorre com o uno o mesmo que ocorre com o bem; não é o uno que é, mas o ente é que é uno, como ele é bom, verdadeiro e belo. Essas propriedades, que nomeamos frequentemente de *transcendentais*, não têm sentido nem realidade senão em função do ente, que as põe todas ao pôr-se a si mesmo. Não é vão insistir: o ente é uno, pois, ainda que o uno não acrescente nada ao ente, nossa razão adiciona algo à noção de ente ao concebê-lo como indiviso ou uno[57]. O mesmo ocorre com nossa noção de Deus. Dizer que Deus é uno é dizer que ele é o ser que ele é. Ora, não somente ele o é, mas ele o é eminentemente, pois ele é sua própria natureza, sua própria essência, ou, antes, seu próprio existir. Se o uno é o ente indiviso, aquilo que é supremamente ente é também supremamente uno e supremamente indiviso. Ora, Deus é supremamente ente, pois ele é o *esse* mesmo, puro e simples, sem nenhuma outra qualificação de natureza ou de essência que se lhe acrescente para determiná-lo. Deus é ainda supremamente indiviso, pois a pureza de seu existir o faz ser perfeitamente simples. É, portanto, manifesto que Deus é uno[58].

---

[56] Cf. *Suma de teologia* I, 11, 1, Resp. Notar o importante *ad 1m* que se segue a essa resposta. Santo Tomás distingue, aí, dois tipos de unidade: uma, quantitativa, a do um como princípio dos números, e uma metafísica, a do ente tomado em sua indivisão. Por uma visão histórica aprofundada, Santo Tomás vê na confusão desses dois tipos de unidade a fonte de duas doutrinas que ele recusa. Pitágoras e Platão viram bem que o uno transcendental é equivalente ao ente, mas confundiram com ele a unidade numérica e concluíram que todas as substâncias são compostas de números, os quais, por sua vez, são compostos de unidades. Por outro lado, Avicena bem viu que a unidade do número é diferente daquela do ente, pois se podem adicionar substâncias, subtrair do número assim obtido, multiplicá-lo ou dividi-lo, mas ele tratou a unidade do ente como aquela do número, concluindo que a unidade de um ente acrescenta-se a esse ente como um acidente. Há um notável paralelismo entre as duas doutrinas da acidentalidade do uno e da acidentalidade da existência com relação à substância no pensamento de Avicena. Santo Tomás chamou atenção para isso várias vezes, e ele mesmo não faz mais do que desenvolver seu próprio princípio reduzindo a unidade metafísica e transcendental de cada ente à indivisão de seu ato de existir.

[57] Cf. *Suma de teologia* I, 11, 1, ad 3m.

[58] Cf. *ibidem* I, 11, 4, Resp. Entendamos aqui, ao mesmo tempo e pela mesma razão, "uno em si e único". Para haver vários deuses, seria necessário que o ser de Deus, tomado em si, fosse divisível; portanto, também que não fosse uno. Santo Tomás mostra a inconsistência da hipótese de

## B. O conhecimento de Deus por via de analogia

As conclusões precedentes não passavam de juízos positivos que escondiam uma ausência de conceito quiditativo, pois um ente absolutamente simples e sem essência concebível separadamente de seu existir não é um objeto acessível ao entendimento humano. Não se poderia, aliás, esperar atingi-lo por nenhum método imaginável. Trata-se, aqui, de uma desproporção essencial do entendimento para com seu objeto, que nada, salvo Deus em outra vida e para outro estado do ser humano, poderia mudar em proporção. Em seu estado presente, o ser humano tira seus conceitos do conhecimento sensível; ora, partindo desse conhecimento, não se pode chegar a ver a essência divina, o que seria necessário, no entanto, para ter um conhecimento positivo do que é Deus. Todavia, as coisas sensíveis são os efeitos de Deus; podemos, portanto, apoiar-nos nelas para buscar conhecê-lo indiretamente como a causa delas. Já o fizemos ao demonstrar a existência de Deus com base no mundo sensível; devemos, pois, também poder fazê-lo para provar não mais que ele existe, mas o que ele é[59]. O problema que se levanta, então, é, porém, de saber se, mesmo engajando-nos nesse segundo caminho, podemos esperar saber outra coisa sobre ele, além daquilo que ele não é.

Descrever a natureza de Deus é atribuir-lhe perfeições e, por conseguinte, dar-lhe nomes diversos. É nomeá-lo bom, sábio, poderoso e assim por diante. O princípio geral que preside a essas atribuições é este: visto ser Causa Primeira, Deus deve possuir, em um grau eminente, todas as perfeições que se encontram nas criaturas. Os nomes que designam essas perfeições devem, portanto, convir a ele. Esses nomes não lhe convêm, entretanto, senão em certo sentido, pois se trata de transferi-los da criatura ao criador. Essa transferência faz deles verdadeiras metáforas, no sentido próprio do termo, mas tais metáforas são duplamente deficitárias. Por um lado, elas consistem em designar o ato de existir divino por nomes feitos para designar um existir infinitamente diferente, que é o das coisas criadas. Por outro lado, os nomes de que nos servimos para designar um objeto são solidários com a maneira como concebemos esse objeto. Os objetos naturais de nosso entendimento são as substâncias corporais, compostas de matéria e de forma; cada uma dessas substâncias é um *quod est* (algo que existe) complexo e determinado por um *quo est* (algo pelo que é) simples, que é sua forma. A substância existe, mas é complexa, ao passo que Deus é simples. A forma é simples, mas ela não existe, ao passo que Deus existe. Não temos, portanto, em nossa experiência humana, nenhum exemplo de um ato simples de existir, de modo que

---

uma pluralidade de deuses, estabelecendo que nenhum dos entes em questão possuiria a atualidade requerida para que um ente seja Deus (cf. *ibidem* I, 11, 3, Resp.).

[59] Cf. *ibidem* I, 12, 12, Resp.

todos os nomes transferidos das criaturas a Deus não se aplicam a ele senão em um sentido que nos escapa. Tomemos, por exemplo, a bondade e o bem. Um bem é uma substância que existe, e Deus também existe, mas um bem é uma substância concreta que se decompõe na análise de matéria e forma, essência e existência, o que não ocorre, de modo algum, com Deus. Quanto à bondade, ela é um *quo est,* isso pelo que um bem é bom, mas não é uma substância, ao passo que Deus é supremamente subsistente. Em suma, o que os nomes de tais perfeições significam pertence certamente a Deus, ente supremamente perfeito, mas a maneira como essas perfeições pertencem a ele escapa-nos, como o ato divino de existir que elas são[60].

Como caracterizar a natureza e o alcance de um conhecimento de Deus assim deficitário? Dado que queremos falar dele como causa das criaturas, todo o problema incide sobre o grau de semelhança a Deus que se pode atribuir aos seus efeitos. Ora, trata-se aqui de efeitos muito inferiores a sua causa. Deus não engendra as criaturas como um ser humano gera um ser humano; enquanto um ser humano gerado possui mesma natureza e leva a justo título o mesmo nome daquele que o gera (chama-se uma criança de homem, assim como seu pai), os efeitos criados por Deus não se combinam com ele nem em nome nem em natureza. Embora esse seja um caso em que o efeito é deficitário com relação à sua causa, ele não é um caso único. Mesmo na Natureza, certas causas eficientes produzem efeitos de ordem especificamente inferior a elas. Posto que elas os produzem, é correto dizer que essas causas contêm seus efeitos de algum modo, mas os contêm de outra maneira e sob outra forma. Por exemplo, a energia solar causa, ao mesmo tempo, o calor terrestre, a seca e muitos outros efeitos. Essa energia não é, entretanto, o que nomeamos calor ou seca; ela é o que pode causá-los, e é porque os causa que, partindo de seus efeitos, dizemos que o sol é um corpo quente. Nomeamos causas *equívocas* as causas desse tipo, cuja ordem de perfeição é de um outro tipo que aquele de seus efeitos[61].

É precisamente a título de causa equívoca que Deus contém os efeitos que ele cria, e, por conseguinte, é a esse título que as perfeições de seus efeitos podem ser atribuídas a ele[62]. Sabemos que elas existem nele, mas ignoramos como existem nele. Tudo o que sabemos é que, nele, suas perfeições são o que ele é e como ele é. Assim, nada se pode dizer univocamente de Deus e das criaturas. O que se encontra de perfeição e de eficácia nas criaturas encontra-se contido primeiro na perfeição una e simples de Deus. Ademais, o

---

[60] Cf. *Suma contra os gentios* I, 30. Santo Tomás põe-se, aqui, em continuidade com Dionísio Pseudoareopagita ao dizer que todos os nomes desse tipo podem ser ao mesmo tempo afirmados e negados de Deus: afirmados pelo que eles significam e negados quanto à maneira deles de significá-lo.

[61] Cf. *ibidem* I, 29.

[62] Cf. *ibidem* I, 31, Ex praedictis.

que se encontra nas criaturas em virtude de essências distintas de suas existências encontra-se primeiro em Deus, em virtude de seu ato puro de existir. Afinal, como diz Santo Tomás: *nihil est in Deo quod non sit ipsum esse divinum* ("nada há em Deus que não seja o próprio ser divino")[63]. Ora, não parece haver nenhum intermediário concebível entre o unívoco e o equívoco. Mostra-se inevitável, portanto, concluir que tudo o que dizemos de Deus com base nas criaturas não sai do âmbito da equivocidade, o que, do ponto de vista da teologia natural, não deixa de ser desencorajador.

Santo Tomás corrigiu essa conclusão, como veremos, mas talvez não tão radicalmente como se costuma pensar. Ele não parece ter dito que os nomes dados a Deus não são equívocos, mas somente que eles não são puramente equívocos. O equívoco puro ocorre, com efeito, nos casos em que dois entes diferentes portam o mesmo nome por acaso. A comunidade de nome não implica, então, nenhuma relação real nem nenhuma semelhança entre esses dois entes. Nesse sentido, o nome da constelação Cão e o nome do animal cão são puramente equívocos, pois só o nome é comum às realidades designadas por ele. Tal não é o caso dos nomes que damos a Deus, pois eles correspondem a uma relação de causa e efeito[64]. Resta sempre, então, esse elemento positivo nisto que dizemos de Deus: certa semelhança deve existir não entre Deus e as coisas, mas, antes, entre as coisas e Deus; trata-se da semelhança mesma que o efeito guarda sempre de sua causa, por mais inferior que ele possa ser a ela. Donde Santo Tomás voltar frequentemente a esta assertiva: só falamos de Deus segundo mera equivocação (*secundum puram aequivocationem*); o ser humano está condenado a nada dizer sobre Deus a não ser de maneira meramente equívoca (*nisi pure aequivoce*) ou inteiramente equívoca (*omnino aequivoce*)[65]. Esse falar "de maneira não absolutamente equívoca" de Deus é precisamente o que Santo Tomás nomeará *analogia*.

Perante a imensa quantidade de artigos, teses e livros que foram consagrados ao esclarecimento dessa noção[66], poder-se-ia crer que Santo Tomás explicou-se longamente a seu respeito. No entanto, os textos de Santo Tomás

---

[63] *Ibidem* I, 32, Amplius si aliquis effectus. Cf. *Suma de teologia* I, 13, 5, Resp.

[64] Cf. *Suma contra os gentios* I, 33, Ex praemissis.

[65] *Suma contra os gentios* I, 33.

[66] Consultar, entre outros, BLANCHE, F.-A. Sur le sens de quelques locutions concernant l'analogie dans la langue de Saint Thomas d'Aquin. *Revue des sciences philosophiques et théologiques* (1921) 52-59; DESBUTS, B. La notion d'analogie d'après Saint Thomas d'Aquin. *Annales de philosophie chrétienne* (1906) 377-385; LANDRY, B. *La notion d'analogie chez Saint Bonaventure et Saint Thomas d'Aquin*, Lovaina, 1922; PENIDO, M. T.-L. *Le rôle de l'analogie en théologie dogmatique*, Paris: Vrin, 1931 (principalmente o capítulo 1, pp. 11-78); MARITAIN, J. *Distinguer pour unir, ou les degrés du savoir*. Paris: Desclée de Brouwer, 1932 (anexo II: De l'analogie, pp. 821-826); GEIGER OP, L. B. *La participation dans la philosophie de Saint Thomas*. Paris: Vrin, 1953; FABRO, C. *La nozione metafisica di partecipazione*. Roma, 1950.

sobre a noção de analogia são relativamente pouco numerosos e cada um deles é tão sóbrio que não podemos impedir-nos de perguntar por que essa noção ganhou tanta importância aos olhos de seus comentadores. Talvez encontremos uma explicação no desejo secreto de resgatar, de uma pobreza muito aparente, o conhecimento de Deus que nos oferece Santo Tomás. Chega-se progressivamente, então, a falar da analogia como se, mais do que equivocidade, ela fosse uma variante da univocidade. Tratamo-la como se, não sendo *pure univoca* (puramente unívoca), pudesse tornar-se fonte de conhecimentos quase positivos que permitiriam conceber mais ou menos confusamente a essência de Deus. Porém, talvez não seja necessário forçar os textos tomistas para obter dessa noção os favores que dela se esperam. Basta interpretá-los, como faz Santo Tomás mesmo, não na ordem do conceito quiditativo, mas na do juízo.

O que Santo Tomás pede à noção de analogia é que ela permita ao metafísico ou ao teólogo que recorre à metafísica falar de Deus sem cair a todo instante no equívoco puro e, por conseguinte, no sofisma. Já o fato de Aristóteles ter provado muitas coisas sobre Deus pela razão demonstrativa é uma prova de que esse perigo é evitável, mas deve-se reconhecer que o deus de Aristóteles, por mais inacessível que fosse, era-o muito menos do que o *Aquele que é* de Santo Tomás de Aquino[67]. Para evitar o equívoco puro, é preciso, então, apoiar-se sobre a relação que liga todo efeito à sua causa, único vínculo que permite elevar-se, sem erro possível, da criatura ao criador. É essa relação que Santo Tomás nomeia analogia ou proporção.

Tal como Santo Tomás a concebe, a analogia ou proporção encontra-se em dois casos principais. No primeiro, várias coisas têm relação com outra e o tipo de relação delas com essa outra é diferente. Diz-se, então, que há analogia entre os nomes delas porque todas têm relação com a mesma coisa. Por exemplo, fala-se de um remédio saudável e de uma urina saudável. Uma urina é saudável porque ela é sinal de saúde; um remédio é saudável porque é causa da saúde. Há analogia entre tudo o que, em algum sentido, é saudável, porque tudo o que é saudável é-o em relação ao estado de saúde de um ser vivo. No segundo caso, não se trata mais da analogia ou proporção que une várias coisas entre si porque têm relação com outra, mas da analogia que liga uma coisa a outra por causa da relação que as une. Por exemplo, fala-se de um remédio saudável e de uma pessoa saudável, porque esse remédio causa a saúde dessa pessoa. Aqui não temos mais a analogia do sinal e da causa de uma mesma coisa (a urina e um remédio), mas, antes, a analogia da causa e de seu efeito.

---

[67] Cf. *Suma de teologia* I, 13, 5, Resp. Como filósofo, Santo Tomás é garantido pelo exemplo de Aristóteles; como teólogo, ele o é pela palavra de São Paulo: *Invisibilia Dei per ea quae facta sunt intellecta conspiciuntur* (o que de Deus é invisível é percebido como inteligível por meio de tudo o que foi feito – cf. Rom 1, 20).

Está claro que, quando se diz que um remédio é saudável, não se pretende que ele esteja em boa saúde; o termo "saudável" não é, pois, *puramente unívoco* ao remédio e à pessoa doente, mas o remédio é no entanto saudável, pois causa a saúde: o termo "saudável" não é, pois, *puramente equívoco* ao remédio e à pessoa. É precisamente nesse sentido que se pode nomear Deus com base em suas criaturas. Deus não é mais justo, sábio, bom e poderoso do que é saudável o remédio que cura. Todavia, o que nomeamos bem, justiça, sabedoria, força está certamente em Deus, pois Deus é sua causa. Sabemos, então, com toda certeza, que Deus é tudo aquilo que comporta alguma perfeição positiva; mas sabemos também que tudo isso é como o efeito é sua causa, segundo um modo de ser necessariamente imperfeito. Assim, afirmar de Deus a perfeição das criaturas, mas segundo um modo que nos escapa, é situar-se entre o unívoco e o equívoco puros[68]. Sinais e efeitos de Deus, as perfeições das coisas não são o que é Deus mesmo, mas Deus mesmo é, sob um modo infinitamente mais elevado, o que as coisas são. Falar de Deus por analogia é, então, dizer em cada caso que Deus é eminentemente cada perfeição.

Muito se discutiu sobre o sentido desse pensamento. Uns sublinharam tão fortemente quanto puderam o elemento de agnosticismo que ele comporta; outros insistiram energicamente sobre o que ele garante de valor positivo ao nosso conhecimento de Deus. A discussão poderá durar tanto quanto cada uma dessas teses puder indefinidamente encontrar novos textos, todos autenticamente tomistas, para justificar-se. Sobre o plano do quiditativo, não há intermediário entre o unívoco e o equívoco. Aí, as duas interpretações mencionadas são inconciliáveis[69], mas elas deixariam sem dúvida de sê-lo se as transpuséssemos sobre o plano do juízo. Convém, com efeito, observar que, no caso de Deus, todo juízo, mesmo apresentando a forma de um juízo de atribuição, é, na realidade, um juízo de existência. Quer se fale, a seu respeito, de essência, substância, bondade ou sabedoria, não se faz nada mais do que repetir sobre ele: ele é o ser. Donde o seu nome por excelência: *Aquele que é*. Se, pois, se toma um a um cada atributo divino, perguntando-se se ele se encontra em Deus, dever-se-á responder que não se encontra, ao menos como tal e a título de realidade distinta; aliás, visto não podermos conceber

---

[68] Cf. *Suma de teologia* I, 13, 5, Resp.

[69] Ver de A.-D. SERTILLANGES os *Renseignements techniques* (Apontamentos técnicos) apostos à sua tradução: TOMÁS DE AQUINO. *Somme théologique*. Tomo II. Paris: Desclée et Cie., 1926, pp. 379-388. Do mesmo autor, ver *Le christianisme et les philosophies*. Paris: Aubier, 1939, pp. 268--273, onde a posição de Santo Tomás é definida como "um agnosticismo de definição". Em sentido contrário, ver MARITAIN, J. *Les degrés du savoir, op. cit.*, Anexo III (*Ce que Dieu est* – "O que Deus é"), pp. 827-843. Inutilmente provocante, a fórmula "agnosticismo de definição" é, entretanto, correta. Esquece-se, às vezes, o elemento positivo da teologia negativa. Ela não se reduz a ignorar o que é Deus; ao termo do esforço por conhecê-lo, ela entende que nunca se sabe o que ele é. Esse conhecimento da ignorância, ou saber de um não saber, é o termo do mais intenso esforço intelectual: *docta ignorantia* (douta ignorância).

de modo algum uma essência que não seja senão um ato de existir, também não podemos de modo algum conceber o que Deus é, mesmo com a ajuda desses atributos. Pôr na boca de Santo Tomás a afirmação de que temos um conhecimento "ao menos imperfeito" do que Deus é significa trair seu pensamento tal como ele o formulou expressamente e repetidas vezes. Afinal, ele não somente disse que a visão da essência divina nos é vedada na vida terrestre[70], como também declarou abertamente que "há algo a respeito de Deus que é justamente desconhecido para o ser humano nesta vida: saber o que Deus é". Dizer que *quid est Deus* (o que Deus é) é algo de *omnino ignotum* (inteiramente desconhecido) para o ser humano nesta vida[71] significa pôr todo conhecimento, imperfeito ou perfeito, da essência de Deus como radicalmente inacessível ao ser humano na vida terrestre. A toda interpretação contrária, o famoso texto da *Suma contra os gentios* opõe um obstáculo invencível: "Não podemos alcançar o que Deus é, mas o que ele não é e qual relação todo o resto mantém com ele"[72].

Por outro lado, é certo que Santo Tomás oferece-nos certo conhecimento de Deus, aquele mesmo que, no texto da *Carta aos Romanos*, São Paulo chama de conhecimento dos *invisibilia Dei* (o que de Deus é invisível). É preciso dizer de saída que, se se tratasse de um conhecimento direto de Deus mesmo, São Paulo não falaria de *invisibilia* (o que é invisível [no plural]), mas de *invisibile* (invisível [no singular]), pois Deus é uno, e sua essência é una, tal como o veem os bem-aventurados, mas não nós. A palavra de São Paulo não convida, portanto, de modo algum, a abrandar a sentença que nos proíbe conhecer a essência divina. Nem sequer é de um tal conhecimento que se fala aqui. O único conhecimento que São Paulo nos concede é o dos *invisibilia*, quer dizer, de uma pluralidade de pontos de vista sobre Deus ou de maneiras de concebê-lo (*rationes*) que designamos por nomes tomados dos efeitos dele e que lhe atribuímos: "Dessa maneira, o entendimento visa a unidade da essência divina sob os aspectos da bondade, sabedoria, virtude e outros do tipo, os quais não se encontram em Deus. Ele [São Paulo] os nomeou, então, *invisibilia Dei*, porque o que em Deus corresponde a esses nomes ou razões é um e não é visto por nós"[73].

---

[70] Cf. *Suma de teologia* I, 12, 11, Resp.

[71] Cf. *Comentário à Carta de São Paulo aos Romanos*, cap. 1, lição 6 (edição de Parma, tomo XIII, p. 15). Cf. também *Suma contra os gentios* III, 49, Amplius divina substantia est suum esse: "De Deus conhecemos o que ele não é; quanto ao que ele é, permanece absolutamente desconhecido". Essa passagem remete a Dionísio Pseudoareopagita e a seu texto *A teologia mística*. Não é possível, de maneira nenhuma, ir além do *penitus incognitum* (absolutamente desconhecido) na via da negação; trata-se do *pantélos agnóston* de Dionísio.

[72] *Suma contra os gentios* I, 30 (fim do capítulo).

[73] *Comentário à Carta de São Paulo aos Romanos*, cap. 1, lição 6 (edição de Parma, tomo XIII, p. 16). Segundo Santo Tomás, São Paulo teria mesmo dito, alhures, *et divinitas* (e a divindade) e

A menos que se admita que Santo Tomás grosseiramente se contradisse, é preciso, então, supor que o conhecimento de Deus que ele nos oferece não incide de maneira nenhuma sobre a essência divina, quer dizer sobre seu *esse* (ato de ser ou existir). Tal é, com efeito, o caso, e ele mesmo não cessa de repeti-lo. Todo efeito de Deus é análogo à causa. O conceito que formamos desse efeito não pode, em nenhum caso, transformar-se para nós no conceito de Deus que nos escapa, mas podemos atribuir a Deus, por um juízo afirmativo, o nome que designa a perfeição correspondente a esse efeito. Proceder assim não é pôr Deus como semelhante à criatura, mas fundar-se sobre a certeza de que, dado que todo efeito assemelha-se à sua causa, a criatura de que partimos assemelha-se certamente a Deus[74]. É por isso que atribuímos a Deus vários nomes, como "bom", "inteligente" ou "sábio"; esses nomes não são sinônimos, pois cada um designa nosso conceito distinto de uma perfeição criada distinta[75]. Porém, essa multiplicidade de nomes designa um objeto simples, porque os atribuímos ao mesmo objeto por meio do juízo.

Se nos detivermos nesse ponto, veremos como a natureza do próprio juízo o predestina a desempenhar esse papel. Julgar é sempre pôr uma unidade por um ato complexo. Nos casos em que nossos juízos versam sobre Deus, cada um deles afirma a identidade de certa perfeição ao *esse* divino mesmo. É por isso que nosso entendimento "exprime a unidade da coisa pela composição verbal, que é uma marca de identidade, quando ele diz 'Deus é bom' ou 'Deus é bondade', de modo que o que há de diversidade na composição desses termos é atribuível ao conhecimento do entendimento, enquanto a unidade é atribuível à coisa conhecida"[76]. O que Santo Tomás chama de nosso conhecimento de Deus consiste, então, finalmente, em nossa aptidão para formar proposições verdadeiras a seu respeito. Sem dúvida, cada uma dessas proposições reduz-se a predicar o mesmo dele mesmo, mas o entendimento pode fazê-lo raciocinando como se o sujeito de sua proposição fosse um tipo de substrato ao qual o predicado acrescentar-se-ia como uma forma. Assim, na proposição "Deus é bom" fala-se como se Deus fosse um sujeito real, informado pela bondade. É preciso que seja assim, pois um juízo se compõe de vários termos. Mas não esqueçamos que ele não é uma simples justaposição desses termos, mas a *composição* deles, termo que Santo Tomás emprega quase sempre, não no sentido passivo de composto, mas no sentido ativo de ato de compor. Ora, efetuando a *compositio* dos termos no juízo, é precisamente a identidade real deles que o entendimento significa, pois a função própria

---

não *et deitas* (e a deidade), porque *divinitas* significa a participação em Deus, ao passo que *deitas* significa sua essência. Em *Suma contra os gentios* I, 36 (final do capítulo), vê-se que a fórmula *bonitas est in deo* não pode ser aceita senão como modo de falar.

[74] Cf. *Suma contra os gentios* I, 29.

[75] Cf. *ibidem*, I, 35; *Questão disputada sobre o poder divino*, q. 7, a. 6, Resp.

[76] *Suma contra os gentios* I, 36.

do juízo é a de significá-la: *identitatem rei significat intellectus per compositionem* (o intelecto significa por composição a identidade da coisa). Ainda, o que, tomado à parte, é verdadeiro de cada um de nossos juízos sobre Deus é-o igualmente do conjunto deles. Já o dissemos, não há dois nomes dados a Deus que sejam sinônimos, pois nosso entendimento o apreende de modos múltiplos segundo as maneiras múltiplas como as criaturas o representam, mas, dado que o sujeito de todos os nossos juízos sobre Deus permanece um e o mesmo, podemos dizer ainda aqui que, embora nosso entendimento "conheça Deus sob aspectos diversos, ele sabe, entretanto, que é uma realidade una e idêntica que responde a todos os seus conceitos"[77].

Vê-se, assim, como convergem, num plano superior, as duas interpretações, afirmativa e negativa, propostas para a teologia natural de Santo Tomás de Aquino, pois ambas são verdadeiras, cada qual em sua ordem. É exato dizer que, segundo Santo Tomás, das formas definidas que cada um dos nomes divinos significa, nenhuma existe em Deus: *quodlibet enim istorum nominum significat aliquam formam definitam, et sic non attribuuntur* (qualquer um desses nomes significa uma forma definida, mas não é assim que se atribuem [a Deus])[78]. Não se pode, portanto, dizer que a bondade como tal, a inteligência como tal, nem a força como tal existem como formas definidas no ser divino, mas seria inexato dizer que não afirmamos nada de positivo a respeito de Deus ao afirmarmos que ele é bom, justo ou inteligente. O que afirmamos em cada um desses casos é a substância divina mesma[79]. Dizer *Deus é bom* não equivale a simplesmente dizer *Deus não é mau*, tampouco a *Deus é causa da bondade*; o verdadeiro sentido dessa expressão é que "aquilo que chamamos de bondade nas criaturas preexiste em Deus, e de modo mais elevado. Não resulta daí que pertença a Deus ser bom como causa da bondade, mas, ao contrário, que é porque ele é bom que ele difunde a bondade nas coisas"[80]. Nenhuma contradição opõe essas duas teses, pela simples razão de que elas não passam do verso e o reverso de um só pensamento, o mesmo que Santo Tomás enfatizava com tanta insistência a respeito do existir divino. Que sabemos de Deus? Indubitavelmente isto: sabemos que a proposição *Deus existe* é uma proposição verdadeira, mas não sabemos o que, para Deus, é existir, pois *est idem esse Dei quod est substantia, et sicut ejus substantia est*

---

[77] *Suma de teologia* I, 13, 12, Resp.

[78] Cf. *Questão disputada sobre o poder divino*, q. 7, a. 5, ad 2m.

[79] Cf. *ibidem* q. 7, a. 5, Resp. Utilizando esse texto, sobre o qual Jacques Maritain apoia sua própria interpretação (cf. *Les degrés du savoir*, pp. 832-834), é preciso lembrar a tese precisa que Santo Tomás nele desenvolve: os nomes divinos significam a substância de Deus, quer dizer, elas a designam como sendo o que esses nomes significam. Não decorre daí que essas designações façam-nos conceber o que a substância divina é, pois concebemos cada uma dessas designações por um conceito distinto, ao passo que a substância de Deus é a unidade simples de seu existir.

[80] *Suma de teologia* I, 13, 2, Resp.

*ignota, ita et esse* (o mesmo é o ser de Deus e a sua substância, e, assim como sua substância é desconhecida, assim também é o seu ser)[81]. Quando se trata dos atributos divinos, a situação continua exatamente a mesma. Embora demonstrando quais são eles, não aumenta nosso conhecimento do que Deus é. *Quid est Deus nescimus* (ignoramos o que Deus é)[82], não cessa de repetir Santo Tomás. A ilusão de que o contrário seria possível vem simplesmente do fato de que cremos saber de qual *ser* se trata quando provamos que Deus existe. Cremos ainda saber de qual bondade, inteligência e vontade se trata quando provamos que Deus é bom, inteligente e dotado de vontade. Na verdade, não sabemos nada mais, pois todos esses nomes significam a substância divina, idêntica ao *ser* de Deus e desconhecida para nós tanto quanto *esse* ou ser[83]. Esta certeza permanece: assim como a proposição *Deus existe* é verdadeira, também as proposições *Deus é bom, Deus é vida, Deus é inteligente* e outras de mesmo tipo são todas verdadeiras. Que Deus seja o que chamamos de bondade, vida e vontade nós sabemos com tanta certeza quanto sabemos que ele é o que chamamos de ser ou existir, mas o conteúdo conceitual desses termos não muda quando os aplicamos a Deus. Todos esses juízos verdadeiros orientam, então, nosso entendimento para um mesmo polo, cuja direção nos é conhecida, mas, por estar esse polo no infinito, nossas forças naturais não nos permitem atingi-lo. Multiplicar as proposições que o designam não significa atingi-lo, mas também não é falar à toa nem despender esforços inutilmente, pois já é, pelo menos, voltarmo-nos para ele.

---

[81] *Questões disputadas sobre o poder de Deus*, q. 7, a. 2, ad 1m.

[82] *Ibidem*, ad 11m.

[83] Cf. *Suma de teologia* I, 13, 2, Sed contra. Jacques Maritain, em *Les degrés du savoir, op. cit.*, p. 841, qualificou de "claramente equivocada" a fórmula do Pe. Sertillanges segundo a qual "*Aquele que é* não passa de um nome de criatura". Digamos, quando muito, "provocadora", pois contém nada mais nada menos do que o erro de supor compreendido o pensamento de Santo Tomás. Os três termos *aquele*, *que* e *é* são tomados da língua comum: eles foram forjados para designar algo completamente diferente de Deus; assim, quanto ao *modo de significar*, a expressão aplica-se inicialmente às criaturas, mas, ao contrário, quanto ao *que significa* (o ser ou existir mesmo), a expressão convém acima de tudo a Deus, que é puro ato de ser. Tal distinção, presente na *Suma de teologia* I, 13, 3, Resp. e I, 13, 6, Resp., é evocada por Jacques Maritain contra o Pe. Sertillanges, cuja fórmula, aliás, repousava sobre essas passagens. Se os nomes que atribuímos a Deus são, por imposição primeira, nomes de criaturas, os conceitos que lhes correspondem no pensamento continuam até o fim conceitos de criaturas. Dizer que o *id quod est* (isto que é), que conhecemos na criatura apenas como participação, pertence a Deus *per prius* ou por direito de prioridade é dizer igualmente que nos escapa o que ele é em Deus. Para evitar o "agnosticismo de definição" ao qual alguns se resignam mal quando se trata de Deus, não é em um conceito mais ou menos imperfeito da essência divina que se deve buscar refúgio, mas nos juízos negativos que, a partir dos efeitos múltiplos de Deus, circundam, por assim dizer, o lugar metafísico de uma essência que não podemos absolutamente conceber.

## III. AS PERFEIÇÕES DE DEUS

Entre as perfeições que podemos atribuir a Deus por analogia com as criaturas, três merecem reter particularmente nossa atenção, pois constituem as perfeições mais elevadas do ser humano, ele mesmo a mais perfeita das criaturas terrestres: são as perfeições da inteligência, da vontade e da vida. Antropomorfismo, dir-se-á sem dúvida. Mas, se convém partir dos efeitos de Deus, é mais sábio partir do ser humano do que da pedra. Mas, qual risco corremos ao conceber Deus à imagem do ser humano em um pensamento em que sabemos de antemão que nosso conceito permanecerá infinitamente inferior a seu objeto, não importando qual efeito tomemos como base para concebê-lo?

A inteligência de Deus poderia, aliás, ser deduzida imediatamente de sua infinita perfeição. Visto atribuirmos ao criador, com efeito, todas as perfeições que se encontram na criatura, não podemos recusar-lhe a mais nobre de todas, aquela pela qual um ente pode tornar-se, de certo modo, todos os entes: numa palavra, a inteligência[84]. Mas é possível descobrir ainda uma razão mais profunda para essa atribuição, tomando-a da natureza mesma do ser divino. Pode-se constatar, inicialmente, que cada ente é tanto mais inteligente quanto mais é despojado de matéria[85]. Pode-se admitir, na sequência, que os entes cognoscentes distinguem-se dos entes desprovidos de conhecimento pelo fato de que esses últimos não possuem senão sua própria forma, ao passo que os entes cognoscentes podem ainda apreender a forma dos outros entes. Em outros termos, a faculdade de conhecer corresponde a uma amplitude maior e a uma extensão do ente no sujeito cognoscente; a privação de conhecimento corresponde a uma limitação mais estreita e como a uma restrição do ente que dele é desprovido. É o que exprime a palavra de Aristóteles: *anima est quodammodo omnia* (a alma é, de certo modo, todas as coisas). Uma forma será, então, tanto mais inteligente quanto mais for capaz de tornar-se, por modo de conhecimento, um número mais considerável de outras formas; ora, só a matéria pode restringir e limitar essa extensão da forma, donde poder-se dizer que quanto mais as formas são imateriais, tanto mais elas se aproximam de algo como a infinitude. É evidente, portanto, que a imaterialidade de um ente é o que lhe confere o conhecimento, e que o grau de conhecimento depende do grau de imaterialidade. Uma rápida indução terminará por nos convencer: as plantas são desprovidas de conhecimento em razão de sua materialidade; o sentido, ao contrário, é já dotado de conhecimento porque recebe as espécies sensíveis desprovidas de matéria; o intelecto é capaz de um grau ainda superior de conhecimento ao ser mais

---

[84] Cf. *Suma contra os gentios* I, 44.
[85] Cf. *Idem, ibidem*, Ex hoc.

profundamente separado da matéria (também seu objeto próprio é o universal, e não o singular, pois a matéria é o princípio de individuação); chegamos enfim a Deus, que demonstramos anteriormente ser totalmente imaterial; ele é, então, também superiormente inteligente: *cum Deus sit in summo immaterialitatis, sequitur quod ipse sit in summo cognitionis* (como Deus está no máximo da imaterialidade, segue-se que ele também esteja no máximo do conhecimento)[86].

Vinculando essa conclusão àquela que já obtivemos e segundo a qual Deus é o seu ser, descobrimos que a inteligência de Deus confunde-se com seu existir. Conhecer, com efeito, é ato do ente inteligente. Ora, o ato de um ente pode passar a algum ente exterior a ele; o ato de aquecer, por exemplo, passa daquele que aquece àquele que é aquecido. Mas certos atos, ao contrário, permanecem imanentes a seu sujeito, e o ato de conhecer está entre eles. O inteligível não experimenta nada pelo fato de uma inteligência apreendê-lo, mas a inteligência obtém seu ato e sua perfeição. Então, quando Deus conhece, seu ato de inteligência permanece-lhe imanente, mas sabemos que tudo o que há em Deus é a essência divina. A inteligência de Deus confunde-se, portanto, com a essência divina, e, por conseguinte, com o existir divino, que é Deus mesmo; afinal, Deus é a identidade de sua essência e de seu existir, como foi demonstrado[87].

Por esse caminho vemos ainda que Deus compreende-se perfeitamente a si mesmo, pois se, como já vimos, ele é o supremo Inteligente, então é também o supremo Inteligível. Algo material não pode tornar-se inteligível senão quando, pela luz do intelecto agente, é separado da matéria e de suas condições materiais. Por conseguinte, podemos dizer da inteligibilidade das coisas o mesmo que dizíamos do grau de conhecimento delas: a inteligibilidade cresce com a imaterialidade. Em outros termos ainda, o imaterial é, como tal e por sua natureza, inteligível. Por outro lado, todo inteligível é apreendido à medida que é uno em ato com o ser inteligente; ora, a inteligência de Deus confunde-se com sua essência, e sua inteligibilidade confunde-se com sua essência; a inteligência é, então, aqui, una em ato com o inteligível; por conseguinte, Deus, em quem o supremo grau do conhecimento e o supremo grau do cognoscível coincidem, compreende-se perfeitamente a si mesmo[88]. Avancemos ainda mais: o único objeto que Deus conhece por si e de modo imediato é a si mesmo. É evidente, com efeito, que, para conhecer imediatamente por si outro objeto diferente de si, Deus deveria necessariamente desviar-se de seu objeto imediato que é ele mesmo e voltar-se para

---

[86] *Suma de teologia* I, 14, 1, Resp. Cf. *Questões disputadas sobre a verdade*, q. 2, a. 1, Resp.

[87] Cf. *Suma contra os gentios* I, 45.

[88] Cf. *Questões disputadas sobre a verdade*, q. 2, a. 2, Resp.; *Suma contra os gentios* I, 47; *Suma de teologia* I, 14, 2, Resp.

outro objeto. Mas esse outro objeto não poderia ser senão inferior ao primeiro; a ciência divina perderia, então, algo de sua perfeição, o que é impossível[89].

Deus conhece-se perfeitamente a si mesmo, e só conhece imediatamente a si mesmo; isso não significa que ele não conhece nada além de si. Uma conclusão desse tipo estaria em contradição com o que sabemos sobre a inteligência divina: partamos do princípio de que Deus conhece-se perfeitamente a si mesmo (princípio, aliás, evidente à parte de qualquer demonstração, pois a inteligência de Deus é seu ser, e seu ser é perfeito); está claro, por outro lado, que, para conhecer perfeitamente algo, é preciso conhecer perfeitamente seu poder, e, para conhecer perfeitamente o poder, é preciso conhecer os efeitos aos quais esse poder se estende. Mas o poder divino estende-se a outras coisas diferentes de Deus mesmo, pois ele é a Primeira Causa Eficiente de todos os entes. É necessário, portanto, que, conhecendo-se a si mesmo, Deus conheça ainda todo o restante. A consequência fica ainda mais explícita se se acrescenta isto ao que precede: a inteligência de Deus, Causa Primeira, confunde-se com seu ser. Resulta daí que todos os efeitos que preexistem em Deus como em sua primeira causa encontram-se primeiramente na inteligência de Deus; tudo existe nele sob sua forma inteligível[90]. Essa verdade, de importância capital, requer, porém, certo número de precisões.

Importa notar de saída que, estendendo o conhecimento divino a todas as coisas, nós não o tornamos dependente de nenhum objeto. Deus vê-se a si mesmo em si mesmo, pois ele se vê a si mesmo por sua essência. No que concerne às outras coisas, ao contrário, ele não as vê nelas mesmas, mas em si mesmo, pois sua essência contém em si o arquétipo de tudo o que não é ele. Em Deus, o conhecimento não recebe sua especificação de nada além da essência mesma de Deus[91]. Mas a verdadeira dificuldade não está aí; ela consiste em determinar sob qual aspecto Deus vê as coisas. Seu conhecimento delas é geral ou particular? Limita-se ao real ou estende-se ao possível? Devemos submeter-lhe até os futuros contingentes? Tais são os pontos de litígio sobre os quais importa tomar partido tão mais firmemente quanto eles forneceram matéria para os erros averroístas os mais graves.

Sustentou-se, com efeito, que Deus conhece as coisas por um conhecimento geral, quer dizer, conhece-as como entes, e não por um conhecimento distinto, quer dizer, não as conhece como constituintes de uma pluralidade de objetos dotados cada um de realidade própria. Tal pensamento é manifestamente incompatível com a absoluta perfeição do conhecimento divino. A natureza própria de cada coisa consiste em certo modo de participação na perfeição da essência divina. Deus não se conheceria a si mesmo se não conhecesse distin-

---

[89] Cf. *Suma contra os gentios* I, 48.
[90] Cf. *Suma de teologia* I, 14, 5, Resp.
[91] Cf. *ibidem*, I, 14, 5, ad 2m e ad 3m.

tamente todos os modos sob os quais sua própria perfeição é participável. Ele nem sequer conheceria de maneira perfeita a natureza do ente se não conhecesse distintamente todos os modos possíveis de ser[92]. O conhecimento que Deus tem das coisas é, portanto, um conhecimento próprio e determinado[93].

Convém dizer que esse conhecimento desce até o singular? Isso já foi contestado, e não sem alguma aparência de haver razão. Conhecer uma coisa reduz-se, com efeito, a conhecer os princípios constitutivos dessa coisa. Ora, toda essência singular é constituída por uma matéria determinada e uma forma individuada nessa matéria. O conhecimento do singular como tal supõe, então, o conhecimento da matéria como tal. Mas nós vemos que, no ser humano, as únicas faculdades que podem apreender o material e o singular são a imaginação e os sentidos ou outras faculdades que se assemelham às precedentes por usarem igualmente órgãos materiais. O intelecto, ao contrário, é uma faculdade imaterial cujo objeto próprio é o geral. O intelecto divino é muito mais imaterial do que o intelecto humano; seu conhecimento deve, então, separar-se de todo objeto particular muito mais ainda do que o conhecimento intelectual humano[94].

Os princípios dessa argumentação voltam-se contra a conclusão que dela queremos extrair. Eles permitem afirmar que quem conhece uma matéria determinada e a forma individuada nessa matéria conhece o objeto singular que essa forma e essa matéria constituem. Mas o conhecimento divino estende-se às formas, aos acidentes individuais e à matéria de cada ente. Visto que sua inteligência confunde-se com sua essência, Deus conhece inevitavelmente tudo o que se encontra, de algum modo, em sua essência. Ora, tudo aquilo que de algum modo e em algum grau possui ser encontra-se na essência divina como em sua origem primeira, pois sua essência é o ato de ser. A matéria, por sua vez, é certo modo de ser, pois ela é o ser em potência; o acidente também é certo modo de ser, pois ele é o *ens in alio* (ente em outro; algo que existe em outro); assim, tanto quanto a forma, também a matéria e os acidentes entram na essência e, por conseguinte, no conhecimento de Deus. Isso equivale a dizer que não podemos recusar-lhe o conhecimento dos singulares[95]. Com isso, Santo Tomás tomava posição abertamente contra o averroísmo de seu tempo. Sigério de Brabante, por exemplo[96], ao interpretar em seu sentido mais estrito a doutrina de Aristóteles sobre as relações divinas com o mundo, não via em Deus mais do que a causa final do Universo. No seu dizer,

---

[92] Cf. *Suma contra os gentios* I, 50; *Suma de teologia* I, 14, 6, Resp.

[93] Cf. *Questões disputadas sobre a verdade*, q. 2, a. 4.

[94] Cf. *Suma contra os gentios* I, 63, 1º argumento inicial.

[95] Cf. *Suma contra os gentios* I, 65; *Suma de teologia* I, 14, 11, Resp.; *Questões disputadas sobre a verdade*, q. 2, a. 5, Resp.

[96] Cf. MANDONNET, P. *Siger de Brabant et l'averroïsme latin au XIIIème siècle*. Vol. I, p. 168; vol. II, p. 76.

Deus não era a causa eficiente dos entes físicos nem quanto à matéria nem quanto à forma deles; não sendo causa nesse sentido, Deus não tinha de administrá-los providencialmente e nem sequer precisava conhecê-los. Era, portanto, a negação da causalidade divina que conduzia os averroístas a recusar a Deus o conhecimento dos singulares; mas será a afirmação da causalidade divina universal que conduzirá Santo Tomás a atribuir-lhe tal conhecimento. Sendo o *Esse* (Ser ou Existir mesmo), o Deus de Santo Tomás causa e conhece a totalidade do *ens* (ente).

Deus conhece, então, todos os entes reais, não somente como distintos uns dos outros, mas ainda na individualidade mesma deles, com os acidentes e a matéria que os tornam singulares. Mas conhece Deus também os possíveis? Não se poderia duvidar disso com razoabilidade. O que não existe atualmente, mas pode existir, é, ao menos, uma existência virtual, potencial, e, por esse caráter, distingue-se do puro nada. Ora, foi demonstrado que, porque ele é o Existir, Deus conhece tudo o que existe, de qualquer gênero de existência que se trate. Deus conhece, portanto, os possíveis. Quando se trata de possíveis que, embora não existam atualmente, existiram ou existirão, diz-se que Deus conhece-os porque tem a *ciência de visão*. Quando se trata de possíveis (que poderiam realizar-se, mas não se realizam agora, não se realizaram antes nem nunca se realizarão), diz-se que Deus tem deles a *ciência de simples inteligência*. Em nenhum caso os possíveis escapam à intelecção perfeita de Deus[97].

Nossa conclusão estende-se, ainda, à classe dos possíveis a respeito dos quais não sabemos dizer se se realizarão ou não: os futuros contingentes. Pode-se, com efeito, considerar um futuro contingente de duas maneiras: nele mesmo e atualmente realizado ou em sua causa e podendo realizar-se. Por exemplo, Sócrates pode estar sentado ou em pé; se vejo Sócrates sentado, então vejo esse contingente atualmente presente e realizado; mas, se vejo simplesmente que no conceito de Sócrates está incluído que ele possa sentar-se ou ficar em pé segundo sua vontade, então vejo o contingente sob a forma de um futuro ainda não determinado. No primeiro caso, há conteúdo para conhecimento certo; no segundo, nenhuma certeza é possível. Portanto, quem só conhece o efeito contingente em sua causa não tem dele mais do que um conhecimento conjectural. Mas Deus conhece todos os futuros contingentes, ao mesmo tempo, em suas causas e em si mesmos, como atualmente realizados. Ainda que os futuros contingentes realizem-se sucessivamente, Deus não conhece sucessivamente os futuros contingentes. Já estabelecemos que Deus está fora do tempo; seu conhecimento, assim como seu ser, mede-se pela eternidade; ora, a eternidade, que é toda ao mesmo tempo, abraça em um presente imóvel a totalidade do tempo. Deus conhece, pois, os futuros

---

[97] Cf. *Suma de teologia* I, 14, 9, Resp.

contingentes como atualmente presentes e realizados[98]; todavia, o conhecimento necessário que deles ele tem não lhes retira o caráter de contingência[99]. Ainda uma vez Santo Tomás distancia-se do averroísmo e mesmo do aristotelismo o mais autêntico[100]. Segundo Averróis e Aristóteles, um futuro contingente tem como característica essencial o poder produzir-se ou não se produzir; não se concebe, portanto, que ele possa ser objeto de ciência para quem quer que seja, e, desde que um contingente é conhecido como verdadeiro, ele deixa de ser contingente para tornar-se imediatamente necessário. Aristóteles, com efeito, não tinha concebido Deus como o ato puro de existir, causa eficiente de toda existência. Supremamente necessário nele mesmo, o Pensamento divino que dominava o mundo de Aristóteles não pensava nada que não fosse necessário; não era nem criador nem providente; em suma, não era para o Universo a causa que o faz existir.

Depois de ter determinado em que sentido convém atribuir a Deus *inteligência*, resta determinar em que sentido devemos atribuir-lhe *vontade*. Dado que Deus conhece, podemos concluir que ele quer, pois, se o bem como conhecido constitui o objeto próprio da vontade, segue-se necessariamente que, desde que é conhecido, o bem é também querido. Por conseguinte, o ente que conhece o bem é, por isso mesmo, dotado de vontade. Ora, Deus conhece os bens, pois é perfeitamente inteligente, como se demonstrou precedentemente, e conhece o ente ao mesmo tempo sob seu aspecto de ente e sob seu aspecto de bem. Deus quer, portanto, pelo simples fato de conhecer[101]. Essa consequência não é válida só para Deus, mas para todo ente inteligente, pois cada ente encontra-se, quanto à sua forma natural, em uma relação tal que, quando ele não a possui, ele tende para ela, e, quando a possui, repousa nela. Ora, a forma natural da inteligência é o inteligível. Todo ente inteligente tende, assim, para sua forma inteligível quando não a possui e repousa nela quando a possui. Mas essa tendência e esse repouso de comprazimento implicam vontade. Podemos, portanto, concluir que em todo ente inteligente deve também encontrar-se vontade. Ora, Deus possui inteligência; então, ele possui também vontade[102]. Sabemos, porém, que a inteligência de Deus é idêntica a seu existir; se ele quer por ser inteligente, então sua vontade deve ser igualmente idêntica a seu existir. Ainda, assim como o conhecer de Deus é seu existir, seu

---

[98] Cf. *Suma de teologia* I, 14, 13, Resp.; *Suma contra os gentios* I, 67; *Questões disputadas sobre a verdade*, q. 2, a. 12, Resp.

[99] Cf. *Suma de teologia* I, 14, 13, ad 1m.

[100] Cf. MANDONNET, *op. cit.*, vol. I, pp. 164-167; vol. 2, pp. 122-124.

[101] Cf. *Suma contra os gentios* I, 72.

[102] Cf. *Suma de teologia* I, 19, 1, Resp.; *Questões disputadas sobre a verdade*, q. 23, a. 1, Resp.

querer é seu existir[103]. A vontade, desse modo, não mais do que a inteligência, não introduz em Deus nenhum tipo de composição.

Desse princípio veremos decorrer consequências paralelas àquelas que deduzimos precedentemente no tocante à inteligência de Deus. A primeira consiste em dizer que a essência divina constitui o objeto primeiro e principal da vontade de Deus. O objeto da vontade, já o dissemos, é o bem apreendido pelo intelecto. Ora, o que o intelecto divino apreende imediatamente e por si não é senão a essência divina, como demonstramos. A essência divina é, então, o objeto primeiro e principal da vontade divina[104]. Confirmamos, assim, a certeza de que Deus não depende de nada de exterior. Mas não resulta daí que Deus não queira nada além de si. A vontade, com efeito, flui da inteligência. Ora, o objeto imediato da inteligência divina é Deus; mas sabemos que, conhecendo a si mesmo, ele conhece todas as outras coisas. Igualmente, Deus se quer a si mesmo a título de objeto imediato e quer todas as outras coisas querendo a si[105]. Mas podemos estabelecer a mesma conclusão sobre um princípio mais profundo e que conduz à descoberta da fonte da atividade criadora em Deus. Todo ente natural, com efeito, não tem somente, com relação a seu bem próprio, a inclinação que o faz tender para ele quando não o possui ou que o faz nele repousar quando o possui; todo ente inclina-se ainda a irradiar e a difundir, o quanto pode, seu bem próprio nos outros entes; donde todo ente dotado de vontade tender naturalmente a comunicar aos outros o bem que possui. Essa tendência é eminentemente característica da vontade divina, da qual sabemos derivar, por semelhança, toda perfeição. Por conseguinte, se os entes naturais comunicam aos outros seu bem próprio à medida que possuem alguma perfeição, com mais razão pertence à vontade divina comunicar aos outros entes sua perfeição, por modo de semelhança e à medida que ela é comunicável. Assim, portanto, Deus quer existir e quer que os outros existam, mas ele se quer a si mesmo como fim e não quer os outros entes senão com relação ao fim delas, quer dizer, tanto quanto seja conveniente que outros entes participem da divina bondade[106].

Colocando-nos no ponto de vista que acaba de ser definido, percebemos imediatamente que a vontade divina estende-se a todos os bens particulares como a inteligência divina estende-se a todos os entes particulares. Não é necessário, para manter intacta a simplicidade de Deus, admitir que ele só

---

[103] Cf. *Suma de teologia* I, 19, 1; *Suma contra os gentios* I, 73.

[104] Cf. *Suma contra os gentios* I, 74. Essa conclusão decorre, aliás, imediatamente do princípio segundo o qual, em Deus, *suum esse est suum velle* (seu ser é seu querer) – cf. *idem, ibidem*, Praeterea, principale volitum.

[105] Cf. *ibidem*, I, 75.

[106] Cf. *Suma de teologia* I, 19, 2, Resp.

quer os outros bens em geral, quer dizer, enquanto ele quer ser o princípio de todos os bens que dele procedem. Nada impede que a simplicidade divina seja o princípio de uma multiplicidade de bens participados, nem, por conseguinte, que Deus continue simples querendo tais e tais bens particulares. Por outro lado, sabemos que Deus deve querer esses bens particulares. Desde que o bem é conhecido pela inteligência, ele é automaticamente querido. Ora, Deus conhece os bens particulares, como demonstramos antes; sua vontade estende-se, pois, até os bens particulares[107]. Ela se estende mesmo até os simples possíveis. Afinal, se Deus conhece os possíveis na natureza própria deles (inclusive os futuros contingentes), então ele também os quer com tal natureza própria. Ora, a natureza própria deles consiste em dever ou não realizar-se em um determinado momento do tempo; é, então, dessa maneira que Deus os quer, e não somente como existindo eternamente na inteligência divina. Isso não significa que, querendo-os em sua natureza própria, Deus os cria, pois o querer é uma ação que se completa no interior daquele que quer; ora, Deus, querendo as criaturas temporais, não lhes confere a existência por esse querer. Essa existência só lhes pertencerá em razão das ações divinas cujo término é um efeito exterior a Deus mesmo, quer dizer, as ações de produzir, criar e governar[108].

Nós determinamos quais são os objetos da vontade divina; vejamos agora sob quais modos diversos ela se exerce. Perguntemos antes de tudo: há coisas que Deus não pode querer? A essa questão devemos responder pela afirmativa. Mas tal afirmativa deve ser logo delimitada. As únicas coisas que Deus não pode querer são precisamente aquelas que, no limite, não são coisas, quer dizer, todas aquelas que encerram em si mesmas alguma contradição. Por exemplo, Deus não pode querer que um ser humano seja um asno, pois ele não pode querer que um ente seja, ao mesmo tempo, racional e desprovido de razão. Querer que uma coisa, ao mesmo tempo e sob o mesmo aspecto, seja ela mesma e seu contrário é querer que ela seja e ao mesmo tempo não seja; é querer o que é, por si, contraditório e impossível. Lembremo-nos, aliás, da razão pela qual Deus quer as coisas. Ele não as quer senão enquanto partícipes de sua semelhança. Mas a primeira condição que devem preencher as coisas para assemelhar-se a Deus é ser, pois Deus é o Ser primeiro, fonte de todo outro. Deus não teria, portanto, nenhuma razão para querer algo incompatível com a natureza de ente. Ora, pôr o contraditório é pôr um ente que se destrói a si mesmo; é pôr ao mesmo tempo o ser e o não ser. Deus não pode, então, querer o contraditório[109]; esse é o único limite que convém determinar à sua todo-poderosa vontade.

---

[107] Cf. *Suma contra os gentios* I, 79.
[108] Cf. *idem, ibidem*.
[109] Cf. *ibidem*, I, 84.

Consideremos, agora, o que Deus pode querer, ou seja, tudo o que, em algum grau, merece o nome de ente. Se se trata do ente divino mesmo, visado em sua infinita perfeição e em sua suprema bondade, devemos dizer que Deus quer necessariamente tal ente e tal bondade, e que ele não poderia querer o que lhes é contrário. Provou-se anteriormente, com efeito, que Deus quer seu ser e sua bondade a título de objeto principal e de razão do seu querer as outras coisas. Por conseguinte, em tudo o que Deus quer, ele quer seu ser e sua bondade. Mas é impossível, por outro lado, que Deus não queira alguma coisa por uma vontade atual, pois ele não teria vontade senão somente em potência, o que é impossível, pois sua vontade é seu existir. Deus quer, portanto, necessariamente, e ele quer necessariamente seu existir próprio e sua própria bondade[110].

Mas não é o que se passa com relação às outras coisas. Deus não as quer senão enquanto elas têm relação à bondade dele mesmo, visada como fim delas. Ora, quando queremos certa finalidade, não queremos necessariamente as coisas que se referem a ela, salvo quando sua natureza é tal que seja impossível dispensá-las para atingir essa finalidade. Por exemplo, se queremos conservar nossa vida, queremos necessariamente o alimento, e, se queremos cruzar o mar, somos obrigados a querer um navio. Mas não temos necessidade de querer aquilo sem o que podemos atingir nosso fim. Por exemplo, se queremos passear, nada nos obriga a querer um cavalo, pois podemos passear a pé. Essa distinção aplica-se a tudo o que se refere à nossa vontade. Em Deus, porém, a bondade é perfeita; nada do que pode existir fora dela aumenta sua perfeição; é por isso que Deus, que se quer necessariamente a si mesmo, não é de modo algum constrangido a querer algo diferente de si[111]. É sempre verdadeiro que, se Deus quer outras coisas, ele não pode não as querer, pois sua vontade é imutável. Mas essa necessidade puramente hipotética não introduz nele nenhuma necessidade verdadeira e absoluta, quer dizer, nenhum constrangimento[112].

Poder-se-ia objetar, enfim, que, se Deus quer as outras coisas por uma vontade livre de todo constrangimento, ele não as quer, entretanto, sem razão, pois as quer em vista do fim delas, que é a sua própria bondade. Diremos, então, que a vontade divina continua livre de querer as coisas, mas que, se Deus as quer, é lícito identificar uma causa para essa vontade? Isso seria exprimir-se mal, pois a verdade é que de modo algum a vontade divina tem causa. Compreender-se-á isso, aliás facilmente, se se evocar que a vontade flui do entendimento e que as causas em virtude das quais um ente dotado de vontade quer são de mesma ordem que aquelas em virtude das quais um

---

[110] Cf. *ibidem*, I, 80.
[111] Cf. *Suma de teologia* I, 19, 3, Resp.; *Suma contra os gentios* I, 81-82.
[112] Cf. *Suma contra os gentios* I, 83.

ente inteligente conhece. No tocante ao conhecimento, tudo se passa de modo que, se um intelecto compreende separadamente o princípio e a conclusão, sua inteligência do princípio é a causa da sua ciência da conclusão; mas, se esse intelecto percebesse a conclusão no seio do princípio mesmo, apreendendo ambos em uma intuição única, a ciência da conclusão não seria causada nele pela inteligência dos princípios, pois nada é causa de si mesmo, e, entretanto, ele compreenderia que os princípios são causas da conclusão. Esse também é o caso do que concerne à vontade; o fim está para os meios como os princípios estão para a conclusão na inteligência. Se, então, alguém quisesse o fim por um ato e os meios relativos a esse fim por outro ato, o ato pelo qual ele quereria o fim seria causa daquele pelo qual ele quereria os meios. Mas, se esse alguém quisesse, por um ato único, o fim e os meios, não se poderia dizer o mesmo, pois isso significaria pôr o mesmo ato como causa de si mesmo. Todavia, continuaria verdadeiro dizer que essa vontade quer ordenar os meios em vista de seu fim. Ora, assim como, por um ato único, Deus conhece todas as coisas em sua essência, ele também quer por um ato único todas as coisas em sua bondade. Assim como em Deus seu conhecimento da causa não é causa do seu conhecimento do efeito, e como, no entanto, ele conhece o efeito em sua causa, assim também sua vontade do fim não é a causa pela qual ele quer os meios, e, no entanto, ele quer os meios como ordenados em vista de seu fim. Ele quer, portanto, que isto exista por causa daquilo; mas não é por causa daquilo que ele quer isto[113].

Dizer que Deus quer o bem é dizer que ele o ama, pois o amor é o primeiro movimento da vontade em sua tendência para o bem. Atribuindo o amor a Deus, não devemos imaginá-lo como afetado por uma paixão ou tendência que se distinguiria de sua vontade e o tomaria. O amor divino não é mais do que a vontade divina do bem, e, como essa vontade é o *esse* ou existir divino, o amor divino, por sua vez, não é mais do que esse existir mesmo. Tal é, aliás, o ensinamento da Escritura: *Deus caritas est* (Deus é amor – 1Jo 4, 8). Aqui também, teologia natural e teologia revelada convergem no plano da existência[114], como se poderia mostrar pela análise ponto por ponto do objeto do amor divino. A vontade de Deus é causa de todas as coisas. Causa do fato de que *elas são*, o querer divino é, portanto, causa *do que elas são*; ora, Deus não quis que elas sejam e que sejam o que são senão porque elas são boas à proporção que são. Dizer que a vontade de Deus é causa de todas as coisas é, então, dizer que Deus ama todas as coisas, como mostra a razão e ensina a Escritura: *Diligis omnia quae sunt et nihil odisti eorum quae fecisti* (Amas tudo o que é; não odiaste nada daquilo que fizeste – Sb 11, 24).

---

[113] Cf. *Suma de teologia* I, 19, 5, Resp.
[114] Cf. *ibidem* I, 20, 1.

Notemos, aliás, que a simplicidade divina não é em nada dividida pela multiplicidade dos objetos do amor divino. Não faz sentido representar a bondade das coisas como provocando Deus a amá-las. A bondade é nelas infundida por ele, o criador da bondade. Amar suas criaturas significa sempre, para Deus, amar a si mesmo pelo ato simples no qual ele se quer e que é idêntico a seu existir[115]. Assim, amando a si mesmo, Deus ama tudo, e, como todo ente tem tanto de bem quanto tem de existir, Deus ama cada ente proporcionalmente a seu grau próprio de perfeição. Amar mais uma coisa do que outra é, para ele, desejá-la como melhor do que outra[116]; preferir uma coisa a outra é querer, como ele, que as melhores entre as coisas sejam, de fato, melhores do que as outras[117]. Em suma, é querer que elas sejam exatamente o que elas são.

Inteligente e livre, Deus é também um Deus vivo. Ele o é, primeiro, pelo fato mesmo de possuir inteligência e vontade, pois não se poderia conhecer ou querer sem viver. Mas ele o é por uma razão mais direta e ainda mais profunda, tirada da noção mesma de vida. Em meio à diversidade dos entes, aqueles aos quais se atribui vida são os que contêm um princípio interno de movimento. Essa compreensão é tão verdadeira, que chegamos a estendê-la espontaneamente mesmo aos entes inanimados quando apresentam uma aparência de movimento espontâneo: a água que jorra de uma fonte é para nós água viva, por oposição às águas mortas de uma cisterna ou de um tanque. Ora, conhecer e desejar estão entre as ações cujo princípio é interior ao ente que as realiza, e, quando se trata de Deus, é muito mais evidente ainda que tais atos nascem de seu fundo mais íntimo, pois, sendo Causa Primeira, ele é eminentemente causa de suas próprias operações[118]. Deus aparece-nos, assim, como uma fonte viva de eficácia, cujos atos brotam eternamente de seu ser, ou, mais exatamente, cuja operação confunde-se identicamente com seu existir mesmo. O que se designa, com efeito, pelo termo *vida* é, para um ente, o fato mesmo de viver, mas considerado sob uma forma abstrata, assim como o termo *corrida* é um simples termo para significar o ato concreto de correr. Ainda com muito mais razão entende-se por *vida* o fato mesmo de viver, porque a vida de um ente é aquilo mesmo que o faz existir. Tratando-se de Deus, a conclusão impõe-se ainda mais em sentido absoluto, pois ele não é somente sua própria vida (ao modo como os entes particulares são as vidas que receberam), mas ele a é como um ente que vive por si e causa a vida de todos os outros entes[119]. Dessa vida eternamente fecunda de uma inteligência

---

[115] Cf. *ibidem*, I, 20, 2.
[116] Cf. *ibidem*, I, 20, 3.
[117] Cf. *ibidem* I, 20, 4.
[118] Cf. *Suma contra os gentios* I, 97, Adhuc vivere.
[119] Cf. *ibidem* I, 98; *Suma de teologia* I, 18, 4, Resp.

sempre em ato decorre enfim a beatitude ou felicidade divina, da qual a nossa felicidade é só uma participação.

O termo "beatitude" é, com efeito, inseparável da noção de inteligência, pois ser feliz é conhecer que se possui seu bem próprio[120]. Ora, o bem próprio de um ente consiste em realizar tão perfeitamente quanto possível sua operação mais perfeita, e a perfeição de uma operação depende de quatro condições principais, sendo que cada uma delas encontra-se realizada eminentemente na vida de Deus. Primeiro, é preciso que essa operação baste-se a si mesma e termine integralmente no interior do ente que a realiza. Por que essa exigência? Porque uma operação que se desenvolve completamente no interior de um ente realiza-se, no fim das contas, em seu benefício; o resultado que a operação alcança é aquisição do ente e constitui um ganho positivo cujo benefício ele conserva inteiramente[121]. Ao contrário, as operações que se completam fora de seu autor beneficiam menos a ele mesmo do que à obra que elas produzem; tais operações não poderiam constituir um bem da mesma ordem que o bem produzido pelas operações desenvolvidas completamente no interior do ente. Será, portanto, uma operação imanente a Deus que constituirá sua beatitude. Em segundo lugar, a operação beatificante deve ser realizada pela capacidade a mais elevada do ente em questão. Por exemplo, no caso do ser humano, a beatitude não poderia consistir no ato de um conhecimento puramente sensível, mas apenas de um conhecimento intelectual perfeito e seguro. Terceiro, deve-se ter ainda em conta o objeto dessa operação: quando se trata de nós, a beatitude supõe o conhecimento intelectual do supremo inteligível. Em quarto lugar vem a maneira mesma como se realiza a operação: ela deve ser perfeita, sem impedimentos e prazerosa. Ora, tal é precisamente e no grau mais perfeito a operação de Deus: ele é inteligência pura e totalmente em ato; ele é seu próprio objeto, o que equivale a dizer que ele conhece perfeitamente o supremo inteligível; sendo enfim o ato pelo qual ele se conhece a si mesmo, ele o realiza sem dificuldade e na alegria; Deus é, portanto, bem-aventurado, isto é, feliz[122]. Digamos melhor: Deus é sua própria beatitude, pois ele é feliz por um ato de inteligência, e esse ato de inteligência é sua substância mesma. Sua beatitude, por conseguinte, é não somente perfeitíssima, mas sem medida comum com nenhuma outra. Afinal, se gozar do Sumo Bem já é seguramente a felicidade, apreender-se como sendo em si mesmo o Sumo Bem não é simplesmente participar da felicidade; é

---

[120] Cf. *Suma contra os gentios* I, 100: *Cujuslibet enim intellectualis naturae proprium bonum est beatitudo* (a beatitude é o bem próprio de toda natureza dotada de intelecto).

[121] A essas operações Santo Tomás chama de *imanentes* (o ver, o conhecer etc.), por oposição às operações ditas *transitivas*, cujo efeito é exterior ao ente que causa a operação (o construir, o curar etc.).

[122] Cf. *Suma contra os gentios* I, 100, Amplius illud.

sê-la[123]. Desse atributo, como de todos os outros, pode-se dizer que ele cabe a Deus em um sentido único: *Deus qui singulariter beatus est* (Deus, que é bem-aventurado de maneira inteiramente singular). Porque Deus é feliz, a criatura tem felicidade.

Essas últimas considerações conduzem-nos ao ponto onde sairíamos da consideração da essência divina mesma para passar ao exame de seus efeitos. Tal pesquisa permaneceria completamente interditada para nós se não tivéssemos previamente determinado, tanto quanto era possível, os principais atributos de Deus, Causa Eficiente e Causa Final de todas as coisas. Mas, qualquer que seja a importância dos resultados obtidos, se os encaramos na perspectiva de nosso conhecimento humano, convém não esquecer a pobreza extrema deles quando comparados ao objeto infinito que eles pretendem fazer-nos conhecer. Sem dúvida, é um ganho precioso para nós saber que Deus é eterno, infinito, perfeito, inteligente e bom; mas não esqueçamos que o *como* desses atributos escapa-nos, pois, se algumas poucas certezas fizessem-nos esquecer que a essência divina continua desconhecida para nós na vida presente, seria melhor nunca as ter obtido. Só se pode considerar algo como conhecido por nosso intelecto quando o intelecto pode definir esse algo, quer dizer, quando o intelecto se representa esse algo sob uma forma correspondente pontualmente ao que ele é. Ora, não podemos esquecer que tudo o que nosso intelecto pode conceber a respeito de Deus é concebido de maneira imperfeita, porque o existir de Deus escapa à nossa compreensão. Podemos, então, concluir, com Dionísio Pseudoareopagita[124], situando o conhecimento mais elevado – que nos é dado adquirir nesta vida a respeito da natureza divina – na certeza de que Deus permanece acima de tudo o que pensamos sobre ele[125].

## IV. O CRIADOR

Vimos que, segundo Santo Tomás, o único objeto da filosofia como revelável é Deus, cuja natureza devemos considerar por primeiro, e, na sequência, seus efeitos. É a esse segundo tema que devemos dedicar-nos de agora em diante, mas, antes de examinar os efeitos de Deus, quer dizer, as criaturas

---

[123] "Aquilo que é por essência é em sentido mais forte do que aquilo que se diz ser por participação; (...) Deus é feliz por sua essência, o que não ocorre com nenhum outro. Nada, então, além dele mesmo, pode ser o Sumo Bem; (...) é preciso, portanto, dizer que tudo o que é feliz, além de Deus, é feliz por participação. A divina beatitude, assim, ultrapassa toda outra beatitude" (*Suma contra os gentios* I, 102).

[124] Cf. Dionísio Pseudoareopagita, *Teologia mística*, I, 1.

[125] Cf. *Questão disputada sobre a verdade*, q. 2, a. 1, ad 9m.

tomadas em sua ordem hierárquica, é preciso considerar ainda Deus mesmo no ato livre pelo qual ele faz existir todo o restante[126].

O modo segundo o qual todo ente emana de sua causa universal, que é Deus, recebe o nome de criação. A criação significa tanto o ato pelo qual Deus cria como o resultado desse ato, quer dizer, a criação de Deus. No primeiro sentido, há criação quando há produção absoluta do existir. Aplicando essa noção ao conjunto do que existe, diremos que a criação, que é a produção de todo o ente, consiste no ato pelo qual *Aquele que é*, quer dizer, o ato puro de ser ou existir, causa atos finitos de existir. No segundo sentido, a criação não é um tipo de acesso ao ser (pois o nada não pode aceder a nada) nem uma transmutação operada pelo Criador (pois não há nada a ser transmutado); é simplesmente uma *inceptio essendi et relatio ad creatorem a quo esse habet* (início do ser [ou existir] e relação com o criador pelo qual tem o ser [ou existir])[127]. É o que se deseja exprimir ao dizer-se que Deus criou o Universo do nada (*ex nihilo*). Mas importa notar que, em tal afirmação, a preposição *de* (*ex*) não designa de modo algum uma causa material, mas simplesmente uma ordem; Deus não criou o mundo do nada como se tivesse feito o mundo sair dele e como se ele fosse um tipo de matéria preexistente, mas no sentido de que, "depois" do nada, apareceu o ser. Criar do nada significa, em suma, não criar com base em algo. Essa expressão, longe de pôr uma matéria na origem da criação, exclui radicalmente todas aquelas que poderíamos imaginar[128]. Por analogia, quando a tristeza de alguém não tem causa explícita, dizemos que este alguém "fica triste por nada"[129].

Essa concepção do ato criador choca-se imediatamente com as objeções dos filósofos cujos hábitos de pensamento ela contradiz inteiramente[130]. Para

---

[126] Sobre essa temática, consultar os artigos de DURANTEL, J. La notion de la création dans Saint Thomas. *Annales de philosophie chrétienne* (1912) fev.-jun. e ROHNER, A. Das Schöpfungsproblem bei Moses Maimonides, Albertus Magnus und Thomas von Aquin. *Beiträge zur Geschichte der Philosophie des Mittelalters* XI/5 (1913). Sobre a eternidade do mundo, ver ESSER, T. *Die Lehre des hl. Thomas von Aquin über die Möglichkeit einer anfangslosen Schöpfung*. Münster, 1895; JELLOUSCHEK, C.-J. Verteidigung der Möglichkeit einer anfangslosen Weltschöpfung durch Herveus Natalis, Joannes a Napoli, Gregorius Ariminensis und Joannes Capreolus. *Jahrbuch für Philosophie und spekulative Theologie* 26 (1911) 155-187, 325-367; SLADESZEK, M. Die Auffassung des hl. Thomas von Aquin in seiner Summa theologica von der Lehre des Aristoteles über die Ewigkeit der Welt. *Philosophisches Jarbuch* 35, 38-56; SERTILLANGES, A. D. *L'idée de création et ses retentissements en philosophie*. Paris, 1946; ANDERSON, J. F. *The cause of being*. St. Louis, 1953.

[127] *Questões disputadas sobre o poder divino*, q. 3, a. 3, Resp. Cf. *Suma de teologia* I, 44, 1, Resp.

[128] Cf. *Suma de teologia* I, 45, 1, ad 3m.

[129] Cf. *Questões disputadas sobre o poder divino*, q. 3, a. 1, ad 7m.

[130] Assim como o *Esse* ou *Existir* divino, com o qual é idêntico, o ato criador escapa ao conceito quiditativo. Somos nós que o imaginamos como um tipo de relação causal que ligaria Deus à criatura: "A criação pode ser entendida em sentido ativo e em sentido passivo. Se tomada em sentido ativo, designa a ação de Deus, que é sua essência, com relação à criatura, mas essa não é uma relação real, e, sim, apenas segundo a razão" (*Questões disputadas sobre o poder divino*, q. 3, a.

o físico, por exemplo, um ato qualquer é, por definição, uma mudança, quer dizer, um tipo de movimento. Ora, tudo o que passa de um lugar a outro ou de um estado a outro pressupõe um ponto ou um estado inicial que seja o ponto de partida de sua mudança ou de seu movimento, de modo que lá onde falte esse ponto de partida a noção mesma de mudança resulta inaplicável. Por exemplo: se movo um corpo, ele estava, portanto, em certo lugar de onde pude fazê-lo passar a outro; se mudo a cor de um objeto, então foi preciso haver um objeto de determinada cor para que eu pudesse dar-lhe outra. Ora, no caso do ato criador tal como acabamos de definir, é precisamente esse ponto de partida que falta. Sem a criação, não há nada; com ela, há algo. A passagem do nada ao ser ou existir não seria, pergunta-se, uma noção contraditória, ao supor que o que não existe pode, entretanto, mudar de estado e que o que não é nada pode tornar-se algo? *Ex nihilo nihil fit* (do nada, nada se faz) – tal é a objeção primordial do filósofo contra a possibilidade mesma da criação.

Essa objeção, entretanto, só tem força se se concede seu ponto de partida. O físico argumenta com base na noção de movimento; constata que as condições requeridas para que haja movimento não são satisfeitas no caso da criação, donde conclui que a criação é impossível. Na realidade, a única conclusão legítima de sua argumentação seria que a criação não é um movimento. Aliás, seria uma conclusão plenamente legítima. Com efeito, é bem verdade que todo movimento é mudança de um estado em outro, e, quando se fala de um ato que não seja movimento, não se sabe como representá-lo. Qualquer que seja o esforço feito, *imaginaremos* sempre a criação como se se tratasse de uma mudança, imaginação que a torna contraditória e impossível. Na realidade, porém, ela é totalmente diferente; é algo que não logramos formular, tão estranha ela é às condições da experiência humana. Dizer que a criação é o dom do ser (existir) é ainda uma fórmula enganadora, pois como é possível dar algo àquilo que ainda não existe? Dizer que é uma recepção do existir não é nada melhor, pois como aquilo que nada é pode receber? Digamos, portanto, sem pretender representá-la, que a criação é um tipo de recepção do existir[131].

O existir mesmo não é concebível senão sob a noção de ser; não deve nos surpreender que a relação entre dois atos de existir – um dos quais é o próprio existir, e outro é o efeito próprio do primeiro – permaneça-nos

---

3, Resp.). Veremos, ao contrário, que, tomada em sentido passivo, como efeito ou termo do ato criador, a criação é uma relação real, ou, mais exatamente, é a criatura mesma em sua dependência para com Deus, de quem ela recebe o ser.

[131] "A criação não é um fazimento que se possa chamar propriamente de mudança, mas é certa recepção do ser" – *Comentário ao Livro das Sentenças de Pedro Lombardo* II, d. 1, q. 1, a. 2, Resp. e ad 2m. Cf. *Suma contra os gentios* II, 17; *Questões disputadas sobre o poder divino*, q. 3, a. 12; *Suma de teologia* I, 45, 2, ad 2m e ad 3m.

inconcebível. Esse é um ponto sobre o qual Santo Tomás explicou-se repetidas vezes e com toda a precisão desejável. É também um daqueles pontos cujo rigor de princípios somos mais tentados a afrouxar. Sempre que fala diretamente da criação como tal, Santo Tomás usa a linguagem do existir e não do ente: *Deus ex nihilo res in esse producit* (Do nada Deus produz as coisas no existir)[132]. Trata-se, então, aqui, de um ato que, partindo do *Esse* (Existir), termina direta e imediatamente no *esse* (existir). A esse título, criar é a ação própria de Deus, e só dele (*creare no potest esse propria actio nisi solius Dei*); o efeito próprio dessa ação propriamente divina é também o efeito mais universal de todos e pressuposto por todos eles, ou seja, o existir: "entre todos os efeitos, o mais universal é o existir mesmo. (...) Com efeito, produzir o existir absolutamente, não o existir disto ou daquilo, compete ao sentido mesmo da criação. De onde decorre que a criação é uma ação propriamente só de Deus"[133]. Por isso, quando Santo Tomás pergunta qual é, em Deus, a raiz do ato criador, ele se recusa a situá-la em uma das pessoas divinas: "Criar, com efeito, é causar propriamente ou produzir o existir das coisas. Se aquele que produz produz um efeito que se lhe assemelha, pode-se ver na natureza de um efeito a natureza da ação que o produz. Aquilo que produz fogo é do gênero do fogo. É por essa razão que criar pertence a Deus segundo seu existir, que é sua essência, a qual, por sua vez, é comum às três pessoas"[134]. Trata-se de uma aplicação teológica das mais instrutivas, porque põe em plena luz o alcance existencial último da noção tomista de criação: "Como Deus é o existir mesmo por sua essência, convém que o existir criado seja seu efeito próprio"[135].

---

[132] Cf. *Suma de teologia* I, 45, 2, Resp. Trata-se aqui da *creatio* (criação) como ato divino, mas pode-se tomar esse termo como significando o efeito desse ato. Assim entendida, a *creatio* deve ser definida como um *aliquid* (algo) que se reduz à dependência ontológica da criatura para com o criador. Dito de outra maneira, é a relação real pela qual o existir depende do ato criador (cf. *Suma de teologia* I, 45, 3; *Questões disputadas sobre o poder divino*, q. 3, a. 3); corresponde ao que Santo Tomás chama de *creatio passive accepta* (criação considerada passivamente – *Questões disputadas sobre o poder divino*, q. 3, a. 3, ad 2m) e que às vezes chamamos de maneira mais breve e geral como *creatio passiva*. Termo da criação como tal, a criatura é como o sujeito dessa relação real a Deus que é a *creatio passiva*; ela é *prius ea in esse sicut subjectum accidente* (anterior a ela no existir, assim como o sujeito é anterior ao acidente – *Suma de teologia* I, 45, 3, ad 3m).

[133] *Suma de teologia* I, 45, 5, Resp. Cf. também *ibidem* III, 2, 7, ad 3m: "dizer que algo é criado é falar mais de seu existir próprio do que da mera compreensão que se tem dele (*ratio*)".

[134] *Suma de teologia* I, 45, 6, Resp. Ao contrário, para Duns Scotus, em quem a ontologia do *existir* apaga-se diante da ontologia do *ente*, ligar a criação à essência divina seria concebê-la como operação de uma *natureza* não como ato livre. É uma consequência necessária em uma doutrina em que a *essência* de Deus não é seu ato puro de *Existir*. Para assegurar o caráter livre do ato de criar, Duns Scotus deve, então, situar a raiz desse ato não na essência de Deus, mas na sua vontade. Ver a crítica à posição de Santo Tomás em DUNS SCOTUS, *Questões quodlibetais*, q. 8, n. 7, onde a *Suma de teologia* de Santo Tomás é explicitamente visada (principalmente a passagem de I, 45, 6).

[135] *Suma de teologia* I, 8, 1, Resp.

Se esse é o modo de produção que se designa pelo termo *criação*, vê-se imediatamente por que só Deus pode criar. É o que negam filósofos árabes, notadamente Avicena. Admitindo que a criação é a ação própria da causa universal, estima Avicena que certas causas inferiores, agindo como instrumentos da causa primeira, são capazes de criar. Ele ensina que a primeira substância separada, criada por Deus, cria depois de si a substância da primeira esfera e sua alma; em seguida, a substância dessa esfera cria a matéria dos corpos inferiores[136]. De modo parecido, o Mestre das Sentenças[137] diz que Deus pode comunicar à criatura o poder de criar, mas somente a título de ministro e não por sua própria autoridade. Mas é preciso saber que a noção de criatura criadora é contraditória. Toda criação que fosse feita por intermédio de uma criatura pressuporia evidentemente a existência dessa criatura. Ora, sabemos que o ato criador não pressupõe nada de anterior, e isso é verdadeiro tanto para a causa eficiente quanto para a matéria. O ser deve suceder ao não ser, pura e simplesmente. O poder criador é, portanto, incompatível com a condição da criatura, que, não existindo por si mesma, não pode conferir uma existência que não lhe pertence por essência, mas só pode agir em virtude do existir que previamente recebeu[138]. Deus, ao contrário, sendo o existir por si, pode também causar o existir, e, como ele é o único ser por si, é também o único que pode produzir a existência mesma dos outros entes. Ao modo de existir único corresponde um modo de causalidade única: a criação é a ação própria de Deus.

É interessante, aliás, retornar ao motivo latente pelo qual filósofos árabes reconhecem à criatura o poder de criar: no dizer deles, uma causa una e simples só poderia produzir um único efeito. Do uno só pode sair algo uno; seria preciso, então, admitir uma sucessão de causas unas, cada uma produzindo um efeito, para explicar que de Deus, Primeira Causa, una e simples, tenha saído a multiplicidade das coisas. É bem verdade que de um princípio uno e simples só pode sair algo uno, mas isso é verdadeiro somente para aquilo que age por necessidade de natureza. No fundo, então, os filósofos árabes consideram a criação uma produção necessária, donde terem de admitir criaturas que sejam ao mesmo tempo criadoras. A refutação completa da doutrina deles conduz-nos, então, a procurar saber se Deus produz as coisas por necessidade de natureza e como, por sua essência una e simples, ele pode produzir a multiplicidade dos entes criados.

A resposta de Santo Tomás a essas duas questões resume-se numa frase: as coisas procedem de Deus ao modo de ciência e de inteligência; segundo

---

[136] Ver MANDONNET, P. *Siger de Brabant et l'Averroïsme latin au XIIIème siècle, op. cit.*, tomo I, p. 161; tomo II, pp. 111-112.

[137] Cf. PEDRO LOMBARDO, *Sentenças*, livro IV, 5, 3 (edição Quaracchi, 1916, tomo II, p. 776).

[138] Cf. *Suma de teologia* I, 45, 5, Resp.; *Suma contra os gentios* II, 21.

esse modo, uma multiplicidade de coisas pode proceder imediatamente de um Deus uno e simples cuja sabedoria contém em si a universalidade dos entes[139]. Vejamos o que tal afirmação implica e qual aprofundamento ela fornece à noção de criação.

Três são as razões pelas quais se deve insistir firmemente que Deus trouxe as criaturas ao existir pelo livre-arbítrio de sua vontade e sem nenhuma necessidade natural. A primeira consiste em dizer que somos obrigados a reconhecer que o Universo é ordenado em vista de certo fim; se não fosse assim, tudo, no Universo, seria produzido a esmo. Deus propôs-se, então, um fim, realizando-o. Ora, é verdade que a Natureza pode, como faz a vontade, agir por um fim, mas a Natureza e a vontade tendem a seus fins de maneiras diferentes[140]. A Natureza, com efeito, não conhece o fim, nem seu aspecto de fim nem a relação que com ele estabelecem os meios; ela não pode, portanto, sequer propor-se um fim nem se mover para ele, nem ordenar ou dirigir suas ações em vista desse fim. O ente que age por vontade possui, ao contrário, todos esses conhecimentos que faltam à Natureza; ele age por um fim tanto no sentido de que o conhece, pois o propõe a si mesmo, como no de que ordena suas ações com relação a ele. Numa palavra, a Natureza não tende para um fim senão porque é movida e dirigida rumo a esse fim por um ente dotado de inteligência e vontade, ao modo de uma flecha que tende para um alvo determinado por causa da direção que lhe imprime o arqueiro. Ora, aquilo que é por outro é sempre posterior ao que é por si. Se, então, a Natureza tende para um alvo que lhe é designado por uma inteligência, é preciso que o ente primeiro do qual ela recebe seu fim e sua disposição em vista do fim tenha-a criado não por necessidade de natureza, mas por inteligência e vontade.

A segunda prova consiste em notar que a Natureza opera sempre de uma e mesma maneira se nenhum obstáculo a impede. A razão disso está em que cada coisa age segundo sua natureza, de modo que, enquanto permanece ela mesma, cada coisa age da mesma maneira; mas tudo o que age por natureza é determinado a um modo de existir único; a Natureza realiza, então, sempre uma e mesma ação. Ora, o ente divino não é de modo algum determinado a um modo de existir único; vimos que, ao contrário, ele contém em si a total perfeição de existir. Se ele agisse por necessidade de natureza, produziria um tipo de existir infinito e indeterminado, mas dois entes infinitos simultâneos são impossíveis[141]; por conseguinte, é contraditório dizer que Deus age por necessidade de natureza. Fora da ação natural, o único modo de ação possível é a ação voluntária. Concluímos, portanto, que as coisas procedem, como

---

[139] Cf. *Questões disputadas sobre o poder divino*, q. 3, a. 4, Resp.
[140] Cf. *idem, ibidem*.
[141] Cf. *Suma de teologia* I, 7, 2, Resp.

efeitos determinados, da infinita perfeição de Deus segundo a determinação de sua inteligência e de sua vontade.

A terceira razão vem da relação que liga os efeitos à sua causa. Os efeitos não preexistem em sua causa senão segundo o modo de ser dessa causa. Ora, o ente divino é sua inteligência mesma: seus efeitos preexistem, então, nele, segundo um modo de ser inteligível; é também segundo um modo de ser inteligível que eles procedem dele; ainda, por modo de vontade. A inclinação de Deus para fazer o que sua inteligência concebeu pertence, com efeito, ao domínio da vontade. A vontade de Deus é, portanto, a causa primeira de todas as coisas[142]. Resta explicar como desse ser uno e simples pode derivar uma multiplicidade de entes particulares. Deus, com efeito, é o ente infinito do qual depende o ser de tudo o que existe; mas, por outro lado, Deus é absolutamente simples e tudo o que nele há é seu próprio existir. Como a diversidade das coisas finitas pode preexistir na simplicidade da inteligência divina? A teoria das ideias permitirá resolver essa dificuldade.

Sob o nome de *ideias* entendem-se as formas consideradas dotadas de uma existência para além das coisas mesmas. Ora, a forma de uma coisa pode existir para além dessa coisa por duas razões diferentes: seja porque ela é o exemplar daquilo de que se diz ser ela a forma, seja porque ela é o princípio que permite conhecê-lo. Atendendo aos dois sentidos, é necessário afirmar a existência das ideias em Deus. Em primeiro lugar, as ideias encontram-se em Deus sob a forma de exemplares ou modelos. Em toda geração que não resulte de um simples acaso, a forma do que é engendrado constitui o fim da geração. Ora, aquele que age não poderia agir em vista dessa forma se não tivesse em si mesmo sua semelhança ou modelo. Mas ele pode tê-la de maneira dupla. Em alguns entes, a forma do que eles devem realizar preexiste segundo seu ser natural; tal é o caso daqueles que agem por natureza, como o ser humano, que gera ser humano, e o fogo, que produz fogo. Em outros entes, ao contrário, a forma preexiste segundo um modo de ser puramente inteligível, como é o caso daqueles que agem por inteligência; assim, por exemplo, a semelhança ou modelo da casa preexiste no pensamento do arquiteto. Ora, sabemos que o mundo não resulta do acaso; sabemos também que Deus não age por necessidade de natureza; é preciso, então, admitir a existência, na inteligência divina, de uma forma à semelhança da qual o mundo foi criado. Eis o que chamamos de *ideia*[143]. Avancemos mais. Existe em Deus não somente uma ideia do Universo criado, mas também uma pluralidade de ideias correspondentes aos diversos entes que constituem esse Universo. A evidência dessa proposição aparece caso se considere que, quando

---

[142] Cf. *Suma de teologia* I, 19, 4, Resp.; *Questões disputadas sobre o poder divino*, q. 3, a. 10, Resp.

[143] Cf. *Suma de teologia* I, 15, 1, Resp.

um efeito qualquer é produzido, o fim último desse efeito é precisamente aquilo que quem o produz tinha em mente realizar principalmente. Ora, o fim último em vista do qual todas as coisas encontram-se dispostas é a ordem do Universo. Como a intenção própria de Deus ao criar todas as coisas é a ordem do Universo, é preciso necessariamente que Deus tenha em si a ideia da ordem universal. Ora, não se pode ter verdadeiramente a ideia de um todo se não se tem as ideias próprias das partes de que esse todo é composto. Assim, o arquiteto não pode conceber verdadeiramente a ideia de uma casa se não tem em si a ideia de cada uma de suas partes. É preciso necessariamente, pois, que as ideias próprias de todas as coisas encontrem-se contidas no pensamento de Deus[144].

Percebemos, ao mesmo tempo, por que essa pluralidade de ideias não repugna à simplicidade divina. A dificuldade que se pretende ver aí resulta de um simples equívoco. Há, com efeito, dois tipos de ideias: as que são cópias e as que são modelos. As ideias que formamos em nós à semelhança dos objetos pertencem à primeira categoria; são ideias *por meio das quais* compreendemos formas que fazem nosso intelecto passar da potência ao ato. É assaz evidente que, se o intelecto divino fosse composto de uma pluralidade de ideias desse tipo, sua simplicidade encontrar-se-ia automaticamente anulada. Mas a consequência não se impõe de modo algum, caso afirmemos todas as ideias em Deus ao modo da ideia da obra que se encontra no pensamento do artesão. A ideia não é mais, então, *aquilo pelo que* o intelecto conhece, mas *aquilo que* o intelecto conhece e pelo que o ente inteligente pode fazer sua obra. Ora, tal pluralidade de ideias não introduz nenhuma composição no intelecto em que elas se encontram; o conhecimento delas é implicado, ao contrário, no conhecimento que Deus tem de si mesmo. Dissemos, com efeito, que Deus conhece perfeitamente sua própria essência; ele a conhece, portanto, sob todos os modos segundo os quais ela é cognoscível. Ora, a essência divina pode ser conhecida não somente tal como é em si mesma, mas também como participável de certa maneira pelas criaturas. Cada criatura possui seu existir próprio que não é senão certa maneira de participar da semelhança da essência divina, e a ideia própria dessa criatura representa simplesmente esse código particular de participação. Assim, pois, conhecendo Deus sua essência como imitável por uma criatura determinada, ele possui a ideia dessa criatura. Ocorre o mesmo com todas as outras[145].

Sabemos que as criaturas preexistem em Deus sob um modo de ser inteligível, quer dizer, sob a forma de ideias, e que essas ideias não introduzem no pensamento de Deus nenhuma composição. Nada nos impede de ver nele, então, o autor único e imediato dos entes múltiplos de que se compõe o

---

[144] Cf. *ibidem*, I, 15, 2, Resp.
[145] Cf. *idem, ibidem*. Cf. também *Questões disputadas sobre a verdade*, q. 3, a. 1, Resp.

Universo. Mas o resultado mais importante das considerações que precedem talvez seja mostrar o quanto nossa determinação primeira do ato criador era insuficiente e vaga. Dizendo que Deus criou o mundo *ex nihilo*, descartávamos do ato criador a concepção que o assimilaria à atividade do artesão que gere uma matéria preexistente em vista de sua obra. Mas, se tomamos essa expressão em um sentido negativo, como vimos ser necessário fazer, ela deixa a origem primeira das coisas completamente sem explicação. É mais do que certo que o nada não é a matriz original de onde podem sair todas as criaturas; o ente não pode provir senão do ente. Sabemos agora de qual ente primeiro todos os outros saíram; eles só existem porque "toda essência é derivada da essência divina" (*omnis essentia derivatur ab essentia divina*)[146]. Essa fórmula não força de modo algum o verdadeiro pensamento de Santo Tomás, pois nenhum ente existe senão porque Deus é virtualmente todos os entes (*est virtualiter omnia*). Ela também não acrescenta nada à afirmação tantas vezes reiterada pelo filósofo, segundo a qual cada criatura é perfeita à medida mesma de sua participação na perfeição do ser divino[147].

Perguntar-se-á, talvez, como as criaturas podem ser derivadas de Deus sem confundir-se com ele ou acrescentar-se a ele. A solução remete-nos à analogia. As criaturas não têm nenhuma bondade, nenhuma perfeição, nenhum grau de existir que não dependa de Deus; mas já sabemos que nada disso se dá na criatura do mesmo modo que se dá em Deus. A criatura não é aquilo que tem; Deus é aquilo que nele há: ele é seu existir, sua bondade e sua perfeição, e é por isso que as criaturas, embora seu existir derive do existir mesmo de Deus (pois ele é o *Esse* ou Existir absoluto), têm-no todavia de maneira participada e deficitária, o que as mantém a uma distância infinita do Criador. Puro *análogo* do ente divino, o ente criado não pode nem ser uma parte integrante dele nem se adicionar a ele, nem ainda subtrair-se dele.

---

[146] Cf. *Questões disputadas sobre a verdade*, q. 3, a. 5, Sed contra 2. Cf. também *Comentário ao Livro das Sentenças de Pedro Lombardo*, livro II, Prólogo: "Assim como o Sol emite seus raios para a iluminação dos corpos, assim também a bondade divina difunde seus raios, quer dizer, as participações nela mesma, para a criação das coisas". Cf. ainda *Suma de teologia* I, 6, 4. Para a fórmula citada (*omnis essentia derivatur ab essentia divina*), ver *Suma contra os gentios* II, 15 (Deus secundum hoc). O termo *virtualiter* (virtualmente) não implica, está claro, nenhuma passividade da substância divina; ele significa que o existir divino contém, por sua perfeita atualidade mesma, a razão suficiente do existir análogo das coisas – ele as contém assim como o pensamento do artista contém suas obras: "As criaturas emanam de Deus assim como os artefatos emanam do artífice; então, assim como da arte do artífice fluem as formas artificiais na matéria, também das ideias presentes na mente divina fluem todas as formas e virtudes naturais" - *Comentário ao Livro das Sentenças de Pedro Lombardo*, livro II, 18, 1, 2, Resp.

[147] Lembremos, para evitar qualquer equívoco, que: 1º) as criaturas são deduzidas de Deus por terem nele seu exemplar ("todo ser deduz-se dele ao modo de exemplar" – *Comentário ao Livro dos Nomes Divinos* I, 4); 2º) participar, em linguagem tomista, não significa ser uma coisa, mas não ser essa coisa, de modo que participar de Deus é não ser Deus (cf. *Suma de teologia* I, 75, 5, ad 1m e ad 5m). Aqui, como em toda a ontologia tomista, a noção de analogia é fundamental.

## O ENTE DIVINO

Entre duas grandezas que não são de mesma ordem, não há medida comum; esse é, então, um falso problema que se desfaz desde que se ponha corretamente a questão.

Restaria saber, enfim, por que Deus quis realizar para além de si os entes particulares e múltiplos que ele conhecia como possíveis. Nele, e tomada em seu ser inteligível, a criatura confunde-se com a essência divina, ou, mais exatamente ainda, a criatura como ideia não é nada de diferente da essência criadora[148]. Como entender que Deus tenha projetado para além de si suas ideias ou, pelo menos, uma realidade cujo existir consiste em imitar algumas das ideias que Deus pensa ao pensar-se a si mesmo? Já deparamos com a única explicação que nosso espírito humano pode dar: o bem tende naturalmente a difundir-se; sua característica é que ele busca comunicar-se aos outros entes segundo sua capacidade de recebê-lo[149]. O que vale para todo ente bom à medida de sua bondade vale eminentemente para o Sumo Bem que denominamos Deus. A tendência a expandir-se e a comunicar-se não exprime mais do que a superabundância de um ente infinito cuja perfeição transborda e distribui-se numa hierarquia de entes participados: o Sol, sem ter necessidade de raciocinar nem de escolher, ilumina, pela simples presença de seu existir, tudo o que participa de sua luz. Mas essa comparação já usada por Dionísio exige esclarecimento. A lei interna que rege a essência do Bem e o leva a comunicar-se não deve ser entendida como uma necessidade natural que Deus seria obrigado a seguir. Se a ação criadora assemelha-se à iluminação solar porque Deus, como o Sol, não deixa nenhum ente escapar à sua influência, ela difere quanto à privação de vontade no Sol[150]. O bem é o objeto próprio da vontade; é, pois, a bondade de Deus como querida e animada por ele que é a causa da criatura. Mas ela só o é por intermédio da vontade[151]. Afirmamos, assim, ao mesmo tempo, que há em Deus uma tendência infinitamente poderosa a difundir-se ou comunicar-se, e que ele não se comunica ou difunde-se senão por um ato de vontade. Essas duas afirmações, longe de contradizer-se, corroboram-se.

O voluntário, com efeito, nada mais é do que a inclinação para o bem que o entendimento apreende. Deus, que conhece sua própria bondade ao mesmo tempo nela mesma e como imitável pelas criaturas, quer sua bondade por si mesma e nas criaturas que podem participar dela. Se assim é a vontade divina, não resulta de modo nenhum que Deus seja submetido a alguma necessidade. A Bondade divina é infinita e total; a criação inteira não poderia, então, aumentá-la nem que fosse em uma ínfima quantidade sequer; inversamente,

---

[148] Cf. *Questões disputadas sobre o poder divino*, q. 3, a. 16, ad 24m.
[149] Cf. *Suma de teologia* I, 19, 2, Resp.
[150] Cf. *Questões disputadas sobre o poder divino*, q. 3, a. 10, ad 1m.
[151] Cf. *ibidem*, ad 6m.

mesmo que Deus não comunicasse sua bondade a nenhum ente, sua Bondade não seria nem um pouco diminuída[152]. A criatura em geral não é, portanto, um objeto que possa introduzir alguma necessidade na vontade de Deus. Afirmaremos nós, ao menos, que, se Deus queria realizar a criação, ele devia realizar necessariamente a que realizou? De modo algum; e a razão é a mesma. Deus quer necessariamente sua própria bondade, mas essa bondade não recebe nenhum acréscimo da existência das criaturas, assim como também não perderia nada com a desaparição delas. Por conseguinte, assim como Deus manifesta sua bondade pelas coisas que existem atualmente e pela ordem que ele introduz presentemente no seio das coisas, assim também ele poderia manifestá-la por outras criaturas dispostas em uma ordem diferente[153]. O Universo atual, sendo o único que existe, é, por isso mesmo, o melhor que existe, mas não o melhor que poderia existir[154]. Assim como Deus podia criar ou não um Universo, ele o podia criar melhor ou pior, sem que, em nenhum caso, sua vontade fosse submetida a alguma necessidade[155]. Em todos os casos – pois tudo o que existe é bom porque existe – todo Universo criado por Deus teria sido bom. Todas as dificuldades que podem levantar-se sobre esse ponto têm origem numa mesma confusão: elas supõem que a criação põe Deus em relação com a criatura como numa relação com um objeto, donde buscar-se naturalmente na criatura a causa determinante da vontade divina. Mas, na realidade, a criação não introduz em Deus nenhuma relação com referência à criatura; a relação aqui, ainda uma vez, é unilateral e estabelece-se somente entre a criatura e o criador como entre o ser e seu princípio[156]. Devemos, então, sustentar com firmeza a conclusão de que Deus quer-se, e só quer necessariamente a si mesmo; assim, se a superabundância de seu ser e de seu amor leva-o a querer-se e a amar-se até nas participações finitas em seu ser, isso se dá como dom gratuito, nada nem de longe parecido com uma necessidade.

Querer levar mais adiante a pesquisa seria exceder os limites do cognoscível ou, mais exatamente, querer conhecer o que não existe. As únicas questões que se poderiam ainda fazer seriam estas: por que Deus, que podia não criar o mundo, quis todavia criá-lo? Por que, se ele podia criar outros mundos, quis criar precisamente este? Mas, tais questões não comportam resposta, a menos que nos satisfaçamos com a seguinte: é assim porque Deus quis. Sabemos que a vontade divina não tem causa. Sem dúvida, os efeitos

---

[152] Cf. *ibidem*, ad 12m.
[153] Cf. *ibidem*, q. 1, a. 5, Resp. Cf. também *Suma de teologia* I, 25, 5, Resp.
[154] Cf. *Questões disputadas sobre o poder divino*, q. 3, a. 16, ad 17m.
[155] Cf. *Suma de teologia* I, 25, 6, ad 3m.
[156] Cf. *Suma de teologia* I, 45, 3, Resp. Cf. também *Questões disputadas sobre o poder divino*, q. 3, a. 3, Resp.

que pressupõem outro efeito não dependem só da vontade de Deus, mas os efeitos primeiros dependem exclusivamente da vontade divina. Diremos, por exemplo, que Deus dotou o ser humano de suas mãos para que elas obedeçam ao intelecto, executando suas ordens; ele quis que o ser humano fosse dotado de um intelecto porque isso era necessário para que ele fosse humano; e quis enfim que houvesse humanos para a maior perfeição do Universo e porque queria que essas criaturas específicas existissem para poder fruir dele. Mas, assinalar uma causa ulterior a essa última vontade é o que permanece absolutamente impossível; a existência do Universo e de criaturas capazes de gozar de seu criador não tem outra causa senão a pura e simples vontade de Deus[157].

Tal é, tanto quanto nos é possível determinar, a natureza verdadeira da ação criadora. Resta-nos considerar seus efeitos. Mas, antes de examiná-los em si mesmos e segundo a disposição hierárquica que receberam de Deus, devemos considerar a teologia natural de Santo Tomás de Aquino em seu conjunto, para fazer sobressair as características originais que a distinguem das que a precederam e também da maior parte das que seguiram a ela.

---

[157] Cf. *Suma de teologia* I, 19, 5, ad 3m; *Questões disputadas sobre o poder divino*, q. 3, a. 17, ad Resp. É por isso que o axioma neoplatônico *bonum est diffusivum sui* (o bem é autodifusivo) não pode ser entendido, em Santo Tomás, no sentido platônico de uma causalidade eficiente do Bem, mas somente no da causa final: *bonum dicitur diffusivum sui per modum finis* (o bem é dito autodifusivo ao modo de fim – *Comentário ao Livro das Sentenças de Pedro Lombardo* I, d. 34, q. 2, artigo único, ad 4m. Cf. *Suma contra os gentios* I, 37, Amplius). Ver, sobre esse aspecto, o excelente trabalho de PÉGHAIRE, J. "Bonum est diffusivum sui" dans le néoplatonisme et le thomisme. *Revue de l'Université d'Ottawa* (1932), jan., seção especial, pp. 5-32.

# CAPÍTULO 4

# A REFORMA TOMISTA

Sendo acima de tudo um teólogo, Santo Tomás modificou profundamente a filosofia. Ao menos em dois aspectos ele a transmitiu a seus sucessores diferentemente de como a tinha encontrado: a noção de Deus e a noção de ente finito. Consideraremos, de início, sua principal contribuição à teologia, para, na sequência, tratar de sua metafísica do ente criado ou ontologia.

## I. UMA NOVA TEOLOGIA

Não se pode apreciar em seu justo valor e compreender plenamente a teologia de Santo Tomás de Aquino a menos que se a situe bem na história da problemática[1]. Não é muito difícil fazê-lo, ao menos na medida em que ele mesmo o fez. Para além dela, as dificuldades aumentam até tornar-se finalmente insuperáveis. Mas pode-se, no mínimo, tentar definir sua natureza, deixando ao juízo de cada um o cuidado de propor-lhe uma interpretação definitiva.

Santo Tomás marcou com precisão suficiente para que não se receie falsear gravemente seu pensamento a curva histórica do problema da origem radical das coisas. Pelo menos duas vezes ele a descreveu da mesma maneira. Sua descrição é aquela de um filósofo atento para encontrar, na estrutura do conhecimento humano mesmo, a razão das etapas que esse conhecimento percorreu no estudo do problema.

Nosso conhecimento incide, inicialmente, sobre o sensível, quer dizer, sobre as qualidades dos corpos. Os primeiros filósofos pensaram, com efeito, que não havia senão os entes materiais, ou seja, os corpos sensíveis. Para eles, esses corpos não eram criados; o que denominavam produção de um corpo novo

---

[1] Pode-se chamar de *teologia natural* aquela que Santo Tomás elaborou de fato como resultado de seu esforço por obter a inteligência da fé. Mas ele mesmo não reivindicou esse título para nenhuma das partes de sua obra, nem, aliás, o de filosofia cristã. A *sapientia* (sabedoria) que a *sacra doctrina* (doutrina sagrada) confere era todo o seu estudo.

era simplesmente a aparição de um agrupamento novo de qualidades sensíveis. Esses filósofos não levaram, portanto, o estudo da origem dos entes além do problema das transmutações acidentais dos entes. Para explicar tais transmutações, recorriam a diversos tipos de movimentos, como a rarefação e a condensação, movimentos cuja causa atribuíam a princípios variáveis segundo as suas diversas doutrinas: a Afinidade, a Discórdia, o Intelecto ou outros. Essa terá sido a contribuição dos pré-socráticos ao estudo do problema. Não surpreende que eles tenham parado aí, visto que os humanos só podem entrar progressivamente, e como passo por passo, no conhecimento da verdade.

A segunda etapa dessa evolução corresponde à obra de Platão e Aristóteles. Esses dois filósofos observaram que todo ente corpóreo é formado por dois elementos, a matéria e a forma. Não mais que seus predecessores, nem Platão nem Aristóteles puseram questões sobre a origem da matéria. Para eles, a matéria era incausada. Quanto às formas dos corpos, ao contrário, eles lhes assinalavam uma origem. Segundo Platão, as formas substanciais vinham das Ideias. Segundo Aristóteles, as Ideias não podiam bastar em nenhum caso para explicar a geração de substâncias novas que se observa continuamente na experiência. Mesmo que elas existam (o que Aristóteles não pensava), as Ideias não são causas: seria preciso admitir, então, hipoteticamente, uma causa dessas participações da matéria nas Ideias que chamamos de "formas substanciais". Não é a Saúde-em-si que cura os doentes, mas o médico[2]. No caso da geração das substâncias, a causa eficaz é o movimento de translação do Sol segundo a Eclíptica. Com efeito, esse movimento comporta ao mesmo tempo a continuidade requerida para explicar que as gerações e corrupções sejam contínuas e a dualidade sem a qual não se compreenderia que o Sol possa causar tanto as gerações como as corrupções[3]. Qualquer que seja o detalhe dessas doutrinas, bastará aqui reter o seguinte: dizer a causa pela qual as formas unem-se à matéria é assinalar a origem das substâncias (ao passo que os filósofos precedentes haviam partido das substâncias já constituídas). Como se não houvesse por que justificar a existência delas, explicavam somente por que, dadas substâncias especificamente distintas, os indivíduos distinguem-se no seio de cada espécie. Elevar-se do que faz um ente ser *hoc ens* (este ente) ao que o faz ser *tale ens* (tal ente [ou ente de natureza determinada]) significava progredir do plano do acidente ao plano da substância. Um progresso indiscutível, mas ainda não definitivo.

Explicar a existência de um ente é explicar a existência de tudo o que ele é. Ora, os pré-socráticos tinham justificado bem a existência dos indivíduos

---

[2] Cf. ARISTÓTELES, *A geração e a corrupção* II, 9, 335b. Completamos a análise da *Suma de teologia* I, 44, 3, Resp., com o auxílio do *A geração e a corrupção* de Aristóteles II, 6ss, pois é daí que Santo Tomás toma o material de sua própria exposição.

[3] Cf. ARISTÓTELES, *A geração e a corrupção* II, 10, 336a-b (tradução J. Tricot, Paris: Vrin, 1934, p. 141).

com tais; Platão e Aristóteles, a existência das substâncias como tais. Mas nem os pré-socráticos nem Platão e Aristóteles pareciam ter ao menos sonhado em explicar a existência da matéria. No entanto, assim como a forma, a matéria é um elemento constitutivo dos corpos. Um último progresso era possível, então, mesmo depois de Platão e Aristóteles: assinalar a causa última do ente total, quer dizer, de sua matéria, sua forma e seus acidentes; em outros termos, não dizer mais simplesmente por que um ente é *hoc ens* ou por que é *tale ens*, mas por que ele é *ens*. Quando se chega a perguntar por que os entes existem como tais, incluindo suas matérias, formas e acidentes, uma única resposta é possível: o ato criador de Deus[4]. Uma vez aí chegada, nossa razão humana esgota a questão o quanto está em seu poder, e o problema da origem radical do ente fica resolvido.

Bastando esse texto, somos autorizados, portanto, a concluir que a doutrina de Aristóteles não oferecia, aos olhos de Santo Tomás, uma solução completa do problema do ente. Se se pensa na distância infinita que separa um Deus criador de um deus não criador, pode-se concluir que Santo Tomás viu claramente quanto seu próprio Deus diferia do deus de Aristóteles. Santo Tomás denunciou explicitamente essa insuficiência do aristotelismo como um dos erros capitais contra os artigos da fé cristã[5]. A quais pensadores devemos honrar por haver superado Platão e Aristóteles, chegando ao problema da origem do ente como ente? A *Suma de teologia*, cuja análise acabamos de ler, introduz os autores dessa reforma metafísica sob a fórmula anônima: *Et ulterius aliqui se erexerunt ad considerandum ens in quantum ens* (Posteriormente [depois de Platão e Aristóteles], alguns se alçaram à consideração do ente como ente)[6]. Trata-se certamente, aqui, de Avicena, pois Santo Tomás

---

[4] Cf. *Suma de teologia* I, 44, 2, Resp., e o texto análogo das *Questões disputadas sobre o poder divino*, q. 3, a. 5, Resp. Cf. também as observações feitas em GILSON, *L'esprit de la philosophie médiévale*, op. cit., 2ª ed., pp. 69-71 (edição brasileira, pp. 90-96).

[5] "(...) o segundo erro é o de Platão e Anaxágoras, que afirmaram ter sido o mundo feito por um deus, mas a partir de uma matéria prejacente; contra isso está o que é dito no Salmo 148: 'Mandou e foram criadas', quer dizer, [tudo] se fez a partir de nada. O terceiro erro é o de Aristóteles, que afirmou não ter sido o mundo criado por um deus, mas ter sido desde sempre; contra isso está o que é dito em Gênesis I: 'No princípio criou Deus o Céu e a Terra'": *Os artigos da fé* (in: *Opuscula*, op. cit., edição Mandonnet, tomo I, p. 3).

[6] Santo Tomás define a criação como uma "emanação do ente total a partir de uma causa universal" (*Suma de teologia* I, 45, I, Resp.). Por outro lado, no *Comentário à Física de Aristóteles*, livro 8, lição 2, n. 5 (edição leonina, tomo I, p. 368), ele afirma que Platão e Aristóteles "chegaram a conhecer o princípio do ente total". Ele chega a dizer que, segundo Aristóteles, mesmo aquilo que a matéria tem de *ser* deriva de "um primeiro princípio do ser, o qual é ente no grau mais elevado, de modo que não é necessário pressupor algo à sua ação que não tenha sido por ele produzido" (*ibidem*, lição 2, n. 4; ed. leonina, p. 367). Porém, em terceiro lugar, como vimos ao citar *Os artigos da fé* na nota anterior, Tomás diz que Aristóteles negou ter sido o mundo feito por deus. É difícil conciliar esses textos supondo uma evolução do pensamento tomista sobre esse ponto, pois as datas respectivas da *Suma de teologia* e do *Comentário à Física* não são bem determinadas. Mas

mesmo o nomeou ao menos uma vez como autor desse importante progresso metafísico. O nome de Avicena basta para revelar-nos a profundidade de nossa ignorância histórica. Citamos de bom grado os *filósofos* islâmicos Avicena e Averróis, mas esquecemos que Avicena mesmo vem depois de numerosos teólogos muçulmanos cujo pensamento religioso influenciou o seu. De fato, a definição da criação em Santo Tomás é a mesma de Avicena. Falamos de definição, que não é necessariamente a noção. Quanto ao aspecto que nos ocupa, nenhuma hesitação é possível. Na questão 3 das *Questões disputadas sobre o poder divino*, Santo Tomás conclui (a. 5, Resp.) que é necessário afirmar um ente que seja seu próprio ser e por quem são todos os outros entes que não *são* seu próprio ser, mas o *têm* por modo de participação. Ele acrescenta: *haec est ratio Avicennae* (este é o raciocínio de Avicena).

Encontramo-nos, aqui, em uma encruzilhada histórica cujo pensamento causa vertigem. Para orientar-se nela seria preciso, de início, conhecer o pensamento dos *teólogos* muçulmanos dos quais os filósofos Alkindi, Alfarabi e Avicena tentaram uma interpretação racional. Na sequência, seria preciso mostrar como os elementos religiosos integrados por esses últimos às suas filosofias facilitaram a integração delas nas grandes teologias cristãs dos séculos XIII e XIV. Por fim, seria preciso ainda fazer ver como a crítica dirigida por Averróis contra o elemento religioso acolhido pela filosofia de Avicena pôs Santo Tomás em guarda e incitou-o à prudência nesse ponto. Santo Tomás teve certamente em alta conta a crítica averroísta de Avicena e da teologia muçulmana; ele condena sem apelo essa mistura de fé e raciocínio. Todavia, foi preciso também que, em pontos decisivos, Santo Tomás se alinhasse com Avicena e os teólogos cuja doutrina interpretava. A criação é um desses pontos. O Deus-causa-dos-*entes*, de que se reclama Avicena, passou, com os ajustes necessários, à teologia de Santo Tomás de Aquino.

Quanto ao aprofundamento agostiniano da doutrina, Santo Tomás viu-se à vontade para explicar-se. Repetindo Moisés, Santo Agostinho nunca se cansou de dizer que Deus é o *Eu Sou*, mas sempre deplorou que, falando assim, Moisés jamais explicou o sentido de sua própria palavra. Agostinho

---

parece possível fazê-los concordar se se lembra que *esse* (ser) tem um sentido estrito e um sentido amplo. Seu sentido estrito e propriamente tomista é o de *existir*; o sentido amplo e propriamente aristotélico é o de ser substancial. Ora, Santo Tomás sempre atribuiu a Aristóteles (e a Platão) o mérito de se terem elevado até a causa *totius esse* (do ser total), entendido no sentido do ser substancial total, quer dizer, do composto completo, aí compreendidas a matéria e a forma (cf. *Suma de teologia* I, 45, 1, Resp.). Nesse sentido, os corpos celestes são *causae essendi* (causas de ser) para as substâncias inferiores que elas engendram cada qual segundo sua espécie (cf. *ibidem* I, 104, 1, Resp.). Mas, Santo Tomás nunca admitiu que a causa em virtude da qual uma substância existe como substância fosse uma *causa essendi simpliciter* (causa de ser em sentido absoluto – *Suma contra os gentios* II, 21, Adhuc effectus). Ele pôde afirmar, portanto, e sem contradizer-se, que Aristóteles elevou-se a uma primeira causa do ser total, no sentido de ser substancial, e que jamais se elevou à noção de Deus criador, quer dizer, causa do ser existencial.

devia, assim, comentá-la por conta própria. Para ele, a palavra do Êxodo significava: *Eu sou o ser imutável*; sou *Aquele que nunca muda*.

Partindo desse princípio, Agostinho parece não ter encontrado nenhuma dificuldade maior para resolver o problema dos nomes divinos. Tudo o que há de unidade, ordem, inteligibilidade e beleza na Natureza permitia-lhe dar nome a outros tantos atributos de Deus. Para fazê-lo, bastava-lhe levar cada bem positivo à sua perfeição, atribuí-lo a Deus sob essa forma e acrescentar que aquilo que se oferece a nós como uma pluralidade de atributos distintos identifica-se, em Deus, com seu ser. Santo Agostinho repetiu à saciedade a fórmula Deus é aquilo que ele tem[7] e explicitou suas implicações no plano do imutável, como Santo Tomás também fez no plano do *ser*. As dificuldades esperavam-no em outro lugar, lá onde, procurando definir a relação dos entes ao Ser, ele precisou abordar o problema da criação.

Como todo cristão, Santo Agostinho sabia que o termo *criar* significava produzir do nada os entes. Não seria, então, razoável pretender que ele se enganou sobre o sentido da criação. A questão que se põe é simplesmente a de saber o que significava para ele essa noção quando ele recorria às luzes da razão natural para defini-la. Agostinho sempre se representou o ato criador como a produção do ser pelo Ser, o que é uma criação propriamente falando e incidente sobre o ser mesmo: "Como, Deus meu, fizestes o Céu e a Terra? (...) Não foi no Universo que criastes o Universo, pois não havia lugar onde ele pudesse nascer antes que ele nascesse para ser. Não tínheis nada às mãos de que pudesse servir-vos para formar o Céu e a Terra: de onde vos teria vindo uma matéria que não tivésseis feito e da qual teríeis produzido algo? Com efeito, o que é que não seja porque *sois*?". E ainda: "Sois vós, então, Senhor, que fizestes o Céu e a Terra, (...) vós, que *sois*, pois eles *são*"[8]. Impossível formular melhor uma verdade ou revelar melhor, ao mesmo tempo, seus limites. Santo Agostinho sabe bem que Deus existe e que o ato criador fez existir o mundo, mas assim como a existência de Deus só é inteligível para ele se concebida como o ser divino, assim também a existência das coisas confunde-se em seu pensamento com seu ser. A criação torna-se, então, o ato em virtude do qual *Aquele que é o que ele é* faz que as coisas sejam o que elas são.

Daí a dupla dificuldade de seus intérpretes ao levar até esse ponto a análise dos textos de Agostinho. Só se pode falar de uma coisa por vez. Aqui, para ser equitativo, seria preciso dizer simultaneamente que Agostinho sabe muito bem o que é criar, pois criar, para ele, é produzir o ser, mas também que seu platonismo do ser deixa-o sem recursos para pôr distintamente o existir.

---

[7] Ver GILSON, *Introduction à l'étude de Saint Augustin*, op. cit., pp. 287-288 (edição brasileira, pp. 413-415).

[8] SANTO AGOSTINHO, *Confissões* XI, 5 (tradução P. Labriolle, tomo II, p. 301). Permitimo-nos compactar um pouco essa tradução. O segundo texto citado encontra-se em *Confissões* XI, 4, 6 (tomo II, p. 300).

Donde, como observou corretamente um de seus melhores intérpretes, toda a sua explicação da criação deslizar, por uma ladeira natural, para o plano da participação[9]. Para Santo Agostinho, os termos *creata* (coisas criadas) e *facta* (coisas feitas) são simples vocábulos emprestados da língua comum; quando ele procura para eles um equivalente técnico, a fim de designar a condição de entes criados como tais, sua escolha incide sobre sua expressão: "o que é formado a partir do informe" (*ex informitate formata*)[10]. Tudo se passa nessa doutrina, então, como se o efeito próprio e direto do ato criador fosse não o existir, mas essa condição do real que legitima o uso que se faz do termo *ser* ao falar dela. O informe, aqui, é a matéria; a informação da matéria é sua determinação inteligível pela ideia divina. Seguramente, Agostinho sabe bem que a matéria mesma é criada, ou, como ele diz, concriada com a forma, mas é justamente essa estabilização da matéria pela regra da forma que o termo "criação" evoca em seu pensamento. E deve ser assim. Numa doutrina em que ser e ser imutável são o mesmo, criar não pode consistir senão em produzir essências cuja estabilidade relativa habilita ao título de seres à medida que imita a imobilidade perfeita d'*Aquele que é*.

Assim, vista de qualquer ângulo, a teologia natural de Agostinho parece dominada pela ontologia platônica da essência. Obcecado pelo mistério do nome divino, ele se encontrou no mesmo embaraço para explicar o ser das coisas. Aos textos em que o ouvíamos queixar-se de que Moisés não teria explicado o *Aquele que é* do livro do Êxodo corresponde exatamente a passagem das *Confissões* em que ele deplora o fato de Moisés ter partido sem esclarecer o primeiro versículo do Gênesis: "No princípio, Deus criou o Céu e a Terra". *Scripsit et abiit* (escreveu e se foi). "Se estivesse ainda aqui", diz Agostinho, "eu me agarraria a ele, pediria, suplicaria em nome de Deus que explicasse o sentido desse versículo; mas ele não está mais aqui, e mesmo que

---

[9] Cf. GARDEIL OP, A. *La structure de l'âme et l'expérience mystique*. Paris: Gabalda, 1927, tomo II, pp. 313-325. As profundas críticas que o Pe. Gardeil endereçava-me nessas páginas notáveis mostram o quanto, ao redigi-las, ele estava mais adiantado do que eu na inteligência desse problema. Relendo-as hoje, vê-se entretanto que nem mesmo ele tinha atingindo o âmago. Ver, em particular, à p. 319, a passagem em que o Pe. Gardeil opõe a Santo Agostinho, que concebe a criação como uma *participação* nas ideias divinas, Santo Tomás de Aquino, que, "inspirando-se em Aristóteles e levando a causalidade até suas últimas consequências lógicas, atribui-a imediatamente à *causalidade* divina eficiente". Na realidade, Aristóteles já tinha levado a causalidade motriz às últimas consequências lógicas na ordem da substância. Uma dose maior de lógica não bastava para ultrapassá-lo; era preciso mais metafísica. A reforma tomista da teologia natural, nesse ponto, teria consistido sobretudo em transvalorar a causa motriz de Aristóteles em uma causa verdadeiramente eficiente, ligando o efeito que é o existir dos entes à causalidade do ato puro de existir. Porém, a sensibilidade metafísica do Pe. Gardeil revelou com uma justeza perfeita o deslize que consta da noção agostiniana de criação para a noção platônica de participação.

[10] Cf. SANTO AGOSTINHO, *Comentário literal ao Gênesis* V, 5, 14 (Patrologia Latina, tomo 34, col. 326).

estivesse, como compreenderíamos o sentido de suas palavras?"[11]. Cada vez que Agostinho encontra-se em face do ser, fala como um homem assombrado pela inquietude de crer mais do que sabe, e é sempre para o ser divino que ele se volta para saber ainda mais. O que ele reteve de Platão impõe um limite inultrapassável a seu elã: "Já o anjo – o anjo do Senhor – dizia a Moisés, que lhe perguntava seu nome, 'Eu sou aquele que sou; dirás aos filhos de Israel: *Aquele que é* enviou-me a vós'. O termo *ser* significa ser imutável (*esse nomen est incommutabilitatis*). Todas as coisas que mudam cessam de ser o que eram e começam a ser o que não eram. O ser verdadeiro, puro, autêntico, é só o ser daquele que não muda. Aquele que tem o ser é aquele a quem se disse: 'Tu mudarás as coisas e elas serão mudadas, mas tu, tu permaneces o mesmo' (Sl 101, 27-28). O que quer dizer *Eu sou aquele que sou* senão *Eu sou eterno*? O que significa *Eu sou aquele que sou* senão *Eu não mudo*?"[12].

Por um estranho paradoxo, Agostinho, o filósofo que mais completamente identificou Deus com a imutabilidade transcendente da Essência, foi ao mesmo tempo o cristão mais sensível à imanência da eficácia divina na Natureza, na história universal da humanidade e na história pessoal de cada consciência. Quando fala dessas coisas como teólogo, parece infalível. Nisso, não há rivais para ele na história do pensamento cristão; ele só tem discípulos. Mas, sua grandeza não é exatamente a de um filósofo; é a de um teólogo cuja filosofia, sempre aquém de sua teologia, não impede um só instante de avançar.

A que ponto Agostinho sentiu a presença de Deus na Natureza poder-se-ia mostrar por sua doutrina da Providência, mas é melhor insistir na imanência agostiniana de Deus na história do mundo e na história das almas, porque em nenhuma parte aparece com mais evidência a insuficiência filosófica de seu platonismo cristão. Tal como aparece na *Cidade de Deus*, a religião de Agostinho é fundada sobre uma história dominada pela lembrança de dois eventos mestres, a Criação e a Redenção, e pela expectativa de um terceiro, o Juízo Final. Para fazer dessa teologia da história uma filosofia da história, Agostinho só encontrava poucos recursos em sua ontologia do Imutável. Em vez de tentar explicar o detalhe das existências por um supremo Existente, ele precisava explicar o que é sempre diferente recorrendo ao que permanece imutavelmente o mesmo. Em resumo, a relação da história a Deus não podia ser interpretada filosoficamente senão como a oposição do tempo à Eternidade. Pode-se, é verdade, conceber que o tempo está na eternidade[13], mas, como compreender, inversamente, que a Eternidade está no

---

[11] Santo Agostinho, *Confissões* XI, 3, 5 (edição citada, p. 299).

[12] Santo Agostinho, *Sermão 7*, n. 7 (Patrologia Latina Migne, tomo 38, col. 66). Cf. *A cidade de Deus* XII, 2 (Patrologia Latina Migne, tomo 41, col. 350); *A Trindade* V, 2, 3 (Patrologia Latina Migne, tomo 42, col. 912).

[13] Cf. Santo Agostinho, *Confissões* I, 6, 10; 7, 15, 21 (edição citada, tomo I, pp. 9 e 165). Sobre a dificuldade de Agostinho para pensar a história em função do platonismo, ver as agudas

tempo? No entanto, isso é necessário, ao menos se se quer assegurar que Deus é presente à história e na história. Concordamos de bom grado que Santo Agostinho logrou fazê-lo em toda medida possível, mas deve-se reconhecer também que justificar o cristianismo como história, com o auxílio de uma ontologia em que o devir mal merece o título de ser, era escolher a solução mais difícil.

Talvez seja preciso dizer o mesmo sobre a relação da espiritualidade de Agostinho com sua metafísica. Ninguém sentiu mais intensamente do que ele a imanência, na alma, do Deus que a transcende: *Tu autem eras interior intimo meo et superior summo meo* (Tu, porém, eras mais íntimo do que o meu próprio íntimo e superior ao que há de mais elevado em mim)[14]. Não deixa de ser verdade que Santo Agostinho estava mais bem equipado para estabelecer a transcendência de Deus do que para justificar sua imanência. O emocionante das *Confissões* deve-se talvez em parte ao espetáculo que elas nos dão de uma alma possuída pela presença de Deus e que não alcança conceber essa presença. Sempre que Agostinho ousa dizer que Deus está nele, acrescenta imediatamente um *an potius* (ou melhor): "Eu não seria, ó meu Deus, eu não seria em absoluto se não estivésseis em mim, ou melhor, eu não seria se não estivesse em Vós, de quem, por quem e em quem todas as coisas são"[15]. É por isso que todas as suas provas da existência de Deus, que são outras tantas buscas apaixonadas da presença divina, sempre conduzem Agostinho a situar Deus muito menos na alma mesma do que para além dela[16]. Cada prova tende a culminar em experiência mística, lá onde a alma só encontra Deus liberando-se de seu próprio devir para fixar-se um instante na estabilidade do Imutável. Essas breves experiências só antecipam, no

---

observações de Jean Guitton: *Le temps et l'éternité chez Plotin et chez Saint Augustin*. Paris: Boivin, 1933, p. 322, início do § 3.

[14] Santo Agostinho, *Confissões* III, 6, 11 (edição citada, tomo I, p. 54).

[15] *Ibidem*, I, 2, 2 (tomo I, p. 4). As últimas palavras da citação remetem a Rm 11, 36.

[16] Ninguém ignora que Santo Agostinho era possuído pelo sentimento da presença íntima de Deus. Os textos imortais das *Confissões* não saem da memória de seus leitores. Trata-se aqui, porém, de outro problema. Pergunta-se: como filósofo, Santo Agostinho tinha como pensar uma presença que ele percebia tão profundamente? Poder-se-ia mostrar, talvez com bastante facilidade, que a intensa emoção (*páthos*) das *Confissões* vem em parte da ansiedade de uma alma que sentia Deus em si, sem chegar a conceber que ele pudesse estar nela. Parece ser esse o sentido da célebre ascensão para Deus no livro X, com sua conclusão: "Onde te encontrei, para conhecer-te, senão em ti que estás acima de mim?" (X, 26, 37 – tomo II, p. 268). Também para esse o sentido do não menos célebre "êxtase de Óstia" (IX, 10, 25 – tomo II, p. 229), verdadeiro antegozo da visão beatífica. A despeito das aparências, a imanência tomista do Existir nos entes é mais profunda do que a do Mestre interior no discípulo, tão magnificamente descrita por Santo Agostinho. Lembremos mais uma vez que se trata exclusivamente aqui da comparação técnica de duas soluções para um mesmo problema filosófico. O que Santo Tomás e Santo Agostinho souberam como filósofos não é adequado nem ao que eles souberam como teólogos (menos adequado ainda no segundo do que no primeiro) nem ao que eles foram como santos.

tempo e fazendo-nos superar o próprio tempo, o evento final da história universal, quando toda a ordem do devir transfigurar-se-á na paz da eternidade.

Agostinho é quem melhor sabe que tudo, mesmo o devir, é obra do Imutável, mas justamente nesse ponto o mistério adensa-se para ele. É sem dúvida impossível, a quem quer que seja, explicar esse mistério, mas pode-se pelo menos mostrar aquilo que, mesmo como mistério, ele contém de inteligibilidade latente. Não se pode, todavia, fazê-lo senão reduzindo a antinomia da Eternidade e do tempo à analogia dos entes ao Ser, quer dizer, elevando-se do Deus-Eternidade ao Deus-Existir. *Aeternitas, ipsa Dei substantia est* (a eternidade é a substância mesma de Deus)[17]: essa palavra de Santo Agostinho, que marca tão claramente o limite último de sua ontologia, explica que seu pensamento concebeu como uma antinomia da Eternidade e da mutabilidade essa relação do homem com Deus que toda sua experiência punha como a intimidade de uma presença mútua. *Deus est suum esse* (Deus é seu ser): essa palavra de Santo Tomás, que marca tão claramente o progresso decisivo cumprido por sua ontologia, explica também a facilidade com que seu pensamento pôde ligar o tempo à Eternidade, a criatura ao Criador. Afinal, *Aquele que é* significa o eterno presente de Deus[18], e a imanência da eficácia divina a suas criaturas é, ao mesmo tempo, a causa do ser e da duração delas: "O ser é o que há de mais íntimo para o que quer que seja, e o que de mais profundo é presente em tudo (...), donde convir dizer que Deus é em todas as coisas e de maneira íntima".

Se Santo Tomás progrediu com relação aos que mantinham Deus aquém da existência, progrediu não menos com relação aos que o exaltavam para além dela. Tal era o caso de Dionísio Pseudoareopagita e de seus discípulos ocidentais.

Dada a distância que nos separa desses fatos, o obstáculo agostiniano pode parecer-nos ter sido mais temível do que o obstáculo dionisiano. Mas não era assim no século XIII. Desde aquela época, a imponente figura de Dionísio Pseudoareopagita reduziu-se para nós à estatura muito mais modesta do "Pseudo Dionísio", autor cuja autoridade doutrinal não cessou de decrescer na Igreja, ao passo que a de Agostinho não cessou de se manter, se não é que cresceu. De todo modo, por sua natureza mesma, a obra de Dionísio punha para Santo Tomás um problema tão grave quanto a de Agostinho, porém diferente: como já dissemos, a filosofia de Agostinho tinha certo atraso com relação a sua teologia, mas sua teologia mesma era perfeitamente

---

[17] Santo Agostinho, *Comentário aos Salmos*, Salmo 101, n. 10 (Patrologia Latina Migne, tomo 37, col. 1331). Na Trindade agostiniana, a eternidade é apropriada ao Pai: "Ó eterna verdade, verdadeira caridade e cara eternidade!" (*Confissões* VII, 10, 16 – edição citada, tomo I, p. 162). Cf. São Bernardo de Claraval, *A consideração* V, 6. Também evocando o texto do Êxodo, São Bernardo acrescenta: "Não há nada mais adequado à eternidade, que é Deus".

[18] Cf. *Suma de teologia* I, 13, 11, Resp.

sã, de modo que Santo Tomás pôde assumi-la tal qual e retomar exatamente a mesma verdade, indo mais fundo do que o próprio Agostinho; quanto à teologia de Dionísio, está-se longe de poder dizer-se o mesmo. Aureolado da autoridade que lhe prestava o século XIII, esse autor parecia a Santo Tomás, sem dúvida, dizer coisas que ele não podia ter pensado. A prestidigitação sempre feliz que permite a Santo Tomás apropriar-se das fórmulas dionisianas as mais arriscadas não deve fazer esquecer-nos de que ele não se apropria de fórmulas senão metamorfoseando-lhes o conteúdo[19]. Esse prestidigitador acompanha-se de um mágico. Às vezes, o próprio Tomás cansa de ter tanto a fazer para extrair de fórmulas sibilinas o sentido correto do qual ele as investe. Ele para, então, um instante e resmunga. Que obscuro esse Dionísio! *In omnibus suis libris obscuro utitur stylo* (em todos os seus livros usa de estilo obscuro). E que ele o faça de propósito bem deliberado, *ex industria* (calculadamente), isso não muda em nada a situação. Além disso, ele [Dionísio] "imitava demasiado os platônicos": *Platonicos multum imitabatur*. Santo Tomás, porém, não se deixa desencorajar, e de seu labor teimoso sai um Dionísio tomista, sob o qual o Dionísio histórico deixa-se dificilmente discernir.

Segundo um de seus aspectos mais óbvios, a obra de Dionísio apresenta-se como um comentário da Sagrada Escritura, quer dizer, como obra de um teólogo cristão[20]. Tal é eminentemente o caso de seu tratado *Os nomes divinos*, no qual o problema de nosso conhecimento de Deus é abordado diretamente e resolvido de maneira tal que Santo Tomás deve ter ficado frequentemente perplexo ao lê-lo. Como Agostinho, Dionísio empresta do platonismo de Plotino a armadura de sua técnica filosófica. Ainda como Agostinho, ele utiliza essa técnica para elucidar o dogma cristão, mas esse grego concede a Plotino muito mais do que Agostinho jamais lhe havia concedido.

---

[19] Para o estudo dessa problemática, pode-se utilizar o trabalho de DURANTERL, J. *Saint Thomas et le Pseudo-Denys*. Paris: F. Alcan, 1919. Tem-se aí uma coletânea útil das citações de Dionísio, feitas por Santo Tomás, além de suas interpretações.

[20] As obras cujo conjunto forma o *Corpus Dionysiacum* são de data incerta, pois ora se fez que remontassem ao século III, ora foram atribuídas a um autor que viveu no final do século V ou início do VI. Não tendo nenhuma competência para discutir essa questão, tomaremos por certo – o que nos parece evidente – que o autor dessas obras era um cristão que trabalhava na elaboração de uma teologia propriamente cristã, sob a autoridade suprema da Escritura. Comentados no século VII por São Máximo, o Confessor, os escritos dionisianos influenciaram a Alta Idade Média graças à obra de João Scot Erígena, que, traduzindo no século IX os escritos de Dionísio e os comentários de Máximo, comentou também uma parte deles e fundamentou sobre seus princípios sua obra mestra, *A divisão da natureza*. Consideramos Dionísio, aqui, pelo texto por meio do qual ele influenciou a Idade Média, ou seja, a tradução de João Scot Erígena. Sobre esse último autor e sua obra, ver CAPPUYNS, M. *Jean Scot Erigène, sa vie, son œuvre, sa pensée*. Paris: Desclée de Brouwer, 1933. Cf. também THÉRY OP, G. Scot Erigène, introducteur de Denys. *The New-Scholasticism* 5 (1933) 91-108.

O que caracteriza a filosofia de Plotino é o seu repouso sobre uma metafísica do Uno, e não sobre uma metafísica do Ente. Pôr o Uno como princípio primeiro de tudo o que é significa admitir, por isso mesmo, que o Uno não é um ente. Já que ele é o princípio de tudo o que merece o nome *ente*, ele mesmo não figura entre os entes. O ente propriamente dito aparece pela primeira vez na hierarquia universal com o *noûs* ou a Inteligência. Ao mesmo tempo em que ela é o primeiro ente, essa segunda hipóstase é o primeiro deus. Num tal formato, essa teologia era manifestamente inutilizável para um cristão. Identificar o Deus do Êxodo ao Uno era rebaixar esse último ao nível do ente, que Plotino considera como inferior ao Uno, ou era elevar Deus acima do ente, que, no entanto, seria o menos impróprio dos nomes divinos no cristianismo. No primeiro caso, trai-se Plotino; no segundo, trai-se a Bíblia. Santo Agostinho não hesitou em trair Plotino. Dionísio esforçou-se por trair o menos possível tanto Plotino como a Bíblia, mesmo que, para tanto, tenha precisado não se pôr inteiramente, e a um só tempo, de acordo com os dois. Vejamos como ele o fez.

Uma das expressões mais recorrentes na tradução erigeniana de Dionísio é *superessentialis divinitas* (divindade supraessencial). Tratava-se, ao mesmo tempo, de uma homenagem a Plotino e de uma traição de seu pensamento. Mas um cristão devia cometer tal traição. Se, como havia feito Plotino, identifica-se a Inteligência, o ente e deus, então não se pode mais dizer que deus está acima da Inteligência e do ente; mas, se, pela transposição exigida pelo cristianismo, identifica-se Deus ao Uno, então é preciso conceber Deus como acima da Inteligência e do Ente. Volta-se, assim, ao Bem de Platão; ou de Plotino, porém concebido como um deus que seria *epékeina tês ousías* (além da essência). É por isso que, em Dionísio, Deus é *superessentialis*, supraessencial, e o é de pleno direito. Todavia, o ente e a essência são um; um Deus supraessencial não seria, portanto, um ente. Certamente ele é muito mais, porém, justamente porque ele é mais, ele não é ente. Então, seria melhor dizer que Deus é *não ente* (*mé ón*) ou que o *mé ón*, aquele que não é, é a causa suprema de tudo o que é[21].

Com base nessa noção, a hierarquia platônica dos princípios tenderá necessariamente a reconstituir-se no seio da ordem cristã. Considerado em si mesmo, Deus identificar-se-á ao Uno, quer dizer, a uma simplicidade perfeita e transcendente à ordem do número. O Uno não engendra o número por meio de divisão, pois ele é indivisível. Se é lícito usar imagens para falar dele, convém compará-lo antes ao centro de uma circunferência onde todos os raios coincidem ou ainda a uma mônada anterior a todos os números e que,

---

[21] Cf. Dionísio Pseudoareopagita, *Os nomes divinos*, capítulo I (trad. de João Scot Erígena, Patrologia Latina Migne, tomo 122, col. 1113C) e capítulo V (col. 1148A-B). Cf. também a tradução de Dionísio feita por Hilduíno em G. Théry OP. *Études dionysiennes. Vol. II: Hilduin traducteur de Denys*. Paris: Vrin, 1937, p. 168, 1, 18-20. Pode-se verificar, nesta última obra (nota 8), que é o *epékeina tês ousías* de Platão que se encontra por trás desses textos.

sem ser um deles, contê-los-ia a todos. O Uno, que é anterior ao ente, contém em si todo o ente que ele mesmo não é; mas, como esse ser não é mais do que o Uno, dir-se-á que ele é "o ser dos existentes", *ipsum esse existentium*[22]. Essa fórmula terá uma influência durável e profunda, como teremos ocasião de constatar. Entretanto, se queremos designar o primeiro princípio em sua fecundidade criadora, dar-lhe-emos acima de tudo o título de honra que ele recebera de Platão: ele é o Bem ou o Melhor, *Optimum*[23]. Vê-se claramente, assim, que, se ele deve ser pensado como o supremo *não ente*, não é por falta, mas por excesso. Tomada em seu pleno sentido (aliás, o único adequado), essa aparente negação é a afirmação de um princípio primeiro que, "situado" além da vida, do conhecimento e do ente, é a causa de tudo aquilo que possui vida, conhecimento e entidade. Tudo aquilo que é só é por participação do Bem, que, ele mesmo, transcende o ente[24].

Em uma doutrina em que o primado do Bem afirma-se com essa força, o *Ego sum qui sum* (Eu sou quem sou) do Êxodo encontra-se necessariamente submetido a uma interpretação restritiva que diminui consideravelmente seu alcance. Escrevendo um tratado sobre *Os nomes divinos*, quer dizer, sobre os nomes dados a Deus pelas Escrituras, Dionísio não podia ignorar esse (*Eu sou quem sou*), mas ele o cita simplesmente ao lado de muitos outros, como um dos nomes do Inominável[25]. Falar de ente, a respeito de Deus, não é falar dele, mas de seu efeito. É verdade que o ente traz sempre a marca do Uno, que é sua causa. Aliás, é porque é efeito do Uno que o ente só é enquanto ele mesmo é uno. A unidade imperfeita, instável e sempre divisível dos entes é, todavia, neles, como a energia causal pela qual eles são. Se o Uno transcendente deixa de "penetrar" com sua luz um ente, esse ente deixa imediatamente de existir. É nesse sentido profundo que Deus pode ser dito "o ser de tudo o que é": *ón totius esse*. No entanto, Deus não aparece sob o aspecto de ser, senão como causa que faz as coisas serem. Exatamente, o ser é apenas a revelação ou manifestação do Uno; é sua *teofania*[26]. No tocante a ele mesmo, o Uno permanece *ante ón* (anterior ao ente); ele não se inclui na ordem das suas participações[27].

Vista na história da teologia cristã, essa doutrina aparece como um recuo em relação a Santo Agostinho. No bispo de Hipona, a influência de Plotino não havia conseguido generalizar-se senão sob certas condições extremamente

---

[22] Cf. Dionísio Pseudoareopagita, *Os nomes divinos*, capítulo V (Patrologia Latina Migne, tomo 122, cols. 1148B e 1149A-B).

[23] Cf. *ibidem*, cap. IV (cols. 1128-1129A); cap. XIII, col. 1169B-D.

[24] Cf. *ibidem*, cap. IV (col. 1130A).

[25] Cf. *ibidem*, cap. I (col. 1117B); cap. II (cols. 1119-1120).

[26] Cf. *ibidem*, cap. V (col. 1147A).

[27] Cf. *ibidem*, cap. V (cols. 1148A-B, 1150A e 1151A).

estritas. Se o ente era concebido por Agostinho segundo o tipo platônico da essência inteligível e imutável, Deus não apenas era identificado ao Bem e ao Uno, como ocorre em Dionísio, mas ainda com o Ser. Decisão de importância capital, que Dionísio não parece ter tomado. De sua inadvertência nasceram várias dificuldades para seus comentadores cristãos e mesmo para seus simples historiadores: percebendo o perigo, alguns reintegraram o ser no Uno de Dionísio, o que conduz sua doutrina à norma da ortodoxia, enquanto outros aceitaram seu pensamento em seu teor literal, tornaram seu aspecto mais panteísta na mesma proporção em que mais o esclareciam. O que nos interessa, no momento, é compreender como um teólogo tão manifestamente cristão como Dionísio pôde desenvolver uma doutrina como essa sem ficar incomodado. Dizer que foi como panteísta que ele sentiu Deus seria contrariar o sentido óbvio de todos os seus textos, pois neles Deus aparece sempre como sendo *ante* ou *super* (ante ou supra) tudo aquilo de que podemos falar. Dionísio tinha um sentimento agudo, quase exasperado, da transcendência divina. Se ele, vivenciando esse sentimento, pôde sustentar que Deus é o ser de tudo o que é, foi precisamente porque, para ele, Deus não é o ser; aliás, Deus não é seu "ser" próprio senão a título de princípio transcendente e causa deste ser que, este sim, é "o ser daquilo que é". Basta ler sua doutrina no sentido contrário, traduzindo-a na língua de uma teologia em que Deus é essencialmente ser, para fazer dela um panteísmo. Se Dionísio nunca teve nada a temer a esse respeito, foi porque em seu próprio pensamento não havia espaço para confusão entre o ser das coisas e Deus, pela simples razão de que as coisas são, ao passo que, por ser o Uno, Deus não é.

A inferioridade do ser em relação a Deus é indicada claramente no estatuto metafísico especial imposto por Dionísio às Ideias. Como tudo o que é inteligível e imutável, as Ideias são, e podemos mesmo dizer que elas são em primeiro lugar. É por serem que elas são princípios e causas: *et sunt, et principia sunt, et primo sunt, deinde principia sunt* (como são, são princípios; e como são por primeiro, são princípios por conseguinte)[28]. Entretanto, na inevitável contrapartida, uma vez que elas são, elas não são Deus. Já o título do capítulo V d'*Os nomes divinos* basta para provar que tal é o sentido da doutrina dionisiana: *De ente in quo et de paradigmatibus* (Sobre o ente no qual [se fala] também dos paradigmas ou modelos). Lá onde se começa a falar do ente, começa-se naturalmente por falar dos entes primeiros, as Ideias. O início desse capítulo é notável: "Passemos agora à denominação teológica verdadeira da essência do que é verdadeiramente. Observamos apenas que nossa intenção aqui não é a de manifestar a essência supraessencial; se ela é supraessencial, é inefável, incognoscível e absolutamente inexplicável; é a 'Unidade transcendente' mesma (*superexaltatam unitatem*); mas queremos louvar a processão,

---

[28] Cf. *ibidem*, cap. V (col. 1148C-D).

fazedora de substância, da essência divina principal, em todos os existentes"²⁹. Não seria possível marcar com mais força a quebra que separa a ordem do ente de seu princípio, e a *supraexistencialidade* deste. A um só golpe, as ideias divinas encontram-se excluídas dessa mesma supraexistencialidade; afinal, elas só são porque participam dela. Em um sistema em que o ente procede não do Ser, mas do Uno ou do Bem, entra-se simultaneamente na ordem do ente e da participação. Daí decorre, em Dionísio, a doutrina característica que faz das ideias *participações por si*, anteriores a todas as outras, causas de todas as outras; porque elas são *primum participantia* (partícipes por primeiro), são também *primum existentia* (existentes por primeiro)³⁰.

Uma primeira consequência dessa doutrina era desexistencializar ao extremo a noção de criação. Em Santo Tomás, Deus dá a existência porque ele é o Existir; em Dionísio, o Uno dá o ser porque ele mesmo não é. Donde esta segunda consequência: o que de Deus é invisível (*invisibilia Dei*) não pode mais ser conhecido a partir da criação. Em uma doutrina desse tipo, a razão pode ainda passar de um ente a outro e elevar-se até as Ideias divinas, que são os primeiros entes. Nesse ponto, a razão para diante de um abismo intransponível, pois ela não poderia subir mais ao elevar-se até o Deus que transcende o ser mesmo. Como ela o faria se tudo o que ela conhece é?

O método teológico negativo devia, então, tornar-se naturalmente o método dionisiano por excelência. À primeira vista, tudo o que a esse respeito diz Dionísio concorda tão bem com o que também dirá Santo Tomás que não nos espantamos que Tomás tenha citado frequentemente Dionísio para aprová-lo. Notemos, porém, o modo como ele o cita: "Dionísio diz, em *Os nomes divinos*, que chegamos a Deus partindo das criaturas, por causalidade, eliminação e eminência"³¹. Trata-se exatamente do método tomista tal como já o descrevemos, mas que nos põe longe do texto que Santo Tomás reivindica. A versão de Dionísio que Tomás tem em mente é a de João Sarraceno: *Ascendemus in omnium ablatione et excessu et in omnium causa* (pela separação e superação de tudo ascendemos à causa de tudo). Já se elogiou Santo Tomás por ter melhor descrito a ordem lógica dessas operações, invertendo a ordem da frase: *per causalitatem, per remotionem, per eminentiam* (por causalidade, por remoção e por eminência)³². Com efeito, toda a doutrina de

---

²⁹ *Ibidem*, cap. V (col. 1147A).

³⁰ Cf. *ibidem*, cap. V (cols. 1148D-1149A). Esse texto segue outros em que Deus é posto, com um vigor notável, como *nondum ón* (ainda não ente – cf. 1148A) que, por ele mesmo não ser, é o ser de tudo o que é. Em suma, trata-se de um Deus que, como princípio e causa do ser, transcende-o (1148B).

³¹ *Comentário ao Livro das Sentenças de Pedro Lombardo* I, dist. 3, divisio primae partis textus (ed. Mandonnet, tomo I, p. 88).

³² Cf. DURANTEL, J. *Saint Thomas et le Pseudo-Denys*, p. 188. Nessa obra, o próprio texto da citação feita no *Comentário ao Tratado sobre a Trindade de Boécio* (q. 1, a. 2, Resp.) é corrigido no

Dionísio era assim invertida. O texto de *Os nomes divinos*, capítulo VII, diz que chegamos à causa de tudo eliminando o que é dado e transcendendo-o[33]. Seguir tal método é partir do dado sensível para elevar-se à causa dele; é, portanto, apoiar-se sobre certa relação, certa analogia entre o efeito e a causa; mas, só se apoia aqui sobre essa relação para negar que ela informa sobre a natureza da causa. Como poderia ser diferente em um Universo onde as coisas são porque Deus não é? As duas consequências desse princípio que sublinhamos aqui não são senão o verso e o reverso de uma só e mesma tese: a criação não consiste em uma relação dos entes ao Ser; a causa criadora não é cognoscível a partir dos entes. Tudo o que Dionísio pode nos oferecer é, a partir da ordem das coisas, certo conhecimento das ideias de Deus, as quais, como acabamos de ver, não são Deus. À questão "como conhecemos um Deus que não é nem inteligível, nem sensível, nem nada daquilo que existe?" Dionísio responde por esta pergunta: "Não é verdade dizer que conhecemos Deus de maneira outra que por sua natureza?". Eis como ele explica: "Essa natureza é algo de desconhecido, que ultrapassa todo entendimento, toda razão e todo pensamento. Mas, partindo da disposição de todas as coisas que ele mesmo nos propõe e que comporta imagens e assimilações aos exemplares divinos, nós nos elevamos, na medida de nossas forças e graças à vida e à ordem do todo, triando e transcendendo, até a causa de todas as coisas"[34]. Conhecer Deus, portanto, aqui, é conhecer alguma imagem de Ideias para além das quais ele reside como numa eterna inacessibilidade.

Para eliminar o obstáculo dionisiano, era preciso transformar a noção mesma de Deus. Admiravelmente concebido como princípio de inteligibilidade racional, o Uno de Dionísio só dificilmente podia corresponder às funções que uma religião espera de Deus. Quando muito, ele permitia o retorno a alguma doutrina da salvação pelo conhecimento, tal como aquela que havia sido elaborada por Plotino. Ele não podia de maneira nenhuma garantir aquela união íntima e pessoal a Deus que o ser humano busca na religião. É por isso que vemos Santo Tomás restabelecer continuamente sobre o plano da existência e da causalidade existencial todas as relações da criatura a Deus concebidas por Dionísio como participações do ente ao Uno. Para Dionísio, Deus era um *superesse* (suprasser) porque "não era ainda" o *esse* (ser) que ele

---

sentido tomista. Obtém-se então: *cognoscitur (Deus) ut omnium causa, ex excessu et ablatione* (pelo ultrapassamento e pela separação, conhece-se [Deus] como causa de tudo). A mesma correção é feita nos *Opúsculos*, edição de Mandonnet, tomo II, p. 532.

[33] Cf. Dionísio Pseudoareopagita, *Os nomes divinos*, capítulo VII. A tradução de Scot Eriúgena apresentava: *redeundum, omnium ablatione et eminentia, in omnium causa* (voltando, por separação e ultrapassamento de tudo, à causa de tudo – Patrologia Latina Migne, tomo 122, col. 1155B).

[34] *Idem, ibidem.* Para o comentário de Santo Tomás, ver *Opuscula omnia*, edição Mandonnet, tomo II, p. 532.

não se torna senão nas suas processões mais elevadas. Para Santo Tomás, Deus é o suprasser porque é superlativamente ser: o Ser puro e simples, tomado em sua infinitude e perfeição. Como tocada por uma vareta mágica, a doutrina de Dionísio transforma-se. Santo Tomás conserva-a inteiramente, mas nada nela mantém o mesmo sentido[35]. Permanece verdadeiro que o ser de Deus é-nos incognoscível; o que não pode ser aceito é que conhecer as coisas equivale a conhecer algo que Deus não é. Ao contrário, pode-se afirmar corretamente que Deus é tudo aquilo que dizemos sobre tudo o que existe. Aliás, ele o é de maneira tão eminente, que o nome usado para designar o que existe pertence-lhe por direito de prioridade sobre a criatura. O que nos escapa completamente é a maneira como Deus é[36]. Uma vez feitas todas as eliminações necessárias, ao menos isto permanece: cada conceito humano de cada ente e de cada modo de ser autoriza-nos a concluir: aquilo mesmo que eu concebo porque é, Deus o é. Em um tal pensamento, as *invisibilia Dei* (o que de Deus é invisível) continuam, portanto, transcendentes ao nosso conhecimento, mas o transcendem em sua própria linha, pois todos os

---

[35] Santo Tomás mostra-se em geral extremamente cuidadoso ao adaptar Dionísio (por exemplo, na *Suma de teologia* I, 13, 3, ad 2m). Às vezes acontece de ele se lhe opor quando a concepção cristã de Deus encontra-se em questão. Eis um texto interessante a esse respeito: "Terceira objeção – O intelecto criado só conhece os existentes. O que cai por primeiro na apreensão do intelecto é o ente. Deus, porém, não é existente, pois está acima dos existentes, como diz Dionísio. Portanto, Deus não é inteligível; está acima de toda intelecção. À terceira objeção deve-se dizer que Deus não é dito *não existente* como se não existisse de nenhum modo, mas porque está acima de todo existente como o ser mesmo. Portanto, não segue daí que não possa ser conhecido de nenhum modo, mas como o que excede toda compreensão, como o que não pode ser ele mesmo incluído inteiramente numa compreensão" (*Suma de teologia* I, 12, 1, ad 3m).

[36] No cuidado de garantir que temos algum conhecimento da essência divina, um dos mais profundos intérpretes de Santo Tomás o cita da seguinte maneira: *Essentiam Dei in hac vita cognoscere non possumus secundum quod in se est; sed COGNOSCIMUS EAM secundum quod repraesentatur in perfectionibus creaturarum"* (nesta vida, não podemos conhecer a essência de Deus do modo como ela é em si; mas CONHECEMO-LA segundo é manifestada nas perfeições das criaturas), *apud* MARITAIN, J. *Les degrés du savoir*, p. 836. Os itálicos e a caixa alta pertencem, é claro, ao autor dessa citação. Poderíamos destacá-los para dar um sentido completamente diferente, mas nenhum recurso tipográfico poderia mudar o sentido de uma frase bem escrita. Tomemos, então, a frase acima em sua literalidade, sem nada destacar. Santo Tomás diz sucessivamente duas coisas: (1) nós não conhecemos a essência de Deus segundo o seu ser em si; (2) mas a conhecemos enquanto ela é representada pelas perfeições das criaturas. Não conhecer a essência de Deus tal qual ela é em si equivale a não conhecê-la nela mesma. Santo Tomás repete aqui o que diz alhures: nela mesma, nós não a conhecemos em absoluto. Conhecê-la como representada nas perfeições das criaturas significa dispor sempre apenas de nossos conceitos das criaturas para representar Deus. Em que esses conceitos abstraídos do sensível representam a essência de Deus? Em nada. Não se deve, portanto, transformar em conceito da essência de Deus um conhecimento feito de juízos só porque eles afirmam que *isso que as coisas são, Deus o é* (pois isso preexiste nele, porém de um modo mais elevado). Nós afirmamos esse modo eminente, mas ele nos escapa; e é precisamente a ele que deveríamos conhecer para conhecer, por pouco que fosse, a essência de Deus.

atributos de Deus, conhecidos a partir do ente criado, só se tornam invisíveis para nós quando identificados à simplicidade perfeita do *Esse* (Existir).

Fazendo esse progresso decisivo, Santo Tomás resolvia enfim o problema fundamental da teologia natural. Desde seus primórdios, o pensamento grego encontrou-se às voltas com esta dificuldade: como manter em uma mesma explicação do real os deuses da religião e os princípios da filosofia? Para compreender o que as coisas são, precisa-se de princípios, mas, para compreender que as coisas sejam (existem), precisa-se de causas. Os deuses gregos eram precisamente tais causas. Encarregados de resolver todos os problemas relativos à origem, eles eram lembrados cada vez que se tratava de dar razão de alguma existência, fosse ela a existência do próprio mundo, como se vê na *Teogonia* de Hesíodo, fosse simplesmente a existência de eventos que ocorrem no mundo, como se vê na *Ilíada*. Mostraríamos sem dificuldade que esse dualismo da essência e da existência explica aquele da filosofia e do mito na obra de Platão. Todos os mitos platônicos são existenciais como toda a dialética platônica é essencial. Daí que, como nenhuma das Ideias de Platão é um deus, nem mesmo a do Bem, nenhum dos deuses de Platão é uma Ideia, nem mesmo o Demiurgo. Para resolver essa antinomia, podia-se decidir identificar ao Bem de Platão o deus supremo, mas isso significaria introduzir essa antinomina no Primeiro Princípio mesmo e não resolvê-la. Acabamos de constatar isso a respeito de Santo Agostinho e de Dionísio Pseudoareopagita. Como fazer de um deu de uma essência sem fazer ao mesmo tempo uma essência de um deus? Uma vez efetuada a essencialização de Deus, choca-se imediatamente, como fez Santo Agostinho, com a inultrapassável dificuldade de justificar as existências a partir da *Essência* que se lhes atribui entretanto como princípio, a menos que, para sair do embaraço, recue-se o primeiro princípio, como fez Dionísio, para além da essência e da existência, interditando à criatura, assim, todo conhecimento positivo sobre seu criador.

Uma teologia natural como a de Santo Tomás vai em um sentido completamente diferente. Seu Deus é o *Esse* (Existir); se o existir é como o estofo mesmo de que as coisas são feitas; então, o real só é inteligível à luz do Existir supremo que é Deus. Que o Deus de Santo Tomás desempenhe em sua obra o papel de um princípio supremo de inteligibilidade filosófica, já o constatamos desde a descrição de sua essência e verificamos novamente a respeito de cada um de seus atributos. Por ele, e somente por ele, é uno, bom, verdadeiro e belo tudo o que participa, em algum grau, da unidade, do bem, da verdade e da bondade. Assim, o Deus da religião tornou-se verdadeiramente aqui o princípio supremo da inteligibilidade filosófica, mas pode-se acrescentar que esse próprio princípio de inteligibilidade coincide, por seu turno, com o Deus da religião. Coincidência que não é realizável sem perigo para a divindade de Deus e a inteligibilidade do princípio salvo no caso único em que, resolvendo-se enfim todos os problemas sobre o plano do ato de ser (existir), a causa radical de todas as existências mostra ser, ao mesmo tempo, princípio supremo de inteligibilidade delas.

Tal é, com efeito, o Deus de Santo Tomás de Aquino. Não somente o princípio, mas o criador; não somente o Bem, mas o Pai. Sua providência estende-se até o menor detalhe do ente, pois ela não é mais do que a sua causalidade. Causar um efeito é propor-se a obtê-lo; deve-se, então, dizer que tudo o que é e opera depende imediatamente de Deus em seu ser e em seu operar[37]. O que ele é eternamente em si mesmo, o Deus de Santo Tomás permanece como causa dos eventos. As criaturas que passam no tempo dão-lhe nomes diversos, mas cada um desses nomes indica uma relação que se estende das criaturas a ele, e não dele a elas. O ser humano emerge do nada: ele nomeia Deus seu criador; reconhece esse criador como seu mestre supremo: ele nomeia Deus seu Senhor; peca e perde-se, mas o Verbo faz-se carne para salvá-lo: ele nomeia Deus seu Redentor. Toda essa história desenvolve-se segundo o tempo e em um mundo que muda, mas Deus mesmo não muda mais do que quanto muda uma coluna que "passa" da direita à esquerda quando vamos e voltamos diante dela. Criador para aqueles que ele cria e resgata do nada a cada instante por sua eficácia eterna, Deus é Salvador para aqueles que ele salva e Senhor para aqueles que professam servi-lo. Mas, nele, criação e redenção identificam-se com sua ação que, como seu poder, é idêntica a seu existir mesmo[38]. Para que o primeiro princípio da filosofia se juntasse assim ao Deus da religião, e para que o mesmo Deus da religião fosse, ao mesmo tempo, o Autor da Natureza e o Deus da História, foi necessário perseguir o sentido do nome de Deus em sua implicação existencial mais profunda. *Eu Sou* é o único Deus do qual se pode dizer que, sendo o Deus dos filósofos e dos sábios, é também aquele de Abraão, Isaac e Jacó.

## II. UMA NOVA ONTOLOGIA

Foi dito frequentemente que a concepção do real e do ente de Santo Tomás domina a sua metafísica e, por conseguinte, toda a sua filosofia[39]. Nada

---

[37] Cf. *Suma de teologia* I, 22, 13, Resp.

[38] Cf. *ibidem* I, 13, 7, Resp. e ad 1m. Trata-se evidentemente aqui de definir um tipo de relação unilateral cuja existência podemos afirmar, mas que não poderíamos conceber. Isso, que é verdadeiro a respeito da criação, é-o infinitamente mais no que concerne à Encarnação, milagre dos milagres ao qual todos os outros são ordenados (cf. *Suma contra os gentios* IV, 27). A Redenção só é citada aqui no intuito de dar um exemplo particularmente impactante da redução de um evento ao Existir divino como à sua causa.

[39] Sobre a noção de ente como pedra angular da filosofia de Santo Tomás, ver DEL PRADO OP, N. *De veritate fundamentali philosophiae christianae*. Friburgo: Société Saint Paul, 1911, particularmente a Introdução, pp. XXVI-XXIX, e capítulo I, 1, pp. 7-11. Como introdução geral ao

de mais exato. Talvez fosse mesmo necessário ir mais longe e dizer que é a existência mesma de uma filosofia própria de Santo Tomás que essa noção põe em causa. Não a captando em sua originalidade e profundidade, excelentes historiadores creram poder dizer que Santo Tomás só repetia Aristóteles; outros disseram que ele nem sequer soubera repetir corretamente; outros, enfim, pensavam que ele só tinha logrado compor um mosaico de fragmentos heteróclitos e tomados de empréstimo a doutrinas inconciliáveis, os quais nenhuma intuição dominante conseguira unificar. Percebemos, aliás, que seus intérpretes mais célebres deformaram muitas vezes a noção tomista de ente e, por conseguinte, todo o pensamento de Tomás.

Os mal-entendidos que travam esse problema devem-se, de início, à estrutura da razão humana. Trata-se de um ponto ao qual voltaremos. Devem-se também, em certa medida, a dificuldades de terminologia que são particularmente embaraçantes na língua francesa. A língua latina de que se servia Santo Tomás punha à sua disposição dois vocábulos distintos: um, para designar um ente, *ens*; outro, para o ato mesmo de ser, *esse*. Em francês só se dispõe de um único vocábulo para os dois casos: *un être* significa algo que é; *être* significa o fato de que algo que é, é ou existe\*. Ora, como teremos muitas

---

problema, consultar OLGIATTI, F. *L'anima di San Tommaso, saggio filosófico intorno alla concezione tomista*. Milão: Vita e Pensiero, s.d. Como introdução, ao mesmo tempo histórica e filosófica, ao problema da constituição metafísica dos entes, nunca é demais recomendar a obra de FOREST, A. *La structure métaphysique du concret selon Saint Thomas d'Aquin*. Paris: Vrin, 1931. Sobre o caráter "existencial" da noção tomista de ente, ver PRUCHE, B. *Existentialisme et acte d'être*. Grenoble: Arthaud, 1947; MARITAIN, J. *Sept leçons sur l'être et les premiers principes de la raison spéculative*. Paris: P. Téqui, s.d., particularmente as pp. 26-30 e p. 45, nº 13 (tradução brasileira: *Sete lições sobre o ser*. Trad. Nicolás Nyimi Campanário. São Paulo: Loyola, 1996, pp. 31-34 e p. 46); também de Maritain: *Court traité de l'existence et des existants*. Paris: Harmattan, 1947. Ver ainda OEING-HANHOFF, L. *Ens et unum convertuntur. Stellung und Gehalt des Grundsatzes in der Philosophie des hl. Thomas von Aquin. Beiträge zur Geschichte der Philosophie und Theologie des Mittelalters* 37 (1953).

\* [Na análise feita por Étienne Gilson do que ele considera o "existencialismo" de Santo Tomás, termina por ser vantajosa a ambiguidade da língua francesa no uso do termo *être* ao designar *un être* (algo que existe) e *être* simplesmente (o ato de ser ou existir), embora isso exija dos leitores atenção redobrada. Há, ainda, em francês, a possibilidade de falar de *un être* como *un étant*, tal como o próprio Gilson explicará na sequência. *Étant*, segundo a gramática tradicional portuguesa, é a forma do gerúndio do verbo *ser* (sendo); e, segundo a gramática tradicional francesa, é a forma do gerundivo. A rigor, porém, se consideramos a gramática histórica da língua francesa, vemos que *étant* é o particípio presente do verbo *ser*: "algo que é". Assim, *étant* traduz adequadamente a relação entre o infinitivo latino *esse* (ser/existir) e a forma nominal latina do infinitivo no particípio presente (*ens* - algo que é/existe). Em português é possível evitar a ambiguidade dos termos franceses, usando-se diretamente o termo *ente* como tradução de *ens* (ente = être = étant) e *ser* ou *existir* como tradução de *esse* (ser/existir = être = exister). *Ente*, porém, mais do que um simples substantivo, é uma substantivação ou uma forma nominal do infinitivo do verbo *ser* no particípio presente (forma que desapareceu na atual gramática portuguesa). Em espanhol, há também a tradução direta de *ens* como *ente*, e de *esse* como *ser* ou *existir*. Em alemão, inglês e italiano

ocasiões para assegurar, trata-se aqui de dois aspectos do real que a análise metafísica deve distinguir cuidadosamente. Se recuarmos diante do inusitado *étant* ["algo que é", particípio presente do verbo *être*, ser, em francês), é geralmente preferível não traduzir o *esse* de que fala Santo Tomás pelo termo *être* (ser), mas por *exister* (existir), reservando *être* para traduzir *ens* (ente)[40].

Partindo com Santo Tomás dos *entia* (entes) que são dados na experiência sensível, nós os designaremos pelo termo *substâncias*. Cada substância forma um todo completo, dotado de uma estrutura que analisaremos e que constitui uma unidade ontológica, uma unidade de ser, se se prefere, e suscetível de receber uma definição. Como passível de ser concebida como uma e definida, a substância adota o nome de *essência*. A *essentia*, então, não é mais do que a *substantia* como suscetível de definição. A essência é exatamente o que a definição diz que é a substância. É também por isso que, seguindo a terminologia de Aristóteles, Santo Tomás introduz um terceiro vocábulo em sua descrição do real: significar o que uma substância é é responder à questão *quid sit* (o que é...?), donde chamarmos de *quiditas* (quididade) a essência tal como expressa na definição. Substância, essência, quididade, quer dizer, unidade ontológica concreta tomada em si mesma, tomada como suscetível de definição e enfim significada pela definição: tal é o primeiro grupo de termos que deveremos usar constantemente. Eles são demasiadamente aparentados

---

fica ainda mais clara a substantivação do particípio presente do infinitivo do verbo *ser*; nessas línguas, o infinitivo *esse* (ser/existir) traduz-se por *sein*, *to be* e *essere*, enquanto *ens* é dito respectivamente *Seiend*, *being* e *essente*. Poderíamos perguntar por que Étienne Gilson não usou diretamente *étant* para *ens*, e *exister* para *esse*. Sua hesitação é explicada por ele mesmo na sequência do texto e na nota seguinte. N. do T.]

[40] A razão pela qual Santo Tomás evitou o emprego técnico de *existere* (existir) para designar o ato de ser/existir parece ter sido dupla. De início, *esse* (ser, existir) basta para designar esse ato, sobretudo porque *esse* é a raiz de onde derivam *ens* e *essentia*. Aliás, veremos que Santo Tomás faz questão de manter intacta a unidade desse grupo verbal e as filiações de sentido nele implicadas. Além disso, *existere* não tinha, na época de Santo Tomás, o sentido de existência atual que lhe atribuímos hoje. Não é necessário traduzir sempre *ens* com esse rigor, pois Santo Tomás várias vezes emprega *ens* com a conotação de *esse*; mas não se deve quase nunca traduzir *esse* como *ens*, menos ainda *ipsum esse*, pois, no pensamento de Santo Tomás, o emprego desse infinitivo corresponde quase sempre ao sentido existencial do ato de ser. A única exceção importante a essa regra de terminologia é o caso em que, conservando o vocabulário de Aristóteles lá onde ele ultrapassa o mais decisivamente seu pensamento, Santo Tomás emprega o termo *esse* para designar a substância. Ele tem, aliás, o cuidado de precisar que, nesse caso, *esse* não designa o *esse* considerado absolutamente, mas apenas por acidente. Ver *Suma de teologia* I, 104, 1, e *Suma contra os gentios* II, 21, Adhuc cum omne quod fit. A única solução satisfatória para esse problema seria ter a coragem de retomar a terminologia que alguns escolásticos franceses tentaram no século XVII, traduzindo *ens* por *étant* e *esse* por *être*. É o que faríamos hoje se pudéssemos recomeçar. Em todo caso, as traduções francesas que mantêm uma correspondência indistinta entre *esse*, *ens* e *être* tornam o pensamento de Santo Tomás completamente ininteligível. Bañez já empregava *existentia* para exprimir, em latim, *esse* que dificilmente o é. Donde nossa justificativa, aqui, por ter empregado *exister*.

para que não haja deslizamentos de um a outro, mas devemos saber, cada vez que for preciso, reconduzi-los a seu sentido primitivo.

Visto que a essência é a substância como cognoscível, ela deve incluir a substância em seu ser completo, e não somente um ou outro dos elementos que a compõem. Às vezes se define substância como *um ente por si*. Não está errado, mas também não corresponde a toda a verdade; é completando essa fórmula como se deve que se descobre o sentido próprio da noção de essência. Com efeito, a substância não é concebível; por conseguinte, ela não é definível, a menos que se a pense como tal substância determinada. Donde um *ente por si* que não fosse nada mais ou bem seria Deus ou bem deveria existir sem determinação complementar. Só a essência oferece essa determinação. É preciso, pois, definir a substância, essência ou quididade que pode existir por si, se ela recebe seu próprio *esse* ou existir[41].

Compreenderemos melhor examinando o sentido da fórmula "ente por si". Tomemos uma substância qualquer, um homem, por exemplo. Diz-se que ele existe por si, porque é uma essência distinta que contém em si todas as determinações requeridas para sua existência (sob a condição, entretanto, de que sua essência *seja*, quer dizer, que ela tenha o ato de existir). As outras determinações não existem nele a mesmo título nem de igual maneira. Há, de início, aquelas que exprimem as definições. Neste exemplo, a essência é um homem porque ela é um animal dotado de razão. Tomemos tal essência como atualizada por seu *esse* (existir): todas as determinações complementares também serão atualizadas automaticamente, e o serão pela essência. Assim, porque é um animal, um homem deve ter certa cor e certa altura, ocupará necessariamente certo lugar e certa posição no espaço. Nomear-se-á *substância* o sujeito ou suporte dessas determinações complementares, as quais recebem, por sua vez, o nome de *acidentes*. Sem dúvida, em nossa experiência, não há substância sem acidentes; não mais do que acidentes sem substâncias. Mas são os acidentes que pertencem à substância, não a substância aos acidentes.

Aqui pode produzir-se um mal-entendido. Ouve-se dizer que o tomismo consiste em imaginar a estrutura do real como análoga à estrutura da linguagem. As frases são feitas de um sujeito e de predicados; Santo Tomás teria concluído, então, que o real é feito das substâncias das quais se predicam os acidentes e dos acidentes que são atribuídos a elas. Isso é equivocar-se sobre seu pensamento e confundir sua lógica com sua metafísica. Pôr o problema do ente e definir esse tipo de entes que se chamam substâncias é envolver-se

---

[41] Cf. *Suma de teologia* I, 3, 5, ad 1m. A rigor, só Deus é um *ens per se* (ente por si), quer dizer, como veremos, um ente cuja essência seja existir. Deus, também a rigor, não é uma substância, pois o termo *substância* designa sempre uma essência ou quididade capaz de existir por si desde que seja atualizada por seu próprio *actus essendi* (ato de existir) ou *esse* (existir).

na densidade do que existe. A linguagem analítica que se usa para descrevê-lo significa já um objeto situado para além da linguagem mesma e sobre o qual a linguagem esforça-se por modelar-se. Falar das coisas como de substâncias não quer dizer concebê-las como grupos de acidentes ligados a um sujeito por alguma cópula; completamente ao contrário, é dizer que elas se põem como unidades de existência cujos elementos constitutivos todos *existem* em virtude de um só e mesmo ato de existir, que é o ato da substância. Os acidentes não têm existência autônoma, a qual se acrescentaria à existência da substância para completá-la. Eles não têm outra existência senão a da substância. Para eles, existir é simplesmente "existir-na-substância", ou, como se diz, seu existir é existir-em ou in-existir (*esse est inesse*)[42]. O sentido pleno da expressão "ente por si" revela-se, aqui, em sua profundidade. A substância não existe por si no sentido de que ela não teria causa para seu existir. Deus, que é o único a existir sem causa, não é uma substância propriamente dita. A substância existe por si no sentido de que aquilo que ela é pertence-lhe em virtude de um ato de existir único e explica-se imediatamente por esse ato, razão suficiente de tudo o que ela é.

A análise do que forma o existir mesmo das coisas pode, então, fazer abstração do acidente, destituído de existir próprio, para fixar-se na substância. As únicas substâncias de que temos uma experiência direta são as coisas sensíveis cujas qualidades percebemos. Uma notável propriedade dessas substâncias é a sua possibilidade de ser distribuídas em classes, cada uma das quais é o objeto de um conceito, conceito esse por sua vez exprimível por uma definição. Independentemente da maneira como o interpretemos, é fato que pensamos por ideias gerais ou conceitos. Para que esse fato, que é real, seja possível, é preciso que o dado de nossa experiência sensível seja ao menos conceitualizável, quer dizer, que sua natureza preste-se ao conhecimento por conceitos. Designemos, então, por um termo distinto, o que torna possível no real o conhecimento conceitual desse dado. Nomeemos esse elemento a *forma* da substância. Diremos, assim, que toda substância implica uma forma e que é em virtude dessa forma que uma substância classifica-se em uma espécie determinada[43], cuja definição exprime o conceito. De outra parte, é ainda um fato de experiência que as espécies não existam como tais; *homem* não é uma substância; as únicas substâncias que conhecemos são os indivíduos. Deve haver nos indivíduos, portanto, um elemento diferente da forma,

---

[42] *Nam accidentis esse est inesse* (O ser do acidente é um ser-em [inerir; ser em outro] – *Comentário à Metafísica de Aristóteles* V, 9, 894). O acidente só tem, portanto, existência relativa e emprestada: "Ser branco não é simplesmente ser, mas ser segundo uma precisão (*esse secundum quid*)" – *ibidem*, VII, 1, 1256. Os acidentes não são entes, mas entes de um ente: "Não são chamados simplesmente de entes, mas de entes de um ente, assim como a qualidade e o movimento" – *ibidem*, XII, 1, 419.

[43] Cf. *Comentário à Metafísica de Aristóteles* I, 4, 320.

precisamente aquele que distingue entre si os representantes de uma mesma espécie. Designemos, agora, esse novo elemento do real por um termo distinto. Nomeemo-lo *matéria*. Diremos, então, que toda substância é uma unidade de ser que, ao mesmo tempo e indivisamente, é a unidade de uma forma e de uma matéria[44]. Perguntar-se pelo que autoriza dizer dessa substância que ela é um ente equivale a perguntar-se se o que faz que ela *seja* ou *exista* deve ser buscado na matéria ou na forma, ou ainda no composto que constitui a união de ambos.

Que a matéria não seja o que faz *ser* ou *existir* a substância, reconhecemo-lo pelo fato de que a matéria não é suscetível de existência separadamente de alguma forma. Ela é sempre a matéria de uma substância que, por ter uma forma, é objeto de conceito e de definição. Donde, aliás, a matéria poder entrar na composição da substância sem romper a unidade existencial dela. Considerada precisamente como matéria, isto é, à parte do todo que ela integra, ela não existe: "Com efeito, ser ou existir (*esse*) é o ato de tudo aquilo do qual se pode dizer: *isto é/existe*; ora, não se diz da matéria que ela é/existe; isso só se diz do todo [de cada substância]; não se pode, portanto, dizer que a matéria é/existe; é a substância que é algo que existe"[45]. Não tendo existência própria, a matéria não poderia causar a existência da substância. Não é, portanto, em virtude de sua matéria que se diz de uma substância: "ela é um ente; ela *existe*".

Do lado da forma, a mesma consequência impõe-se, e pela mesma razão. Seguramente, a forma é um elemento mais nobre no todo da substância, pois é ela que a determina e confere-lhe inteligibilidade. A forma de um indivíduo humano, Sócrates por exemplo, é aquilo pelo qual a matéria é a matéria de um corpo preciso e organizado ao qual se nomeia um corpo humano. A matéria não é mais do que uma potencialidade determinável pela forma, mas a forma mesma é o ato que faz a matéria ser a matéria de tal ou tal substância determinada. O papel próprio da forma é, então, o de constituir a substância *como substância*. Segundo Santo Tomás de Aquino, ela é o *complementum substantiae*, aquilo que assegura o acabamento da substância[46]. Assim concebida, a forma é *aquilo pelo qual* a substância é isto que existe. Reconhecemos a distinção, célebre para os leitores de Boécio, entre *quo est* (pelo que é) e *quod est* (isto que é)[47], distinção cujo papel é considerável no pensamento tomista,

---

[44] "Resta, então, que o nome *essência* significa, no caso das substâncias compostas, aquilo que é composto por matéria e forma" (*O ente e a essência* II – edição de M.-D. Roland-Gosselin, Paris: Vrin, 1926, pp. 8, 13-14). Cf. o comentário do Cardeal Cajetano: "Nas substâncias compostas, *essência* significa o composto de matéria e forma" (Cajetano, *O ente e a essência* II, n. 26).

[45] *Suma contra os gentios* II, 54.

[46] Cf. *idem, ibidem*, Deinde quia.

[47] Para a história dessa distinção, ver o capítulo "La distinction réelle entre l'essence et l'être", in Gosselin, M.-D., *op. cit.*, pp. 137-205.

mas que Santo Tomás, por sua tendência a mais profunda, tentou constantemente ultrapassar.

Importa, com efeito, bem compreender em que plano Santo Tomás põe os problemas quando os encara na perspectiva da substância. Na ordem do finito que consideramos presentemente, só substâncias existem. Composta de matéria e forma, cada uma delas é *algo que é/existe*, um *ente* especificamente determinado. Todo problema relativo à ordem da substância põe-se, de pleno direito, no plano do ser/existir e não poderia ultrapassá-lo. Explicar um ente como substância é dizer por que esse ente é o que ele é. Já é bastante, e vimos Santo Tomás admirar Platão e Aristóteles por se terem elevado até esse plano. No entanto, isso não é tudo, pois, uma vez explicado por que um ente é o que ele é, resta explicar o que o faz existir. Se nem a matéria nem a forma podem existir à parte, vê-se claramente que a existência do composto de ambas é possível, mas não se vê como a união de ambas poderia engendrar a existência atual. Como a existência surgiria do que não é/existe? É preciso, então, conseguir fazer que o ser/existir ganhe o primeiro plano, como termo último ao qual pode chegar a análise do real.

Quando é vista em relação à existência, a forma cessa, com efeito, de aparecer como a última determinação do real. Convenhamos nomear *essencial* toda ontologia ou doutrina do ente segundo a qual a noção de substância e a noção de ente equivalem-se. Dir-se-á então que, em uma *ontologia essencial*, o elemento que dá o acabamento à substância é o elemento último do real. Isso não pode mais ocorrer em uma *ontologia existencial* na qual o ente define-se em função da existência. Do ponto de vista de uma ontologia existencial, a forma substancial aparece apenas como um *quo est* (aquilo por meio do qual algo é/existe) secundário e subordinado ao *quo est* primeiro que é o ato mesmo de existir. É preciso situar para além da forma (que faz um ente ser tal, entrando em tal espécie determinada) o *esse* ou ato de existir (que faz a substância assim constituída ser um ente). Como diz Santo Tomás: "Com relação à forma, o próprio existir é ato mesmo a respeito da forma. Afinal, se se diz que a forma é princípio de existência (*principium essendi*) nos compostos de matéria e forma, é porque a forma consuma a substância, cujo ato é o existir mesmo (*ipsum esse*)"[48]. Assim, a forma não é princípio de existência senão enquanto determina a consumação da substância; a substância sim é o que existe em sentido próprio, mas que também só existe em virtude de uma determinação suprema, que é o seu ato mesmo de existir. Nesse sentido, o *esse* (existir) é o *quo est* (aquilo por meio do qual algo existe) da forma, e ela mesma, a forma, é o *quo est* da substância. O existir é, então, aquilo que faz a substância ser um ente (*ens*), tendo o ato mesmo de existir: "a forma pode, entretanto, ser dita *quo est* como princípio de existência, mas o que é o *quod*

---

[48] *Suma contra os gentios* II, 54.

*est* (algo que existe) mesmo é a substância total ela mesma; e aquilo pelo qual a substância se denomina ente é o existir mesmo"[49]. Em suma, nas substâncias concretas que são objetos de experiência sensível, duas composições metafísicas sobrepõem-se em profundidade: a primeira, de matéria e forma, constitui a substancialidade mesma da substância; a segunda, de substância e ato de existir, constitui a substância como *ente*.

Esse pensamento, cujo lugar é central no tomismo, merece que nos debrucemos detidamente sobre ele, para bem captar seu sentido e visualizar-lhe o alcance. Dizer que o existir comporta-se como um ato, inclusive em relação à forma – *ad ipsam etiam forma comparatur esse ut actus* (com respeito à forma mesma o existir compara-se como ato) –, é afirmar o primado radical da existência sobre a essência. A luz não é o que ela é; aliás, ela só existe porque um ato de luzir exerce-se e a causa. A brancura não é o que ela é; e só existe porque existe um ente que exerce o ato de ser branco. Assim também a forma da substância só é tal e só existe em virtude do ato existencial que faz dessa substância um ente[50]. Assim entendido, o ato de existir situa-se no coração ou, de preferência, na raiz mesma do real. É, portanto, o princípio dos princípios da realidade. Absolutamente primeiro, ele passa diante do próprio Bem, pois um ente só é bom se é um ente, e ele não é um ente senão em virtude de seu existir mesmo, o qual permite dizer dele: "isto existe"[51].

---

[49] Não é o que ocorre com as substâncias intelectuais puras ou os anjos. Visto serem Inteligências, e não almas unidas a corpos, elas são substâncias simples. A composição de ato e potência é a única que há nelas. Os anjos são formas que são, por si mesmas, substâncias, cujo único *quo est* é o existir: "Nas substâncias intelectuais, que não são compostas de matéria e forma, como se mostrou [ver capítulos 50 e 51 da *Suma contra os gentios*], mas cuja forma mesma é a substância subsistente, a forma é o *quod est* (algo que existe), e o existir mesmo é ato e aquilo pelo que existe. Por isso, nos anjos, só há uma única composição, a de ato e potência, quer dizer, de substância e ser, que é denominada por alguns de composição entre *o que* eles são e *por meio de que* eles existem. Ao contrário, nas substâncias compostas de matéria e forma, a composição de ato e potência é dupla: a primeira refere-se à substância, que se compõe de matéria e forma; a segunda refere-se à substância já composta e ao existir. Essa segunda composição pode ser dita composição entre aquilo que a substância é e o existir, ou entre *o que é* e o *por meio do que é*" – *Suma contra os gentios* II, 54.

[50] "A forma não é o existir mesmo; ela se situa conforme sua referência: a forma compara-se ao existir assim como a luz compara-se ao luzir e a brancura ao ser branco" (*Ibidem*, II, 54). Cf. ANSELMO DE CANTUÁRIA, *Monologium*, cap. V (Patrologia Latina Migne, tomo 158, col. 153A). Em Santo Anselmo, a comparação encontra-se praticamente nos mesmos termos, mas com um sentido diametralmente oposto. Para ele, a existência é uma propriedade da essência. Sobre esse pensamento e suas consequências, ver, acima, 2, II-III.

[51] "Todo ente, como ente, é bom" (*Suma de teologia* I, 5, 3, Resp.). "Existir é a atualidade de toda forma ou natureza. Nem a bondade nem a humanidade são significadas no ato, a não ser que queiramos significar o 'ser bom' ou o 'ser homem'. É preciso, então, que o existir mesmo seja comparado à essência, que é distinta dele, assim como se compara o ato à potência" (*ibidem* I, 3, 4, Resp.). "Tudo o que é perfeito é em ato; fica claro, então, que algo é bom porque é ente; o *existir* é, assim, a atualidade de toda coisa" (*ibidem*, I, 5, 1, Resp.).

Para compreender esse princípio em sua natureza própria, é preciso lembrar que, como todo verbo, *existir* designa um ato[52] e não um estado. O estado no qual o *esse* situa aquilo que o recebe é o estado de *ens*, quer dizer, estado daquilo que é um *ente*. Tendemos continuamente a descer do plano do existir àquele do ente; é nossa inclinação natural, mas o esforço do metafísico deve tender a subir. Importa, com efeito, reerguer o *ente* até o plano do *existir*, não para confundi-los, mas para bem assinalar que o ente só é tal por seu ato de existir e em relação com ele[53]. Não é assim que vê a maioria dos outros filósofos; aliás, os intérpretes de Santo Tomás passam frequentemente ao largo do verdadeiro sentido de seu pensamento e engajam-se em controvérsias que lhe são estranhas ou cobrem-lhe de objeções que não atingem senão um fantasma. É preciso, então, ir até o fim com esse ponto para bem compreendê-lo e, uma vez lá, é preciso saber lá permanecer. Para além do que há de mais perfeito e de mais profundo no real, não há mais nada. O que ele tem de mais perfeito é o existir, "pois o existir comporta-se, em relação a todas as coisas, como o ato delas. Com efeito, nada tem atualidade senão enquanto existe. O existir é a atualidade de todo o resto, inclusive das formas mesmas. Sua relação às outras coisas não é, portanto, a relação daquele que recebe com aquilo que é recebido, mas, antes, a relação daquilo que é recebido com aquele que recebe. De fato, quando digo de um homem, de um cavalo ou de qualquer outra coisa: 'isto existe', o existir é tomado como formal e recebido, e não como aquilo a que pertence o existir"[54]. Santo Tomás faz aqui, visivelmente, um esforço extremo – a ponto de o sentido quase explodir as fórmulas – para exprimir a especificidade do existir e sua transcendência. Mais precisamente, porque o existir é o ápice do real, ele é também seu coração: "O existir é mais íntimo a todas as coisas do que aquilo que o determina"[55].

---

[52] "Existir designa certo ato" – *Suma contra os gentios* I, 22, Amplius.

[53] "Ente designa propriamente o existir em ato" – *Suma de teologia* I, 5, 1, ad 1m. É somente nesse sentido que é verdadeiro dizer, com os platônicos, que Deus está acima do ente; mas ele não está acima do ente como bem ou uno, e sim como existir: "A causa primeira, de acordo com os platônicos, está acima do ente como essência da bondade e da unidade, que é causa primeira e excede o próprio ente separado (...). Porém, a verdade está em dizer que a causa primeira é superior ao ente como o existir mesmo infinito: chama-se ente aquilo que finitamente participa do existir; isso é proporcionado ao nosso intelecto" – *Comentário ao Livro das Causas*, lição VII (in *Opuscula omnia*, ed. Mandonnet, tomo I, p. 230).

[54] *Suma de teologia* I, 4, 1, ad 3m. Cf. também *Questão disputada sobre o poder divino* VII, 2, ad 9m: "Isso que chamo de existir é o que há de mais perfeito entre todas as coisas (...). Daí ser manifesto que isso que chamo de existir é a atualidade de todos os atos; por causa disso, é a perfeição de todas as perfeições. Não se deve entender algo que àquilo que chamo de existir se acrescenta e lhe é mais formal, determinando-o ao modo do que o ato faz com a potência. Esse existir (quer dizer, o ato de existir de que se fala aqui) é, por essência, distinto com relação àquilo ao qual se acrescenta para determiná-lo". Note-se aqui a energia da expressão: "o existir em questão é *essencialmente distinto* do que aquilo ao qual se acrescenta para ser determinado".

[55] *Comentário ao Livro das Sentenças de Pedro Lombardo* II, dist. 1, q. 1, a. 4.

Seria difícil conceber uma ontologia mais plenamente e mais conscientemente centrada sobre o existir atual do que a ontologia de Santo Tomás de Aquino. Aliás, é isso que torna tão difícil ensiná-la sem traí-la. De saída, é uma traição muito frequente apresentar como ocupada principalmente com essências uma filosofia que só fala delas para situar os existentes. Mas o mais grave não está aí. Traímos mais comumente a ontologia de Santo Tomás de Aquino ao fazermos dela uma doutrina do ente enquanto ente, quando ele mesmo concebeu um pensamento do ato de existir. Esse erro não é em parte alguma mais sensível do que no ponto que nos ocupa agora. Séculos passaram por cima da distinção tomista entre a essência e o ente; nenhum outro pensamento foi mais asperamente discutido nem menos compreendido. O título mesmo sob o qual essa controvérsia tornou-se célebre explica-lhe o porquê: fala-se da distinção entre essência e ente como se a existência mesma fosse uma essência, a essência do ato de existir. Isso significa comprometer-se a tratar como uma coisa aquilo que é um ato. Donde alguns se encontrarem infalivelmente condenados a representar a composição de essência e existir como se se tratasse de algo como uma preparação química em que um operador muito poderoso, Deus por exemplo, tomaria, de um lado, uma essência, e, de outro, um ato de existir e efetuaria a síntese de ambos sob a ação de um raio criador.

Trata-se de algo completamente diferente e, por mais lamentável que isso possa parecer, ainda mais difícil de pensar. Se se quer de todo modo usar a imaginação – o que deveria ser evitado em metafísica –, pode-se simbolizar o existir por um ponto de energia, de dada intensidade, engendrando um cone de força do qual ele seria o vértice e cuja base seria a essência. Mas isso não passa de uma aproximação grosseira. O único caminho que pode levar a algum lugar é também o mais difícil. Ele penetra direto no coração mesmo do ato de existir. Pôr tal ato, sem outra determinação, é pô-lo como puro, pois ele é o *existir mesmo* (*ipsum esse*), mas é também pô-lo como absoluto, pois ele é todo o ato de existir; é, enfim, pô-lo como único, pois nada pode ser concebido como ente sem que o ato puro de existir seja. Se é desse ato de existir que se fala, não surge nenhum problema de essência e de existência. É a ele que denominamos Deus. Os existentes de que se trata aqui são de outro tipo. São, como dissemos, substâncias concretas, objetos da experiência sensível. Nenhuma dessas substâncias é por nós conhecida como puro ato de existir. Cada uma delas, para nós, distingue-se das outras como sendo "uma árvore existente" ou "um animal existente" ou "um homem existente". Essa determinação específica dos atos de existir, que situa cada um deles em uma espécie definida, é precisamente o que denominamos a essência deles. Ora, se se trata de uma árvore, de um animal, de um homem, a essência deles é ser uma árvore, um animal, um homem; em nenhum caso a essência deles é existir. O problema da relação da essência a seu ato de existir põe-se, portanto, de maneira inelutável, a respeito de tudo aquilo cuja essência não é existir.

Tal é também o alcance da composição dita de essência e de existência, que sem dúvida seria melhor chamar de composição entre essência e existir (*esse*). Que essa composição é real, não parece possível duvidar, mas ela se põe na ordem metafísica do ato e da potência e não na ordem física da relação de partes no interior de um todo material[56]. Essa composição é real no mais alto grau, pois exprime o fato de que um ente cuja essência não é o ato de existir também não tem, por si, o princípio do existir. Sabemos por experiência que entes desse tipo existem, pois, aliás, conhecemos diretamente só a eles. Eles existem, então, mas nós sabemos também que eles não existem de pleno direito. É-lhes congênita uma falta de necessidade existencial que acompanha necessariamente o curso inteiro de sua duração. Enquanto existem, permanecem entes cuja existência não encontra em sua essência nenhuma justificação. A composição de essência e existir é exatamente isso, e é porque ela é profundamente real que obriga a pôr o problema da causa das existências finitas, que é o problema da existência de Deus.

Quando a pomos no plano do existir, essa composição deixa de excluir a unidade da substância; ela o exige, ao contrário, por esta razão: a natureza conceitual de nosso conhecimento convida-nos naturalmente a conceber o existir como valor indeterminado ao qual a essência acrescentar-se-ia de fora para o determinar. Na dificuldade experimentada por Santo Tomás para encontrar em nossa linguagem conceitual um modo de formular tal relação, vemos bem que a razão alcança aqui o seu limite. É uma regra geral que, em toda relação de determinante a determinado, o determinado seja da ordem da potência, e o determinante, do ato. No caso que nos ocupa agora, ao contrário, essa regra não poderia aplicar-se. O que quer que imaginemos que determina o existir, a forma ou a matéria, por exemplo, isso não pode ser um puro nada; é, portanto, ser, e não é ser senão em virtude de um ato de existir. É, então, impossível que a determinação de um ato de existir venha-lhe de fora, quer dizer, não de si mesmo. Com efeito, a essência de um ato finito de existir consiste em *não ser senão tal ou tal ser/existir (esse)*[57], não o *esse* (ser/

---

[56] A fórmula mais usual fala de *distinção* de essência e existência, mas Santo Tomás emprega com mais naturalidade o termo *composição*, sem dúvida porque a essência e seu existir não podem nunca ocorrer à parte. Eles sempre se dão juntos, sem nunca terem existido separadamente.

[57] "Não se deve pensar que àquilo que digo existir acrescenta-se algo que seja mais formal do que ele, determinando-o assim como faz o ato à potência. O existir (*esse*), que assim é, é distinto, segundo a essência, com relação àquilo a que se acrescenta para determiná-lo. Nada, porém, pode ser acrescentado ao existir que seja estranho a ele mesmo, pois nada é estranho a ele senão o não ente, que não pode ser nem a forma nem a matéria. Donde o existir não ser determinado por outro ao modo como a potência é determinada pelo ato, mas mais como o ato é determinado pela potência. Com efeito, na definição das formas põem-se as matérias próprias, no lugar da diferença, assim como quando se diz que a alma é o ato do corpo físico orgânico. Desse modo, distingue-se este existir de um outro, pois são de tal ou tal natureza" — *Questão disputada sobre o poder divino*, q. 7, a. 2, ad 9m. Como o existir inclui todo o real, também inclui necessariamente

existir) puro, absoluto e único de que já falamos. O ato de existir especifica-se, então, pelo que lhe falta; é a potência que determina o ato, ao menos no sentido de que seu grau próprio de potencialidade está inscrito em cada ato finito de existir. O vigor das fórmulas usadas por Santo Tomás e que burilam de certo modo seus pensamentos mostra suficientemente que os limites da linguagem são alcançados com o limite do ser/existir. Cada essência é posta por um ato de existir que ela não é e que a inclui como sua autodeterminação. Fora do Ato Puro de existir, nada pode existir senão como tal ou tal existir; é, portanto, a hierarquia dos atos de existir que funda e regula a hierarquia das essências, cada uma delas exprimindo apenas a intensidade própria de certo ato de existir.

Outros filósofos precederam Santo Tomás nessa via; todos o ajudaram a perseverar nela até o fim, mas particularmente aqueles para os quais o problema da existência se pôs claramente. Al-Farabi, Al-Ghazali, Avicena, entre os muçulmanos, e Moisés Maimônides, entre os judeus, já haviam notado o lugar verdadeiramente excepcional e, por assim dizer, fora de série, que ocupa a existência com relação à essência. Não precisamos, aqui, perguntar em que medida a atenção deles foi despertada, sobre esse ponto, pelos problemas que punha a noção religiosa de criação. Qualquer que tenha sido sua gênese, a doutrina deles marcava muito fortemente a diferença que há, para uma coisa, entre o *fato de ser* e o *fato de ser o que ela é*. O que parece ter sobretudo impressionado esses filósofos é que, por mais longe que levemos a análise da essência, a existência nunca estará aí incluída. É preciso, portanto, que, lá onde a essência existe, a existência acrescente-se-lhe, em certo sentido, de fora, quer dizer, como uma determinação extrínseca que lhe confere o ato de existir. Nada de mais natural do que uma tal conclusão. Esses filósofos, partindo da essência e procurando por via de análise descobrir aí a existência, não a encontravam; donde sua conclusão de que ela era estranha à essência como tal. Com efeito, a essência do homem ou a do cavalo permanecem para o pensamento exatamente o que elas são, quer atribuamos-lhe a existência, quer não. Como os cem táleres que Kant tornaria célebres, essas essências não mudam minimamente de conteúdo, quer as concebamos como existentes, quer não. Seria completamente diferente, observa Al-Farabi, se a existência entrasse na compreensão da essência: "Se a essência do homem implicasse sua existência, o conceito de sua essência seria também aquele de sua

---

sua própria determinação. É por isso que, incluindo-a, distingue-se dele; afinal, inversamente, tomada nela mesma, a essência não inclui o existir. Não basta, portanto, dizer que a essência possível é distinta da existência atual; é no existente atual mesmo que a essência permanece distinta do existir. Negar que ela se distingue dele é afirmar que esse ato eminentemente positivo de existir (pois ele é eminente, por mais modesto que seja seu grau de ser) é de mesma ordem que aquilo que o limita; numa palavra, é dizer que o ato é de mesma natureza que a potência. É isso que Santo Tomás recusa aceitar.

existência; bastaria saber o que é o homem para saber que o homem existe, de modo que cada representação deveria acarretar uma afirmação (...). Mas não é de modo algum assim; duvidamos inclusive da existência das coisas até que tenhamos delas uma percepção direta pelos sentidos ou mediada por uma prova". Então, impõe-se também a fórmula que define a exterioridade da existência à essência: tudo o que não pertence à essência como tal e que, entretanto, se lhe acrescenta é um acidente dela. Portanto, conclui Alfarabi, "a existência não é um caráter constitutivo; ela é apenas um acidente acessório"[58].

Essa doutrina da acidentalidade da existência é a mesma que, na sequência de Averróis, Santo Tomás atribui frequentemente a Avicena. Todavia, o próprio Avicena parece não a ter aceitado senão com muitas nuanças. A expressão *acidente*, para ele, não é mais do que um mal menor. Ela não exprime suficientemente bem a íntima apropriação da existência à essência. No entanto, ele igualmente a aceitou[59], e era preciso, pois se, como ele o faz, a existência define-se em função da essência (porque ela não é a essência mesma), ela não pode ser senão um acidente da essência. Com sua lucidez habitual, Al-Ghazali resumiu esse pensamento em seu capítulo sobre os acidentes. O que chamava sua atenção era, sobretudo, o fato de as substâncias não existirem

---

[58] Tomamos esse texto do livro de Djémil Saliba, *Étude sur la métaphysique d'Avicenne*. Paris: PUF, p. 84. Cf., no mesmo sentido, o texto de Maimônides, *Guia dos perplexos*. Trad. S. Munk. Paris, 1856, tomo I, p. 230, citado no mesmo livro de Saliba, às pp. 86-87.

[59] Ver Djémil Saliba, *op. cit.*, pp. 82-83, 85-87. Notar-se-á, entretanto, que, se é correto atribuir essa tese a Avicena (a existência é um acidente da essência), ele não a sustentou em um sentido tão ingênuo como convidaria a supor o resumo sumário de sua doutrina, feito por Averróis. O que se encontra incontestavelmente em Avicena é a tese segundo a qual a essência dos entes compostos não inclui a existência deles. Além disso, tanto nele como em Santo Tomás, a distinção de essência e existência exprime a ausência radical de necessidade da qual as substâncias compostas são afetadas; a passagem da essência de um ente possível à existência atual não pode efetuar-se senão por via de criação. Enfim, Avicena percebeu bem que a existência não era um acidente qualquer, comparável aos nove outros acidentes, mas que ele decorria, de certo modo, da essência, a partir do momento em que esta é por ela afetada. O que separa, apesar de tudo, Avicena e Santo Tomás é que Avicena não ultrapassou a noção de uma essência cuja existência seguiria em virtude de uma ação criadora extrínseca para elevar-se à noção tomista de uma essência cuja existência criada seria o coração mais íntimo e a realidade mais profunda. O platonismo da essência, que Avicena legará a Duns Scotus, não permitiu à sua metafísica constituir a ontologia francamente existencial rumo à qual ela, no entanto, tendia. Sobre esse ponto, ver as úteis análises de GOICHON, A.-M. *La distinction d'essence et d'existence d'après Ibn Sina (Avicenne)*. Paris: Desclée de Brouwer, 1937, particularmente as pp. 120-121 e 136-145. Os textos de Avicena mais facilmente acessíveis encontram-se no *Avicennae Metaphysices Compendium*, trad. Nematallah Carame, Roma: Instituto Pontifício de Estudos Orientais, 1926. Ver, particularmente, livro I, parte I, tratado 3, capítulo 2, pp. 28-29 (onde o *uno* é posto, com a *existência*, como um acidente da essência), mas também o curioso texto do tratado 4, capítulo 2, artigo 1, pp. 37-38 (onde se exprime maravilhosamente bem o caráter de indiferença ou de neutralidade da essência em relação à existência em Avicena, por oposição à ordenação positive da essência à existência no pensamento de Tomás de Aquino). Cf. as felizes e pertinentes observações da senhorita GOICHON, *op. cit.*, pp. 143-145.

a mesmo título que os acidentes e de, entre as nove categorias de acidentes, não haver dois que existam da mesma maneira. A existência não pode, portanto, ser um gênero comum às diversas categorias de acidentes, menos ainda um gênero comum aos acidentes e à substância. É o que Al-Ghazali nomeia a *ambiguidade* da noção de ente e que Santo Tomás designará por *analogia* do ente. De qualquer maneira como se o nomeie, não se pode estabelecer esse caráter do ente com base na essência sem se obrigar a conceber a existência como um acidente. Assim, conclui Al-Ghazali: *Manifestum est igitur quod ens accidentale est* (fica claro, portanto, que o ente é da ordem do acidente)[60].

Nesse pensamento, havia do que seduzir Santo Tomás de Aquino, principalmente o senso agudo da especificidade da ordem existencial que aí é afirmada. Esses filósofos tinham, no mínimo, o mérito de compreender que o ato de existir não pode ser concebido como incluído na essência e que, por conseguinte, deve ser a ela acrescentado. Parece, aliás, que Santo Tomás seguiu inicialmente, de bem perto, o método de demonstração usado por Al-Fharabi e Avicena; um pouco da influência deles atravessará toda a sua obra. Na época de *O ente e a essência*, as fórmulas ressentem-se bastante fortemente do método aviceniano de análise das essências: "Tudo o que não é do conceito da essência vem-lhe de fora e faz composição com ela. Com efeito, nenhuma essência pode ser concebida sem o que faz parte da essência; ora, toda essência ou quididade pode ser concebida sem que se conceba nada a respeito de sua existência. Por exemplo, posso conceber *homem* ou *fênix* e ignorar, todavia, se eles existem na Natureza. É, pois, claro que a existência é diferente da essência ou quididade"[61].

Muita coisa passou do pensamento de Avicena e do grupo filosófico que ele integrava àquele de Tomás de Aquino. No entanto, em geral, quando

---

[60] Ver MUCKLE CSB, J. T. *Algazel's Metaphysics – A Medieval Translation*. Toronto: St. Michael's College, 1933, p. 26, linhas 10-11. Sobre a distinção de essência e existência (*anitas et quiditas*), ver p. 25, linhas 12-25. Eis a conclusão do texto: "O existir (*esse*) é, então, um acidente que ocorre de alhures a todas as quididades e é por isso que a primeira causa é o ente (*ens*) sem quididade acrescentada, como mostraremos. Assim, o existir não é um um gênero para nenhuma das quididades. Esse mesmo acidente (o existir) convém aos nove outros predicamentos da mesma maneira. Com efeito, cada um deles tem, em si, sua essência, pela qual cada um é o que é; mas a acidentalidade lhes convém em relação a seus sujeitos nos quais eles existem, isto é, o nome de acidente convém-lhes em relação de seus sujeitos, não segundo o que eles são. Al-Ghazali estende em seguida do ente ao uno esse mesmo caráter de acidentalidade" (*ibidem*, p. 26, linhas 27-30). Sobre o paralelismo dos dois problemas da acidentalidade da existência e da acidentalidade do uno, ver FOREST, A., *La structure métaphysique du concret*, pp. 39-45.

[61] *O ente e a essência*, cap. 4 (edição Roland-Gosselin, p. 34). A expressão *hoc est adveniens extra* (que vem de fora) não significa que o existir acrescenta-se de fora à essência, como seria o caso de um acidente, mas que ele lhe vem de uma causa eficiente transcendente à essência; portanto, exterior a ela. Quer dizer, Deus. Cf. *ibidem*, p. 35, linhas 6-19. O existir causado por Deus na essência é o que há nela de mais íntimo, pois, vindo de fora, ele a constitui, todavia, por dentro.

Tomás cita esse pensamento, é para criticá-lo. Com efeito, sobre esse terreno comum havia uma oposição radical. Tal como Tomás o compreendia, o pensamento de Avicena terminava por fazer do existir apenas um acidente da essência, ao passo que ele mesmo fazia do existir o ato e a raiz mesma da essência, o que há de mais íntimo nela e de mais profundo. Essa diferença devia-se, aliás, àquela que separa toda ontologia da essência de uma ontologia do existir como a de Santo Tomás de Aquino. Para um filósofo que parte da essência e procede por via de conceitos, a existência termina necessariamente por aparecer como um apêndice extrínseco à essência mesma. Se, ao contrário, se parte do ente concreto, dado na experiência sensível, é preciso necessariamente inverter essa relação. Sem dúvida, mesmo assim a existência não aparece como incluída na essência, e continua verdadeiro dizer que não é em virtude dela mesma que a essência existe, mas aparece logo que é o ente que inclui a essência e que, embora nele ela se distinga do existir, pois o ato de existir e sua determinação essencial dependem respectivamente da ordem do ato e da ordem da potência, que são duas ordens distintas. O contrassenso fatal que espreita o intérprete desse pensamento é o de conceber a relação entre da essência à existência como relação de duas coisas. Isso levaria a distingui-los como dois ingredientes físicos de um mesmo composto, que seria o concreto existente. Pelo que tem de mais profundo, o pensamento de Santo Tomás contradiz absolutamente essa atitude. O existir não existe; é o ente que existe por ele. O existir é aquilo sem o que o resto não existiria. É por isso que a distinção entre essência e existência não deve jamais ser concebida à parte desta outra tese, que a fundamenta muito mais do que a completa: a união íntima da essência e do existir no concreto existente. Tal é o sentido da crítica de Tomás a Avicena nesse ponto. O termo *esse* (existir) não vem de *essentia* (essência); é *essentia* que vem de *esse*. Não se diz que um objeto existe porque é um ente, mas se diz – ou dever-se-ia concebê-lo assim – que ele é um ente porque é ou existe[62]. Donde o existir não ser propriamente um acidente da essência: "O existir é o que há de mais íntimo em cada coisa e o que há de mais profundo em todas, pois ele é formal em relação a tudo o que há na coisa"[63]. Entre o extrinseísmo aviceniano do ato de existir e o intrinseísmo tomista do ato de existir nenhuma conciliação é possível. Não se passa de um ao outro por via de evolução, mas de revolução.

---

[62] "Embora o existir da coisa seja distinto de sua essência, não se deve porém entender que ele seja algo acrescentado a ela ao modo de acidente, mas como que é constituído (*quasi constituitur*) pelos princípios da essência. Assim, o termo *ente*, que se impõe com base no existir mesmo, significa o mesmo que o termo que se impõe com base na essência" – *Comentário à Metafísica de Aristóteles* IV, lição 2, n. 558. A expressão *quasi constituitur* marca bem que, propriamente falando, o existir não é constituído pelos princípios de uma essência. É como ato dessa essência que ele é constituído pelos princípios dela.

[63] *Suma de teologia* I, 8, 1, ad 4m.

Foi o que fez numerosos intérpretes de Santo Tomás crer que ele havia simplesmente tomado o partido de Averróis, contra Avicena, a respeito desse importante ponto. Ilusão tanto mais desculpável quanto Santo Tomás, sempre inclinado a formular seu pensamento na língua de outrem, ter utilizado muito frequentemente os textos de Averróis para contradizer a posição de Avicena. Com efeito, Averróis criticou repetidas vezes esse pensamento, no qual ele só parece ter visto, de início, ingenuidade e como a expressão técnica de uma crença popular. Se o crermos, a palavra árabe que quer dizer *existir* viria de uma raiz que significa primitivamente *encontrado*. O vulgo parece ter imaginado que, para uma coisa qualquer, existir consiste aproximadamente em *encontrar-se aí*. Diríamos nós hoje: *Sein* é um *Dasein* [ser é um aí-do-ser/ser-aí]. Nada de espantoso se faz da existência um acidente. Mas, como conceber esse acidente em sua relação com o restante? Se se quer formular filosoficamente essa relação, as dificuldades tornam-se intransponíveis. Pode-se dizer de tudo, substância ou acidente: *isto existe*. Será, então, preciso imaginar a existência como um acidente suplementar que se acrescenta aos nove outros acidentes e mesmo à categoria de substância? Mas chegar-se-ia, então, a dizer que a substância, que é o ente por si, não é um ente por si senão por acidente[64], o que é manifestamente absurdo. Aliás, a ordem do *por si* é uma só com a ordem do necessário, e, por sua vez, o necessário só é tal porque é simples. Se a existência se acrescentasse à substância como um acidente, esta seria um composto; logo, um puro possível. Não sendo mais necessária, ela não seria mais por si; ela, então, não seria mais substância[65]. Não importa a maneira como o abordamos, o pensamento de Avicena conduz a impossibilidades.

É fácil ver em que Santo Tomás podia usar Averróis contra Avicena. Ele o podia porque Averróis revelava o perigo que corre a unidade da substância se lhe é concedida a existência apenas a título de acidente. Que a existência deva ser consubstancial à substância, eis o que resulta do texto de Averróis, e, sobre esse ponto, ele tem razão; foi, aliás, fácil demais para ele ter razão. Para Averróis, com efeito, a essência e a existência confundem-se. Ser por si e existir são absolutamente um só. Vemos bem isso no modo como se identificam, em sua crítica de Avicena, as duas noções de substância e de necessário. Mas no pensamento de Santo Tomás tudo se passa completamente diferente. Para ele, mesmo a existência do necessário não é necessária de pleno direito; ela se torna necessária apenas a partir do momento em que esse necessário existe. Se Averróis tem razão contra Avicena, Santo Tomás não admite que seja pelas

---

[64] Cf. *Die Epitome der Metaphysik des Averroes*, trad. alemã por S. Van den Bergh, Leiden: E. J. Brill, 1924, pp. 8-9. Cf. o comentário de Maimônides (*Guia dos perplexos*, trad. S. Munk, tomo I, p. 231, nota 1), citado por Forest, A. *La structure métaphysique du concret*, pp. 142-143. Sobre a acidentalidade da existência em Maimônides, ver Lévy, L.-G. *Maïmonide*. Paris: Alcan, 1932, p. 133.

[65] Ver o texto da *Metafísica* de Averróis, reproduzido por Forest, A., *op. cit.*, p. 143, nota 2.

razões dadas por Averróis. Bem ao contrário, é, antes, Avicena que teria razão aqui, ao menos no que concerne à não confusão da existência com o "ser por si" da substância. Não há confusão, porque a existência é o ato do ser por si substância[66].

Para alcançar o pensamento autêntico de Santo Tomás, não se deve, então, procurá-lo nem no pensamento de Avicena nem no de Averróis, nem em um ecletismo que procurasse ajustar o desacordo entre eles por alguma solução de compromisso. O pensamento de Tomas resplandece, para além de um e outro, com o brilho do ato de existir. É transcendendo o plano da ontologia essencial comum a esses autores que Santo Tomás anula o conflito entre Averróis e Avicena. Elevando-se até o ato de existir, ele vê, com um só golpe de visão, no que a essência e a existência se distinguem e no que elas se unem na realidade. Elas se distinguem porque não é na essência que jaz a raiz do existir; o existir mesmo domina a essência da qual ele é o ato. Elas são estreitamente unidas, todavia, pois, se a essência não contém o existir, ela é contida nele, de tal modo que a existência é, na essência, o que há de mais íntimo e de mais profundo. Avicena e Averróis contradizem-se porque ficam no mesmo plano. Santo Tomás não contradiz nem um nem outro, mas os supera, indo até a raiz mesma do ente, o *actus essendi* (ato de existir), o *ipsum esse* (o existir mesmo).

Notando quanto é difícil o acesso a essa ordem existencial, observávamos que só acedemos a ela contrariando a inclinação natural da razão. É chegado o momento de explicarmo-nos sobre esse assunto. À questão de como conhecemos o ente a resposta é simples. Numerosos textos de Santo Tomás a sustentam. O ente é um princípio primeiro, e mesmo o "mais primeiro" dos princípios, porque ele é o primeiro objeto que se oferece ao entendimento[67]. O que quer que concebamos é por nós apreendido como algo que existe ou que pode existir; poderíamos mesmo dizer que, porque essa noção é absolutamente primeira, ela acompanha todas as nossas representações.

---

[66] Os textos mais antigos de Santo Tomás convidam a pensar que ele ultrapassou imediatamente o ponto de vista de Avicena, mas a terminologia que ele usa mostra que ele se apoiou sobre Avicena para ultrapassá-lo. São notáveis a quantidade e a importância das citações de Avicena em *O ente e a essência*. O *Comentário ao Livro das Sentenças de Pedro Lombardo* invoca-o sobre este ponto crucial no livro I, dist. 8, q. 1, a. 1, Solutio. Poderíamos mesmo escrever, embora em um sentido diferente do que fizemos a respeito de Duns Scotus, um livro sobre "Avicena e o ponto de partida de Santo Tomás de Aquino".

[67] Propondo essa tese, Santo Tomás fundamenta-a, às vezes, na autoridade de Avicena, cuja ontologia "essencial" encontrava aí plena satisfação: "(...) por primeiro, no intelecto, dá-se o ente, como diz Avicena" – *Comentário à Metafísica de Aristóteles* I, lição 2, n. 46; "(...) trata-se de algo primeiro e que se dá na concepção operada pelo intelecto, qual seja, isso a que chamo *ente*" – *ibidem*, IV, lição 6, n. 605; "Assim, por primeiro, em nosso intelecto, dá-se o ente" – *ibidem*, X, lição 4, n. 1998; "O ente e o não ente, que entram por primeiro na consideração do intelecto" – *ibidem*, XI, lição 5, n. 2211.

Isso é verdade e a resposta é boa, desde que a entendamos como ela deve ser entendida, quer dizer, no âmbito do *ente*, reservando cuidadosamente os direitos do *existir*. Não seria demais repetir: o ente não é e não pode ser último senão porque se refere ao existir: *ente* significa *o que tem ser*[68].

Por que nosso entendimento tende naturalmente a abandonar o plano do existir para descer de novo ao plano do ente? Porque o entendimento humano move-se à vontade no conceito e porque temos um conceito do ente, não do existir. Em um texto frequentemente citado por sua clareza, Santo Tomás distingue duas operações do entendimento: a primeira é aquela que Aristóteles chamava de intelecção das essências simples (*intelligentia indivisibilium*) e que consiste em apreender a essência como um indivisível; a segunda é a que consiste em compor ou em dissociar as essências entre si, formando proposições. Essa segunda operação, a que Santo Tomás nomeia composição (*compositio*), é a que chamamos hoje de *juízo*. Essas duas operações distintas visam ambas o real, mas elas não o penetram até a mesma profundeza: a intelecção atinge a essência que a definição formula; o juízo atinge o ato mesmo de existir: *prima operatio respicit quidditatem rei, secunda respicit esse ipsius* (a primeira operação visa a quididade da coisa; a segunda, o seu existir)[69]. Quando falamos de um ente qualquer, falamos de um *habens esse* (algo que tem existir). O que cai por primeiro no entendimento é, então, o ser essencial ou de natureza; não é ainda o existir.

A propósito, nada mais normal. O existir é um ato; precisa-se, pois, de um ato para exprimi-lo. É por isso, aliás, que o mecanismo ativo do juízo, sua cópula, é sempre um verbo, precisamente o verbo é. O juízo formula todas as suas relações em termos de ser porque sua função própria é significar o existir.

Nada de mais evidente quando se trata de um juízo de existência, por exemplo: *Sócrates é*. Tal proposição, por sua composição mesma, exprime

---

[68] "(...) esse nome, *ente*, impõe-se com base no existir mesmo" – *ibidem*, IV, lição 2, n. 558. Note-se que, nesse texto, o *existir mesmo* refere-se ao ato de existir. "Ente diz-se como *algo que tem existir*" – *ibidem*, XII, lição 1, n. 2419. O termo *essência* (*essentia*) liga-se, semelhantemente, ao verbo *existir* (*esse*): "o termo *quididade* é tomado disso que é significado pela definição; mas se diz *essência* porque por ela e nela o ente tem existir" – *O ente e a essência* I (ed. Roland-Gosselin, p. 4). Para evitar que se semeiem obscuridades no espírito do leitor, precisemos o sentido dessa última frase: ela não significa que a essência confere o existir à substância, mas que é na essência e por intermédio da essência que a substância recebe o existir. Podemos estar certos disso, comparando o que Santo Tomás diz aqui sobre a essência com o que ele diz alhures sobre a forma: "Há um duplo ordenamento na substância composta de matéria e forma: um, da matéria à forma; outro, da coisa mesma, já composta, ao existir participado. O *existir* da coisa não é nem sua forma nem sua matéria, mas algo que advém à coisa pela forma" – *As subtâncias separadas*, cap. VI, in *Opuscula omnia* (ed. Mandonnet, tomo I, p. 97).

[69] *Comentário ao Livro das Sentenças de Pedro Lombardo* I, dist. 19, q. 5, a. 1, ad 7m. Sobre esse ponto, conferir as excelentes explicações de MARC SJ, A. *L'idée de l'être chez Saint Thomas et dans la scolastique postérieure*, pp. 91-101.

claramente a composição entre a substância Sócrates e a existência na realidade. Já em proposições como *Sócrates é homem* ou *Sócrates é branco*, o verbo *é* não tem outro papel além do da cópula; ele significa simplesmente que é da essência de Sócrates ser homem ou que o acidente "branco" existe na substância Sócrates. Nas proposições desse segundo tipo, o valor existencial do verbo *é* é menos direta e, por conseguinte, menos aparente; veremos, porém, que esse valor não está menos presente.

Notemos de início que, como Santo Tomás observa, a cópula é "refere-se sempre ao predicado" (*semper ponitur ex parte praedicati*[70]), e não ao sujeito, como é o caso dos juízos de existência. Em *Sócrates é*, o verbo significa o próprio Sócrates como existente; em *Sócrates é branco*, não é a existência de Sócrates que é significada, mas a do branco em Sócrates. Quando o empregamos neste sentido, ou seja, como cópula, o verbo *é* não se toma mais em sua significação principal e plena, a da existência atual, mas em uma significação secundária, que deriva, entretanto, da principal. O que se oferece ao pensamento quando dizemos *é* é o ato mesmo de existir, quer dizer, aquela atualidade absoluta que é a existência atual; mas, para além da atualidade de existir, que é sua significação principal, esse verbo designa secundariamente toda atualidade em geral e variante, sobretudo a atualidade da forma, seja substancial, seja acidental. Ora, formar um juízo é significar que certa forma (portanto, certo ato) existe *atualmente* em um sujeito. Sócrates é-homem significa que a forma *homem* é inerente a Sócrates como ato constitutivo de sua substância. *Sócrates é branco* significa a determinação atual do sujeito Sócrates pela forma acidental *branco*. A cópula designa exatamente também uma composição, porém, agora, não mais aquela composição de essência e existência, e sim a de toda forma com o sujeito que ela determina; como essa composição é devida à atualidade da forma, o verbo *é*, que significa principalmente a atualidade, é naturalmente empregado para designá-la[71]. Significando em primeiro lugar a atualidade, o verbo *é* pode significar acessoriamente (ou,

---

[70] Cf. *Comentário ao Perì Hermeneías de Aristóteles*, cap. 3, lectio 5, n. 8 (edição leonina, tomo I, p. 35).

[71] "Diz [Aristóteles] que o verbo *é* cossignifica a composição, porque não a significa principalmente, mas por decorrência. Esse verbo significa principalmente aquilo que ocorre ao intelecto ao modo de atualidade absoluta: *é*, dito sem nenhum acréscimo, significa existir em ato, e o significa ao modo de verbo. Como, porém, a atualidade (significada pelo verbo *é* principalmente) é também a atualidade de toda forma, quer dizer, é ato substancial ou ato acidental, então, quando queremos significar que alguma forma ou ato inere atualmente a algum sujeito, significamos isso pelo verbo *é*" (*Comentário ao Perì Hermeneías de Aristóteles* I, cap. 3, lição 5, n. 22). Cf. MARITAIN, J. *Élements de philosophie*. 8ª ed. Tomo II. Paris: Téqui, 1938, pp. 66-68. Nunca seria demais recomendar a leitura dessas páginas tão lúcidas e tão completas de Maritain; por um viés um pouco diferente, elas conduzem a essa conclusão lapidar: "O verbo *ser*, em uma proposição de verbo-cópula como também em uma proposição de verbo-predicado (por exemplo, *Eu sou*), significa sempre a existência" (p. 67).

como diz Santo Tomás, *cossignificar*) a composição de toda forma com o sujeito do qual ela é o ato. A fórmula em que essa composição exprime-se é precisamente a proposição ou juízo.

Compreende-se, assim, por que somente o juízo pode alcançar a existência. Para formular uma experiência como a nossa, em que todos os objetos são compostos, requer-se um pensamento também composto. Para exprimir a atividade dos princípios determinadores dessas substâncias, é preciso que o pensamento duble o ato exterior da forma pelo ato interior do verbo. Porque o ato é a raiz mesma do real, só o ato de julgar pode alcançar o real em sua raiz. É o que o ato de julgar faz, usando de início o verbo é como cópula para enunciar que esta ou aquela substância *existe-com-tal-determinação*. Talvez esta ou aquela substância só exista como possível e em meu pensamento; talvez ela exista como real; mas ainda não sabemos nada sobre ela. Enquanto a proposição usa esse verbo apenas como cópula, ela não exprime nada além da comunidade de ato do sujeito e da determinação. Para que a unidade assim formada afirme-se também como um existir real, quer dizer, que tem seu existir total fora do pensamento, é preciso que o ato último de existir a determine. É somente então que o pensamento usa o verbo é com a significação existencial que é sua significação própria; afinal, assim como o existir é o ato dos atos (*actualitas omnium actuum* – atualidade de todos os atos), também o verbo é significa, em primeiro lugar, o existir em ato (*est simpliciter dictum significat in actu esse* – dito sem nenhum acréscimo, é significa existir em ato).

Essa ordenação radical do juízo ao real existente já havia sido fortemente marcada por Aristóteles, mas não podia, na doutrina dele, ir além do plano do ente tal como o Estagirita o havia compreendido. Com efeito, para Aristóteles, é verdade que só as substâncias existem, mas é igualmente verdade que, a seus olhos, existir reduz-se ao fato de ser uma substância. *Existir* seria, antes de tudo, *ser algo*; mais particularmente, e em sentido pleno, corresponderia a ser uma dessas coisas que, graças à sua forma, possuem em si mesmas a razão suficiente daquilo que elas são. Assim, o existir no qual Aristóteles detém-se é aquele da *ousía* e do *tò ón*, isto é, o existir do "aquilo-que-alguma-coisa-é". Traduzida na língua de Santo Tomás, essa posição equivale a identificar o existir com o ente, quer dizer, com "isto-que-tem-o-existir", mas não com o existir mesmo. Como diz Santo Tomás, *ente* não significa principalmente o existir, mas *quod est* (algo que existe); não é o existir mesmo da coisa que o possui: *rem habentem esse* (a coisa que tem existir)[72]. Aristóteles teve, assim, o grande mérito de pôr em relevo o papel de ato que a forma desempenha na constituição da substância e, na mesma proporção, a atualidade do ser

---

[72] Cf. *Comentário ao Perì Hermeneías de Aristóteles* I, cap. 3, lição 5, n. 20 (edição leonina, tomo I, p. 28).

substancial; mas sua ontologia não ultrapassou o plano do existir "entitativo" ou do existir do *ens* (ente), não atingindo, então, o ato existencial mesmo do *esse* (existir).

Compreende-se, dessa maneira, a razão do que foi notado por um dos melhores intérpretes de Aristóteles e certamente também observado por muitos de seus leitores: "no verbo *esti* (é), o sentido de *existir* e o sentido que pertence à cópula confundem-se estranhamente para ele [Aristóteles]", porque "ele mescla muito confusamente os dois sentidos do verbo *ser*"[73], quais sejam, o ser da existência e o da predicação. Entretanto, talvez fosse melhor dizer que, em vez de os mesclar, Aristóteles não os distinguiu. Para nós, que os distinguimos com clareza, esses dois sentidos parecem confundir-se em seus textos; para ele, dizer que um homem justo existe ou dizer que um homem é justo correspondia sempre a dizer que um homem existe com a determinação de ser justo; era, portanto, tudo um só. Retomando, por sua conta, a ontologia e a lógica de Aristóteles, Santo Tomás as transpôs do tom original em que eram empostadas (o da essência) para o seu próprio tom, o do existir. A ontologia de Santo Tomás, considerada no que ela oferece de novo em relação à de Aristóteles, é um pensamento do primado do ato de existir.

Essa primeira observação exige uma segunda. É um fato bastante curioso que, segundo a maneira como o entendemos, o pensamento de Santo Tomás apareça como o mais pleno ou o mais vazio de todos os pensamentos. O entusiasmo fervoroso de seus partidários só se compara com o desprezo com que lhe cobrem seus adversários. É que, se interpretamos a filosofia tomista como uma metafísica do ente, nós a reconduzimos ao plano aristotélico do *quod est* (algo que existe), expressão em que, segundo nota o próprio Santo Tomás, *quod* designa a coisa e *est* designa o existir. Porém, como vimos, a significação principal e direta de *ente* não é o existir, mas a coisa mesma que existe[74]. O tomismo torna-se, então, um "coisismo"; podemos acusá-lo de reificar todos os conceitos em que toca e de transformar o tecido vivo do real num mosaico de entidades fechadas em suas próprias essências.

Os melhores intérpretes de Santo Tomás bem sabem que ele tinha, ao contrário, um sentimento muito vivo da plenitude e da continuidade do concreto, mas aqueles que reduzem o ente tomista à essência chocam-se com sérias dificuldades quando tentam exprimir tal sentimento com a ajuda desse conceito. O primeiro de todos é também o mais universal e o mais abstrato, aquele cuja extensão é a mais rica e a compreensão é a mais pobre. Uma

---

[73] HAMELIN, O. *Le système d'Aristote*. Paris: F. Alcan, 1920, pp. 159-160. O autor remete, em nota (p. 150, nota 1), às observações análogas de Waitz e Zeller. Essa incapacidade de Aristóteles para separar do ente o ato mesmo de existir explica provavelmente a existência da aporia tão cuidadosamente identificada e analisada por BREMOND SJ, A. *Le dilemme aristotélicien*, cap. IV, particularmente § 2, pp. 36-40.

[74] Cf. *Comentário ao Perì Hermeneías de Aristóteles* I, cap. 3, lição 5, n. 20.

filosofia que partisse só do conceito de ente comprometer-se-ia, então, a deduzir o concreto do abstrato. Esse é o erro do qual, desde Descartes, não se cessou de incriminar Santo Tomás e, por extensão, a Escolástica em geral. Para evitar essa incriminação, tentou-se muitas vezes preencher o vazio ontológico do conceito de ente e nutri-lo ou recheá-lo, conferindo-lhe a plenitude de uma intuição da existencialidade. Isso equivale a acercar-se da verdade mais de perto, mas ainda não é certo que seja alcançá-la. Concebido como uma intuição intelectual do ente como ente, esse conhecimento permitir-nos-ia atingir por visão simples a inesgotável e incompreensível realidade do *existir real em toda a sua pureza e em toda a amplidão de sua inteligibilidade própria ou de seu mistério próprio*. Assim entendida, a visão intelectual do existir certamente não requereria uma faculdade especial, mas aquela luz especial do intelecto que faz surgir o metafísico[75] e que permite a *experiência metafísica*[76].

Que tal intuição é possível cabe aos que a têm dizer-nos; e evitaremos negá-la, é claro. Talvez seja necessário um dom especial, mais próximo da graça religiosa do que da luz natural do metafísico. Afinal, todos têm essa luz natural, embora alguém pareça usá-la melhor. Para ater-nos à ordem propriamente metafísica do conhecimento humano, e de modo algum mística, observemos que o conceito de ente ocupa, no conhecimento humano, um lugar privilegiado e mesmo único. Ele é o conceito próprio em que se traduz imediatamente o que constitui o fundo mesmo do real, o ato de existir. É impossível conceber esse ato sem incluí-lo em um conceito; qualquer que seja o ato de existir do qual tenhamos experiência, esse conceito é sempre o mesmo; todo *esse* (existir) é dado em um *ens* (ente). É, portanto, inteiramente correto dizer que não podemos pensar o ente sem o existir (ao menos se o pensamos como se deve pensá-lo) e ainda menos o existir sem o ente. O existir é sempre o existir de alguma coisa que existe[77]. Portanto, o ente é primeiro na ordem do conceito, e, como nossos juízos são formados de conceitos, ele é igualmente primeiro na ordem do juízo[78]. Todavia, o conceito de ente registra sempre da mesma maneira uma infinidade de atos de existir que são todos diferentes. Perguntamos: seria então necessária, para preencher o conceito, uma intuição que perceba obscuramente a distinção desses atos na unidade de uma ideia? Santo Tomás não fala em lugar nenhum dessa intuição, a

---

[75] MARITAIN, J., *Sept leçons sur l'être, op. cit.*, p. 52.

[76] MARITAIN, J., *Les degrés du savoir, op. cit.*, p. 551. Esse problema é o objeto de um estudo aprofundado no trabalho de ALMEIDA SAMPAIO, L. F. *L'intuition dans la philosophie de Jacques Maritain*. Paris: Vrin, 1963.

[77] Esse ponto foi vigorosamente desenvolvido no excelente trabalho de MARC SJ, A. *L'idée de l'être chez Saint Thomas d'Aquin et dans la Scolastique postérieure*. Paris: Beauchesne, 1933 (ver particularmente as pp. 88-89). É um livro que merece ser lido por inteiro.

[78] Cf. GILSON, É. *Réalisme thomiste et critique de la connaissance*. Paris: Vrin, 1939, pp. 215-216.

qual, aliás, se ele tivesse julgado necessária, deveria ter ocupado um lugar de honra em seu pensamento. Nada nos permite pensar que, entre esse ente que cai só e por primeiro no entendimento e o *ente como ente* da metafísica, ele tenha visto outra diferença além daquela que distingue entre o dado bruto do senso comum e esse mesmo dado considerado em sua elaboração filosófica. Santo Tomás sempre falou dessa mesma elaboração como um esforço progressivo de abstração. O termo desse esforço é, para ele, a noção universal de *isto que é*, com ênfase especial para sublinhar o *isto que*, mais do que o *é*. Em síntese, o objeto da metafísica é, para ele, como ele mesmo diz repetidas vezes, o *ens commune* (ente comum)[79] tomado em sua universalidade e indeterminação pura. Que se precise de um esforço para alcançá-lo e que esse esforço seja difícil concordamos de imediato, mas trata-se de um esforço que se desenvolve inteiramente na ordem do conceito e cujos juízos mesmos por ele requeridos tendem para as definições de conceitos. Tudo se passa, na verdade, como se o ente como ente da metafísica tomista não fosse mais do que a mais abstrata das abstrações.

Não duvidamos de que seja assim, mas a metafísica de Santo Tomás contém mais do que isso. Quando a reduzimos à ordem do conceito, fazemos dela uma ciência do ente e da coisa, expressão abstrata do que há de conceitualizável no real. O tomismo assim concebido fez-se objeto de muitas sínteses, dentre as quais o livro de Alberto Lepidi é exemplar[80]. Mas *esse não é o tomismo de Santo Tomás*. O que caracteriza *o tomismo de Santo Tomás é o fato de que todo conceito de coisa conota um ato de existir*. Uma metafísica do ente como ente *cossignifica* a existência; ela não a "significa", a menos que use precisamente a segunda operação do entendimento e ponha em ação todos os recursos do juízo. O sentimento, muito justo em si, de que o conceito universal de ente é o contrário de uma noção vazia, encontrará aí sua justificativa. Sua riqueza é feita de todos os juízos de existência que ela resume e conota, mas mais ainda de sua referência permanente à realidade infinitamente rica do ato puro de existir. É por isso que a metafísica de Santo Tomás persegue, por meio da essência do ente como ente, esse existente supremo que é Deus.

Em uma filosofia em que o existir é inconcebível se não for concebido em uma essência e por uma essência, e onde toda essência assinala um ato de existir, as riquezas concretas são praticamente inesgotáveis. Mas a razão não aprecia o inconcebível, e, porque a existência é inconcebível, a filosofia faz

---

[79] Cf., por exemplo, *Comentário à Metafísica de Aristóteles*, Proêmio; IV, lição 5, n. 593.

[80] LEPIDI OP, A. *De ente generalissimo prout est aliquid psychologicum, logicum, ontologicum*. Piacenza: J. Tedeschi, 1881. Essa obra é a exposição perfeita de uma ontologia tomista integralmente "essencializada".

tudo para evitá-la[81]. É inevitável que essa tendência natural da razão afete nossa interpretação do tomismo. Aquele que a denuncia com o máximo de suas forças sabe bem que vai sucumbir nela. É preciso saber que essa tentação convida-nos à falta. Mantido no plano dos conceitos, o tomismo esgotará suas forças, recomeçando indefinidamente o inventário daqueles de quem é herdeiro. Alçado ao plano do juízo, o tomismo retomará contato com o coração mesmo da realidade que ele interpreta. Ele se tornará novamente fecundo; ele poderá de novo criar.

---

[81] Essa é a tese que tentamos esclarecer em GILSON, É. *The unity of philosophical experience*. Nova York: Scribner's, 1937. Ver também GILSON, É. *L'être et l'essence*. Paris: Vrin, 1962.

# SEGUNDA PARTE
# A NATUREZA

# CAPÍTULO 1

# A CRIAÇÃO

O problema do começo do Universo é dos mais obscuros. Alguns pretendem demonstrar que o Universo sempre existiu; outros, ao contrário, que o universo necessariamente teve um começo no tempo[1]. Os partidários da primeira tese reivindicam para ela a autoridade de Aristóteles, mas os textos do filósofo não são explícitos a esse respeito. No oitavo livro da *Física* e no primeiro do *De caelo* (O céu), Aristóteles parece ter desejado estabelecer a eternidade do mundo só para refutar as doutrinas de certos antigos que atribuíam ao mundo um tipo de começo inaceitável. Ele diz, além disso, que há problemas dialéticos para os quais não há solução demonstrativa; por exemplo, o de saber se o mundo é eterno[2]. A autoridade de Aristóteles, que, aliás, não bastaria para resolver a questão, não pode, portanto, ser invocada a esse respeito[3]. Na realidade, trata-se aqui de uma doutrina averroísta estilizada[4] e que o bispo de Paris, Étienne Tempier, condenaria em 1270: *quod mundus est aeternus* (que o mundo é eterno) e *quod nunquam fuit primus homo* (que nunca houve um primeiro homem). Entre os numerosos argumentos sobre os quais essa doutrina pretende fundamentar-se, convém destacar aquele que nos fará penetrar no coração mesmo da dificuldade, porque procura seu ponto de apoio na causalidade todo-poderosa do criador.

Afirmar uma causa suficiente é afirmar, a um só golpe, o efeito dessa causa. Toda causa cujo efeito não se produz imediatamente é uma causa não suficiente, porque lhe falta alguma coisa para que ela possa produzir seu efeito. Ora, Deus é a causa suficiente do mundo, seja como causa final (pois ele é o Bem Supremo), seja como causa exemplar (pois ele é a Sabedoria Suprema), seja ainda como causa eficiente (pois ele é o Todo-Poder). Sabemos, por outro lado, que Deus existe desde sempre, quer dizer, desde toda a eternidade.

---

[1] Cf. *Suma de teologia* I, 19, 5, ad 3m; *Questão disputada sobre o poder divino* III, 17, Resp.

[2] Cf. ARISTÓTELES, *Tópicos* I, 9.

[3] Cf. *Suma de teologia* I, 46, 1, ad Resp.

[4] Cf. HORTEN, *Die Hauptlehren des Averroes*, p. 112; MANDONNET, *Siger de Brabant et l'averroïsme latin*, vol. I, pp. 168-172.

Então, o mundo, assim como sua causa suficiente mesma, que é Deus, existe também desde sempre, eternamente[5]. Além disso, é evidente que o efeito procede de sua causa em razão da ação que essa causa exerce. Mas a ação de Deus é eterna, pois, se não fosse, teríamos de admitir que Deus pode ser em potência em relação à sua ação e que ele teria sido conduzido a ato por algum agente anterior, o que é impossível[6]. Além disso, perderíamos de vista que a ação de Deus é sua própria substância, que é eterna[7]. Logo, é necessário que o mundo tenha sempre existido.

Se consideramos o problema, na sequência, sob o ponto de vista das criaturas, a mesma conclusão se impõe. Sabe-se, com efeito, que há, no Universo, criaturas incorruptíveis, como os corpos celestes ou as substâncias intelectuais. O incorruptível, quer dizer, aquilo que é capaz de existir sempre, não pode ser considerado como ora existente ora inexistente, pois ele permanece tanto quanto tem a força de existir[8]. Ora, tudo o que começa a existir entra na categoria do que ora existe ora não existe; então, nada do que é incorruptível pode ter um começo, donde podermos concluir que o Universo, fora do qual as substâncias incorruptíveis não teriam nem lugar nem razão de ser, existe eternamente[9].

Enfim, pode-se deduzir a eternidade do mundo com base na eternidade do movimento. Nada, com efeito, começa a mover-se a não ser que tanto o movente como o móbil encontrem-se em um estado diferente daquele em que estavam no instante precedente. Em outros termos, um movimento novo não se produz sem uma mudança prévia no movente ou no móbil. Porém, mudar é mover-se: há sempre, portanto, um movimento anterior àquele que começa e, por conseguinte, por mais longe que remontemos nessa série, encontramos sempre movimento. Mas, se o movimento sempre existiu, é preciso também que sempre tenha existido um móbil, pois o movimento só existe em um móbil. O universo, portanto, sempre existiu[10].

Aumenta a aparência sedutora desses argumentos o fato de eles parecerem fundados sobre os princípios mais autênticos do peripatetismo. Não poderíamos, entretanto, considerá-los concludentes. De saída, é possível eliminar os dois últimos por uma simples distinção. Da afirmação de que sempre houve movimento, como acabamos de demonstrar, não segue de modo algum

---

[5] Cf. *Suma de teologia* I, 46, 1, 9; *Suma contra os gentios* II, 32 (Posita causa); *Questão disputada sobre o poder divino* III, 17, 4.

[6] Cf. *Suma contra os gentios* II, 32 (Effectus procedit); *Questão disputada sobre o poder divino* III, 17, 26.

[7] Cf. *Suma de teologia* I, 46, 1, 10.

[8] A noção de *virtus essendi* (força de existir), cuja origem é dionisiana, significa a aptidão intrínseca da forma à existência.

[9] Cf. *Suma de teologia* I, 46, 1, 2; *Questão disputada sobre o poder divino* III, 17, 2.

[10] Cf. *Suma de teologia* I, 46, 1, 5; *Suma contra os gentios* II, 33 (Quandoque aliquid).

que sempre houve um móbil; a única conclusão que pode legitimar tal argumentação consiste em dizer simplesmente que sempre houve movimento a partir do momento em que um móbil existiu, mas esse móbil só pôde vir à existência por via de criação. Aristóteles estabelece essa prova no oitavo livro da *Física*[11] contra aqueles que admitem móbiles eternos e, no entanto, negam a eternidade do movimento; ela não pode fazer nada, então, contra nossa afirmação: desde que há móbiles, o movimento sempre existiu. O mesmo vale para a razão tirada da incorruptibilidade dos corpos celestes. Deve-se conceder que o que é naturalmente capaz de sempre existir não pode ser considerado como ora existente ora não existente. Mas não se pode esquecer, todavia, que, para ser capaz de sempre existir, é preciso, primeiro, que uma coisa exista; os entes incorruptíveis não podiam ser tais antes de existir. Esse argumento, posto por Aristóteles no primeiro livro de *O Céu*, não conclui simplesmente que os entes incorruptíveis jamais começaram a existir, mas que jamais começaram a existir por geração natural, ao modo dos entes suscetíveis de geração e corrupção[12]. A possibilidade de sua criação encontra-se, portanto, inteiramente salvaguardada.

Deve-se, por outro lado, concordar necessariamente com a eternidade de um universo que sabemos ser o efeito de uma causa suficiente eterna e de uma ação eterna, quer dizer, da eficiência todo-poderosa e da ação eterna de Deus? Não há nada que possa obrigar-nos a isso, uma vez que é verdadeiro dizer, assim como demonstramos anteriormente, que Deus não age por necessidade de natureza, mas por livre vontade. Sem dúvida, podemos, de início, considerar como contraditório que um Deus todo poderoso, imóvel e imutável, tenha desejado conferir existência, em um ponto determinado do tempo, a um Universo que não existia antes. Mas essa dificuldade reduz-se a uma ilusão fácil de dissipar quando se esclarece o verdadeiro vínculo que a duração das coisas criadas mantém com a vontade criadora de Deus. Sabe-se já que, se se trata de dar razão da produção das criaturas, há lugar para a distinção entre a produção de uma criatura particular e o êxodo pelo qual o Universo inteiro procedeu de Deus. Quando falamos de uma criatura particular qualquer, continua possível assinalarmos a razão pela qual essa criatura é tal, seja referindo-nos a alguma outra criatura, seja referindo-nos à ordem do Universo, em relação ao qual toda criatura é ordenada como a parte o é em vista do todo. Mas, quando consideramos o advento à existência do Universo inteiro, é impossível procurar em outra realidade criada a razão pela qual o Universo é o que ele é. Afinal, com efeito, a razão de uma disposição

---

[11] Cf. ARISTÓTELES, *Física* VIII, 1, 2 (edição leonina do comentário de Tomás: tomo II, p. 365).

[12] Cf. ARISTÓTELES, *O Céu* I, 12, 26 (edição leonina do comentário de Tomás: tomo III, p. 103).

determinada do Universo não pode ser extraída do poder divino, que é infinito e inesgotável, nem da bondade divina, que se basta a si mesma e não precisa de nenhuma criatura. Resta como única razão da escolha de tal Universo a pura e simples vontade de Deus. Aplicando essa conclusão à escolha do momento fixado por Deus para a aparição do mundo, diremos que, assim como depende unicamente da vontade divina o fato de o Universo ter uma quantidade determinada sob a perspectiva da dimensão, assim também depende exclusivamente dessa vontade o fato de o Universo receber uma quantidade determinada de duração, sobretudo porque o tempo é uma quantidade verdadeiramente extrínseca à natureza da coisa que dura e indiferente com relação à vontade de Deus.

Diríamos nós, ainda, que uma vontade está em atraso, no que se propõe fazer, quando sofre uma modificação que a leva a querer fazer em certo momento do tempo aquilo a que ela se propunha em outro momento do tempo. Então, se a vontade imóvel de Deus quer o mundo, ela precisa tê-lo desejado sempre; por conseguinte, o mundo sempre existiu. Mas tal raciocínio submete a ação da causa primeira às condições que regem a ação das causas particulares que agem no tempo. A causa particular não é causa do tempo no qual sua ação se desenvolve; Deus, ao contrário, é causa do tempo mesmo, pois o tempo é incluído na universalidade das coisas que ele criou. Portanto, quando falamos do modo segundo o qual o existir do Universo procedeu de Deus, não devemos perguntar por que Deus quis criar esse existir em um momento e não em outro. Uma questão como essa suporia que o tempo preexiste à criação, mas, na realidade, ele se encontra submetido a ela. A única questão que poderíamos levantar a respeito da criação universal não é saber por que Deus criou o Universo em tal ou tal momento do tempo, mas saber por que ele designou tal medida à duração do tempo. Ora, a medida desse tempo depende unicamente da vontade divina, e, como a fé católica ensina que o mundo não existiu sempre, podemos admitir que Deus quis fixar ao mundo um começo, designando-lhe um limite na duração assim como designou um limite no espaço. A palavra da Escritura (*No princípio criou Deus o Céu e a Terra*[13]) permanece, então, aceitável para a razão[14].

Sabemos que a eternidade do mundo não é demonstrável; investiguemos, então, se não é possível ir adiante e demonstrar a não eternidade do mundo. Essa posição, geralmente adotada pelos que sustentam a teologia agostiniana, é considerada como logicamente inaceitável por Santo Tomás. Um primeiro argumento, que já encontramos na pena de São Boaventura contra os averroístas, consistiria em alegar que, se o Universo existe desde

---

[13] Gênesis 1, 1.

[14] Cf. *Questão disputada sobre o poder divino* III, 17, Resp.; *Suma de teologia* I, 46, 1, Resp.; *Suma contra os gentios* II, 35-37.

toda a eternidade, então deve existir atualmente uma infinidade de almas humanas. Como a alma humana é imortal, todas aquelas que existem a partir de um tempo cuja duração é infinita devem subsistir ainda hoje. Existe, então, necessariamente, uma infinidade delas. Ora, isso é impossível. O Universo, portanto, começou a existir[15]. Mas é obviamente fácil objetar a esse argumento que Deus podia criar o mundo sem seres humanos e sem almas. Além disso, nunca se demonstrou que Deus não possa criar uma infinidade atual de entes simultaneamente existentes[16].

Pode-se estabelecer ainda a criação temporal do mundo sobre o princípio de que é impossível ultrapassar o infinito; ora, se o mundo não teve começo, uma infinidade de revoluções celestes teve de ocorrer, de modo que, para chegar até o dia de hoje, foi preciso que o Universo atravessasse um número de dias infinitos, o que é claramente impossível. O Universo, portanto, não existiu sempre[17]. Mas essa razão não é definitiva, pois, mesmo concordando que uma infinidade atual de entes simultâneos é impossível, uma infinidade de entes sucessivos continua possível, pois todo infinito tomado sob uma forma sucessiva é, na realidade, finito por seu termo presente. O número das revoluções celestes que se teriam produzido em um Universo de duração passada eterna seria, propriamente falando, um número finito; não haveria nenhuma possibilidade de que esse Universo tenha rompido esse número para chegar ao momento presente. Se se quer considerar todas essas revoluções tomadas em conjunto, admitir-se-á necessariamente que, em um mundo que teria sempre existido, nenhuma dentre elas poderia ser a primeira; com efeito, toda passagem supõe dois termos, aquele do qual se parte e aquele ao qual se chega, e, como em um Universo eterno faltaria o primeiro termo, nem sequer se levanta a questão de saber se é possível a passagem do primeiro dia ao dia atual[18].

Para negar a eternidade do mundo, poderíamos fundar-nos, enfim, sobre a afirmação de que é impossível fazer acréscimo ao infinito, porque tudo o que recebe alguma adição torna-se maior; porém, não há nada maior do que o infinito. Mas, se o mundo não tem começo, ele teve necessariamente uma

---

[15] Cf. São Boaventura, *Comentário às Sentenças de Pedro Lombardo* II, dist. 1, p. 1, a. 1, q. 2 (Sed ad oppositum, 5º).

[16] Cf. *Suma de teologia* I, 46, ad 8m; *Suma contra os gentios* II, 38. Para o estudo do contexto intelectual em que nasceu essa controvérsia, ver Gierens SJ, M. *Controversia de aeternitate mundi*. Roma: Pontificia Università Gregoriana, 1933; Dwier CSB, W. J. *L'Opuscule de Siger de Brabant De aeternitate mundi – Introduction critique et texte*. Louvain: Institut Supérieur de Philosophie, 1937; J. de Blic, "À propôs de l'éternité du monde", in *Bulletin de littérature ecclésiastique*, 47 (1946), pp. 162-170.

[17] Cf. São Boaventura, *Comentário às Sentenças de Pedro Lombardo* II, dist. 1, p. 1, a. 1, q. 2 (3ª propos.).

[18] Cf. *Suma contra os gentios* II, 38 (Quod etiam tertio); *Suma de teologia* I, 46, 2, ad 6m.

duração infinita e não se pode acrescentar mais nada a ela. Ora, é evidente que essa asserção é falsa, pois cada dia acrescenta uma revolução celeste às revoluções precedentes. O mundo pode, então, ter sempre existido[19], mas a distinção que fizemos basta para levantar essa nova dificuldade; afinal, nada impede que o infinito receba algum crescimento do lado em que ele é, na realidade, finito. Do fato de pormos um tempo eterno na origem do mundo segue que esse tempo é infinito em sua parte passada, mas finito em sua extremidade presente, pois o presente é o término do passado. A eternidade do mundo, vista dessa perspectiva, não contém, portanto, nenhuma impossibilidade[20].

Com efeito, a não eternidade do mundo não é uma verdade que se possa estabelecer por razão demonstrativa. Com ela ocorre o mesmo que com o mistério da Trindade, sobre a qual não se pode demonstrar nada pela razão, mas apenas aceitar em nome da fé. As argumentações, mesmo prováveis, em cuja base se pretende fundar a Trindade, devem ser combatidas, para que a fé católica não pareça apoiar-se mais sobre razões frágeis do que sobre a doutrina inabalável que Deus nos ensina[21]. Assim também, a criação do mundo no tempo não pode ser deduzida necessariamente nem da consideração do próprio mundo, nem da consideração da vontade de Deus. De fato, o princípio de toda demonstração encontra-se na definição da essência, da qual se deduzem suas propriedades; ora, a essência, em si mesma, é indiferente ao lugar e ao tempo (donde se dizer, aliás, que os universais existem em todos os lugares e sempre). Porém, as definições do ser humano, do Céu, da Terra etc. não implicam de modo algum que esses entes existiram sempre, mas também não implicam que eles não existiram sempre[22]. Por fim, a criação no tempo pode menos ainda ser provada com base na vontade de Deus, pois sua vontade é livre e não tem causa. Não podemos, portanto, demonstrar nada sobre a criação, a não ser o aspecto que concerne a Deus mesmo, ou seja, que a criação é absolutamente condicionada ao querer divino. Todavia, a vontade divina pode manifestar-se aos humanos pela Revelação sobre a qual se funda a fé. Pode-se, portanto, crer, embora não se possa saber, que o Universo teve um começo[23].

Assim, a posição que convém adotar sobre essa difícil questão é intermediária entre a posição dos averroístas e a dos agostinianos. Tomás de Aquino mantém a possibilidade de um começo do Universo no tempo, mas também, *contra murmurantes* (contra os maledicentes), a possibilidade de sua eterni-

---

[19] Cf. São Boaventura, *Comentário às Sentenças de Pedro Lombardo* II, dist. 1, p. 1, a. 1, q. 2 (3ª propos.).

[20] Cf. *Suma contra os gentios* II, 38 (Quod etiam quarto).

[21] Cf. *idem* II, 38 (Has autem rationes).

[22] Cf. *Suma de teologia* I, 46, 2, Resp.

[23] Cf. *Questão disputada sobre o poder divino* III, 14, Resp.

dade. Não há dúvida de que nosso filósofo utilizou, para resolver o problema da criação, os resultados obtidos por seus antecessores, notadamente Alberto Magno e Maimônides. Sua posição não se confunde, entretanto, com nenhuma outra. Maimônides quis admitir a criação do mundo apenas em nome da Revelação[24]; Tomás de Aquino a fundamenta, ao contrário, sobre razões demonstrativas. Mas ambos concordam sobre estes pontos: é impossível demonstrar o começo do mundo no tempo e permanece sempre possível negar a existência eterna do Universo[25]. Alberto Magno, por outro lado, admite com Maimônides que a criação do mundo *ex nihilo* (sem nada como base) só pode ser conhecida por meio da fé; Tomás de Aquino, nesse aspecto mais próximo de seu mestre Alberto do que da tradição agostiniana, estima possível tal demonstração. No entanto, a criação do Universo no tempo é indemonstrável, segundo ele. Já para Alberto Magno, mais próximo da tradição agostiniana do que seu discípulo, o começo do mundo no tempo pode ser demonstrado, uma vez admitido o postulado da criação. Contra Maimônides e Alberto, Tomás de Aquino mantém a possibilidade de demonstrar a criação *ex nihilo* do Universo, no que o vemos opor-se resolutamente a Averróis e seus discípulos; porém, concedendo, junto com Maimônides, a possibilidade teórica de um Universo desde toda a eternidade, ele recusa confundir as verdades da fé com aquelas que são objeto de prova. Realiza-se, assim, em seu pensamento, o acordo que ele se esforça por estabelecer entre a doutrina infalível do cristianismo e aquilo que a filosofia de Aristóteles contém de verdade.

Suponhamos ter chegado o momento em que os possíveis saem de Deus para passar ao existir; o problema é, então, saber por que e como uma multiplicidade de entes distintos é produzida pelo criador, em vez de um ente único. Os filósofos árabes, especialmente Avicena, explicam a pluralidade das coisas e sua diversidade pelo modo de ação da primeira causa eficiente, que é Deus. Avicena supõe que o primeiro Ente compreende-se a si mesmo e que, ao conhecer-se e compreender-se, produz um só e único efeito, que é a primeira inteligência separada. Aliás, isso é inevitável e Tomás seguirá Avicena nesse ponto, ou seja, que a primeira inteligência procede da simplicidade do Ente primeiro. Essa inteligência, com feito, não é seu existir; ela o possui porque o recebe de outro; ela é, portanto, em potência relativamente a seu próprio existir; a potência começa imediatamente a mesclar-se nela ao ato. Consideremos essa primeira inteligência sob a seguinte perspectiva: ela é dotada de conhecimento. Ela conhece, de saída, o ente primeiro e, nesse ato mesmo, descola-se uma inteligência inferior à primeira. Ela conhece, em seguida, o que há de potencialidade nela mesma e, desse conhecimento, decorre o

---

[24] Cf. Lévy, L.-G., *Maïmonide*, pp. 71-72.
[25] Cf. *idem*, pp. 72-74.

corpo do primeiro Céu, que essa inteligência move. Ela conhece, enfim, seu próprio ato e, desse conhecimento, decorre a alma do primeiro Céu. O mesmo raciocínio explica por que os entes diversos multiplicaram-se em uma multidão de causas intermediárias com base no Ente primeiro, que é Deus[26]. Mas essa posição é insustentável. Uma primeira razão, decisiva por si só, é esta: Avicena e seus discípulos, com essa explicação, reconhecem às criaturas um poder criador que, na verdade, só pertence a Deus. Já estabelecemos esse ponto e seria supérfluo voltar a ele. A segunda razão é esta: a doutrina dos comentadores árabes e de seus discípulos termina por situar o acaso na origem do mundo. Em tal hipótese, o Universo não procederia da intenção de uma primeira causa, mas do concurso de uma pluralidade de causas cujos efeitos adicionar-se-iam. Ora, isso é o que precisamente se chama de acaso. A doutrina de Avicena termina, portanto, na afirmação da multiplicidade e da diversidade das coisas (as quais, como veremos, contribuem com o acabamento e com a perfeição do Universo) como provenientes do acaso. Isso é claramente impossível[27].

A origem primeira da multiplicidade das coisas e de sua distinção encontra-se, então, na intenção da primeira causa que é Deus. Não é impossível, aliás, fazer aparecer a razão de conveniência que convidava o criador a produzir uma multiplicidade de criaturas. Todo ente que age tende a induzir sua semelhança no efeito que ele produz; no presente caso, o sucesso é tanto mais garantido quanto o ente que age é o mais perfeito. É evidente, com efeito, que, quanto mais um ente possui calor, mais ele dá calor, assim como quanto mais um homem se mostra excelente artista, mais é perfeita a forma da arte que ele introduz na matéria. Ora, Deus é o ente e o agente soberanamente perfeito; é, portanto, conforme à sua natureza introduzir sua semelhança nas coisas tão perfeitamente quanto a natureza finita delas comporta. É evidente que uma só espécie de criaturas não lograria exprimir a semelhança do criador. Como, aqui, o efeito (de natureza finita) não é da mesma ordem que a causa (de natureza infinita), um efeito de uma só e única espécie exprimiria apenas de maneira obscura e deficitária a causa da qual saiu. Para que uma criatura representasse tão perfeitamente quanto possível seu criador, seria necessário que ela fosse igual a ele; ora, isso é contraditório. Nós conhecemos um caso único em que uma pessoa única procede de Deus e da qual se pode dizer que ela exprime total e perfeitamente a Deus: é o Verbo. Mas não se trata, então, de uma criatura, nem de uma relação de causa e efeito, pois o Verbo permanece no interior de Deus mesmo. Se se trata, ao contrário, de entes finitos e

---

[26] Cf. *Questão disputada sobre o poder divino* III, 16, Resp. Sobre essa temática, consultar SALIBA, D. *Étude sur la métaphysique d'Avicenne*. Paris: PUF, 1926 (especialmente o Capítulo IV – La théorie de l'émanation, pp. 125-146).

[27] Cf. *Questão disputada sobre o poder divino* III, 16, Resp; *Suma de teologia* I, 47, 1, Resp.

criados, uma multiplicidade desses entes será necessária para exprimir sob o maior número de aspectos possível a perfeição simples da qual eles decorrem. A razão da multiplicidade e da variedade das coisas criadas está, então, em que essa multiplicidade e essa variedade eram necessárias para exprimir, tão perfeitamente quanto podem as criaturas, a semelhança do Deus criador[28].

Porém, afirmar criaturas de espécies diferentes é necessariamente afirmar criaturas de perfeição desigual. Por meio de que as coisas múltiplas e distintas que exprimem a semelhança divina podem de fato distinguir-se? Só pode ser por sua matéria ou por sua forma. A distinção que lhes advém de uma diferença entre suas formas reparte-as em espécies distintas; a distinção que lhes advém de suas matérias diversas faz delas indivíduos numericamente diferentes. Mas a matéria não existe senão em vista da forma; e os entes que são numericamente distintos por suas matérias não o são senão para tornar possível a distinção formal que diferencia sua espécie das outras. Nos entes incorruptíveis, só há um indivíduo de cada espécie, quer dizer, não há nem distinção numérica nem matéria, pois, sendo incorruptível o indivíduo, ele basta para assegurar a conservação e a diferenciação da espécie. Nos entes que podem gerar-se e corromper-se, uma multiplicidade de indivíduos é necessária para garantir a conservação da espécie. Os entes existem, portanto, no seio da espécie e a título de indivíduos numericamente distintos, apenas para permitir que a espécie subsista como formalmente distinta das outras espécies. A distinção verdadeira e principal que descobrimos nas coisas está na distinção formal. Ora, não há distinção formal possível sem diferença[29]. As formas que determinam as naturezas diversas dos entes, e em razão das quais as coisas são o que elas são, não passam, em última análise, de quantidades diversas de perfeição, quer dizer, de existir; donde podermos dizer, com Aristóteles, que as formas das coisas são semelhantes aos números, aos quais basta acrescentar ou diminuir uma unidade para alterar sua espécie. Como não era o caso que Deus exprimisse de maneira suficientemente perfeita sua semelhança em uma única criatura, e como ele deseja trazer ao existir uma pluralidade de espécies formalmente distintas, convinha, então, necessariamente, que ele produzisse espécies não iguais. É por isso que, nas coisas naturais, as espécies são ordenadas hierarquicamente e dispostas por graus. São seus graus de existir que as constituem em espécies. Assim como os compostos são mais perfeitos que os elementos, assim também as plantas são mais perfeitas que os minerais, os animais são mais perfeitos que as plantas e os humanos são mais perfeitos que os outros animais. Nessa progressão,

---

[28] Cf. *Suma contra os gentios* II, 45 (Quum enim); *Suma de teologia* I, 47, 1, Resp.

[29] Lembremos que a essência circunscreve o alcance próprio de cada ato de existir. Cada variação crescente ou decrescente desse ato resulta, então, *ipso facto*, em uma variação correlativa da essência. É o que exprime esta fórmula simbólica: as formas variam à maneira dos números.

cada espécie supera em perfeição a espécie precedente; a razão pela qual a divina sabedoria produz a diferença das criaturas é, portanto, a mesma que a inclina a querer a distinção delas, quer dizer, a mais alta perfeição do universo[30].

Seria possível, nesse ponto, levantar uma dificuldade. Mesmo que as criaturas possam ser vistas como ordenadas hierarquicamente segundo sua perfeição não igual, não se vê de saída, entretanto, como elas podem decorrer de Deus. Um ente excelente não pode, com efeito, querer senão coisas excelentes; e entre coisas verdadeiramente excelentes não se poderiam discernir graus de perfeição. Deus, portanto, que é excelente, deve ter querido que todas as coisas fossem iguais[31]. Mas essa objeção repousa sobre um equívoco. Quando um ente excelente age, o efeito que ele produz deve ser excelente em sua totalidade, mas não é necessário que cada parte desse efeito total seja também excelente; basta que cada parte seja excelentemente proporcionada ao todo. Ora, essa proporção pode exigir que a excelência própria de certas partes seja, nela mesma, menor. O olho é a parte mais nobre do corpo, mas o corpo seria mal constituído se todas as suas partes tivessem a dignidade do olho, ou, melhor ainda, se cada parte fosse um olho; afinal, as outras partes do corpo têm um ofício que o olho, apesar de toda a sua perfeição, não poderia cumprir. Seria o mesmo inconveniente se todas as partes de uma casa fossem telhado; uma tal morada não poderia atingir sua perfeição nem cumprir a sua finalidade, que é a de proteger seus habitantes contra as chuvas e as temperaturas hostis. Longe de ser contraditória com a excelência da natureza divina, a não igualdade dos entes é, portanto, marca evidente de sua soberana sabedoria. Não é o caso de dizer que Deus quis necessariamente a beleza finita e limitada das criaturas; sabemos que sua infinita bondade não pode receber da criação nenhum acréscimo; mas convinha à ordem de sua sabedoria que a multiplicidade desigual das criaturas assegurasse a perfeição do Universo[32].

A razão de uma diferença entre os graus de perfeição das diversas ordens de criaturas aparece, assim, por si mesma, mas podemos ainda perguntar legitimamente se essa explicação absolve o criador de ter querido um Universo no seio do qual o mal não podia não ser encontrado.

Dizemos, com efeito, que a perfeição do Universo requer a não igualdade dos entes. Como convinha que a infinita perfeição de Deus fosse imitada por

---

[30] Cf. *Suma de teologia* I, 47, 2, Resp.

[31] Cf. *ibidem*, ad 1m.

[32] Cf. *Questão disputada sobre o poder divino* III, 16, Resp. Santo Tomás pôs-se a questão, frequentemente debatida, a respeito da pluralidade dos mundos. Ele a resolveu negando que Deus tenha produzido vários mundos (cf. *Suma de teologia* I, 47, 3), mas o princípio de sua resposta não impõe nenhum limite definido à criação. Tudo o que Santo Tomás afirma é que a obra divina tem uma unidade de ordem. Qualquer que seja o alcance e o número dos sistemas astronômicos criados, eles formariam ainda um único mundo, incluído sob a unidade da ordem divina.

uma multiplicidade de entes finitos, convinha também que todos os graus de bondade fossem representados nas coisas, a fim de que o Universo constituísse uma imagem suficientemente perfeita do criador. Ora, um grau de bondade é possuir uma perfeição tão excelente que não se possa jamais perdê-la; outro é possuir uma perfeição da qual se possa decair em um dado momento. Vemos esses dois graus de bondade representados nas coisas, pois algumas são de natureza tal que não podem jamais perder seu existir (é o caso das criaturas incorpóreas e incorruptíveis); outras podem perdê-lo (caso das criaturas corpóreas e corruptíveis). Assim, do fato mesmo de a perfeição do Universo requerer a existência de entes corruptíveis, requer-se também que certas coisas possam decair de seu grau de perfeição. Ora, a decaída de certo grau de perfeição e, por conseguinte, a deficiência de certo bem, é a definição mesma do mal. A presença de entes corruptíveis no mundo resulta inevitavelmente na presença do mal[33]. Dizer que convinha à ordem da sabedoria divina querer a não igualdade das criaturas é dizer que convinha querer o mal. Tal afirmação não põe em perigo a infinita perfeição do criador?

Tomada em certo sentido, essa objeção põe um problema insolúvel. É incontestável que a produção de uma ordem qualquer de criaturas terminava inevitavelmente por fornecer um sujeito e como que um suporte à imperfeição. Eis aí não simplesmente uma conveniência, mas uma verdadeira necessidade. A criatura é caracterizada, como tal, por certa deficiência no grau e no modo de existir: *O existir das coisas criadas decorreu do existir divino segundo certa assemelhação deficitária*[34]. A criação não é somente um êxodo, mas uma descida: *Nenhuma criatura recebe toda a plenitude da divina bondade, porque as perfeições procedem de Deus rumo às criaturas ao modo de um descenso*[35]. Devemos notar uma série contínua de gradações do existir, indo das criaturas mais nobres às menos nobres, mas essa deficiência aparecerá desde o primeiro grau dos entes criados; aliás, ela aparecerá como infinita desde esse momento, pois ela medirá a distância que subsiste entre aquele que é o Ente por si e aquele que não possui existir senão enquanto o recebe.

---

[33] Cf. *Suma de teologia* I, 48, 2, Resp.

[34] *Comentário ao Livro dos Nomes Divinos*, cap. I, lição 1 (In *Opuscula*, ed. Mandonnet, tomo II, p. 232).

[35] *Suma contra os gentios* IV, 7 (Nulla creatura). Mantemos intencionalmente o termo *êxodo*, contra um de nossos críticos que nele vê um inquietante sabor panteísta, pois esse termo é autenticamente tomista: *Aliter dicendum est de productione unius creaturae et aliter de exitu totius universi a Deo* ("Deve-se falar de um modo sobre a produção de uma criatura e de outro sobre a saída de todo o Universo de Deus") – *Questão disputada sobre o poder divino* III, 47, Resp. Santo Tomás usou livremente os termos *deductio*, *exitus* e *emanatio* para descrever a processão das criaturas com relação a Deus. Usar o mesmo vocabulário não apresenta inconvenientes, desde que lhe demos o mesmo sentido.

Sem dúvida, e veremos a razão disso mais adiante, um ente finito e limitado não é um ente mau, uma vez que nenhum defeito se encontra em sua essência própria, mas sabemos também que um Universo de entes finitos exigia uma multiplicidade de essências distintas, entre as quais algumas deviam ser incorruptíveis e isentas do mal, enquanto outras eram sujeitas ao mal e corruptíveis. Ora, determinar por que Deus quis essas criaturas imperfeitas e deficitárias é o que já declaramos impossível. Não conseguimos indicar a razão disso. A bondade divina quer difundir-se fora de si mesma nas participações finitas em sua perfeição soberana e não podemos assinalar a causa, pois a vontade de Deus é causa primeira de todos os entes; por conseguinte, nenhum ente pode desempenhar o papel de causa no que diz respeito a Deus. Mas, se simplesmente perguntamos como é metafisicamente possível que um mundo limitado e parcialmente mau saia de um Deus perfeito, sem que a corrupção da criatura respingue no criador, então pomos uma questão à qual o espírito humano pode oferecer resposta. A bem da verdade, esse problema de aparência duvidosa tem por fundamento uma confusão.

Convém recorrer, como faziam os maniqueus, a um princípio mau que teria criado tudo o que o Universo contém de corruptível e deficitário? Ou devemos considerar o princípio primeiro de todas as coisas um princípio único que hierarquizou os graus do existir, introduzindo no Universo, no seio de cada essência, a dose de mal que devia limitar a perfeição de cada essência? Operar com essa alternativa significaria desconhecer esta verdade fundamental, posta por Dionísio, o Pseudoareopagita: *O mal não é existente; apenas o bem*[36]. O mal não existe. Já deparamos com a tese segundo a qual tudo o que é desejável é um bem; ora, toda natureza deseja sua própria existência e sua própria perfeição; a perfeição e o existir de toda natureza são, pois, verdadeiramente bens. Mas, se o existir e a perfeição de todas as coisas são bens, resulta que o oposto do bem, o mal, não tem nem perfeição nem existir. O termo *mal* não pode, portanto, significar senão certa ausência de bem e de existir, pois sendo o existir, como tal, um bem, a ausência de um resulta necessariamente na ausência do outro[37]. O mal é, portanto, se nos permitimos exprimir-nos assim, uma realidade puramente negativa; falando mais rigorosamente, ele não é, em nenhum grau, uma essência ou uma realidade.

Precisemos essa conclusão. O que se chama de *mal*, na substância de uma coisa, reduz-se à falta de uma qualidade que ela deve naturalmente possuir. Quando constatamos que um ser humano não tem asas, não pensamos que isso seja um mal, porque a natureza do corpo humano não comporta asas; do mesmo modo, não se pode considerar um mal o fato de que um homem não

---

[36] *Os Nomes Divinos*, cap. IV (In *Opuscula*, ed. Mandonnet, tomo II, p. 469). Cf. DURANTEL, J., *Saint Thomas et le Pseudo-Denys*, p. 174, onde as diferentes formas desse adágio são reunidas.

[37] Cf. *Suma de teologia* I, 48, 1, Resp.

tenha cabelos loiros, pois, embora cabelos loiros sejam compatíveis com a natureza humana, eles não são necessariamente associados a ela. Porém, é um mal para um homem o fato de não ter mãos, embora isso não seja um mal para um pássaro. Ora, o termo *privação*, se o consideramos estritamente e em seu sentido próprio, designa precisamente a ausência ou a falta do que um ente deveria naturalmente possuir. É à privação assim definida que se reduz o mal[38]; ele é, portanto, uma pura negação no seio de uma substância, mas nunca uma essência nem uma realidade[39].

Vemos ainda, nesse ponto, que, por não ser o mal nada de positivo, sua presença no Universo seria ininteligível sem a existência de sujeitos reais que lhe oferecessem um suporte. Essa conclusão – é preciso reconhecê-lo – apresenta um aspecto paradoxal. O mal não é ente; todo bem, ao contrário, é ente; não seria estranho pretender que o não ente requeira um ente no qual possa subsistir como em um sujeito? Essa objeção só incide contra o não ente tomado como simples negação; nesse caso, ela é absolutamente irrefutável. A pura e simples ausência de existir não pode requerer nenhum sujeito que lhe ofereça suporte. Todavia, acabamos de dizer que o mal é uma *negação em um sujeito*, ou seja, a falta do que normalmente faz parte de um sujeito; em uma palavra, ele é *privação*. Não haveria, então, privação; por conseguinte, não haveria o mal; a menos que houvesse a existência de substâncias ou sujeitos no seio dos quais pudesse estabelecer-se a privação. Assim, portanto, não é verdadeiro que toda negação exija um sujeito real e positivo, mas apenas aquelas negações particulares que se nomeiam privações, pois *privatio est negatio in sujecto* (a privação é uma negação no sujeito). O verdadeiro e único suporte do mal é o bem[40].

A relação que se estabelece entre o mal e o bem que lhe dá suporte não é nunca, entretanto, uma relação em que o mal poderia consumir e como que esgotar totalmente o bem; afinal, se fosse assim, o mal consumir-se-ia e esgotar-se-ia totalmente a si mesmo. Tanto quanto subsista o mal, é preciso que um sujeito permaneça, para que em seu seio o mal possa subsistir. Ora, o sujeito do mal é o bem; resta sempre, portanto, algum bem[41]. Melhor ainda, podemos afirmar que o mal tem, em certa medida, uma causa e que essa causa não é outra senão o bem. É preciso necessariamente que, com efeito, tudo o que subsiste em alguma outra coisa como em um sujeito tenha uma causa e que essa causa se reduza aos princípios do sujeito mesmo

---

[38] Cf. *Suma contra os gentios* III, 6 (Ut autem).

[39] Cf. *ibidem* III, 7 (Mala enim). Cf. também *Questão disputada sobre o mal* I, 1, Resp.; *Questão disputada sobre o poder divino* III, 6, Resp.

[40] Cf. *Suma contra os gentios* III, 11; *Suma de teologia* I, 48, 3, Resp. e ad 2m; *Questão disputada sobre o mal* I, 2, Resp.

[41] Cf. *Suma contra os gentios* III, 12 (Patet autem); *Suma de teologia* I, 48.

ou a uma causa extrínseca; ora, o mal subsiste no bem como em seu sujeito natural; ele tem, portanto, necessariamente, uma causa[42]. Mas é manifesto que apenas um ente pode desempenhar o papel de causa, pois para agir é preciso existir. Ora, todo ente, como tal, é bom; como tal, o bem permanece, portanto, a única causa possível do mal. Isso é fácil de verificar examinando-se sucessivamente os quatro gêneros de causas.

De saída, é evidente que o bem é causa do mal como causa material. Essa conclusão depreende-se dos princípios que estabelecemos precedentemente. Provamos, com efeito, que o bem é o sujeito no seio do qual subsiste o mal; isso equivale a dizer que ele é sua verdadeira matéria, ainda que por acidente. No que concerne à causa formal, devemos reconhecer que o mal não a possui, pois ele se reduz, antes, a uma simples privação de forma. O mesmo ocorre com o que concerne à causa final, pois o mal é uma simples privação de ordem na disposição dos meios em vista dos fins desses mesmos meios. Mas podemos afirmar, ao contrário, que o mal comporta frequentemente uma causa eficiente por acidente. Vemos isso se distinguimos entre o mal que se introduz nas ações que os diferentes entes exercem e aquele que se introduz nos efeitos deles. O mal pode ser causado em uma ação pela falta de algum dos princípios que são a origem dessa ação; assim, o movimento defeituoso de um animal pode explicar-se pela fraqueza de sua faculdade motriz, como ocorre com as crianças, por exemplo, ou pela má formação de um membro, como ocorre com as pessoas que mancam. Consideremos, por outro lado, o mal tal como ele se encontra nos efeitos das causas eficientes. Ele pode se encontrar em um efeito que não seja o efeito próprio das causas eficientes; nesse caso, a falta provém seja da virtude ativa, seja da matéria sobre a qual ela age. Provém da virtude ativa mesma, considerada em sua plena perfeição, quando a causa eficiente não pode atingir a forma que ela se propõe sem corromper outra forma. Assim, a presença da forma do fogo resulta na privação da forma do ar ou da água; e, quanto mais a virtude ativa do fogo é perfeita, mais ela logra imprimir sua forma na matéria sobre a qual age e mais ainda ela corrompe as formas contrárias que aí se encontram. O mal e a corrupção do ar e da água têm, pois, por causa a perfeição do fogo, mas eles não resultam dela senão por acidente. A finalidade rumo à qual tende o fogo não é, com efeito, privar a água de sua forma, mas introduzir sua própria forma na matéria; é somente porque ele tende rumo a essa finalidade que ele se põe na origem de um mal e de uma privação. Enfim, se consideramos as faltas que podem introduzir-se no efeito próprio do fogo (por exemplo, a incapacidade de aquecer), encontraremos a origem delas seja numa falha da virtude ativa mesma (e já falamos disso), seja em uma insuficiente disposição da matéria, talvez mal preparada para receber a ação do fogo. Mas nenhuma dessas

---

[42] Cf. *Suma contra os gentios* III, 13 (Quidquid enim).

faltas pode residir em outro lugar que não seja um bem, pois agir ou ser causa pertence só ao bem e ao ente. Podemos concluir legitimamente que o mal não tem outras causas senão causas por acidente; sob essa reserva, a única causa possível do mal é seu contrário: o bem[43].

Dito isso, podemos elevar-nos, então, a esta última conclusão: embora a causa do mal resida sempre em um bem, Deus, que é a causa primeira de todo bem, não é a causa do mal. Das considerações precedentes resulta, com efeito, que, quando o mal se reduz a uma falta em alguma ação, ele tem sempre por causa uma falta no ente que age. Ora, não há em Deus nenhuma falta; ao contrário, há nele uma soberana perfeição. O mal que tem por causa uma falta do ente que age não poderia, então, ter Deus por causa. Mas, se encaramos o mal que consiste na corrupção de certos entes, devemos remetê-lo a Deus como a uma causa. Isso é igualmente evidente tanto nos entes que agem por natureza como naqueles que agem por vontade. Já dissemos, com efeito, que, quando um ente causa por sua ação uma forma cuja produção resulta na corrupção de outra forma, sua ação deve ser considerada como a causa dessa privação e dessa falta. Ora, a forma principal que Deus se propõe manifestamente nas coisas criadas é o bem da ordem universal. Mas a ordem do Universo requer – e nós já o sabemos – que algumas das coisas sejam deficitárias. Deus é, portanto, causa das corrupções e das faltas de todas as coisas, mas somente em consequência do fato de que ele quer causar o bem da ordem universal e como que por acidente[44]. Em resumo, o efeito da causa segunda deficitária pode ser imputado à causa primeira, que é isenta de toda carência, no sentido de que tal efeito contém existir e perfeição, mas não no sentido do que ele contém de mau e deficitário. O mesmo ocorre com o movimento no andar de alguém que manca: esse movimento é imputável à sua faculdade motriz, mas o desvio que observamos em seu andar é imputável à deformação de sua perna. Assim também podemos dizer que tudo o que há de existir e de ação em alguém mau é imputável a Deus como sua causa, mas o que uma ação má comporta de falta é imputável à causa segunda deficitária, não à perfeição todo-poderosa de Deus[45].

Assim, não importa por onde abordemos o problema, chegamos sempre à mesma conclusão. O mal, tomado em si mesmo, não é nada. Portanto, não é algo concebível que Deus possa ser a causa do mal. Se perguntamos qual é essa causa, a resposta será: ela se reduz à finitude da criatura. Não seria impossível conceber entes finitos e limitados nos quais, todavia, o mal não se encontra; de fato, há, no Universo, criaturas incorruptíveis às quais não falta nada do que pertence à natureza delas. Ainda, é o bem que subsiste mesmo

---

[43] Cf. *Suma de teologia* I, 49, 1, Resp.
[44] Cf. *ibidem* I, 49, 2, Resp.
[45] Cf. *ibidem*, ad 2m; *Suma contra os gentios* III, 10 (Ex parte quidem).

naqueles entes de perfeição menor, como são as criaturas corruptíveis, e, se Deus criou essas últimas, foi porque convinha à divina Sabedoria formar uma imagem mais perfeita de si mesma exprimindo-se em criaturas desiguais, dentre as quais algumas seriam corruptíveis, enquanto outras seriam incorruptíveis. Voltando nosso olhar para estas ou para aquelas, só vemos, de um lado e de outro, bondade, existência e perfeição. Nessa descida de todas as coisas tendo Deus por origem, não descobrimos senão efusão e transmissão de existir. Até a criatura mais vil de todas, cuja perfeição ínfima é quase inteiramente consumida pelo mal, enriquece, mesmo com uma ínfima parcela, a perfeição total do Universo. Em seu grau miserável de existir, ela exprime ainda alguma coisa de Deus. Examinemos, então, a hierarquia dos bens criados, aos quais Deus, por um efeito de sua vontade livre e sem causa, formou à sua imagem. Comecemos pelo grau supremo dessa hierarquia: a criatura inteiramente isenta de matéria, o anjo.

# CAPÍTULO 2

# OS ANJOS

A ordem na qual se encontra realizado o mais alto grau de perfeição criada é aquela dos puros espíritos, aos quais se dá comumente o nome de anjos[1]. Alguns historiadores de Santo Tomás deixam no silêncio essa parte de seu pensamento ou contentam-se com uma pequena alusão. A omissão é tanto mais lamentável quanto a angelologia tomista não constituir apenas uma pesquisa de tipo exclusivamente teológico. Os anjos são criaturas conhecidas dos filósofos; sua existência pode ser demonstrada e mesmo constatada em alguns casos excepcionais. Suprimi-los significaria romper o equilíbrio do Universo tomado em seu conjunto. Enfim, a natureza e a operação das criaturas inferiores, tais como o ser humano, não podem ser perfeitamente compreendidas senão por comparação com as dos anjos, e frequentemente por oposição a elas. Numa palavra, em um pensamento em que a razão última dos entes é extraída frequentemente do lugar que eles ocupam no Universo, não podemos, sem pôr em risco o equilíbrio do próprio pensamento, omitir a consideração de uma ordem inteira de criaturas. Acrescentemos que a angelologia de Tomás de Aquino é o ponto de culminância de uma lenta evolução, no curso da qual se veem convergir elementos heterogêneos, dentre os quais alguns de origem propriamente religiosa, mas outros de origem puramente filosófica.

---

[1] Sobre essa temática, consultar SCHMID, A. Die peripatetisch-scholastische Lehre von den Gestirngeistern. In: VON FROSCHAMMER, J. *Athenaeum. Philosophische Zeitschrift*. Vol. I. Munique, 1862, pp. 549-589; DURANTEL, J. La notion de création dans Saint Thomas. *Annuaire de philosophie chrétienne* (1912) 1-32; SCHLÖSSINGER, W. Die Stellung der Engel in der Schöpfung. *Jahrbuch für Philosophie und spekulative Theologie* (25) 451-485; (27) 81-117; SCHLÖSSINGER, W. Dar Verhältnis der Engelwelt zur sichtbaren Schöpfung. *Jahrbuch für Philosophie und spekulative Theologie* (27) 158-208. Os dois últimos estudos citados abordam a problemática por ela mesma, mas são muito úteis porque suas conclusões fundamentam-se em grande parte sobre o pensamento autêntico de Tomás de Aquino. Mas a fonte mais rica sobre o tema continua a ser, entretanto, a segunda parte do livro de BAEUMKER, C., *Witelo, op. cit.*, pp. 523-606 (*Die Intelligenzen* e *Die Intelligenzenlehre der Schrift: De Intelligentiis*).

Sabemos hoje[2] que três fontes alimentaram essa parte do tomismo. Primeiramente, teorias astronômicas sobre certas substâncias espirituais, consideradas como causas do movimento das esferas e dos astros. Em segundo lugar, especulações metafísicas sobre os puros espíritos, considerados como graus do existir e, por assim dizer, como marcadores de certo número de etapas no êxodo pelo qual vemos o múltiplo sair do Uno. Enfim, representações de origem bíblica sobre os anjos e os demônios.

Os dados de ordem astronômica têm sua origem próxima em Aristóteles, que, sobre esse ponto, sofre ele mesmo a influência de Platão. Segundo Aristóteles, o primeiro motor imóvel move como desejado e amado; mas o desejo e o amor pressupõem o conhecimento; donde as esferas não poderem ser movidas senão por substâncias inteligentes, consideradas como forças motrizes. Já Platão havia situado na alma do mundo o princípio da ordem universal e considerado os astros como movidos por almas divinas. É entre essas duas atitudes que se dividem os sucessores delas. Enquanto os platônicos propriamente ditos atribuem verdadeiras almas aos astros, os Padres e os Doutores da Igreja adotam, neste ponto, uma atitude mais reservada; nenhum deles afirma sem reserva essa doutrina e, embora alguns a considerem possível, muitos a negam. Quanto à doutrina de Aristóteles, que parece ter-se restringido à afirmação de inteligências motrizes sem ter atribuído almas propriamente ditas aos astros[3], ela será interpretada em sentidos diferentes na Idade Média. Alguns de seus comentadores orientais, como Alfarabi, Avicena e Algazali situam o princípio primeiro do movimento astronômico nas almas verdadeiras, enquanto outros situam o princípio desse movimento seja em uma alma isenta de toda função sensível e reduzida à sua porção intelectual (Maimônides), seja em uma pura e simples inteligência (Averróis). Essa última atitude é aquela que adotaram, por oposição a Avicena, todos os grandes filósofos escolásticos. Eles não considerarão os corpos celestes como causadores de seu próprio movimento, o que é o caso dos elementos. Eles também não considerarão as esferas como movidas imediatamente por Deus, mas situarão na origem do movimento astronômico puras Inteligências, criadas por Deus.

As especulações metafísicas sobre os graus hierárquicos do existir (as quais merecem que as tenhamos em alta consideração) têm sua origem no pensamento neoplatônico da emanação. Encontramos já em Plotino, além dos quatro graus que caracterizam o êxodo das coisas para fora do Uno, uma diferenciação delineada no interior do primeiro grau mesmo, a Inteligência.

---

[2] Cf. SCHMID, *op. cit.*, pp. 549ss; BAEUMKER, *op. cit.*, pp. 523 ss.

[3] Isso não é uma certeza, e os intérpretes de Aristóteles divergem sobre esse ponto. O mundo de Aristóteles compreende-se melhor se os astros são nele animados, mas seus textos permanecem obscuros a esse respeito. Cf. HAMELIN, O. *Le système d'Aristote*. Paris: Alcan, 1920, p. 356.

As ideias de Platão conservam aí uma subsistência própria e algo como uma individualidade; elas se dispõem mesmo segundo certa subordinação hierárquica, análoga àquela que organiza as espécies sob gêneros e as disciplinas particulares sob a ciência tomada em sua totalidade. Vemos essa organização completar-se nos seus sucessores e discípulos de Plotino: Porfírio, Jâmblico e sobretudo Proclo. É a esse último que devemos a precisão definitiva da doutrina das Inteligências: a absoluta incorporeidade e simplicidade delas, sua subsistência acima do tempo, a natureza de seu conhecimento etc.

Desde a Antiguidade, aliás, vê-se acentuar-se uma tendência a aproximar das puras Inteligências, intermediárias entre o Uno e o resto da criação, entes de proveniência completamente diferente que terminarão por confundir-se com elas; são os anjos, aos quais a Bíblia atribuía de bom grado o papel de mensageiros enviados por Deus aos homens. Fílon de Alexandria falava já de puros espíritos que povoariam os ares, espíritos aos quais os filósofos davam o nome de demônios e que Moisés chamava pelo nome de anjos[4]. Porfírio e Jâmblico contam os anjos e os arcanjos no número dos demônios. Proclo os faz entrar em composição com os demônios propriamente ditos e os heróis para formar uma tríade que deveria preencher o intervalo entre os deuses e os homens[5]. É em Proclo igualmente que se vê precisar a doutrina destinada a prevalecer na Escolástica, concernente ao conhecimento angélico: trata-se de um conhecimento iluminativo simples e não discursivo. Dionísio, o Pseudoareopagita, recolhe esses dados e efetua uma síntese definitiva entre a concepção bíblica dos anjos mensageiros e a especulação neoplatônica. A Patrística e a Filosofia Medieval não farão mais do que aceitar essa síntese e aperfeiçoá-la no detalhe[6]. Desde então, a tendência é considerar os anjos como puros espíritos; pouco a pouco, a concepção neoplatônica da incorporeidade total dos anjos triunfa sobre as primeiras hesitações do período patrístico[7] e, quando alguns escolásticos manterão a distinção entre matéria e forma no seio das substâncias angélicas, não se falará de matéria corporal (nem se ela fosse pensada como luminosa ou etérea), mas de uma

---

[4] Cf. Bréhier, E. *Les idées philosophiques et religieuses de Philon d'Alexandrie*. Paris: Vrin, 1925, pp. 126-133.

[5] Sobre esses diferentes pontos, ver Baeumker, *op. cit.*, pp. 531-532.

[6] A respeito da dependência de Dionísio para com os neoplatônicos, ver Koch, K. *Pseudo-Dionysius Areopagita in seinem Beziehungen zum Neuplatonismus und Mysterienwesen. Eine litterarhistorische Untersuchung*. Mainz, 1900; Müller, H. P. Dyonysios, Proklos, Plotinos. Ein historischer Beitrag zur neuplatonischen Philosophie. *Beiträge zur Geschichte der Philosophie und Theologie des Mittelalters* (1918), Münster: Aschendorff. Sobre a influência ulterior de Dionísio, ver Stiglmayer, *Das Aufkommen der pseudo-dionysischen Schriften und ihr Eindringen in die christliche Literatur bis zum Laterankonzil*. Feldkirch, 1895.

[7] Cf. Turmel, J. Histoire de l'angélologie des temps apostoliques à la fin du Vème siècle. *Revue d'histoire et de littérature religieuse* 3 (1898) e 4 (1899). Ver especialmente o tomo 3, pp. 407-434.

simples potencialidade e de um princípio de mudança. Dionísio não somente definiu como puros espíritos os anjos da Bíblia como os ordenou segundo uma sapiente classificação[8] que os reparte em três hierarquias, cada uma com três classes. Esse ordenamento passará tal e qual ao pensamento de Tomás de Aquino.

Restaria ainda aproximar os anjos assim concebidos das inteligências prepostas pelos filósofos ao movimento das esferas. *A priori*, essa aproximação não se impunha de modo algum; aliás, excetuadas algumas raras indicações em certos neoplatônicos, é preciso recorrer aos filósofos orientais para vê-la efetuar-se definitivamente[9]. Árabes e judeus assimilam certas ordens de anjos corânicos ou bíblicos seja às inteligências que movem os astros, seja às almas dos astros que se encontram sob a dependência dessas inteligências. As influências de Avicena e de Maimônides serão decisivas nesse aspecto. Entretanto, a Escolástica ocidental não aceitou pura e simplesmente essas conclusões. Alberto Magno, por exemplo, recusa categoricamente a identificação dos anjos com as inteligências. Boaventura e Tomás de Aquino não aceitam essa assimilação que, a bem da verdade, só satisfazia plenamente aos filósofos averroístas; aliás, é só entre os averroístas que ela é aceita sem restrições.

Tais são os elementos históricos, múltiplos e de proveniências bem diferentes, dos quais Tomás de Aquino soube fazer uma síntese coerente e, sob muitos aspectos, original. A existência dos anjos, quer dizer, de uma ordem de criaturas inteiramente incorpóreas, é atestada pelas Escrituras: *Qui facis angelos tuos spiritus* (Tu, que fazes espíritos mensageiros teus)[10]. Nada é mais reconfortante para a razão do que uma tal atestação, pois a reflexão conduz necessariamente a afirmar a existência de criaturas incorpóreas. A finalidade principal que Deus estabelece na criação é o Bem Supremo, o qual constitui a assimilação a Deus mesmo; já vimos como nisso consiste a única razão de existir do Universo. Ora, um efeito não é perfeitamente assimilado à sua causa se não imita aquilo pelo que sua causa é capaz de produzi-lo; por exemplo, o calor de um corpo assemelha-se ao calor que ele engendra. Sabemos também que Deus produz as criaturas por inteligência e vontade. A perfeição do Universo exige, portanto, a existência de criaturas intelectuais. Ora, o objeto do intelecto é o universal; o corpo, como algo material, e toda virtude corporal, são, ao contrário, determinados por natureza a um modo de existir particular; então, criaturas propriamente intelectuais só poderiam ser incorpóreas, o que equivale a dizer que a perfeição do Universo exigia a existência de

---

[8] Cf. Dionísio Pseudoareopagita, *A hierarquia celeste*, capítulos 1 e 7-10.
[9] Encontrar-se-á em Baeumker, *Witelo*, *op. cit.*, pp. 537-544 e notas, uma rica coleção de referências e textos sobre essa temática.
[10] Salmos 103, 4.

entes totalmente isentos de matéria ou de corpo[11]. Aliás, o plano geral da criação apresentaria uma lacuna explícita se os anjos ficassem fora desse plano. A hierarquia dos entes é contínua. Toda natureza de um nível superior toca, pelo que nela há de menos nobre, o que há de mais nobre nas criaturas da ordem imediatamente inferior. Assim, a natureza intelectual é superior à natureza corpórea; todavia, a ordem das naturezas intelectuais toca a ordem das naturezas corpóreas pela natureza intelectual menos nobre, qual seja, a alma racional humana. Por outro lado, o corpo ao qual a alma racional está unida é situado, pelo fato mesmo dessa união, no grau supremo no gênero dos corpos. Convém, portanto, para que a proporção seja salvaguardada, que a ordem da Natureza reserve um lugar às criaturas intelectuais superiores à alma humana, quer dizer, aos anjos, os quais não são de modo algum unidos a corpos[12].

Tal argumento parece, à primeira vista, reduzir-se a uma simples razão de conveniência e de harmonia. Erraríamos, entretanto, se víssemos nele apenas uma satisfação de nosso pendor lógico e abstrato por simetria. Se é satisfatório para a razão admitir a existência de inteligências livres de corporeidade (as quais seriam para as almas comprometidas com os corpos aquilo que os corpos animados são para os corpos privados de almas), é porque não há descontinuidade na hierarquia das perfeições criadas e porque a continuidade constitui a lei profunda que rege a processão dos entes na sua origem em Deus. Tomás de Aquino recusa fragmentar a atividade criadora, como faziam filósofos árabes e seus discípulos ocidentais. Embora não admita que cada grau superior de criaturas dê o existir ao grau imediatamente inferior, ele mantém firmemente essa multiplicidade hierárquica de graus. Um só e único poder criador produz e sustenta a criação toda inteira, mas, mesmo não brotando como uma fonte nova a cada uma das etapas da criação, ele também não cessa de percorrê-las todas. É por isso que os efeitos do poder divino encontram-se naturalmente ordenados segundo uma série contínua de perfeição decrescente, e a ordem das coisas criadas é tal que, para percorrê-la de uma extremidade à outra, faz-se necessário passar por todos os graus intermediários. Abaixo da matéria celeste, por exemplo, encontra-se imediatamente o fogo, sob o qual se encontra o ar, sob o qual se encontra a água, sob a qual, enfim, se encontra a terra: todos esses corpos são organizados por ordem de nobreza e de sutileza decrescentes. Ora, descobrimos no supremo grau do existir um ser absolutamente simples e uno: Deus. Não é possível, portanto, situar imediatamente abaixo de Deus a substância corpórea, que é eminentemente composta e divisível. Deve-se necessariamente supor uma multiplicidade de termos médios, pelos quais se possa descer da soberana

---

[11] Cf. *Suma de teologia* I, 50, 1, Resp.
[12] Cf. *Suma contra os gentios* II, 91, Natura superior.

simplicidade de Deus à multiplicidade dos corpos materiais. Alguns desses graus serão constituídos por substâncias intelectuais unidas a corpos; outros, por substâncias intelectuais livres de toda união com a matéria. É precisamente a estas últimas que damos o nome de anjos[13].

Os anjos são, portanto, totalmente incorpóreos. Poderíamos ir mais longe e considerá-los totalmente imateriais? Numerosos são os filósofos e doutores que recusam essa possibilidade. Embora a excelência da natureza angélica apareça doravante aos olhos de todos como uma natureza que implica incorporeidade, será muito mais difícil reconhecer nos anjos uma simplicidade tal que torne impossível discernir neles ao menos uma simples composição de matéria e forma. Por *matéria* entendemos aqui não necessariamente um corpo, mas, no sentido amplo, toda potência que entra em composição com um ato na constituição de um dado ente. Ora, o único princípio de movimento e de mudança encontra-se na matéria; há, portanto, necessariamente, uma matéria em toda coisa movida. Como a substância espiritual criada é móvel e mutável (pois somente Deus é naturalmente imutável), há, portanto, matéria em toda substância espiritual criada[14]. Além disso, devemos considerar que nada é agente e paciente ao mesmo tempo e sob o mesmo aspecto; ademais, tudo o que age age por sua forma e tudo o que sofre sofre por sua matéria. Ora, a substância espiritual criada, o anjo, age porque ilumina o anjo imediatamente inferior e sofre porque é iluminada pelo anjo imediatamente superior. O anjo, assim, é necessariamente composto de matéria e forma[15]. Enfim, sabemos que tudo o que existe é ou puro ato ou pura potência ou composto de potência e ato. Mas a substância espiritual criada não é ato puro, pois só Deus o é. Ela também não é pura potência, o que é evidente. Ela é, então, composta de potência e ato, o que equivale a dizer que ela é composta de matéria e forma[16].

Esses argumentos, ainda que fossem sedutores, não podiam, no pensamento de Tomás de Aquino, prevalecer sobre o princípio primeiro que preside à criação. Sabemos que a necessidade de afirmar as criaturas incorpóreas, os anjos, funda-se, no tomismo, sobre a necessidade de uma ordem de inteligências puras situadas imediatamente abaixo de Deus. Ora, a natureza de

---

[13] Cf. *Questões disputadas sobre as criaturas espirituais*, q. 1, a. 5, 3, Resp.

[14] Cf. *ibidem*, a. 1. Ver esse argumento em Boaventura: São Boaventura, *Comentário ao Livro das Sentenças de Pedro Lombardo* II, dist. 3, p. 1, a. 1, q. 1 (Utrum angelus).

[15] Cf. *Questões disputadas sobre as criaturas espirituais*, 1, 16. Cf. São Boaventura, *Comentário ao Livro das Sentenças de Pedro Lombardo* II, dist. 3, p. 1, a. 1, q. 1 (Item hoc ipsum ostenditur).

[16] Cf. *Questões disputadas sobre as criaturas espirituais*, 1, 17; *Suma de teologia* I, 50, 2, 4ª obj. Cf. São Boaventura, *Comentário ao Livro das Sentenças de Pedro Lombardo* II, dist. 3, p. 1, a. 1, q. 1, Resp. Cf. também: Gilson, É. *La philosophie de Saint Bonaventure*. Paris: Vrin, 1943, pp. 197-201.

substâncias intelectuais puras deve ser apropriada à operação delas; e a operação própria das substâncias intelectuais é o ato de conhecer. Por outro lado, é fácil determinar a natureza desse ato com base em seu objeto. As coisas são aptas a ser captadas pela inteligência na medida em que forem puras de matéria; as formas inseridas na matéria, por exemplo, são formas individuais e nós veremos que elas não poderiam ser apreendidas como tais pelo intelecto. A inteligência pura, cujo objeto como tal é imaterial, deve ser, ela também, livre de toda matéria; a imaterialidade total dos anjos é, portanto, exigida pelo lugar mesmo que eles ocupam na ordem da criação[17].

Isso equivale a dizer que a objeção tirada da mobilidade e da mutabilidade dos anjos não poderia ser considerada decisiva. As modificações das quais eles podem ser o sujeitos não afetam em nada o existir mesmo deles, mas somente sua inteligência e sua vontade. Basta, então, para dar-se conta disso, admitir que o intelecto e a vontade dos anjos podem passar da potência ao ato, embora nada obrigue a estabelecer uma distinção de matéria e de forma no seio de sua essência, que não muda[18]. O mesmo ocorre com a impossibilidade de sua atividade e passividade simultâneas: a iluminação que um anjo recebe e aquela que ele transmite supõem um intelecto que esteja ora em ato ora em potência; ela não supõe de modo algum um ente composto de forma e matéria[19].

Resta a última objeção: uma substância espiritual que seria ato puro confundir-se-ia com Deus; é preciso admitir na natureza angélica, então, uma mescla de potência e ato, quer dizer, no fim das contas, de forma e matéria. Podemos, aliás, em certo sentido, conceder o argumento inteiro. É verdade que, situado imediatamente abaixo de Deus, o anjo se distingue dele, entretanto, assim como o finito se distingue do infinito; seu existir comporta necessariamente, portanto, certa potencialidade que limita sua atualidade. Se tomarmos, então, o termo *potência* como sinônimo de *matéria*, não podemos negar que os anjos, em alguma medida, sejam materiais. Mas essa identificação da potência à matéria não se impõe e a consideração das coisas materiais permitir-nos-á descobrir-lhe o porquê. Nas substâncias materiais, com efeito, discerne-se uma dupla composição. Em primeiro lugar, elas são compostas de matéria e forma; donde cada uma delas constituir uma natureza. Mas, se considerarmos essa natureza mesma, composta de matéria e forma, constatamos que ela não é, por si mesma, seu próprio existir. Encarada em relação ao *esse* (existir) que ela possui, cada natureza existe assim como a potência existe em vista de seu ato. Em outros termos e abstração feita da composição hilemórfica dos entes criados, encontramos em cada ente a composição de

---

[17] Cf. *Suma de teologia* I, 50, 2, Resp.; *Questão disputada sobre as criaturas espirituais*, 1, Resp.

[18] Cf. *Questões disputadas sobre as criaturas espirituais*, 1, ad 3m.

[19] Cf. *idem, ibidem*, ad 16.

sua natureza ou essência com a existência que o criador conferiu-lhe e ele conserva. Isso que vale para natureza material vale também para a substância intelectual separada ou o anjo. Subsistindo por si fora de toda matéria, essa substância encontra-se – ainda a respeito de seu existir – na relação da potência ao ato; ela está, pois, a uma distância infinita do existir primeiro que é Deus, ato puro e plenitude total do existir. Não é preciso, portanto, introduzir qualquer matéria na natureza angélica para distingui-la da essência criadora. Pura inteligência, forma simples e livre de toda matéria, ela, porém, não tem senão uma quantidade limitada de existir; e quanto a esse existir mesmo que ela *possui*, devemos concordar que ela *não o é*[20].

A certeza da imaterialidade absoluta dos anjos permite resolver o problema controverso da distinção deles. Os pensadores que introduzem uma matéria nas substâncias angélicas são levados a tal pelo desejo de tornar inteligível a distinção. É, com efeito, a matéria que funda a distinção numérica dos entes no interior de cada espécie; se, então, os anjos são formas puras que matéria alguma limita, não vemos como distingui-los[21]. Devemos responder que não há dois anjos de mesma espécie[22]; a razão disso é manifesta: os entes que são de mesma espécie mas diferem numericamente a título de indivíduos distintos possuem uma forma semelhante, unida a matérias diferentes; se, então, os anjos não têm matéria, cada um deles é especificamente distinto de todos os outros, de modo que, neste caso, o indivíduo como tal constitui uma espécie à parte[23]. Não se poderia objetar a essa conclusão que, ao tornar impossível a multiplicação das naturezas angélicas individuais no seio de cada espécie, nós empobrecemos a perfeição total do Universo. Aquilo pelo que cada ente é especificamente distinto dos outros, a saber, a forma, o faz sobressair evidentemente em dignidade sobre o princípio material de individuação que o particulariza e o situa no seio da espécie. A multiplicação das espécies acrescenta, pois, maior nobreza e perfeição ao conjunto do Universo, mais inclusive do que a multiplicação de indivíduos no seio de uma mesma espécie. Ora, o Universo deve sua perfeição, acima de tudo, às substâncias separadas que ele contém; substituir uma multiplicidade de espécies diferentes por uma multiplicidade de indivíduos de mesma espécie não é, portanto, diminuir a perfeição total do Universo, mas, ao contrário, aumentá-la e multiplicá-la[24].

---

[20] Cf. *idem, ibidem* I, 1, Resp.; *Suma de teologia* I, 50, 2, ad 3m; *Suma contra os gentios* II, 50, Formae contrariorum; 51 e 52; *Questões quodlibetais* IX, q. IV, a. 1, Resp.

[21] Cf. São Boaventura, *Comentário ao Livro das Sentenças de Pedro Lombardo* II, dist. 3, a. 1, q. 1 (Item hoc videtur).

[22] Sobre o acordo de Tomás de Aquino com Avicena e sua oposição nesse ponto à maioria dos doutores, ver Baeumker, *Witelo, op. cit.*, p. 543.

[23] Cf. *Suma de teologia* I, 50, 4, Resp.

[24] Cf. *Suma contra os gentios* II, 93, Id quod est; *Questões disputadas sobre as criaturas espirituais*, 8, Resp.

Muitos de nossos contemporâneos certamente tomarão essas discussões por alheias à filosofia. Não há, porém, aspecto em que melhor se descubra o sentido e o alcance da reforma existencial imposta por Santo Tomás à metafísica grega. Importa, então, insistir nisso, sobretudo porque essa reforma foi um dos eventos maiores que escalona a história da filosofia. Por não terem captado seu verdadeiro sentido, costuma-se deixar perecer seus frutos.

Reduzida ao essencial, toda essa controvérsia medieval sobre a composição hilemórfica dos anjos tende, em definitivo, a resolver este único problema: como conceber substâncias espirituais simples que não sejam deuses?

Toda a teologia natural estava empenhada nesse problema, que era como o divisor de águas entre a filosofia cristã e a filosofia grega. Na doutrina de Aristóteles, o conjunto dos entes distribui-se em duas classes: os que têm uma natureza e os que não a têm[25]. Têm uma natureza todos os entes compostos de matéria e forma. Nós os reconhecemos nisto: eles possuem em si mesmos o princípio de seu próprio movimento e de seu próprio repouso. O princípio é a natureza mesma, "pois a natureza é um princípio e uma causa de movimento e de repouso para aquilo em que ela reside imediatamente, por essência e não por acidente"[26]. Posto que ela é um princípio ativo, a natureza de um ente não pode ser sua matéria. Ela é, portanto, sua forma. Mas, posto que esse ente é sede de movimento, deve haver nele uma matéria, princípio dessa potencialidade que sua natureza, pelo movimento, leva ao ato. Nomeia-se, então, *ente natural* todo ente composto de matéria e de forma[27]; a natureza, nele, é sua forma, considerada como a causa interna de seu devir.

A ciência dos entes naturais ou *físicos* é aquela que chamamos de *Física*[28]. Além dessa ciência, há outra. É a ciência dos entes que se encontram para além dos entes físicos. Nós a chamamos de ciência dos entes *meta-físicos*, ou, como se diz, a *Metafísica*. O que distingue esse segundo grupo de entes do primeiro é que eles são formas subsistentes em si mesmas. Isentos de toda materialidade, tais entes são inteiramente em ato: dizemos que são atos puros. Pela mesma razão, eles não são a sede de nenhum movimento; diz-se que

---

[25] Sobre essa distinção, ver GILSON, *L'esprit de la philosophie médiévale, op. cit.*, 2ª ed., pp. 48-49, nota de rodapé 1 (edição brasileira: *O espírito da filosofia medieval, op. cit.*, pp. 65-67, nota 13).

[26] ARISTÓTELES, *Física* II, 1, 192b21-23 (trad. H. Carteron, tomo I, p. 59).

[27] Cf. *ibidem*, 193b6-9.

[28] "Assim como as outras ciências, a Física é a ciência de um gênero de ente determinado, qual seja, esse tipo de substância que possui em si o princípio de seu movimento e de seu repouso" (ARISTÓTELES, *Metafísica* IV, 1, 1025a18-21 – Trad. J. Tricot, tomo I, p. 125). Semelhantemente, ver-se-á que a teologia também é a ciência de um gênero de ente determinado: "Há, então, três ciências teoréticas: a Matemática, a Física e a Teologia (*philosophía theologiké*). Nós a chamamos Teologia: não há dúvida de que, com efeito, se o divino está presente em algum lugar, ele está presente nessa essência imóvel e separada. A ciência por excelência deve ter por objeto o gênero por excelência. Assim, as ciências teóricas são as mais elevadas das ciências; e a Teologia é a mais elevada das ciências teóricas" (*ibidem*, IV, 1, 1026a18-23 – Trad. Tricot, tomo I, p. 227).

são atos puros imóveis. Subtraídos ao movimento, tais entes não têm natureza e não são entes naturais. Podemos, então, nomeá-los *meta-naturais* tanto como *metafísicos*, pois dá no mesmo. Inversamente, como eles estão acima dos entes naturais, poderíamos nomear indiferentemente esses atos puros de Aristóteles como entes *suprafísicos* ou entes *sobrenaturais*. Assim, na doutrina de Aristóteles, a linha de demarcação que separa o natural do sobrenatural é aquela que separa as formas materiais das formas puras. Essa mesma linha é, então, aquela que separa o natural do divino. Nesse sentido, posto que ela é a ciência do divino, a metafísica de Aristóteles goza plenamente, de direito, do título de ciência divina ou teologia. Ela é mesmo teologia no sentido último desse título. Como não há entes mais divinos do que aqueles dos quais se ocupa a *Metafísica*, não há lugar para nenhuma teologia nem nenhuma outra ciência para além da *Metafísica*.

As formas puras a que os teólogos cristãos nomeavam anjos encaixavam-se, assim, de pleno direito, na classe dos entes que Aristóteles chamava de deuses. Donde a perplexidade desses teólogos. A Bíblia os proibia de negar a existência dos anjos. Fazer deles entes corporais foi algo que se tentou por algum tempo, mas muitos dos textos sagrados convidavam a fazer deles puros espíritos, para que essa tese pudesse enfim triunfar. Fazer deles deuses seria recair no politeísmo. O tratado de Santo Tomás *As substâncias separadas*, obra de uma riqueza histórica incomparável, permite seguir, de algum modo, passo a passo, a evolução desse problema e extrair os ensinamentos contidos em sua história. Com toda evidência, o problema tornava-se, para os pensadores cristãos, em encontrar outro critério do divino, diferente da imaterialidade. Mais tempo foi preciso para percebê-lo. De fato, teve-se de esperar a metafísica do existir de Santo Tomás de Aquino.

Aqui, como alhures, o obstáculo mais pesado a deslocar era o platonismo da essência. O próprio Aristóteles tinha fracassado em afastá-lo, ou, antes, ele nem sequer tentara fazê-lo. Para Aristóteles, como para Platão, o ente identificava-se finalmente com o imóvel. O que ele denominava *ente como ente* era o *ente como não devir*. É verdade – e esse ponto é importante – que a estabilidade de todo *ente como ente* exprimia, para Aristóteles, a pureza de um ato. É por isso, aliás, que, diferentemente das ideias de Platão, os atos puros exercem outra causalidade que aquela exercida pelos princípios na ordem do inteligível. Porque são atos, os princípios supremos de Aristóteles são verdadeiramente deuses. São imóveis eternos, causas de um eterno devir. Todavia, quando tudo está dito, a atualidade mesma deles reduz-se àquela de uma essência perfeita, cuja imaterialidade pura exclui toda possibilidade de mudança. Para quem punha os anjos como substâncias imateriais, Aristóteles não oferecia nenhuma desculpa para não fazer deles outros tantos deuses.

Isso explica por que a tese da composição hilemórfica dos anjos encontrou boa acolhida junto aos platônicos de todo tipo e por que ela ofereceu tão vigorosa resistência a seu adversário. Incapazes de conceber outra coisa além do modo de existir do ente, eles não podiam também conceber que um ente absolutamente imaterial não fosse um deus[29]. Levando a análise do ente até o existir, Santo Tomás eliminava uma das principais razões alegadas em favor desse hilemorfismo. Se identificarmos o divino ao imaterial, e o ente, à essência, todo ente cuja essência é puramente imaterial tem direito ao título de deus; mas, se situarmos no ato de existir a raiz da essência, vemos imediatamente que distinções ulteriores impõem-se entre os entes imateriais mesmos. Completamente em ato na ordem da forma, uma substância imaterial não o é necessariamente na ordem do existir. Livre de toda potencialidade, em relação à matéria, essa substância permanece, entretanto, em potência com relação ao seu próprio existir. De todas as substâncias, uma única escapa a essa servidão: é aquela cuja essência confunde-se com seu existir, quer dizer, Deus. "A forma é ato", objetavam os defensores do hilemorfismo angélico; "o que é somente forma é ato puro; ora, o anjo não é ato puro, pois isso pertence somente a Deus; o anjo, então, não é somente forma, mas tem uma forma numa matéria". A isso Santo Tomás podia doravante responder, dizendo que "embora não se encontre no anjo composição de forma e matéria, há todavia nele ato e potência. Podemos, aliás, estar seguros disso considerando as coisas materiais, nas quais se encontra uma dupla composição. A primeira é aquela de forma e matéria, do que se compõe toda natureza. Mas a natureza assim composta não é seu existir; antes, é o existir que é seu ato. Donde a própria natureza encontrar-se, quanto ao seu existir, na relação de potência a ato. Suprimindo a matéria e supondo que a forma mesma subsiste sem matéria, essa forma permanece, então, quanto ao existir, na relação da potência ao ato. Deve-se entender assim a composição do anjo... Em Deus, ao contrário, não há diferença entre o existir e aquilo que ele é; (...) daí decorre que somente Deus é ato puro"[30]. Tendo consciência ou não, Santo Tomás arruinava assim toda a teologia aristotélica dos Motores Imóveis. Acima da essencialidade das Ideias de Platão e da substancialidade dos Atos puros de Aristóteles, Tomás erigia, em sua sublime solitude, o único Ato Puro de existir.

Eis-nos, aqui, portanto, em presença de certo número de criaturas angélicas especificamente e individualmente distintas; número provavelmente enorme e muito superior ao das coisas materiais se admitimos que Deus teve de produzir em maior abundância as criaturas mais perfeitas, a fim de assegurar

---

[29] Cf. GILSON, É., *La philosophie de Saint Bonaventure*, op. cit., pp. 198-200. Sobre Ibn Gabirol (Avicebron), considerado fonte desse hilemorfismo, ver TOMÁS DE AQUINO, *As substâncias separadas*, cap. IV (edição Mandonnet, *Opuscula*, tomo I, pp. 82-85).

[30] *Suma de teologia* I, 50, 2, ad 3m. Para simplificar, deixamos em silêncio a discussão tomista da tese (inspirada em Boécio) que identificava no anjo uma composição de *quo est* (aquilo pelo que algo é) e *quod est* (aquilo que algo é). Conduzir assim o *esse* (existir) ao *quo est* (aquilo pelo que algo é) era ainda fechar-se na ordem da essência, em vez de estender-se até a ordem do existir.

uma excelência mais elevada ao conjunto do Universo[31]. Sabemos, por outro lado, que as espécies diferem entre si como os números, quer dizer, elas representam quantidades maiores ou menores de existir e de perfeição. Cabe, portanto, investigar segundo qual ordem essa inumerável multidão de anjos ordena-se e distribui-se[32]. Se cada anjo constitui sozinho uma espécie, devemos, com efeito, poder descer, por uma transição contínua, do primeiro anjo – *natura Deo propinquissima* (natureza mais vizinha de Deus)[33] – até o último, cuja perfeição é contígua àquela da espécie humana. Mas nosso pensamento perder-se-ia em querer seguir tal multiplicidade de graus, ainda mais porque o conhecimento individual dos anjos é-nos vedado aqui na vida terrestre[34]. A única possibilidade que nos resta é, então, tentar uma classificação geral deles, por ordens e hierarquias segundo a diversidade de sua ação. A ação própria das inteligências puras é manifestamente a inteligência mesma ou, se nos é permitido empregar esta fórmula, o ato de inteligir. É, então, pelas diferenças de seu modo próprio de inteligência que as ordens angélicas poderão ser distintas.

Vista dessa perspectiva, a hierarquia angélica inteira, tomada coletivamente, distingue-se radicalmente da ordem humana. Sem dúvida, a origem primeira do conhecimento é a mesma para os anjos e os humanos; nos dois casos, são iluminações divinas que vêm esclarecer as criaturas, mas os anjos e os humanos percebem essas iluminações de maneira muito diferente. Enquanto os humanos, como veremos mais adiante, extraem do sensível o inteligível nele contido, os anjos o percebem imediatamente e em sua pureza inteligível. Os anjos beneficiam, assim, de um modo de conhecimento exatamente proporcionado ao lugar que eles ocupam no conjunto da criação, quer dizer, intermediário entre o conhecimento que pertence aos humanos e aquele que pertence só a Deus. Situado imediatamente abaixo de Deus, o ente angélico distingue-se de Deus nisto: a essência do anjo não é idêntica à sua existência; essa multiplicidade, característica da criatura, encontra-se também em seu modo de conhecimento. A inteligência de Deus confunde-se com sua essência e seu existir, porque, sendo pura e simplesmente infinito, o existir divino compreende em si a totalidade do existir; o anjo, porém, sendo uma essência finita e dotada por Deus de certo existir, tem um conhecimento que não se estende de direito ao existir todo inteiro[35]. Por outro lado, o

---

[31] Cf. *Suma de teologia* I, 50, 3, Resp.; *Suma contra os gentios* I, 92, per tot.; *Questão disputada sobre o poder divino*, q. VI, a. 6, Resp.

[32] Para o trabalho de síntese que se operou progressivamente no pensamento de Tomás de Aquino sobre esse aspecto, ver DURANTEL, J. La notion de la création dans Saint Thomas. *Annales de philosophie chrétienne* (1912) 19, nota 2.

[33] *Questões disputadas sobre as criaturas espirituais*, a. 8, ad 2m.

[34] Cf. *Suma de teologia* I, 108, 3, Resp.

[35] Cf. *ibidem* I, 54, 2 e 3.

anjo é uma inteligência pura, quer dizer, que não é de modo algum naturalmente unida a um corpo; ela não pode, portanto, apreender o sensível como tal. As coisas sensíveis, com efeito, caem sob as apreensões dos sentidos, assim como as coisas inteligíveis caem sob as apreensões do intelecto. Mas toda substância que extrai seu conhecimento do sensível é naturalmente unida a um corpo, pois o conhecimento sensitivo requer os sentidos e, por conseguinte, os órgãos corporais. As substâncias angélicas, separadas de todo corpo, não podem, então, encontrar no sensível o meio de seu conhecimento[36].

Assim, a natureza do existir conferido aos anjos por Deus acarreta um modo de conhecimento original que não tem nada de semelhante com a abstração pela qual os humanos descobrem o inteligível escondido no sensível, nem com o ato pelo qual Deus, de uma só vez, é o inteligível e o apreende. O conhecimento angélico não pode, então, ser senão um conhecimento adquirido por meio de espécies, cuja recepção ilumina a inteligência, mas também de espécies puramente inteligíveis, quer dizer, proporcionais a um ente totalmente incorpóreo. Diremos, portanto, para satisfazer a essas exigências, que os anjos conhecem as coisas por meio de espécies que lhe são conaturais, ou, se se preferir, por meio de espécies inatas[37]. Todas as essências inteligíveis que preexistiam eternamente em Deus sob a forma de ideias procederam dele no momento da criação segundo duas linhas simultaneamente distintas e paralelas. De um lado, elas vieram individuar-se nos entes materiais, constituindo-lhes as formas; de outro, elas emanaram nas substâncias angélicas, conferindo-lhes assim o conhecimento das coisas. Podemos, então, afirmar que o intelecto dos anjos avantaja-se sobre nosso intelecto humano, tanto quanto o ente acabado e dotado de forma avantaja-se sobre a matéria informe. Se nosso intelecto é comparável a uma *tabula rasa* sobre a qual nada ainda foi escrito, o do anjo comparar-se-ia a um quadro recoberto com sua pintura, ou, melhor ainda, a um espelho no qual se refletem as essências luminosas das coisas[38].

Essa posse inata das espécies inteligíveis é comum a todos os anjos e característica da natureza deles, mas nem todos trazem em si as mesmas espécies, o que nos permite tocar, aqui, no fundamento de sua distinção. O que constitui a superioridade relativa dos entes criados é, com efeito, sua maior ou menor proximidade e semelhança com o mesmo primeiro Ser, Deus. Ora, a plenitude total que Deus possui do conhecimento intelectual encontra-se reunida por ele num só ponto: a essência divina na qual Deus conhece tudo. Essa plenitude inteligível encontra-se nas inteligências criadas, mas segundo um modo inferior e com menor simplicidade. As inteligências inferiores a Deus conhecem por meios múltiplos aquilo que ele conhece em seu único

---

[36] Cf. *Suma contra os gentios* II, 96, Sensibilia enim.
[37] Cf. *Suma de teologia* I, 55, 2, Resp.
[38] Cf. *Questões disputadas sobre a verdade*, q. 8, a. 9, Resp.; *Suma de teologia* I, 55, 2, Resp. e ad 1m.

objeto; e, quanto mais uma inteligência é de grau inferior, mais os meios dos quais ela usa devem ser numerosos. Numa palavra, a superioridade dos anjos cresce à medida que diminui o número das espécies que lhes são necessárias para apreender a universalidade dos inteligíveis[39].

Sabemos, aliás, que, quando se trata dos anjos, cada indivíduo constitui um grau distinto do existir; a simplicidade do conhecimento, portanto, diminui seu grau e divide-se continuamente, indo do primeiro anjo até o último. Mas não podemos distinguir aí senão três graus principais. No primeiro grau estão os anjos que conhecem as essências inteligíveis como procedentes do primeiro princípio universal que é Deus. Esse modo de conhecer pertence propriamente à primeira hierarquia, imediatamente vizinha a Deus, da qual se pode dizer, com Dionísio, que ela reside na antessala da divindade[40]. No segundo grau encontram-se os anjos que conhecem os inteligíveis como submetidos às causas criadas mais universais; esse modo de conhecer convém à segunda hierarquia. No terceiro grau, enfim, encontram-se os anjos que conhecem os inteligíveis como aplicados aos entes singulares e dependentes de causas particulares; esses anjos constituem a terceira hierarquia[41]. Há, então, generalidade e simplicidade decrescentes na repartição do conhecimento dos anjos: uns, voltados unicamente para Deus, somente consideram nele as essências inteligíveis; outros as consideram nas causas universais da criação, quer dizer, já numa pluralidade de objetos; outros, enfim, as consideram em sua determinação aos efeitos particulares, quer dizer, em uma multiplicidade de objetos igual ao número dos entes criados[42].

Precisando o modo segundo o qual as inteligências separadas apreendem seu objeto, ver-nos-emos conduzidos a discernir ainda, no seio de cada hierarquia, três ordens diferentes. Dizemos, com efeito, que a primeira hierarquia considera as essências inteligíveis em Deus mesmo; ora, Deus é a finalidade de toda criatura; os anjos dessa hierarquia consideram, portanto, a título de objeto próprio, a finalidade suprema do Universo, ou seja, a bondade de Deus. Aqueles anjos que a descobrem com mais clareza recebem o nome de Serafins, pois são como que ardentes de amor por esse objeto do qual têm um conhecimento muito perfeito. Os outros anjos da primeira hierarquia contemplam a bondade divina não diretamente e nela mesma, mas segundo seu aspecto de Providência. Chamamo-los de Querubins, quer dizer, plenitude de ciência, pois eles veem, por uma visão clara, a primeira virtude operativa do divino modelo das coisas. Imediatamente abaixo dos precedentes encontram-se os anjos que consideram nela mesma a disposição

---

[39] Cf. *Questões disputadas sobre a verdade*, q. 8, a. 10, Resp.; *Suma de teologia* I, 55, 3, Resp.
[40] Cf. DIONÍSIO PSEUDOAREOPAGITA, *A hierarquia celeste*, cap. 7.
[41] Cf. *Suma de teologia* I, 108, 1, Resp.
[42] Cf. *Suma de teologia* I, 108, 6, Resp.

dos juízos divinos; e, como o trono é o sinal do poder judiciário, damos-lhes o nome de Tronos. Nada disso quer dizer que, em Deus, distinguem-se a bondade, a essência e a ciência pela qual ele conhece a disposição dos entes; elas constituem simplesmente três aspectos sob os quais as inteligências finitas que são os anjos podem considerar a perfeita simplicidade divina.

A segunda hierarquia não conhece as razões das coisas em Deus mesmo, como em um objeto único, mas na pluralidade das causas universais; seu objeto próprio é, então, a disposição geral dos meios em vista do fim. Ora, essa disposição universal das coisas supõe a existência de numerosos ordenadores; são as Dominações, cujo nome designa a autoridade, pois eles prescrevem o que os outros devem executar. As diretivas gerais prescritas por esses primeiros anjos são recebidas por outros, que as multiplicam e distribuem segundo os diversos efeitos que se trata de produzir. Esses anjos recebem o nome de Virtudes, porque conferem às causas gerais a energia necessária para que elas permaneçam isentas de fraqueza no cumprimento de suas numerosas operações. Essa ordem é, então, aquela que preside às operações do Universo inteiro e é por isso que podemos com razão atribuir-lhes como próprio o movimento dos corpos celestes, causas universais das quais provêm todos os efeitos particulares que se produzem na Natureza[43]. É a esses espíritos igualmente que parece pertencer a execução dos efeitos divinos, que escapam ao curso ordinário da Natureza e que se encontram o mais frequentemente sob a dependência imediata dos astros. Enfim, a ordem universal da Providência, já instituída em seus efeitos, encontra-se preservada de toda confusão pelas Potências, destinadas a afastar da ordem da Providência todas as influências nefastas que poderiam perturbá-la.

Com essa última classe de anjos, chegamos ao limite da terceira hierarquia, que conhece a ordem da divina Providência, não mais nela mesma, nem nas causas gerais, mas como cognoscível na multiplicidade das causas particulares. Esses anjos encontram-se, então, imediatamente prepostos à administração das coisas humanas. Alguns deles são voltados particularmente para o bem comum e geral das nações ou das cidades; damos-lhe, em razão dessa preeminência, o nome de Principados. A distinção dos reinos, a devolução de uma supremacia temporal a tal nação em vez de outra, a conduta dos príncipes e dos grandes concernem diretamente ao ministério dos Principados. Sob essa ordem muito geral de bens encontra-se um que interessa ao indivíduo tomado em si mesmo e igualmente a uma multidão de indivíduos: são as verdades de fé, nas quais convém crer, e o culto divino, que convém respeitar. Os anjos cujo objeto próprio são esses bens a um só tempo gerais e particulares recebem o nome de Arcanjos. São eles igualmente que levam aos humanos as mensagens mais solenes que Deus lhes dirige; é o caso

---

[43] Cf. *Comentário ao Livro das Sentenças de Pedro Lombardo* IV, 48, 1, 4, 3, Resp.

do Arcanjo Gabriel, que anunciou a encarnação do Verbo, filho único de Deus, verdade que todos os humanos são chamados a aceitar. Enfim, encontramos um bem ainda mais particular, aquele que diz respeito a cada indivíduo tomado em si mesmo e singularmente. A essa ordem de bens são prepostos os Anjos propriamente ditos, guardiães dos humanos e mensageiros de Deus para as mensagens de importância menor[44]. Neles, completa-se a hierarquia inferior das inteligências separadas.

É fácil perceber que a disposição que acabamos de descrever respeita a continuidade de um Universo em que os últimos entes do grau superior tocam os primeiros entes do grau inferior, como os animais menos perfeitos confinam com os limites das plantas. A ordem superior e primeira do ser é aquela das pessoas divinas, que tem seu limite no Espírito Santo, quer dizer, no amor que procede do Pai e do Filho. Os Serafins, cujo amor mais ardente une a Deus, têm uma estreita afinidade com a terceira pessoa da Trindade. O terceiro grau dessa primeira hierarquia, os Tronos, tem afinidade com o grau superior da segunda hierarquia, as Dominações, pois são os Tronos, com efeito, que transmitem à segunda hierarquia as iluminações necessárias ao conhecimento e execução dos decretos divinos. Ainda, a ordem das Potências está em estreita afinidade com a ordem dos Principados, pois é mínima a distância entre aqueles que tornam possíveis os efeitos particulares e aqueles que os produzem[45]. O ordenamento hierárquico dos anjos nos põe, então, em presença de uma série contínua de puras inteligências e a essa série esclarece, de uma extremidade à outra, a iluminação divina. Cada anjo transmite ao anjo imediatamente inferior o conhecimento que ele mesmo recebe de cima, mas ele a transmite particularizada e dividida segundo a capacidade da inteligência que vem depois dele. O anjo procede como nossos ensinantes que, percebendo as consequências no interior dos princípios e por uma visão direta, as expõem entretanto por meio de múltiplas distinções, a fim de colocá-las ao alcance de seus ouvintes[46].

Vêm, assim, compor-se em uma síntese harmoniosa os elementos que Santo Tomás deve à tradição filosófica. Ele confirma os anjos propriamente ditos, em sua função bíblica de anunciadores e de mensageiros. Mesmo recusando-se a reduzi-los, como faziam os filósofos orientais, ao pequeno número de inteligências separadas que movem e dirigem as esferas celestes, ele ainda designa essas funções a anjos. É, enfim, a hierarquia neoplatônica adaptada por Dionísio Pseudoareopagita, que se reencontra na hierarquia tomista das inteligências puras. Mas Tomás de Aquino articula essas diversas

---

[44] Cf. *Suma contra os gentios* III, 80, Sic ergo altiores intellectus; *Suma de teologia* I, 108, 5, ad 4m.

[45] Cf. *Suma de teologia* I, 108, 6, Resp.

[46] Cf. *Suma de teologia* I, 106, 1, Resp., e 3, Resp.

concepções de origens diversas com seus princípios. Ele imprime nelas fortemente sua marca. Distribuindo as hierarquias angélicas segundo o obscurecimento progressivo da iluminação intelectual, Tomás confere uma estrutura orgânica ao mundo das inteligências separadas; o princípio interno que rege esse mundo é o mesmo que o tomismo situa na origem da ordem universal. Ao mesmo tempo, o mundo angélico passa a ocupar na criação uma situação tal que se torna impossível desconsiderá-lo sem que o Universo deixe de ser inteligível. Entre a pura atualidade de Deus e o conhecimento racional fundado sobre o sensível que caracteriza o humano, os anjos introduzem uma infinidade de graus intermediários, ao longo dos quais graduam-se paralelamente uma intelecção cada vez menos simples e um existir cuja atualidade faz-se cada vez menos pura. Sem dúvida, a multidão inumerável dos anjos, criaturas finitas, não logra preencher o intervalo que separa Deus da criação. Mas, mesmo que haja descontinuidade no modo de existir, há continuidade de ordem: *Ordo rerum talis esse invenitur ut ab uno extremo ad alterum non perveniatur nisi per media* (A ordem das coisas é tal que, de um extremo ao outro, nada se dá senão por mediações). Pelos anjos – inteligências naturalmente repletas de essências inteligíveis – o conhecimento desce progressivamente de Deus, fonte de toda luz, até chegar aos humanos, que vemos buscar e recolher o inteligível multiplicado no sensível, até que seu raio venha enfim aprisionar-se na matéria sob forma de finalidade.

# CAPÍTULO 3

# O MUNDO DOS CORPOS
# E A EFICÁCIA DAS CAUSAS SEGUNDAS

Quem deseja conhecer em sua totalidade o Universo criado deve começar pelas inteligências puras; mas podemos hesitar quanto ao caminho a seguir para passar aos graus inferiores do existir. Duas ordens diferentes são possíveis aqui; elas correspondem a princípios diretores do ordenamento universal. Uma delas consistiria em seguir a hierarquia dos entes criados, considerando-os segundo sua ordem de perfeição decrescente e passando, por conseguinte, do estudo do anjo ao estudo do ser humano; a outra consistiria em deixar imediatamente esse ponto de vista, a fim de considerar a ordem dos fins. Essa última atitude é-nos aconselhada pela narrativa bíblica do Gênesis. O ser humano, que vem imediatamente depois dos anjos na perspectiva da perfeição, só aparece, entretanto, no final da criação e como verdadeira finalidade dela. É para ele que são criados os astros incorruptíveis e que Deus divide as águas pelo firmamento, descobre a terra coberta pelas águas e a povoa de animais e plantas. Nada mais legítimo, por conseguinte, do que fazer suceder ao estudo dos entes puramente espirituais o estudo das coisas corpóreas, a fim de concluir pelo exame do ser humano, traço de união entre o mundo das inteligências e o mundo dos corpos[1].

A ordem da ciência natural é certamente aquela em que Santo Tomás menos inovou. A esse respeito, o filósofo cristão não acrescenta nada à doutrina de Aristóteles; ou acrescenta tão pouca coisa que não valeria a pena comentar. Não encontraremos em Tomás a curiosidade de um Roberto Grosseteste pelas fundas especulações da física matemática. Sem dúvida, o espírito mesmo de seu peripatetismo opunha-se a isso, mas esse mesmo espírito não o impediria de seguir os estudos de seu mestre Alberto Magno na ordem da zoologia e das ciências naturais, embora o vejamos esquivar-se também aí. As questões da *Suma de teologia* consagradas ao comentário da obra dos seis dias (conforme o relato do Gênesis) oferecem a Tomás ocasião repetida para exercer sua engenhosidade natural em qualquer um desses

---

[1] Cf. *Suma de teologia* I, 65, 1, Proêmio.

dois sentidos, mas ele não se preocupa com isso e reserva seu esforço para outros objetos. O essencial, a seus olhos, é que se mantenha intacta a letra mesma da Escritura, dado por entendido que ela não é um tratado de cosmografia voltado ao uso dos estudiosos, mas uma expressão da verdade, dirigida ao uso daquelas pessoas simples que ouviam Moisés e à qual se pode, muitas vezes, interpretar de maneiras diversas[2]. Assim, quando se fala dos seis dias da criação, é lícito compreender tanto seis dias sucessivos (como admitiam Ambrósio, Basílio, Crisóstomo e Gregório, e como, aliás, sugere a letra do texto bíblico, que não se endereça a estudiosos) como, com Agostinho, a criação simultânea de todos os entes, cujas ordens seriam simbolizadas pelos dias. Essa segunda interpretação, superficialmente menos literal, é, no entanto, racionalmente mais satisfatória. É ela, então, que Santo Tomás adota, sem todavia excluir a outra, que também pode ser sustentada[3].

Quaisquer que sejam as diversas maneiras pelas quais Tomás julga possível concordar com a narrativa do Gênesis, o Universo visível, tal como Tomás o concebe, permanece essencialmente aquele de Aristóteles: sete esferas planetárias concêntricas, contidas em uma oitava esfera, a das estrelas fixas, e contendo, por sua vez, a Terra, que é seu centro[4]. A matéria de cada uma das esferas celestes é rigorosamente incorruptível, porque para que uma coisa se corrompa é preciso que ela possa tornar-se outra que ela não é; a isso se denomina precisamente ser *em potência*; ora, a matéria das esferas celestes, sendo de certo modo saturada por sua forma, não é mais em potência com

---

[2] Cf. *idem* I, 66, 1, ad 2m: "Não menciona o ar e o fogo, porque àqueles insipientes a quem falava Moisés não era tão claro que o ar e o fogo fossem corpos assim como o são a água e a terra". Cf. no mesmo sentido: "Porque Moisés falava a um povo insipiente e condescendia com a ignorância deles, propôs-lhes apenas aquilo que aparece claramente aos sentidos" (*ibidem*, 63, 3, 2, Resp.). Ainda: "Moisés era condescendente com o povo insipiente" (*ibidem*, 70, 1, ad 3m; 2, Resp.). Estes são os princípios mestres diretores da exegese tomista: "Primeiro: que a verdade da Escritura seja considerada acima de toda discussão. Segundo: como o texto sagrado pode ser exposto de múltiplas maneiras, que ninguém se apegue inarredavelmente a uma exposição caso se mostre, por uma razão certa, que era falso aquilo que se tomava pelo sentido do texto; que ninguém presuma afirmar essa posição, para que a Escritura não seja ridicularizada pelos infiéis e não lhes seja bloqueado o caminho para crer" (*ibidem* I, 68, 1, Resp.). Santo Tomás, aqui, põe-se inteiramente de acordo com Santo Agostinho, a quem ele vê como defensor deste duplo princípio: 1º) preservar intacta a verdade literal da Escritura; 2º) nunca se apegar tão exclusivamente a uma das interpretações possíveis, a ponto de mantê-la mesmo quando o contrário pudesse ser cientificamente demonstrado. Cf. SYNAVE OP, P. Le canon scripturaire de Saint Thomas d'Aquin. *Revue Biblique* (1924) 522-533; e do mesmo autor: La doctrine de Saint Thomas d'Aquin sur le sens littéral des Écritures. *Revue Biblique* (1926) 40-65.

[3] Cf. *Comentário ao Livro das Sentenças de Pedro Lombardo* II, dist. 12, q. 1, a. 2, Solutio.

[4] Acima da esfera das Fixas começaria o mundo invisível, cuja estrutura não pode naturalmente ser mais aristotélica: o céu das águas ou Cristalino e o céu de luz ou Empíreo. Cf. *Suma de teologia* I, 68, 4, Resp. [A esfera das Fixas compreende as estrelas, que são *fixas*, por oposição aos planetas, que são *errantes*. N. do T.]

relação a nenhum modo de ser; ela é tudo o que ela podia ser e não pode mudar senão de lugar. A cada esfera é designada uma Inteligência motriz que assegura e dirige seu movimento circular, mas essa Inteligência, propriamente falando, não é a forma nem a alma do movimento da esfera. Sob a esfera mais baixa, que é a da Lua, distribuem-se os quatro elementos: o fogo, o ar, a água, a terra. De direito, cada um deles deveria encontrar-se inteiramente reunido no lugar que lhe é natural e onde, quando ele aí se encontra, fica em estado de repouso e equilíbrio; de fato, os elementos estão mais ou menos mesclados, e é sua tendência a encontrar seu lugar natural que causa os movimentos diversos com os quais os vemos agitados: o fogo tende sempre para o alto; a terra, para baixo; o ar e a água, entre o fogo e a terra, nos lugares intermediários que lhes cabem. Toda essa cosmologia situa-se no interior de quadros conhecidos. Onde Santo Tomás encontra-se ele mesmo em seu lugar natural e à vontade para realizar as operações que lhe são próprias é no aprofundamento metafísico dos princípios da filosofia natural. Aí, o filósofo cristão mostra-se novamente um inovador, pois a relação que une a Deus o existir e a eficácia das causas segundas é também abordada nesse âmbito. Tomás se sente diretamente interessado na exata determinação dela.

Estudando a noção mesma de *criação*, concluímos que só Deus é criador, pois criar é sua ação própria[5] e nada existe que não tenha sido criado por ele. Talvez não seja inútil relembrar essa conclusão geral no momento de abordar o estudo dos corpos, pois um erro disseminado havia muito levava a pensar que a natureza dos corpos era má em si mesma e que os corpos seriam, então, obras de um princípio mau, diferente de Deus[6]. Tratava-se de um erro duplamente pernicioso, pois, primeiramente, todas as coisas que existem possuem ao menos um elemento constitutivo em comum, o seu *existir* mesmo; deve haver, então, um princípio do qual elas recebem esse elemento e que as faça existir cada uma segundo sua maneira, isto é, invisíveis e espirituais ou visíveis e corporais. Por ser Deus a causa do existir, sua causalidade estende-se aos corpos não menos necessariamente que aos espíritos. Uma segunda razão, porém, tirada da finalidade das coisas, pode terminar de nos convencer. Deus não tem outra finalidade a não ser ele mesmo; as coisas, ao contrário, têm uma finalidade diferente delas mesmas: Deus. Essa é uma verdade absoluta que vale, portanto, para toda ordem de realidade, qualquer que seja ela, para os corpos não menos que para os espíritos, mas à qual convém acrescentar esta outra: um ente não pode existir para Deus, a não ser que exista também para si mesmo e para seu próprio bem. O Universo, assim, seria

---

[5] Ver *supra*, Parte 1, Capítulo 3, Subtítulo 4 (O Criador).

[6] A preocupação constante de Santo Tomás em refutar a doutrina maniqueísta deve-se ao desenvolvimento que ela ganhou com a heresia albigense. Desde o momento de sua fundação, a Ordem de São Domingos viu-se em luta contra essa heresia.

como que um imenso organismo; e cada parte está para seu ato próprio e sua finalidade própria como o olho está para o ver. Por outro lado, cada uma das partes menos nobres encontra-se aí em vista das partes mais nobres, como as criaturas inferiores aos seres humanos estão aí em vista dos seres humanos. Todas as criaturas, tomadas uma a uma, só estão aí em vista da perfeição coletiva do Universo; e a perfeição coletiva das criaturas, tomadas todas juntas, só está aí como uma imitação e representação da glória de Deus[7]. Esse otimismo metafísico radical não deixa de fora nada do que, em algum sentido, merece o nome de ente. Nele, o mundo dos corpos não entra nem mais nem menos do que o restante: a matéria existe em vista da forma; as formas inferiores, em vista das formas superiores; as formas superiores, em vista de Deus. Tudo, então, é bom porque existe;[8] por conseguinte, tudo tem Deus por causa, a despeito do que pretendia a objeção.

Aprofundando essa conclusão, vemos decorrer dela uma primeira consequência: Deus é causa primeira e imediata dos *corpos*, quer dizer, não da forma deles à parte, nem da matéria deles à parte, mas da unidade substancial de matéria e forma que os constitui. Eis o que convém entender a esse respeito.

O que a experiência dá-nos imediatamente são os corpos submetidos a mudanças e movimentos perpétuos. Tal é o dado concreto que a análise deve decompor em seus elementos constitutivos. Em primeiro lugar, o fato mesmo de entes tornarem-se diferentes do que eram supõe a distinção fundamental de dois pontos de vista sobre o existir: o que o ente é e o que o ente pode tornar-se. É a distinção entre *ato* e *potência*, da qual constantemente lançamos mão até aqui. O que alguma coisa pode ser e não é, é-o em potência; o que ela já é, é-o em ato[9]. Essa noção de possibilidade ou de potência passiva não exprime um puro nada, nem uma pura falta de atualidade; ela significa, em vez disso, a aptidão para certa atualidade eventual, ainda não realizada, porém realizável. O bloco de mármore está em potência para a forma da estátua; uma massa líquida não. Isso não quer dizer que a estátua esteja esboçada no sólido; ela não o está nem mais nem menos do que no líquido. Ela não está no mármore. Mas nós podemos tirar uma estátua do mármore. O mármore é, portanto, a estátua *em potência* e assim permanece até que um escultor o faça estátua *em ato*.

De todas as ordens de potencialidade, a primeira que se oferece a nós é a potência em vista do existir substancial. Ora, o que significa "algo que pode

---

[7] Cf. *Suma de teologia* I, 65, 2, Resp. Cf. GILSON, *L'esprit de la philosophie médiévale, op. cit.*, Chapitre VI: L'optimisme chrétien, pp. 110-132 (edição brasileira: *O espírito da filosofia medieval, op. cit.*, Cap. VI: O otimismo cristão, pp. 146-174).

[8] Cf. acima, pp. 209-210.

[9] "Porque pode ser algo, embora não seja, na verdade já é algo: diz-se que é em potência aquilo que pode ser e não é; diz-se que é em ato aquilo, porém, que já é" (*Os princípios da Natureza*, in *Opuscula*, ed. Mandonnet, tomo I, p. 8).

tornar-se uma substância"? Essa pura "possibilidade de ser uma substância" é o que chamamos de *matéria-prima*. Tomada nela mesma e separadamente, ela não é concebível, pela simples razão de que ela não possui nenhum existir próprio. *Nullum esse habet* (Não tem nenhum ser), diz Averróis a seu respeito. O fato de ela não ser nada em si mesma não prova, entretanto, que ela seja absolutamente incapaz de existir. A matéria-prima existe na substância desde que a substância mesma exista e em virtude do ato que a faz existir. Esse ato constitutivo da substância é a *forma*. Da forma e pela forma a substância recebe todo o positivo de seu existir, pois, como já dissemos, é na forma e pela forma que penetra na substância seu ato de existir. Isso resta verdadeiro a respeito da matéria mesma: *forma dat esse materiae* (a forma dá existir à matéria)[10]; a matéria primeira é a possibilidade mesma da substância e é à forma da substância que a matéria deve o que de existir ela tem.

A forma é, então, um ato. A forma da substância é o ato constitutivo da substância como tal: nós a chamamos, portanto, *forma substancial*. Uma vez constituída pela união da forma à sua matéria, a substância mesma apresenta-se como estando, por sua vez, em potência com respeito a determinações ulteriores. A substância, tomada como em potência com respeito a essas determinações, recebe o nome de *sujeito*; e essas determinações ulteriores chamam-se *acidentes*[11]. A relação da matéria com a forma é, portanto, inversa à relação do sujeito com os acidentes, pois a matéria não tem existir senão o existir que ela recebe da forma, ao passo que os acidentes não têm existir senão o existir que eles recebem do sujeito. Em cada substância, toda essa estrutura ontológica não é, aliás, mais do que o desdobramento de um ato individual de existir que cria e mantém continuamente em existência a eficácia divina. Em sua forma e por sua forma, o *Existir* criador transpassa a substância até a sua matéria e o sujeito até seus acidentes.

Esses elementos fundamentais permitem compreender o fato tão complexo do devir. A forma explica o que é uma substância, sendo o ato e o positivo de seu existir; ela não explicaria, por si só, que um ente possa adquirir o que ele não era ou perder algo do que ele era. Nos dois casos, uma potência, ou possibilidade, atualiza-se. Essa atualização de uma possibilidade qualquer

---

[10] *Idem, ibidem*. A ausência da forma na matéria nomeia-se *privação*. Assim, o mármore é ser em potência ou matéria; a ausência de forma artística é privação; a configuração em estátua é forma.

[11] A matéria não é um *subjectum* (sujeito), pois ela só existe pela determinação que ela recebe. Por si mesma, ela não está aí para receber tal determinação. Ao contrário, porque o *sujeito* é uma *substância*, ele não deve seu existir aos acidentes; em vez disso, o sujeito empresta seu próprio ser aos acidentes (ver o que foi dito anteriormente às pp. 183 e seguintes) – cf. *Suma de teologia* I, 66, 1, Resp. Lembre-se de que a matéria, existindo em potência, não pode existir à parte; no entanto, ela não é boa apenas em potência, mas absolutamente, pois ela é ordenada à forma e constitui por isso mesmo um bem. Há, portanto, uma referência sob a qual o bem é mais vasto que o existir – cf. *Suma contra os gentios* III, 20, Inter partes.

denomina-se *movimento* ou *mudança*. Para que haja movimento, é preciso haver um ente que se mova; requer-se, portanto, um ente, e, por conseguinte, um ato. Por outro lado, se esse ato fosse perfeito e acabado, o ente que ele constitui não teria nenhuma possibilidade de mudar. Para que haja mudança, é preciso, então, um ato incompleto que comporte uma margem de potência ou possibilidade a atualizar. Costuma-se dizer que o movimento é o ato daquilo que está em potência e precisamente como algo que está somente em potência. Tomemos, por exemplo, a mudança que é o ato de aprender uma ciência que ignorávamos. Para aprender uma ciência, requer-se um entendimento e que esse entendimento saiba já algo. Como aquilo que ele é e como algo que sabe, esse entendimento está em ato. Mas também é preciso que esse entendimento seja capaz de aprender; portanto, é preciso que ele esteja em potência. É preciso, enfim, que esse entendimento careça da ciência em questão, o que é a privação. A mudança mesma a que chamamos *aprender* é, então, a atualização progressiva de um ato já existente e que, justamente pelo que ele tem de ato, atualiza pouco a pouco suas possibilidades. Porque aprender é transformar ponto por ponto em conhecimento adquirido a sua aptidão de conhecer, então aprender é uma maneira de mudar[12].

Assim concebido em sua noção mais geral, o movimento é, portanto, uma passagem da potência ao ato sob o impulso de um ato já realizado ou – o que dá no mesmo – a introdução de uma forma em uma matéria apta a recebê-la. Mas todos esses são termos e fórmulas que não devem levar a esquecer a realidade concreta que eles exprimem: o movimento é um ato imperfeito que se termina; ou, mais simples ainda, é um existir em via de realizar-se. Se é assim, o corpo de que falamos não poderia reduzir-se nem à sua matéria nem à sua forma. Afinal, uma forma pura e capaz de subsistir à parte, como uma Inteligência, não poderia convir a um corpo; e, quanto a uma matéria pura ou a matéria como possibilidade de tornar-se tudo, sem ser nada, ela não seria verdadeiramente nada e, por conseguinte, não poderia subsistir. A expressão própria que seria mais conveniente empregar para designar a produção divina dos corpos e de seus princípios substanciais seria então que *Deus criou os corpos, mas cocriou a forma e a matéria deles*, quer dizer, uma na outra indivisivelmente[13].

---

[12] Para uma análise puramente técnica do devir, cf. *Comentário à Física de Aristóteles* I, lição 2 (edição leonina, tomo II, pp. 104-105).

[13] Santo Tomás aceita a classificação aristotélica dos quatro gêneros de causa: material, formal, eficiente, final (cf. *Os princípios da Natureza*, in *Opuscula*, tomo I, p. 11). De fato, a matéria e a forma só são causas a título de elementos constitutivos do ente. Nem a matéria pode atualizar-se por si mesma, nem a forma pode impor-se por si mesma à matéria. O mármore não se torna estátua, assim como a forma da estátua não se esculpe sozinha. Para que haja devir, atualização da matéria pela forma, requer-se um princípio ativo: *"Requer-se, portanto, para além da matéria e da forma, algum princípio que aja"* (*idem, ibidem*). A questão de saber se Aristóteles realmente

A entes assim constituídos é Deus que governa por sua providência. É importante sabê-lo, assim como é importante lembrar que Deus está intimamente presente à substância e às operações dos entes. No entanto, a intimidade da cooperação que ele lhes presta deixa inteiramente intacta a eficácia dos entes. Que o mundo seja governado, isso é o que revela a ordem universal das coisas. Mas isso é o que é igualmente implicado pela ideia de Deus à qual nos conduziram as provas de sua existência; afinal, esse Deus é exigido pela razão como princípio primeiro do Universo; e, visto que aquilo que é o princípio de um ente é igualmente o seu fim, é preciso que Deus seja necessariamente o termo de todas as coisas (portanto, que ele as reconduza a si e as dirija a si, o que equivale precisamente a governá-las). O termo último em vista do qual o Criador administra o Universo aparece, então, como transcendente às coisas e exterior a elas; aqui novamente o que vale para o princípio vale igualmente para o fim.

O aspecto mais rico em consequências metafísicas, sob o qual esse governo divino das coisas oferece-se ao pensamento, é o aspecto da conservação das coisas. Por uma progressão doutrinal que conduz ao coração mesmo de sua metafísica dos corpos, Santo Tomás desenvolve inicialmente as exigências dessa conservação divina; em seguida, não tendo deixado às coisas – por assim dizer – nada que lhes pertença em sentido próprio, Tomás mostrou que a cooperação divina, que parece retirar das coisas sua eficácia e seu existir, tem, muito pelo contrário, o efeito de conferir às coisas exatamente eficácia e existir.

Todo efeito depende de sua causa; e depende dela exatamente porque ela o produz. O termo *causa* designa aqui, com efeito, algo inteiramente diferente dessa "relação constante entre fenômenos" à qual o empirismo reduziu seu sentido. Para Santo Tomás, uma causa eficiente é uma força ativa, quer dizer, um ente produtor de ente. Se olhamos de perto, vemos que agir ou causar é ainda existir, pois equivale ao desdobramento ou à processão do existir da causa sob a forma de seu efeito. Não há lugar para introduzir nenhuma noção nova que permita passar do existir à causalidade. Se concebermos o existir como um ato, o veremos nesse ato primeiro pelo qual o existir, que se põe de início em si mesmo, se põe igualmente fora de si, em seus efeitos[14]. Todo

---

ultrapassou o plano da causa motriz para alcançar aquele da causa eficiente poderia ser discutida aqui. Se, como parece adequado pensar (cf. BREMOND, A. *Le dilemme aristotélicien, op. cit.*, p. 11 e pp. 50-52), Aristóteles jamais ultrapassou o plano da causa motriz, a noção tomista de causa eficiente deve ser ligada ao aprofundamento tomista do *esse* (existir). Nesse caso, a filosofia tomista da Natureza iria além daquela de Aristóteles tanto quanto sua teologia natural ultrapassa a teologia natural do Filósofo.

[14] "O termo *causa* implica algum influxo no existir do causado" – *Comentário à Metafísica de Aristóteles* V, lição 1 (edição Cathala, n. 751, p. 251). É por isso que a operação de um ente (ato segundo) não é outra coisa senão a extensão do ato que é esse existir: "O ato, por sua vez, é duplo:

ente está aí em vista de sua operação. É por isso que, como ela atinge o existir de todos os entes, a causalidade divina atinge todas as operações deles.

Em primeiro lugar, a eficácia divina atinge totalmente o existir dos entes. Consideremos, com efeito, o caso do artesão que fabrica um objeto ou o do arquiteto que constrói um edifício: esse objeto e esse edifício devem a seus autores a forma exterior e a configuração das partes que os caracterizam. Mas é apenas isso que eles devem a seus autores; afinal, os materiais com os quais o objeto e o edifício são fabricados já se encontravam na Natureza; o artesão ou o arquiteto não precisaram produzi-los; eles se contentaram em utilizá-los. A natureza dessa relação causal exprime-se muito bem na relação de dependência que une os dois termos: uma vez fabricados, o objeto e o edifício subsistem independentemente do artesão e do arquiteto dos quais são a obra, pois, não devendo a eles o seu existir, eles os dispensam naturalmente para sua conservação. O mesmo ocorre na ordem dos entes naturais, pois um ente engendra outros entes em virtude de uma forma que ele mesmo recebeu e da qual, por conseguinte, ele não é causa. Assim, o ente natural que produz outros entes produz a forma deles, mas não o existir pelo qual seus efeitos subsistem. Vemos o filho continuar a viver depois da morte de seu pai, assim também como vemos que a casa permanece em pé muito tempo depois de seu construtor desaparecer. Em ambos os casos, estamos diante de causas que fazem que uma coisa se torne o que ela é; e não que ela exista[15]. Ora, é algo totalmente diferente que se dá na relação entre as coisas e Deus. Primeiro, sendo Deus não somente a causa da forma das coisas, mas do existir mesmo em virtude do qual elas existem, cessar um só instante de depender da causa delas seria simplesmente para elas cessar de existir. Além disso, seria em certa medida contraditório que Deus faça criaturas capazes de dispensá--lo[16]. Uma criatura, com efeito, é essencialmente o que recebe de outrem seu existir (diferentemente de Deus, que recebe seu existir de si mesmo e subsiste

---

primeiro e segundo. O ato primeiro é a forma e a integridade da coisa; o ato segundo é a operação" – *Suma de teologia* I, 48, 5, Resp. Essa fórmula não é perfeita porque ela não leva às últimas consequências, para além da forma, até o existir. Nesse sentido, o adágio clássico *operatio sequitur esse* (a operação decorre do existir) seria preferível. Note-se que, de fato, nós conhecemos primeiro o ato segundo. Um ente opera; portanto, ele age, faz um ato. É isso que vemos. Remontando, pelo pensamento, do ato à energia ativa que causa seu ato ou sua operação, nós situamos a origem desse ato ou operação no ato primeiro de existir, que, atingindo o ente por sua forma, confere-lhe o *esse* (existir). Esse ato primeiro é, portanto, afirmado por um juízo, com base no efeito observável desse ato, a operação. Cf. *Comentário à Metafísica de Aristóteles* IX, lição 8 (edição Cathala, n. 1861, p. 539).

[15] É a isso que corresponde a distinção técnica entre *causa fiendi* (causa do fazer-se) e *causa essendi* (causa do existir): um homem engendra outro homem independente dele – ele é a *causa fiendi* do outro; o Sol gera a luz, mas a luz termina desde que o Sol se esconde – ele é a *causa essendi* da luz.

[16] Cf. *Suma contra os gentios* II, 25 (Similiter Deus facere non potest).

independentemente). Para que uma criatura fosse capaz de subsistir um só instante sem o concurso divino, seria necessário que ela fosse Deus[17]. Assim, pois, o primeiro efeito da providência exercida por Deus sobre as coisas é a influência imediata e permanente pela qual ele assegura a conservação delas. Essa influência é, de algum modo, a continuação da ação criadora. Toda interrupção da criação continuada pela qual Deus sustenta as coisas no existir enviá-las-ia instantaneamente ao nada[18].

Demos um passo adiante, agora, e sigamos no detalhe a influência divina no seio das coisas: nós a veremos estender-se da existência das coisas à causalidade delas. Como nada existe senão em virtude do existir divino, uma coisa também não pode fazer nada senão em virtude da eficácia divina. Se, então, um ente qualquer causa a existência de outro ente, ele só o faz porque Deus confere-lhe o poder de fazê-lo. Essa é uma verdade imediatamente evidente, aliás, se nos lembramos de que o *esse* (existir) é o efeito próprio de Deus, pois a criação é sua ação própria e porque produzir o existir é propriamente criar[19].

Mas é preciso ir ainda mais longe e dizer que o que é verdadeiro sobre a eficácia causal dos entes é-o igualmente sobre as suas operações. Deus é, para todos os entes que operam, a causa e a razão de eles operarem. Por que essa nova consequência? Porque agir é sempre mais ou menos produzir; afinal, o que não produz nada também não age. Ora, acabamos precisamente de dizer que toda produção verdadeira de existir, por mínima que seja, pertence própria e somente a Deus; toda operação pressupõe, portanto, Deus como causa. Acrescentemos a isso que nenhum ente age senão em virtude das faculdades de que dispõe e aplicando aos efeitos delas as forças naturais que ele pode utilizar; ora, nem essas forças nem essas faculdades vêm inicialmente do ente, mas de Deus, que é o autor delas a título de causa universal e tal que, no fim das contas, é Deus que é a causa principal de todas as ações realizadas pelas suas criaturas[20]. As criaturas são, nas mãos divinas, como a ferramenta nas mãos do trabalhador.

É, portanto, a título de *Existir* supremo que Deus encontra-se em todos os lugares, presente e agindo por sua eficácia. Intimamente presente ao *existir* mesmo do qual decorre a operação dos entes, Deus os sustenta; ele os anima

---

[17] Cf. *Suma de teologia* I, 104, 1, Resp.

[18] "Não há outra maneira de Deus conservar as coisas no existir senão vertendo continuamente nelas o existir. Assim, portanto, antes que as coisas existissem, ele pôde não lhes comunicar o existir e deixar de fazê-las. Depois de que já estão feitas, também pode não verter nelas o existir, de modo que elas deixem de existir, o que equivale a reduzi-las a nada" – *Suma de teologia* I, 104, 3, Resp.

[19] Cf. *Suma contra os gentios* III, 66.

[20] "A causa da ação é mais aquilo por cuja virtude é agido do que aquilo que age, assim como o agente principal age mais do que o instrumento. Deus, então, é a causa principal de qualquer ação, mais inclusive do que as causas agentes segundas" – *Suma contra os gentios* III, 67.

por dentro, conduzindo-os a operar; ele conecta os entes aos seus atos, de tal sorte que eles não sejam nem façam nada a não ser por ele, tanto quanto eles não existiriam sem ele. Tal é o ensinamento da Bíblia: *Coelum et terram ego impleo* (Eu povoo o Céu e a Terra)[21], ou ainda: *Si ascendero in coelum, tu illic es; si descendero ad infernum, ades* (Se subo ao Céu, lá estás; se desço ao Inferno, lá te encontras). Tal é também a conclusão necessária à qual conduz a ideia de um Deus causa universal de todo o existir; o mundo inteiro, quando visto sob esse aspecto, é apenas um instrumento nas mãos de seu Criador.

É, entretanto, nesse ponto – no qual Santo Tomás parece dissolver os entes na onipresença divina e na sua eficácia afogar a atividade deles – que ele se volta bruscamente contra seus inimigos irreconciliáveis: aqueles que despojam as coisas naturais de suas operações próprias. Esgotamento inimaginável quando não se constata por si mesmo a intervenção repentina no curso da *Suma contra os gentios*[22]. Em nenhuma parte afirma-se mais sensivelmente esse caráter constante do método tomista: nunca enfraquecer uma verdade sob o pretexto de melhor estabelecer uma outra. Embora, com efeito, não tenhamos uma só palavra a suprimir no que acabamos de dizer, é preciso agora estabelecer esta nova proposição: a filosofia tomista, no interior da qual a criatura, sem Deus, não é nada e não faz, constituiu-se, no entanto, em oposição contra toda doutrina que não conferisse às causas segundas a medida completa de existir e eficácia à qual elas têm direito.

Inúmeras são as variações e as ramificações do erro que desconhece a atividade própria das causas segundas. Não se trata aqui simplesmente de adotar ou rejeitar a solução de uma dificuldade particular, mas de optar por ou contra uma filosofia inteira. Por trás de cada uma das doutrinas que ele combate, Santo Tomás descobre a presença latente do platonismo. Se ele as rejeita, é porque, a seus olhos, o mundo que a filosofia tem a incumbência de interpretar é o mundo real de Aristóteles, não o mundo de aparências descrito por Platão; e, se ele se apega tão firmemente ao mundo real de Aristóteles, é por uma constatação de simples senso além da qual é impossível ir. As causas e os efeitos engendram-se com regularidade no mundo sensível: um corpo quente esquenta sempre e nunca esfria o corpo do qual se aproxima; um homem que gera não gera nunca outra coisa que um homem; é claro, portanto, que a natureza do efeito produzido é inseparavelmente ligada à natureza da causa produtora. Ora, o vínculo constante entre os efeitos naturais e suas

---

[21] Jeremias 23, 24. O texto seguinte é o de Salmos 138, 8. Cf. *Suma contra os gentios* III, 68; *Suma de teologia* I, 8, 1, Resp.

[22] Eis a ordem dos capítulos no decorrer dos quais se opera essa correção: Capítulo 65: "Deus conserva as coisas no existir"; Capítulo 66: "Nada confere existir a não ser enquanto age pela virtude divina"; Capítulo 67: "Deus é causa do operar para tudo aquilo que é operante"; Capítulo 68: "Deus está em todos os lugares e em todas as coisas"; Capítulo 69: "A opinião daqueles que subtraem as ações próprias às coisas naturais".

causas segundas impede supor que o poder de Deus ponha-se pura e simplesmente no lugar dessas causas; afinal, se a ação de Deus não se diversificasse segundo os entes diferentes nos quais ela opera, os efeitos que ela produz não se diversificariam como as coisas mesmas; o que quer que seja produziria o que quer que seja[23]. A existência de leis da Natureza impede-nos, por conseguinte, de supor que Deus tenha criado entes desprovidos de causalidade.

Mais notável ainda talvez seja o fato de que aqueles que recusam toda eficácia às causas segundas, a fim de reservar para Deus o privilégio da causalidade, prestam a Deus o mesmo desserviço que às coisas. A obra manifesta, por sua excelência, a glória do trabalhador; mas que pobre Universo seria um mundo inteiramente desprovido de eficácia! Antes de tudo, ele seria um mundo absurdo. Quando se dá a alguém algo que é principal, não se lhe recusa o que é acessório. Que sentido haveria em criar corpos pesados, porém incapazes de mover-se para baixo? Se Deus comunicou sua semelhança às coisas ao conferir-lhes o existir, ele deveu comunicá-la também lhes conferindo a atividade que decorre do existir, atribuindo-lhes, por conseguinte, ações próprias. Além disso, um Universo de entes inertes suporia uma causa primeira menos perfeita que um Universo de entes ativos, capazes de comunicar entre si suas perfeições, agindo uns sobre os outros, assim como Deus comunicou-lhes algo de sua perfeição criando-os ligados e ordenados pelas ações recíprocas que eles exercem. O sentimento que leva certos filósofos a tudo subtrair à Natureza para glorificar o Criador inspira-se, então, em uma boa intenção, mas não deixa de ser cego. Na realidade, *detrahere actiones proprias rebus est divinae bonitati derogare*: desprover as coisas de suas ações próprias é anular a bondade divina[24].

O problema resume-se, no fim das contas, a manter firmemente as duas verdades aparentemente contraditórias às quais chegamos: Deus faz tudo o que fazem as criaturas e, no entanto, as criaturas mesmas também fazem

---

[23] "Se nenhuma causa inferior (sobretudo a corpórea) produz algo, mas se apenas Deus opera em tudo, e se Deus, no entanto, não se altera por operar em coisas diversas, então da diversidade de coisas nas quais Deus opera não seguirá um efeito diverso. Isso, porém, se mostra falso aos sentidos; com efeito, da aposição do quente não segue esfriamento, mas apenas aquecimento, nem do sêmen humano segue outra coisa que a geração de um ser humano. Portanto, a causalidade dos efeitos inferiores não deve ser atribuída à virtude divina de um modo que a causalidade dos agentes inferiores seja subtraída" – *Suma contra os gentios* III, 69.

[24] Sobre os adversários árabes e latinos a quem Santo Tomás opõe-se aqui, ver GILSON, É. *Pourquoi Saint Thomas a critiqué Saint Augustin* (Archives d'histoire doctrinale et littéraire du Moyen Âge – Tomo I), pp. 5-127 (tradução brasileira: *Por que São Tomás criticou Santo Agostinho & Avicena e o ponto de partida de Duns Scotus*. São Paulo: Paulus, 2010). Na crítica que fez a essa obra, M. de Wulf reprovou severamente o plano mesmo do trabalho: M. DE WULF, "L'augustinisme avicennisant", in *Revue néoscolastique de Philosophie*, 1931, p. 15. Mas isso significa reprovar o plano da *Suma contra os gentios* III, 69, do qual este trabalho não passa de um comentário.

aquilo que fazem. Trata-se, portanto, de conceber como um só e mesmo efeito pode provir simultaneamente de duas causas diferentes, Deus e o agente natural que o produz. À primeira vista, é algo incompreensível e diante do qual parece ter recuado a maior parte dos filósofos, pois não se vê como uma mesma ação poderia proceder de duas causas; se é um corpo natural que exerce essa ação, Deus não poderia exercê-la também. Podemos ir mais longe: se é Deus que executa a ação, fica ainda menos inteligível que essa ação possa ser exercida ao mesmo tempo por um corpo natural, pois a causalidade divina alcança o fundo mesmo do ente e não deixa nada a seus efeitos ainda por produzir. O dilema parece, então, inevitável, a menos que a contradição se instale no coração das coisas e nos resignemos diante dela[25].

Na realidade, a oposição com a qual se choca aqui a metafísica não é tão completa quanto parece e talvez, no limite, seja mesmo superficial. Seria contraditório admitir que Deus e os corpos fossem causas dos efeitos naturais, ao mesmo tempo e sob o mesmo aspecto; eles o são ao mesmo tempo, mas não sob o mesmo aspecto. Uma comparação permite imaginar isso.

Quando um artesão produz um objeto, ele faz uso de ferramentas e de instrumentos de todo tipo. A escolha desses instrumentos justifica-se pela forma deles; o artesão mesmo não faz outra coisa senão movê-los para pô-los em marcha e fazê-los produzir seus efeitos. Quando um machado racha um pedaço de madeira, é o machado que é a causa do efeito produzido; entretanto, podemos dizer com igual razão que a causa é também o carpinteiro que maneja o machado. Não podemos, aqui, separar o efeito em duas partes, como se uma correspondesse ao machado e a outra, ao carpinteiro; é o machado que produz todo o efeito, mas é também o carpinteiro que produz todo o efeito. A verdadeira diferença está nisto: eles não o produzem de maneira idêntica, pois o machado não racha a madeira senão em virtude da eficácia que lhe confere o carpinteiro; tanto assim que o carpinteiro é a causa primeira e principal, ao passo que o machado é a causa segunda e instrumental do efeito produzido. É uma relação análoga que devemos imaginar entre Deus, causa primeira, e os corpos naturais que vemos agir diante de nossos olhos. É uma relação análoga, dizemos nós, porque a influência divina penetra a causa segunda ainda mais completamente do que a influência do trabalhador penetra sua ferramenta. Conferindo a todas as coisas o existir delas, Deus confere-lhes, simultaneamente, a forma, o movimento e a eficácia delas; no entanto, é a elas que pertence essa eficácia desde o momento em que elas a recebem. É, então, por elas mesmas que suas operações se cumprem. O ente mais ínfimo age e produz seu efeito, mesmo que essa produção se dê em virtude de todas as causas superiores sob cuja ação ele está submetido e cuja eficácia transmite-se passando de uma causa a outra mais próxima, até chegar

---

[25] Cf. *Suma contra os gentios* III, 70 (Quibusdam autem).

a ele. Na origem da série encontra-se Deus, causa total e imediata de todos os efeitos produzidos e de toda atividade desenvolvida; na extremidade inferior encontra-se o corpo natural, causa imediata da ação própria que essa causa produz, embora ela nada produza a não ser em virtude da eficácia que lhe é conferida por Deus.

Quando encaramos sob esse prisma as operações e os movimentos que se cumprem perpetuamente no Universo, constatamos que nenhum elemento dessa dupla causalidade poderia ser considerado supérfluo. Primeiro, é evidente que a operação divina é necessária para que os efeitos naturais produzam-se, posto que as causas segundas devem toda sua eficácia à causa primeira, que é Deus. Mas também não é menos supérfluo que Deus, que pode produzir por si mesmo todos os efeitos naturais, realize-os pelo intermédio de outras causas determinadas. Esses intermediários, queridos por Deus, não lhe são necessários no sentido de que Deus não poderia dispensá-los; muito pelo contrário, foi por eles mesmos que Deus os quis. A existência das causas segundas não é, de modo algum, índice de uma carência de seu poder, mas da imensidade de sua bondade[26]. O Universo, tal como Santo Tomás o representa, não é, então, uma massa de corpos inertes e passivamente agitados por uma força que as atravessa, mas um conjunto de entes ativos; nesse conjunto, cada ente goza da eficácia que Deus delegou-lhe junto com o existir. Na origem primeira de um mundo como esse devemos situar, então, muito menos uma força que simplesmente se exerce e muito mais uma bondade infinita que se comunica. O Amor é a fonte profunda de toda causalidade.

Tal é também o ponto do qual talvez se veja melhor a economia geral da filosofia tomista da Natureza. Visto de fora, esse pensamento parece a alguns de seus adversários uma reivindicação dos direitos da criatura contra os direitos de Deus (acusação tão mais perigosa pelo fato de Santo Tomás inspirar-se ostensivamente em Aristóteles e, portanto, parecer ceder à influência do naturalismo pagão). Aqueles que iam mais longe em seus próprios caminhos jamais lhe perdoaram a introdução de *naturezas* e *causas eficazes* entre os efeitos naturais e Deus[27]. Vista de dentro, a metafísica de Santo Tomás

---

[26] "Se uma coisa natural produz um efeito próprio, não é supérfluo que Deus produza o mesmo efeito, porque a coisa natural não produz esse efeito senão pela força divina. Também não é supérfluo que, mesmo que Deus possa produzir por si mesmo todos os efeitos naturais, estes sejam produzidos por outras causas, pois isso não decorre de uma insuficiência da força divina, mas da imensidade de sua bondade, pela qual ele quis comunicar sua semelhança às coisas, não apenas fazendo-as existir, mas também fazendo delas causas de outras coisas" – *Suma contra os gentios* III, 70.

[27] Sob esse aspecto, a antítese absoluta do tomismo é a filosofia de Malebranche, na qual só Deus é causa e se reserva exclusivamente toda eficácia. É por isso que o prefácio da *Recherche de la vérité* inicia por um protesto contra a inspiração aristotélica e, portanto, pagã da escolástica tomista. [N. do T.: há uma seleção de trechos traduzidos em português: MALEBRANCHE. *A busca da verdade*. Seleção e tradução de Plínio J. Smith. São Paulo: Paulus & Discurso, 2004]. Cf. os dois

aparece, ao contrário, como a exaltação de um Deus cujo atributo principal não seria o poder, mas a bondade. É certo que a fecundidade produtora e a eficácia são coisas divinas. Se Deus não as comunicasse à multiplicidade de entes que ele mesmo cria, nenhum deles seria capaz de dar a si próprio sequer uma ínfima parcela delas; é do poder divino que participa originariamente toda eficácia. Melhor dizendo, o poder divino é, em si, algo tão perfeito e tão eminente, que compreendemos a hesitação de uma alma religiosa em atribuir a si mesma a menor participação nesse poder. Mas, como também já vimos ao estudar a natureza do ato criador, a expansividade infinita do Bem é a origem primeira dessa participação. Por isso mesmo, a concepção de um Universo querido por um Bem que se comunica não poderia ser a de um Universo querido por um Poder que reserva a eficácia para si; tudo o que esse Poder teria direito a reter, a Bondade quererá dar; e quanto mais elevado for o dom, mais elevada também será a marca de amor no qual ela poderá comprazer-se. A intuição metafísica profunda que solda essas duas vigas mestras do edifício consiste em ver que um Universo como o de Aristóteles requer como causa um Deus como o de Dionísio Pseudoareopagita. Nossa glória suprema é de sermos coadjutores de Deus pela causalidade que exercemos: *Dei sumus adjutores*[28]; ou, como diz ainda Dionísio, o que há de mais divino é fazer-se cooperador de Deus: *omnium divinius est Dei cooperatorem fieri*[29]. Da efusão original que torna essa cooperação possível decorre também, como de uma fonte, a eficácia das causas segundas; nenhum outro Universo seria tão digno de uma infinita Bondade[30].

Uma primeira consequência dessa doutrina é estabelecer o verdadeiro sentido disso que alguns denominam o "naturalismo" ou o "fisicismo" de Santo Tomás de Aquino. Se nenhuma filosofia conseguiu preocupar-se mais intensamente com salvaguardar os direitos da criatura, foi porque a filosofia de Tomás via exatamente nos direitos da criatura o único meio de salvaguardar os direitos de Deus. Longe de usurpar os privilégios do Criador, toda perfeição que atribuímos às causas segundas só pode aumentar a glória de Deus, posto que ele é a causa primeira de toda perfeição e que toda perfeição é uma ocasião sempre nova de louvar Deus. É porque há causalidade na Natureza que nós podemos remontar, passando do que nos é mais próximo ao que nos é menos próximo, até a causa primeira que é Deus; em um Universo despro-

---

volumes ricos e sugestivos de Henri Gouhier: *La vocation de Malebranche*. Paris: Vrin, 1926, e *La philosophie de Malebranche et son expérience religieuse*. Paris: Vrin, 1926.

[28] 1Coríntios 3, 9.

[29] Dionísio Pseudoareopagita, *A hierarquia celeste*, cap. 3. Esse texto, assim como o do apóstolo Paulo mencionado na nota anterior, são citados por Santo Tomás na *Suma contra os gentios* III, 21.

[30] Cf. Gilson, *L'esprit de la philosophie médiévale, op. cit.*, Capítulo VII ("A glória de Deus"), 2ª ed., pp. 133-153 (tradução brasileira: *O espírito da filosofia medieval, op. cit.*, pp. 175-201).

vido de causas segundas, as provas da existência de Deus mais óbvias seriam impossíveis e os atributos metafísicos divinos mais elevados permaneceriam, então, ocultos. Inversamente, a profusão de entes, naturezas, causas e operações cujo espetáculo é oferecido pelo Universo dos corpos não pode mais ser considerada algo que existe ou age por si. Se Deus conferiu-lhes a eficácia como marca de sua origem divina, é então um esforço constante de assimilação a Deus que as trabalha e as move às suas operações. No fundo de cada forma natural esconde-se um desejo de, agindo, imitar a fecundidade criadora e a atualidade pura de Deus. Se há um desejo inconsciente de si mesmo já no domínio dos corpos, não será diferente quanto ao esforço rumo a Deus que desabrochará na vida moral com a inteligência e a vontade do ser humano. Se, então, existe uma física dos corpos, é porque existe antes uma mística da vida divina; as leis naturais da comunicação dos movimentos imitam a efusão criadora primitiva e a eficácia das causas segundas é o análogo da fecundidade criadora. Tão logo percebemos a significação desse princípio, desaparece a antinomia entre a perfeição de Deus e a do ente criado. Um Universo que é querido por Deus a título de semelhança divina não será jamais demasiado belo nem demasiado eficaz; não se realizará jamais completamente em excesso; nunca haverá excesso de força em sua tendência à sua própria perfeição para reproduzir, como convém, a imagem de seu modelo divino. *Unumquodque tendens in suam perfectionem, tendit in divinam similitudinem* (Cada coisa que tende à sua perfeição tende à semelhança divina)[31]: princípio de uma inesgotável fecundidade na filosofia tomista, posto que ele regula ao mesmo tempo a moral humana e a metafísica da Natureza – sejamos perfeitos como nosso Pai celeste é perfeito.

Dessa perspectiva, compreende-se facilmente a razão profunda das críticas dirigidas por Santo Tomás a certas metafísicas que o precederam. Todas as doutrinas diferentes da de Aristóteles, na qual ele se inspira[32], dividem-se, a seus olhos, em duas classes e segundo duas maneiras que essas doutrinas encontravam para recusar às causas segundas a atividade própria à qual elas têm direito. De um lado, estão as diversas variações do platonismo: Avicena, Ibn Gabirol etc.; tudo o que de novo aparece no mundo dos corpos advém-lhe de fora. Trata-se de um extrinsecismo radical: a causa exterior das formas ou das operações do mundo sensível reside na eficácia das Ideias, com Platão, na eficácia de uma Inteligência separada, com Avicena, na eficácia da Vontade divina, com Gabirol. O problema recebe a mesma solução, seja explicando as operações físicas dos corpos, seja explicando as operações cogni-

---

[31] *Suma contra os gentios* III, 21 (Praeterea, tunc maxime).

[32] Falamos aqui de Aristóteles tal como Santo Tomás de Aquino o viu ou quis ver. Se, como já sugerimos, Santo Tomás ultrapassou de longe a noção aristotélica da causa motora, a fim de alcançar a noção de uma causa verdadeiramente eficiente, é então o platonismo de Aristóteles que Tomás efetivamente ultrapassa nesse ponto.

tivas da razão ou ainda as operações morais da vontade. Nos três casos, toda a eficácia reside em um agente extrínseco, que confere de fora a forma sensível ao corpo, a forma inteligível ao intelecto ou a virtude à vontade. De outro lado, está o que poderíamos chamar de anaxagorismo sob todas as suas formas, quer dizer, um intrinsecismo não menos radical do que o extrinsecismo de que acabamos de falar e que conduz ao mesmo resultado. Desse segundo ponto de vista, em vez de vir de fora, todos os efeitos são, ao contrário, já pré--formados e virtualmente realizados dentro: razões seminais incluídas na matéria e que se desenvolvem quando despertadas por um agente externo; ideias inatas na alma e que se desenvolvem por si mesmas sob o leve choque da sensação; virtudes naturais, esboçadas na vontade, e que se aperfeiçoam espontaneamente à medida que a vida oferece-lhes ocasião de fazê-lo. No primeiro grupo, a causa segunda não fazia nada, porque recebia tudo de fora; no segundo, ela não faz nada mais, porque os efeitos que ela parece produzir encontram-se já virtualmente realizados e porque sua ação limita-se a afastar os obstáculos que impediam o desenvolvimento de seus efeitos[33]. São erros contrários e todavia tão intimamente próximos, que alguns filósofos encontrarão meios de mantê-los juntos, tal como esses agostinistas, para quem o conhecimento advém de fora à alma, por via de iluminação divina, ao passo que as formas sensíveis desenvolvem-se de dentro, na matéria, graças às razões seminais que nela se encontram latentes. Na realidade, essas são duas maneiras diferentes de atacar a perfeição do Universo, cuja tessitura mesma é feita de ordem e de conexão de causas. Todas devem à infinita bondade da causa primeira tanto o existir como o ser causas. É o que, na sequência, verificaremos no caso particularmente importante do composto humano.

---

[33] "Essas duas opiniões faltam com a razão. A primeira delas, com efeito, exclui causas próximas na medida em que atribui apenas às causas primeiras todos os efeitos que advêm ao que é inferior: nisso, derroga-se a ordem do Universo, que é tecido por ordem e conexão de causas; a causa primeira, pela eminência de sua bondade, confere às outras coisas não somente o existir, mas também o serem causas. A segunda opinião termina igualmente por conduzir como que à mesma inconveniência: pois aquilo que remove o impedimento não é motor senão por acidente (...), e se os agentes inferiores nada mais fazem do que fazer passar do oculto ao manifesto, removendo os impedimentos pelos quais as formas e os hábitos das virtudes e das ciências ocultavam--se, segue-se então que todos os agentes inferiores só agem por acidente" – *Questão disputada sobre a verdade*, q. 11, art. 1, Resp.

# CAPÍTULO 4

# O SER HUMANO

No cimo do mundo das formas encontram-se as Inteligências separadas de toda matéria: os anjos. No mais ínfimo grau encontram-se as formas inteiramente englobadas na matéria. Entre os dois níveis encontram-se as almas humanas, que não são nem formas separadas nem formas, na sua existência, ligadas à existência da matéria. Comecemos por precisar sua condição.

A noção de alma é largamente mais ampla do que a de alma humana. Tomada em sua generalidade, ela se define como o ato primeiro de um corpo organizado e capaz de exercer as funções da vida[1]. Como toda forma, uma alma é, então, um ato. Como todo ato, não o conhecemos diretamente; ele é simplesmente inferido e afirmado por um juízo, tomando-se por base os seus efeitos[2]. Entre seus efeitos, o que por primeiro toca o observador é a presença de centros de movimentos espontâneos. Os corpos são de dois tipos: alguns são naturalmente inertes; outros, ao contrário, parecem crescer, mudar e, no caso dos mais perfeitos, deslocar-se no espaço em virtude de uma espontaneidade interna. Esses últimos são chamados de "seres vivos", denominação que se estende aos vegetais, aos animais e aos humanos. Porque exercem operações próprias, eles devem ter um princípio de operação que lhes é próprio. Esse princípio chama-se alma.

Não convém representar um vivente como uma máquina (que, por si, é inerte) dotada de uma alma que seria sua força motora. Isso foi o que Descartes quis pôr no lugar da noção aristotélica de ser vivo. Para Santo Tomás, como para Aristóteles, a alma não faz somente mover um corpo; antes de tudo, ela faz que haja um corpo. Um cadáver não é um corpo. A alma faz o corpo existir justamente como corpo. É ela que reúne e organiza os elementos que hoje chamamos de bioquímicos (elementos orgânicos ou mesmo inorgânicos, mas nunca informes), a fim de constituir o corpo ou corpo vivo. É nesse sentido pleno que a alma é o *ato primeiro* do corpo, quer dizer, aquele

---

[1] Cf. *Comentário ao livro Sobre a Alma, de Aristóteles* II, lição 2 (edição Pirotta, n. 233, p. 83).
[2] Cf. *idem*, lição 3 (ed. Pirotta, n. 253, p. 91).

que o faz *esse* (existir); e é graças a tal ato primeiro que o vivente pode exercer todos seus atos segundos, as funções vitais que são suas operações.

Forma de uma matéria organizada, a alma é imaterial e incorpórea, como o são, aliás, todas as formas, até a mais humilde delas[3]; mas são bem diferentes as condições das almas nos diversos graus da hierarquia dos viventes. A alma humana, que está em questão aqui, não exerce somente as operações fisiológicas típicas de todo vivente; ela exerce também operações cognitivas. Notadamente, ela conhece a existência e as propriedades dos corpos. Para poder conhecer qualquer coisa, é preciso não ser essa coisa. Dizendo com mais exatidão, para poder conhecer certo gênero de entes, é preciso não ser uma das espécies de entes contidas nesse gênero. Por exemplo, quando um doente sente sua língua amarga, sente como amargo tudo o que come; todos os outros sabores deixam de ser perceptíveis para ele. Assim também, se a alma humana fosse um corpo, ela não conheceria nenhum corpo. O conhecimento humano é, então, a operação de uma forma que, sendo apta à intelecção dos corpos, é essencialmente alheia a toda corporeidade. Como ela exerce operações nas quais o corpo não toma parte, a alma humana é uma forma na qual o corpo não tem parte. Para operar por si, algo deve subsistir por si, porque o existir é a causa da operação e porque toda coisa age segundo aquilo que ela é. Ora, o que subsiste por si é uma substância. A alma humana é, portanto, uma substância imaterial; e convinha demonstrá-lo[4].

Compreender que a alma humana é uma substância imaterial é ver, ao mesmo tempo, que ela é imortal. Propriamente falando, a imortalidade da alma não precisa ser demonstrada, ao menos para quem conhece sua natureza. Trata-se de algo como uma evidência *per se nota* (conhecida imediatamente) que segue da definição de alma racional, assim como da definição de *todo* segue que o todo é maior do que a parte. Não será, porém, inútil mostrar mesmo o que não precisa ser demonstrado[5].

Ser imortal é ser imperecível. O que é perecível só pode perecer de por si ou por acidente. Ora, as coisas perdem a existência da mesma maneira que a recebem: por si, caso sejam substâncias e, portanto, existam por si; por acidente,

---

[3] Cf. *idem*, lição 1 (ed. Pirotta, n. 217-234, pp. 83-84). Cf. também *Suma de teologia* I, 75, 1, Resp.; *Suma contra os gentios* II, 65.

[4] A natureza mesma dessa demonstração implica, aliás, que a conclusão valha apenas para a alma humana e não para a alma dos animais. Os animais sentem, mas não têm intelecto; ora, a sensação implica participação do corpo. Não operando separadamente, a alma sensitiva do animal não subsiste à parte do corpo; ela não é, portanto, uma substância. Ver *Suma de teologia* I, 74, 4, Resp. e I, 75, 4, Resp.; *Suma contra os* gentios II, 82.

[5] Santo Tomás sempre sustentou que, segundo o próprio Aristóteles, a alma de cada ser humano é uma substância espiritual que, embora unida a um corpo, é capaz de subsistir sem ele. Cajetano negará que Aristóteles tenha ensinado isso. Sobre as consequências do conflito, ver E. GILSON, "Autour de Pomponazzi. Problématique de l'immortalité de l'âme en Italie au début du XVIème siècle", in *Archives d'histoire doctrinale et littéraire du Moyen Âge*, 28 (1962), pp. 163-279.

caso sejam acidentes e, portanto, só existam por acidente. A alma, sendo uma substância, subsiste por si; ela não poderia, portanto, perecer por acidente. É, entretanto, o que aconteceria se a morte do corpo acarretasse a morte da alma, como ocorre com as plantas e os animais sem razão. Sendo substância, a alma racional não é afetada pelo perecimento do corpo, que, aliás, só existe pela alma (e não ela por ele). Se pudesse haver uma causa de perecimento para a alma, seria na própria alma que se deveria buscar tal causa.

Mas é impossível encontrar algo desse tipo na alma. Toda substância que é forma é indestrutível por definição. Com efeito, o que pertence a um ente em virtude de sua definição não poderia ser-lhe retirado. Ora, assim como a matéria é potência por definição, a forma é ato por definição. Portanto, assim como a matéria é uma possibilidade de existência, a forma é um ato de existir. Vemos bem isso, aliás, nos corpos, pois eles adquirem o existir ao receber sua forma; e tão logo percam a forma, perdem o existir. Mas, não é porque concebemos que um corpo seja separado de sua forma e do existir por ela conferido que podemos também conceber que uma forma subsistente possa ser separada do existir que ela dá. Portanto, enquanto uma alma racional permanece o que ela é, ela existe. É o que queremos dizer ao afirmar que ela é imortal[6].

Forma subsistente, a alma sofre, no entanto, da mesma imperfeição que a substância angélica. Por definição, a alma é forma na totalidade de seu existir. Se pretendêssemos descobrir alguma matéria nela, esta não seria a alma mesma, mas o corpo que a alma anima[7]. Todavia, assim como se dá com o anjo, a alma é composta de potência e ato; nela também a existência é distinta da essência. À diferença de Deus, ato puro, a alma só possui de existir aquilo que sua natureza finita comporta: conforme à regra, o grau de existir de cada criatura mede-se pela capacidade da essência que dele participa[8].

Uma determinação ulterior permite distinguir as almas das inteligências separadas, que nós já sabemos serem infinitamente distantes de Deus. A alma humana não é nem matéria nem corpo, mas, pela natureza de sua própria essência, ela é adequada à união a um corpo. Objetar-se-á sem dúvida que o corpo unido à alma não pertence à essência da alma tomada em si mesma e, por conseguinte, a alma humana, considerada precisamente como alma, é

---

[6] Cf. *Suma de teologia* I, 75, 6, Resp. Essa justificativa da imortalidade da alma é uma transposição de uma prova do *Fédon*, de Platão, vista por meio do seguinte texto de Santo Agostinho: *A imortalidade da alma* XII, 19 (Patrologia Latina Migne, tomo 32, coluna 1031). Sobre o desejo natural da existência, considerado como índice de imortalidade, ver *Suma de teologia* I, 75, 6, Resp. e *Suma contra os gentios* II, 55 e 79. Cf. MARTIN, J. *Saint Augustin*. Paris, 1923, pp. 160-161.

[7] Em sentido contrário, cf. SÃO BOAVENTURA, *Comentário ao livro das Sentenças de Pedro Lombardo* II, dist. 17, a. 1, q. 2 (Concl.).

[8] Cf. *Suma de teologia* I, 75, 5, ad 4m; *Questão disputada sobre as criaturas espirituais*, 1, Resp.; *Questão disputada sobre a alma*, questão única, a. 6, Resp.

uma forma intelectual pura e da mesma espécie que o anjo. Dizer isso, porém, é não discernir claramente o novo grau de imperfeição que se introduz aqui na hierarquia dos entes criados. Dizendo que alma humana é "naturalmente adequada à união" a um corpo, não se pretende afirmar simplesmente que, por um encontro sem fundamento em sua natureza, ela pode encontrar-se acidentalmente unida a um corpo; a sociabilidade com o corpo é, ao contrário, essencial à alma. Não estamos mais em presença de uma pura inteligência tal como a substância angélica, mas de um simples intelecto, quer dizer, um princípio de intelecção que requer necessariamente um corpo para levar a bom termo sua operação própria. É por isso que a alma humana marca, com relação ao anjo, um grau inferior de intelectualidade[9]. A verdade dessa conclusão manifestar-se-á plenamente quando tivermos determinado o modo segundo o qual a alma une-se ao corpo para constituir o composto humano.

O que é, então, esse corpo e que tipo de entes são esses compostos? O corpo não deve ser concebido como mau em si; os maniqueus não apenas foram considerados responsáveis por uma heresia, considerando má a matéria e atribuindo-lhe um princípio criador distinto de Deus, mas também cometeram um erro filosófico. Afinal, se a matéria fosse má em si, ela não seria nada; e, se ela é algo, é porque, à medida mesma que é, ela não é má. Como tudo o que entra no domínio da criatura, a matéria é, então, boa e criada por Deus[10].

Há mais a dizer, pois a matéria não somente é boa em si, mas também fonte de bens para as formas que a ela se encontram unidas. Significaria sair completamente da perspectiva tomista representar o Universo material como resultado de alguma decadência, ou ainda a união da alma ao corpo como consequência de uma queda. Em um Universo criado por pura bondade, todas as partes são igualmente reflexos da perfeição infinita de Deus. A doutrina de Orígenes, segundo a qual Deus só teria criado os corpos para aprisionar as almas pecadoras, é profundamente repugnante ao pensamento de Santo Tomás. O corpo não é a prisão da alma, mas um servidor e um instrumento a seu serviço; a união da alma e do corpo não é um castigo para a alma, mas um laço benfazejo, graças ao qual a alma humana alcançará sua completa perfeição.

Não temos aqui uma teoria forjada de propósito para o caso particular da alma; ao contrário, ela regula o caso da alma em função de um princípio metafísico cujo alcance é universal: o menos perfeito ordena-se ao mais perfeito como a seu fim; o menos perfeito existe, portanto, *para* o mais perfeito e não contra ele. No indivíduo, cada órgão existe em vista de sua função,

---

[9] Cf. *Suma de teologia* I, 75, 7, ad 3m.

[10] Cf. *Questões disputadas sobre o poder divino* III, 5; *Suma de teologia* I, 65, 1; *Suma contra os gentios* II, 6 e 15.

como o olho para permitir a vista; cada órgão inferior existe em função de um órgão e de uma função superiores, como o sentido para a inteligência e o pulmão para o coração; o conjunto desses órgãos, por sua vez, não existe senão em vista da perfeição do todo, como a matéria em vista da forma ou o corpo para a alma, pois as partes são como a matéria do todo. Ora, ocorre exatamente o mesmo se for considerada a disposição dos entes individuais no interior do todo. Cada criatura existe para seu ato e perfeição próprios; as criaturas menos nobres existem em vista das mais nobres; os indivíduos existem em vista da perfeição do Universo; e o Universo mesmo existe em vista de Deus. A razão de existir de uma substância ou a razão de um modo de existência não residem nunca em um mal, mas em um bem; resta-nos saber qual bem o corpo humano pode oferecer à alma racional que o anima[11].

Como as causas finais residem na essência (e, por conseguinte, na forma), é na alma mesma que se deve buscar a razão de existir de seu corpo. Se a alma fosse uma inteligência de mesmo grau de perfeição que o anjo, ela seria uma forma pura, subsistente e operante sem o socorro de um instrumento exterior, realizando plenamente sua própria definição e concentrando, enfim, numa única individualidade a perfeição total de uma essência. Poder-se-ia dizer, ainda, que cada anjo define sozinho e de maneira completa um dos graus de participação possíveis na perfeição de Deus. A alma humana, ao contrário, situando-se mais abaixo na escala dos entes, pertence à ordem de formas que não possuem perfeição suficiente para existir em estado separado. Enquanto cada inteligência angélica de um grau definido subsiste à parte, não existe e não pode existir em parte alguma uma forma única que corresponda ao grau de perfeição da alma humana e o realize plenamente. Ora, é um princípio considerar que toda unidade inacessível se imite por uma multiplicidade. As almas humanas individuais, cuja sucessão constantemente renovada assegura a perpetuidade da espécie, permitem que o grau de perfeição correspondente ao ser humano tenha continuamente representantes

---

[11] Cf. *Suma de teologia* I, 47, 2, Resp.; I, 65, 2, Resp. Estamos próximos, aqui, do fundamento último da individuação. Sem discuti-las em seu teor próprio, observemos que as numerosas críticas endereçadas a Santo Tomás concernentes à impossibilidade de garantir a personalidade em sua filosofia (na qual a individuação faz-se pela matéria) desconhecem um princípio tomista fundamental: a matéria torna possível a multiplicidade de certas formas, mas ela mesma só está aí em vista dessas formas. É uma representação ingênua falar de uma alma à parte e, em seguida, de um corpo à parte; alguns se escandalizam diante da afirmação de que uma substância tão nobre como a alma possa ser individualizada por uma porção de matéria. Na realidade, o corpo só existe pela alma e ambos só existem pela unidade do ato existencial que os causa, os atravessa e os contém. Ver o texto fundamental do *Respondeo* do Artigo 1 da *Questão disputada sobre a alma*, além da observação feita no *ad 2m* da mesma questão: *Unumquodque secundum idem habet esse et individuationem* (É em decorrência do mesmo [fator] que cada coisa tem o existir e a individuação). A substância é individual por si mesma; afinal, para ela, *existir e ser ela mesma* são a mesma coisa.

no Universo. Mas, embora a representação humana da perfeição divina (requerida pela ordem da criação) seja assim salvaguardada, cada alma, tomada individualmente, não passa de uma realização incompleta de um tipo ideal. Satisfazendo à sua própria definição, ela é em ato e goza do "ser o que ela deve ser", mas, realizando apenas imperfeitamente sua definição, a alma humana é em potência, quer dizer, não é tudo o que poderia ser (e é mesmo em estado de privação, pois ela sente que deveria ser o que não é).

Uma alma humana ou uma forma corporal qualquer é, então, certa perfeição incompleta, porém apta a completar-se: ela sente a necessidade e experimenta o desejo de completar-se. É por isso que a forma, trabalhada pela privação daquilo que lhe falta, é o princípio de operação das coisas naturais: cada ato de existir, na proporção em que existe, deseja existir; ele não age senão para manter-se na existência e afirmar-se mais completamente. Ora, a inteligência do ser humano é o raio mais atenuado na ordem do conhecimento. Sua luz é tão fraca que nenhum inteligível aparece sob ela; deixada a si mesma ou situada diante de um inteligível puro (como aquele que os anjos leem facilmente), ela permaneceria vazia ou não discerniria nada. Essa forma incompleta é radicalmente incapaz de completar-se por si mesma; ela existe, está claro, em potência para toda a perfeição que lhe falta, mas ela não tem de onde tirar essa perfeição: a operação que a completaria é-lhe impossível. Ei-la, pois, condenada à esterilidade e à inação, a menos que ela se dê um instrumento, aliás também incompleto sem ela, que ela organizará, animará do interior e que lhe permitirá entrar em relação com um inteligível que lhe seja assimilável. Para que a inteligência humana tome consciência disso que lhe falta e para que, estimulada pelo sentimento de sua privação, se ponha em busca do inteligível incluído no sensível, é preciso que ela seja uma alma e que beneficie das vantagens que sua união com o corpo lhe trará. Tentemos esclarecer como essa união se dá.

Convém formular inicialmente uma condição à qual deverá satisfazer toda solução para esse problema. Como o ato próprio de uma alma inteligente é o conhecimento intelectual, trata-se de descobrir um modo de união entre a alma e o corpo que permita atribuir o conhecimento intelectual não apenas à alma, mas ao indivíduo humano inteiro. A legitimidade dessa exigência não se põe em dúvida. Cada ente humano constata por experiência íntima que é ele mesmo que conhece e não uma parte dele. Temos, portanto, a escolha entre duas hipóteses: ou bem o ser humano nada mais é que sua alma intelectiva (caso em que é evidente que o conhecimento intelectual pertence ao indivíduo humano inteiro) ou bem a alma é uma "parte" do indivíduo humano (restando atribuir-lhe uma união suficientemente estreita com o corpo, para que a ação da alma seja atribuível ao indivíduo)[12]. Ora, é

---

[12] Cf. *Suma de teologia* I, 76, 1, Resp.

impossível sustentar que a alma, considerada sozinha, seja o indivíduo humano mesmo. Podemos, com efeito, definir isto: o que faz as operações próprias do ser humano. O ser humano não realiza apenas operações intelectuais, mas também operações sensórias; e é manifesto que essas últimas não podem ser efetuadas sem que modificações se produzam em um órgão corpóreo. A visão, por exemplo, supõe que a espécie colorida produza uma modificação da pupila; algo parecido ocorre com os outros sentidos[13]. Se sentir é uma verdadeira operação do ser humano, então, ainda que essa não seja sua operação própria, resulta manifesto que o ser humano não é apenas sua alma, mas certo composto de alma e corpo[14]. Qual é a natureza da união de ambos?

Eliminemos a hipótese que faria da alma e do corpo um ente misto cujas virtudes participariam ao mesmo tempo da substância espiritual e da substância corporal que os constituem. Em um verdadeiro misto os componentes não subsistem mais do que virtualmente quando se perfaz a mistura, pois, se eles subsistissem em ato, não seria o caso de falar de um misto, mas de um simples aglomerado. Não encontramos no misto nenhum dos elementos que o compõem. Ora, não sendo compostas de matéria e forma, as substâncias intelectuais são simples e, por conseguinte, imperecíveis[15]; elas não poderiam, portanto, constituir com o corpo um misto em que a natureza própria delas cessaria de existir[16].

No extremo oposto dessa doutrina, que confunde a alma com o corpo a ponto de abolir a essência da alma, está aquela que os distingue tão radicalmente que não deixa subsistir entre alma e corpo mais do que um contato exterior e como que uma simples relação de contiguidade. Tal é a posição de Platão, que pretende ser o intelecto unido ao corpo apenas a título de motor. Mas esse modo de união não é suficiente para que a ação do intelecto seja atribuível ao todo constituído pelo intelecto e pelo corpo. A ação do motor só é atribuída à coisa movida a título de instrumento, assim como atribuímos ao serrote a ação do carpinteiro. Se o conhecimento intelectual só é atribuível ao próprio Sócrates porque esse conhecimento é a ação do intelecto que move seu corpo, então não atribuímos tal conhecimento a Sócrates mesmo a não ser a título de instrumento. Ora, Sócrates seria um instrumento corporal, pois ele é composto de alma e corpo; e, como o conhecimento intelectual não requer nenhum instrumento corpóreo, é legítimo concluir que afirmar a alma como simples motor do corpo não permitiria atribuir a atividade intelectual ao indivíduo humano inteiro.

---

[13] Cf. *idem*, I, 75, 3, Resp.

[14] Cf. *idem*, I, 75, 4, Resp.

[15] Cf. *Suma contra os gentios* II, 55 (Omnis enim).

[16] Cf. *idem* II, 56 (Quae miscentur).

Além disso, a ação de uma parte pode ser algumas vezes atribuída ao todo, assim como atribuímos ao indivíduo humano a ação do olho que vê. Mas não se atribui nunca a uma parte a ação de outra parte, a não ser por acidente. Não dizemos, com efeito, que a mão vê porque o olho vê. Se Sócrates e seu intelecto são duas partes de um mesmo todo, unidas como a coisa movida é unida a seu motor, então a ação de seu intelecto não é, propriamente falando, atribuível a Sócrates inteiro. Se, por outro lado, Sócrates mesmo é um todo, composto da união de seu intelecto com o resto do que constitui Sócrates (sem que seu intelecto seja unido ao corpo a não ser como motor), então Sócrates só tem uma unidade e um existir acidentais, o que não podemos afirmar legitimamente do composto humano[17].

Na realidade, encontramo-nos aqui na presença de um erro já refutado. Se Platão não pretende unir a alma ao corpo senão a título de motor, é porque ele não situa a essência do ser humano no composto de alma e corpo, mas apenas na alma que usa o corpo como um instrumento. É por isso que ele afirma que a alma está no corpo como o piloto em seu navio. Do ponto de vista platônico, dizer que cada ser humano é composto de uma alma e de um corpo equivaleria a considerar Pedro como um composto formado de sua humanidade e de sua vestimenta, quando, ao contrário, Pedro é um homem que se serve de sua vestimenta, assim como cada ser humano é uma alma que se serve de seu corpo. A doutrina platônica é claramente inaceitável. O animal e o ser humano são seres naturais, quer dizer, compostos físicos, feitos de matéria e de forma. Não seria assim na hipótese segundo a qual o corpo e suas partes não pertencessem à essência do ser humano e do animal, pois a alma, considerada em si mesma, não é nada de sensível nem de material. Se nos recordamos, além disso, que ao lado de operações nas quais o corpo não toma parte (como a intelecção pura) a alma exerce um grande número de outras operações que são comuns entre ela e o corpo (tais como as sensações e as paixões), seremos levados a sustentar que cada ser humano não é simplesmente uma alma que se serve de seu corpo (assim como um motor se serve daquilo que ele move), mas é esse todo verdadeiro que é a unidade da alma e do corpo[18].

Resta, portanto, como único modo possível de união entre a alma e o corpo aquele proposto por Aristóteles ao fazer do princípio intelectivo a forma do corpo. Se essa hipótese for verificada, a intelecção será legitimamente atribuível ao ser humano, unidade substancial do corpo e da alma. Ora, não se pode duvidar disso. Com efeito, aquilo pelo que um ente passa da potência

---

[17] Cf. *Suma de teologia* I, 75, 4, Resp.; I, 76, 1, Resp.; *Suma contra os gentios* II, 56 (Quae autem uniuntur).

[18] Cf. *Suma contra os gentios* II, 57 (Animal et homo); *Questão disputada sobre a alma*, art. 1, Resp.

ao ato é a forma própria e o ato desse ente. Ora, o corpo vivo não é tal, senão em potência, até que a alma venha informá-lo. É somente enquanto sua alma o vivifica e o anima que o corpo humano merece verdadeiramente esse nome; o olho ou o braço de um cadáver não são mais verdadeiros do que se estivessem pintados sobre uma tela ou esculpidos numa pedra[19]. Mas, se a alma racional é o que situa o corpo na espécie dos corpos humanos, então é ela que lhe confere em ato o existir que ele possui; ela é verdadeiramente sua forma, assim como havíamos suposto[20]. A mesma conclusão pode ser deduzida não mais da consideração do corpo humano que a alma anima e vivifica, mas da definição da espécie humana tomada nela mesma. A natureza de um ente dá-se a conhecer pela operação desse ente. Ora, a operação própria do ser humano, considerado como humano, não é nada mais do que o conhecimento intelectual; é pelo conhecimento intelectual que o ser humano ultrapassa em dignidade todos os outros animais e é por isso que vemos Aristóteles situar a suprema felicidade nessa operação característica do ser humano[21]. É, então, necessariamente o princípio da operação intelectual que situa o ente humano na espécie em que ele se encontra (espécie de um ente sempre determinado por sua forma própria); o princípio intelectivo (quer dizer, a alma humana) permanece, portanto, a forma própria de cada ser humano[22].

Alguns se resignam desconfortavelmente a essa conclusão. Parece-lhes difícil admitir que uma forma intelectual eminente em dignidade tal como a alma humana encontre-se imediatamente unida à matéria de um corpo. Para atenuar o que essa desproporção tem de chocante, introduz-se entre a forma substancial mais elevada do ente humano (quer dizer, o princípio intelectual mesmo) e a matéria primeira que ela informa uma multiplicidade de formas intermediárias. Como submissa à sua primeira forma, a matéria torna-se, então, o sujeito próximo da segunda forma e assim por diante, até a última. Nessa hipótese, o sujeito próximo da alma racional não seria a matéria corporal pura e simples, mas o corpo já informado pela alma sensitiva[23].

Essa opinião explica-se facilmente do ponto de vista próprio dos filósofos platônicos. Eles falam, com efeito, do princípio segundo o qual há uma hierarquia dos gêneros e das espécies; no seio dessa hierarquia, segundo o

---

[19] Cf. *Questão disputada sobre a alma*, art. 1, Resp.

[20] Cf. *Suma contra os gentios* II, 57 (Illud quo aliquid).

[21] Cf. ARISTÓTELES, *Ética nicomaqueia* X, 7, 1177a12.

[22] Cf. *Comentário ao De Anima de Aristóteles* II, lição 4 (ed. Pirotta, nn. 271-278, pp. 97-98); *Suma de teologia* I, 76, 1, Resp.; *Questão disputada sobre as criaturas espirituais*, 2, Resp.

[23] A esse respeito, cf. DE WULF, M. *Le traité des formes de Gilles de Lessines*. Louvain, 1901. (Col. "Les philosophes belges"). Tanto quanto o estado atual dos textos permite julgar, pode-se atribuir essa concepção a Alexandre de Hales, *Summa* II, q. 63, m. 4. A discussão é possível no que concerne a São Boaventura (cf. LUTZ, E. *Die Psychologie Bonaventuras nach den Quellen dargestellt*. Münster, 1909, pp. 53-61).

mesmo princípio, os graus superiores são sempre inteligíveis em si mesmos e independentemente dos graus inferiores. O homem em geral é inteligível por si; abstração feita deste ou daquele ser humano particular, o animal é inteligível independentemente do homem; e assim por diante. Tais filósofos raciocinam, além disso, como se houvesse sempre na realidade um ente distinto e separado, correspondente a cada uma das representações abstratas que nosso intelecto pode formar. Assim, ao constatar que, fazendo-se abstração do sensível, é possível considerar as matemáticas, os platônicos afirmaram a existência de entes matemáticos subsistentes fora das coisas sensíveis; igualmente, puseram o homem em si acima dos entes humanos particulares e elevaram-se até o ente, o Um e o Bem, que eles situaram no supremo grau das coisas.

Considerando, então, os universais como formas separadas das quais participariam os entes sensíveis, é-se levado a dizer que Sócrates é animal por ser partícipe da ideia de animal e é homem porque participa da ideia de homem, o que equivale a afirmar nele uma multiplicidade de formas hierarquizadas. Se, ao contrário, consideramos as coisas da perspectiva da realidade sensível, que é aquela de Aristóteles e da verdadeira filosofia, veremos que não poderia ser dessa maneira. Entre todos os predicados que podem ser atribuídos às coisas, há um que lhes convém de modo particularmente íntimo e imediato: é o existir mesmo; e, posto que é a forma que confere à matéria seu existir atual, é preciso necessariamente que a forma da qual a matéria recebe seu existir pertença-lhe imediatamente e antes do que quer que seja. Aquilo que confere o ser substancial à matéria não é outra coisa senão a forma substancial. As formas acidentais, com efeito, conferem àquele que elas revestem um ser-tal, simplesmente relativo e acidental; elas fazem de um ente um ente branco ou colorido, mas não são elas que fazem dele um ente. Uma forma que não confere à matéria o ser substancial, mas se acrescenta a uma matéria já existente em virtude de uma forma precedente não poderia ser considerada como forma substancial. Isso equivale a dizer que, por definição, é impossível inserir entre a forma substancial e sua matéria uma pluralidade de formas substanciais intermediárias[24].

Se é assim, só se pode afirmar em cada indivíduo uma única forma substancial. À sua forma única, que é a forma humana, cada ser humano deve não somente o ser homem, mas também o ser animal, o ser vivo, o ser corpo, o ser substância e o ser ente. Eis como isso se pode explicar: todo ente que age imprime sua própria semelhança na matéria sobre a qual ele age; dizemos que essa semelhança é uma forma. Pode-se notar, por outro lado, que quanto mais uma virtude ativa e operativa é elevada em dignidade, tanto

---

[24] *Questão disputada sobre a alma*, art. 9, Resp.; *Suma contra os gentios* II, 58 (Quae attribuuntur); *Suma de teologia* I, 76, 4, Resp.

mais é considerável o número das outras virtudes que ela sintetiza. Acrescentemos, enfim, que ela não as contém a título de partes distintas que a constituiriam em sua excelência própria, mas que ela as inclui na unidade de sua própria perfeição. Ora, quando um ente age, a forma que ele induz na matéria é tanto mais perfeita quanto mais perfeito é ele mesmo; e, dado que a forma assemelha-se àquele que a produz, uma forma mais perfeita deve poder efetuar por uma única operação (e de maneira ainda melhor) tudo o que formas inferiores em dignidade efetuam por operações diversas. Se, por exemplo, a forma do corpo inanimado pode conferir à matéria o existir e o ser um corpo, a forma da planta poderá conferir tudo isso igualmente e ainda lhe dará a vida. Sobrevindo a alma racional, ela bastará por si mesma para conferir à matéria o existir, a natureza corporal e a vida e ainda lhe dará a razão. É por isso que, no ser humano e nos outros animais, a aparição de uma forma mais perfeita acarreta a corrupção da forma precedente, de tal modo que, no entanto, a segunda forma possui tudo o que possuía a primeira[25].

No fundo dessa tese encontramos uma observação já feita e que, aliás, a simples inspeção do Universo basta para tornar evidente: as formas das coisas naturais não se distinguem umas das outras senão como o perfeito se distingue do mais perfeito. As espécies e as formas que as determinam diferenciam-se segundo os graus de existir mais ou menos elevados de que elas participam. Ocorre com as espécies o mesmo que com os números: acrescentar-lhes ou diminuir-lhes uma unidade é alterar a espécie deles. Melhor ainda, pode-se dizer, com Aristóteles, que o vegetativo está no sensitivo e o sensitivo está no intelecto assim como o triângulo está no quadrângulo e o quadrângulo está no pentágono. Com efeito, o pentágono contém virtualmente o tetrágono, porque ele tem tudo o que o tetrágono possui e ainda mais; mas ele não o tem como se se pudesse discernir separadamente nele o que pertence ao tetrágono do que pertence ao pentágono. Igualmente, enfim, a alma intelectiva contém virtualmente a alma sensitiva, pois ela tem tudo o que a alma sensitiva possui (e muito mais); mas ela não o possui de um modo em que seria possível discernir duas almas diferentes nela[26]. Uma só e única forma substancial, que é o intelecto humano, basta para constituir cada ser humano em seu existir próprio, conferindo-lhe ao mesmo tempo o existir, o corpo, a vida, o sentido e a intelecção[27].

As consequências imediatas dessa conclusão são da mais alta importância; convém assinalá-las desde já. Vê-se, de imediato, por que o termo *homem* não pode significar propriamente nem o corpo humano nem a alma humana, mas o composto de corpo e alma tomado em sua totalidade. Se alma é a forma

---

[25] Cf. *Suma de teologia* I, 118, 2, ad 2m.
[26] Cf. *Questão disputada sobre as criaturas espirituais*, 3, Resp.
[27] Cf. *Questão disputada sobre a alma*, art. 9, Resp.

do corpo, ela constitui com ele um composto físico de mesma natureza que os outros compostos de matéria e forma. Ora, num caso como esse, não é a forma sozinha que constitui a espécie, mas a forma e a matéria que se encontra unida a ela[28]; somos, portanto, respaldados para considerar o composto humano como um único ente e para atribuir-lhe legitimamente o conhecimento intelectual. Não é o corpo sozinho nem a alma sozinha que conhece, mas o indivíduo humano. Aliás, não se trata apenas de dizer que a união da alma e do corpo é tão estreita a ponto de a alma compenetrar ou envolver o corpo, chegando a ser presente toda inteira em cada uma das partes do corpo[29], o que é uma obviedade se a alma é verdadeiramente a forma do corpo, mas também que a união da alma e do corpo é uma união substancial (não somente uma união acidental). Precisando o sentido dessa asserção, chegaremos a determinar a situação exata da alma humana na hierarquia dos entes criados.

Dá-se o nome de composição acidental à composição que une o acidente ao sujeito que o sustenta; dá-se o nome de composição substancial àquela que resulta da união de uma matéria com a forma que a engloba[30]. O modo de união que se estabelece entre os entes difere em função de ser um ou outro composto. A união acidental termina por implantar uma essência sobre outra que poderia subsistir sem ela. A união substancial, ao contrário, compõe, de dois entes incapazes de subsistir um sem o outro, uma só substância completa. A matéria e a forma – realidades que, consideradas em si mesmas, são incompletas – compõem uma só substância completa pela união de ambas.

Tal é precisamente a relação da alma intelectiva do ser humano com o corpo que ela anima. Santo Tomás exprime essa relação, dizendo que a alma humana é uma parte do ser humano e que o corpo é a outra parte[31]. É o que formulamos também ao dizer que, segundo Santo Tomás, a alma e o corpo humano são duas substâncias incompletas, cuja união forma essa substância completa que é o indivíduo humano.

Essa segunda fórmula não é a melhor. Ela agrada demais a certa inclinação por um tomismo simplificado: uma coisa para cada conceito e um conceito para cada coisa. Se essa fosse uma regra, estaríamos aqui diante de uma exceção. Mas essa não é uma regra do pensamento de Tomás de Aquino. A realidade substancial da qual se trata é o indivíduo humano mesmo, tomado em sua unidade. Seria contraditório imaginar esse ente como um e, no entanto, como composto de dois outros entes, a alma e o corpo. Lembremos (pois

---

[28] Cf. *Suma de teologia* I, 75, 4, Resp.

[29] Cf. *Suma de teologia* I, 76, 8, Resp.; *Suma contra os gentios* II, 72; *Questão disputada sobre as criaturas espirituais*, 4, Resp.; *Questão disputada sobre a alma*, 10, Resp.

[30] Cf. *Suma de teologia* I, 3, 7, Resp.; I, 76, 4, Sed contra; I, 85, 5, ad 3m; *Suma contra os gentios* II, 54, Tertia; *Questões quodlibetais* VII, 3, 7, ad 1m.

[31] Cf. *Suma de teologia* I, 75, 2, ad 1m.

nunca é demais insistir) que as funções constitutivas da alma e do corpo no composto humano são muito desiguais. Se encaramos o problema do ponto de vista fundamental do *esse*, o existir da alma não depende de modo algum do existir do corpo. É o inverso que é verdadeiro. Forma substancial, a alma possui em si mesma seu existir completo; e esse existir basta-se de tal maneira que também basta para o corpo de que ele é o ato. Há, portanto, um único existir para a alma e para o corpo e esse existir do composto é fornecido pela alma[32]. Assim, a unidade do indivíduo humano não é a unidade de algum ajuste que tornaria solidárias as partes de que ela se compõe; é a unidade de seu ato mesmo de existir.

Por que, então, falar da alma como parte? Porque, com efeito, ela é uma parte. Dissemos repetidas vezes que as espécies diferem como os números. Precisamente, a espécie "alma" não existe sozinha. Não há ente real que seja uma "alma humana" e que não seja ou nunca tenha sido algo mais do que isso. A linha hierárquica das substâncias reais é: anjo, ser humano, animal, planta, mineral. A alma humana não aparece nessa linha, porque ela não constitui, por si só, um grau de existir especificamente distinto dos outros. Para encontrá-la nessa linha, é preciso procurá-la onde ela se encontra, quer dizer, no ser humano, em quem ela se dá um corpo ao qual ela confere o existir, mas sem o qual ela não pode conhecer. É preciso que a alma humana tenha um corpo, a fim de ocorrer esta operação precisa: o conhecimento humano[33]. Ora, para constituir uma espécie completa, é preciso ter tudo o que é necessário para cumprir a operação própria que a caracteriza. A operação característica da espécie humana é o conhecimento racional; e o que falta à alma racional para exercer essa operação não é a inteligência, mas a sensação. Como a sensação requer um corpo, é necessário que a alma associe a si um corpo, a fim de constituir por sua união com ele esse grau específico do existir que é o ser humano e exercer as operações próprias dele.

A única realidade concreta e completa que preenche todas essas condições é, portanto, o composto humano. Os conceitos de alma e de corpo designam certamente realidades, e mesmo substâncias, mas não sujeitos reais que possuiriam cada qual, por si, a possibilidade de subsistir sem o outro. Um dedo, um braço, um pé são substâncias, mas só subsistem como partes do todo que é o corpo humano; assim também a alma é substância e o corpo é

---

[32] Isso é tão verdadeiro que a dificuldade real, para Santo Tomás, é evitar que a união da alma e do corpo torne-se acidental, como ocorre na doutrina de Platão: "Embora a alma tenha um existir completo, não se segue que o corpo se una a ela acidentalmente, tanto porque esse mesmo existir, que é o da alma, a própria alma o comunica ao corpo, a fim de que haja um só existir de todo o composto, como também porque, embora a alma possa subsistir por si, ela não tem espécie completa; é o corpo que lhe advém em vista do acabamento/perfeição da espécie" (*Questão disputada sobre a alma*, 1, ad 1m).

[33] Cf. *Questão disputada sobre a alma*, 1, Resp.

substância, mas nem toda substância é um sujeito distinto nem uma pessoa distinta[34]. Não se deve, então, conceber os conceitos de alma humana e de corpo humano como significantes de existências distintas na realidade.

Usar corretamente esses conceitos nem sempre é fácil, mas Santo Tomás não deixa de nos lembrar do seu sentido. Por exemplo, é a título de intelecto que a alma humana é uma substância imaterial. No entanto, lembrando que a operação intelectual é aquela que, por pressupor a sensação, exige a colaboração do corpo, Santo Tomás não hesita em dizer que o intelecto é a forma do corpo humano: é necessário dizer que o intelecto, que é princípio da operação intelectual, é a forma do corpo humano[35]. Nada de mais exato, contanto que, dizendo isso, lembremo-nos de a qual título o intelecto é forma do corpo. Ele o é pelo ato de existir único, cuja eficácia põe o ser humano concreto, corpo e alma, como uma realidade individual fora do pensamento. É por isso que, embora a alma humana não seja o ente humano, sua noção não tem sentido senão em relação com a noção de ser humano, que ela conota, por assim dizer, como o conceito de uma causa solicita o de efeito. Indo tão longe quanto possível nessa direção, Santo Tomás também não se detém no conceito de alma; ele vai até a afirmação do *existir*. Afirmar um *existir* humano é afirmar, a um só tempo, uma alma humana com o corpo do qual ela é a forma; em resumo, é afirmar um indivíduo concreto e realmente existente. Torna-se verdadeiro dizer, então, que todo sujeito possui a individuação da mesma maneira que ele possui a existência[36]. É por isso, aliás, que a individuação da alma sobrevive à morte do corpo tão seguramente quanto a própria alma. Quando o corpo morre, a alma cessa de o fazer existir. Por que ela deixaria de existir em razão disso? Não é seu corpo que lhe dá o existir; é ela que dá existir a ele; ela mesma não recebe seu existir senão de Deus. Se ela conserva seu existir, como perderia sua individuação? É segundo o mesmo que tudo tem existir e individuação. Assim como é à eficácia divina (e não ao corpo) que a alma deve seu existir no corpo, é a essa mesma eficácia divina que ela deve seu existir sem o corpo. Sem dúvida, acrescenta Santo Tomás em uma observação significativa, a individuação da alma tem alguma relação com seu corpo, mas a imortalidade da alma é aquela de seu *existir*; a sobrevivência de seu *existir* acarreta, portanto, a de sua individuação[37].

---

[34] Cf. *Suma de teologia* I, 75, 4, ad 2m.

[35] *Suma de teologia* I, 76, 1, Resp.

[36] O *esse* (existir) não é causa eficiente, mas causa na ordem da forma, da qual ele é o ato.

[37] "É pelo mesmo que tudo tem existir e individuação. Os universais, como universais, não têm o existir na ordem das coisas, mas apenas como individuados. Quanto à alma, o seu existir deve-se a Deus como a seu princípio agente, embora ela exista no corpo como em sua matéria; e nem o existir da alma perece quando o corpo perece. Assim, pois, a individuação da alma, mesmo tendo uma relação com o corpo, também não perece quando perece o corpo" – *Questão disputada sobre a alma*, artigo 1, ad 2m.

Assim concebida, a alma humana ocupa lugar importante na hierarquia dos entes criados. Por um lado, ela se encontra no grau mais baixo na ordem dos intelectos, quer dizer, a mais distanciada do intelecto divino: *O intelecto humano é o mais ínfimo na ordem dos intelectos e o mais distante quanto à perfeição se comparado com o intelecto divino*[38]. Por outro lado, se importa assinalar fortemente a estreita dependência na qual a alma humana se encontra em relação com a matéria, também não convém comprometê-la exageradamente com essa dependência, a ponto de fazê-la perder sua verdadeira natureza. A alma não é uma inteligência pura, mas continua um princípio de intelecção. Última na ordem das inteligências, ela é primeira na ordem das formas materiais; é por isso que a vemos exercer, como forma do corpo humano, operações das quais esse corpo não poderia participar.

Se fosse lícito duvidar que tais entes, ao mesmo tempo dependentes e independentes da matéria, podem naturalmente encontrar lugar na hierarquia dos entes criados, uma rápida indução bastaria para estabelecê-lo: é manifesto, com efeito, que, quanto mais nobre é uma forma, tanto mais ela domina sua matéria corporal e menos ela se encontra profundamente imersa nessa matéria, ultrapassando-a por sua virtude e sua operação. As formas dos elementos, que são as menores de todas as formas e as mais vizinhas da matéria, não exercem nenhuma operação que exceda as qualidades ativas e passivas, tais como a rarefação, a condensação e outras semelhantes, as quais podem ser reduzidas a simples disposições da matéria. Acima dessas formas vêm aquelas dos corpos mistos, cuja operação não se reduz à das qualidades elementares: se, por exemplo, o ímã atrai o ferro, não é em razão do quente ou do frio que estão nele, mas porque ele participa da virtude dos corpos celestes que o constituem em sua espécie própria. Acima dessas formas estão as almas das plantas, cuja operação, superior à das formas minerais, produz a nutrição e o crescimento. Vêm em seguida as almas sensitivas dos animais, cuja operação estende-se até certo grau de conhecimento, ainda que o conhecimento que eles possuem limite-se à matéria e cumpra-se exclusivamente por órgãos materiais. Chegamos, assim, às almas humanas, que, superiores em nobreza a todas as formas precedentes, devem elevar-se acima da matéria por algum poder de operação do qual o corpo não participa. Tal é precisamente o intelecto[39].

Por aí se verifica, mais uma vez, a continuidade da ordem que liga ao ato criador o Universo que ele produz: Se a alma humana, unida ao corpo como sua forma, tem um existir supracorporal, não dependente do corpo, fica manifesto

---

[38] *Suma de teologia* I, 79, 2, Resp. Cf. *Questões disputadas sobre a verdade* X, 8, Resp.: "Nossa alma tem o último lugar no gênero do que é intelectual, assim como a matéria-prima tem o último lugar no gênero do que é sensível".

[39] Cf. *Questão disputada sobre a alma*, 1, Resp.; *Suma de teologia* I, 76, 1, Resp.

que ela mesma se encontra na fronteira entre as substâncias corporais e as separadas[40]. A transição que as inteligências separadas estabeleciam entre Deus e o ser humano, as almas humanas agora a ordenam entre as inteligências puras e os corpos desprovidos de inteligência. Vamos sempre, portanto, de um extremo a outro, passando por algum intermediário. É em conformidade com esse princípio diretor de nossa pesquisa que examinaremos em detalhe as operações do composto humano.

---

[40] *Questão disputada sobre a alma*, 1, Resp.

# CAPÍTULO 5

# A VIDA E OS SENTIDOS

Só há uma única forma substancial no ser humano; por conseguinte, só há uma única alma, à qual ele deve, ao mesmo tempo, a razão, o sentido, o movimento e a vida. Essa alma única manifesta uma multiplicidade de potências, o que é natural, haja vista o lugar do ser humano na ordem da criação. Os entes inferiores, com efeito, são incapazes de alcançar uma completa perfeição; atingem um grau baixo de excelência por meio de alguns movimentos. Os entes que lhes são superiores podem adquirir uma completa perfeição por meio de um grande número de movimentos. Superiores a esses são ainda os que alcançam sua completa perfeição por um pequeno número de movimentos, de modo que o mais alto grau pertence aos que a possuem sem fazer movimentos para adquiri-la. É assim que o pior dos estados de saúde consiste em nunca estar bem, mantendo-se em um estado precário por meio de poucos remédios; mais satisfatório é o estado dos que chegam a uma saúde perfeita com mais remédios; ainda mais satisfatório é o estado dos que, com poucos remédios, obtêm uma saúde perfeita; e excelente, enfim, é o estado de quem está sempre bem sem a necessidade de remédios. De modo semelhante, diremos que as coisas inferiores ao ser humano podem visar a algumas perfeições particulares, exercendo um pequeno número de operações, aliás fixas e determinadas. O ser humano, ao contrário, pode alcançar um bem universal e perfeito, pois pode chegar ao Bem Supremo, mesmo estando situado na última fileira dos entes que podem visar à beatitude, quer dizer, sendo a última das criaturas intelectuais. É, portanto, conveniente que a alma humana adquira seu bem próprio por uma multiplicidade de operações que supõem certa diversidade de potências. Acima dela estão os anjos, que alcançam a beatitude por uma menor diversidade de meios, e, enfim, Deus, em quem não se encontra nenhuma potência nem nenhuma ação além de seu único e simples ato de existir. Acrescentemos que uma consideração muito evidente nos conduziria imediatamente à mesma conclusão: dado que o ser humano situa-se na fronteira do mundo dos espíritos e do mundo dos corpos, é preciso necessariamente que as potências dos dois tipos de criaturas lhe pertençam¹. Vejamos sob quais perspectivas essas múltiplas potências da alma podem distinguir-se.

Toda potência de operar, considerada como tal, é ordenada a seu ato. As potências da alma são, então, distintas, assim como seus atos. É visível, por outro lado, que os atos se distinguem segundo seus diversos objetos. A um objeto que desempenha o papel de princípio e de causa motriz corresponde necessariamente uma potência passiva que sofre a ação desse objeto; é assim que a cor, como movente da vista, é o princípio da visão. A um objeto que exerce o papel de termo e de finalidade corresponde necessariamente uma potência ativa; é assim que a perfeição do tamanho, que é a finalidade do crescimento, constitui o termo da faculdade de crescimento que possuem os seres vivos². A conclusão será a mesma se consideramos as ações de aquecer e de esfriar. Sem dúvida, essas duas ações distinguem-se pelo fato de o princípio de uma ser o quente, ao passo que o princípio da outra é o frio, mas elas se distinguem, antes de tudo, pelas finalidades às quais elas tendem. Afinal, como o agente só age a fim de induzir sua semelhança em outro ente, é para produzir calor e frio que o quente e o frio agem. Assim, as ações e as potências das quais as ações decorrem certamente se distinguem segundo seus objetos³.

Apliquemos essa conclusão à distinção das potências da alma; veremos que elas se hierarquizam segundo certa ordem, pois é sempre em ordem que o múltiplo sai do uno ("em certa ordem procede-se da unidade à multiplicidade"⁴) e a hierarquia se funda sobre o grau de universalidade de seus objetos. Quanto mais elevada em dignidade é uma potência, mais o objeto ao qual ela corresponde é universal. No grau mais baixo encontra-se uma potência da alma cujo único objeto é vivificar o corpo ao qual ela é unida; designamos essa potência por vegetativa; e a alma vegetativa vivifica apenas seu próprio corpo. Outro gênero de potência da alma tem um objeto mais universal, qual seja, a percepção da totalidade dos corpos sensíveis que ela percebe graças ao corpo ao qual ela é unida; essa potência pertence à alma sensitiva. Acima dela encontra-se uma potência cujo objeto é ainda mais universal, a saber, não apenas os corpos sensíveis em geral, mas todo ente considerado em sua universalidade; é a alma intelectiva⁵.

A essas diferenças entre os objetos da alma correspondem diferenças no modo de suas operações. Sua ação é tão mais transcendente com relação às operações da natureza corporal, quanto seu objeto cresce em universalidade; dessa perspectiva, discernimos três graus na alma. A ação da alma humana

---

[1] Cf. *Suma contra os gentios* II, 72 (Non est autem); *Suma de teologia* I, 77, 2, Resp.
[2] Cf. *Suma de teologia* I, 77, 2, Resp.
[3] Cf. *Questão disputada sobre a alma*, 13, Resp.
[4] *Suma de teologia* I, 77, 4, Resp.
[5] Cf. *Suma de teologia* I, 78, 1, Resp.

transcende, antes de tudo, a ação da natureza das coisas inanimadas. A ação própria da alma é, com efeito, a vida; ora, chamamos de vivo o que se move a si mesmo para sua operação; a alma é, então, um princípio de ação intrínseco, ao passo que os corpos inanimados recebem seu movimento de um princípio exterior. As potências vegetativas da alma, embora se exerçam sobre o corpo ao qual a alma é imediatamente unida, situam-na, então, em um grau de existir claramente superior ao grau da natureza puramente corporal. Convém, todavia, reconhecer que, se o modo segundo o qual a alma cumpre as operações vegetativas não se reduz ao modo segundo o qual agem os corpos, essas operações mesmas são idênticas em um e outro caso. As coisas inanimadas recebem de um princípio extrínseco o ato que os seres animados recebem de suas almas; há, então, lugar, acima das ações vegetativas da alma, para ações de uma ordem mais elevada, que ultrapassam aquelas efetuadas pelas formas naturais seja da perspectiva do que elas operam, seja da perspectiva do modo como elas operam. Essas operações fundam-se todas sobre o fato de a alma ser naturalmente apta a receber em si todas as coisas segundo um modo imaterial de existir.

Podemos constatar, com efeito, que a alma, sendo dotada de sentidos e de intelecto, é, de algum modo, a universalidade do ente, mas, se todas as coisas podem estar nela sob um modo imaterial de existir, há graus de imaterialidade no modo segundo o qual elas penetram na alma. As coisas estão na alma, em um primeiro grau, despojadas de sua matéria própria, é certo, mas segundo o existir particular delas e com as condições de individualidade que elas recebem da matéria. A esse grau corresponde o sentido no qual penetram as espécies engendradas pelas coisas individuais; esse sentido, mesmo recebendo as espécies despidas de matéria, recebe-as, entretanto, em um órgão corporal. O grau superior e perfeitíssimo do imaterial pertence ao intelecto, que recebe, sem órgão corporal, espécies totalmente isentas de matéria e das condições de individualidade que a matéria acarreta[6]. A alma executa, então, do interior, operações de ordem natural no corpo ao qual ela está unida; ela exerce ainda operações de ordem sensível e já imateriais, por meio de um órgão corporal; ela também realiza, enfim, sem órgão corporal, operações da ordem inteligível. Assim se hierarquiza na alma a multiplicidade de suas ações e das potências que lhes correspondem. Nós as consideramos em sua ordem; resta agora considerá-las em si mesmas. Como aqui a ordem de geração é inversa à ordem de perfeição[7], examinaremos de início a menos perfeita de todas: a potência vegetativa.

O objeto da potência vegetativa é, já o dissemos, o corpo considerado da perspectiva de sua recepção da vida da alma que é sua forma. Ora, a natureza

---

[6] Cf. *Questão disputada sobre a alma*, 13, Resp.; *Suma de teologia* I, 78, 1, Resp.
[7] Cf. *Suma de teologia* I, 77, 4, Resp.; *Questão disputada sobre a alma*, 13, ad 10m.

do corpo requer que a alma exerça nele uma tripla operação, à qual corresponde uma tripla subdivisão da potência vegetativa. Pela primeira dessas operações, o corpo recebe o existir que a alma lhe confere; é a isso que se aplica a potência gerativa. Constatamos, por outro lado, que as coisas naturais inanimadas recebem simultaneamente o seu existir específico e a grandeza ou quantidade que lhes é devida. Mas não poderia ocorrer o mesmo com os entes dotados de vida. Gerados de uma semente, eles só podem ter, no início de sua existência, um existir imperfeito do ponto de vista da quantidade. É então preciso necessariamente que, além da potência gerativa, haja neles uma potência aumentativa pela qual sejam conduzidos ao tamanho que devem naturalmente possuir. Mas esse crescimento como ente também não seria possível se algo não se convertesse na substância do ente que deve aumentar, vindo a acrescentar-se a ele[8]. Tal transformação é obra do calor que elabora e digere todos os aportes exteriores. A conservação do indivíduo exige, então, uma virtude nutritiva que lhe restitua continuamente o que ele perdeu e confira-lhe o que falta para atingir a perfeição de seu tamanho e aquilo de que ele precisa para engendrar a semente necessária à sua reprodução[9]. Assim, a potência vegetativa supõe uma potência gerativa, que confere o existir, uma potência aumentativa, que confere o tamanho devido, e uma potência nutritiva, que conserva o existir no tipo de existência e na qualidade que lhe convêm.

Devemos, aliás, introduzir ainda aqui uma ordem hierárquica entre essas diversas potências. A nutritiva e a aumentativa produzem seu efeito no ente mesmo em que elas se encontram; é o corpo unido à alma que a alma aumenta e conserva. A potência gerativa, ao contrário, não produz seu efeito em seu próprio corpo, mas em outro, pois nada pode engendrar-se a si mesmo. Essa potência, então, mais do que as duas outras, aproxima-se da maior dignidade da alma sensitiva, cuja operação se exerce sobre objetos exteriores, ainda que as operações da alma sensitiva apresentem um caráter de excelência superior e de maior universalidade. Verificamos, assim, uma vez mais, o princípio estabelecido por Dionísio, o Pseudoareopagita, segundo quem o mais alto grau da ordem inferior toca o mais baixo grau da ordem superior. A potência nutritiva é subordinada à aumentativa; e a aumentativa, à gerativa[10]. Com isso, quase alcançamos a sensitiva, que liberará definitivamente o indivíduo da sujeição a seu modo singular de existir.

A potência sensitiva da alma constitui o grau mais baixo de forma de conhecimento que se pode encontrar no seio da ordem universal. Considerada sob sua forma completa e tal como ela deve ser para bastar à existência

---

[8] Cf. *Questão disputada sobre a alma*, 13, ad 15m.
[9] Cf. *ibidem*.
[10] Cf. *Suma de teologia* I, 78, 2, Resp.

do animal, o conhecimento sensitivo requer cinco operações, dentre as quais algumas supõem também uma multiplicidade de operações hierarquizadas. A mais simples de todas refere-se ao *sentido próprio*, que é o primeiro na ordem das potências sensitivas e corresponde a uma modificação imediata da alma pelas realidades sensíveis. O sentido próprio subdivide-se, por sua vez, em potências distintas segundo a diversidade das impressões sensíveis que ele é apto a receber. Com efeito, os sensíveis agem sobre o sentido próprio pelas espécies que eles imprimem nele[11]; e (contrariamente ao que em geral se imagina), embora essas espécies não sejam acolhidas nos sentidos sob uma forma material (caso em que o sentido tornar-se-ia o sensível mesmo, o olho tornar-se-ia cor e a orelha tornar-se-ia som), não é menos verdadeiro que algumas ordens de sensação são acompanhadas de modificações orgânicas bastante fortes no animal que as experimenta. Partamos, então, do princípio segundo o qual os sentidos recebem as espécies sensíveis despidas de matéria e os classifiquemos segundo a imaterialidade crescente das modificações que eles sofrem.

Dão-se, de início, alguns sensíveis cujas espécies, mesmo sendo recebidas imaterialmente nos sentidos, modificam materialmente o animal que as prova. Dessa ordem são as qualidades que presidem às transmutações das coisas materiais mesmas, a saber, o quente, o frio, o seco, o úmido e outros do mesmo gênero. Como os sensíveis dessa ordem produzem em nós impressões materiais, e toda impressão material faz-se por contato[12], é preciso que tais sensíveis nos toquem para que os percebamos; é por isso que a potência sensitiva que os apreende chama-se tato.

Vem em seguida uma ordem de sensíveis cuja impressão não nos modifica materialmente por si mesma, mas acompanha-se de uma modificação material acessória. Às vezes, essa modificação anexa afeta, ao mesmo tempo, o sensível e o órgão sensorial. Tal é o caso do paladar. Embora o sabor não modifique o órgão que o percebe a ponto de tornar esse órgão mesmo doce ou amargo, o sabor não pode ser percebido sem que o objeto saboroso e o órgão do paladar se modifiquem de algum modo. Parece, sobretudo, que a umectação da língua e do objeto é necessária para esse efeito. Não se trata do

---

[11] A ação dos corpos sobre os sentidos explica-se pela "irradiação" das formas no ambiente que as cerca. Toda forma irradia em seu entorno uma emanação que se assemelha a ela. É essa emanação que, atingindo o órgão sensorial, causa a sensação. A atividade da forma deve-se a isto: sendo um ato, ela é naturalmente causa. "Toda forma é, precisamente como forma, princípio de produção de um semelhante a ela mesma; assim, como a cor é certa forma, é capaz por si mesma de causar no meio uma semelhança com ela"   *Comentário ao De anima de Aristóteles* II, lição 14 (ed. Pirotta, n. 425, p. 145).

[12] Cf. *Comentário ao De anima de Aristóteles* II, lição 14 (ed. Pirotta, n. 432, p. 148). Sobe o modo de explicação científica ao qual responde essa física qualitativa, ver MEYERSON, E. *Identité et réalité*. Paris: F. Alcan, 1932, capítulos X e XI.

mesmo caso da ação do calor, que torna quente a parte do corpo sobre a qual ele age; estamos simplesmente na presença de uma transmutação material que condiciona a percepção sensível, mas não a constitui. Ocorre, outras vezes, que a transmutação material associada à sensação só afeta a qualidade sensível mesma. Ela pode consistir, então, em um tipo de alteração ou de decomposição do sensível como acontece quando os corpos exalam odores, ou ainda reduzir-se a um simples movimento local ao modo de quando percebemos sons. A audição e o olfato não supõem, então, nenhuma modificação material do órgão sensorial; eles percebem à distância e pelo meio exterior as modificações materiais que afetam o sensível[13].

Chegamos, enfim, a uma última classe de sensíveis, que agem sobre os sentidos sem que nenhuma modificação corporal acompanhe sua ação: é o caso da cor e da luz. O processo segundo o qual tais espécies emanam do objeto para agir sobre o sujeito permanece de natureza totalmente espiritual[14]; atingimos, com o mais nobre e o mais universal de todos os sentidos, uma operação muito semelhante às operações intelectuais propriamente ditas. Daí as comparações frequentes entre o conhecimento intelectual e a visão, entre o olho da alma e o olho do corpo[15]. Tal é a hierarquia das cinco potências sensitivas externas às quais vêm sobrepor-se quatro potências sensitivas internas, cujo papel e cuja razão de ser deixam-se facilmente descobrir[16].

Com efeito, assim como a Natureza não faz nada em vão nem multiplica entes sem necessidade, ela também nunca lhes nega o necessário. A alma sensitiva deve, então, exercer tantas operações quantas são requeridas para que um animal perfeito possa viver. É evidente, por outro lado, que todas as operações que não se podem reduzir a um mesmo princípio supõem a existência, na alma, de potências diferentes que lhes correspondem; e o que denominamos potência da alma não é outra coisa senão o princípio próximo de uma operação da alma[17]. Admitidos esses princípios, devemos considerar que o sentido próprio não basta a si mesmo. Ele julga o sensível próprio e o distingue de todos os outros sensíveis que caem sob sua apreensão; ele discerne, por exemplo, o branco do negro ou do verde e, dessa perspectiva, ele se basta a si mesmo; mas ele não pode discernir a cor branca de um sabor doce. A visão pode distinguir entre uma cor e todas as outras cores porque ela as conhece todas, mas não pode distinguir entre uma cor e um sabor porque ela não conhece os sabores; para discernir entre realidades sensíveis é preciso

---

[13] Cf. *Comentário ao De anima de Aristóteles* II, lição 16 (ed. Pirotta, n. 441, p. 152).

[14] Cf. *Questão disputada sobre a alma*, a. 13, Resp.

[15] Cf. *Suma de teologia* I, 67, 1, Resp.; *Comentário ao Livro das Sentenças de Pedro Lombardo* II, dist. 13, a. 2.

[16] Cf. *idem* I, 78, 4, Resp. Avicena distingue cinco potências sensitivas internas.

[17] Cf. *idem, ibidem.*

conhecê-las. Devemos, então, admitir um *sentido comum*, ao qual serão atribuídas, como a seu termo comum, todas as apreensões dos sentidos próprios, a fim de que ele as julgue e as discirna[18]. Acrescentemos que o sentido comum perceberá as operações sensitivas mesmas, além dos sensíveis cujas espécies serão transmitidas a elas. É manifesto, com efeito, que nós nos vemos ver. Ora, tal conhecimento não pode pertencer ao sentido próprio, que não conhece nada além da forma sensível pela qual ele é afetado; mas a modificação que essa forma lhe imprime tendo determinado a visão, quer dizer, a sensação visual, imprime, por sua vez, uma modificação no sentido comum, que percebe então a visão mesma[19].

Não basta ao animal apreender os sensíveis quando eles lhe estão presentes; ele deve poder ainda representar-se tais sensíveis mesmo quando eles estão ausentes. Com efeito, como os movimentos e as ações do animal são determinados pelos objetos que ele apreende, ele nunca se poria em movimento para prover-se do que necessita se não pudesse representar-se esses mesmos objetos na ausência deles. A alma sensitiva do animal deve, então, ser capaz não somente de receber as espécies sensíveis, mas também de retê-las em si e conservá-las. Ora, como se vê nos corpos, não são os mesmos princípios que recebem e que conservam; o que é úmido recebe bem, mas conserva mal; o que é seco, ao contrário, recebe mal, mas conserva bem. Como a potência sensitiva da alma é o ato de um órgão corporal, é preciso então afirmar nela duas potências diferentes: uma recebe as espécies sensíveis; a outra as conserva. Essa potência que conserva recebe indiferentemente os nomes de *fantasia* ou *imaginação*[20].

O conhecimento sensível de que deve ser munido o ser vivo animal requer, em terceiro lugar, o discernimento de certas propriedades das coisas que o sentido, deixado a si mesmo, não poderia apreender. Todos os sensíveis que o animal percebe não lhe despertam igual interesse do ponto de vista de sua conservação; uns lhe são úteis; outros são prejudiciais. O ser humano, que pode estabelecer comparações entre seus conhecimentos particulares e raciocinar diante deles, consegue distinguir o útil do prejudicial por meio do

---

[18] Cf. *Questão disputada sobre a alma*, a. 13, Resp.; *Suma de teologia* I, 78, 4, ad 2m; *Comentário ao De anima de Aristóteles* II, lição 13 (ed. Pirotta, n. 390, p. 137).

[19] Cf. *Suma de teologia* I, 78, 4, ad 2m. O sentido comum é como a fonte de onde a faculdade de sentir difunde-se através dos órgãos dos cinco sentidos (cf. *Comentário ao De anima de Aristóteles* III, lição 3, ed. Pirotta, n. 602, p. 206, e n. 609, p. 208). Seu órgão próprio localiza-se na raiz mesma do sentido do tato, que é o sentido, dentre os cinco, que se encontra espalhado por todo o corpo. Cf. *Comentário ao De anima de Aristóteles* III, lição 3 (ed. Pirotta, n. 611, p. 208). Cf. também Muller-Thym, B. J. "The common sense: perfection of the order of pure sensibility", in *The Thomist*, 2 (1940), pp. 315-343.

[20] *Comentário ao De anima de Aristóteles* II, lição 6 (ed. Pirotta, n. 302, p. 106). *Suma de teologia* I, 78, 4, Resp. Sobre o conjunto dos problemas relativos à fantasia, ver *Comentário ao De anima de Aristóteles* III, lição 5 (ed. Pirotta, p. 216-223).

que denominamos *razão particular* ou ainda *cogitativa*. Mas o animal desprovido de razão deve apreender imediatamente nos objetos o que eles contêm de útil ou de prejudicial, mesmo que não se trate aqui de qualidades sensíveis propriamente ditas. É preciso, então, que o animal tenha necessariamente uma potência sensitiva específica para isso; é por meio dela que a ovelha sabe que deve fugir quando vê o lobo; é ela também que adverte o pássaro a recolher o ramo de palha. Nem a ovelha corre do lobo nem o pássaro coleta palha porque a forma e a cor desses objetos agradam-lhes ou desagradam-lhes, mas porque eles os percebem diretamente como opostos ou concordes com sua natureza de ovelha e pássaro. Essa nova potência recebe o nome de *estimativa*[21] e é ela que torna imediatamente possível a quarta potência sensitiva interna: a *memória*.

Com efeito, o ser vivo animal precisa poder trazer à sua consideração atual as espécies precedentemente apreendidas pelo sentido e interiormente conservadas pela imaginação. Ora, a imaginação não basta sempre para esse fim. A fantasia é, de certo modo, o tesouro onde se conservam as formas apreendidas pelos sentidos; mas o sentido próprio não é suficiente para apreender todos os aspectos do sensível; o útil e o prejudicial, tomados como tais, escapam ao sentido próprio; uma nova potência, então, é necessária para conservar as espécies deles[22]. Aliás, movimentos diversos supõem princípios motores diversos, quer dizer, potências diversas os causam. Na imaginação, o movimento vai das coisas à alma; são os objetos que imprimem suas espécies no sentido próprio, depois no sentido comum, para que a fantasia os conserve. Na memória, o movimento parte da alma para terminar nas espécies que ela evoca. Nos animais, é a lembrança do útil ou do prejudicial que faz surgir a representação dos objetos precedentemente percebidos; assistimos neles a uma restituição espontânea das espécies sensíveis; essa restituição espontânea depende da memória propriamente dita. No ser humano, ao contrário, um esforço de busca é necessário para que as espécies conservadas pela imaginação tornem-se novamente objeto de uma consideração atual; não se trata mais, então, da simples memória, mas disso que se chama *reminiscência*. Em um e outro caso, os objetos são representados com o caráter do passado, outra qualidade que o sentido próprio, deixado a si mesmo, não conseguiria perceber[23].

O exame das potências sensitivas mais elevadas da alma conduz-nos assim ao limiar da atividade intelectual. À estimativa, pela qual os animais

---

[21] Cf. *Suma de teologia* I, 78, 4, Resp. A descrição tomista da *aestimativa* segue de perto aquela de Avicena (cf. *Liber VI Naturalium*, I, cap. 5; ed. Veneza, 1508, fol. 5, recto a).

[22] Cf. *Suma de teologia* I, 78, 4, Resp.

[23] Cf. *ibidem*; *Questão disputada sobre a alma*, 13, Resp. A diferença entre a memória humana e a memória animal não se deve à constituição de ambas como faculdades sensitivas; a superioridade da memória humana deve-se ao fato de ela estar em contato com a razão, que, de certo modo, repercute sobre a memória. Cf. *Suma de teologia* I, 78, 4, ad 5m.

apreendem o útil e o prejudicial, corresponde, no ser humano, o que chamamos de *razão particular*, assim como à memória animal corresponde, no ser humano, a reminiscência. Algumas vezes, Santo Tomás chama a razão particular também de *intelecto passivo*[24]. É um nome não muito adequado, pois não se trata de um intelecto propriamente dito. O intelecto passivo continua uma potência da ordem sensível, porque ele recolhe apenas conhecimentos particulares, ao passo que o intelecto propriamente dito é caracterizado pela capacidade de apreender o universal. Assim também, a reminiscência difere da revivescência espontânea das lembranças que especifica a memória animal; ela supõe um tipo de dialética silogística pela qual vamos de uma lembrança a outra, até chegarmos à lembrança procurada. Mas essa busca só se refere a representações particulares; por isso, aqui ainda falta a universalidade requerida para haver conhecimento intelectual[25]. Pode-se afirmar, então, que as potências sensitivas da alma são exatamente de mesma natureza nos animais irracionais e nos seres humanos, ao menos da perspectiva exclusiva do que há nelas de propriamente sensitivo: a eficácia superior que elas possuem no ser humano advém-lhes do intelecto com o qual elas são contíguas e com relação ao qual as operações delas se ordenam; a eminente dignidade do intelecto parece refluir, assim, sobre as operações das próprias potências sensitivas[26]. Elevando-nos das potências sensitivas às potências intelectuais da alma, daremos um passo decisivo.

---

[24] Cf. *Suma contra os gentios* II, 73 (Si autem dicatur).
[25] Cf. *Suma de teologia* I, 78, 4, Resp.
[26] Cf. *idem*, ad 5m.

## CAPÍTULO 6

## O INTELECTO E O CONHECIMENTO RACIONAL

O intelecto é a potência que constitui a alma humana em seu grau de perfeição. No entanto, a alma humana não é um intelecto propriamente dito. O anjo, cuja virtude total reduz-se à potência intelectual e à vontade que dela decorre, é um puro intelecto; é por isso que ele recebe também o nome de Inteligência. A alma humana, ao contrário, por exercer também as operações vegetativas e sensitivas, não poderia ser adequadamente designada por esse nome. Diremos simplesmente, então, que o intelecto é uma das potências da alma humana[1]. Vejamos qual é sua estrutura e quais são suas principais operações.

Considerado sob seu aspecto mais humilde, o intelecto humano aparece como uma potência passiva. O verbo *padecer* pode, com efeito, receber três acepções diferentes. Em um primeiro sentido, que é aliás o sentido próprio, ele significa que uma coisa se encontra privada do que convém à sua essência ou do que constitui o objeto de sua inclinação natural; é o caso da água que perde sua temperatura fria quando o fogo a esquenta ou do ser humano que fica doente e se torna triste. Em um segundo sentido, menos rigorosamente próprio, esse verbo significa que um ente se despe de alguma coisa, quer essa coisa lhe convenha ou não. Dessa perspectiva, recuperar a saúde é uma paixão tanto como ficar doente; assim também o alegrar-se é uma paixão tanto como o entristecer-se. Enfim, em um terceiro sentido, que é o mais geral de todos, esse verbo não significa que um ente perde alguma coisa ou se despe de uma qualidade para adquirir outra, mas simplesmente que o que estava em potência recebe aquilo com relação ao que estava em potência. Dessa perspectiva, tudo o que passa da potência ao ato pode ser considerado como passivo, ainda que tal passividade seja uma fonte de riqueza e não uma causa de empobrecimento. É nesse último sentido que nosso intelecto é passivo; e a razão dessa passividade pode imediatamente se deduzir do grau relativamente inferior em que o ser humano se encontra na hierarquia do existir.

Diz-se que um intelecto está em potência ou em ato segundo a relação que ele mantém com o existir universal. Examinando o que pode ser essa

---

[1] Cf. *Suma de teologia* I, 79, 1, ad 3m; *Questões disputadas sobre a verdade*, q. 17, 1, Resp.

relação, encontramos, no grau supremo, aquele intelecto cuja relação com o existir universal consiste em ser o ato puro e simples de existir. Trata-se do intelecto divino, quer dizer, a essência divina mesma, na qual todo o existir preexiste originalmente e virtualmente como em sua primeira causa. É por ser atualmente o existir total que o intelecto divino não é nada em potência, mas é, ao contrário, o ato puro.

Não ocorre o mesmo com os intelectos criados. Para que um desses intelectos fosse o ato do existir universal, tomado em sua totalidade, seria preciso que ele fosse um ente infinito, o que é contraditório com a condição de ente criado. Nenhum intelecto criado é, então, o ato de todos os inteligíveis. Ente finito e por participação, ele está em potência com respeito a toda realidade inteligível que ele não é. A passividade intelectual é, portanto, um correlato natural da limitação do existir. Ora, a relação que une a potência ao ato pode apresentar-se sob um duplo aspecto. Há, com efeito, certa ordem de potencialidade, na qual a potência não é nunca privada de seu ato; é o caso da matéria dos corpos celestes. Mas há ainda uma ordem de potencialidade em que a potência, privada às vezes de seu ato, deve passar ao ato para possuí-lo: tal é a matéria dos entes corruptíveis. O intelecto angélico é caracterizado pela primeira das duas ordens de potencialidade; sua proximidade do primeiro intelecto, que é ato puro, faz que o intelecto angélico possua sempre em ato suas espécies inteligíveis. O intelecto humano, ao contrário, sendo o último na ordem dos intelectos e tão distante quanto possível do intelecto divino, encontra-se em potência com respeito aos inteligíveis, não somente no sentido de ser passivo em relação a eles quando os recebe, mas também de ser naturalmente desprovido deles. É por isso que Aristóteles diz que alma é primitivamente como uma tábula rasa sobre a qual nada está escrito. A necessidade de afirmar certa passividade na origem de nosso conhecimento intelectual encontra seu fundamento, portanto, na extrema imperfeição de nosso intelecto[2].

A necessidade de admitir uma potência ativa, entretanto, não se impõe menos a quem deseja explicar o conhecimento humano. Como o intelecto possível está em potência com relação aos inteligíveis, é preciso que os inteligíveis movam esse intelecto para que nasça um conhecimento humano. Mas é evidente que, para mover, é preciso existir. Ora, não haveria inteligível propriamente dito em um Universo em que só se encontrassem intelectos unicamente passivos. O inteligível, com efeito, não é tal que possa ser encontrado em estado puro no mundo sensível. Aristóteles demonstrou, contra Platão, que as formas das coisas naturais não subsistem sem matéria; ora, formas dadas em uma matéria não são inteligíveis por si mesmas, pois é a imaterialidade que confere a inteligibilidade; é preciso necessariamente, então, que as naturezas, quer dizer, as formas que nosso intelecto conhece nas

---

[2] Cf. *Suma de teologia* I, 79, 2, Resp.; *Suma contra os gentios* II, 59 (Per demonstrationem).

coisas sensíveis, tornem-se inteligíveis em ato. Mas só um ente em ato pode conduzir ao ato aquele que está em potência. É preciso, portanto, atribuir ao intelecto uma virtude ativa que torna inteligível em ato o inteligível que a realidade sensível contém em potência; e é a essa virtude que damos o nome de intelecto agente ou ativo[3]. Compreende-se, aliás, que esse fato comanda o edifício inteiro do conhecimento humano. Como as coisas sensíveis são dotadas de uma existência atual fora da alma, é inútil afirmar um sentido agente; donde a potência sensitiva da alma ser inteiramente passiva[4]. Porém, como recusamos, ao contrário, a doutrina platônica das ideias consideradas como realidades subsistentes na natureza das coisas, é preciso um intelecto agente para extrair o inteligível presente no sensível. Enfim, como existem substâncias imateriais atualmente inteligíveis, tais como os anjos e Deus, será preciso reconhecer também que nosso intelecto é incapaz de apreender em si mesmas tais realidades e que ele deve resignar-se a adquirir algum conhecimento sobre elas abstraindo o inteligível do material e do sensível[5].

O intelecto agente é uma potência da alma, ou um ente superior à alma, extrínseco à essência dela e que lhe conferiria de fora a faculdade de conhecer? Podemos explicar que alguns filósofos se ativeram a essa última posição. É manifesto que se deve afirmar, acima da alma racional, um intelecto superior do qual ela recebe sua faculdade de conhecer. Um ente por participação, móvel e imperfeito, pressupõe sempre outro ente que seja tal por essência, imóvel e perfeito. Ora, a alma humana não é um princípio intelectivo senão por participação. Pode-se perceber isso levando-se em conta este sinal: ela não é totalmente, mas parcialmente inteligente; ou ainda, ela se eleva à verdade por um movimento discursivo, não por uma intuição direta e simples.

A alma requer, portanto, um intelecto de ordem superior que lhe confira seu poder de intelecção; donde alguns filósofos assimilarem a esse intelecto superior o intelecto agente, que eles concebem como uma substância separada e que tornaria inteligível, ao iluminá-los, os fantasmas de origem sensível que as coisas imprimem em nós[6]. Mas, a partir do momento que concordássemos com a existência desse intelecto agente separado, seria necessário

---

[3] Cf. *Questão disputada sobre a alma*, 4, Resp.; *Suma de teologia* I, 79, 3, Resp.

[4] Cf. *Suma de teologia* I, 79, 3, ad 1m. Sobre a inutilidade e mesmo a impossibilidade de um "sentido agente" no tomismo, ver as excelentes observações de Boyer SJ, em *Archives de Philosophie*, vol. III, Cahier 2, p. 107.

[5] Cf. *Questão disputada sobre a alma*, 4, Resp. Seguindo Santo Tomás, reservaremos o nome de intelecto *passivo* para a faculdade do composto humano que Aristóteles designa por esse nome e de intelecto *possível* para a faculdade imaterial e imortal que, diferentemente de Averróis, Santo Tomás atribui ao ser humano. Para a origem dessa terminologia, ver ARISTÓTELES, *De anima* III, 4, 429a15--16; ALBERTO MAGNO, *De anima* III, 2, 1 (edição Jammy, tomo III, p. 132); TOMÁS DE AQUINO, *Comentário ao De anima de Aristóteles*, lição 7 (edição Pirotta, n. 676, p. 226).

[6] Cf. MANDONNET, *Siger de Brabant et l'averroïsme latin*, tomo I, pp. 172 ss.

afirmar na alma mesma de cada ser humano uma potência que participasse desse Intelecto superior e fosse capaz de tornar atualmente inteligíveis as espécies sensíveis. Com efeito, sempre que princípios universais exercem sua ação, princípios particulares de atividade são-lhes subordinados e presidem às operações próprias de cada ente. Assim, a virtude ativa dos corpos celestes, que se estende ao Universo inteiro, não impede que os corpos inferiores sejam dotados de virtudes próprias que regem operações determinadas. É o que se constata facilmente nos animais perfeitos. Se encontramos animais de ordem inferior cuja produção explica-se suficientemente pela atividade dos corpos celestes (como é o caso dos animais gerados pela putrefação), a geração dos animais perfeitos requer, além da atividade do corpo celeste, uma virtude particular que se encontra na semente. Ora, a operação mais perfeita exercida pelos entes sublunares é o conhecimento intelectual, quer dizer, a operação do intelecto. Por conseguinte, mesmo depois de ter afirmado um princípio ativo universal de toda intelecção, tal como a virtude iluminadora de Deus, é preciso ainda afirmar em cada um de nós um princípio próprio que confere ao indivíduo considerado a intelecção atual; e é o que chamamos de intelecto agente[7]. Mas essa conclusão reduz-se manifestamente à negação da existência de um intelecto agente separado. Como o conhecimento intelectual de cada ser humano e de cada alma requer um princípio ativo de operação, é preciso admitir uma pluralidade de intelectos agentes. Nós reconheceremos, então, que, para quantas almas existem, tantos serão os intelectos agentes, quer dizer, em última instância, há tantos intelectos agentes quantos os há de indivíduos humanos. Afinal, seria absurdo atribuir um princípio de operação uno e numericamente o mesmo a uma multiplicidade de sujeitos diversos[8]. Dessa maneira e por consequência, eliminam-se radicalmente também os erros gerados pela afirmação de um intelecto agente único para todos os humanos (por exemplo, a negação da imortalidade pessoal ou do livre-arbítrio). Vejamos quais são as funções principais do intelecto agente individual.

Convém, em primeiro lugar, atribuir-lhe a memória. Nem todos os filósofos concordam sobre esse ponto, até mesmo alguns daqueles que se põem sob a autoridade de Aristóteles. Avicena o nega precisamente porque aceita a doutrina da unidade do intelecto agente que acabamos de refutar. No seu dizer, pode-se conceber que o intelecto passivo, ligado a um órgão corporal, conserva as espécies sensíveis quando ele não as apreende atualmente; mas não ocorreria o mesmo com o intelecto ativo. Nessa potência totalmente imaterial, nada pode subsistir senão sob uma forma inteligível e, portanto, atual. Portanto, desde que um intelecto cessa de apreender atualmente um objeto, a espécie desse objeto desaparece desse intelecto; e, se ele quer conhecê-lo

---

[7] Cf. *Questão disputada sobre a alma*, 5, Resp.

[8] Cf. *Suma contra os gentios* II, 76 (In natura); *Suma de teologia* I, 79, 4 e 5, Resp.

novamente, deverá voltar-se para o intelecto agente, substância separada, cujas espécies inteligíveis se derramarão no intelecto passivo. A repetição e o exercício desse movimento pelo qual o intelecto passivo volta-se para o intelecto ativo cria nele um tipo de hábito ou de habilidade para cumprir essa operação; e é a isso que, segundo Avicena, se reduz a posse da ciência. Para ele, portanto, o saber não consiste em conservar as espécies que não são atualmente apreendidas, o que equivale a eliminar do intelecto toda memória propriamente dita.

Essa posição é pouco satisfatória para a razão. É um princípio, com efeito, que *quod recipitur in aliquo recipitur in eo secundum modum recipientis*, quer dizer, o que é recebido em outro é recebido segundo o modo do recipiente; ora, o intelecto é naturalmente mais estável e menos mutável do que a matéria corporal; se, então, vemos a matéria corporal não somente reter as formas durante o tempo em que ela as recebe, mas também conservá-las depois de ter sido atualmente informada por elas, com mais forte razão o intelecto deve conservar as espécies inteligíveis que ele apreende. Portanto, se se designa pelo termo *memória* a simples capacidade de conservar as espécies, é preciso reconhecer que há uma memória no intelecto. Ao contrário, se se considera como característica da memória a apreensão do passado com seu caráter próprio de passado, é preciso reconhecer que só há memória na potência sensitiva da alma. O passado, como tal, reduz-se ao fato de existir em um ponto determinado do tempo, modo de existência que não conviria senão a coisas particulares; e é à potência sensitiva da alma que cabe perceber o material e o particular. Podemos, então, concluir que, se a memória do passado concerne à alma sensitiva, existe também uma memória propriamente intelectual, que conserva as espécies inteligíveis e cujo objeto próprio é o universal, abstraído de todas as condições que o determinam a tal ou tal modo de existência particular[9].

A memória assim concebida é constitutiva da operação intelectual mesma: ela não é, propriamente falando, uma potência distinta do intelecto[10]. Essa conclusão vale igualmente para a razão e o intelecto propriamente dito; não se trata de potências distintas, como se vê pelos atos que os caracterizam. A intelecção é a simples apreensão da verdade inteligível; o raciocínio é o movimento do pensamento que passa de um objeto de conhecimento a outro, para atingir a verdade inteligível. Os anjos, por exemplo, possuindo perfeitamente o conhecimento da verdade inteligível tal como o grau próprio de perfeição deles permite apreender, a descobrem por um ato simples e de modo algum discursivo; eles são verdadeiras Inteligências. Os humanos, ao

---

[9] Cf. *Suma contra os gentios* II, 74; *Questões disputadas sobre a verdade*, q. 10, a. 2, Resp.; *Suma de teologia* I, 79, 6, Resp.

[10] Cf. *Suma de teologia* I, 79, 7, Resp.

contrário, chegam a conhecer a verdade inteligível passando de um objeto de conhecimento a outro; é por isso que o nome que lhes convém propriamente não é o de Inteligências, nem mesmo o de inteligentes, mas, antes, o de entes racionais. O raciocínio está para a intelecção assim como o movimento está para o repouso ou assim como a aquisição está para a posse; há, portanto, entre esses termos, a mesma relação que há entre o imperfeito e o perfeito. Ora, sabe-se que o movimento parte de uma imobilidade e termina nela. É o que ocorre com o conhecimento humano. O raciocínio procede de termos iniciais apreendidos pelo intelecto, quais sejam, os primeiros princípios, e seu ponto final é igualmente marcado pelos primeiros princípios, aos quais ele retorna para confrontar com eles as conclusões de sua pesquisa. A intelecção encontra-se, pois, na origem e no fim do raciocínio. Ora, é manifesto que o repouso e o movimento dependem de uma única e mesma potência; essa asserção verifica-se até nas coisas naturais, nas quais uma mesma natureza põe as coisas em movimento e as guarda em repouso. Com ainda mais forte razão, o intelecto e o raciocínio remetem a uma só e mesma potência. É, então, evidente que no ser humano é uma só e mesma potência que porta os nomes de intelecto e de razão[11].

Discernimos, assim, o ponto exato em que a alma humana encontra a inteligência separada na hierarquia dos entes criados. É manifesto que o modo de conhecimento que caracteriza o pensamento do ser humano é o raciocínio ou conhecimento discursivo. Mas vê-se também que o conhecimento discursivo requer dois termos fixos: um inicial; outro, final. Ambos consistem em uma apreensão simples da verdade pelo intelecto. A intelecção dos princípios inaugura e encerra os procedimentos da razão. Assim, portanto, ainda que o conhecimento próprio da alma humana siga a via do raciocínio, ele supõe, no entanto, certa participação nesse modo de conhecimento simples que descobrimos nas substâncias intelectuais de ordem superior. Aqui se verifica ainda a palavra de Dionísio: *divina sapientia semper fines priorum conjungit principiis secundorum*, a divina sabedoria sempre une os confins do que vem antes com os começos do que vem na sequência[12]. Mas ela só se verifica se recusarmos a distinção entre uma potência intelectual e a razão no ser humano.

A hierarquia universal não se fundamenta na posse, pelo inferior, daquilo que possuía o superior, mas sobre uma participação enfraquecida do inferior nisso mesmo que o superior possui. Assim, o animal, cuja natureza é puramente sensitiva, é desprovido de razão, mas é dotado de um algo como

---

[11] Cf. *Ibidem* I, 79, 8, Resp.

[12] Dionísio Pseudoareopagita, *Os nomes divinos* VII. Sobre a razão como simples movimento do intelecto, ver o livro fundamental de Rousselot SJ, P., *L'intellectualisme de Saint Thomas*. Paris: F. Alcan, 1908. Esse livro estabelece com força que o tomismo de Santo Tomás é um intelectualismo, não um racionalismo.

uma prudência e de estimação natural que constitui certa participação na razão humana. Também o ser humano não possui um intelecto puro que lhe permita apreender imediatamente e sem discurso o conhecimento da verdade, mas participa desse modo de conhecer por um tipo de disposição natural que é a intelecção dos princípios. Numa palavra, o conhecimento humano, tal como ele nos aparece ao cabo dessa discussão, não é nada mais do que a atividade de uma razão que participa da simplicidade do conhecimento intelectual: "donde a potência que discorre e que alcança a verdade não serem diversas, mas apenas uma (...); a própria razão se diz 'intelecto' por participar da simplicidade intelectual, do qual procede o princípio e o fim em sua operação própria"[13]. Examinemos essa operação mesma, quer dizer, o modo segundo o qual a razão humana apreende seus diversos objetos.

O problema, cuja solução comandará nossas conclusões subsequentes, é saber como o intelecto humano conhece as substâncias corpóreas que lhe são inferiores[14]. Segundo Platão, a alma humana possuiria um conhecimento natural inato de todas as coisas. Com efeito, ninguém pode dar respostas exatas a não ser sobre as questões que conhece; ora, mesmo um ignorante responde corretamente às perguntas que lhe são feitas, desde que o interroguemos com método – é o que constatamos no *Mênon*[15]. Então, cada um possui o conhecimento das coisas antes mesmo de adquirir a ciência; e isso significa afirmar que a alma conhece tudo, inclusive os corpos, por espécies naturalmente inatas. Mas essa posição esbarra em uma grave dificuldade: posto que, com efeito, a forma é o princípio de toda operação, é preciso necessariamente que cada coisa mantenha a mesma relação com a forma e com a operação que essa forma produz. Suposto, por exemplo, que o movimento para cima seja produzido pela leveza, diremos que o que está em potência com relação a esse movimento é leve em potência e que o que se move atualmente para cima é leve em ato. Ora, é manifesto que, da perspectiva dos sentidos e do intelecto, o ser humano é frequentemente em potência com relação a seus conhecimentos; ele é levado da potência ao ato pelos sensíveis que agem

---

[13] *Questões disputadas sobre a verdade*, q. 15, a. 1, Resp.

[14] Sobre a visão tomista do conhecimento, ver principalmente: P. ROUSSELOT, "Métaphysique thomiste et critique de la connaissance", in *Revue néo-scolastique*, 1910, pp. 476-509; LE GUICHAOUA, "À propos des rapports entre la métaphysique thomiste et la théorie de la connaissance", in *Ibidem*, pp. 88-101; LANNA, D. *La teoria della conoscenza in S. Tomaso d'Aquino*. Florença, 1913, seguido de uma farta bibliografia; M. BAUMGARTNER, "Zur thomistischen Lehre von den ersten Prinzipien der Erkenntnis", in *Festgabe f. G. v. Hertling*, Friburgo na Brisgóvia, 1913, pp. 1-16; *Idem*, "Zum thomistischen Warheitsbegriff", in *Festgabe f. Cl. Baeumker*, Münster, 1913, pp. 241-260; A. D. SERTILLANGES, "L'être et la connaissance dans la philosophie de Saint Thomas d'Aquin", in *Mélanges thomistes* (Bibliothèque Thomiste, tomo III), Le Saulchoir, 1923, pp. 175-197; KLUBERTANZ SJ, G. P. *The discursive power sources and doctrine of the vis cogitativa according to St. Thomas Aquinas*. Saint Louis, 1952, com uma bibliografia bastante ampla, pp. 331-346.

[15] Cf. PLATÃO, *Mênon* 82b e seguintes.

sobre os sentidos e pelo ensino e a descoberta que agem sobre seu intelecto. É preciso, então, reconhecer que a alma racional está em potência tanto com relação às espécies sensíveis quanto às espécies inteligíveis. Mas, quando ela está em potência com relação a essas espécies, é evidente que ela não as possui em ato; a alma não conhece, portanto, todas as coisas por espécies que lhe seriam naturalmente inatas[16].

É verdade que podemos possuir atualmente uma forma e encontrar-nos, todavia, na incapacidade de produzir a ação dessa forma por causa de algum impedimento exterior. Assim, o leve encontra-se, às vezes, impedido de elevar-se por causa de um obstáculo. Também Platão, constatando por si mesmo que a alma não possui sempre atualmente seus conhecimentos, afirmava que o intelecto humano é naturalmente repleto de todas as espécies inteligíveis, mas que sua união com o corpo impediria de conhecê-las sempre em ato.

Uma primeira constatação basta para descobrir o equívoco dessa postura. Quando falta um sentido, todo o conhecimento daquilo que esse sentido apreendia desaparece com ele. Um sentido a menos, uma ciência a menos. O cego de nascença não conhece nada sobre as cores; ele as conheceria, ao contrário, se o intelecto possuísse, naturalmente inatas, as noções inteligíveis de todas as coisas. Mas podemos ir além dessa simples constatação e estabelecer ainda que tal conhecimento não seria proporcional à natureza da alma humana.

Admitindo o ponto de vista platônico, chegaríamos a considerar o corpo como um tipo de tela interposta entre o intelecto e o objeto; seria necessário dizer, então, que a alma não adquire seus conhecimentos com a ajuda do corpo, mas apesar do corpo, ao qual ela está unida. Ora, vimos que é natural à alma humana estar unida a um corpo. A posição de Platão implica, portanto, que a operação natural da alma, o conhecimento intelectual, não encontra obstáculo maior do que a ligação com o corpo, embora essa ligação seja conforme à sua natureza. Há algo de chocante nesse pensamento. A Natureza, que fez a alma para conhecer, não pode tê-la unido a um corpo que a impediria de conhecer; digamos mais: ela deve ter dado um corpo a essa alma para tornar-lhe o conhecimento intelectual mais fácil.

Compreende-se melhor essa afirmação se se lembra da dignidade da alma humana, a mais baixa na escala das dignidades intelectuais, e de sua extrema imperfeição. Toda as substâncias intelectuais têm uma faculdade de conhecer submetida à influência da luz divina. Considerada no primeiro princípio, essa luz é una e simples; porém, quanto mais as criaturas inteligentes distanciam-se do primeiro princípio, tanto mais essa luz se reparte e se dispersa, como os raios divergentes que partem de um mesmo centro. É por isso que Deus conhece todas as coisas por seu único ato de existir. Já as substâncias intelectuais superiores conhecem por uma pluralidade de formas,

---

[16] Cf. *Suma de teologia* I, 84, 3, Resp.

mas só se servem de um número restrito dessas formas. Além disso, elas apreendem formas muito universais e, como são dotadas de uma faculdade de conhecer extremamente eficaz, discernem no seio dessas formas universais a multiplicidade dos objetos particulares. Nas substâncias intelectuais inferiores, ao contrário, encontra-se um maior número de formas menos universais e, como elas estão mais distantes da fonte primeira de todo conhecimento, essas formas não permitem mais apreender com a mesma distinção os objetos particulares. Se, então, as substâncias inferiores só possuíssem as formas inteligíveis universais tais como elas se encontram nos anjos, não sendo iluminadas senão por um raio muito enfraquecido e opaco, elas não conseguiriam discernir nessas formas a multiplicidade das coisas particulares. Seu conhecimento teria, assim, um caráter de vaga e confusa generalidade e pareceria com o conhecimento dos ignorantes que não discernem no seio dos princípios as consequências que os instruídos aí percebem. Ora, sabemos que, segundo a ordem da Natureza, as últimas de todas as substâncias intelectuais são as almas humanas. Foi preciso, então, ou lhes atribuir só um conhecimento confuso e geral ou uni-las a corpos, de modo que elas pudessem receber das coisas sensíveis mesmas o conhecimento determinado do que elas são. Deus tratou a alma humana como nós tratamos as mentes simples que só conseguem instruir-se com a ajuda de exemplos tirados do sensível. É, portanto, para o seu maior bem que a alma é unida ao corpo, pois ela recebe dele ajuda para conhecer: "Fica claro, portanto, que é para seu maior bem que a alma se une ao corpo e intelige por meio da conversão aos fantasmas"[17]; "Cabe a elas (as almas) obter sua perfeição inteligível com base nos corpos e por meio deles; de outro modo, não teriam por que unir-se a corpos"[18]. Numa palavra, é voltando-se para o corpo que a alma se elevará até o conhecimento de seus objetos, e não desviando-se deles como exigiria o inatismo platônico.

Esforcemo-nos por precisar o modo como o intelecto humano apreende os objetos. Segundo Santo Agostinho, cujo pensamento orientar-nos-á definitivamente para a verdade, a alma intelectual descobriria todas as coisas nas essências eternas, quer dizer, na verdade imutável que reside em Deus: "Se ambos vemos que é verdadeiro o que tu dizes e se ambos vemos que é verdadeiro o que eu digo, pergunto: onde vemos isso? Nem eu vejo isso em ti nem tu vês isso em mim, mas ambos vemos na verdade imutável mesma, que está acima de nossas mentes"[19]. Agostinho estimava, com efeito, que devemos sempre reter o que as filosofias pagãs contêm de verdade e, como ele havia sido imbuído das doutrinas platônicas, ele se esforçou constantemente por recolher o que encontrava de bom nos platônicos ou mesmo por melhorar e

---

[17] *Suma de teologia* I, 89, 1, Resp.
[18] *Suma de teologia* I, 55, 2, Resp.
[19] SANTO AGOSTINHO, *Confissões* XII, 25.

remanejar o que encontrava de contrário à fé. Ora, Platão designava sob o nome de *Ideias* as formas das coisas e as considerava subsistentes por si e fora da matéria. O conhecimento que a alma adquire de todas as coisas reduzir-se-ia, então, à sua participação nas formas assim definidas; assim como a matéria corporal torna-se pedra por participar da ideia de pedra, assim também o intelecto conheceria a pedra porque ele participa dessa ideia. Mas era manifestamente contrário à fé afirmar assim Ideias separadas, subsistentes por si e dotadas de algo como uma atividade criadora. Donde Santo Agostinho substituir as Ideias de Platão pelas essências das criaturas, reunidas no pensamento de Deus e conforme às quais todas as coisas seriam criadas; graças a elas, enfim, a alma humana conheceria todas as coisas.

Tomada em certo sentido, mesmo essa posição seria inaceitável. Quando se afirma, com Agostinho, que o intelecto conhece tudo nas essências eternas e por conseguinte em Deus, a expressão *conhecer em* pode significar que as essências eternas constituem o objeto mesmo que o intelecto apreende. Ora, não seria razoável admitir que, no estado de nossa vida presente, a alma pode conhecer todas as coisas nas essências eternas que são Deus. Já vimos o porquê dessa irrazoabilidade ao criticar o inatismo platônico. Somente os bem-aventurados que veem Deus diretamente e veem tudo em Deus conhecem tudo nas essências eternas; aqui na Terra, porém, o intelecto humano tem por objeto próprio o sensível, não o inteligível. Por outro lado, a expressão *conhecer em* pode designar o princípio do conhecimento em vez de designar o objeto; ela pode significar *conhecer por* ou aquilo *pelo que* se conhece, e não mais aquilo *que* se conhece[20]. Tomada nesse sentido, essa expressão traduz uma grande verdade, a saber, a necessidade de situar na origem de nossa intelecção a luz divina e os princípios primeiros do conhecimento intelectual que devemos a essa mesma luz.

A alma, com efeito, conhece tudo nas essências eternas, como o olho vê na luz tudo o que ele vê graças ao Sol. É importante entender exatamente essa asserção. Há, na alma humana, um princípio de intelecção. Essa luz intelectual que está em nós não é nada mais do que uma semelhança que participa da luz incriada; e, porque a luz incriada contém as essências eternas de todas as coisas, podemos dizer, em certo sentido, que nós conhecemos tudo nos exemplares divinos. Portanto, *conhecer nas essências eternas* significará simplesmente conhecer por meio de uma participação na luz divina, na qual são contidas as essências de todas as coisas criadas. É por isso que, no Salmo 4, quando se diz *Muitos perguntam "Quem nos mostra os bens?"*, o salmista

---

[20] Cf. *Suma de teologia* I, 84, 5, Resp. Santo Tomás compreendeu perfeitamente que essas diferenças separam a teoria de Aristóteles da teoria de Santo Agostinho. Ver principalmente os textos notáveis da *Questão disputada sobre as criaturas espirituais*, a. 10, ad 8m e *Questões disputadas sobre a verdade*, q. 11, a. 1.

responde *"Senhor, a luz do teu rosto está marcada sobre nós"*. Isso significa: *pela mesma marca da divina luz em nós mostram-se todas as coisas*. Mas essa faculdade de conhecer que Deus nos deu e que é a imagem divina em nós não basta a si mesma. Já vimos que ela é naturalmente vazia das espécies inteligíveis que Platão lhe atribuía. Longe de possuir conhecimentos inatos, ela é primitivamente em potência com relação a todos os inteligíveis.

A luz natural, assim entendida, não confere o conhecimento das coisas materiais pela simples participação nas essências eternas delas; são necessárias ainda as espécies inteligíveis que ela abstrai das coisas sensíveis[21]. O intelecto humano tem, então, uma luz justamente suficiente para adquirir o conhecimento dos inteligíveis aos quais ele pode elevar-se por meio das coisas percebidas[22]. Em certo sentido, é verdade que possuímos em nós os germes de todos os conhecimentos: *praeexistunt in nobis quaedam scientiarum semina*[23]. Essas sementes pré-formadas, das quais temos conhecimento natural, são os princípios primeiros: *prima intelligibilium principia*[24]. Esses princípios são as primeiras concepções que o intelecto forma em contato com o sensível. Dizer que eles preexistem no intelecto não é dizer que o intelecto os possui atualmente em si, independentemente da ação que os corpos exercem sobre a alma; é simplesmente dizer que eles são os primeiros inteligíveis que nosso intelecto concebe imediatamente com base na experiência sensível. A intelecção atual dos princípios não é mais inata em nós do que as conclusões de nossos raciocínios dedutivos[25]; e, embora descubramos espontaneamente os primeiros, devemos adquirir as últimas por um esforço de busca. Alguns exemplos ajudarão a compreender essa verdade.

Os princípios podem ser complexos, como, por exemplo, "o todo é maior do que a parte", ou simples, como as ideias de ente, de unidade e outras do mesmo gênero. Os princípios complexos preexistem *de algum modo* no intelecto. Com efeito, desde que a alma racional humana conheça as definições de "todo" e de "parte", ela saberá que o todo é maior do que a parte. A alma está, pois, naturalmente apta a formar imediatamente esse conhecimento. Mas não é menos evidente que, considerada nela mesma, ela não o possui; e o intelecto, abandonado unicamente aos seus próprios recursos, não adquirirá jamais esse conhecimento. Para saber que o todo é maior que a parte é preciso conhecer as definições de "parte" e de "todo"; ora, não se pode conhecê-las

---

[21] Cf. *Suma de teologia* I, 84, 5, Resp.

[22] Cf. *Suma de teologia* IaIIae, 109, 1, Resp. Mas, como seu objeto próprio continua o inteligível, o intelecto não pode conhecer o particular do qual extrai o inteligível senão mediatamente e por uma reflexão cujo processo é analisado em *Questões disputadas sobre a verdade*, q. 10, a. 4, Resp.

[23] *Questões disputadas sobre a verdade*, q. 11, a. 1, Resp.

[24] *Suma contra os gentios* IV, 11 (Rursus considerandum est).

[25] Cf. *ibidem*.

a não ser abstraindo da matéria sensível certas espécies inteligíveis[26]. Se, portanto, não se pode saber o que são o todo e a parte sem recorrer à percepção dos corpos, e se não se pode saber que o todo é maior que a parte sem esse conhecimento prévio, a apreensão das primeiras concepções inteligíveis supõe necessariamente a intervenção do sensível.

Essa conclusão fica ainda mais evidente se nos concentramos nos princípios simples do conhecimento. Nós ignoraríamos o que são o ente e a unidade se não tivéssemos previamente percebido objetos sensíveis cujas espécies inteligíveis podíamos abstrair. A definição exata dos princípios seria, então, a seguinte: *as primeiras concepções do intelecto, que são conhecidas imediatamente à luz do intelecto agente, pelas espécies abstraídas dos sensíveis*[27]. Esses princípios são a origem e a garantia de todos os nossos conhecimentos seguros. É deles que partimos para descobrir a verdade; e, no fim das contas, o raciocínio remete-se sempre a eles para verificar suas conclusões. Por outro lado, a aptidão que temos a formá-los em contato com o sensível é, na universalidade das almas humanas, como uma imagem da divina verdade da qual elas participam. É, portanto, lícito dizer nesse sentido, mas somente nesse sentido, que, à medida que a alma conhece todas as coisas pelos princípios primeiros do conhecimento, ela vê tudo na verdade divina ou nas essências eternas das coisas[28].

Afirmando dessa maneira a necessidade de uma luz intelectual procedente de Deus e a ineficácia dessa luz se, no ser humano, ela for reduzida apenas aos seus próprios recursos, determinamos as condições necessárias e suficientes do conhecimento. A conclusão à qual somos permanentemente reconduzidos consiste em que o conhecimento intelectual tem seu ponto de partida nas coisas sensíveis: *principium nostrae cognitionis est a sensu*. O único

---

[26] Cf. *Suma de teologia* IaIIae, 51, 1, Resp.

[27] *Questões disputadas sobre a verdade*, q. 11, a. 1, Resp. A interpretação da posição tomista sobre os princípios do conhecimento sustentada por Durantel, M. J., *Le retour à Dieu*, pp. 46, 156-157, 159 etc., parece-nos dificilmente conciliável com os textos de Santo Tomás, principalmente *Suma contra os gentios* II, 78 (Amplius Aristoteles) e *Questão disputada sobre a alma*, a. 5, Resp. A observação feita por Durantel à p. 161, nota 3, parece indicar que o autor não concebe meio termo entre o sensualismo e o platonismo, a saber, esse inatismo do intelecto sem o inatismo dos princípios que constitui precisamente a posição de Santo Tomás. Como "a teoria dos princípios primeiros é o ponto central e característico da doutrina do conhecimento em Santo Tomás" (p. 156), o erro nesse ponto produz outros. Os princípios terminam por ser concebidos como categorias kantianas que teriam sua origem em Deus (p. 162; em concordância com p. 159). A razão disso está em que o sentido do termo tomista *determinação* foi compreendido e interpretado como o desenvolvimento intrínseco de um conteúdo virtual em vez de ser concebido, no sentido próprio do determinar, como a elaboração de um conteúdo recebido de fora pelo intelecto e intelectualizado por ele.

[28] Cf. *Suma contra os gentios* III, 47 (Quamvis autem) e, sobretudo, *Compêndio de teologia*, cap. 129, e *Questões disputadas sobre a verdade*, q. 10, a. 6, Resp.

problema que ainda resta resolver é, então, determinar a relação entre o intelecto e o sensível no seio do conhecimento. Em oposição a Platão, que faz o intelecto participar diretamente das formas inteligíveis separadas, encontra-se Demócrito, que não atribui outra causa ao nosso conhecimento senão a presença, na alma, da imagem dos corpos nos quais pensamos. Segundo esse filósofo, toda ação reduz-se a um influxo de átomos materiais que passam de um corpo a outro. Ele imagina, portanto, pequenas imagens que partem dos objetos e penetram na matéria de nossa alma. Sabemos, todavia, que a alma humana exerce uma operação com a qual o corpo não comunga de nenhuma forma[29], a saber, a operação intelectual. Ora, é impossível que a matéria corporal imprima sua marca sobre uma substância incorpórea como o intelecto. Sozinha, a impressão dos corpos sensíveis não bastaria para produzir a operação do conhecimento intelectual e não basta para explicá-la. Precisamos recorrer a algum princípio de operação mais nobre, sem, entretanto, cair nos inteligíveis separados do platonismo. É nesse princípio que chegaremos seguindo a via média aberta por Aristóteles entre Demócrito e Platão, quer dizer, afirmando um intelecto agente e capaz de extrair o inteligível do sensível por meio de uma abstração cuja natureza iremos precisar.

Suponhamos que, na sequência das operações já descritas[30], um corpo sensível tenha imprimido sua imagem no sentido comum. Designemos pelo nome de fantasma (*phantasma*) essa imagem. Com ele, não temos ainda a causa total e perfeita do conhecimento intelectual; não temos sequer a causa suficiente; mas temos, pelo menos, a matéria sobre a qual essa causa se exerce[31]. O que é, então, o fantasma? É a imagem de uma coisa particular: *similitudo rei particularis*[32]. Mais precisamente, os fantasmas são imagens das coisas particulares, impressas ou conservadas nos órgãos corpóreos: *similitudines individuorum existentes in organis corporeis*[33]. Numa palavra, tanto da perspectiva do objeto como daquela do sujeito, estamos aqui no domínio do sensível. As cores, por exemplo, têm o mesmo modo de existência enquanto estão na matéria de um corpo individual e enquanto estão na potência visual da

---

[29] Ver o que foi dito anteriormente às pp. 273 e seguintes.

[30] Ver o que foi dito anteriormente às pp. 273 e seguintes.

[31] Cf. *Suma de teologia* I, 84, 6, Resp.

[32] *Ibidem*, a. 7, ad 2m. Lembremos que as espécies sensíveis não são sensações dispersas no meio físico e em busca de sujeitos cognoscentes nos quais possam alojar-se, mas radiações físicas emanadas dos objetos. Semelhantes às suas causas, as espécies não têm existência distinta da existência do objeto que as produz e do qual elas são a emanação contínua. Provindo da forma do objeto (não da matéria dele), as espécies retêm a virtude ativa dessa forma. É, portanto, por elas que o objeto atualiza o órgão sensorial e o assimila a si. O *phantasma* é a *similitudo* (semelhança) do objeto e resulta da ação da espécie sobre o sentido próprio e depois sobre o sentido comum.

[33] *Suma de teologia* I, 85, 1, ad 3m. Cf. também *Comentário ao De Anima de Aristóteles* III, lição 3 (edição Pirotta, n. 794, p. 258).

alma sensitiva. Em ambos os casos, elas subsistem em um sujeito material determinado. É por isso que as cores são naturalmente capazes de imprimir por si mesmas sua semelhança no órgão da visão. Mas, por esse mesmo motivo, percebe-se desde já que nem o sensível como tal nem por conseguinte os fantasmas podem penetrar o intelecto. A sensação é o ato de um órgão corpóreo apto a receber o particular como tal, quer dizer, a forma universal existente em uma matéria corporal individual[34]. A espécie sensível, o meio que ela atravessa e o sentido mesmo são realidades de mesma ordem, pois entram todos no gênero do particular. Pode-se dizer o mesmo da imaginação em que se encontra o fantasma. Mas não é isso que se dá com o intelecto possível: como intelecto, ele recebe espécies universais; a imaginação, ao contrário, não contém senão espécies particulares. Entre o fantasma e a espécie inteligível, entre o particular e o universal, há, portanto, uma diferença de gênero: *sunt alterius generis* (são de gêneros distintos)[35]. Donde os fantasmas, necessariamente requeridos para o conhecimento intelectual, constituírem somente a matéria desse conhecimento e lhe servirem, por assim dizer, de instrumentos[36].

Para conceber exatamente a intelecção, convém não esquecer o papel exercido pelo intelecto agente. O ser humano é situado em um Universo onde o inteligível não se encontra em estado puro; e a imperfeição de seu intelecto é tal, aliás, que a intuição do inteligível puro é-lhe completamente recusada. O objeto próprio do intelecto humano é a quididade, quer dizer, a natureza existente em uma matéria corpórea particular. Não temos de reconhecer a ideia de pedra, mas a natureza de uma pedra determinada; essa natureza resulta da união de uma forma com sua matéria própria. Assim também, a ideia de cavalo não é o objeto de nosso conhecimento; nossa atividade é conhecer a natureza do cavalo realizada em tal cavalo concreto determinado[37]. Em outros termos, os objetos do conhecimento humano comportam um elemento universal e inteligível, associado a um elemento particular e material. A operação própria do intelecto agente consiste em dissociar esses dois elementos, a fim de fornecer ao intelecto possível o inteligível e o universal que se encontravam implicados no sensível. Essa operação chama-se abstração.

Como o objeto do conhecimento é sempre proporcionado à faculdade de conhecer que o apreende, podem-se distinguir três graus na hierarquia das faculdades de conhecer. O conhecimento sensível é o ato de um órgão

---

[34] Cf. *Suma de teologia* I, 85, 1, Resp.
[35] *Questões disputadas sobre a alma*, q. 4, ad 5m.
[36] Cf. *Questões disputadas sobre a verdade*, 10, 6, ad 7m.
[37] Cf. *Suma de teologia* I, 84, 7, Resp. Leia-se: "Na mente que recebe o conhecimento a partir das coisas, as formas na alma se tornam presentes por certa ação das coisas; com efeito, toda ação se dá pela forma; por isso, as formas que estão em nossa mente referem-se primeiro e de modo principal a coisas presentes fora da alma quanto às suas formas" – *Questões disputadas sobre a verdade*, 10, 4, Resp.

corpóreo, a saber, o sentido. É por isso que o objeto de todos os sentidos é a forma tal como existe em uma matéria corporal; e, como a matéria corporal é o princípio de individuação, as potências da alma sensitiva não conhecem senão objetos particulares. Se não fosse assim, nós encontraríamos um conhecimento que não é nem o ato de um órgão corpóreo nem mesmo ligado a uma matéria corporal qualquer. Tal é o conhecimento angélico, cujo objeto próprio é a forma subsistente à parte de toda matéria. Mesmo quando os anjos apreendem objetos materiais, eles não os percebem senão por formas imateriais, quer dizer, neles mesmos (os próprios anjos) ou em Deus.

O intelecto humano ocupa uma situação intermediária. Ele não é o ato de um órgão corpóreo, como o sentido, mas pertence a uma alma que, diferentemente dos anjos, é a forma de um corpo. Por isso, o próprio desse intelecto é apreender formas existentes individualmente em uma matéria corporal, mas sem apreendê-las tal como elas existem nessa matéria. Ora, conhecer o que está em uma matéria sem considerar a matéria em que isso está é abstrair a forma da matéria individual que os fantasmas representam[38]. Vista sob seu aspecto mais simples, a abstração consiste, então, de início, no fato de o intelecto agente apreender em cada coisa material aquilo que a constitui em sua espécie, deixando de lado os princípios de individuação que pertencem à matéria da coisa. Assim como podemos considerar à parte a cor de um fruto sem considerar suas outras propriedades, assim também o intelecto pode considerar à parte, nos fantasmas da imaginação, aquilo que constitui a essência do ser humano, do cavalo ou da pedra, sem considerar o que distingue, no seio das espécies, tais ou tais indivíduos determinados[39].

A operação do intelecto agente não se limita a separar, assim, o universal do particular; sua atividade não é simplesmente separadora, mas também produtora de inteligível. Para abstrair dos fantasmas a espécie inteligível, o intelecto agente não se contenta em transportá-la tal e qual no intelecto possível; ele precisa produzi-la. Para que a espécie sensível da coisa torne-se a forma inteligível do intelecto possível, é necessário que ela sofra uma verdadeira transmutação. É o que se exprime quando se diz que o intelecto agente se volta para os fantasmas, a fim de iluminá-los. Essa iluminação das espécies sensíveis é a essência mesma da abstração. Ela é que abstrai das espécies o que elas contêm de inteligível[40] e que engendra no intelecto possível o conhecimento do que os fantasmas representam, mas considerando neles somente o específico e o universal, abstração feita do material e do particular[41].

---

[38] Cf. *Suma de teologia* I, 85, 1, Resp.
[39] Cf. *ibidem*, ad 1m.
[40] Cf. *ibidem*, ad 4m.
[41] Cf. *ibidem*, ad 3m; *Questões disputadas sobre a alma*, q. 4, Resp.; *Compêndio de teologia*, caps. 81-83.

A extrema dificuldade experimentada para representar exatamente o que Santo Tomás quer dizer aqui se deve ao fato de que se busca inconscientemente realizar essa operação e formar uma representação concreta dela. Ora, não há aqui mecanismo psicofisiológico a considerar sob a descrição da intelecção que nos é proposta[42]; encontramo-nos em outra ordem, que é aquela do inteligível, e a solução do problema do conhecimento que Santo Tomás define aqui consiste, acima de tudo, em descrever as condições requeridas para que se possa realizar uma operação que nós sabemos realizar-se. É o que podemos compreender retomando os dados mesmos do problema posto.

Há no Universo um ente cognoscente cuja natureza é tal que o inteligível não lhe advém senão confundido com o sensível. A possibilidade de um ente como esse é defensável *a priori*, porque ela combina com o princípio de continuidade que rege o Universo. Resta, entretanto, compreender qual ordem de relações uma operação desse tipo implica entre o inteligível em ato, termo superior da operação, e a matéria, seu termo inferior. Resolver esse problema significará encontrar intermediários para preencher a distância que os separa.

Um primeiro intermediário é fornecido pelo sensível mesmo. Ele é, como já dissemos, a união de uma forma (e, por conseguinte, de um inteligível) com uma matéria determinada. O sensível contém, então, em potência, algo inteligível, mas se trata de um inteligível determinado em ato a certo modo de existir particular. Do lado do ser humano, encontra-se também algo inteligível em ato, seu intelecto, essa "parte" pela qual ele prolonga as mais ínfimas das ordens angélicas; porém, esse inteligível é indeterminado. É uma luz pela qual se pode ver, mas na qual não se vê nada. Para fazer ver, é preciso que ela caia sobre objetos; mas, para cair sobre objetos, é preciso que haja objetos aparentados a ela. O inteligível em ato que é nosso intelecto morrerá, portanto, de inanição se não encontrar seu alimento no mundo onde estamos situados. Ele só o encontrará evidentemente no sensível: a solução do problema tomista do conhecimento será, então, possível desde que o sensível, determinado em ato e inteligível em potência, possa comunicar sua determinação a nosso intelecto, que é inteligível em ato e determinado somente em potência.

É para resolver esse problema que Santo Tomás admite a existência de um intelecto possível e de um intelecto agente em uma mesma substância individual e não em dois sujeitos distintos, como faziam os averroístas. Se a afirmação da coexistência dessas duas potências da alma em um único sujeito não for contraditória, poderemos dizer ter encontrado a solução do problema, pois tal hipótese satisfará a todos os seus dados. Ora, essa afirmação não é contraditória. Com efeito, contraditório é dizer que uma mesma coisa

---

[42] O próprio Aristóteles não diz quase nada a esse respeito. Ele somente compara a natureza do intelecto agente à natureza de algo como uma luz, o que é mais uma metáfora do que uma explicação.

é, ao mesmo tempo e sob o mesmo aspecto, em potência e em ato; não se trata de dizer que ela é em potência sob certo aspecto e em ato sob outro. Essa, aliás, é a condição normal de todo ente finito e criado; é também a situação da alma racional com respeito ao sensível e aos fantasmas que o representam. A alma tem a inteligibilidade em ato, mas falta-lhe a determinação; os fantasmas têm a determinação em ato, mas lhes falta a inteligibilidade; a alma confere-lhes, então, a inteligibilidade pela qual ela se mostra intelecto agente e recebe deles a determinação pela qual ela se revela intelecto possível. Para que a operação seja realizável, uma única condição é requerida, uma condição ainda metafísica e fundada sobre as exigências da ordem: é preciso que a ação do intelecto agente, que torna inteligíveis os fantasmas, anteceda a recepção do inteligível no intelecto possível – *actio intellectus agentis in phantasmatibus praecedit receptionem intellectus possibilis* (a ação do intelecto agente nos fantasmas precede a recepção do intelecto possível). Visto que o sensível como tal não pode penetrar o inteligível como tal, então nosso intelecto, aspirando a receber a determinação do sensível, começa por tornar possível a ação do sensível, elevando-o à sua ordem própria. O preço não era alto; era o único problema a resolver: *parvum lumen intelligibile quod est nobis connaturale sufficit ad nostrum intelligere* (a pequena luz inteligível que nos é conatural basta para o nosso inteligir)[43].

Tal é o modo segundo o qual a alma humana conhece os corpos. Essa conclusão não é verdadeira somente no que concerne à aquisição do conhecimento; ela vale igualmente para o uso que dela fazemos depois de a termos obtido. Toda lesão do sentido comum, da imaginação ou da memória suprime ao mesmo tempo os fantasmas e o conhecimento dos inteligíveis que lhes correspondem[44]. Tal conclusão permite, enfim, descobrir o modo segundo o qual a alma humana conhece-se a si mesma, assim como os objetos situados acima dela. O intelecto conhece-se exatamente da mesma maneira que ele conhece as outras coisas; isso quer dizer, portanto, que ele se conhece à medida que passa da potência ao ato sob a influência das espécies abstraídas das coisas sensíveis pela luz do intelecto agente[45]. Donde a multiplicidade das operações que tal conhecimento requer e a ordem segundo a qual elas se apresentam. A alma chega ao conhecimento de si porque ela apreende, de início, outras coisas: *ex objecto enim cognoscit suam operationem, per quam devenit ad cognitionem sui ipsius* (partindo do objeto, [ela] conhece sua própria operação, pela qual chega ao conhecimento de si mesma)[46]. Ela conhece

---

[43] *Suma contra os gentios* II, 77.
[44] Cf. *Suma de teologia* I, 84, 7, Resp.
[45] Cf. *ibidem* I, 87, 1, Resp.
[46] *Questões disputadas sobre a alma*, q. 3, ad 4m; *Questões disputadas sobre a verdade*, q. 10, 8, Resp.

inicialmente seu objeto, depois sua operação e enfim sua natureza própria. Ora ela percebe simplesmente que é uma alma intelectual (pois apreende a operação de seu intelecto), ora ela se eleva até o conhecimento universal do que é a natureza de uma alma humana por meio de uma reflexão metódica sobre as condições que a operação do intelecto requer[47]. Mas, nos dois casos, a ordem do pensamento continua a mesma. "Há um tipo de intelecto, o humano, que nem é seu próprio inteligir nem sua essência mesma é o objeto primeiro de seu inteligir; ao contrário, seu objeto primeiro é algo que lhe é extrínseco, a saber, a natureza da coisa material. Assim, o que primeiro é conhecido pelo intelecto humano é esse objeto; e secundariamente é conhecido o próprio ato pelo qual se conhece o objeto; e, pelo ato, conhece-se o intelecto mesmo, cuja perfeição é o próprio inteligir"[48].

Quanto ao modo segundo o qual a alma conhece o que está acima dela, quer se trate das substâncias totalmente imateriais, como os anjos, quer se trate da essência infinita e incriada que chamamos *Deus*, a apreensão direta do inteligível como tal lhe permanece recusada[49]. Não podemos pretender a nada além de formar certa representação muito imperfeita do inteligível, partindo da natureza sensível. É por isso que, mais do que a própria alma, Deus não é o objeto primeiro que ela apreende. Ela deve partir da consideração dos corpos e nunca avançará mais no conhecimento do inteligível do que lhe permitirá o sensível do qual parte. Encontramos, portanto, aqui, a justificação decisiva do método seguido para demonstrar a existência de Deus e analisar sua essência: "O conhecimento de Deus que pode ser obtido pela mente humana não excede aquele gênero de conhecimento que é conseguido com base nos sensíveis, assim como, sobre si mesma, ela conheça o que ela é inteligindo as naturezas dos sensíveis"[50].

Essa verdade comanda a filosofia inteira. Por muitos não a compreenderem bem, atribuem ao intelecto objetos que ele é naturalmente incapaz de

---

[47] Cf. *Suma de teologia* I, 87, 1, Resp.

[48] *Suma de teologia* I, 87, 3, Resp. Cf. também *Questões disputadas sobre a verdade*, 10, 8. Sobre esse tema, ver B. ROMEYER, "Notre science de l'esprit humain d'après Saint Thomas d'Aquin", in *Archives de philosophie*, I, 1 (1923), pp. 51-55. Esse trabalho agostiniza um pouco o pensamento tomista. Parece difícil admitir que Santo Tomás confere ao ser humano um conhecimento direto da essência da alma, quer dizer, um conhecimento não obtido com base no conhecimento sensível. Não há dúvida, porém, quanto ao fato de que a presença da alma a si mesma dispensa-a de um *habitus* correspondente (cf. *Questões disputadas sobre a verdade*, 10, 8, Resp.). Temos, portanto, um conhecimento habitual da essência da alma, assim como temos uma certeza imediata de seus atos (cf. ARISTÓTELES, *Ética nicomaqueia* IX, 9, 1170a25ss), mas nós inferimos sua existência e sua natureza com base em suas operações. Para um estudo mais aprofundado dessa questão, ver A. GARDEIL, "La perception de l'âme par elle-même d'après Saint Thomas", in *Mélanges Thomistes*. Paris: Le Saulchoir, 1923, pp. 219-236.

[49] Cf. *Suma de teologia* I, 88, 3, Resp.

[50] *Suma contra os gentios* III, 47 (Ex his ergo).

apreender; desconhecem-se, então, o valor próprio e os limites de nosso conhecimento. A forma mais perigosa dessa ilusão consiste em crer que a realidade é-nos tão mais bem conhecida quanto ela é em si mesma mais cognoscível e mais inteligível. Já sabemos que nosso intelecto é construído para extrair o inteligível do sensível; contudo, do fato de ele poder separar da matéria individuante sua forma universal não seria possível concluir sem sofisma que ele é capaz *a fortiori* de apreender o puro inteligível. O intelecto é semelhante a um olho ao mesmo tempo capaz de perceber cores e luminoso o bastante para tornar essas cores atualmente visíveis. Tal olho, capaz por hipótese de perceber uma luz fraca, seria inapto a perceber uma luz forte. Com efeito, há animais cujos olhos, como se diz, produzem uma luz suficiente para iluminar os objetos que eles veem; ora, esses animais vêm melhor à noite do que de dia; seus olhos são frágeis; um pouco de luz os ilumina, muita luz os ofusca. Assim também ocorre com nosso intelecto. Na presença dos supremos inteligíveis, ele é como o olho da coruja que não vê o Sol diante do qual ela se encontra. Devemos, então, contentar-nos com essa pequena luz inteligível que nos é natural e basta para as necessidades de nosso conhecimento, preservando-nos de solicitar-lhe mais do que ela pode dar. O incorpóreo não nos é conhecido senão por comparação com o corpóreo; e cada vez que pretendemos a algum conhecimento dos inteligíveis, devemos voltar-nos para os fantasmas que os corpos causam em nós, ainda que não haja fantasmas das realidades inteligíveis[51]. Agindo assim, nós nos comportamos como convém aos ínfimos intelectos que somos e aceitamos os limites que o lugar por nós ocupado na hierarquia dos entes criados impõe à nossa faculdade de conhecer[52].

---

[51] Cf. *Suma de teologia* I, 84, 7, ad 3m.

[52] Além das obras que já indicamos e que se referem diretamente à teoria tomista do conhecimento, há algumas obras clássicas sobre as relações entre a teoria tomista do conhecimento e aquela de Santo Agostinho, de São Boaventura e da escola agostinista em geral. Trata-se, porém, de uma temática que seria imprudente abordar antes do estudo direto dos textos tomistas ou agostinianos, mas à qual somos necessariamente remetidos depois de tal estudo e cuja meditação é histórica e filosoficamente muito fecunda. Ver KLEUTGEN, J. *Die Philosophie der Vorzeit vertheidigt*, Münster, 1860, 2 vols. (tradução francesa: *La philosophie scolastique*, Paris, 1868-1890, 4 vols.; tradução italiana: *Filosofia antica esposta e difesa*, 1866, 2 vols.); LEPIDI, *Examen philosophico-theologicum de Ontologismo*, Lovaina, 1874; *Idem*, "De Ente generalissimo prout est aliquid psychologicum, logicum, ontologicum", in *Divus Thomas* 11 (1881); ZIGLIARA, *Della luce intellettuale e dell'ontologismo secondo le dottrine dei Santi Agostino, Bonaventura e Tommaso*, Roma, 1874 (ou ainda o tomo II das *Œuvres Complètes*, trad. Murgue, Lyon, 1881, p. 273ss). Encontra-se também uma introdução geral (certamente discutível, mas sempre sugestiva) a essa temática em *De humanae cognitionis ratione anecdota quaedam S. D. Sancti Bonaventurae*, Quaracchi, 1883, especialmente a *Dissertatio praevia*, pp. 1-47.

# CAPÍTULO 7

# CONHECIMENTO E VERDADE

Já descrevemos as operações cognitivas da alma racional e, ao fazê-lo, conduzimos, de certo modo, o ser humano ao seu lugar na hierarquia dos entes criados. Convém demorar-nos nesse ponto, a fim de fazer sobressair a natureza do conhecimento humano, tal como a concebe Santo Tomás, bem como a sua noção de verdade.

Não é comum que o ser humano preocupe-se em saber o que é um conhecimento[1]. Mas uma simples passada de olhos sobre a natureza basta para revelar que conhecer não está necessariamente implicado no simples fato de existir; e uma rápida indução permite garantir isso. Para começar, há entes artificiais, feitos pelas mãos humanas, inertes e incapazes de movimento espontâneo. Se uma cama cai, é como madeira que o faz, e não como cama; se, enterrada no solo, ela brota, não é uma cama que brota, mas uma árvore. Em seguida, há entes naturais, dotados de um princípio interno de movimento (como a leveza ou o peso implicados por suas formas), mas que se movem unicamente em função desse princípio interno, sem que jamais intervenha a menor adaptação de seus movimentos às condições do mundo exterior: deixadas a si mesmas, a pedra cai e a chama sobe em linha reta; uma é encaminhada para baixo e a outra, para o alto. Há também movimentos naturais mais complexos, como os das plantas animadas por uma vida vegetativa e que desdobram no espaço suas raízes, galhos e folhas. Porém, ainda nesse caso, trata-se de uma inércia regrada e condicionada por dentro, sem que o mundo exterior faça outra coisa senão permitir ou inibir aquele desdobramento. Um carvalho brota se pode brotar, assim como uma pedra cai se é

---

[1] Consultar A.-D. SERTILLANGES, "L'idée générale de la connaissance d'après Saint Thomas d'Aquin", in *Revue des sciences philosophiques et théologiques*, 1908, tomo II, pp. 449-465; M.-D. ROLAND-GOSSELIN, "Sur la théorie thomiste de la vérité", in *ibidem*, 1921, tomo X, pp. 222-234 (acrescentar a este artigo as importantes observações que constam do tomo XIV da mesma revista, pp. 188-189 e pp. 201-203); NOEL, L., *Notes d'épistémologie thomiste*, Louvain, 1925. Para uma discussão de conjunto das interpretações propostas, ver GILSON, É., *Réalisme thomiste et critique de la connaissance*, Paris: Vrin, 1938; VAN RIET, C., *L'épistémologie thomiste*, Louvain, 1946.

solta no ar. Completado o crescimento do carvalho, ele morre sem jamais ter sido algo além de um carvalho, quer dizer, tudo aquilo que ele podia vir a ser.

Com o reino animal, porém, o aspecto dos entes muda completamente. Regidos por princípios internos (assim como ocorre com os entes vegetais), os movimentos dos animais não se explicam somente por tais princípios. Um cão pode fazer mais do que cair por causa de seu próprio peso ou crescer por sua vida própria. Ele se desloca no espaço para procurar uma presa, lança-se para alcançá-la, corre para trazê-la: todas essas ações supõem que a presa em questão existe de início para si mesma, mas existe também para o cão. A cabra não existe para o arbusto que ela come, mas o arbusto existe para a cabra, qualquer que seja a maneira de existir do arbusto. Essa existência de um ente para outro, que começa com a animalidade e desenvolve-se no ser humano, é precisamente um conhecimento. Eis, então, o fato: há conhecimento no mundo. Mas eis também a questão: em geral, quais condições tornam possível um conhecimento?

Definamos o problema com todo o seu rigor. O que significa dizer que um ser vivo toma consciência de outro ente? Considerado em si mesmo, o ente que conhece é, antes de tudo, sua própria essência, isto é, ele se situa sob um gênero, se define por uma espécie e se individualiza por todas as propriedades que o distinguem dos outros entes de mesma natureza. Como tal, ele é o ente individuado de uma espécie e de um gênero; e nada mais. É um cão, uma cabra, um ser humano. Mas, como cognoscente, ao ente é dado tornar-se outra coisa que ele mesmo, pois a presa que o cão persegue, o arbusto que a cabra devora ou o livro que o ser humano lê existem, de agora em diante, de certa maneira no cão, na cabra e no ser humano. Dado que, depois que são conhecidos, esses objetos existem nos sujeitos que os conhecem, é preciso que os sujeitos, de algum modo, se tenham tornado esses objetos. Conhecer, então, é existir de maneira nova e mais rica do que as maneiras precedentes de existir (a dos minerais e a dos vegetais), pois, essencialmente, conhecer é fazer entrar nisso que a princípio se é para si mesmo aquilo que outra coisa é a princípio para ela mesma[2]. É possível exprimir esse fato dizendo que conhecer uma coisa é uma maneira de tornar-se ela[3].

---

[2] Em linguagem tomista, visto que um ente é definido por sua forma, um ente cognoscente distingue-se de um ente não cognoscente pelo fato de possuir, além de sua forma própria, a forma da coisa que ele conhece: "Os cognoscentes distinguem-se dos não cognoscentes nisto: os não cognoscentes só possuem sua forma, ao passo que, para os cognoscentes, é natural possuir também a forma de outra coisa, pois a espécie do que é conhecido encontra-se no cognoscente. Daí ser manifesto que, sendo mais restrita e limitada a natureza dos não cognoscentes, a natureza dos cognoscentes, ao contrário, tem maior amplitude e extensão, pelo que diz o Filósofo no livro III do De anima: a alma é, de certo modo, tudo" (Suma de teologia I, 14, 1, Resp.).

[3] Tal é o sentido da famosa fórmula de João de Santo Tomás: "Os cognoscentes são superiores aos não cognoscentes porque podem receber em si aquilo que é de outro como outro, quer dizer, aquilo que permanece distinto em outro; *e o recebem de tal modo que, mesmo sendo o que*

Uma primeira observação impõe-se aqui se quisermos visualizar todo o alcance dessas constatações. Independentemente da interpretação ulterior que assumamos para esses fatos, é claro que estamos na presença de dois entes diferentes: entre aquele que só pode ser o que é e aquele cujo existir é capaz de dilatar-se para possuir o existir dos outros há uma distância considerável; trata-se exatamente da distância que separa o material do espiritual. Tudo o que há de corpo ou de matéria em um ente tem por efeito retraí-lo, limitá-lo; tudo o que ele contém de espiritual tem por efeito, ao contrário, expandi-lo, ampliá-lo. No grau mais ínfimo, portanto, está o mineral, que não é senão o que ele é; no grau supremo, ou, melhor dizendo, para além de todo grau concebível, encontra-se Deus, que é tudo; entre esses dois graus, encontra-se o ser humano, que, de certa maneira, é capaz de tornar-se tudo por seus sentidos e por sua inteligência[4]. O problema do conhecimento humano é, assim, em seu fundo, o problema do modo de existência de um ser espiritual que, todavia, não é só espiritualidade.

Uma segunda observação vem confirmar a primeira: não há duas soluções concebíveis para o problema do conhecimento, como se uma fosse reservada à inteligência e outra aos sentidos. O conhecimento sensível e o conhecimento intelectual podem ser, e o são, duas espécies diferentes ou dois graus diferentes de um mesmo gênero de operação, mas eles recebem a mesma explicação. Se fosse preciso introduzir um corte ideal na ordem universal, conviria fazê-lo entre o animal e a planta, e não entre o animal e o ser humano. Por mais restrito

---

são em si mesmos, também podem tornar-se os outros que si mesmos (*ita quod in se sunt, sed etiam possunt fieri alia a se*)" – João de Santo Tomás, *De anima*, q. IV, a. 1. Essa fórmula não é de Santo Tomás de Aquino, mas ela traduz fielmente o fundo de seu pensamento. Para sua interpretação, é útil seguir a controvérsia entre M. N. Balthasar e o P. Garrigou-Lagrange na *Revue néo-scolastique de philosophie*, 25 (1933), pp. 294-310 e 420-421.

[4] Cf. *Comentário ao De Anima de Aristóteles* III, lição 13 (ed. Pirotta, n. 790). Cf. *Suma de teologia* I, 80, 1, Resp.: "Naqueles que participam do conhecimento a forma ocorre de modo mais elevado do que o modo como ela ocorre naqueles que carecem de conhecimento. Nos que carecem de conhecimento, ela ocorre apenas como forma para o existir próprio que determina cada um [cada ente] e que lhe é também natural (...). Nos que possuem conhecimento, também é assim que cada qual se determina ao seu existir natural, quer dizer, pela forma natural, o qual, entretanto, pode também receber as espécies de outras coisas: assim como o sentido recebe a espécie de todos os sensíveis, e o intelecto, de todos os inteligíveis, assim também a alma humana torna-se todas as coisas, de certo modo, segundo o sentido e o intelecto. Nesse tornar-se, os que têm conhecimento aproximam-se, de certo modo, da semelhança com Deus, em quem todas as coisas preexistem" (*Suma de teologia* I, 80, 1, Resp.). Cf. também: "Fica claro, então, que a imaterialidade de uma coisa é razão de que seja cognitiva; e o modo da cognição segue o modo da imaterialidade. Por isso, no livro II do *De anima*, diz-se que, por causa de sua materialidade, as plantas não conhecem. O sentido, no entanto, é cognitivo, porque é receptivo das espécies sem matéria; e o intelecto é ainda mais cognitivo, porque é mais separado da matéria e menos misturado a ela. (...) Por conseguinte, encontrando-se Deus no ápice da imaterialidade, (...) segue-se que ele também está no ápice do conhecimento" (*Suma de teologia* I, 14, 1, Resp.; a esse respeito, cf. *Comentário ao De Anima de Aristóteles* II, lição 5, ed. Pirotta, n. 283).

que seja seu campo de extensão, o animal é já acrescido do existir alheio pela sensação que o animal experimenta; ele é, então, claramente – mesmo que de modo ainda incompleto –, liberado da pura materialidade⁵. Assim, convém descrever as operações cognitivas de tal maneira que se possa unir a inteligência e a sensação a um mesmo princípio e julgá-las pelas mesmas regras.

Uma primeira condição da possibilidade desse conhecimento está em que as próprias coisas participam, em algum grau, da imaterialidade. Caso se suponha um Universo puramente material e desprovido de qualquer elemento inteligível, ele será, por definição, opaco ao espírito. Como ele não é opaco ao espírito, e só o seria fora de um intelecto que pode de algum modo tornar-se uma coisa, deve haver nessa coisa mesma um aspecto sob o qual ela é suscetível de tornar-se, de algum modo, espírito. O elemento do objeto assimilável para um pensamento é precisamente sua forma. Dizer que o sujeito cognoscente torna-se o objeto conhecido equivale, por conseguinte, a dizer que a forma do sujeito cognoscente acresce-se da forma do objeto conhecido⁶. Já sabíamos, de um ponto de vista metafísico, que era possível esse íntimo parentesco entre o pensamento e as coisas, pois o Universo, mesmo em suas mínimas partes, é uma participação do supremo inteligível, Deus. Constatamos agora que tal parentesco é requerido necessariamente para que fatos como as ideias e as sensações sejam concebíveis. Não basta disponibilizar um ponto de encontro entre o pensamento e as coisas; é preciso ainda haver coisas tais que o pensamento as possa encontrar.

Reconhecida como possível essa dupla assimilação, o que ocorre com a noção de conhecimento? Um mesmo fato vai oferecer-se sob dois aspectos, segundo o modo como é encarado: do ponto de vista do que o objeto conhecido traz; ou do ponto de vista do que traz o sujeito cognoscente. Descrever o conhecimento adotando um desses dois aspectos complementares e exprimindo-se como se um fosse encarado da perspectiva do outro significa enredar-se em dificuldades inextrincáveis.

Atenhamo-nos, de início, ao ponto de vista do objeto, que é o mais fácil de alcançar. Para permanecer fiel aos princípios que acabam de ser postos, é preciso admitir que o existir do objeto se impõe ao existir do sujeito que o conhece. Se conhecer uma coisa é tornar-se ela, é necessário que, no momento em que se opera o ato de conhecimento, um novo existir se constitua, mais amplo que o primeiro, precisamente porque ele engloba em uma unidade mais rica o ente que conhece (tal como ele era antes de conhecer) e aquilo em que ele se tornou depois de ter-se acrescido do objeto conhecido. A síntese

---

⁵ "Assim, os viventes inferiores, cujo ato é a alma da qual se trata aqui, têm um existir duplo: um é material, no que convergem com outras coisas materiais; outro é imaterial, no que comunicam de algum modo com as substâncias superiores" (*Comentário ao De Anima de Aristóteles* II, 5, ed. Pirotta, n. 282).

⁶ Ver acima, p. 300, nota 2.

que então se produz implica, pois, a fusão de dois existires que coincidem no momento de sua união. O sentido difere do sensível; e o intelecto difere do inteligível; mas nem o sentido difere do sentido nem o intelecto difere do objeto atualmente conhecido por ele. É, portanto, literalmente que o sentido, tomado em seu ato de sentir, confunde-se com o sensível tomado no ato pelo qual é sentido; e o intelecto, tomado em seu ato de conhecer, confunde-se com o inteligível tomado no ato pelo qual é conhecido: *sensibile in actu est sensus in actu, et intelligibile in actu est intellectus in actu* (o sensível em ato é o sentido em ato; e o inteligível em ato é o intelecto em ato)[7].

Pode-se considerar um corolário imediato desse fato a tese tomista segundo a qual todo ato de conhecimento supõe a presença do objeto conhecido ele mesmo no sujeito cognoscente. Os textos que o afirmam são numerosos e explícitos; e é tanto menos lícito reduzir o seu alcance quanto mais, como vimos, eles se limitam a formular de maneira diferente a tese fundamental que vê no ato de conhecimento a coincidência do intelecto ou do sentido com seu objeto. Todavia, uma complicação apresenta-se aqui e requer a introdução de um dado novo em nossa análise: a espécie sensível para o conhecimento pelos sentidos e a espécie inteligível para o conhecimento pelo intelecto.

Partamos do dado de que o conhecimento de um objeto é a presença do objeto mesmo no pensamento. É preciso ainda que o objeto não invada o pensamento a ponto de este deixar de ser pensamento. Com efeito, é o que ocorre. A vista percebe a forma da pedra, mas não se petrifica; assim também o intelecto concebe a ideia de madeira, mas não se transforma em madeira; ao contrário, ele permanece o que era e conserva ainda disponibilidades para tornar-se ainda outras coisas. Quando se quer ter em conta esse novo fator, o problema do conhecimento põe-se sob esta forma mais complexa: em que condição o sujeito cognoscente pode tornar-se o objeto conhecido sem deixar de ser si mesmo?

É para enfrentar essa dificuldade que Santo Tomás introduz a ideia de *espécie* (*species*). Qualquer que seja a ordem de conhecimento considerada, há um sujeito, um objeto e um intermediário entre o objeto e o sujeito. Isso é verdadeiro já para as formas mais imediatas da sensação, tais como o tato e o gosto[8], e fica mais e mais manifesto à medida que se sobe na escala do conhe-

---

[7] "Daí ser dito, no livro III do *De Anima*, que o sensível em ato é o sentido em ato e que o inteligível em ato é o intelecto em ato. Disso provém que sentimos ou inteligimos algo em ato porque nosso intelecto ou nosso sentido é informado em ato por uma espécie sensível ou inteligível. Em conformidade com isso, o sentido ou o intelecto são distintos do sensível e do inteligível apenas porque estão ambos em potência" (*Suma de teologia* I, 14, 2, Resp.). Cf. *Comentário ao De Anima de Aristóteles* III, lição 2, ed. Pirotta, nn. 591-593 e 724.

[8] Cf. *Comentário ao De Anima de Aristóteles* II, lição 15, ed. Pirotta, nn. 437-438. Ver M.-D. ROLAND-GOSSELIN, "Ce que Saint Thomas pense de la sensation immédiate et de son organe", in: *Revue des sciences philosophiques et théologiques* 8 (1914), pp. 104-105.

cimento. Para resolver o problema assim posto, bastaria então conceber um tal intermediário que, sem deixar de ser o objeto, fosse capaz de tornar-se o sujeito. Com essa condição, a coisa conhecida não invadiria o pensamento, o que, com efeito, ela não faz; mas seria ela a ser conhecida pela presença de sua *species* no pensamento que a conhece.

Para conceber tal intermediário, que o fato mesmo do conhecimento constrange a afirmar, é preciso renunciar a fazer uma representação dele. Se já é perigoso imaginar as espécies sensíveis como sensações que elas veiculariam no espaço, então, quando se trata de uma forma inteligível, seu prolongamento até nosso pensamento só pode ser concebido como forma de natureza inteligível. Aliás, nem falemos aqui de prolongamento, pois saímos do físico para entrar no metafísico. A operação que analisamos se passa inteiramente fora do espaço; e o inteligível da coisa, que é no espaço por sua matéria, não tem nenhum espaço a percorrer até alcançar a intelecção do pensamento, que, por sua vez, se liga ao espaço por seu corpo. Nenhum obstáculo é mais funesto do que a imaginação para a compreensão de tal problema. Trata-se aqui de apenas conceder ao pensamento e às coisas aquilo que eles requerem para poder fazer o que fazem: algo pelo que o objeto possa coincidir com nosso intelecto, sem se destruir a si mesmo e sem que nosso intelecto deixe de ser o que é.

A *species*, que deve ter esse papel, será então concebida de início como sendo apenas o inteligível ou o sensível do objeto mesmo sob outro modo de existência. É praticamente impossível falar da espécie sem referir-nos a ela como se ela fosse uma imagem, um equivalente ou um substituto do objeto; e o próprio Santo Tomás não deixa de fazê-lo. Mas é preciso compreender que a espécie de um objeto não é um ente (e o objeto seria um outro); ela é o objeto mesmo ao modo de espécie, quer dizer, a espécie é o objeto considerado na ação e na eficácia que ele exerce sobre um sujeito. Apenas com essa condição poderemos dizer que não é a espécie do objeto que é presente no pensamento, mas que é o objeto que é presente por sua espécie. Por conseguinte, como a forma do objeto é nele o princípio ativo e determinante, é também a forma do objeto que se tornará, por sua espécie, o intelecto que a conhecerá. Toda a objetividade do conhecimento humano repousa, no fim das contas, sobre esse dado: não se introduz em nosso pensamento um intermediário como algo a mais ou como um substituto distinto no lugar da coisa, mas, sim, a espécie sensível da coisa mesma, a qual, tornada inteligível pelo intelecto agente, torna-se a forma de nosso intelecto possível[9]. Uma última

---

[9] Ver a fórmula impressionante que Santo Tomás dá a essa operação: "Quando [o intelecto] possui as referidas espécies [inteligíveis] em um ato completo, chama-se intelecto em ato. Assim, então, intelige em ato a coisa quando a espécie da coisa é tornada a forma do intelecto possível" (*Compêndio de teologia*, cap. 83). O termo *similitudo* (semelhança), pelo qual Santo Tomás designa frequentemente a espécie (por exemplo, em *Suma contra os gentios* II, 98), deve ser tomado com o

consequência do mesmo princípio terminará por colocar em evidência a continuidade da espécie com a forma do objeto.

Dissemos ser necessário introduzir a noção de *species* na análise do conhecimento, a fim de salvaguardar a individualidade do sujeito e do objeto. Suponhamos agora que, para melhor assegurar a individualidade e a distinção de ambos, atribuíssemos à espécie que os une uma existência própria: o objeto do conhecimento deixaria de ser a forma inteligível da coisa conhecida e tornar-se-ia a espécie inteligível que vem substituí-la. Em outros termos, se as espécies fossem entes distintos de suas formas, nosso conhecimento versaria sobre as espécies, em vez de versar sobre os objetos mesmos[10]. Consequência inaceitável por dois motivos: primeiro porque, nesse caso, todo o nosso conhecimento deixaria de versar sobre realidades exteriores para atingir apenas as representações delas na consciência, com o que nos associaríamos ao erro platônico de crer que nossa ciência é uma ciência das ideias, quando ela é uma ciência das coisas; em seguida porque nenhum critério de certeza seria mais concebível e cada qual seria o único juiz do verdadeiro, uma vez que se trataria daquilo que de verdadeiro colhe seu pensamento e não daquilo que há de verdadeiro independentemente do seu pensamento. Por conseguinte, se há ciência demonstrativa concernente às coisas, e não simples opiniões, é preciso que os objetos do conhecimento sejam as coisas em si mesmas, e não imagens que se distinguiriam das coisas. A espécie não é, portanto, *aquilo que* o pensamento conhece sobre a coisa, mas *aquilo pelo que o pensamento conhece a coisa*[11], de modo que nenhum ente intermediário se interpõe entre o pensamento e seu objeto no ato de conhecimento.

---

sentido forte que ele então recebe: uma participação da forma, que a representa porque ela não é senão essa mesma forma prolongada. A *similitudo formae* (semelhança da forma) não é um quadro nem um decalque sem o qual o conhecimento só alcançaria as sombras dos objetos: "Deve-se saber que, quando se perfaz qualquer conhecimento pelo fato de a semelhança da coisa conhecida estar no cognoscente assim como a perfeição da coisa conhecida consiste em ter tal forma pela qual é tal coisa, assim também a perfeição do conhecimento consiste em ter a semelhança dessa forma" (*Comentário à Metafísica de Aristóteles* VI, lição 4, edição Cathala, n. 1234. Cf. também nn. 1235-1236). É porque ter a "semelhança" da forma equivale a ter a forma que chegaremos à definição tomista da verdade.

[10] "Alguns afirmaram que as potências cognitivas (*vires cognoscitivae*), existentes em nós, nada conhecem senão as próprias afecções: o sentido não sente mais do que a afecção de seu órgão; e o intelecto nada inteligência senão sua afecção, isto é, a espécie inteligível que recebe em si. Segundo essa posição, a espécie é aquilo mesmo que é inteligido. Mas tal opinião parece claramente falsa, por dois motivos..." (*Suma de teologia* I, 85, 2, Resp.). "O inteligido está em quem inteligência por sua semelhança. Desse modo, diz-se que o inteligido em ato é o intelecto em ato; e, como a semelhança da coisa inteligida é a forma do intelecto, assim a semelhança da coisa sensível é a forma do sentido em ato; de onde não segue que a espécie inteligível abstrata seja aquilo que se inteligência em ato, mas a sua semelhança" (*Ibidem*, ad 1m).

[11] "Fica claro que as espécies inteligíveis, pelas quais o intelecto possível se torna em ato, não são o objeto do intelecto. Elas não estão para o intelecto como aquilo que (*quod*) se inteligência, mas

Desloquemo-nos agora para encarar o mesmo ato do ponto de vista do pensamento: sob qual aspecto ele aparecerá para nós?

Algo chama logo nossa atenção: o ato de conhecimento é um ato imanente ao sujeito. Com "imanente ao sujeito" queremos dizer que ele se cumpre no sujeito e em seu inteiro proveito. A partir de agora, a unidade do intelecto e do objeto, que nós já acentuamos tão fortemente, vai apresentar-se sob um aspecto novo. Até o presente, fundamentando-nos sobre o fato de o conhecimento ser o ato comum do cognoscente e do conhecido, podíamos permitir-nos dizer indiferentemente que o pensamento tornava-se o objeto de seu conhecimento ou que o objeto tornava-se o conhecimento que dele tomava o pensamento. Inteligibilizando-se no pensamento, a coisa não se torna nada mais nada menos do que aquilo que ela era. Para um objeto desprovido da consciência de que é objeto, ser conhecido não é um evento; tudo se passa, para ele, como se nada acontecesse; é apenas o existir do sujeito cognoscente que ganha algo com essa operação.

Mas nem tudo foi dito. Dado que o ato de conhecimento é inteiramente imanente ao pensamento, nós até poderemos dizer que é o pensamento que se torna o objeto, mas será preciso que o objeto se acomode igualmente à maneira de existir do pensamento, a fim de o pensamento poder tornar-se o objeto. O pensamento só é, então, o seu existir mais o existir do objeto porque o objeto assume no pensamento um existir da mesma ordem que o do pensamento: *Omne quod recipitur in altero recipitur secundum modum recipientis* (Tudo o que é recebido em outro é recebido segundo o modo do que recebe). Para que o ferro ou a árvore existam no pensamento como conhecidos, eles devem existir sem matéria e unicamente por suas formas, quer dizer, segundo um modo espiritual de existir. Tal modo de existência que têm as coisas no pensamento que as assimila é o que se chama de um existir "intencional"[12]. Se consideramos atentamente, vemos uma transformação profunda do dado concreto pelo espírito que o recebe. A experiência lhe fornece um objeto particular, composto de forma e matéria; o que os sentidos e o intelecto recebem daí é a forma cada vez mais liberada de toda marca material; é a inteligibilidade do objeto.

Isso ainda não é tudo. O ato de conhecimento vai liberar-se do objeto de uma maneira bastante clara, produzindo o verbo interior ou o conceito. Dá-se o nome de conceito àquilo que o intelecto concebe em si mesmo e exprime por uma palavra[13]. A espécie sensível e depois inteligível, pela qual

---

como aquilo pelo que (*quo*) intelige. Com efeito, é manifesto que as ciências são sobre o que o intelecto intelige. Há, portanto, ciências das coisas, e não das espécies ou das intenções inteligíveis, a menos que se trate da ciência unicamente racional (quer dizer, a lógica)" – *Comentário ao De Anima de Aristóteles* III, lição 8, ed. Pirotta, n. 718.

[12] Cf. *Comentário ao De Anima de Aristóteles* II, lição 24, ed. Pirotta, nn. 552-553.

[13] "Chamo de intenção inteligida (o conceito) aquilo que o intelecto, em si mesmo, concebe sobre a coisa inteligida, a qual certamente não é em nós nem a coisa mesma que é inteligida nem

conhecemos sem a conhecer, era ainda a forma mesma do objeto; já o conceito é a semelhança do objeto que o intelecto engendra sob a ação da espécie. Estamos agora na presença de um substituto do objeto, que não é mais nem a substância do intelecto que conhece nem a coisa mesma que é conhecida, mas um ente intencional, cuja subsistência é impossível fora do pensamento[14]. Tal ente intencional é designado pela palavra e será fixado pela definição.

Começamos a ver mais claramente a relação complexa que une o conhecimento a seu objeto. Entre a coisa, tomada em sua natureza própria, e o conceito que dela forma o intelecto, introduz-se uma dupla semelhança que é preciso saber distinguir. Em primeiro lugar, há a semelhança da coisa em nós, ou seja, a semelhança da forma que é a espécie, semelhança direta, expressa por si mesma pelo objeto e impressa em nós por ele, tão indiscernível do objeto quanto é indiscernível do sinete a ação que ele exerce sobre a cera; semelhança, por conseguinte, que não se distingue de seu princípio porque ela não é uma representação dele, mas uma promoção dele e como que um tipo de prolongamento dele. Em seguida, há a semelhança da coisa que concebemos em nós e que, em vez de ser sua própria forma, agora não é mais do que a representação dela[15]. Surge, pois, a questão de saber como se garante a fidelidade do conceito a seu objeto.

É impossível duvidar de que o conceito da coisa, primeiro produto do intelecto, seja realmente distinto da coisa mesma. A dissociação de ambos efetua-se experimentalmente ou, por assim dizer, sob nossos olhos, pois o conceito de ser humano, por exemplo, não existe senão no intelecto que o concebe enquanto os seres humanos mesmos continuam a existir na realidade e até quando eles deixam de ser conhecidos. É igualmente evidente que o conceito também não é a espécie diretamente introduzida em nós pelo objeto,

---

a substância mesma do intelecto, mas certa semelhança da coisa inteligida, semelhança essa concebida pelo intelecto e significada pelas palavras exteriores; de onde decorre que a intenção mesma é chamada *verbo interior*, o qual é significado pela palavra exterior" (*Suma contra os gentios* IV, cap. 11).

[14] Cf. *Comentário ao De Anima de Aristóteles* II, lição 12, ed. Pirotta, nn. 378-380; *Suma de teologia* I, 88, 2, ad 2m.

[15] "O intelecto, enformado pela espécie da coisa, forma em si mesmo, inteligindo, certa intenção da coisa inteligida, o constitutivo nocional (*ratio*) da coisa, o qual é significado pela definição (…). Essa intenção inteligida, sendo um tipo de término da operação inteligível, é diferente da espécie inteligível que torna o intelecto em ato e à qual convém considerar como princípio da operação inteligível: tanto à intenção inteligível como à espécie inteligível é lícito chamar de semelhança da coisa inteligida. Sendo a espécie inteligível a forma do intelecto e sendo o princípio do inteligir a semelhança da coisa exterior, segue que o intelecto forma uma intenção semelhante à coisa. Como cada coisa opera segundo o que ela é, de modo que a intenção inteligida é semelhante a alguma coisa, segue também que o intelecto, formando assim a intenção, inteligE essa coisa" (*Suma contra os gentios* I, cap. 53, Ulterius autem).

pois, como acabamos de ver, a espécie é em nós a causa do conceito[16]. Mas, na falta de uma identidade entre o conhecimento e o objeto conhecido, ou mesmo entre a espécie inteligível e o conceito, podemos ao menos constatar a identidade entre o objeto e o sujeito que engendra em si a semelhança do objeto. O conceito não é a coisa, mas o intelecto que o concebe é verdadeiramente a coisa da qual ele forma um conceito. O intelecto que produz o conceito de livro só produz esse conceito porque ele mesmo, o intelecto, se tornou a forma de um livro graças à espécie que é essa forma mesma. Eis por que o conceito se assemelha necessariamente a seu objeto. Assim como o intelecto, no início da operação, era um com o objeto porque era um com a espécie do objeto, assim também, ao final da operação, o intelecto tem em si uma representação fiel do objeto, pois, antes de produzir tal representação, o intelecto se tinha tornado, de certa maneira, o objeto mesmo. O conceito de um objeto se assemelha ao objeto porque o intelecto deve ser fecundado pela espécie do objeto mesmo a fim de ser capaz de engendrá-lo[17].

---

[16] "Aquilo que por si é inteligido não é a coisa cujo conhecimento (*notitia*) se tem pelo intelecto, como ocorre quando a coisa inteligida está apenas em potência e fora de quem a inteligide (assim como quando o homem inteligir coisas materiais, como uma pedra, um animal ou algo do tipo), caso em que, entretanto, também convém que o inteligido esteja naquele que inteligir e em unidade com ele. O que é inteligido também não é por si a semelhança da coisa inteligida, semelhança essa pela qual o intelecto é enformado para inteligir. Com efeito, o intelecto não pode inteligir a não ser que seja posto em ato por essa semelhança, assim como nada pode operar estando em potência, mas tendo sido posto em ato por alguma forma. Então, tal semelhança se porta como princípio e não como término do ato de inteligir, assim como o calor é o princípio do aquecimento. Trata-se, então, do que por primeiro e por si é inteligido – e que o intelecto, em si mesmo, concebe a respeito da coisa inteligida –, quer seja a definição ou o enunciado, segundo as duas operações do intelecto afirmadas no livro III do *De Anima*" (*Questões disputadas sobre o poder divino*, q. 11, a. 5, Resp.). Cf. *ibidem* q. 8, a. 1, Resp.; q. 9, a. 5, Resp.; *Questões disputadas sobre a verdade*, q. 3, a. 2, Resp.

[17] Ver o texto de *A natureza do verbo do intelecto* [autoria controversa], a partir de *Cum ergo intellectus, informatus specie natus sit...* até *Verbum igitur cordis...*, principalmente a expressiva fórmula: *Idem enim quod intellectus possibilis recipit cum specie ab agente, per actionem intellectus informati tali specie diffunditur, cum objectum (scil. conceptum) formatur, et manet cum objecto formato* (Assim, então, aquilo que o intelecto possível recebe do [intelecto] agente com a espécie difunde-se pela ação do intelecto enformado por essa espécie, quando se forma o objeto (isto é, o conceito), e permanece com o objeto formado). Não podendo estabelecer uma identidade entre o conceito e o objeto, Santo Tomás mantém ao menos a continuidade da inteligibilidade das coisas com aquela que ela permite ao intelecto introduzir no conceito. É por isso que os textos em que Santo Tomás declara que o objeto imediato do intelecto é o conceito, e não a coisa, não contradizem em nada a objetividade do conceito. Ao contrário, se nosso intelecto tivesse uma intuição imediata do objeto (como a visão vê a cor), o conceito formado em seguida e de acordo com essa intuição não seria mais do que uma imagem de nossa intuição e, por conseguinte, uma imagem mediata do objeto. Considerando o conceito – objeto imediato do intelecto – como produto desse intelecto fecundado pelo próprio objeto, Tomás pensa garantir a continuidade estrita entre a inteligibilidade do objeto e a inteligibilidade do conceito. Desse ponto de vista, aparece plenamente a necessidade de afirmar a espécie como princípio, e não como objeto de conhecimento. Há o objeto,

A operação pela qual o intelecto engendra em si o conceito é uma operação natural; realizando-a, ele faz simplesmente o que é de sua natureza; e dado que o processo da operação é tal como acabamos de descrever, pode-se concluir que seu resultado é necessariamente isento de erro. Uma vez que o intelecto só exprime o inteligível que primeiro o objeto nele imprimiu não poderia errar em sua expressão. Designemos pelo termo *quididade* a essência da coisa assim conhecida; poderemos dizer que a quididade é o objeto próprio do intelecto e que o intelecto não se engana jamais ao apreender a quididade. Se, para simplificar o problema, faz-se abstração das causas acidentais de erro que podem falsear a experiência, constatar-se-á que é isso o que ocorre. De direito, e quase sempre de fato, um intelecto humano, na presença de um carvalho, forma em si o conceito de árvore; e, na presença de Sócrates ou Platão, forma em si o conceito de homem. O intelecto concebe as essências tão infalivelmente quanto o ouvido percebe os sons, e a vista, as cores[18].

Assim, o conceito é normalmente conforme a seu objeto; no entanto, sua presença no intelecto não constitui ainda a presença de uma verdade. Tudo o que se pode dizer sobre o conceito, por enquanto, resume-se nisto: ele está no intelecto; e o próprio intelecto que o produziu não sabe como o produziu. O conceito não nasceu de uma reflexão do intelecto que considera a espécie inteligível e se esforça em seguida por fabricar uma imagem parecida com ela; a unidade do intelecto e da espécie, garantia da objetividade do conhecimento, proíbe que se suponha qualquer desdobramento desse tipo[19]. A con-

---

que não é apreendido em si por uma intuição; há a *species*, que sempre nada mais é do que o objeto e também não pode ser apreendida por uma intuição; há o intelecto enformado pela *species*, o qual se torna assim o objeto e que também não tem a intuição direta daquilo que ele se tornou; há, enfim, o conceito, primeira representação consciente do objeto: *nenhuma representação intermediária separa, portanto, o objeto do conceito que o exprime*; é isso que confere ao nosso conhecimento conceitual a sua objetividade. Todo o peso, aqui, recai sobre a dupla aptidão de nosso intelecto: 1º) para tornar-se a coisa; 2º) para engendrar o conceito enquanto se encontra assim fecundado.

[18] "A quididade da coisa é o objeto próprio do intelecto: donde, assim como o sentido é sempre verdadeiro a respeito dos sensíveis próprios, assim também o intelecto é sempre verdadeiro ao conhecer aquilo que é" (*Questão disputada sobre a verdade* I, a. 12, Resp.). Conferir também *Suma de teologia* I, 16, 2: "Como toda coisa é verdadeira por ter a forma própria de sua natureza, é necessário que o intelecto, ao conhecer, seja verdadeiro conforme tem a semelhança da coisa conhecida, que é a forma do intelecto conforme é cognoscente".

[19] "Deve-se lembrar que, como a reflexão é um retorno [do intelecto] sobre [si] mesmo, aqui, no entanto, não há um retorno sobre a espécie nem sobre o intelecto formado pela espécie, pois eles não são percebidos quando o verbo interior é formado; o engendramento do verbo interior não é refletido" (*A natureza do verbo do intelecto* [autoria controversa]). "Com efeito, o nosso intelecto não faz algo da espécie (a saber, inteligível) como um verbo semelhante a ela, contemplando-a como um modelo; assim, com efeito, a partir do intelecto e da espécie não se faria algo uno, pois o intelecto não intelige senão [quando] tornado algo uno com a espécie, mas, formado na própria espécie, age como por algo seu, não indo, porém, além dela mesma. Ora, a espécie, assim, tomada, leva sempre ao primeiro objeto" (*Ibidem*).

sequência mais evidente dessa continuidade na operação é de que, se o conceito é conforme ao objeto, o intelecto que o engendra como tal não sabe nada a seu respeito. Essa apreensão simples e direta da realidade pelo intelecto não supõe, portanto, da parte do intelecto, nenhuma atividade consciente e refletida; ela é, antes, a operação de um ente que age segundo sua natureza e sob a ação de uma realidade exterior, muito mais do que a atividade livre de um espírito que domina essa realidade e a enriquece.

Para que essa conformidade do conceito ao objeto torne-se coisa conhecida e tome forma de verdade em uma consciência, é preciso que o intelecto acrescente algo seu à realidade exterior que ele assimila. Tal adição começa no momento em que, não satisfeito com apreender uma coisa, o intelecto faz um julgamento sobre ela e diz: este é um homem; isto é uma árvore. Agora, o intelecto introduz realmente algo novo, uma afirmação que só existe nele, e não nas coisas. Sobre esse algo novo poder-se-á perguntar se ele corresponde ou não à realidade. A fórmula que define a verdade como uma adequação da coisa e do intelecto é: *adaequatio rei et intellectus* (adequação entre a coisa e o intelecto). Essa fórmula exprime simplesmente o fato de que o problema da verdade não pode ter sentido antes de o intelecto pôr-se como distinto de seu objeto. Até que essa distinção seja posta, e porque o intelecto faz unidade com a coisa (*species*) ou age sob sua pressão imediata (*conceptus*), ser conforme à coisa seria simplesmente ser conforme a si mesmo. Mas eis que chega o juízo, ato original do pensamento e que se põe por si no pensamento; agora há duas realidades distintas que estão em presença; e o problema da relação de ambas pode então ter lugar. A verdade não passa do acordo entre a razão que julga e a realidade afirmada pelo juízo; o erro reduz-se, ao contrário, ao desacordo entre ambas[20].

A *adaequatio rei et intellectus* é uma das fórmulas filosóficas mais conhecidas. No entanto, enquanto significa algo profundamente verdadeiro para alguns, ela representa para outros a mais simplista ou a mais ingenuamente falaciosa das definições da verdade. Não cabe à História da Filosofia nem refutar nem justificar essa fórmula, mas levar a compreendê-la, o que requer chamar a atenção para o sentido que ela adquire na ontologia existencial de Tomás de Aquino.

Tomada em si mesma, a noção de verdade não se aplica diretamente às coisas, mas ao conhecimento que o pensamento tem a respeito das coisas. Como já dissemos, só há verdade ou erro possíveis lá onde há juízo. Ora, o juízo é uma operação da razão que associa ou dissocia conceitos. É, portanto, no pensamento que reside a verdade propriamente dita. Em outros termos, são os pensamentos que são verdadeiros, e não as coisas. Por outro lado, se se atém à relação do pensamento com as coisas do ponto de vista do fundamento

---

[20] Cf. *Questões disputadas sobre a verdade*, q. 1, a. 3, Resp.

do pensamento, será preciso dizer que a verdade está nas coisas mais do que no pensamento. Digo que Pedro existe; se esse juízo de existência é verdadeiro, é porque, com efeito, Pedro existe. Digo que Pedro é um animal racional; se isso que eu digo é verdadeiro, é porque Pedro é efetivamente um ser vivo dotado de razão. Vamos mais longe: digo que uma coisa não pode ser ela mesma e seu contrário; se esse princípio é verdadeiro, é porque, com efeito, cada ente é o ente que ele é, e não outro; e esse princípio é evidentemente verdadeiro porque o fundamento primeiro de tudo o que se pode dizer de verdadeiro sobre um ente qualquer é o fato primitivo e indubitável de que esse ente é o que ele é.

Até aqui, o realismo tomista não passa de um herdeiro de tudo o que havia de são no realismo anterior, do qual Tomás se valia abertamente e com razão[21]. Todavia, Tomás o ultrapassa, aprofundando-lhe seu sentido existencial. Tomada em sua forma, digamos, estática ou essencial, a verdade ontológica significa simplesmente que o verdadeiro é um transcendental: *ens et verum convertuntur* (o ente e o verdadeiro são conversíveis entre si). Com efeito, tudo o que existe é inteligível, ou seja, é objeto de um conhecimento verdadeiro atual ou possível. Estendendo essa relação abstrata de convertibilidade ao caso real de Deus, vê-se imediatamente que, não somente de direito, mas também de fato, tudo o que existe é atualmente conhecido em sua verdade, adequadamente e tal como existe. Mas ainda não é nisso que reside o fundamento último dessa tese, pois a anterioridade do existir com relação ao verdadeiro começa lá onde começa o existir mesmo: em Deus. O conhecimento divino é verdadeiro porque é adequado ao existir divino. Digamos, antes, que o conhecimento divino verdadeiro é idêntico ao existir divino. Se Deus é verdade, é porque sua verdade faz unidade com seu existir mesmo, por uma identidade da qual nossa adequação verdadeira ao objeto é apenas uma longínqua e imperfeita imitação.

Embora longínqua e imperfeita, essa imitação é fiel, desde que ela seja entendida tal como é. Trata-se aqui de lembrar que os objetos de conhecimento não são entes senão porque Deus os cria e os conserva como atos de existir. A metafísica comanda a noética, assim como comanda todo o restante da filosofia. Em tal reflexão, a verdade só realizará a adequação do entendimento e do ente se ela chegar à adequação do entendimento e do ato de existir. É por isso que, éramos levados a observar junto com o próprio Tomás de Aquino, o juízo é a operação mais perfeita do entendimento, porque só ele

---

[21] Ver as fórmulas de Santo Agostinho, Santo Anselmo, Santo Hilário de Poitiers, Avicena e Isaac Israeli, recolhidas por Santo Tomás nas *Questões disputadas sobre a verdade*, q. 1, a. 1, Resp. Sobre o caráter de verdade intrínseco ao ente, ver as observações precisas de Descoqs SJ, P. *Institutiones metaphysicae generalis*. Paris: Beauchesne, 1915, tomo I, pp. 350-363.

é capaz de atingir, para além da essência dos entes apreendidos pelo intelecto, esse *ipsum esse* (existir mesmo) que sabemos ser a fonte de toda realidade[22].

Vemos, além disso, o papel capital desempenhado pela apreensão das existências concretas na noética de Tomás de Aquino. Costuma-se repetir sem cessar que o primeiro princípio tomista do conhecimento é a noção de ser. Isso é correto. Primeiro na ordem da apreensão simples dos conceitos, o ser é primeiro, ao mesmo tempo, na ordem do juízo; e deve ser assim, pois todo juízo é feito de conceitos. É preciso acrescentar, todavia, que o termo *princípio* é entendido de duas maneiras na filosofia de Tomás, como, aliás, ocorre em toda filosofia. Descartes criticou vivamente a Escolástica por ter estabelecido como princípio primeiro a noção universal de ser e o princípio de identidade que dela deriva imediatamente. Perguntava Descartes: de noções tão formalmente abstratas, quais conhecimentos reais poderíamos esperar extrair? Donde ele tirava sua conclusão: por mais evidente que seja, não é o princípio de identidade ou de contradição que constitui o primeiro princípio da filosofia, mas, antes, o primeiro juízo de existência. Se conhecer é progredir de existência em existência, o primeiro princípio da filosofia só pode ser o juízo de existência que precede e condiciona todos os outros: *Cogito ergo sum* (penso, logo existo).

Descartes tinha razão ao menos por sublinhar – a ponto de torná-la inesquecível – a distinção entre princípios reguladores do pensamento, tal como o princípio de identidade ou de contradição, e princípios de aquisição do conhecimento, tal como era, para ele, o *cogito*. No entanto, por acusar a Escolástica de ter erigido o princípio de contradição em princípio de aquisição do conhecimento, sua crítica induzia a erro, ao menos no que concerne ao pensamento de Tomás de Aquino. O "princípio-começo" da filosofia tomista não é, com efeito, senão a percepção sensível dos entes concretos atualmente existentes. Todo o edifício de um saber de tipo tomista, desde a mais humilde das ciências até a metafísica, repousa sobre essa experiência existencial fundamental cujo conteúdo não cessará nunca de ser inventariado sempre mais completamente pelo conhecimento humano.

A partir desse ponto central, vemos convergir as teses mestras da noética tomista, assim como se veem harmonizar os textos que seus intérpretes têm o costume de opor. Em primeiro lugar, é verdadeiro que o primeiro objeto conhecido é a coisa mesma: *id quod intelligitur primo est res* (o que se inteligi por primeiro é a coisa), desde que ela esteja presente no pensamento pela sua espécie: *res cujus species intelligibilis est similitudo* (a coisa cuja espécie inteligível é sua semelhança)[23]. Com esse sentido preciso, dizer que o objeto é o

---

[22] Para as consequências epistemológicas desse princípio, ver GILSON, É. *Réalisme thomiste et critique de la connaissance, op. cit.*, capítulo VIII, pp. 213-239.

[23] Cf. *Suma de teologia* I, 85, 2, Resp.

primeiro conhecido significa não opor o conhecimento do objeto ao conceito que o exprime, mas ao conhecimento do ato intelectual que o concebe e ao conhecimento do sujeito que efetiva tal ato. Então, a fórmula *id quod intelligitur primo est res* significa: o pensamento forma para si, de início, o conceito do objeto; depois, o mesmo pensamento, refletindo sobre esse objeto, constata o ato pelo qual o apreende; por fim, sabendo da existência de seus atos, o pensamento se descobre a si mesmo como fonte comum desses atos: *et ideo id quod primo cognoscitur ab intellectu humano est hujusmodi objectum; et secundario cognoscitur ipse actus quo cognoscitur objectum; et per actum cognoscitur ipse intellectus cujus est perfectio ipsum intelligere* (aquilo que por primeiro é conhecido pelo intelecto humano é tal objeto; em segundo, conhece-se o ato mesmo pelo qual o objeto é conhecido; e, por esse ato, conhece-se o próprio intelecto cuja perfeição é o inteligir mesmo)[24].

Em segundo lugar, é igualmente verdadeiro dizer que o primeiro objeto do intelecto é a coisa tal como dada no conceito. Isso é verdadeiro à condição de ser entendido de acordo com o único sentido que essa proposição recebe no pensamento de Tomás quando ele mesmo a formula. Aquilo que é conhecido, no sentido próprio e absoluto do termo, não é o ente considerado em sua existência subjetiva própria, pois ele permanece o que ele é, quer eu o conheça ou não; o que é conhecido é unicamente esse mesmo ente tornado meu pela coincidência entre meu intelecto e a espécie do ente, do que resultará o ato do conceito. Dizer que o objeto imediato do pensamento é o conceito não significa, portanto, negar que tal objeto é a coisa mesma, mas afirmar, em vez disso, que ele é a coisa, enquanto sua inteligibilidade dá toda aquela do conceito[25].

Uma vez entendidas essas teses diretrizes do ensino tomista, fica possível conceber uma epistemologia que a prolongaria fielmente; talvez mesmo já a possuamos mais completamente do que se costuma imaginar.

No primeiríssimo plano de uma tal reflexão conviria situar uma crítica da crítica, encarregada de perguntar-se se o argumento fundamental do idealismo não implicaria uma falsa posição do problema do conhecimento. Não há ponte que permita ao pensamento ultrapassar-se para entrar nas coisas; o idealismo é, portanto, verdadeiro se se supõe que as coisas são para si e que o intelecto é para si, quer dizer, se se pressupõe que o encontro das coisas e do intelecto é impossível. É contraditório perguntar se nossas ideias são conformes ou não às coisas, pois só conhecemos as coisas pelas ideias delas; o argumento é irrefutável e o idealismo é novamente verdadeiro, desde que ele não se reduza a uma petição de princípio. Tomás de Aquino, pelo menos é o que se diz, não notou essa dificuldade. Mas não a notou talvez porque ele tenha

---

[24] *Suma de teologia* I, 87, 3, Resp.
[25] Cf. *Questões disputada sobre a potência divina*, q. 8, a. 1; q. 4, a. 5.

resolvido uma outra, que o idealismo, por sua vez, não levantou e cuja solução torna impossível a posição mesma do problema idealista. Tomás não se perguntou em que condições uma física matemática é possível; mas se perguntou, em vez disso, em que condições nós podemos ter a ideia geral de um corpo físico qualquer, pois a possibilidade de nossa ciência em geral se encontra talvez pré-formada na conformidade do mais humilde de nossos conceitos com seu objeto. Torna-se possível, contra a tese idealista, saber se nossas ideias são ou não são conformes às coisas em uma reflexão em que a presença das coisas em nós é a condição mesma da concepção das ideias. A verdadeira resposta tomista ao problema crítico encontra-se, então, em uma pré-crítica na qual a pesquisa sobre a possibilidade de um conhecimento em geral passa na frente da pesquisa sobre a possibilidade da ciência em particular. Pedir a Tomás uma refutação direta da crítica kantiana é pedir-lhe a solução de um problema que, da sua perspectiva, não tem nenhuma razão de ser.

Uma vez liberado o terreno por essa varredura prévia, obtém-se talvez que, da perspectiva de Tomás de Aquino, uma teoria completa do conhecimento dispensa aquilo que, depois de Kant, se nomeou de crítica do conhecimento. Há conhecimento; o conhecimento é verdadeiro ao menos em certas condições[26]. Ele é verdadeiro a cada vez que é formado em condições normais por um espírito normalmente constituído. De onde vem, então, o fato de haver um acordo entre os espíritos e de haver verdade para além do conflito das opiniões? O intelecto, em busca do fundamento impessoal das verdades dadas, reflete sobre seu ato e julga que tal fundamento encontra-se, ao mesmo tempo, na identidade específica da natureza que torna todas as razões humanas aparentadas entre si e na objetividade impessoal das coisas conhecidas por essas razões. Mas o ato de um pensamento que alcança uma coisa é ele mesmo concebível? Para sabê-lo, é preciso que a análise regressiva – a mesma que nos conduziu até o conceito – remonte enfim do conceito ao intelecto. Existe em nós um princípio tal que possa produzir um conceito cuja conformidade com o objeto seja garantida? Sim, se é verdade que nós possuímos um intelecto, quer dizer, se é verdade, no fim das contas, que nós não nos encontramos fechados em nosso existir, mas somos capazes de tornar-nos o existir de outros por modo de representação[27]. Tal é a única

---

[26] A esse respeito, ver o importante trabalho do P. ROLAND-GOSSELIN, "La théorie thomiste de l'erreur", in *Mélanges thomistes* (Bibliothèque thomiste, III), 1923, pp. 253-274.

[27] "[A verdade] está no intelecto como acompanhando o ato do intelecto e como conhecida pelo intelecto; com efeito, acompanha a operação do intelecto conforme o juízo do intelecto versa sobre a coisa segundo o que ela é; e é conhecida pelo intelecto conforme o intelecto reflete sobre seu ato, não apenas conforme conhece seu ato, mas conforme conhece a proporção entre ele mesmo e a coisa. Isso não pode ser conhecido a não ser que seja conhecida a natureza do próprio ato, o que, por sua vez, não pode ser conhecido a não ser que se conheça a natureza do princípio ativo, que é o próprio intelecto em cuja natureza está o conformar-se às coisas. É assim que o intelecto

pedra angular possível de uma teoria tomista do conhecimento. A adequação do intelecto ao real, adequação essa que define a verdade, afirma-se legitimamente em uma reflexão em que o intelecto, refletindo sobre si mesmo, descobre-se capaz de tornar-se a realidade: *secundum hoc cognoscit veritatem intellectus quod supra se reflectitur* (é assim que a verdade é conhecida pelo intelecto que reflete sobre si mesmo). A partir do momento em que o intelecto, que julga sobre as coisas, sabe que ele não pode concebê-las senão ao preço de sua união com elas, nenhum escrúpulo poderia impedi-lo de afirmar como válidos os juízos em que se explicita o conteúdo de seus conceitos. O fato inicial do conhecimento, cuja análise não é senão o aprofundamento progressivo, é, portanto, a apreensão direta de uma realidade inteligível por um intelecto ao qual serve uma sensibilidade.

---

conhece a verdade conforme reflete sobre si mesmo" (*Questões disputadas sobre a verdade*, q. 1, a. 9, Resp.).

CAPÍTULO 8

O DESEJO E A VONTADE

Consideramos até aqui apenas as potências cognitivas do intelecto humano. Mas a alma não é somente capaz de conhecer; ela também é capaz de desejar. Trata-se de uma característica que ela possui em comum com todas as formas naturais e que assume um aspecto particular na alma humana porque ela é uma forma dotada de conhecimento. Com efeito, de toda forma procede certa tendência; o fogo, por exemplo, tende, em razão de sua forma, a elevar-se para o alto e a produzir fogo nos corpos que ele toca. Além disso, a forma dos entes dotados de conhecimento é superior à forma dos corpos desprovidos dele. Nesses últimos, a forma determina cada coisa ao existir particular que lhe é próprio; em outros termos, a forma lhe confere apenas seu existir natural. A tendência que procede de uma forma desse tipo recebe justamente o nome de *desejo* ou *apetite natural*. Os entes dotados de conhecimento são, ao contrário, determinados ao existir próprio que lhes é natural por uma forma que, sem dúvida, é a forma natural deles, mas que é, ao mesmo tempo, capaz de receber as espécies dos outros entes[1]: assim, o sentido recebe as espécies de todos os sensíveis; e o intelecto, as espécies de todo os inteligíveis. A alma humana é, então, apta a tornar-se, de certa maneira, todas as coisas, graças aos sentidos e a seu intelecto. Donde, aliás, ela se assemelhar, até certo ponto, a Deus, em quem preexistem os exemplares de todas as criaturas. Ora, se as formas dos entes cognoscentes são de um grau superior às formas desprovidas de conhecimento, então é preciso que a inclinação que delas procede seja superior à inclinação natural. É aqui que aparecem as potências desiderativas ou apetitivas da alma, pelas quais o animal tende para aquilo que ele conhece[2]. Ademais, participando da bondade divina mais amplamente do que as coisas inanimadas, os animais têm necessidade de um maior número de operações e de meios para adquirir sua perfeição própria.

---

[1] Sobre a vontade, ver VERWEYEN, J. *Das Problem der Willensfreiheit in der Scholastik*. Heidelberg: Carl Winter, 1909.

[2] Cf. *Suma de teologia* I, 80, 1, Resp.

Eles são semelhantes aos seres humanos, que podem adquirir uma perfeita saúde desde que acionem uma suficiente multiplicidade de meios[3]. O desejo natural, determinado a um único objeto e a uma perfeição ínfima, requer apenas uma operação para adquiri-la. O desejo do animal deve, ao contrário, ser multiforme e capaz de estender-se a tudo aquilo de que necessitam os animais; é por isso que a natureza dos animais implica um desejo, *o desejo ou apetite animal*, que siga a faculdade de conhecer, típica dos animais, e lhes permita sempre se mover rumo a todos os objetos que eles apreendem[4].

Vê-se desde já que a natureza do desejo é estreitamente ligada ao grau de conhecimento do qual ele procede. Não ficaremos surpresos ao atribuir à alma humana tantas potências desiderativas quantas são as suas potências cognitivas. Ora, a alma apreende os objetos por meio de duas potências, uma inferior ou sensória, e outra superior ou potência intelectual ou racional; ela tenderá, portanto, a seus objetos por duas potências desiderativas, uma inferior, à qual denominamos *sensorialidade* ou *sensibilidade [sensualitas]* e que se divide em *irascível* e *concupiscente*, e outra superior, a que chamamos de *vontade*[5].

Não é possível duvidar de que temos aqui potências distintas na alma humana. O desejo natural, o desejo sensório e o desejo racional distinguem-se como três graus irredutíveis de perfeição. Com efeito, quanto mais uma natureza é próxima da perfeição divina, tanto mais claramente se descobre nela a semelhança expressa com o Deus criador. Ora, o que caracteriza a dignidade de Deus é que ele move, inclina e dirige tudo sem ser ele mesmo movido, inclinado ou dirigido por outro. Assim, tanto mais uma natureza é vizinha de Deus, tanto menos ela é determinada por ele e mais ela é capaz de determinar-se a si mesma. A natureza não sensória – que, por causa de sua materialidade, é extremamente distante de Deus – será inclinada para certo fim; porém, não será possível dizer que ela se inclina a si mesma para esse fim, mas somente que uma tendência a faz inclinar-se para ele. Tal é a flecha que o arqueiro atira para o alvo ou a pedra que tende para baixo[6]. A natureza sensória ou sensual, ao contrário, sendo menos distante de Deus, contém em si mesma algo que a inclina, a saber, o objeto desejável que ela apreende; e a inclinação ou tendência não depende do poder do animal, pois ela é determinada pelo objeto. No caso da natureza não sensorial, o objeto da inclinação é exterior; e a tendência, determinada. No caso da natureza sensorial ou animal, o objeto é interior, mas a tendência continua determinada. Na presença do deleitável, os animais não têm a possibilidade de não o desejar, pois eles

---

[3] Ver p. 269.
[4] Cf. *Questões disputadas sobre a verdade*, q. 22, a. 3, Resp. e ad 2m.
[5] Cf. *ibidem*, q. 15, a. 3, Resp.
[6] Cf. *ibidem*, q. 22, a. 1, Resp.

não são mestres de sua tendência; é por isso que, como dizia João Damasceno, os animais não agem, mas são coagidos: *non agunt sed magis aguntur*. A razão dessa inferioridade está em que o desejo sensório do animal liga-se, como o próprio sentido, a um órgão corporal; sua proximidade com as disposições da matéria e das coisas corporais faz que sua natureza seja menos apta a mover do que a ser movida.

A natureza racional, diferentemente do que ocorre com os entes não sensórios e com os entes apenas sensórios, é muito mais próxima de Deus e não pode deixar de possuir uma tendência de ordem superior, distinta das tendências sensória e não sensória. Como os entes animados, ela encerra inclinações para objetos determinados ao ser; por exemplo, a forma de um corpo natural pesado e que tende para baixo. Como os animais, ela possui uma tendência ou inclinação que os objetos exteriores – por ela apreendidos – podem mover. Mas, além dessas duas tendências, ela possui uma outra que os objetos desejáveis por ela apreendidos não movem necessariamente. Essa tendência pode inclinar-se ou não, conforme lhe aprouver; portanto, o movimento dessa tendência não é determinado senão por esse mesmo movimento. Ora, nenhum ente pode determinar a sua própria tendência ou inclinação para o fim caso não conheça tal fim e a relação dos meios com o fim. Esse conhecimento pertence aos seres racionais. Um desejo que não é necessariamente determinado de fora é, então, estreitamente ligado ao conhecimento racional; é por isso que lhe damos o nome de *desejo* ou *apetite racional* ou ainda *vontade*[7]. Assim, a distinção entre a vontade e a sensorialidade ou sensibilidade provém de que uma se determina a si mesma, ao passo que a outra é determinada em sua tendência, o que supõe duas potências de ordem diferente. Como essa diversidade mesma no modo de determinação requer uma diferença no modo de apreensão dos objetos, pode-se dizer que secundariamente os desejos se distinguem assim como se distinguem os graus de conhecimento aos quais eles correspondem[8].

Examinemos todas essas potências, tomando cada uma em si mesma e começando pelo *desejo sensório* ou a *sensorialidade*. O objeto natural é determinado em seu ser natural; ele só pode ser o que é por natureza e não possui senão uma inclinação única para um objeto determinado, inclinação essa que não exige poder distinguir o desejável daquilo que não é desejável. Basta que o autor da natureza a tenha provido de inclinação, conferindo a cada ente a inclinação própria que lhe convém. Quanto ao desejo sensório, se ele não tende para o desejável e o bem geral que apenas a razão apreende, tende para todo objeto que lhe é útil ou deleitável. Assim como o sentido, ao qual ele corresponde, tem por objeto qualquer sensível particular, assim também

---

[7] Cf. *ibidem*, q. 22, a. 4, Resp.
[8] Cf. *Suma de teologia* I, 80, 2, Resp.; *Questões disputadas sobre a verdade*, q. 22, a. 4, ad 1m.

o desejo sensório tem por objeto qualquer bem particular[9]. Não é menos verdade que estamos aqui diante de uma potência que, considerada em sua natureza própria, é unicamente desejante e de modo algum cognitiva. A *sensorialidade* recebe seu nome do movimento sensório, assim como a visão recebe seu nome da vista, e como, de maneira geral, a potência recebe seu nome do ato. Com efeito, o movimento sensório ou sensual, se definido em si mesmo e de forma precisa, não é mais do que o desejo que segue à apreensão do sensível pelo sentido. Ora, contrariamente à ação do desejo, essa apreensão não tem nada de um movimento. A operação pela qual o sentido apreende seu objeto é completamente acabada quando o objeto apreendido passou à potência que o apreende. A operação da força desejante ou apetitiva, ao contrário, alcança seu termo no momento em que o ente dotado de desejo se inclina para o objeto que ele deseja. A operação das potências apreensivas assemelha-se assim a um repouso, ao passo que a operação da potência desejante pareceria mais com um movimento. A sensorialidade ou sensibilidade não se refere de modo algum ao domínio do conhecimento, mas unicamente ao domínio do desejo[10].

No interior do desejo sensório, que constitui algo como uma potência genérica designada pelo nome de sensorialidade ou sensibilidade, distinguem-se duas potências que são suas espécies: a *irascível* e a *concupiscente*. O desejo sensório possui isto, com efeito, em comum com o desejo natural: um e outro tendem sempre para um objeto adequado ao ente que o deseja. Ora, é fácil de notar no desejo natural uma dupla tendência, correspondente à dupla operação que o ente natural realiza. Pela primeira dessas operações, a coisa natural esforça-se por adquirir aquilo que deve conservar sua natureza; assim, o corpo pesado move-se para baixo, quer dizer, para o lugar natural de sua conservação. Pela segunda operação, cada coisa natural emprega certa qualidade ativa para a destruição de tudo o que lhe pode ser contrário. É necessário que os entes corruptíveis possam exercer uma operação desse tipo, pois, se não possuíssem a força de destruir o que lhes é contrário, eles degenerariam imediatamente. Assim, então, o desejo natural tende a dois fins: adquirir o que é adequado à sua natureza e obter certa vitória sobre cada um de seus oponentes. Ora, a primeira operação é de ordem sobretudo receptiva; a segunda é de ordem sobretudo ativa; e, como agir depende de outro princípio do que sofrer uma ação, convém colocar potências diferentes na origem dessas diversas operações. Dá-se o mesmo no que concerne ao desejo sensório. Por sua potência desejante, o animal tende, com efeito, para aquilo que é amigo de sua própria natureza e capaz de conservá-la; é a função desempenhada pela potência concupiscente, cujo objeto próprio é tudo o que os sentidos

---

[9] Cf. *Questões disputadas sobre a verdade*, q. 25, a. 1, Resp.
[10] Cf. *Suma de teologia* I, 81, 1, Resp.; *Questões disputadas sobre a verdade*, q. 25, a. 1, ad 1m.

podem apreender como agradável. Por outro lado, o animal deseja manifestamente obter a dominação e a vitória sobre tudo o que lhe é contrário, e essa é a função desempenhada pela potência irascível, cujo objeto não é o agradável, mas, ao contrário, o desagradável e o árduo[11].

A potência irascível é, então, evidentemente, diferente da potência concupiscente. O sentido do desejável não é o mesmo naquilo que é simpático e naquilo que é adverso. Geralmente, aquilo que é árduo ou adverso não pode ser vencido sem nos custar algum prazer e sem nos expormos a alguns sofrimentos. Para lutar, o animal se furta ao prazer todo-poderoso, e ele não abandonará a luta, apesar da dor das feridas que terá de suportar. Por outro lado, a potência concupiscente tende a receber seu objeto, pois ela somente deseja unir-se àquilo que a deleita. A potência irascível, ao contrário, é orientada para a ação, pois ela tende a obter a vitória sobre aquilo que a põe em perigo. Ora, o que dizíamos a respeito do natural é igualmente válido para o sensório: receber e agir referem-se sempre a potências diferentes. Isso se verifica mesmo no tocante ao conhecimento, pois fomos compelidos a distinguir entre o intelecto agente e o intelecto possível. Devemos, então, considerar duas potências distintas, a irascível e a concupiscente, mas essa distinção não impede que elas sejam respectivamente ordenadas. A irascível, com efeito, é ordenada à concupiscente, da qual ela é a guardiã e como que a defensora. Era necessário que o animal pudesse vencer seus inimigos, graças à irascível, para que a concupiscente pudesse gozar em paz dos objetos que lhe são agradáveis. De fato, é sempre para oferecer-se um prazer que os animais combatem; eles lutam para gozar dos prazeres do amor e do alimento. Os movimentos da irascível encontram, então, sua origem e seu fim na concupiscente. A cólera inicia pela tristeza e termina pela alegria da vingança que, ambas pertencentes à concupiscente; a esperança começa pelo desejo e termina pelo prazer. Assim, os movimentos da sensorialidade vão sempre da potência concupiscente à potência concupiscível, passando pela irascível[12].

Entre essas duas potências, distintas porém estreitamente associadas, seria possível discernir uma diferença no grau de perfeição? Seria possível afirmar a superioridade da concupiscente ou da irascível, tal como constatamos a superioridade do desejo sensório em relação ao desejo natural? Se se considera à parte a potência sensória da alma, nota-se de saída que tanto do ponto de vista do conhecimento como do ponto de vista do desejo, ela

---

[11] Cf. *Suma de teologia* I, 81, 2, Resp. Essa distinção pode parecer supérflua (cf. SERTILLANGES, A.-D. *Saint Thomas d'Aquin*. Paris: Flammarion, 1931, p. 215), mas ela acaba de ser reinventada e longamente estudada por PRADINES, M. *Philosophie de la sensation*. Tomo II – Os sentidos da necessidade. Paris: Belles Lettres, 1932; Tomo III – Os sentidos da defesa. Paris, Belles Lettres, 1934. Em psicologia moderna, encontra-se em parte a potência irascível sob o nome de *agressividade*.

[12] Cf. *Questões disputadas sobre a verdade*, q. 25, a. 5, Resp.

comporta certas capacidades que lhe são de direito pelo simples fato da sua natureza sensória, além de outras que ela possui, ao contrário, em virtude de algo como uma participação naquela potência de ordem superior que é a razão. Isso não quer dizer que o intelecto e a potência concupiscente chegam a confundir-se em certos pontos, mas que os graus superiores do sensório fazem fronteira com os graus inferiores da razão, de acordo com o princípio enunciado por Dionísio: *divina sapientia conjungit fines primorum principiis secundorum* ("a sabedoria divina une os limites do que é primeiro com os princípios do que é segundo")[13]. Assim, a imaginação pertence à alma sensória como perfeitamente conforme a seu grau próprio de perfeição; aquele que percebe as formas sensíveis é naturalmente apto a conservá-las. Isso talvez não ocorra do mesmo modo com a potência estimativa. Lembramo-nos das funções que atribuímos a essa potência da ordem sensória; ela apreende espécies que os sentidos não são capazes de receber, pois ela percebe os objetos como úteis ou nocivos, assim como percebe os entes como amigos ou inimigos. A apreciação que a alma sensória atribui assim às coisas confere ao animal algo como uma prudência natural, cujos resultados são análogos àqueles que a razão obtém por vias bem diferentes. Parece, então, que a potência irascível seja superior à concupiscente, como a estimativa o é em relação à imaginação. Quando o animal, em virtude de seu desejo concupiscente, tende para o objeto que lhe dá gozo, ele não faz nada mais do que algo perfeitamente proporcionado à natureza própria da alma sensória. Mas o fato de que o animal movido pela potência irascível chegue a esquecer seu prazer para desejar uma vitória que ele não pode obter sem dor equivale a uma potência desejante extremamente próxima de uma ordem superior ao sensório. Assim como a estimativa obtinha resultados análogos àqueles do intelecto, a irascível obtém resultados análogos àqueles da vontade. Pode-se, então, situar a irascível acima da concupiscente, mesmo que aquela tenha por fim salvaguardar o ato desta; a irascível é o instrumento mais nobre do qual a Natureza dotou o animal para manter-se na existência e assegurar sua própria conservação[14].

Essa conclusão, que se impõe no que concerne ao animal, vale também para o ser humano, dotado de vontade e razão. As potências do desejo sensório são exatamente da mesma natureza no animal e no ser humano racional. Os movimentos efetuados são idênticos; somente a origem difere. Tal como é encontrado nos animais, o desejo sensório é movido e determinado pelas apreciações da estimativa própria deles; assim, a ovelha teme o lobo porque ela o julga espontaneamente perigoso. Ora, nós já observamos anteriormente[15] que a estimativa é substituída no ser humano por uma capacidade cogitativa

---

[13] DIONÍSIO PSEUDOAREOPAGITA, *Os nomes divinos*, cap. VII.
[14] *Questões disputadas sobre a verdade*, q. 25, a. 2, Resp.
[15] Cf. Capítulo V, p. 261.

que compara as imagens dos objetos particulares. É, então, a cogitativa que determina os movimentos de nosso desejo sensório; e, como essa razão particular mesma, de natureza sensória, é movida e dirigida no ser humano pela razão universal, os desejos são colocados sob a dependência de sua razão.

Nada mais fácil do que assegurar-se disso. Os raciocínios silogísticos podem partir de premissas universais para delas concluir proposições particulares. Quando o objeto sensível é percebido como bom ou mau, útil ou nocivo, pode-se dizer que a percepção *deste nocivo* ou *deste útil* particular é condicionada por nosso conhecimento intelectual do nocivo e do útil em geral. Agindo sobre a imaginação por meio de silogismos apropriados, a razão pode fazer aparecer tal objeto como prazeroso ou temeroso, agradável ou desagradável. Cada um pode acalmar sua cólera ou apaziguar seu medo, ponderando-os[16]. Acrescentemos, enfim, que, no ser humano, o desejo sensório não pode levar a executar nenhum movimento pela potência motora da alma se ele não obtém primeiro o assentimento da vontade. Nos animais, o desejo irascível ou concupiscente determina imediatamente certos movimentos; a ovelha teme o lobo e foge imediatamente. Não há aqui nenhum desejo superior que possa inibir os movimentos de origem sensória. Mas não é o que ocorre com o ser humano; seus movimentos não são infalivelmente provocados pela inclinação de seus desejos, mas, ao contrário, eles esperam sempre a ordem superior da vontade. Em todas as potências motoras ordenadas, as inferiores só movem em virtude das superiores; o desejo sensório, que é de uma ordem inferior, não poderia determinar nenhum movimento sem o consentimento do desejo superior. Assim como as esferas celestes inferiores são movidas pelas superiores, assim também o desejo é movido pela vontade[17].

Aproximamo-nos, aqui, do limiar da atividade voluntária e do livre-arbítrio propriamente dito. Para atingi-lo, bastará atribuir ao desejo um objeto proporcionado àquele do conhecimento racional sob o aspecto da universalidade. O que situa a vontade em seu grau próprio de perfeição é o seu ter por objeto primeiro e principal o desejável e o bem como tais; os entes particulares só podem tornar-se objeto de vontade à medida que participam da noção universal de bem[18]. Determinemos as relações que podem estabelecer-se entre o desejo e esse novo objeto.

Cada potência desejante é necessariamente determinada por seu objeto próprio. No animal desprovido de razão, o desejo é inclinado infalivelmente para o desejável apreendido pelos sentidos; a fera que vê o desejável não pode

---

[16] *Questões disputadas sobre a verdade*, q. 25, a. 4, Resp.

[17] Cf. *Suma de teologia* I, q. 81, a. 3, Resp.

[18] Cf. *Questões disputadas sobre a verdade*, q. 1, Resp. Toda a hierarquia das relações entre os diversos tipos de formas e os diversos tipos de desejar é resumida com maestria insuperável em *Suma contra os gentios* II, 47, Amplius.

não o desejar. Dá-se o mesmo com a vontade. Seu objeto próprio é o bem em geral, e desejá-lo é para ela uma necessidade natural absoluta. Essa necessidade decorre imediatamente de sua própria definição. O necessário, com efeito, é o que não pode não ser. Quando tal necessidade impõe-se a um ente em virtude de um de seus princípios essenciais, seja material, seja formal, diz-se que ela é natural e absoluta. Dir-se-á, nesse sentido, que todo composto de elementos contrários corrompe-se necessariamente, e que a soma dos ângulos de todo triângulo é necessariamente igual a dois retos. Assim também, ainda, o intelecto deve, por definição, aderir necessariamente aos primeiros princípios do conhecimento, como também, enfim, a vontade deve necessariamente aderir ao bem em geral, quer dizer, ao fim último que é a beatitude. Mas é muito pouco dizer que tal necessidade natural apenas não repugna à vontade; ela é o princípio formal constitutivo de sua essência. Assim como, então, na origem de todos os nossos conhecimentos especulativos encontra-se a intelecção dos princípios, a adesão da vontade ao fim último encontra-se na origem de todas as nossas operações voluntárias. Não pode ser de outro modo. O que um ente possui em função das exigências de sua própria natureza, e por uma posse invariável, é necessariamente nele o fundamento e o princípio de todo o restante, tanto propriedades como operações. Afinal, a natureza de cada coisa e a origem de todo movimento encontram-se sempre em um princípio invariável[19]. Concluamos então: a vontade quer necessariamente o bem em geral; essa necessidade significa simplesmente que a vontade não pode não ser ela mesma, e tal adesão imutável ao bem como tal constitui o princípio primeiro de todas as suas operações.

Pergunta: de a vontade não poder não querer o bem em geral (*bonum secundum communem boni rationem* – o bem segundo a noção comum do bem[20]) segue-se que ela queira necessariamente tudo o que ela quer? É evidente que não. Retomemos o paralelo entre o desejo e o conhecimento. A vontade, dizíamos, adere naturalmente e necessariamente ao fim último que é o Soberano Bem, assim como o intelecto dá uma adesão natural e necessária aos primeiros princípios. Ora, há proposições que são inteligíveis para a razão humana, mas sem serem ligadas a esses princípios por um vínculo de conexão necessária. Tais são as proposições contingentes, quer dizer, todas aquelas que se podem negar sem contradizer os princípios primeiros do conhecimento. A adesão imutável que o intelecto dá aos princípios não o constrange, então, a aceitar tais proposições. Mas constrange no caso das proposições ditas necessárias, porque elas decorrem necessariamente dos primeiros princípios, dos quais se pode deduzi-las por meio de demonstração. Negar

---

[19] Cf. *Suma de teologia* I, 82, 1, Resp.
[20] *Suma de teologia* I, 59, 4, Resp.

tais proposições leva a negar os princípios dos quais elas decorrem. Se, então, o intelecto percebe a conexão necessária que liga essas conclusões a seus princípios, ele deve necessariamente aceitá-las, assim como ele aceita os princípios dos quais as deduz; mas seu assentimento não tem nada de necessário enquanto uma demonstração não o fez descobrir a necessidade da conexão. Assim também se dá no tocante à vontade. Um grande número de bens particulares é tal que podemos ser felizes sem os possuir; eles não são ligados à beatitude por uma conexão necessária e, por conseguinte, não se impõe que a vontade necessariamente os queira.

Consideremos agora os bens que são ligados à felicidade por um vínculo de conexão necessária. São manifestamente todos aqueles pelos quais os seres humanos unem-se a Deus, em quem unicamente consiste a verdadeira beatitude. A vontade não pode não lhes dar sua adesão. Mas trata-se de uma necessidade de direito, não de fato. Assim como as conclusões impõem-se de maneira necessária somente a quem as vê implicadas nos princípios, assim também o ser humano não adere indefectivelmente a Deus e a tudo o que diz respeito a ele a não ser que veja a essência divina com uma visão certa, bem como a conexão necessária dos bens particulares que a ela se ligam. Tal é o caso dos bem-aventurados confirmados em graça: a vontade deles adere necessariamente a Deus, pois eles veem sua essência. Aqui na vida terrestre, porém, a visão da essência divina é-nos interditada; nossa vontade, então, visa necessariamente a beatitude, mas nada mais. Não vemos com uma evidência imediata que Deus é o Soberano Bem e a única beatitude; e não descobrimos com uma certeza demonstrativa o vínculo de conexão necessária que pode ligar a Deus aquilo que é verdadeiramente de Deus. Assim, não somente a vontade não quer necessariamente tudo o que ela quer, mas também, visto que sua imperfeição é tal que ela sempre se encontra em presença de bens particulares, nós podemos concluir que, salvo o Bem em geral, não se impõe que a vontade queira necessariamente aquilo que ela quer[21]. Essa verdade aparecerá com mais clareza quando tivermos determinado as relações que se estabelecem, no seio na alma humana, entre o entendimento e a vontade.

Não é secundário para a inteligibilidade do que é nosso livre-arbítrio investigar se uma dessas duas potências é mais nobre do que a outra e se é de dignidade mais eminente. O intelecto e a vontade podem ser considerados seja em suas essências mesmas, seja como potências particulares da alma no exercício de atos determinados. Por essência, o intelecto tem como função apreender o ser e o verdadeiro, tomados em sua universalidade; a vontade, por sua vez, é, por essência, o desejo do bem em geral. Se os comparamos dessa perspectiva, o intelecto aparece como mais eminente e mais nobre do

---

[21] Cf. *Questões disputadas sobre a verdade*, q. 22, a. 6, Resp.; *Questões disputadas sobre o mal*, q. 3, Resp.; *Suma de teologia* I, 82, 2, Resp.

que a vontade, porque o objeto da vontade é compreendido e incluído no objeto do intelecto. A vontade tende para o bem como desejável; ora, o bem supõe o ser, pois não há bem desejável senão lá onde há um ente bom e desejável. Mas o ser é o objeto próprio do intelecto; a essência do bem que a vontade deseja é aquela mesma que o intelecto apreende, de tal modo que, se comparamos os objetos dessas duas potências, o objeto do intelecto aparecerá como absoluto, ao passo que o objeto da vontade aparecerá como relativo. Dado que a ordem das potências da alma segue a ordem de seus objetos, devemos concluir que, tomado em si mesmo e absolutamente, o intelecto é mais eminente e mais nobre do que a vontade[22].

Nossa conclusão será a mesma se compararmos o intelecto, considerado em relação a seu objeto universal, e a vontade considerada como uma potência da alma particular e determinada. O ser e o verdadeiro universal, que o intelecto tem por objetos próprios, contêm, com efeito, a vontade, seu ato e mesmo seu objeto, assim como entes e verdadeiros particulares. Da perspectiva do intelecto, a vontade, seu ato e seu objeto são matéria de intelecção exatamente como a pedra, a madeira e todos os entes e todas as verdades que ele apreende. Mas, se se considera, por um lado, a vontade segundo a universalidade de seu objeto, que é o bem, e, por outro, o intelecto como uma potência especial da alma, inverter-se-á a relação de perfeição precedente. Cada intelecto individual, cada conhecimento intelectual e cada objeto de conhecimento constituem bens particulares, e, nessa linha, vêm colocar-se sob o bem universal que é o objeto próprio da vontade. Vista dessa perspectiva, a vontade apresenta-se a nós como superior ao intelecto e como capaz de movê-lo.

Há, então, inclusão mútua, e, por isso mesmo, moção recíproca do entendimento e da vontade. Uma coisa pode mover outra por constituir o fim desta outra. Nesse sentido, o fim move aquilo que o realiza, pois aquilo age em vista de realizar o fim. O intelecto move, então, a vontade, porque o bem que o intelecto apreende é o objeto da vontade e a move a título de fim. Mas também se pode dizer que um ente move outro quando age sobre ele e modifica o estado no qual ele se encontra; assim, algo que altera move aquilo que é alterado, o motor move o móbil, e, nesse sentido, a vontade move o intelecto. Em todas as potências ativas e reciprocamente ordenadas, aquela que concerne ao fim universal move as potências que concernem a fins particulares. É o que se verifica facilmente na ordem natural tanto como na ordem social. O céu, cuja ação tem por fim a conservação dos corpos que são gerados e que se deterioram, move todos os corpos inferiores que não agem senão em vista de conservar a espécie deles ou suas próprias individualidades. De igual modo, o rei, cuja ação tende ao bem geral do reino inteiro, move por suas ordens os responsáveis pelo governo de cada cidade. Ora, o objeto da

---

[22] Cf. *Suma de teologia* I, 82, 3, Resp.

vontade é o bem e o fim em geral; as outras potências da alma não são ordenadas senão em vista de bens particulares, como o órgão visual, que tem por fim a percepção das cores, e o intelecto, que tem por fim o conhecimento do verdadeiro. A vontade move, então, a seus respectivos atos o intelecto e todas as outras potências da alma, com exceção das funções naturais da vida vegetativa que não são submetidas às decisões de nossa liberdade[23].

Agora se torna fácil compreender o que é o livre-arbítrio e as condições nas quais se exerce sua atividade. Pode-se de início considerar evidente que a vontade humana é desprovida de coerção. Certos filósofos pretendem até restringir a liberdade humana a essa ausência de coerção. Eis aí uma condição necessária, mas de modo algum suficiente, da nossa liberdade. É bastante claro, com efeito, que a vontade não pode nunca ser coagida. Falar de coerção é falar de violência, e o que é violento é, por definição, aquilo que contraria a inclinação natural de algo. O natural e o violento excluem-se, então, reciprocamente, e não é possível conceber que algo possua simultaneamente esses dois caracteres. Ora, o voluntário não é mais do que a inclinação da vontade para seu objeto; se se introduzissem a coerção e a violência na vontade, elas a destruiriam imediatamente. Por conseguinte, assim como o natural é aquilo que se faz segundo a inclinação de uma natureza, assim também o voluntário é o que se faz segundo a inclinação da vontade, e, assim como é impossível que algo seja ao mesmo tempo violento e natural, assim também é impossível que uma potência da alma seja simultaneamente coagida, quer dizer, violenta, e voluntária[24].

Mas nós vimos que há mais a investigar e que, sendo a vontade, por definição, desprovida de coerção, ela é igualmente livre de necessidade. Negar isso é suprimir dos atos humanos aquilo que lhes confere um caráter condenável ou meritório. Não parece, com efeito, que podemos ter mérito ou demérito realizando atos que não podemos evitar. Ora, uma reflexão que chega a suprimir o mérito e, por conseguinte, toda moral, deve ser considerada como afilosófica: *extranea philosophiae* ("alheia à filosofia"). Com efeito, se não houvesse nada de livre em nós, e se fôssemos necessariamente determinados a querer, então deliberações e exortações, preceitos e punições, elogios e condenações, numa palavra, todos os objetos da filosofia moral, desapareceriam imediatamente e perderiam todo significado. Uma reflexão desse tipo, sejamos claros, é afilosófica, assim como o são todas as opiniões que destroem os princípios de uma parte qualquer da filosofia, e assim como o seria uma proposição como "nada se move", porque tal proposição torna

---

[23] Cf. *Suma de teologia* I, 82, 4, Resp. Cf. também ANCEL, A. L'influence de la volonté sur l'intelligence. *Revue de Philosophie*, 1921, pp. 308-325.

[24] Cf. *Suma de teologia* I, 82, 1, Resp.

impossível qualquer filosofia da Natureza[25]. Ora, a negação do livre-arbítrio, quando ela não se explica pela impotência em que se encontram certos humanos para controlar suas paixões, não tem outro fundamento senão em falácias, e, acima de tudo, na ignorância das operações que as potências da alma humana realizam e da relação que elas mantêm com seu objeto.

O movimento de toda potência da alma pode, com efeito, ser considerado sob duas perspectivas: aquela do sujeito e aquela do objeto. Tomemos um exemplo. A visão, considerada em si mesma, pode ser movida a ver mais ou menos claramente se alguma mudança vem a produzir-se na disposição do órgão visual. Aqui, o princípio do movimento encontra-se no sujeito. Mas ele pode encontrar-se no objeto, assim como ocorre quando o olho percebe um corpo branco que vem a ser substituído por um corpo preto. O primeiro gênero de modificação concerne ao exercício mesmo do ato; essa modificação faz que o ato seja cumprido ou não, e cumprido mais ou menos bem. A segunda modificação concerne à especificação do ato, pois a espécie do ato é determinada pela natureza de seu objeto. Consideremos, então, o exercício do movimento voluntário sob um e outro desses dois aspectos e constatemos, em primeiro lugar, que a vontade não se encontra submetida a nenhuma determinação necessária no tocante ao exercício mesmo de seu ato.

Estabelecemos precedentemente que a vontade move todas as potências da alma; ela se move, então, a si mesma tanto como move o restante. Objetar-se-á talvez que ela se encontra, assim, em potência e em ato ao mesmo tempo e o sob o mesmo aspecto, mas a essa dificuldade é apenas aparente. Consideremos, por exemplo, o intelecto de alguém que busca descobrir a verdade; ele se move a si mesmo rumo à ciência, pois vai disso que ele conhece àquilo que ignora e que não conhece senão em potência. Assim também, quando alguém quer em ato alguma coisa, ele mesmo se move a querer outra coisa que não quer senão em potência; isso quer dizer, em suma, que ele ainda não quer. Assim, quando alguém quer a saúde, essa vontade de recobrar a saúde move-o a querer tomar o medicamento necessário. Tão logo, então, ele queira a saúde, começa a deliberar sobre os meios de adquiri-la, e o resultado dessa deliberação é que ele queira tomar um remédio. O que se passa em um caso como esse? A deliberação precede aqui a vontade de tomar um remédio, mas a deliberação mesma pressupõe a vontade de alguém que quis deliberar. Posto que essa vontade nem sempre quis deliberar, é preciso que ela tenha sido movida por alguma coisa. Se é por si mesma, deve-se necessariamente supor uma deliberação anterior, procedente, por sua vez, de um ato de vontade. Como não se pode remontar ao infinito, é preciso admitir que o primeiro movimento da vontade humana explica-se pela ação de uma causa exterior, sob cuja influência a vontade começou a querer. Qual

---

[25] Cf. *Questões disputadas sobre o mal*, q. 6, Resp.

pode ser essa causa? O primeiro motor do intelecto e da vontade encontra-se necessariamente, parece, acima da vontade e do intelecto. É, portanto, Deus mesmo. Essa conclusão não introduz nenhuma necessidade em nossas determinações voluntárias. Deus é, com efeito, o primeiro motor de tudo o que é movível, mas ele move cada móbil segundo a natureza de cada móbil. Aquele que move o leve para o alto e o pesado para baixo move também a vontade segundo a natureza própria dela; ele não lhe imprime um movimento necessário, mas, ao contrário, um movimento naturalmente indeterminado e que pode dirigir-se rumo a objetos diferentes. Se, então, consideramos a vontade nela mesma como fonte dos atos que ela exerce, não descobrimos nada mais do que uma sucessão de deliberações e decisões, e vemos que a toda decisão supõe uma deliberação anterior, bem como que toda deliberação supõe, por sua vez, uma decisão. É só quando remontamos à origem primeira desse movimento que encontramos Deus, que o confere à vontade, mas que o confere apenas como indeterminado. Da perspectiva do sujeito e do exercício do ato, não se descobre, então, nenhuma determinação necessária no seio da vontade.

Consideremos agora a perspectiva da especificação do ato, a perspectiva do objeto. Aí também não se observa nenhuma necessidade. Qual é, com efeito, o objeto capaz de mover a vontade? É o bem apreendido pelo intelecto como conveniente: *bonum conveniens apprehensum* ("o bem conveniente apreendido"). Se, então, certo bem é proposto ao intelecto, e se o intelecto vê nele um bem sem, no entanto, considerá-lo conveniente, tal bem não bastará para mover a vontade. Por outro lado, as deliberações e as decisões dizem respeito a nossos atos, e nossos atos são individuais e particulares. Para mover a nossa vontade, não basta, então, que um objeto seja bom em si e conveniente a nós apenas de modo geral; é preciso que o apreendamos como bom e conveniente em um caso particular, considerando todas as circunstâncias particulares que aí podemos descobrir. Ora, não há senão um objeto que se apresenta a nós como bom e conveniente sob todos os aspectos: a beatitude. Boécio a define: *status omnium bonorum congregatione perfectus* ("posse perfeita de todos os bens reunidos")[26]. Fica, assim, manifesto que um tal objeto move necessariamente nossa vontade. Mas, notemos bem, essa necessidade mesma só incide sobre a determinação do ato; ela se limita exatamente a isto: a vontade não pode querer o contrário da beatitude. Poder-se-ia exprimir de maneira diferente essa reserva dizendo que, se a vontade realiza um ato enquanto o intelecto pensa na beatitude, esse ato será necessariamente determinado por um tal objeto; a vontade não quererá outro. Mas o exercício mesmo do ato continua livre. Ainda que não possamos não querer a beatitude enquanto nela pensamos, podemos, entretanto, não querer pensar na

---

[26] BOÉCIO, *A consolação da filosofia* III, prosa 2.

beatitude; a vontade continua senhora de seu ato e pode servir-se dele como lhe apraz em relação a qualquer objeto: *libertas ad actum inest voluntati in quolibet statu naturae respectu cujuslibet objecti* ("a liberdade inere ao ato da vontade em qualquer que seja o estado da natureza e em relação a qualquer objeto")[27].

Suponhamos, ainda, que o bem proposto à vontade não seja tal, segundo todas as particularidades que o caracterizam. Num caso como esse, não somente a vontade permanecerá livre para cumprir ou não seu ato, mas ainda a determinação mesma do ato não terá nada de necessária. Em outros termos, a vontade poderá, como sempre, não querer que pensemos nesse objeto; mas nós poderemos, em vez disso, querer um objeto diferente, mesmo enquanto pensarmos neste. Bastará que o novo objeto apresente-se-nos como sendo bom sob algum aspecto.

Por quais razões a vontade prefere certos objetos a outros, entre todos os bens particulares que lhe são oferecidos? Podemos indicar três razões principais. De início, digamos que ocorre de um objeto prevalecer sobre outro em excelência; escolhendo-o, a vontade move-se conformemente à razão. Ocorre ainda que, em função de suas disposições internas ou de qualquer circunstância externa, o intelecto para em determinado caráter particular de um bem, e não em outro; a vontade regula-se, então, por esse pensamento cuja origem é acidental. É preciso ter em mente, enfim, a disposição na qual se encontra o ser humano inteiro. A vontade de alguém irritado não decide como a vontade de alguém calmo, pois o objeto que convém a um não convirá a outro. Tal a pessoa, tal o fim. Alguém saudável não se alimenta como alguém doente. Ora, a disposição que conduz a vontade a considerar bom ou conveniente este ou aquele objeto pode ter uma dupla origem. Se se trata de uma disposição natural e subtraída à vontade, conformar-se a essa disposição será uma necessidade natural para a vontade. Todos os humanos desejam naturalmente, assim, ser, viver e conhecer. Se se trata, porém, de uma disposição que não é naturalmente constitutiva do ser humano, mas, ao contrário, dependente de sua vontade, o indivíduo não será coagido a conformar-se a ela. Suponhamos, por exemplo, que uma paixão qualquer faça-nos considerar bom ou mau este ou aquele objeto particular; nossa vontade pode reagir contra essa paixão e transformar assim nossa apreciação do objeto. Nós podemos apaziguar em nós a cólera, a fim de não ficarmos cegos por ela quando julgamos certo objeto. Se a disposição considerada é um hábito, será mais difícil livrar-se dele, pois é menos fácil desfazer-se de um hábito do que refrear uma paixão. Não é impossível, porém, e, ainda uma vez, a escolha da vontade permanecerá subtraída a toda necessidade[28].

---

[27] *Questões disputadas sobre a verdade*, q. 22, a. 6, Resp.
[28] Cf. *Questões disputadas sobre o mal*, q. 6, Resp.

# O DESEJO E A VONTADE

Resumamos as conclusões precedentes. Supor que a vontade possa ser coagida é uma contradição em termos e um absurdo. Ela é, então, inteiramente livre de coerção. Seria ela livre de necessidade? A esse respeito é preciso fazer distinções. No tocante ao exercício do ato, a vontade é sempre livre de necessidade; nós podemos não querer mesmo até o Soberano Bem, pois nós podemos não querer pensar nele. No tocante à determinação do ato, nós não podemos não querer o Soberano Bem ou os objetos de nossas disposições naturais enquanto neles pensamos, mas podemos escolher livremente entre todos os bens particulares, inclusive aqueles que disposições adquiridas fazem-nos considerar tais, sem que nenhum dentre eles possa determinar o movimento de nossa vontade. Mais sucintamente ainda pode-se dizer que a vontade é sempre livre para querer ou não querer um objeto qualquer; ela sempre é livre – quando ela quer – para determinar-se por tais ou tais objetos particulares. A partir daqui vemos se desenharem os elementos constitutivos do ato humano. Resta determinar mais precisamente as relações desses elementos, examinando as operações pelas quais o ser humano move-se para a felicidade, seu bem supremo e seu fim.

# TERCEIRA PARTE
## A MORAL

# CAPÍTULO 1

# O ATO HUMANO

O ato criador é comumente representado como um ato que só tem por efeito produzir o ente criado a partir do não ser. Mas essa é uma visão incompleta e unilateral do que é a criação. Sua eficácia não se esgota no impulso que faz os entes saírem de Deus. Ao mesmo tempo que as criaturas recebem um movimento que as põe em um ser relativamente independente e exterior àquele do criador, elas recebem dele um segundo movimento que as reconduz a seu ponto de partida e tende a fazê-las retornar tão perto quanto possível de sua fonte. Já examinamos a ordem segundo a qual as criaturas inteligentes saem de Deus e definimos as operações que as caracterizam; resta agora determinar rumo a qual termo tendem essas operações e a qual fim elas se ordenam[1].

Na realidade, é a respeito do ser humano, e apenas dele, que o problema surge em toda a sua dificuldade. O destino dos anjos fixou-se definitivamente desde o primeiro momento que seguiu à criação deles. Não se trata de dizer que eles foram criados no estado de beatitude[2], mas que, criados tanto quanto é provável em estado de graça, aqueles que assim desejaram voltaram-se para Deus por um ato único de caridade que lhes mereceu imediatamente a felicidade eterna[3], ao passo que, inversamente, os anjos maus, por

---

[1] A respeito da moral de Santo Tomás em seu conjunto, ver SERTILLANGES, A.-D. *La philosophie morale de Saint Thomas d'Aquin*. Paris, 1916; GILSON, É. *Saint Thomas d'Aquin (Les moralistes chrétiens. Textes et commentaires)*. Paris: J. Gabalda, 1941; WITTMANN, M. *Die Ethik des hl. Thomas von Aquin*. Munique: Max Hueber, 1933; ERMECKE, G. *Die natürlichen Seinsgrundlagen der christlichen Ethik*. Paderborn: Bonifacius-Druckerei, 1941; KLUXEN, W. *Philosophische Ethik bei Thomas von Aquin*. Mainz: Matthias-Grünewald Verlag, 1964.

[2] Cf. *Comentário às Sentenças de Pedro Lombardo* II, dist. 4, a. 1.

[3] Cf. *Suma de teologia* I, 62, 5, Resp. A razão disso encontra-se na perfeição da natureza angélica. O anjo vive naturalmente no regime da intuição direta e ignora o conhecimento discursivo: ele pode, então, atingir seu fim por um ato único; já o ser humano, ao contrário, é obrigado a procurar tal fim: são necessários tempo e uma vida de certa duração para atingi-lo. A distensão da vida humana é, então, fundada sobre o modo de conhecimento próprio do ser humano: *Homo secundum suam naturam non statim natus est ultimam perfectionem adipisci, sicut angelus: et ideo*

um ato único de seu livre-arbítrio, desviaram-se para sempre dele[4]. No que concerne às criaturas inferiores ao ser humano, quer dizer, desprovidas de conhecimento intelectual, a solução do problema não é menos simples. Desprovidas de inteligência e de vontade, elas não podem atingir seu fim, que é Deus, senão enquanto participam de alguma semelhança com seu criador. Dotadas de ser, de vida ou de conhecimento sensível, elas constituem correspondentemente, em diferentes graus, semelhanças do Deus que as formou; e a posse dessa semelhança é para elas a posse de seu fim último[5].

Essa conclusão é evidente. Com efeito, é manifesto que o fim corresponde sempre ao princípio. Se, pois, nós conhecemos o princípio de todas as coisas, é impossível que ignoremos qual é o fim delas. Ora, já vimos que o princípio primeiro de todas as coisas é um criador transcendente ao universo que ele criou. O fim de todas as coisas deve, então, ser um bem, pois só o bem pode desempenhar o papel de fim, e um bem que seja exterior ao universo; esse fim não é senão Deus.

Resta saber como criaturas desprovidas de inteligência podem ter um fim que lhes seja exterior. Quando se trata de um ente inteligente, o fim de sua operação é constituído por aquilo a que ele se propõe fazer ou a meta rumo à qual ele tende. Mas, quando se trata de um ente desprovido de intelecto, sua única maneira de possuir um fim exterior a ele mesmo consiste ou em possuí-lo efetivamente sem o conhecer ou em representá-lo. É nesse sentido que podemos dizer que Hércules é o fim da estátua pela qual se o quer representar. Igualmente nesse sentido se pode dizer que o Soberano Bem exterior ao universo é o fim de todas as coisas, como possuído e representado por elas, porque, enquanto elas são e enquanto operam, todas as criaturas tendem a participar dele e a representá-lo tanto quanto é possível a cada uma delas[6].

Mas não é exatamente isso que ocorre no tocante ao ser humano, dotado de livre-arbítrio, quer dizer, de inteligência e vontade. A inclinação que Deus imprimiu-lhe ao criá-lo não é somente natural; é uma inclinação que convém à natureza dotada de uma vontade; resulta daí que essa criatura, semelhança de Deus como todas as outras, é, além disso, sua imagem. Por isso mesmo, ela é inteligente e senhora da escolha de seus atos. Investiguemos, então, qual é seu fim último e por quais meios ela pode chegar a ele.

*homini longior vita data est ad merendum beatitudinem, quam angelo* ("O ser humano, segundo sua natureza, não nasceu atingindo imediatamente sua perfeição última, como ocorre com o anjo: com efeito, a vida dada ao ser humano para merecer a beatitude é mais longa do que a do anjo") – *Ibidem*, ad 1m. Cf. também *ibidem* I, 58, 3-4; I, 62, 6, Resp.

[4] Cf. *Ibidem*, 63, 6, Resp.
[5] Cf. *Ibidem* IaIIae, 1, 8, Resp.
[6] Cf. *Suma contra os gentios* III, 17; *Suma de teologia* I, 103, 2, Resp. e ad 2m; *Questões disputadas sobre a verdade*, q. 13, aa. 1-2.

O ATO HUMANO

## I. A ESTRUTURA DO ATO HUMANO

Estabelecemos anteriormente que o ser humano é um ente dotado de vontade, propriedade inseparável de um agente racional e livre. Sabemos também de onde provém essa liberdade. Ela resulta da distância encontrada sempre, nesta vida, entre a vontade e seu objeto. Solidária de um entendimento capaz do ser universal, a vontade tende para o bem universal; porém, de fato, ela se encontra sempre na presença de bens particulares. Os bens particulares, incapazes de satisfazer seu desejo, não são, então, para ela, fins que impõem necessidade, donde resulta que ela permaneça, em relação a eles, inteiramente livre. *Si proponatur aliquod objectum voluntati quod sit universaliter bonum et secundum omnem considerationem, ex necessitate voluntas in illud tendit, si aliquid velit: non enim poterit velle oppositum. Si autem proponatur sibi aliquod objectum quod non secundum quamlibet considerationem sit bonum, non ex necessitate voluntas fertur in illud* ("Se se apresenta à vontade algum objeto que seja bom universalmente e sob todos os aspectos, a vontade, se quer algo, tende necessariamente para tal objeto: ela não poderá querer o oposto. Se, porém, se apresenta a ela algum objeto que não seja bom sob todos os aspectos, a vontade não é necessariamente levada a ele")[7]. Temos, assim, o princípio geral que rege nossa atividade racional, mas resta-nos desmontar seu mecanismo e ver como ele funciona na prática.

Partamos da conclusão que acabamos de evocar. Ela não pode ser compreendida a não ser que ponhamos, de um lado, a vontade, e, de outro, um objeto para o qual ela tende. O movimento da vontade que se move a si mesma e que move todas as outras potências da alma para seu objeto recebe o nome de *intenção*. Importa, aliás, determinar precisamente quais são, nesse ponto de partida da atividade humana, os respectivos papéis do intelecto e da vontade. Eles agem um sobre o outro, mas sob aspectos diferentes. Consideremos os objetos dessas duas potências. O objeto do intelecto é o ser e o verdadeiro universal. Mas o ser e o verdadeiro universal constituem o primeiro princípio formal que é possível designar; e o princípio formal de um ato é também aquilo que o situa em uma espécie determinada. Por exemplo, a ação de aquecer só é tal em razão de seu princípio formal que é o calor. Ora, o intelecto move a vontade apresentando-lhe seu objeto, que é o ser e o verdadeiro universal, e, com isso, situa o ato da vontade em sua espécie própria, por oposição aos atos cumpridos pelas potências sensoriais ou puramente naturais. Há, então, aqui, uma moção real e eficaz da vontade pelo intelecto. Mas, inversamente, a vontade, por sua vez, move o intelecto porque pode, em certos casos, colocá-lo efetivamente em movimento. Se, com efeito, comparamos entre si todas as nossas capacidades ativas, aquela que tende ao fim universal

---

[7] *Suma de teologia* IaIIae, 10, 2, Resp.

aparecerá necessariamente como agente sobre aquelas que tendem a fins particulares. Afinal, tudo o que age, age em vista de um fim, e a arte cujo objeto próprio é certo fim dirige e move as artes que oferecem os meios para atingir tal fim. Ora, o objeto da vontade é precisamente o bem, quer dizer, o fim em geral; então, dado que toda potência da alma tende para um bem particular que é seu bem próprio – como a visão tende para a percepção das cores, e o intelecto, para o conhecimento do verdadeiro –, a vontade, cujo objeto é o bem em geral, deve poder usar todas as potências da alma, especialmente o intelecto, como ela o pretender[8].

A vontade move, assim, todas as faculdades ao fim de cada uma, e é a ela que pertence propriamente esse primeiro ato de *in aliquid tendere* ("tender para"), ao qual chamamos *intenção*. Com o ato de intenção, a vontade volta-se para o fim como para o termo de seu movimento, e, dado que querendo o fim ela quer também os meios, resulta daí que a intenção do fim e a vontade dos meios constituem um só e mesmo ato. Compreenderemos sem dificuldade a razão disso. O meio está para o fim como a mediania está para o termo. Ora, nos entes naturais é o mesmo movimento que passa pela mediania e chega a seu termo: dá-se o mesmo nos movimentos da vontade. É um só ato querer e querer-um-remédio-em-vista-da-saúde. Não se quer o meio senão por causa do fim; a vontade do meio confunde-se, então, aqui, com a intenção do fim[9].

O objeto próprio da intenção é o fim querido nele mesmo e por ele mesmo; a intenção constitui, então, um ato simples e, por assim dizer, um movimento indecomponível de nossa vontade. Mas a atividade voluntária mostra-se extremamente complexa quando passamos da intenção do fim à escolha dos meios. Ela tende, em um só ato, para o fim e para os meios quando optou por tais ou tais meios determinados; mas a opção em favor de tais ou tais meios não pertence de modo próprio ao ato voluntário de intenção. Essa opção corresponde ao fato da eleição, precedida ela mesma da deliberação e do juízo.

As ações humanas concernem sempre ao particular e ao contingente; ora, quando passamos do universal ao particular, saímos do imóvel e certo para entrar no variável e incerto. É por isso, aliás, que o conhecimento do que é preciso fazer é repleto de incertezas. Ora, a razão não se arrisca nunca a emitir um juízo em questões duvidosas e incertas sem uma deliberação prévia, à qual se dá o nome de *consilium*. Acabamos de observar que o objeto dessa deliberação não é o fim como tal; a intenção do fim, sendo o princípio

---

[8] *Suma de teologia* I, 82, 4, Resp.; IaIIae, 9, 1, Resp.; *Suma contra os gentios* I, 72; III, 26; *Questões disputadas sobre a verdade*, q. 22, a. 12, Resp.; *Questões disputadas sobre o mal*, q. 6, a. 1, Resp.

[9] Cf. *Suma de teologia* IaIIae, 12, 3, Resp.; 12, 4, Resp.; *Questões disputadas sobre a verdade*, q. 22, a. 14, Resp.

mesmo em que a ação tem seu ponto de partida, não poderia ser posta em questão. Se esse fim pode, por sua vez, tornar-se o objeto de uma deliberação, tal não será a título de fim, mas unicamente enquanto pode ser ele mesmo considerado um meio ordenado em vista de outro fim. Aquilo que pode desempenhar o papel de fim em uma deliberação pode, então, desempenhar o papel de meio em outra, e, a esse título, ser alvo de discussão[10]. Como quer que seja, a deliberação deve terminar por um juízo; se assim não for, ela se prolongaria ao infinito, e não decidiríamos nunca. Limitada por seu termo inicial, que é a intenção simples do fim, ela é igualmente limitada por seu termo final, que é a primeira ação a respeito da qual estimamos que ela deva ser feita. Assim, a deliberação conclui-se por um juízo da razão prática, e toda essa parte do processo voluntário completa-se no intelecto apenas, sem que a vontade intervenha senão para pô-lo em movimento e, de certa maneira, desencadeá-lo.

Suponhamos agora que a vontade está na presença dos resultados da deliberação. Dado que a razão prática exerce-se em matéria particular e contingente, ela chegará geralmente a dois ou mais juízos, que representarão uma ação como boa sob alguma perspectiva. A essa constatação – por parte do intelecto – de uma pluralidade de ações propostas como possíveis à vontade corresponde – na vontade mesma – um movimento de comprazimento em direção ao que há de bom em cada uma dessas ações. Comprazendo-se com isso e a isso se ligando, a vontade obtém algo como uma experiência do objeto ao qual ela se liga – *quasi experientiam quamdam sumens de re cui inhaeret*[11] –, e, em função disso, ela lhe dá seu consentimento: chamaremos, então, de *consensus* ao ato pelo qual a vontade vincula-se ao resultado da deliberação e a ele adere.

Mas a deliberação não poderia encontrar seu termo em tal consentimento. Uma vez que ela chega a diferentes juízos que suscitam diferentes consentimentos na vontade, é preciso ainda que, por um ato decisivo, a vontade escolha um desses consentimentos, dando preferência a ele em relação aos outros. A deliberação conduz a constatar que vários meios podem conduzir ao fim ao qual tendemos; esses meios nos agradam, e, por agradar-nos, a eles aderimos; mas, desses múltiplos meios que nos agradam, nós escolhemos um, e essa escolha corresponde propriamente à eleição (*electio*). Pode ocorrer, porém, que um só meio seja proposto pela razão, e, por conseguinte, que apenas um meio nos agrade. Nesse caso, pode-se dizer que a eleição confunde-se com o consentimento[12].

O que é, então, a eleição? É um ato do qual uma parte concerne à razão ou ao intelecto, enquanto outra parte concerne à vontade. Assim a nomeou

---

[10] Cf. *Suma de teologia* IaIIae, 14, 1, Resp.; 14, 2, Resp.

[11] *Suma de teologia* IaIIae, 15, 1, Resp.

[12] Cf. *Suma de teologia* IaIIae, 15, 3, ad 3m.

Aristóteles: *appetitivus intellectus vel appetitus intellectivus* (intelecto desejante ou desejo intelectivo)[13]. Tomada em seu sentido pleno, ela é o ato completo pelo qual a vontade determina-se, compreendendo ao mesmo tempo a deliberação da razão e a decisão da vontade. A razão e o entendimento são requeridos a fim de haver deliberação tal como dissemos e juízo sobre os meios que parecem preferíveis; a vontade é requerida para, consequentemente, dar-se consentimento a esses meios e haver eleição, quer dizer, opção em favor de um deles.

Resta determinar se, tomado em sua própria essência, o ato pelo qual se conclui definitivamente a deliberação compete ao entendimento ou à vontade. Para responder é preciso observar que a substância de um ato depende, ao mesmo tempo, de sua matéria e de sua forma. Ora, entre os atos da alma, um ato que por sua matéria compete a determinada potência pode, todavia, dever sua forma – e, por conseguinte, sua especificação – a uma potência de ordem superior; afinal, o inferior ordena-se sempre ao superior. Se, por exemplo, uma pessoa exerce um ato de força por amor a Deus, esse ato é, a bem da verdade, um ato de força em sua matéria mesma, mas, em sua forma, é um ato de amor; por conseguinte, é substancialmente um ato de amor. Apliquemos esse raciocínio à eleição. O entendimento oferece-lhe, digamos, a matéria do ato ao propor juízos à aceitação da vontade; mas, para dar a esse ato a forma mesma da eleição, é preciso um movimento da alma rumo ao bem que ela escolhe. A eleição constitui, assim, em sua substância mesma, um ato de vontade[14].

Tal é, em linhas gerais, a estrutura do ato humano. Vemos aí agir e reagir entre si o intelecto e a vontade, mas seria um erro confundi-los na unidade de uma mesma ação. Eles se entrecruzam perpetuamente, sem jamais misturar-se. É o que talvez percebamos com mais clareza se se distinguem os atos espontâneos e os atos dirigidos. Todo ato de vontade é ou espontâneo, como aquele pelo qual a vontade tende ao seu fim tomado como tal, ou dirigido, como no caso em que a razão intima-nos com este imperativo: *Faça isto*. Como aquilo sobre o que mais temos poder são nossos atos voluntários, nós podemos sempre intimar-nos com um tal mandamento[15]. O que se produz, então? Pode ocorrer que a razão diga simplesmente *Eis o que é preciso fazer* e, manifestamente, intervenha sozinha nessa circunstância. Mas pode ocorrer também que ela ordene *Faça isto* e mova assim a vontade a querê-lo; a intimação pertence, então, ao intelecto, e o que nela há de motor pertence à vontade[16].

---

[13] *Comentário à Ética Nicomaqueia de Aristóteles* VI, cap. 2, n. 5, lição 2.

[14] Cf. *Suma de teologia* I, 83, 8, Resp.; IaIIae, 13, 1, Resp.; *Questões disputadas sobre a verdade*, q. 22, a. 15, Resp.

[15] Cf. *Suma de teologia* IaIIae, 17, 5, Resp.

[16] Cf. *Suma de teologia* IaIIae, 17, 1, Resp.

Consideremos, por outro lado, as operações da razão implicadas em um ato humano. Se se trata do exercício mesmo do ato racional, ele pode ser sempre o objeto de um imperativo, como quando se ordena a alguém prestar atenção à razão ou recorrer a ela. É apenas se se trata do objeto possível de um ato que devemos distinguir cuidadosamente entre dois casos. De um lado, o intelecto pode apreender simplesmente certa verdade em uma questão qualquer; isso depende da luz natural, e não da vontade. Não está em nosso poder perceber ou não a verdade quando a descobrimos. Mas o intelecto pode dar ou não seu assentimento ao que ele apreende[17]. Se, então, aquilo que ele apreende entra na categoria das proposições às quais, por sua natureza mesma, ele deve dar seu assentimento – por exemplo, os primeiros princípios –, não está em nosso poder dar ou recusar nosso assentimento. Se, ao contrário, as proposições apreendidas não convencem realmente o intelecto a afirmá-las ou negá-las, ou a pelo menos suspender sua recusa ou seu consentimento, o assentimento ou a negação permanecem em nosso poder, sob o domínio da vontade[18]. Mas, em todos os casos, é o entendimento apenas que apreende as verdades, aceita-as ou as recusa e intima com ordens, ao passo que o movimento que ele recebe ou que ele transmite vem sempre da vontade. Todo movimento permanece, então, voluntário, mesmo quando parece vir do intelecto; todo conhecimento permanece intelectual, mesmo quando tem sua origem em um movimento da vontade.

## II. OS *HABITUS*

Acabamos de definir os atos humanos neles mesmos e como que em abstrato, mas não é em abstrato que eles se dão. São pessoas reais que os realizam; ora, essas pessoas não são puras substâncias, mas têm acidentes. Cada pessoa agente é influenciada em sua ação por certas maneiras de ser que lhe são próprias, disposições permanentes pelas quais ela é afetada e dentre as quais as principais são os *habitus*\*.

---

[17] Sobre a diferença entre *assentir*, que é mais reservado ao intelecto, e *consentir*, que, em razão da união que ele parece supor entre a potência e objeto, é reservado em princípio à vontade, ver *Suma de teologia* IaIIae, 15, 1, ad 3m.

[18] Cf. *Suma de teologia* IaIIae, 17, 6, Resp.; *Questões disputadas sobre as virtudes*, q. 1, a. 7, Resp.

\* [Apesar de, no subtítulo acima, termos traduzido *habitus* por *hábitos* (cujo melhor sentido é o de *habilidade desenvolvida* ou *habilitação*), manteremos, ao longo do texto, a forma latina *habitus*, não apenas porque Étienne Gilson a emprega (a forma latina pode ser usada mesmo em francês, embora em um uso mais raro), mas também em benefício da distinção – como se verá na sequência – entre o sentido geral do hábito como disposição passageira e do hábito propriamente dito (*habitus*) como disposição permanente. De todo modo, traduziremos diretamente por *hábito* as ocorrências do termo francês *habitude*. N. do T.]

Sabemos que o ser humano é um ente discursivo cuja vida deve ter certa duração para que ele possa atingir o seu fim. Ora, essa duração não é a de um corpo inorgânico com um modo de ser que permaneceria invariável ao longo de seu realizar-se, mas a de um ser vivo. Em vez de cair no nada, cada um dos esforços que o ser humano faz para atingir seu fim inscreve-se nele e deixa nele sua marca. A alma da pessoa, tanto como seu corpo, tem uma história; ela conserva seu passado para dele usufruir e dele se servir em um perpétuo presente: a forma mais geral dessa fixação da experiência passada chama-se *habitus*. O *habitus*, tal como Santo Tomás o concebe, é, no limite, uma qualidade, quer dizer, não a substância mesma da pessoa, mas certa disposição que se acrescenta à substância e a modifica. O que caracteriza o *habitus* entre as outras espécies da qualidade é ser uma disposição da pessoa em relação à sua própria natureza; em outros termos, os *habitus* de um ente determinam a maneira como ele realiza sua própria definição.

Resulta daí que nenhum *habitus* pode ser descrito sem que a qualificação como bom ou mau figure em sua descrição. Com efeito, o que define algo é sua forma; mas a forma não é somente a essência da coisa; ela é também a razão de ser da coisa: a forma de uma coisa é ao mesmo tempo o seu fim. Dizer como os *habitus* de um ente determinam a maneira como ele realiza sua própria definição equivale, portanto, dizer ao mesmo tempo como ele realiza sua essência e a qual distância ele se encontra do seu próprio fim. Se os *habitus* desse ente aproximam-no do tipo ideal para o qual ele tende, então são *habitus* bons; se, ao contrário, eles o distanciam de seu fim, então são maus. Podemos, assim, definir os *habitus*, de maneira geral, como as disposições segundo as quais alguém é bem ou mal predisposto[19]; e, se os *habitus* são qualidades e acidentes, então são as qualidades e os acidentes que se mantêm mais próximos da natureza da coisa, aqueles que estão mais perto de entrar na essência dela e de integrar-se à sua definição[20].

Quais são as condições requeridas para que um *habitus* possa desenvolver-se? A primeira é aquela que implica, no limite, todas as outras: é a existência de um sujeito que esteja em potência para múltiplas determinações diferentes, e em quem múltiplos princípios diferentes possam combinar-se

---

[19] Cf. *Suma de teologia* IaIIae, 49, 2, Resp. Cf. também ARISTÓTELES, *Metafísica* IV, 20, 1022b10.

[20] Cf. *Suma de teologia* IaIIae, 49, 2, Resp. Isso é o que legitima igualmente a exigência de estabilidade para que se possa falar de *habitus*. Todos os *habitus* são disposições, mas todas as disposições não são *habitus*: uma disposição é passageira; um *habitus* é uma disposição permanente. Aqui ainda não nos encontramos no campo do definido e do imóvel; uma disposição é cada vez mais ou cada vez menos *habitus* em função de ser cada vez mais ou cada vez menos facilmente perdível. Um *habitus* é um organismo que se desenvolve: *Et sic dispositio fit habitus, sicut puer fit vir* ("Assim como uma criança torna-se um homem, assim também uma disposição torna-se um hábito" – *Ibidem*, ad 3m).

para produzir uma dessas determinações[21]. Dizer isso é dizer que Deus, por exemplo, sendo totalmente em ato, não poderá ser o sujeito de nenhum *habitus*; é dizer igualmente que os corpos celestes, cuja matéria é totalmente atualizada por sua forma (salvo no tocante ao lugar) também não comportam a indeterminação necessária ao nascimento dos *habitus*; é dizer, enfim, que as qualidades dos corpos elementares, que são necessária e inseparavelmente ligadas a esses elementos, também não poderão fornecer a ocasião para *habitus*. Na realidade, o verdadeiro sujeito dos *habitus* é uma alma como a alma humana, pois ela comporta um elemento de receptividade e de potência; e, como é o princípio de uma multiplicidade de operações pelas múltiplas faculdades que possui, ela satisfaz a todas as condições requeridas para o desenvolvimento deles[22].

No interior da alma humana mesma pode-se determinar com maior precisão o terreno sobre o qual os *habitus* desenvolver-se-ão. Eles não podem residir nas potências sensoriais da alma como tais, consideradas em si mesmas e independentemente da razão; elas são determinadas a seus atos por um tipo de inclinação natural e carecem da indeterminação necessária para que os *habitus* possam desenvolver-se. Só resta a possibilidade de situá-los no intelecto. Nele e somente nele se encontra aquela multiplicidade de potências indeterminadas que podem combinar-se e organizar-se entre si segundo esquemas os mais diversos. Como é a potencialidade que permite o *habitus*, é preciso situá-lo no intelecto possível. Quanto à vontade, é como faculdade da alma racional – cuja livre indeterminação funda-se sobre a universalidade da razão mesma – que ela é capaz de tornar-se, ela também, o sujeito dos *habitus*.

Vê-se qual é a natureza dos *habitus* e qual lugar eles ocupam na antropologia de Santo Tomás. Estudando as faculdades da alma em si mesmas, nós as visualizamos sob um aspecto estático e inorgânico. O *habitus* introduz nesse ensinamento, ao contrário, um elemento dinâmico de progresso e de organização. Sob seu aspecto mais profundo, o *habitus* mostra-se como uma exigência de progresso ou de regressão; em todo caso, como uma exigência de vida no intelecto humano, e, pelo intelecto, na alma humana inteira. Exigência, digamos, porque, lá onde as condições requeridas para o desenvolvimento dos *habitus* encontram-se reunidas, o desenvolvimento deles não é somente possível, mas necessário. Cada natureza tem direito aos instrumentos requeridos para poder atingir seu fim. Ora, se a forma natural atinge necessariamente seu fim em virtude da determinação mesma que a obriga a uma só

---

[21] Cf. *Suma de teologia* IaIIae, 49, 4, Resp. Cf. também De Roton, P. *Les habitus, leur caractère spirituel*. Paris: Labergerie, 1934, capítulo V: "La vie des habitus".

[22] Cf. *Suma de teologia* IaIIae, 50, 2, Resp.; *Comentário às Sentenças de Pedro Lombardo* I, 26, 3, ad 4m e ad 5m.

operação, a forma intelectual, em virtude de sua universalidade e de sua indeterminação, não atingiria jamais seu fim se alguma disposição complementar não viesse a incliná-la para ele. Os *habitus* constituem precisamente esses complementos de natureza ou essas determinações acrescentadas e que estabelecem relações definidas entre o intelecto e seus objetos ou suas operações possíveis[23]. Isso equivale a dizer que um dado intelecto real é inseparável de fato da totalidade dos *habitus* dos quais ele se enriqueceu ou que o degradam. Os *habitus* são tantos instrumentos quantos o intelecto deu a si mesmo, e ele sempre permanece livre para escolher entre eles, permanecendo definitivamente senhor deles; mas ele não os deu a si mesmo senão porque ele devia necessariamente adquiri-los a fim de satisfazer às condições requeridas pela natureza própria de sua operação.

À parte aqueles que são simples disposições para ser – como a aptidão da matéria para receber a forma –, os *habitus* são orientados para certas operações, sejam cognitivas, sejam voluntárias. Alguns deles são, de certa maneira, naturais e como que inatos. Tal é o caso da intelecção dos primeiros princípios. Tudo se passa como se o intelecto nascesse com uma disposição natural para conhecê-los desde nossas primeiras experiências sensíveis. Pode-se dizer ainda que, se nos colocamos na perspectiva do indivíduo, e não mais da espécie, cada um de nós, ao nascer, traz começos de *habitus* cognitivos. Com efeito, nossos órgãos sensoriais, cuja colaboração é indispensável ao ato do conhecimento, predispõem-nos a conhecer mais ou menos bem. Ocorre o mesmo no tocante à vontade, com a diferença, entretanto, que aqui não é mais o *habitus* mesmo que se encontraria já esboçado, mas somente certos princípios constitutivos do *habitus*, como os princípios do direito comum que nomeamos, às vezes, sementes das virtudes. No corpo, porém, encontrar-se-iam já esboçados certos *habitus* voluntários, pois há indivíduos que, segundo a constituição natural e o temperamento que os caracteriza, nascem com predisposições à doçura, à castidade e a outros *habitus* do mesmo gênero. Via de regra, entretanto, os *habitus* resultam bem menos de nossas disposições naturais do que de nossos atos. Às vezes, um só ato basta para vencer a passividade da potência na qual se desenvolve o *habitus*; é o caso de uma proposição imediatamente evidente, que basta para convencer definitivamente o intelecto e impor-lhe para sempre a aceitação de certa conclusão. Outras vezes, em vez disso – e de longe é o caso mais frequente –, uma multiplicidade de atos análogos e reiterados é requerida para engendrar determinado *habitus* em uma potência da alma. A opinião provável, por exemplo, não se impõe imediatamente; ela se torna uma crença habitual quando o intelecto agente a imprimiu no intelecto possível por um grande número de

---

[23] Cf. *Suma de teologia* IaIIae, 49, 4, ad 1m; *Comentário às Sentenças de Pedro Lombardo* III, 23, 1, 1, 1; cf. PÈGUES, *Commentaire français littéral de la Somme théologique*, t. VII, pp. 562-570.

atos; e é preciso que o intelecto possível, por seu turno, reitere esses atos em relação às faculdades inferiores se ele quer, por exemplo, gravar profundamente tal crença na memória. A potência ativa requer, então, geralmente, tempo para dominar completamente a matéria à qual ela se aplica: ocorre com ela o mesmo que com o fogo que não consome instantaneamente seu combustível e não chega a inflamá-lo de uma só vez, mas que o despoja progressivamente de suas disposições contrárias para dominá-lo totalmente e assimilá-lo a si[24]. Assim, a repetição dos atos, que penetra cada vez mais completamente uma matéria com sua forma e uma potência da alma com uma disposição nova, aumenta progressivamente o hábito, assim como a cessação de tais atos ou a realização de atos contrários enfraquece-o e o corrompe[25].

### III. O BEM E O MAL. AS VIRTUDES

Uma vez compreendida a natureza dos *habitus*, sabe-se qual é a natureza das virtudes, pois as virtudes são *habitus* que nos dispõem de maneira duradoura a realizar ações boas. Dissemos, com efeito, que os *habitus* são disposições ou para o melhor ou para o pior. Como o *habitus* situa o indivíduo mais perto ou mais longe do seu fim e o torna mais conforme ou menos conforme a seu tipo próprio, é preciso distinguir entre aqueles que o dispõem a realizar um ato conveniente à sua natureza e aqueles que o dispõem a exercer um ato que não convém à sua natureza. Os primeiros são os hábitos bons ou as virtudes; os outros são os hábitos maus ou os vícios[26]. Para definir precisamente a virtude, devemos, então, perguntar-nos agora quais são os atos convenientes à natureza do ser humano; saberemos, ao mesmo tempo, em que consistem o bem e o mal moral e como distinguir o vício da virtude.

As operações e as ações são aquilo que são os entes que as executam: *unaquaeque res talem actionem producit qualis est ipsa* ("a ação que algo produz é tal qual esse algo mesmo"); e a excelência das coisas mede-se sempre por seu grau de ser. O ser humano, ente deficitário e imperfeito, deve, então, exercer ações incompletas e deficitárias; é por isso que o bem e o mal combinam-se – aliás, segundo proporções variáveis – nas operações dele[27].

O que há de bem em uma ação humana pode ser visualizado sob quatro perspectivas. Em primeiro lugar, a ação humana entra no gênero *ação* e, dado que toda ação é avaliada pela perfeição de ser que ela realiza, há já na substância mesma de toda ação um valor intrínseco que corresponde a certo grau

---

[24] Cf. *Suma de teologia* IaIIae, 51, 2; 3, Resp.
[25] Cf. *ibidem*, 52, 2, Resp.; 53, 1, Resp.
[26] Cf. *ibidem*, 54, 3, Resp.; 55, aa. 1-4.
[27] Cf. *Questões disputadas sobre o mal*, q. 2, a. 4, Resp.; *Suma de teologia* IaIIae, 18, 1, Resp.

de excelência e de bondade. Em segundo lugar, as ações recebem da sua própria espécie aquilo que elas têm de bom, e, como a espécie de cada ação é determinada por seu objeto, segue-se que, sob essa nova perspectiva, toda ação é dita boa segundo o seu ter ou não por ponto de direcionamento o objeto que convém[28]. Em terceiro lugar, os atos humanos são bons ou maus em função das circunstâncias que os acompanham. Com efeito, assim como um ente natural não recebe a plenitude de sua perfeição unicamente da forma substancial que o situa em determinada espécie, mas ainda de variados acidentes – tais como, no caso do ser humano, a face, a cor e outros do mesmo tipo –, assim também uma ação não recebe somente de sua espécie a bondade, mas ainda de um número considerável de acidentes. Tais acidentes são as circunstâncias devidas e cuja ausência basta para tornar má a ação à qual elas fazem falta[29]. Em quarto e último lugar, a ação humana recebe sua bondade de seu próprio fim. Já evocamos, com efeito, que a ordem do bem e a ordem do ser se correspondem. Ora, há entes que, como tais, não dependem de outro; e, para avaliar suas operações, basta considerar em si mesmo o ente do qual elas decorrem. Mas há, ao contrário, entes cujo ser depende de outro; suas operações não podem, então, ser avaliadas a não ser que se leve em conta a consideração da causa da qual tais entes dependem. Deve-se ter particularmente em conta – e reside mesmo aí o ponto capital – a relação que os atos humanos mantêm com a causa primeira de toda bondade, Deus[30].

Precisemos esse último ponto. Em toda ação voluntária, convém distinguir dois atos diferentes, quais sejam, o ato interior da vontade e o ato exterior. A cada um desses atos corresponde um objeto próprio. O objeto do ato voluntário interior não é outro senão o fim; e o objeto do ato exterior é aquilo a que esse ato se remete. Ora, é manifesto que um dos dois atos comanda o outro. O ato exterior recebe sua especificação do objeto que é seu termo ou ponto de aplicação; o ato interior de vontade, em vez disso, recebe do fim a sua especificação como de seu próprio objeto. Mas aquilo que a vontade oferece aqui impõe inevitavelmente sua forma àquilo que constitui o ato exterior; afinal, os membros não são, no tocante à vontade, mais do que instrumentos dos quais ela se serve para agir, e os atos exteriores não têm moralidade senão à medida que são voluntários. Para chegar até o princípio mais alto que especifica os atos como bons e maus, deve-se dizer que os atos humanos recebem formalmente sua espécie do fim para o qual tende o ato interior da vontade, e, materialmente quando muito, do objeto ao qual se aplica o ato exterior[31].

---

[28] Cf. *Suma de teologia* IaIIae, 18, 2, Resp.; 19, 1, Resp.
[29] Cf. *idem, ibidem*, 18, 3, Resp. Para o estudo dessas circunstâncias, cf. *idem*, 7, 1-4.
[30] Cf. *idem, ibidem*, 18, 4, Resp.
[31] Cf. *idem, ibidem*, 18, 6, Resp.

## O ATO HUMANO

Mas qual deve ser esse fim? Dionísio dá a essa questão a resposta adequada. O bem do ser humano, diz ele[32], é estar em acordo com a razão; inversamente, o mal é tudo o que é contrário à razão. O bem de cada coisa, com efeito, é o que lhe convém segundo sua forma; o mal é o que contradiz essa forma e tende, por conseguinte, a destruir seu ordenamento. Posto que a forma do ser humano é sua alma racional mesma, dir-se-á que todo ato conforme à razão é bom, e declarar-se-á mau todo ato que lhe é contrário[33]. Assim, quando uma ação humana inclui algo contrário ao ordenamento da razão, ela entra, por esse fato mesmo, na espécie das ações más: exemplo é a ação de assaltar, que consiste em se apoderar do bem alheio. Se o fim ou o objeto de um ato não contêm nada de relativo à ordem da razão, como quando se recolhe do chão um pedaço de palha, o ato é moralmente indiferente[34]. Por outro lado, cada ato é conforme à razão se é ordenado para um fim e uma série de meios aprovados pela razão. A variedade dos atos bons particulares que o ser humano realiza define-se como um conjunto de atos ordenados a seus fins e justificáveis da perspectiva da razão.

Entre todas as condições requeridas para que um ato humano seja moralmente bom tem prioridade a subordinação de tal ato ao seu fim legítimo. Ora, como já vimos, dá-se o nome de *intenção* ao movimento pelo qual a vontade tende para determinado fim[35]; parece, então, que a moral a que somos assim conduzidos é essencialmente uma moral da intenção. Essa conclusão será justa desde que não a entendamos em um sentido exclusivo. Tomada em si, a intenção pela qual a vontade volta-se para seu fim pode ser considerada como o germe do ato voluntário completo. É porque quero o fim que também quero os meios, delibero, escolho, ajo; então, tal como será a intenção, tal será também o ato que ela engendra: bom, se ela é boa; mau, se ela é má; porém, não no mesmo grau nem do mesmo modo. Quando a intenção é má, o ato é irremediavelmente mau, pois cada uma das partes que o constituem só é chamada à existência para se pôr ao serviço do mal. Quando, ao contrário, a intenção é boa, essa orientação inicial da vontade para o bem não pode, está claro, deixar de impregnar o ato inteiro que dela resultará, mas ela não é suficiente para definir o ato. Com efeito, não se podem pôr no mesmo patamar dois atos cuja intenção é igualmente boa, mas dentre os quais um se engana na escolha dos meios, ou não logra ativá-los, ao passo que o outro escolhe os meios mais bem apropriados e assegura inteiramente a execução

---

[32] Cf. Dionísio Pseudoareopagita, *Os nomes divinos* IV.
[33] Cf. *Suma de teologia* IaIIae, 18, 5, Resp.; *Suma contra os gentios* III, 9; *Questões disputadas sobre o mal*, q. 2, a. 4, Resp.; *Questões disputadas sobre as virtudes*, q. 1, a. 2, ad 3m.
[34] Cf. *Suma de teologia* IaIIae, 18, 8, Resp.; *Questões disputadas sobre o mal*, q. 2, a. 5, Resp.
[35] Cf. *Suma de teologia* IaIIae, 12, 1, ad 3m: *Unde hoc nomen intentio nominat actum voluntatis, praesupposita ordinatione rationis ordinantis aliquid in finem* ("Pressuposto o ordenamento da razão que ordena algo para um fim, este nome *intenção* designa o ato da vontade").

deles. Um ato moral ganha sempre, então, quando se inspira de uma intenção boa, pois mesmo quem fracassa no cumprimento dela não conserva menos o mérito de ter querido agir bem; e frequentemente merece até mais do que faz. Mas um ato moral perfeitamente bom permanece aquele que satisfaz plenamente às exigências da razão tanto em seu fim como em cada uma das suas partes; e é aquele ato que, não satisfeito com apenas querer o bem, realiza-o.

Sendo essa a natureza do bem moral, pode-se ver a natureza da virtude. Ela consiste essencialmente em uma disposição permanente para agir em conformidade com a razão. Mas a complexidade do ser humano obriga a complicar a noção de sua virtude própria. Com efeito, o princípio primeiro dos atos humanos é a razão; e todos os outros princípios desses atos, quaisquer que sejam eles, obedecem à razão. Se, então, o ser humano fosse um puro espírito, ou se o corpo ao qual sua alma é unida fosse completamente subserviente a ela, bastar-lhe-ia ver o que ele deve fazer, e ele o faria: a tese de Sócrates seria verdadeira, e não haveria senão virtudes intelectuais. Mas nós não somos puros espíritos, e, desde o pecado original, nem mais é verdade que nosso corpo nos seja perfeitamente submisso. Para o ser humano agir bem, é, pois, necessário que não somente a razão seja bem disposta pelo *habitus* da virtude intelectual, mas ainda que seu desejo ou faculdade de desejar seja bem disposto pelo *habitus* da virtude moral. A virtude moral deve, então, distinguir-se da virtude intelectual e acrescentar-se a ela: assim como o desejo é o princípio dos atos humanos por participar da razão, assim também a virtude moral é uma virtude humana por conformar-se à razão[36].

É, pois, igualmente impossível reduzir uma à outra essas duas ordens de virtudes e isolá-las. A virtude moral não pode dispensar toda virtude intelectual, porque ela deve determinar um ato bom; ora, um ato supõe uma eleição, e já vimos, estudando a estrutura do ato humano, que a eleição supõe a deliberação e o julgamento da razão. Assim também as virtudes intelectuais que não se referem diretamente à ação podem bem dispensar virtudes morais, mas não a prudência, que deve levar a termo atos precisos. Tal virtude intelectual não determina simplesmente o que convém fazer em geral, pois essa é uma tarefa à qual ela bastaria sem o socorro das virtudes morais; porém, ela desce até os detalhes dos casos particulares. Ora, ainda aqui não é um puro espírito que julga, mas um composto de alma e corpo. Aquele em quem predomina a

---

[36] Cf. *idem, ibidem,* 58, 2, Resp. Sobre a suficiência dessa divisão, cf. *idem, ibidem,* 58, 3, Resp. Sobre a identidade fundamental das noções de *virtus* e *honestum,* ver *idem, ibidem,* 145, 1, Resp. O termo *honestum* significa, com efeito, *quod est honore dignum* ("o que é digno de honra"); ora, a honra pertence de direito à excelência (cf. *idem,* IIaIIae, 103, 2; 144, 2, ad 2m), e, como é pelas virtudes que os humanos alcançam excelência, o *honestum,* tomado em sentido próprio, é idêntico à virtude. Quanto ao *decorum,* trata-se do gênero de beleza próprio da excelência moral, ou, exatamente, da "beleza espiritual", a qual consiste no acordo da ação ou da vida moral com a clareza espiritual da razão (cf. *idem,* IIaIIae, 145, 2, Resp.).

concupiscência julga bom aquilo que ele deseja, mesmo que esse juízo contradiga o juízo universal da razão, e é para neutralizar tais sofismas passionais que o ser humano deve munir-se de *habitus* morais, graças aos quais se lhe tornará de certa maneira conatural emitir saudavelmente juízos sobre o fim[37].

Entre as virtudes intelectuais, quatro são de uma importância preponderante: a inteligência, a ciência, a sabedoria e a prudência. As três primeiras são puramente intelectuais e ordenam-se, aliás, sob a sabedoria, assim como as potências inferiores da alma ordenam-se sob a alma racional. O verdadeiro pode ser, com efeito, ou evidente e conhecido por si, ou concluído e conhecido por mediação. Como conhecido por si e imediatamente, o verdadeiro desempenha o papel de princípio. O conhecimento imediato dos princípios, no contato da experiência sensível, é o primeiro *habitus* do intelecto e sua primeira virtude; é a primeira disposição permanente que o intelecto obtém e a primeira perfeição de que ele se enriquece. Assim, chama-se de *inteligência* a virtude que habilita o intelecto ao conhecimento das verdades imediatamente evidentes ou princípios.

Por outro lado, as verdades que não são imediatamente evidentes, mas deduzidas ou concluídas, não dependem mais imediatamente da intelecção, mas do raciocínio. Ora, a razão pode tender a conclusões que são últimas em certo gênero e provisoriamente, ou então a conclusões que são absolutamente últimas e as mais elevadas de todas. No primeiro caso, ela recebe o nome de *ciência*; no segundo, de *sabedoria*. E, posto que uma ciência é uma virtude que dá à razão condições para julgar saudavelmente sobre certa ordem de conhecimentos, então pode haver, e mesmo deve haver, uma multiplicidade de ciências em um pensamento humano. Mas, em vez disso, como a sabedoria refere-se às causas últimas e ao objeto ao mesmo tempo mais perfeito e mais universal, não pode haver senão um único cognoscível dessa ordem, e, por conseguinte, uma única sabedoria. É por isso, enfim, que essas três virtudes não se distinguem por simples justaposição, mas ordenam-se e hierarquizam-se. A ciência, hábito das conclusões que se deduzem dos princípios, depende da inteligência, que é o hábito dos princípios. E a ciência, tanto como a inteligência, dependem ambas da sabedoria, que as contém e as dirige, pois ela julga a inteligência e seus princípios assim como julga a ciência e suas conclusões: *convenienter judicat et ordinat de omnibus, quia judicium perfectum et universale haberi non potest, nisi per resolutionem ad primas causas* ("julga e ordena tal como convém a respeito de tudo, pois não pode haver juízo perfeito e universal a não ser por recondução às primeiras causas")[38].

Graças a essas três virtudes, o intelecto possível, que não era primitivamente comparável senão a tábuas vazias sobre as quais não havia ainda nada

---

[37] Cf. *idem*, IaIIae, 58, 4-5, Resp.
[38] *Idem, ibidem*, 57, 2, Resp.; cf. também ad 2m.

escrito, adquire uma série de determinações que lhe possibilitam as operações do conhecimento. Mas, até aqui, ele é apenas capaz de realizar sua operação; para aproximá-lo mais de sua perfeição própria, impõe-se uma determinação suplementar que o tornará capaz não somente de conhecer, mas também de servir-se das virtudes que ele acaba de adquirir. Pensar não basta ao ser humano; é-lhe preciso viver, e bem viver. Ora, bem viver é bem agir, e, para bem agir, deve-se ter em conta não somente o que convém fazer, mas ainda a maneira como convém fazê-lo. Decidir-se não é tudo; o que importa é decidir-se razoavelmente, e não por impulso cego ou por paixão. O princípio de uma deliberação desse gênero não é dado pela inteligência, mas pelo fim que a vontade quer. Nos atos humanos, com efeito, os fins desempenham o papel que os princípios desempenham nas ciências especulativas; ora, querer o fim adequado depende ainda de uma virtude, mas uma virtude moral e não mais intelectual. Uma vez desejado o fim, é, por outro lado, uma virtude intelectual que deliberará e escolherá os meios convenientes em vista do fim. Deve, então, existir uma virtude intelectual que ponha a razão em condição de determinar adequadamente os meios em vista do fim: essa virtude é a prudência, *recta ratio agibilium* ("reta razão [reto proporcionamento] no campo do agir"), e é uma virtude necessária para bem viver[39].

As virtudes morais introduzem na vontade as mesmas perfeições que as virtudes intelectuais introduzem no conhecimento. Algumas dessas virtudes regulam o conteúdo e a natureza de nossas operações mesmas, independentemente de nossas disposições pessoais no momento em que agimos. Tal é especialmente o caso da *justiça*, que assegura o valor moral e a retidão de todas as operações em que se encontram implicadas as ideias do que é devido e do que não é devido; por exemplo, as operações de venda ou compra supõem o reconhecimento ou a recusa de uma dívida em relação ao próximo; elas concernem, então, à virtude da justiça. Outras virtudes morais incidem, em vez disso, sobre a qualidade dos atos visados em relação a quem os realiza; elas concernem, então, às disposições interiores do agente no momento em que ele age, e, numa palavra, suas paixões. Se o agente encontra-se levado pela paixão a um ato contrário à razão, ele precisa recorrer à virtude que freia as paixões e as contém: é a virtude da *temperança*. Se o agente, por alguma paixão, encontra-se não levado a uma ação, mas impedido de agir, como ocorre pelo medo do perigo ou do esforço, outra virtude moral é necessária para confirmá-lo nas resoluções que sua razão lhe dita: é a virtude da *força*[40]. Essas três virtudes morais, unidas à virtude intelectual da prudência, são comumente designadas pelo nome de virtudes principais ou *cardeais*: somente elas, com efeito, implicam ao mesmo tempo a capacidade de bem

---

[39] Cf. *idem, ibidem,* 57, 5, Resp.
[40] Cf. *idem, ibidem,* 60, 2, Resp.; 61, 2, Resp.

agir e a realização do ato bom mesmo; e, por conseguinte, realizam sozinhas perfeitamente a definição da virtude[41].

Vemos determinar-se progressivamente, assim, a noção de virtude, tomada em sua forma mais perfeita; ela deve sua qualidade de bem moral à regra da razão, e tem como matéria as operações ou as paixões: *virtus moralis bonitatem habet ex regula rationis* ("a virtude moral recebe sua bondade da regra da razão")[42]. É isso que também faz as virtudes intelectuais e morais consistirem em um justo meio. O ato que regula a virtude moral conforma-se à reta razão, e a razão tem por efeito indicar um justo meio, igualmente distante do excesso e da falta considerando-se caso a caso. Às vezes ocorre que o meio fixado pela razão seja o meio em relação à coisa mesma; é o caso da justiça que regula as operações relativas a atos exteriores e deve indicar a cada um deles o que lhe é devido, nem mais nem menos. Às vezes, porém, ocorre que o meio fixado pela razão não é o meio em relação à coisa mesma, mas um meio que só é tal em relação a nós; é o caso de todas as outras virtudes morais que não incidem sobre as operações, mas sobre as paixões. Devendo ter em conta disposições internas que não são as mesmas em todos os seres humanos, nem as mesmas em um único indivíduo considerado em momentos diferentes, a temperança e a força fixam um justo meio conforme à razão em relação a nós e às paixões pelas quais somos afetados. Ocorre o mesmo, enfim, para as virtudes intelectuais. Toda virtude persegue a determinação de uma medida e de um bem. Ora, o bem da virtude intelectual é o verdadeiro; e a medida do verdadeiro, a coisa. Nossa razão atinge a verdade quando aquilo que ela declara existir existe, e quando aquilo que ela declara não existir não existe. Ela comete um erro por excesso quando afirma a existência de algo que não existe; e um erro por falta quando nega a existência de algo que existe. A verdade é, pois, o justo meio que a coisa mesma determina; e é essa mesma verdade que confere sua excelência moral à virtude[43].

Atos voluntários ditados pela razão prática, *habitus* e especialmente hábitos virtuosos: eis os princípios interiores que regem nossa atividade moral. Resta definir os princípios exteriores que, de certa maneira, a regulam de fora. Trata-se das leis.

## IV. AS LEIS

As considerações anteriores conduzem à concepção de uma atividade moral unicamente dependente de si mesma, ou, para empregar uma expressão

---

[41] Cf. *idem, ibidem*, 56, 3, Resp.; 61, 1, Resp.

[42] *Idem, ibidem*, 64, 1, ad 1m.

[43] Cf. *idem, ibidem*, 64, 2; 3, Resp. Cf. também *Questão disputada sobre as virtudes cardeais*, q. única, a. 1, Resp.; *Questões disputadas sobre as virtudes em geral*, q. 1, a. 13, Resp.

que não pertence à língua tomasiana, uma atividade moral *autônoma*. Essa autonomia da moral tomasiana não é duvidosa, pois todo ser inteligente é autônomo por definição; no entanto, para termos uma ideia correta de tal autonomia, faz-se necessário levar em consideração as leis que se impõem à vontade humana e a regem, prontos para, na sequência, procurar como pode ser realizado o acordo que une a vontade mestra de si e a legislação exterior que lhe prescreve imperiosamente o seu fim.

Perguntemos de início: o que é uma lei? É a regra que prescreve ou proíbe uma ação. Em uma palavra, é a regra de uma atividade. Se é assim, a extensão da ideia de lei é universal: onde quer que seja que se faça algo deve haver uma regra conforme à qual esse algo é feito. Todavia, essa definição é incompleta e vaga. Busquemos precisá-la.

Quando nos esforçamos por extrair o caráter essencial designado pelo termo *lei*, descobrimos, para além da ideia de uma simples regra, aquela mais profunda de obrigação. A cada vez, com efeito, que uma atividade submete-se a uma regra, é que ela faz de tal regra, por assim dizer, a medida de sua legitimidade, vincula-se a ela como a seu princípio e obriga-se a respeitá-la. Ora, qual princípio regulador das atividades conhecemos nós até agora senão a razão? É ela que, em todos os domínios, aparece como a regra e a medida do que se faz, de modo que a lei, se verdadeiramente não é nada mais do que a fórmula dessa regra, apresenta-se imediatamente como uma obrigação fundada sobre as exigências da razão[44]. Essa determinação, como veremos, é fundada pelo menos no costume e é consoante com a consciência universal. As prescrições de um tirano inconsequente podem até usurpar o título de leis, mas elas não poderão ser leis verdadeiras: lá onde a razão é ausente não há nem lei nem equidade, mas pura e simples iniquidade[45].

Além disso, não basta haver uma ordem imperativa da razão para que haja lei; é preciso ainda que essa ordem vise outro fim que não apenas nossos fins individuais. Com efeito, dizer que a lei é uma prescrição da razão que determina o que é preciso fazer significa vincular a lei, a um só tempo, à razão prática, à qual compete o ofício próprio de prescrever os atos que convém cumprir. Mas, por sua vez, essa razão prática remete a um princípio pelo qual ela se regula; afinal, ela não prescreve tal ou tal ato senão em vista de conduzir-nos a tal ou tal fim, e, se há um fim comum a todos os nossos atos, é porque esse fim constitui o princípio primeiro ao qual remetem todas as decisões da razão prática. Ora, há tal princípio. Um ente que age racionalmente esforça-se sempre por atingir seu bem, e o bem a que visa cada uma de suas ações, para além de seu fim particular, é o bem supremo, aquele que satisfará plenamente ao ente se lhe for dado possuir esse bem[46]. Pode-se, então,

---

[44] Cf. *Suma de teologia* IaIIae, 90, 1, Resp.
[45] Cf. *idem, ibidem*, ad 3m.
[46] Ver adiante, neste livro, o capítulo VI, *O fim último*.

afirmar, mesmo antes de se ter plenamente determinado o objeto perseguido pela vontade, que ela visa, pela multiplicidade de seus atos particulares, a um só fim, a beatitude. Toda lei, como prescrição da razão prática, é a regra de uma ação ordenada à felicidade.

Resta uma última condição que, sendo mais exterior à primeira vista, não é um elemento menos importante de sua definição. Posto que a lei propõe-se essencialmente a realização do bem, sem nenhuma reserva, ela não poderia limitar-se ao bem dos indivíduos particulares; o que ela prescreve é o bem absoluto; portanto, o bem comum, e, por conseguinte também, aquele de uma coletividade. A autoridade qualificada para estabelecer a lei não pode pertencer senão ao dirigente encarregado dos interesses de uma coletividade ou a essa coletividade mesma. Então, a razão prática que decreta o que é preciso fazer em vista da felicidade não é simplesmente o que está na origem da lei, pois a razão do indivíduo prescreve-lhe constantemente o que ele deve fazer para ser feliz, e, no entanto, não se diz que suas ordens são leis; o que está na origem da lei é a razão prática que decreta o que o indivíduo deve fazer em vista do bem da comunidade da qual ele faz parte. O povo ou o seu representante, investido de poderes regulares para conduzir à felicidade a coletividade que ele governa, são os únicos a ter a qualidade para fixar leis e promulgá-las[47].

O que é verdadeiro a respeito de um povo é verdadeiro a respeito de toda comunidade de entes governados em vista de seu bem comum por um soberano cujas decisões são ditadas pela razão. Haverá tantos gêneros de leis quanto houver de tais comunidades.

A primeira e mais vasta comunidade é o Universo. O conjunto dos entes criados por Deus e conservados na existência por vontade dele pode ser considerado uma única sociedade da qual nós seríamos os cidadãos. Não há uma única criatura, animada ou inanimada, que não aja conforme a certas regras e em vista de certos fins. Os animais e as coisas submetem-se a essas regras e tendem a esses fins sem conhecer nem as regras nem os fins; já o ser humano tem consciência deles, e sua justiça moral consiste em aceitá-los voluntariamente. Todas as leis da Natureza e todas as leis da moral ou da sociedade devem, portanto, ser consideradas casos particulares de uma única e mesma lei, a lei divina. Ora, a regra segundo a qual Deus quer que o Universo seja governado é necessariamente eterna, como Deus mesmo o é; dar-se-á, então, o nome de *lei eterna* a essa lei primeira, fonte única de todas as outras leis[48].

Criatura racional, o ser humano tem o dever de saber o que a lei eterna exige dele e de conformar-se a ela, problema que seria insolúvel se essa lei não fosse, de certa maneira, inscrita na substância mesma do ser humano, de

---

[47] Cf. *Suma de teologia* IaIIae, 90, 3, Resp.
[48] Cf. *Suma contra os gentios* III, 115; *Suma de teologia* IaIIae, 91, 1; 92, 3.

modo que a ele basta observar a si mesmo atentamente para aí descobri-la. Em nós, como em tudo, a inclinação para certos fins é a marca do que a lei eterna impõe. Posto que é ela que nos faz ser o que somos, basta que sigamos as tendências legítimas de nossa natureza para obedecer à lei eterna. A lei eterna, participada assim por todos nós e inscrita em nossa natureza, recebe o nome de *lei natural*[49]. Quais são suas prescrições?

A primeira e mais universal é aquela que todos os seres vivos proclamam, fazendo-lhe deferência: fazer o que é bom e evitar o que é mau. Essa afirmação parece um truísmo, mas apenas exprime a experiência a menos contestável e a mais universal. Isto é um fato: todo ser vivo move-se sob o impulso de seus desejos ou de suas aversões. O que se denomina *bem* nada mais é do que o objeto de um desejo; e o que se denomina *mal*, o objeto de uma aversão. Suponhamos um objeto desejado por tudo: ele será, por definição, o Bem absoluto e tomado em si. Dizer que é preciso fazer o que é bom e evitar o que é mau não significa decretar arbitrariamente uma lei moral; é, acima de tudo, ler uma lei natural inscrita na substância mesma dos entes e pôr em evidência a mola propulsora e oculta das operações deles. É preciso fazer tal ou tal coisa porque minha natureza é a de fazer tal ou tal coisa; e esse preceito é, antes de tudo, uma constatação. Os preceitos da lei natural correspondem, então, exatamente a nossas inclinações naturais, e sua ordem é a mesma. O ser humano é, antes de tudo, um ente como todos os outros; ele é mais especialmente um ser vivo como os outros animais; e ele é, enfim, por privilégio de natureza, um ente racional. Donde as três grandes leis naturais que se lhe impõem segundo cada um desses aspectos.

Em primeiro lugar, o ser humano é um ente. Por sê-lo, ele deseja a conservação de seu ser, assegurando a integridade de tudo o que pertence de direito à sua natureza. O que se nomeia comumente *instinto de conservação* é o que significa esta lei: cada um tende, com todas as suas forças, para aquilo que pode conservar sua vida ou proteger sua saúde. Tender a perseverar em seu ser é, então, o primeiro preceito da lei natural à qual o ser humano está submetido.

O segundo preceito inclui aqueles que se impõem ao ser humano pelo fato de ele ser um animal e de exercer as respectivas funções da animalidade: reproduzir-se, criar seus filhos, além de outras obrigações naturais do mesmo gênero. O terceiro preceito, que se lhe impõe como ser racional, ordena-o à busca de tudo o que é bom segundo o ordenamento da razão. Viver em sociedade, a fim de pôr em comum os esforços de todos e entreajudar-se; buscar a verdade na ordem das ciências naturais, ou, melhor ainda, tocando o inteligível supremo que é Deus; não prejudicar aqueles com os quais somos chamados a viver; evitar a ignorância e esforçar-nos por dissipá-la. Eis aí

---

[49] Cf. *Suma de teologia* IaIIae, 91, 2, Resp.

prescrições da lei natural, a qual não é, por sua vez, senão um aspecto da lei eterna querida por Deus[50].

Assim entendida, a lei natural é literalmente inscrita no coração do ser humano, onde ela não pode ser apagada. Pode-se perguntar, então, como se dá que os seres humanos não vivam todos do mesmo modo? É que entre a lei natural e os atos realizados por nós interpõe-se uma terceira ordem de preceitos, aquela da *lei humana*. Qual a sua razão de ser?

Enquanto se trata de formular os princípios mais gerais e mais abstratos da conduta, os seres humanos põem-se facilmente de acordo. Ninguém duvida de que seja preciso fazer o bem, evitar o mal, adquirir ciência, escapar à ignorância e obedecer em tudo às ordens da razão. Mas, o que é o bem, o que é o mal e como agir para satisfazer às exigências da razão, eis onde começa a verdadeira dificuldade. Entre os princípios universais da lei natural e o detalhe dos atos particulares que devem conformar-se a ela cava-se um abismo que nenhuma reflexão individual é capaz de ultrapassar sozinha e ao qual a lei humana tem precisamente por missão preencher.

Disso resultam duas consequências importantes no tocante à natureza dessa lei. Em primeiro lugar, a lei humana não possui princípio próprio que ela possa reivindicar; ela se reduz a definir as modalidades de aplicação da lei natural. Legislando, os príncipes ou os Estados não fazem mais do que deduzir dos princípios universais da lei da Natureza as consequências particulares requeridas pela vida em sociedade. Em segundo lugar, e por isso mesmo, quem segue espontaneamente a lei natural está, de algum modo, predisposto a reconhecer a lei humana e a acolhê-la. Quando a lei humana encontra-se promulgada, ela pode ser um incômodo para quem está imerso no vício ou para o revoltado, mas o justo conforma-se a ela com uma espontaneidade tão perfeita que tudo se passa para ele como se a lei civil nem sequer existisse[51].

Destinadas a prescrever os atos particulares que a lei da Natureza impõe aos indivíduos em vista do bem comum, as leis humanas só obrigam à medida que são justas, quer dizer, à medida que elas satisfazem à sua própria definição. Quando elas são justas, pode ocorrer que sejam pesadas a suportar e que exijam dos cidadãos a aceitação de sacrifícios custosos, mas não deixa de ser um dever estrito obedecer a elas. No entanto, se o Estado ou o príncipe estabelecem leis que não têm outro objetivo senão o de satisfazer à sua própria cupidez ou à sua sede de glória, ou se eles promulgam tais leis sem a autoridade para fazê-lo, ou se eles repartem de maneira iníqua os encargos entre os cidadãos, ou, enfim, se os encargos que eles pretendem impor são excessivos e desproporcionais ao bem que se trata de obter, então se diz que

---

[50] Cf. *idem*, 94, 2, Resp.
[51] Cf. *idem*, 91, 3, Resp.; 95, 1, Resp.

tais leis são injustas, e ninguém, em consciência, é obrigado a obedecer a elas. Pode haver, está claro, obrigação temporária de observá-las para evitar o escândalo e a desordem, mas elas deverão mais cedo ou mais tarde ser modificadas. Quanto àquelas leis que se oponham, no mínimo que seja, aos direitos de Deus, não se deve absolutamente obedecer, nem com qualquer pretexto, porque, segundo a palavra das Escrituras, é melhor obedecer a Deus do que aos humanos[52].

A verdadeira natureza das leis – natural, humana ou divina – permite compreender o sentido da ideia de sanção. Muito frequentemente as recompensas e os castigos são considerados auxiliares acidentais do progresso moral, semelhantes aos artifícios aos quais os legisladores recorrem para encorajar os seres humanos ao bem ou desviá-los do mal. O espetáculo da lei humana e do ordenamento social, ou, como já dissemos, as sanções que desempenham efetivamente esse papel, oculta-nos a verdadeira natureza delas e o lugar que elas ocupam no ordenamento universal. Ao mesmo tempo, elas perdem sua significação legítima e veem-se justamente excluídas do ordenamento moral pelas consciências que reconhecem como boas apenas as ações realizadas por puro amor do bem.

No domínio dos entes puramente naturais, quer dizer, aqueles que agem unicamente por força de sua forma natural, e não por força de uma vontade, vê-se mais claramente a relação verdadeira do ato com a sanção que a ele se acrescenta. Dissemos que tais entes observam já uma regra mesmo sem conhecê-la, regra essa inscrita de certa maneira na própria substância deles: eles não agem; eles são coagidos. Ora, já o fato de obedecer à natureza que Deus deu a eles situa esses entes desprovidos de conhecimento em uma situação semelhante àquela das pessoas racionais e governadas por uma lei. É essa legislação universal, promulgada por Deus para a Natureza, que exprime a palavra do Salmo: *Praeceptum posuit, et non praeteribit* ("Estabeleceu um preceito e não o preterirá")[53]. Mas ocorre que certos corpos, pela situação e pelo papel que lhes são atribuídos na economia geral do Universo, são impedidos de agir como requer a natureza deles, e, por conseguinte, são impedidos assim de atingir seu fim. A consequência disso é que eles sofrem em suas operações e em sua substância, morrem e destroem-se. A morte do animal, ou a destruição do objeto, não são complementos acidentais da desordem que os impede de agir segundo sua natureza; não se trata sequer de uma consequência dela; trata-se exatamente do estado no qual o corpo ou o animal encontra-se colocado pelo fato dessa falta mesma de ordem; e, identicamente, trata-se do que transforma em ordem a falta de ordem que provocou tal estado. Nada, na realidade, subtrai-se à lei, pois tudo o que pretende subtrair-se

---

[52] Cf. *Atos dos Apóstolos* 4, 19; *Suma de teologia* IaIIae, 96, 4, Resp.
[53] *Salmo* 148, citado em *Suma de teologia* I, 93, 5, Resp.

a ela destrói-se à medida mesma que logra fazê-lo, atestando assim o caráter infrangível da legislação que pretendia violar.

Na permanência do corpo que segue a lei e na destruição do corpo que a ela se furta vemos de certa maneira materializado o essencial da sanção moral. Submetido à lei divina como o restante do Universo, o ser humano é, ao mesmo tempo, dotado de uma vontade graças à qual depende dele submeter-se à ordem ou revoltar-se contra ela. Mas não depende dele a existência ou não dessa ordem, nem a realização ou não dos efeitos dela no Universo. Deus pode deixar à vontade do ser humano a responsabilidade por assegurar, em certos pontos, o respeito da lei, mas sem deixar ao seu capricho a lei mesma, que é a expressão da ordem divina. A vontade que se submete à lei e aquela que se volta contra ela podem, então, parecer temporariamente subtraídas às consequências de seus atos, mas é preciso necessariamente que, ao fim das contas, elas se encontrem no estado em que elas mesmas se puseram em relação à lei eterna. O papel da sanção é precisamente o de pô-las aí. A única diferença entre o efeito da lei natural e aquele da sanção é que o primeiro resulta naturalmente da observância ou da transgressão da lei, ao passo que a sanção é o efeito de uma vontade que responde ao ato de uma vontade. Deus confere livremente à vontade do ser humano que observou livremente a lei natural o bem que, na ordem dos corpos, decorre necessariamente de uma atividade conforme à lei natural. À vontade má do ser humano que se revoltou livremente contra a ordem Deus inflige livremente o mal que sofre necessariamente um corpo desordenado. O caráter desejado da recompensa e do castigo é, assim, aquilo que faz do bem e do mal sofridos pelos indivíduos sanções propriamente ditas[54]; mas tal caráter não deve fazer-nos esquecer

---

[54] Cf. Suma contra os gentios III, 140: *Sicut res naturales ordini divinae providentiae subduntur, ita et actus humani (…). Utrobique autem convenit debitum ordinem servari vel etiam praetermitti; hoc tamen interest quod observatio vel transgressio debiti ordinis est in potestate humanae voluntatis constituta, non autem in potestate naturalium rerum est quod a debito ordine deficiant vel ipsum sequantur. Oportet autem effectus causis per convenientiam respondere. Sicut igitur res naturales, cum in eis debitus ordo naturalium principiorum et actionum servatur, sequitur necessitate naturae conservatio et bonum in ipsis, corruptio autem et malum, quum a debito et naturali ordine recedjtur, ita etiam in rebus humanis oportet quod, cum homo voluntarie servat ordinem legis divinitus impositae, consequatur bonum, non velut ex necessitate, sed ex dispensatione gubernantis, quod est praemiari, et e converso malum, cum ordo legis fuerit praetermissus, et hoc est puniri* ("Assim como as coisas naturais são submetidas à ordem da divina providência, assim também se dá com os atos humanos (…). Em ambos os casos ocorre de a ordem devida ser observada ou transgredida, mas importa dizer que, embora a opção entre observar ou transgredir a ordem devida seja algo que compõe o poder da vontade humana, não é dado às coisas naturais furtar-se ou obedecer à ordem devida. Ora, também é de dizer que os efeitos correspondem às causas, pelo vínculo que têm com elas. Assim, então, como nas coisas naturais conserva-se a ordem devida dos princípios e operações naturais, segue-se por necessidade de natureza a conservação e o bem delas, ao passo que, sendo a corrupção e o mal ligados ao distanciamento em relação à ordem devida, é preciso que, nas coisas humanas, quando alguém observa voluntariamente a ordem da lei

que, tanto em um caso como no outro, não há, em uma sanção, nada mais do que a estrita observância da lei, a satisfação da ordem e a realização de um equilíbrio perfeito entre os atos e as consequências deles. Quanto menos o ser humano quiser cumprir a lei divina, tanto mais ser-lhe-á preciso finalmente sofrê-la; e será isso mesmo que constituirá sua punição[55].

Assim entendida, quer dizer, restaurada em sua pureza e no rigor de sua noção, a sanção não introduz nenhuma heteronomia na ordem da moral. A recompensa a obter ou o castigo a evitar não são o que confere ao ato sua moralidade ou sua imoralidade; o ato que eu faço não é bom porque terá sua recompensa; ele terá sua recompensa porque ele é bom. Pela mesma razão ainda, não é para evitar o castigo que faço o bem, mas bastará que eu faça um e evitarei o outro, como bastará bem agir e serei recompensado. Não se trata de negar, está claro, que a esperança de uma recompensa ou o receio de uma pena sejam adjuvantes muito eficazes no progresso moral. Mas o ser humano é, perante a lei divina, o mesmo que é o cidadão perante as leis civis e humanas: para não sofrer a lei, basta abraçá-la. Ao bem que desejávamos inicialmente em vista de outra coisa (ou em vista do que pensávamos ser outra coisa) nós nos acostumamos progressivamente a amar e a querer por ele mesmo como o bem e a ordem universal em que nosso próprio bem encontra-se solidamente assegurado. É nisso que consiste finalmente a liberdade dos filhos de Deus, filhos que a ele obedecem como a um pai cuja lei de amor não impõe à criança nada além do que seu próprio bem.

---

divina imposta, obtém-se o bem não por necessidade, mas pela dispensação do governante, o que é ser premiado, e, ao contrário, advém o mal quando a ordem da lei é preterida, e isso é ser punido"). Cf. também *Suma de teologia* IaIIae, 93, 6.

[55] Cf. *Suma contra os gentios* III, 140: *Quum igitur actus humani divinae providentiae subdantur, sicut et res naturales, opportet malum quod accidit in humanis actibus sub ordine alicujus boni concludi. Hoc autem convenientissime fit per hoc quod peccata puniuntur; sic enim sub ordine justitiae, quae ad aequalitatem reducit, comprehenduntur ea quae debitam quantitatem excedunt. Excedit autem homo debitum suae quantitatis gradum, dum voluntatem suam divinae voluntati praefert, satisfaciendo ei contra ordinem Dei; quae quidem inaequalitas tollitur, dum contra voluntatem suam homo aliquid pati cogitur secundum ordinationem. Oportet igitur quod peccata humana puniantur divinitus, et eadem ratione bona facta remunerationem accipiant* ("Por estarem, então, os atos humanos submetidos à divina providência tanto como estão as coisas naturais, convém que o mal advindo nas ações humanas seja situado sob a ordem de algum bem. Isso é assim, e de maneira extremamente conveniente, pelo fato de os pecados serem punidos, tal como sob a ordem da justiça – que remete à igualdade – compreende-se tudo aquilo que excede a medida devida. O ser humano excede o nível da sua medida quando prefere sua própria vontade à vontade divina, satisfazendo à sua vontade em desacordo com a ordem de Deus, mas essa desigualdade desaparece quando, contra a sua vontade, o ser humano é obrigado a sofrer algo segundo a ordem. Convém, então, que os pecados humanos sejam punidos segundo a ordem divina, e, pela mesma razão, que os feitos bons recebam recompensa").

# CAPÍTULO 2

# O AMOR E AS PAIXÕES

A exposição dos princípios gerais de uma moral como essa não basta para dar uma ideia precisa a seu respeito, pois é talvez na aplicação desses princípios ao detalhe concreto da experiência moral que se exprime mais claramente o gênio de Santo Tomás de Aquino. Não é, aliás, sem razão que ele desenvolveu minuciosamente o estudo de tal aplicação: *sermones enim morales universales minus sunt utiles eo quod actiones in particularibus sunt* ("discursos morais universais são menos úteis pelo fato de que as ações estão no que é particular")[1]. Observação de bom senso, que situa seu autor e o historiador de seu autor diante de um problema insolúvel. Como o nível do detalhe dos problemas morais é infinito, o próprio Santo Tomás teve de escolher; e nós, por nossa vez, mesmo lamentando essa exigência, temos de realizar uma escolha entre os problemas por ele selecionados. A essa dificuldade acrescenta-se outra, relativa à ordem a seguir em uma tal exposição. Nesse aspecto, não dispomos senão da ordem do comentário à *Ética nicomaqueia*, que representa a ordem da moral aristotélica, inteiramente tendente à moral da cidade, e da ordem da *Suma de teologia*, na qual as virtudes morais são integradas aos dons do Espírito Santo. Somos, então, condenados a certo arbítrio na apresentação dos problemas, mas podemos concentrar-nos pelo menos em nada dizer do que Santo Tomás mesmo não tenha dito.

Desde que o pensador moral aborda a discussão de casos concretos, ele depara com este fato fundamental: o ser humano é um ente movido por suas paixões. O estudo das paixões deve, então, preceder toda discussão dos problemas morais, discussão essa em que encontraremos sem cessar as paixões como uma matéria sobre a qual se exercem as virtudes. São, aliás, fatos eminentemente *humanos*, uma vez que as paixões pertencem ao indivíduo humano como unidade de alma e corpo. Uma substância puramente espiritual, como o anjo, não poderá experienciar paixões, mas a alma, que é a forma do corpo, sofre necessariamente a repercussão das mudanças que sofre seu

---

[1] *Suma de teologia* IIaIIae, Prólogo.

corpo. Inversamente, posto que a alma pode mover seu corpo, ela poderá tornar-se o princípio de mudanças que o corpo deverá sofrer. Do ponto de vista de sua origem, distinguir-se-ão, assim, as *paixões corporais*, resultantes de uma ação do corpo sobre a alma que é sua forma, e as *paixões animais*, resultantes de uma ação da *anima* sobre o corpo que ela move. No entanto, nos dois casos a paixão termina por afetar a alma. Uma incisão praticada sobre um membro causa na alma uma sensação de dor; é uma paixão corporal. A ideia de um perigo causa no corpo as alterações que acompanham o medo; é uma paixão animal. Mas cada um sabe, por experiência, que as alterações do corpo repercutem sobre a alma, assim como, no fim das contas, toda paixão é uma modificação da alma resultante da sua união com o corpo[2].

Mas essa não é mais do que uma apresentação aproximativa da paixão. Rigorosamente falando, essa definição poderia aplicar-se às sensações que, elas também, são modificações da alma, resultantes da união dela com o corpo. As sensações formam, porém, uma classe de fatos distintos disso que se chama simplesmente de paixões. As paixões não são conhecimentos, mas estados perturbadores que se produzem quando percebemos objetos nos quais está mais ou menos diretamente implicada a vida ou o bem-estar do corpo. As paixões propriamente ditas afetam, então, a alma em sua função animadora do corpo e lá onde ela está mais profundamente envolvida.

Assim como a vontade acompanha a atividade intelectual da alma, uma forma mais modesta do desejo acompanha sua atividade animadora. Trata-se do desejo sensório, ao qual também denominamos *sensibilidade* e que não é senão o desejo nascido da percepção de um objeto que interessa à vida do corpo. É essa forma mais elementar do desejo que constitui a sede das paixões. Elas são os movimentos mais intensos dessa forma de desejo, e é por elas que o ser humano, mais fortemente e às vezes mesmo mais tragicamente, experiencia que não é uma inteligência pura, mas a união de uma alma e um corpo.

Estudando essa forma do desejo, notamos a dualidade de suas reações conforme ele esteja na presença de objetos úteis ou de objetos nocivos. Seu comportamento em relação aos primeiros forma o que já chamamos de *concupiscível*; em relação aos segundos, de *irascível*. As paixões classificam-se naturalmente em dois grupos segundo essa distinção fundamental. A primeira delas é aquela que chamamos de *amor*.

Raiz primeira de todas as paixões, o amor é ele mesmo multiforme. Ele muda de aspecto segundo as diversas atividades da alma, às quais ele pode associar-se. Fundamentalmente, trata-se de uma modificação do desejo humano por algum objeto desejável. Essa modificação mesma consiste no comprazer-se do desejo em tal objeto. Experiência imediata, por assim dizer, de

---

[2] Cf. *Questões disputadas sobre a verdade*, q. 26, a. 2, Resp. A esse respeito, ver também NOBLE, H.-D. *Les passions dans la vie morale*. 2 vols. Paris: Lethielleux, 1932.

uma afinidade natural e como que de uma complementaridade entre o vivente e o objeto que ele encontra, essa *complacentia* (comprazimento) constitui o amor mesmo como paixão. Tão logo ela é produzida, essa paixão suscita um movimento do desejo para apropriar-se realmente – e não mais somente intencionalmente – do objeto que lhe convém. Esse movimento é o desejo, nascido do amor. Se ele alcança seus fins, o termo desse movimento é o repouso na posse do objeto amado. Tal repouso é a *alegria*, satisfação do desejo.

É aí, na ordem do desejo vital e do orgânico, que se encontra o amor-paixão no sentido próprio do termo. É somente por extensão que ampliamos o termo até uma ordem mais elevada, aquela da vontade[3]. Onde quer que haja desejo (*appetitus*), um amor se manifesta, mas sua natureza varia segundo a natureza do desejo mesmo[4]. Consideremos de início os entes inanimados. Pode-se dizer que mesmo tais entes desejam o que convém à sua natureza. Ao menos tudo se passa como se eles o desejassem, porque alguém o deseja por eles. Criando-os, Deus dotou-os de naturezas ativas, capazes de operar em vista de certo fim que eles não conhecem, mas que Deus conhece. Essa inclinação natural dos entes a seguir sua natureza é o desejo natural. Podemos chamar de *amor natural* essa afinidade eletiva (*connaturalitas*) que leva cada ente rumo ao que lhe convém. O mundo dos corpos não conhece o amor que o move, mas o Amor conhece o mundo que ele move, porque ele o ama; e ele o ama com o mesmo amor pelo qual ama sua própria perfeição. Não é essa ainda a ordem da paixão propriamente dita.

Acima desses desejos vividos encontram-se os desejos sentidos, experienciados pelos animais em consequência de suas percepções. O desejo sensório é, então, a sede de um tipo de *amor sensório*, mas, assim como a sensação é necessariamente determinada pelo objeto, esse amor é necessariamente determinado pela sensação. Trata-se de uma paixão propriamente dita, mas que não implica nenhum problema moral, porque não oferece matéria para nenhuma escolha. O ser humano, como animal, experiencia o mesmo amor-paixão, mas de maneira inteiramente diferente, porque, no ser humano, esse amor encontra-se em relação com um desejo mais elevado, o *desejo racional* ou *intelectual*, ao qual chamamos *vontade*. O comprazimento de uma vontade em seu objeto é o *amor intelectual*. Como a vontade que o experiencia, esse amor é livre. O amor intelectual é o comprazimento da alma em um bem que é precisamente decretado um bem por um livre juízo da razão. Encontramo-nos aqui na ordem do intelecto e do imaterial; não se trata mais, portanto, de uma paixão propriamente dita. Ela aparece no ser humano – e unicamente nele – como matéria de moralidade. Animal, o ser humano experiencia todas as paixões do desejo sensório; dotado de razão, ele domina esse desejo e suas

---

[3] Cf. *Suma de teologia* IaIIae, 26, 1, Resp.
[4] Cf. *idem, ibidem*.

paixões por juízos livres. A sensorialidade humana difere, portanto, daquela do animal em virtude de, sendo capaz de obedecer à razão, participar por isso mesmo da liberdade. Como todas as suas paixões, o amor do ser humano é livre; se ele não o é, ele pode e deve tornar-se, donde o amor-paixão implicar problemas de moralidade.

Apenas pelo fato de entrar em relações com uma razão, o amor diversifica-se no ser humano segundo variados aspectos que são designados por diferentes nomes. De início, requer-se um nome para marcar o fato de que um ente racional pode escolher livremente o objeto de seu amor: por esse fato mesmo, o nomeamos *dileção*. Assim escolhido, esse objeto pode sê-lo em virtude de seu elevado valor, que o torna eminentemente digno de ser amado; o sentimento que se experiencia por ele recebe, então, o nome de *caridade*. Enfim, pode-se querer exprimir o fato de que um amor dura desde muito tempo e se tornou como que uma disposição permanente da alma, um hábito; o nomeamos então *amizade*[5]. Não é menos verdade que todas essas afecções da alma são apenas tantas outras variedades do amor, pelas quais se vê quão imensa multiplicidade de fatos e de problemas morais essa noção recobre. Encontramo-nos aqui na ordem das ações particulares, e o particular não se deixará esgotar.

Eis, então, ao menos uma distinção de caráter geral que permite introduzir alguma ordem em tal multiplicidade: ela é sugerida pela natureza mesma da amizade, que acaba de ser distinguida como variedade do amor. Diz-se que alguém ama o vinho, mas não se costuma dizer que ele tem amizade pelo vinho; diferença de linguagem que indica uma diferença de sentimentos. Amo o vinho pelo prazer que ele me dá, mas se amo alguém somente pelas vantagens que dele tiro, posso verdadeiramente dizer-me seu amigo? É preciso, então, distinguir entre o amor de alguém e o amor de algo. O amor de alguém dirige-se diretamente à pessoa e a ama por ela mesma, tal como sua eminente dignidade dá-lhe direito de ser amada. Esse é o amor que denominamos *amor de amizade*. Melhor dizendo, é o amor pura e simplesmente. Com efeito, amar consiste em comprazer-se no bem; o amor puro e simples é, então, aquele que se compraz em um bem simplesmente porque, tomado em si mesmo, ele é um bem. Quanto ao outro amor, ele não se dirige a um bem como bom, e em si mesmo, mas somente como bom para outro: denomina-se *amor de cobiça* (*amor concupiscentiae**), porque somos nós aquele outro para quem cobiçamos um bem. Visto que ele não se dirige ao bem diretamente e por si mesmo, esse amor subordina-se ao primeiro, e só de

---

[5] Cf. *idem, ibidem*, 3, Resp. A amizade não é uma paixão, mas uma virtude. A fonte principal de Santo Tomás nesse aspecto são os admiráveis livros VIII e IX da *Ética nicomaqueia*. Ver o seu *Comentário à Ética Nicomaqueia*, livro VIII, ed. Pirotta, pp. 497-562, e livro IX, pp. 563-621.

* No original em francês: *amour de convoitise*. [N. do T.]

maneira secundária merece o título de amor[6]. Por onde já se vê que ideia elevada Santo Tomás teve da amizade. Afinal, é nítido que cada um ama em seus amigos o prazer e as vantagens que deles tira, mas, por isso mesmo, mais cobiça do que ama. Tais cobiças misturam-se com a amizade, mas não são a amizade[7].

Qual será, então, a causa do amor? De início, como se acaba de dizer, é o bem, porque nosso desejo, ou nossa tendência, encontra nele a satisfação plena que faz o desejo comprazer-se no bem e deter-se nele. Acrescentemos, porém, ao bem esse outro objeto de amor: o belo. Entre o bem e o belo – que são ambos inseparáveis do ser – há apenas uma distinção de razão. No bem, a vontade encontra seu apaziguamento. No belo, é a apreensão sensível ou intelectual que encontra seu apaziguamento. Cada um de nós já fez frequentemente a experiência disso em relação a objetos da visão ou da audição, dois sentidos dos quais se serve a razão. Há cores ou sons e harmonias cuja percepção é acompanhada do sentimento de que ela é, para si mesma, o seu próprio fim. Aquilo cujo ver ou ouvir é a razão suficiente total do ver e do ouvir, eis aí o belo. Dir-se-á o mesmo, aliás, daquilo cujo conhecimento pelo entendimento encontra no ato mesmo de o conhecer sua completa satisfação: *ad rationem pulchri pertinet quod in eius aspectu seu cognitione quietetur apprehensio* ("pertence àquilo que constitui o belo que a apreensão se aquiete em face dele ou no conhecimento dele")[8].

Essa profunda noção do belo parece ter sido obscurecida por duas confusões no espírito de seus intérpretes e retardado o progresso que se tem o direito de esperar de uma estética que nela se inspiraria. É preciso, de início, evitar confundir o caráter último de uma apreensão com o caráter último de um conhecimento. Não é necessário que um conhecimento seja último na ordem do conhecer, para que sua apreensão o seja. Basta, para tanto, que, independentemente daquilo que ela nos ensina, ela ofereça ao entendimento o objeto de uma apreensão tão perfeita que, *como apreensão*, ela não deixe mais nada a desejar. Tal é o sentido concreto da fórmula tão frequentemente citada: *o belo é o esplendor do verdadeiro*. Tomada literalmente, ela não seria mais do que uma metáfora brilhante. Considerada em seu sentido pleno, ela significa que certas verdades apresentam-se sob uma forma tão despojada, tão

---

[6] Cf. *Suma de teologia* IaIIae, 26, 4, Resp.

[7] Cf. *idem, ibidem*. A fonte da amizade-virtude é a *benevolentia*, que consiste em um movimento interno de afeição por uma pessoa; sua estabilização em hábito gera a amizade: cf. *Comentário à Ética Nicomaqueia*, livro IX, lição 5, ed. Pirotta, n. 1820, pp. 585-586.

[8] *Suma de teologia* IaIIae, 27, 1, ad 3m. É dessa noção metafísica do belo, e não da noção de arte, que seria necessário partir para construir uma estética fundada sobre os princípios autênticos de Santo Tomás de Aquino. A noção de arte é comum às belas artes e às técnicas do útil. Para chegar à estética a partir da arte é preciso, então, necessariamente, voltar à noção do belo considerado em si.

pura de qualquer mescla, que elas oferecem ao pensamento a alegria rara de uma pura apreensão do verdadeiro. O belo sensível não é de outra natureza. As belas cores, as belas formas, os belos sons satisfazem a expectativa e o poder da visão e da audição, oferecendo-lhes sensíveis de essência tão pura que sua percepção torna-se um fim em si mesma e não deixa mais nada a desejar.

Donde esta outra definição do belo, não menos conhecida que a precedente: *id quod visum placet* (aquilo que agrada à visão)[9]. Trata-se também de uma definição verdadeira, mas ela implica para essa segunda definição confusões que convém afastar. As belas cores e as belas formas são aquelas das quais se agrada a visão, mas não basta que a visão delas agrade para que elas sejam belas. A alegria estética não é outra senão aquela cuja causa está na beleza do objeto. Nós sabemos doravante em que consiste essa beleza. A alegria que ela dá é, então, uma alegria *sui generis*, e cada um conhece por experiência a qualidade distintiva dela. É esse maravilhamento do qual certos atos perfeitos de conhecimento aureolam-se como se fosse de uma glória, atos esses que conferem a certos sensíveis o caráter de uma contemplação. Nasce também, então, o amor do belo, comprazimento do sujeito cognoscente em um objeto no qual o ato que o apreende encontra, com seu contentamento último, seu perfeito repouso.

Quer se trate do belo ou do bem, o amor pressupõe o conhecimento do objeto amado. É, portanto, a visão da beleza ou do bem sensíveis que se encontra na origem do amor sensível; e, semelhantemente, a contemplação intelectual do belo ou do bem está no princípio do amor espiritual[10]. Todavia, o amor não se mede pelo conhecimento. Pode-se amar perfeitamente um objeto imperfeitamente conhecido. Basta que o conhecimento ofereça um objeto tal e qual ao amor para que este se aproprie dele como quem se apropria de um todo no qual, por amor daquilo que ele conhece nesse todo, ele ama mesmo aquilo que ainda não conhece. Quem não entende o que é amar uma ciência quando, no primeiro entusiasmo da descoberta, o amor lança o pensamento sobre um saber que, por amá-lo já inteiro, quer então possuí-lo todo inteiro? E como o amor perfeito por Deus seria possível se o ser humano só pudesse amá-lo tanto quanto o conhecesse?[11]

Na verdade, o conhecimento, em relação ao amor, é antes princípio e origem do que causa. Por assim dizer, o conhecimento é a condição necessária do amor. A causa propriamente dita do amor é a relação de quem ama com quem ou o que ama. Essa relação mesma é de dois tipos. Quando um ente carece de algo e encontra esse algo, cobiça-o. O *amor de cobiça* nasce,

---

[9] A respeito dos elementos de estética contidos no ensinamento de Santo Tomás, ver MARITAIN, J. *Art et scolastique*. 3ª ed. Paris: L'Art Catholique, 1935.

[10] Cf. *Suma de teologia* IaIIae, 27, 2, Resp.

[11] Cf. *idem, ibidem*, ad 2m.

então, da complementaridade de dois entes, ou, para falar tecnicamente, nasce do fato de que um é em potência o que o outro é em ato. Mas ocorre também que dois entes encontrem-se, sendo ambos em ato e sob o mesmo aspecto. É o caso de um artista que encontra um artista, ou de um cientista que encontra um cientista. Há, assim, entre eles, comunidade específica de forma, quer dizer, semelhança: *convenientia in forma* (convergência na forma). Produz-se, então, geralmente, *o amor de amizade*. Dizemos *geralmente* porque não se pode esquecer a extrema complexidade dos fatos desse gênero. Todos os amores são como que subentendidos pelo primeiro de todos: o amor interessado que cada qual tem por si mesmo. Em princípio, artistas amam artistas, mas um virtuose não aprecia tanto outro virtuose que deva tocar no mesmo concerto[12].

Definido dessa maneira, o amor não pressupõe nenhuma outra paixão, mas elas todas pressupõem o amor. Há amor no fundo de cada uma delas. Com efeito, toda paixão comporta seja um movimento rumo a algum objeto seja o repouso em algum objeto. Toda paixão pressupõe, então, aquela conaturalidade que, por sua vez, gera a amizade, ou aquela complementaridade que gera a cobiça. Nos dois casos está presente a condição necessária e suficiente do amor. Pode, portanto, acontecer – e acontece mesmo com frequência – que uma paixão contribua para fazer brotar o amor, como a admiração, por exemplo; mas é que, como um bem pode ser causa de outro bem, um amor pode ser causa de outro amor[13].

Dentre os efeitos do amor, o mais imediato e o mais geral é a união de quem ama com quem ou o que se ama. Se se trata do amor de cobiça, tem-se uma união efetiva, que vai até a posse real de quem ou o que se ama por quem ama; se se trata do amor de amizade, com o qual se quer para outrem o bem que se quer para si mesmo, tem-se uma união de sentimento e puramente afetiva. Por ser espiritual, essa segunda união não é menos íntima do que a primeira. Ao contrário, querer para outrem o que se quer para si, ou amar outrem por ele mesmo como se ama a si por si mesmo, é tratar como outro si-mesmo a quem se ama: em resumo, é fazer dele um *alter ego* (outro eu). Portanto, não é mais somente de uma união similar àquela do cognoscente e do conhecido que se trata aqui; afinal, essa última efetuava-se pela mediação da espécie e de sua semelhança com o objeto, ao passo que o amor faz que dois entes tornem-se, por assim dizer, um só. A potência unitiva do conhecimento é, então, menor do que a do amor[14].

Para avaliar a estreiteza dessa união, o melhor a fazer é observar a curiosa transferência de personalidades que acompanha naturalmente o amor.

---

[12] Cf. *idem, ibidem*, 3, Resp.
[13] Cf. *idem, ibidem*, 4, Resp.
[14] Cf. *idem*, 28, 1, Resp. e ad 3m.

Dir-se-á que elas entram, de certa maneira, uma na outra. Quem ou o que é amado está, por assim dizer, em quem ama, e quem ama, no amado, pelo conhecimento e pelo desejo. Pelo conhecimento, pois o amado repousa no pensamento de quem o ama, e, por sua vez, o amante não se cansa de repertoriar pelo pensamento todas as perfeições do amado. Diz-se que o Espírito Santo, o Amor Divino[15], "perscruta mesmo as profundezas de Deus" (1Cor 2, 10). Pode-se dizer que também o amor humano procura entrar pelo pensamento no coração mesmo do que ele ama. Ocorre o mesmo na ordem dos desejos. Isso se vê claramente na alegria do amante em presença do que ele ama. Basta que o amado ausente-se para que os anseios de seu amigo o acompanhem ou que o desejo de seu amante o persiga, segundo se trate de um amor de amizade ou em benefício próprio. Não há epíteto mais adequado do que íntimo para caracterizar essa invisceração do amado no amante. Aliás, não falamos das "entranhas da caridade"? É exatamente isso que se quer dizer aqui. Mas o amante não está menos intimamente no amado. Se ele o cobiça, só se dará por satisfeito se obtiver sua posse perfeita; se ele o ama de amizade, não é mais em si mesmo que vive o amante, mas naquele que ele ama. É a um dos dois amigos que acontece tudo o que de bom ou de mau acontece ao outro. As alegrias e as dores de um são as do outro. Não haver senão uma vontade para dois (*eadem velle*, querer o mesmo): eis a verdadeira amizade.

Como poderia ser diferente? Já refletimos sobre o fato de que quem ama está no que ele ama *ou* vice-versa. Mas é *e* vice-versa que se deve dizer. Se se trata de um amor de amizade, o amante é amado, e o amado é amante, a tal ponto que, retribuindo-se amor por amor, eles são duplamente um no outro, e outro em um. O amor perfeito faz subsistir uma só vida para dois entes. Cada qual pode dizer *meu eu* e *meu outro eu*[16].

Por que não dizer, então, que o amor é extático? Para um eu, estar em êxtase é ser transportado fora de si. Designa-se geralmente pelo termo êxtase o estado de uma faculdade de conhecer elevada por Deus à compreensão de objetos que ultrapassam tal faculdade, mas ele também pode ser aplicado ao estado de alguém com demência ou furioso, de quem se diz estar "fora de si". O caso do amor é completamente diferente. Apesar de essa paixão dispor o pensamento a um tipo de êxtase, uma vez que o amante entrega-se a meditações sobre o amado, o extatismo do amor é, acima de tudo, um extatismo da vontade. Isso já se vê no amor de cobiça ou de concupiscência, no qual, insatisfeito com o bem que possui, o amante leva sua vontade para fora de si, a fim de alcançar o bem que ele cobiça, porém o extatismo da vontade é mais bem visualizado no amor de amizade. A afeição

---

[15] A respeito das consequências teológicas desse ensinamento sobre o amor, cf. *Suma contra os gentios* IV, 19.

[16] Cf. *Suma de teologia* IaIIae, 28, 2, Resp.

que oferecemos a nossos amigos deixa simplesmente de dizer respeito a nós. Ela sai de nós. O amigo não quer mais do que o bem de seu amigo, não faz mais do que o que é bom para seu amigo, cuida de seu amigo, é previdente em benefício de seu amigo; em resumo, a amizade nos tira de nós mesmos e é extática por definição[17].

Tendo, assim, para o objeto amado, o amor busca naturalmente excluir tudo o que pode impedi-lo de alcançar o objeto ou que poderia tornar precária a sua posse, se já o possui. Isso explica, aliás, o ciúme, sentimento complexo em que o amor é nuançado às vezes de ódio, mas cuja causa, no fim das contas, permanece sendo o amor. No amor de cobiça, nada de mais comum que o ciúme do marido, o qual deseja que sua esposa seja apenas sua; ou a inveja do ambicioso, que o dirige contra todo rival capaz de com ele disputar seu lugar. Mas até a amizade conhece o ciúme. Quem nunca se indignou contra aqueles cujos atos ou palavras ameaçavam a reputação de um amigo? E, quando lemos em João 2, 17, *Zelus domus tuae comedit me*, "o zelo pela tua casa me consome", quem não compreende que esse zelo é um ciúme santo, ocupado sem cessar em corrigir o mal que se comete contra Deus ou, quando fracassa, a deplorar tal fracasso?[18]

Tomado em si mesmo, o amor não é necessariamente, então, aquela paixão destrutiva tão frequentemente descrita pelos poetas. Ao contrário, é natural, e, portanto, benfazejo desejar o que nos falta para alcançar nossa perfeição. O amor de um bem só pode tornar melhor quem ama esse bem. Os estragos causados pelo amor ligam-se a duas causas, embora nenhuma delas seja uma consequência necessária do amor. Às vezes, o amor erra quanto ao objeto, tomando um mal por um bem; outras, mesmo que se trate de um amor reto, a violência é tal que as alterações orgânicas que o acompanham ameaçam o equilíbrio do corpo. Geralmente, não é isso que ocorre. O amor engendra, em geral, aquele enternecimento de um coração que se oferece ao amado, aquele gozo de sua presença, bem como aquela melancolia e aquele fervor do desejo em sua ausência. A natureza do amor paixão exige que modificações orgânicas acompanhem esses diversos sentimentos, mas a intensidade deles segue a intensidade da paixão; eles não têm nada, portanto, de patológico, a menos que a paixão seja ela mesma desregrada[19].

Assim, pois, é o amor, essa força universal que se encontra em operação por todo lado na Natureza, uma vez que tudo o que age, age em vista de um fim, e que esse fim é, para cada ente, o bem que ele ama e deseja. Fica manifesto,

---

[17] Cf. *idem, ibidem*, 3, Resp. Isso, aliás, não implica o esquecimento de si. Amar um amigo não é amá-lo mais do que a si mesmo, mas como a si mesmo. O amor que sempre dirigimos a nós mesmos não impede o desprendimento de si que toda verdadeira amizade exige. Cf. *idem, ibidem*, ad 3m.

[18] Cf. *idem, ibidem*, 4, Resp.

[19] Cf. *idem, ibidem*, 5, Resp. e respostas aos argumentos iniciais.

assim, qualquer que seja a ação que um ente realiza, é movido por certo amor que ele a realiza[20].

O contrário do amor é o ódio. Assim como o amor é a harmonia entre o desejo e seu objeto, o ódio é o desacordo entre eles. Ele é, pois, a recusa do antipático e do prejudicial; como o amor tem por objeto o bem, o ódio tem por objeto o mal[21]. É por isso, aliás, que mesmo o ódio tem por causa o amor; afinal, aquilo que se odeia é aquilo que contraria o que se ama. Também, embora as emoções de ódio sejam frequentemente mais fortes do que aquelas do amor, este permanece, no final das contas, mais forte do o ódio[22]. Não é possível não amar o bem, nem em geral, nem em particular; nem sequer é possível não amar o ente e o verdadeiro em geral; o que pode ocorrer é somente que certo ente se oponha ao bem que cobiçamos, ou que entre nossos desejos e seus objetos interponha-se nosso conhecimento de tal ou tal verdade. Preferiríamos, às vezes, ser menos bem instruídos do que o somos quanto à moral. Odiamos apenas os entes e as verdades que nos incomodam, mas não o ser nem a verdade.

Ao par fundamental formado pelo amor e o ódio liga-se este outro: o desejo e a aversão. O desejo é a forma que o amor assume quando seu objeto está ausente. Quanto à aversão, ela é um tipo de repulsa que apenas o pensamento de um mal inspira-nos. Parente próxima do temor, a aversão é confundida às vezes com ele, mas são distintos. Sua importância é, aliás, fraca em relação àquela do desejo, cujas duas variantes principais são a concupiscência ou cobiça e a cupidez. Comum ao ser humano e aos animais, a concupiscência é o desejo dos bens da vida animal, como a comida, a bebida e os objetos da necessidade sexual. A cupidez, ao contrário, é própria do ser humano; ela se aplica a tudo o que, certo ou errado, o conhecimento representa como bens. Por serem racionais, as cupidezes nem sempre são mais sensatas; é até mesmo porque a razão, nesse campo, não faz mais do que servir nossos desejos que as cupidezes ligam-se ao desejo sensório, sendo menos escolhas do que paixões[23]. Como, aliás, fixar-lhes limites? A concupiscência é infinita. Não há limites para o que a razão pode conhecer; não há, portanto, limite para o que a cupidez pode desejar[24].

Suponhamos, por exemplo, que o desejo seja satisfeito. Se se trata da satisfação de uma cobiça natural, denomina-se prazer (*delectatio*); se se trata da satisfação de uma cupidez, chama-se alegria (*gaudium*). O prazer é um movimento do desejo sensório, produzido quando o animal possui o objeto capaz

---

[20] Cf. *idem, ibidem*, 6, Resp.
[21] Cf. *idem*, 29, 1, Resp.
[22] Cf. *idem, ibidem*, 2 e 3.
[23] Cf. *idem*, 30, 3, Resp. e ad 3m.
[24] Cf. *idem, ibidem*, 4, Resp.

de satisfazer sua necessidade. É, então, verdadeiramente uma paixão. Em um ente dotado de razão, certos prazeres podem ser, ao mesmo tempo, alegrias, mas há prazeres dos quais um animal racional não extrai nenhuma alegria, nem mesmo nenhum orgulho. Mais veementes do que as alegrias espirituais, os prazeres corporais são, no entanto, inferiores a elas, e de diferentes perspectivas. Sozinhos, os prazeres são paixões propriamente ditas; eles comportam, então, uma alteração corporal à qual eles devem aquela violência que nunca está presente nas alegrias. Em revanche, a alegria de compreender ganha de longe sobre o prazer de sentir. Isso é tão verdadeiro, a ponto de não se encontrar ninguém que prefira à perda da visão a perda da razão. Se a multidão prefere os prazeres do corpo às alegrias do espírito, é porque essas últimas pressupõem a aquisição daquelas virtudes e hábitos intelectuais que são as ciências. Para quem se encontra em condição de escolher, nenhuma hesitação tem lugar. A pessoa de bem sacrificará todos os prazeres em nome da honra. A pessoa de ciência não poderá ater-se à superficialidade das percepções sensíveis; ela quererá penetrar pelo intelecto até a essência mesma de tudo. Por fim, como comparar a precariedade dos prazeres sensíveis com a estabilidade das alegrias do espírito? Os bens corpóreos são corruptíveis; os incorpóreos, incorruptíveis; e, como estes residem no pensamento, são naturalmente inseparáveis da sobriedade e da moderação[25].

Uma moral como essa, cujos princípios são tão profundamente enraizados no real e tão estreitamente dependentes da estrutura mesma do ente que eles regem não encontra nenhuma dificuldade para ser fundamentada. O fundamento da moral é a natureza humana mesma. O bem moral é todo objeto, toda operação que permita ao ser humano realizar as virtualidades de sua natureza e atualizar-se segundo a norma de sua essência, que é aquela de um ente dotado de razão. A moral tomista é, então, um naturalismo, mas é também, ao mesmo tempo, um intelectualismo, porque a natureza aí se comporta como uma regra. Assim como a natureza faz que os entes sem razão ajam segundo o que eles são, assim também ela deixa aos entes dotados de razão a tarefa de discernir o que eles são, a fim de agir em consequência. *Torna-te o que tu és*: tal é a lei suprema para eles. *Humano, atualiza até seus mais extremos limites as virtualidades do ente inteligente que tu és.*

Esse naturalismo moral é, então, totalmente contrário ao que exprime a fórmula segundo a qual tudo o que existe está na natureza e, por conseguinte, é natural. Fórmula falsamente evidente e que convém precisar. Tomada em seu teor literal, ela significa que há sempre um ponto de vista a partir do qual o real é explicável. Assim entendida, ela põe no mesmo plano o normal e o patológico, decisão, aliás, legítima, desde que ela não leve a abolir a distinção do que é normal e do que não o é. Tudo o que existe explica-se pelas leis da

---

[25] Cf. *idem*, 31, 5, Resp. e ad 2m.

Natureza, mesmo as doenças e aberrações: é natural para uma aberração comportar-se segundo sua natureza de aberração, mas disso não segue que seja normal ser uma aberração. Tal como Santo Tomás a entende, na linha de seus mestres gregos, a Natureza não é um caos de fatos justapostos sem ordem, sem estruturas, sem hierarquia. Ao contrário, ela é uma arquitetura de naturezas, cada uma realizando concretamente um determinado tipo dessa arquitetura; e, embora nenhuma delas seja a realização perfeita de seu tipo, todas o representam à sua maneira; e, cumprindo-se elas mesmas por suas operações próprias, esforçam-se, até o extremo limite de seu poder, para representá-lo. Esse tipo é a regra do normal; toda corrupção desse tipo entra na ordem do patológico. É verdadeiro, então, que tudo o que está na natureza é natural, mas não é verdadeiro que tudo o que está na natureza é normal. É natural que o anormal seja patológico, e essa distinção impõe-se quando se quer discutir o valor daquelas paixões que são os prazeres.

O fato que domina toda discussão como essa é de que alguns dos princípios naturais constitutivos da espécie podem faltar ou ser pervertidos em alguns indivíduos. Então, também, prazeres que, do ponto de vista da espécie, são contra a natureza tornam-se naturais para esses indivíduos. É natural, para um invertido, satisfazer suas necessidades sexuais com indivíduos do mesmo sexo, mas, se é natural, para um invertido, comportar-se como tal, não é de modo algum normal, para um ser humano, comportar-se como um invertido, como se *cujuslibet membri finis est usus ejus* (o fim de qualquer um dos membros do corpo é o seu uso)[26]. O "sofisma de Coridão" vem às claras se se estendem a outros casos as justificativas que ele invoca*. A homossexualidade não é a única inversão sexual conhecida; a zoofilia também é, e, se é natural

---

[26] *Suma contra os gentios* III, 126, Sicut autem.

* Coridão (do grego *kórydos*, "gaivota") era o nome de um músico pastor da Grécia Antiga, presente em poemas pastorais e fábulas. Ao que tudo indica, o nome aparece pela primeira vez em Teócrito (*Idílio* IV), sendo mais empregado sobretudo por Virgílio, nas *Bucólicas*, para designar o pastor amante de Aléxis, jovem escravo. A personagem Coridão de Virgílio é também a fonte da personagem moderna de André Gide, ao explorar o tema da condição homossexual. A redação de Étienne Gilson não permite conhecer a formulação precisa que ele tinha em mente ao mencionar o "sofisma de Coridão". No entanto, é possível pensar no debate, presente já em Platão (sobretudo no *Banquete* e nas *Leis*), a respeito da possibilidade de uma lei que permite alguma desordem poder contribuir com a aquisição da virtude. Na passagem do século XIX ao XX, devido em grande parte à obra de Gide, discutiu-se o *uranismo* (termo empregado principalmente em contextos anglo-saxões, embora sem numerosas ocorrências, para designar a condição homossexual masculina e evitar o termo *pederastia*), sendo contrário à natureza, como diziam os opositores de Gide, pode ser escola de virtude, continência e castidade. Haveria um paradoxo em pretender que a condição homossexual, contrária à natureza da espécie, é natural para um indivíduo. Assim, por "sofisma de Coridão", Gilson parece entender o argumento que ele mesmo começou a desconstruir desde o parágrafo anterior, qual seja, o de que, havendo na natureza prazeres contrários a ela mesma (da perspectiva do tipo), então igualmente é normal (também da perspectiva do tipo) o gozo desses prazeres. [N. do T.]

para alguns seres humanos procurar seu prazer copulando com animais, não é certamente natural para o ser humano empregar nessas uniões estéreis seu poder de reprodução. Assim, todos os prazeres estão na natureza, mas há, na natureza, prazeres contrários a ela. Para o indivíduo cuja idiossincrasia se situa à margem da espécie, a necessidade de tais prazeres é uma desventura que se deve lamentar; a ciência moral, sozinha, não basta para condenar os seres humanos ou absolvê-los, mas ela é suficiente para discernir o bem do mal e vela para que o vício não se erija em virtude[27].

A qualidade moral dos prazeres não depende, portanto, diretamente nem da intensidade deles nem de suas causas. Toda operação que apazigua a necessidade de uma natureza é, para ela, causa de prazer. Mutáveis, nós nos deleitamos com nossa mutabilidade mesma, a tal ponto que não há nenhuma mudança que não comporte sua parte de prazer. É sempre um movimento, apraz-nos dizer, e cada um de nós sabe o que isso quer dizer. A lembrança de um prazer é ainda um prazer, e a esperança de um prazer é um prazer ainda maior, sobretudo se a excelência ou a raridade do bem desejado faz nascer a admiração. Mesmo a lembrança de um sofrimento tem uma parte de prazer, pois esse sofrimento não existe mais. Quando um ser humano "nutre-se de lágrimas", é porque nelas encontra um reconforto. Mas é sobretudo na unidade nascida da semelhança que cada pessoa se deleita; o amor tendia para ela, e é no prazer que ele a obtém. O ser humano experimenta aquela dilatação de todo o ente da qual são acompanhados os prazeres vivos, principalmente as grandes alegrias; no entanto, o ato efetua-se melhor e mais rápido em uma intensa concentração[28]. Independentemente, aliás, de suas causas ou de seus efeitos, o valor moral dos prazeres depende do valor dos amores dos quais eles resultam. Todo prazer sensível é bom ou mau segundo sua concordância ou não com as exigências da razão. Em moral, é a razão que é a natureza; o ser humano permanece, então, na norma e na ordem quando ele tem um prazer sensível em algum ato em acordo com a lei moral. Mais intensos, os prazeres bons não podem senão melhorar; os maus, só piorar[29].

---

[27] Cf. *Suma de teologia*, IaIIae, 31, 7, Resp.; *Suma contra os gentios* III, 122, Nec tamen oportet.

[28] Convém lembrar que o prazer de que se trata aqui é aquele de um determinado ato. Absorvendo em seu ato quem o efetua, o prazer pode tornar difícil, e mesmo impossível, um outro ato. Assim, intensos gozos sensíveis são incompatíveis com o exercício da razão. Cf. *Suma de teologia* IaIIae, 33, 3, Resp.

[29] Cf. *idem*, 34, 1, Resp. A moral não tem, portanto, por objeto primeiro, interditar as manifestações da natureza, mas ordená-las segundo a razão (cf. *Suma contra os gentios* III, 121). O prazer normal e sujeito à razão é, por isso mesmo, moralmente bom. Isso é tão verdadeiro que, segundo Santo Tomás, o prazer do qual é acompanhado o ato sexual teria sido, no estado de inocência primeira, ainda maior do que ele é depois do pecado original: *fuisset tanto major delectatio sensibilis quanto esset purior natura et corpus magis sensibile* ("o prazer sensível teria sido tanto maior quanto mais tivesse sido pura a natureza, e mais sensível o corpo") – *Suma de teologia* I, 98, 2, ad 3m.

A moral tomista é, então, francamente oposta àquela destruição sistemática das tendências naturais na qual se costuma ver frequentemente a marca do espírito medieval. Ela não comporta sequer aquele ódio dos prazeres sensíveis no qual se busca às vezes a diferença específica do espírito cristão em referência ao naturalismo grego. Erro é, segundo Santo Tomás, ensinar, como faziam alguns hereges, que toda relação sexual é um pecado[30], o que equivaleria a situar o pecado na origem mesma dessa célula social eminentemente natural que é a família. O uso dos órgãos sexuais é natural e normal, como dizíamos, quando ele se regula pelo seu fim próprio, a reprodução. Ora, no caso do ser humano, a geração de que se trata é aquela de um ente dotado de razão e capaz de bem servir-se dela. A função da reprodução inclui, portanto, aqui, para além do processo biológico da geração propriamente dita, a educação dos entes assim engendrados. É por isso, aliás, que, mesmo entre animais não dotados de razão, o macho permanece com a fêmea o tempo necessário à educação dos filhotes quando, como no caso dos pássaros, a fêmea sozinha não lograria educá-los.

Algo semelhante ocorre, e ainda com mais evidência, no caso do ser humano, pois, se é verdade que em certos casos a fêmea, sozinha, dispõe de recursos necessários para educar os filhos, a regra geral é que, na espécie humana, o pai proveja à educação deles; e é das regras gerais da ação que a moral deve ocupar-se primeiro. Além disso, o termo mesmo *educação*, do qual nos servimos em referência aos seres humanos, sugere que se trata aqui de algo diferente de uma simples criação. Educação implica instrução, e toda instrução demanda tempo. É preciso muito mais para educar humanos do que para ensinar pássaros a voar. É preciso, então, que o pai permaneça com a mãe todo o tempo necessário para assegurar a educação dos filhos que nascem sucessivamente da união de ambos.

Assim se constitui a sociedade natural que se denomina *família*; e, por ser ela natural para o ser humano, todas as relações sexuais fora do casamento são contrárias à lei moral, porque contrárias à natureza[31]. Pela mesma razão, o casamento deve ser indissolúvel. É natural, com efeito, que a solicitude do pai em relação a seus filhos dure tanto quanto a vida e que a mãe possa contar com o pai para assisti-la até o fim em sua tarefa de educadora. Aliás, seria justo que, depois de ter esposado a mulher na flor de sua juventude, o homem se desfizesse dela quando ela perdesse sua fecundidade e sua beleza? Por fim, o casamento não é somente um laço, mas uma amizade; é mesmo a amizade mais íntima de todas, pois acrescenta à união carnal – que, por si só, já bastaria para tornar suave a vida comum dos animais – aquela união de todos os dias e de todas as horas tal como implica a vida familiar dos seres

---

[30] Cf. *Suma contra os gentios* III, 126.
[31] Cf. *idem, ibidem,* 122.

humanos. Ora, maior a amizade, mais sólida também e mais durável. A maior de todas as amizades deve, então, ser a mais sólida e a mais durável de todas[32]. Tudo isso supõe, é claro, que a sociedade em questão seja aquela de um só homem e uma só mulher, com o pai tendendo naturalmente a cuidar dos filhos que ele sabe com certeza serem seus, e a amizade entre pai e mãe sendo tal que ela se revolta contra qualquer ideia de divisão[33]. Mostra-se, assim, que a procura do prazer sexual, tão gravemente imoral (porque antinatural) quando se torna um fim em si, é, ao contrário, natural e moral ao mesmo tempo quando se ordena àquele fim superior que é a conservação da espécie. Afinal, esse fim implica, por sua vez, a constituição dessa célula social que é a família, ela mesma fundada sobre a amizade mais perfeita de todas, o amor mútuo do pai e da mãe, associados para a educação de seus filhos[34].

Ao prazer opõe-se a dor. Tomada como paixão propriamente dita, a dor é a percepção, pelo desejo sensório, da presença de um mal[35]. Esse mal afeta o corpo, mas é a alma que sofre. À alegria, que é a apreensão de um bem pelo pensamento, corresponde aqui a tristeza, cuja causa é a apreensão interna de algum mal. Toda tristeza não se opõe, no entanto, a toda alegria, pois não somente podemos estar tristes por uma coisa e alegres por outra que não tem relação com a primeira, mas há mesmo um acordo perfeito entre a tristeza e a alegria quando seus objetos são de natureza contrária. Assim, dois sentimentos estreitamente aparentados são o rejubilar-se com o bem e o entristecer-se com o mal. Ocorre também uma alegria sem tristeza contrária, a alegria da contemplação, ao menos quando ela é a alegria mesma de contemplar, pois a contemplação não tem contrário. Compreendidos pelo intelecto, os contrários servem para compreender seus contrários; mesmo o contrário do verdadeiro pode servir para melhor conhecer o verdadeiro. Acrescentemos a isso que, por ser a contemplação intelectual obra do pensamento, nenhum cansaço nem nenhum tédio nela interferem. É só indiretamente, por esgotamento das faculdades sensíveis das quais se serve o intelecto, que sobrévem uma lassitude acompanhada de tristeza, impedindo o ser humano de contemplar[36].

Causadas pela presença do mal, a dor e a tristeza têm por efeito uma diminuição geral das atividades em quem as experimenta. O sofrimento

---

[32] Cf. *idem, ibidem*, 123.

[33] Cf. *idem, ibidem*, 124.

[34] Esses argumentos, e outros ainda dos quais se serve Santo Tomás, não são enfraquecidos pelas exceções que se poderiam citar em sentido contrário (uma mãe capaz de educar sozinha seus filhos ou mesmo capaz de educá-los melhor do que se contasse com a ajuda do pai, ou, ainda, uma mãe que se encontra mesmo na impossibilidade de educar de outra maneira, a não ser sozinha por ser viúva etc.). A lei moral fixa a regra geral para todos os casos normais; ela não poderia regular-se com base nas exceções.

[35] Cf. *Suma de teologia* IaIIae, 35, 1, Resp.

[36] Cf. *idem, ibidem*, 5, Resp.

corporal não nos impede de lembrarmos do que já sabíamos; chega mesmo a acontecer que um grande amor do saber ajude o ser humano a distrair-se de sua dor; no entanto, dores violentas tornam praticamente impossível aprender. Mesmo simples tristezas bastam para deprimir quem as vivencia, a ponto de tornar-lhe impossível qualquer reação, levando a um mergulho em um estupor inerte, vizinho da falta de inteligência. E a tristeza é capaz de afetar não somente a atividade psíquica, mas também fisiológica. É preciso, então, combater por meios apropriados a diminuição das forças vitais que a dor e a tristeza acarretam. Aqui, todos os prazeres e todas as alegrias podem servir. Mesmo as lágrimas aliviam, permitindo à dor exteriorizar-se e a quem a vivencia fazer algo em relação a seu estado. Se se trata da tristeza, encontrar-se-á na compaixão de uma pessoa amiga um dos mais seguros remédios para esse mal. Imaginando a tristeza como um fardo, imaginamos também que essa pessoa amiga nos ajuda a carregá-lo. Acima de tudo, a tristeza que uma pessoa amiga tem em relação à nossa própria é uma prova visível de que ela nos ama, e, posto que toda alegria luta eficazmente contra a tristeza, a certeza de ter uma pessoa amiga é um remédio para a tristeza que é nossa. É preciso, aliás, atacar esse mal pelos dois lados ao mesmo tempo: no pensamento, pelo estudo e a contemplação; no corpo, por remédios apropriados, tais como o sono, banhos e outros relaxantes do mesmo gênero. Todavia, se toda tristeza é, por si, um mal, nem toda tristeza é má. Assim como a alegria, que por si é um bem, torna-se má se é uma alegria pelo mal, assim também a tristeza, que por si é um mal, torna-se boa se ela ocorre na presença do mal que se vivencia. Como protesto contra o mal, a tristeza é moralmente louvável; como convite à fuga do mal, ela é moralmente útil, pois há um mal pior do que a dor ou a tristeza, o de não considerar como um mal aquilo que o é verdadeiramente, ou, considerando-o um mal, não se furtar a ele[37].

O amor e o ódio, o desejo e a aversão, o prazer e a dor, eis as seis paixões fundamentais do concupiscível. Falta considerar as do irascível, o segundo dos movimentos do desejo sensório, tal como já distinguimos. Uma vez mais, as paixões apresentar-se-ão por pares de contrários, com a exceção de um caso, como mostraremos.

O primeiro desses pares é o da esperança e desespero. Como todas as paixões do irascível, a esperança pressupõe o desejo. Foi até por isso que já falamos dela ocasionalmente como o desejo de um bem futuro. A esperança é, no entanto, algo a mais, e mesmo algo outro. Não esperamos aquilo que estamos certos de obter. O que caracteriza a esperança é o sentimento de que uma dificuldade interpõe-se entre nosso desejo e sua satisfação. Só esperamos algo mais ou menos dificilmente acessível; e é pelo fato de a esperança manter-se interiormente contra o obstáculo, aniquilando-o de algum modo

---

[37] Cf. *idem, ibidem*, 39, 4, Resp.

pelo desejo, que ela pertence às paixões do irascível[38]. Se a dificuldade chega ao extremo, a ponto de parecer invencível, um tipo de ódio sucede ao desejo. Não somente abandonamos a busca, mas nem mais queremos ouvir falar daquele bem impossível, tão vivamente esperado e cuja posse escapa-nos para sempre. Esse recuo do desejo sobre si, com o que ele comporta de rancor contra aquele que foi seu objeto, é o desespero[39]. Intimamente ligada ao esforço constante do ser humano para viver, agir e realizar-se, a esperança brota no coração de todos. As pessoas idosas e de sabedoria esperam bastante, pois a experiência permite-lhes tomar iniciativas que a outros pareceriam impossíveis. Aliás, no decorrer de uma vida longa, quantas vezes essas pessoas não viram o inesperado acontecer? Já as pessoas jovens são cheias de esperança pelo motivo inverso. Assim como elas têm pouco passado e muito futuro, também têm pouca memória e muita esperança. O ardor de uma juventude que ainda não sofreu nenhum fracasso leva-a a crer que nada é impossível. Nesse aspecto, aliás, os embriagados e alguns doentes mentais assemelham-se à juventude. Incapazes de calcular, creem poder tudo[40]. Vemo-los tentar tudo, e mesmo ter sucesso muitas vezes. Afinal, a esperança é uma força. Alguém fracassará por ter tentado sem convicção o que não julgava possível. É muito difícil pular um fosso que não esperamos conseguir pular. Esperar conseguir é uma chance a mais de realmente conseguir. Mesmo o desespero pode dar força quando, por menos que seja, ele envolve alguma esperança. O soldado que desespera de salvar-se na fuga lutará como um herói se, pelo menos, esperar vingar-se[41].

O segundo par de paixões do irascível compreende o medo e a audácia. Depois da tristeza, é o medo que apresenta, no nível mais elevado, as características da paixão, pois é eminentemente passivo, e as alterações orgânicas que ele comporta são as mais aparentes. O medo é uma reação do desejo sensório, não diante de um mal presente, como ocorre com a tristeza, mas diante de um mal futuro, que a pessoa imagina como já presente. Numerosas são suas variedades, como a vergonha, a angústia, o estupor, o terror e outras ainda, mas todas remetem a algum mal ou à ocasião de um mal possível. Tememos a morte, assim como tememos a associação de pessoas maldosas. No entanto, neste segundo caso, não é tanto a associação mesma que tememos, mas a sedução para o mal. Se o mal é repentino e insólito, o temoremos ainda mais, e o medo chega ao máximo na presença de um mal difícil ou impossível de evitar. Sentir-se sem amigos, sem recursos, sem poder contra o perigo, contribui para aumentar o medo. A pessoa fecha-se, então, em si mesma; as

---

[38] Cf. *idem*, *ibidem*, 40, 1, Resp.
[39] Cf. *idem*, *ibidem*, 4, Resp.
[40] Cf. *idem*, *ibidem*, 6, Resp.
[41] Cf. *idem*, *ibidem*, 8, Resp. e ad 3m.

forças que lhe restam desertam seus membros, assim como os habitantes de uma cidade invadida fogem das muralhas para dentro do espaço fortificado. O frio apodera-se dela, seu corpo treme, seus joelhos escapam ao seu controle, ela fica incapaz de falar, e, por mais que seu pensamento não pare de deliberar sobre o que deveria fazer, ela erra em seus cálculos porque raciocina com base nos perigos exagerados pelo medo. Em suma, apesar de um medo leve poder ser útil, advertindo quem o experimenta a ficar alerta e a prevenir-se contra o perigo, um medo intenso é uma causa de extrema fraqueza.

A audácia é o contrário do medo. Pode-se mesmo dizer que ela é o seu extremo oposto, pois, em vez de fugir de um perigo iminente, ela o ataca para vencê-lo. É uma paixão frequente naqueles que, tendo intensa esperança, creem com facilidade na vitória possível. Como em todas as paixões, o corpo tem seu papel na audácia. Certo calor de coração a acompanha, e o uso de estimulantes contribui para isso. Assim como a embriaguez facilita a esperança, ela também pode trazer audácia[42]. Não tomemos, aliás, essa paixão por uma virtude. Impulso do apetite sensório, a audácia não se funda sobre o cálculo prudente das chances de sucesso. Uma pessoa audaciosa joga-se instintivamente diante do perigo, mas, uma vez tendo de se haver com ele, encontra frequentemente mais dificuldades do que esperava. A pessoa audaciosa abandona a partida, ao passo que a pessoa forte, abordando o perigo somente depois de ter razoavelmente deliberado sobre ele, frequentemente constatará, ao experimentá-lo, que é menor do que ela temia e persistirá em sua empreitada[43].

Resta a paixão sem contrário e já anunciada por nós: a cólera. Trata-se de uma reação do apetite sensório contra um mal presente e cujos efeitos já experimentamos. Ela resulta da convergência de diversas causas, as quais são, elas mesmas, paixões: a tristeza por um mal presente, o desejo e a esperança de, se possível, vingar-se desse mal. Prova disso é o fato de que, se a causa do mal está fora de nosso alcance, como, por exemplo, uma personagem de alto escalão, experimentamos tristeza, mas não cólera. Como ela implica a esperança da vingança, a cólera não advém sem ser acompanhada de prazer, e tende para a vingança como para um bem, erguendo-se contra o adversário como contra um mal. Ela não deseja, então, mal a um mal, como ocorre com o ódio, mas, antes, tirar de um mal o prazer da vingança. O fato de ela se compor de paixões contrárias, dentre as quais uma é um desejo do bem, torna-a muito menos grave do que o ódio. No fundo, a cólera é o substituto passional de uma vontade de justiça. Querer que o mal seja punido pode ser uma exigência da virtude da justiça; mas o que a cólera tem de mau é ser uma paixão cega, e não a expressão de um juízo moral objetivamente sustentado pela

---

[42] Cf. *idem, ibidem*, 45, 3, Resp.
[43] Cf. *idem, ibidem*, 4, Resp.

razão⁴⁴. A pessoa irritada tem sempre a impressão de ser vítima de uma injustiça; podemos opor-nos a ela, desprezá-la, ultrajá-la ou fazer pouco caso, e ela se ofende com tudo. Quanto mais ela tem ocasião de pensar que a prejudicamos de propósito, tanto mais ela se indigna, e mais violenta é sua cólera, por ser verdade que o sentimento de uma injustiça sofrida está na origem dessa paixão. O valor pessoal de alguém, longe de protegê-lo contra essa paixão, só faz multiplicar as ocasiões de os outros o machucarem e de ele se irritar. Aquele prazer que alguém busca na vingança é encontrado por essa pessoa nessa paixão. Ela, com efeito, o encontra só na cólera, cuja agitação corporal a alivia, mas, se as manifestações atingem uma violência excessiva, ela torna-se um verdadeiro perigo e pode mesmo alterar gravemente o uso da razão⁴⁵.

Tais são as paixões fundamentais, que dissemos serem como a matéria sobre a qual se exercem as virtudes. Tomadas em si mesmas, elas não são nem boas nem más. A descrição do sábio estoico, a quem nenhuma paixão perturba, é um ideal magnífico, mas não é um ideal humano. Para ser de tal modo livre de toda paixão, seria necessário não ter corpo, não ser um humano. Cícero exprimiu-se inexatamente, então, quando qualificou as paixões de "doenças da alma"⁴⁶. Não é uma doença para a alma estar unida a seu corpo e sentir sensorialmente as modificações orgânicas dele. Nada mais normal. As paixões, então, são moralmente neutras. Se elas escapam ao controle da razão, tornam-se verdadeiras doenças. Ao contrário, uma vida moral completamente regulada implica que nada do que é humano escape à regra da razão. Dizer que é preciso buscar o verdadeiro de toda a sua alma significa dizer que é preciso buscar também de todo o seu corpo, pois a alma não conhece sem o corpo. Analogamente, é com todo seu corpo que é preciso buscar o bem, se se quer verdadeiramente buscá-lo de toda sua alma. Agir de modo diferente seria propor como fim uma moral própria de anjos, com o risco de nem sequer obter uma moral própria do ser humano. Muito longe de excluir as paixões, a sabedoria prática empenha-se, então, a regulá-las, a ordená-las e a utilizá-las. Em suma, as paixões do sábio fazem parte integrante de sua moralidade.

---

⁴⁴ Cf. *idem, ibidem*, 46, 6, Resp.
⁴⁵ Cf. *idem, ibidem*, 48, 3, Resp.
⁴⁶ Cícero, *Tusculanas* III, citado na *Suma de teologia* IIaIIae, 123, 10, Resp.

# CAPÍTULO 3

# A VIDA PESSOAL

A vida moral consiste, para cada ser humano, em desenvolver, ao mais elevado nível, as possibilidades de sua natureza, agindo em toda circunstância segundo as exigências da razão. Assim, não se trata mais de conhecimentos a deduzir de seus princípios, mas de um conjunto de ações a regular e a ordenar com vista ao seu fim comum, que é a perfeição do ser humano e, por conseguinte, sua felicidade. A ciência dos princípios gerais da moral prolonga-se, aqui, pela arte de aplicá-los, e, como a virtude que permite escolher os meios na ordem da razão prática é a prudência, pode-se considerar a prudência como um tipo de virtude geral, encarregada de guiar as outras na escolha dos meios que as conduzirão a seus fins[1].

Difícil não é saber em que consiste a prudência, mas adquiri-la. É obra de toda uma vida. A virtude paciente e cuidadosamente construída à qual Santo Tomás denomina *prudência* vai muito além do que a experiência prática acumulada pelo ser humano ao acaso dos encontros e pela qual se crê ter-se tornado prudente. Para tornar-se prudente, é preciso consagrar-se a isso desde cedo e propor-se tornar-se assim. Como a experiência é com efeito necessária para tanto, cultivar-se-á primeiro a memória, não somente acumulando lembranças úteis, mas reavivando-as para conservá-las[2]. Cultivar-se-á ainda mais cuidadosamente certas qualidades da inteligência, indispensáveis à pessoa prudente. Em suma, trata-se para ela de saber, em cada caso particular, como abordá-lo para chegar a seus fins. O que é preciso adquirir para tornar-se prudente é, então, o discernimento do ato particular que cumpre realizar inicialmente para obter o resultado que se deseja em um caso dado. É toda uma arte. Como prestar serviço a esta pessoa, em tais circunstâncias, sem humilhá-la nem machucá-la? Eis o gênero de problemas que a virtude da prudência põe ao entendimento. Para resolvê-los, não basta a aptidão para captar os

---

[1] Cf. *Suma de teologia* IIaIIae, 47, 4, Resp. Fonte principal desse ensinamento: *Comentário à Ética Nicomaqueia de Aristóteles* VI, lição 4 (ed. Pirotta, pp. 386-392) e lição 7 (pp. 398-402).

[2] Cf. *Suma de teologia* IIaIIae, 49, 1, Resp.

princípios e deles deduzir logicamente as consequências; é preciso ainda adquirir um tipo de sentido especial, privilégio de uma razão acostumada de longa data a mover-se no detalhe do concreto e a resolver eficazmente problemas práticos[3]. Tudo deve ser posto em ação para adquirir essa qualidade. Deve-se saber ouvir e instruir-se docilmente junto àqueles cuja ciência ou idade tornam aptos a aconselhar-nos. A docilidade faz parte da prudência[4]. Mas também não basta aprender com os outros; é preciso habituar-se a encontrar rápido e bem, por si mesmo, aquilo que convém fazer em cada caso. É o que se nomeia a *destreza* (*eustochia, solertia*), que faz também parte da prudência e que se poderia chamar ainda de *presença de espírito prático*[5]. Nenhuma dessas qualidades seria, aliás, possível sem uma razão bem treinada, capaz de debater os dados de um problema, prever as consequências prováveis de um ato, servir-se de circunspeção – pesando as circunstâncias que distinguem cada situação das outras – e de precaução, a fim de evitar que boas intenções não causem, no fim das contas, mais mal do que bem. Raciocínio, previsão, circunspeção, precaução, eis os elementos essenciais da prudência: não se pode pretender essa virtude sem dar-se ao trabalho de adquiri-los.

Em uma visão de conjunto, a prudência parece principalmente sustentar-se sobre a liberdade de espírito que permite calcular exatamente os dados de um problema prático, avaliar a qualidade moral dos atos e medir-lhes seu alcance. Tudo o que pode romper esse equilíbrio do juízo prejudica, então, a prudência, e, como nada ameaça tal equilíbrio mais diretamente do que os prazeres dos sentidos, pode-se considerar a luxúria o seu pior inimigo. É que a luxúria torna cega nossa faculdade de julgar[6]. Ela é, assim, a mãe da imprudência sob todas as suas formas. Primeiro, ela nos desvia da aquisição da prudência, ou até nos induz a desprezar diretamente seus conselhos. Na sequência, ela faz sair do caminho as virtudes anexas da prudência. A aptidão para bem deliberar (*eubulia*) apaga-se diante da precipitação ou da temeridade. Em vez de dar provas de bom juízo (*synesis, gnome*), o luxurioso mostra-se imponderado. Quando chega a hora de tomar a decisão precisa que convém, a inconstância e a negligência são como a marca mesma da pessoa imprudente[7].

---

[3] Cf. *idem, ibidem*, 2, Resp. e ad 3m.

[4] Cf. *idem, ibidem*, 3, Resp.

[5] Cf. *idem, ibidem*, 4, Resp. Não se trata aqui da *eubulia* ou aptidão a deliberar sãmente, pois alguns encontram o que é preciso fazer, mas só lentamente e às vezes tarde demais. A destreza é uma prontidão do juízo prático que se lança, desde logo, sobre a boa solução. Sobre a *eubulia*, virtude anexa da prudência, cf. *idem, ibidem*, 51, 1.

[6] Cf. *Questões disputadas sobre o mal*, q. 15, a. 4, Resp.; *Suma de teologia* IIaIIae, 53, 6, Resp. e ad 1m.

[7] Cf. *Suma de teologia* IIaIIae, 53, 2, Resp. Sobre a negligência como vício específico, cf. *idem, ibidem*, 54, 2, Resp.

Como a prudência é recomendável por toda parte, não estranha que falsas prudências procurem insinuar-se em todos os aspectos da conduta da vida moral. Suas falsificações são numerosas. De início, há a prudência da carne, que consiste em erigir os bens da vida carnal em fim supremo de toda a vida, como se o ser humano não merecesse tender, para além dos bens materiais, à perfeição da razão[8]. Mesmo sem chegar a esse vício radical, comete-se frequentemente a falta de deixar-se invadir pela preocupação com o que é temporal. Alguns dedicam tantos esforços à busca de bens materiais que não têm mais tempo livre para entregar-se ao que é do espírito, o mais importante de tudo. Outros, se fazem o que devem, receiam que lhes falte o necessário, como se ignorassem que a quem busca primeiro os bens da alma o restante será dado por acréscimo[9]. Outros, enfim, descontentes com suas tarefas cotidianas, vivem em uma preocupação constante com o amanhã. Eis aí casos de falsas prudências, porque os fins que elas perseguem são falsos[10]. Há, ainda, prudências falsas por usarem falsos meios, como a astúcia que os inventa, ou o engodo (*dolo*) que os põe em ação, ou a fraude que, em vez de enganar pela palavra, é como um engodo pelos atos. Com efeito, essas caricaturas da prudência são todas formas de avareza. Querer sempre tudo para si é a maneira mais segura de perder os bens mais altos e mais nobres, cuja característica constante é serem comuns a todos.

Manter aquela liberdade de espírito que exige a prudência pressupõe, então, um domínio tão completo quanto possível de todas as paixões. Em primeiro lugar, o domínio da paixão mais apta a alterar o juízo da razão: o medo. A virtude que nos torna capazes de governar o medo é a fortaleza[11]. A fortaleza de espírito torna a vontade capaz de perseguir o bem que a razão lhe propõe, a despeito das dificuldades a vencer e dos perigos a enfrentar. É uma autêntica virtude, pois ajuda o ser humano a seguir a lei da razão[12], mas não se deve confundi-la com aquilo que só produz efeitos análogos aos seus. Qualificam-se às vezes como fortes pessoas que fazem facilmente coisas difíceis: algumas não têm consciência do perigo; outras têm a boa esperança de escapar ao perigo, como já lhes ocorreu com frequência; outras, ainda, fiam-se em sua experiência para sair de dificuldades, como velhos soldados que não consideram mais a guerra tão perigosa, por terem aprendido a preservar-se. Tudo isso produz os mesmos efeitos que a fortaleza, mas não se trata dela. Também não se trata de fortaleza o lançar-se sobre o perigo por cólera

---

[8] Cf. *idem, ibidem,* 55, 1, Resp.

[9] Cf. *idem, ibidem,* 55, 6, Resp.

[10] Cf. *idem, ibidem,* 55, 7, Resp.

[11] A fonte dessa doutrina está no *Comentário à Ética nicomaqueia de Aristóteles* III, lições 14-18 (ed. Pirotta, pp. 181-202).

[12] Cf. *Suma de teologia* IIaIIae, 123, 1, Resp.; *Questões disputadas sobre as virtudes* I, 12.

ou desespero; essas duas paixões podem imitar a virtude da fortaleza, mas não são virtudes. Indo mais longe, pode-se enfrentar corajosamente um perigo de propósito, e sem nenhum ardor passional, mas para conquistar honras, a fim de saciar a sede de volúpia ou o gosto do lucro, ou simplesmente, muitas vezes, para evitar a vergonha, a repreensão ou um mal pior do que aquele próprio perigo[13]. Nada disso é a virtude da fortaleza, pois em nenhum desses casos a exposição deliberada ao risco é feita para obedecer às ordens da razão.

Aliás, a fortaleza distingue-se, assim, da simples firmeza de alma, a qual é pressuposta pela fortaleza e à qual ela acrescenta isto: a fortaleza é uma firmeza capaz de manter-se diante de um perigo grave. A fortaleza tem por objeto, então, superar o medo, mas também refrear a audácia, que não é uma atitude sã diante do perigo[14]. É diante do perigo mais terrível de todos, o risco de morte, que essa virtude manifesta-se em sua plenitude, particularmente nos imprevistos da guerra. Não esqueçamos, com efeito, que a fortaleza é uma virtude. É da sua essência, portanto, tender para um bem. Estar em risco de morte por causa de uma doença, ou por ser surpreendido por uma tempestade, ou ainda atacado por criminosos, é certamente ter ocasião de mostrar fortaleza de alma. Alguns ficarão melhor do que outros em tais circunstâncias, mas, nelas, não há outro mérito senão guardar bom coração diante da má sorte\*. Já há mais fortaleza de alma em expor-se deliberadamente ao perigo do contágio para cuidar de um amigo doente ou em enfrentar os perigos do mar para cumprir algum desígnio piedoso; mas é verdadeiramente na guerra que a coragem brilha em sua pureza, desde, é claro, que se trate de uma guerra justa. Afinal, há guerras justas: todas aquelas em que o ser humano engaja-se para defender o bem comum. Pode-se combater em um conflito geral, como soldado em um exército, mas pode-se também combater sozinho, como fazem os juízes que, expondo suas vidas ao perigo, arriscam desagradar o soberano a fim de preservar o direito e a justiça. Agir assim é também combater; e o que é, afinal, afrontar o martírio senão combater por Deus?[15]

Já dissemos que a virtude da fortaleza consiste em superar o medo e refrear a audácia. Superar o medo é mais difícil do que refrear a audácia; é necessário até ter mais coragem, no perigo, para resistir lá onde se está do que para atacar; é, portanto, principalmente nisso que a fortaleza consiste.

---

[13] Cf. *Suma de teologia* IIaIIae, 123, 1, ad 2m; 126, 2, Resp.

[14] Cf. *idem* 2, Resp.

\* Étienne Gilson, aqui, parafraseia um ditado francês, de origem latina (provavelmente Plauto): *faire contre [mauvaise] fortune, bon coeur*. O sentido é o de que, diante de uma situação desfavorável, é inútil lamentar-se; em vez disso, convém resignar-se e procurar tirar o melhor proveito dessa situação. [N. do T.]

[15] Cf. *Suma de teologia* IIaIIae, 123, 5, Resp.; 124.

Manter-se firme é, antes de tudo, comportar-se de maneira digna; é afirmar-se a si mesmo em uma atitude que a pessoa forte quer adotar porque essa atitude se parece com ela. "Não era mais eu mesmo", dizemos às vezes quando nos reprovamos por uma crise de fraqueza. Mas a fortaleza de alma propõe-se ainda um fim mais longínquo, um fim último. Afirmar-se assim significa conservar, mesmo arriscando a vida, a intenção de atingir seu fim último apesar de todos os obstáculos. Esse fim último, veremos adiante, é a felicidade; é Deus[16].

Independentemente da maneira como ela se manifesta, a virtude da fortaleza tem algo de heroico, pois ela se desenvolve, geralmente, em meio à dor. Aos prazeres corpóreos do tato correspondem as dores corporais, e a fortaleza de alma pode ter de suportar golpes e torturas. Aos prazeres que a alma encontra em certas percepções correspondem as tristezas da alma, e a fortaleza de alma consistirá propriamente em encará-las com coragem. Ter de perder a vida é uma perspectiva cruel, pois todos amam viver, mas o sacrifício é uma perspectiva ainda mais dura para a pessoa de bem, já que, para ela, renunciar à vida é renunciar a terminar a obra começada, é renunciar a devotar-se aos outros e a praticar a virtude. Não há dúvida, porém, de que há sempre uma satisfação em agir conforme exige uma virtude. A coragem comporta sua satisfação, mas a dor corporal impede de experimentá-la. É necessária uma graça especial de Deus para sentir alegria em meio aos sofrimentos, como São Tibúrcio, que, andando com os pés descalços sobre brasas, dizia parecer-lhe caminhar sobre rosas. A simples moral não poderia prometer tais consolações. Ao menos, se a fortaleza não dá alegria, ela permite à alma não se deixar absorver pela dor. É por isso que, se a pessoa forte não fica alegre no sofrimento, também não fica triste nele[17]. Treinada de longa data em encontrar o perigo, mesmo as ameaças mais imprevistas não poderiam tomá-la de surpresa, mas ela não é quem se nomeia às vezes de "estoico". Fortaleza de alma não é impassibilidade. A pessoa forte não negligencia nada do que pode ajudá-la a permanecer firme no perigo. Se a cólera a ajuda a lutar, ela não se proibirá a cólera; em vez disso, desejada como auxiliar da fortaleza, essa paixão tornar-se-á por isso mesmo um meio para a virtude[18].

A fortaleza não é a virtude suprema. Como já dissemos, é a prudência a mais elevada de todas as virtudes, e mesmo a justiça passa à frente da fortaleza, por razões que teremos de precisar mais adiante. A fortaleza, porém, não

---

[16] Cf. *idem*, 7, Resp.

[17] Cf. *idem*, 8, Resp.

[18] Cf. *idem*, 10, Resp. Todavia, o soldado deve proibir-se de combater por prazer de matar. Não há nenhuma relação entre a irritação benfazeja experimentada diante de uma resistência que se deve vencer e a sede de matar por matar. Ceder a essa paixão seria, para um soldado, transformar-se em um assassino excessivamente satisfeito com as ocasiões de matar oferecidas pela guerra. Cf. *idem*, 64, 7, Resp. (última frase da resposta).

é menos uma virtude cardeal essencialmente. Com efeito, chama-se *cardeal*, quer dizer, principal, toda virtude que entra na composição de todas as outras virtudes. Ora, a firmeza na ação é um caráter comum a todas as virtudes. Não há, pois, virtude que não comporte uma parte de fortaleza[19], e a fortaleza mesma ramifica-se, aliás, em variedades que dependem manifestamente dela, ainda que nessas variedades ela não seja reencontrada em sua perfeita pureza.

Define-se a fortaleza em relação ao medo da morte porque superar esse medo é o que mais demanda fortaleza, mas ela é ainda necessária para enfrentar desafios menos difíceis. Alguns têm naturalmente o gosto das ações nobres e grandes, que merecem a honra e a glória. Esse gosto é a matéria de uma virtude possível, a grandeza de alma ou a magnanimidade. Adquirir tal virtude não consiste em rebaixar a objetos menores nosso gosto do grande e do honroso. Não seria mais magnanimidade, mas, antes, seu contrário, a pequenez de alma ou a pusilanimidade. A grandeza de alma é uma virtude porque permite discernir a grandeza real e a grandeza aparente, a honra verdadeira e a honra falsa, bem como escolher, com a medida adequada, os melhores meios para alcançá-las[20].

Animados por esse nobre desejo, os grandes corações são sempre simples. Eles não adulam nem desprezam ninguém. Não tomemos por desdém aquele tipo de reticência ou reserva que os grandes corações são obrigados a manter. Como eles se entregariam a quem não pode compreendê-los? Mas eles se abrem completamente, e de bom grado, a outras almas comprometidas como eles em alguma iniciativa nobre. Por mais diferentes que sejam seus fins, o grande sábio, o grande artista ou o grande estadista sentem-se irmãos; podem compreender-se; eles têm em comum o viver por algo de grande. As nobres iniciativas são, aliás, reconhecidas por este sinal: elas não dão nada em troca[21]. Devotar-se a elas é verdadeiramente, como se costuma dizer, trabalhar por honra. Não, é claro, pelas honras que não são mais do que uma ninharia em relação à honra verdadeira. O que colhe a pessoa magnânima é a homenagem dada, em sua obra, àquilo que toda a sua obra propôs-se a honrar. Essa homenagem é a honra mesma, a recompensa devida a toda excelência[22], e tal excelência deve saber acolher sua homenagem.

Começamos talvez a discernir a amplitude das visões da moral tomista, herdeira da sabedoria grega, particularmente da inesgotável *Ética nicomaqueia*. Santo Tomás propõe-se descrever, classificar, recomendar todas as

---

[19] Cf. *idem*, 123, 12, Resp.

[20] Cf. *idem*, 129, 1, Resp.

[21] Cf. *idem*, 3, ad 5m.

[22] Cf. *idem*, 103, 1, Resp. A honra é a recompensa que os outros devem à pessoa virtuosa, mas a pessoa virtuosa mesma não trabalha diretamente em vista dessa recompensa; ela trabalha pela felicidade, que é o fim da virtude. A honra não deixa de ser, em si mesma, algo de grande: sua grandeza está em ser a homenagem devida à virtude. Cf. *idem*, 131, 1, ad 2m.

virtudes possíveis do ser humano, todos os tipos possíveis de perfeição humana. O mundo em que ele pensa não é um mundo de monges. Mesmo que ele considere que os monges escolheram a melhor parte, Santo Tomás lembra que há príncipes e súditos, soldados e comerciantes, filósofos, cientistas, artistas, todos às voltas com o desafio de fazer bem o que eles devem fazer, mas sobretudo com o desafio dos desafios: não desperdiçar a única vida que eles têm para viver. Pouco importa a dimensão e a riqueza de seus dons, o essencial, para cada um, é de usá-los da melhor maneira possível. Alguns só podem ter poucas aspirações, mas é uma grande virtude, da parte deles, atingir aquilo a que aspiram e contentar-se. Outros podem aspirar a fazer grandes coisas, é um grande pecado, de sua parte, permanecer surdos ao chamado de sua natureza, indiferentes aos deveres que lhes impõem os dons por eles recebidos.

Essa moral não se assemelha em nada com a Idade Média convencionalmente descrita por tantos historiadores. Reconheçamos, aliás, que a Idade Média não é Santo Tomás, embora Santo Tomás pertença à Idade Média. Não é possível lembrar-se dele e escrever, como se fosse algo evidente, que a Idade Média só viveu no desprezo do ser humano e de tudo o que faz sua grandeza. Nós nem sabemos mais o que são a fortaleza e a glória; só temos ambição e vaidade. Santo Tomás tem em grande conta a virtude da fortaleza; ele sabe o quanto de fortaleza exige uma vida inteira devotada ao serviço da honra e considera justo, portanto, que quem a mereceu colha dela a glória. Isso é justo pela simples razão de que nada poderia dispensar-nos do dever – que, aliás, é uma alegria – de honrar a excelência lá onde ela se encontra. Sim, o maior honra-se ao honrar o menor do que ele naquilo que o maior encontra de grande no menor[23]; quanto maior ele é, mais facilmente ele encontra algo de grande no menor, e ainda mais de bom grado ele lhe rende homenagem. A verdadeira grandeza lembra-se das grandezas que lhe faltam, e, se se reflete sobre o que ela mesma pensa da tarefa que ela estipula para si, compreender-se-á que toda grandeza verdadeira, mesmo no auge da glória, não tem uma companheira mais fiel do que a humildade[24].

Está longe do ser humano de Santo Tomás aquela planta humana raquítica cujo cultivo alguns imaginam ter sido por ele recomendado. O que quer Santo Tomás é o ser humano inteiro, inclusive suas paixões, às quais as virtudes tomam por objeto, a fim de transformá-las em forças para a conquista da felicidade. Santo Tomás ama os audaciosos, desde que sua audácia seja boa, pois ela é necessária para empreender e lograr grandes coisas. É necessária

---

[23] Cf. *idem*, 103, 2, Resp.

[24] Cf. *idem*, 129, 3, ad 4m. Não é, portanto, a humildade o contrário da magnanimidade, mas a pusilanimidade ou a pequenez de alma, a qual desvia o ser humano do empreendimento de iniciativas proporcionais às suas forças e verdadeiramente dignas dele. Cf. *idem*, 133, 1, Resp.

também, portanto, aquela confiança em si (*fiducia*) que autoriza a pessoa magnânima a contar com suas próprias forças, bem como com a ajuda que ela espera encontrar junto de seus amigos. A confiança em si é uma forma da esperança; é uma força; é exatamente a força que a pessoa magnânima obtém na justa avaliação dos meios de que dispõe e na esperança que ela deposita nesses meios[25]. E, assim como a pessoa magnânima não despreza seu próprio valor, ela também não despreza os bens da riqueza. A matéria da grandeza de alma é a honra; seu fim, fazer algo de grande; ora, a riqueza atrai a consideração da massa, que é, ela mesma, uma força passível de ser utilizada, um meio poderoso de ação, ao menos em certa ordem e para alcançar certos fins[26]. Esse elogio da confiança em si, da riqueza, do amor pela honra e pela glória não foi feito no século XV, na corte de algum príncipe do Renascimento italiano; quem o pronuncia é um monge do século XIII que fez voto de obediência e de pobreza.

É verdade que a grandeza de alma é coisa rara, porque ela supõe este resultado difícil: preservar a medida na grandeza mesma. Presumir demasiado suas próprias forças e empreender mais do que se pode lograr não são mais grandeza de alma, mas presunção. A pessoa presunçosa não é necessariamente alguém que visa mais alto do que o magnânimo; o que ela visa é simplesmente demasiado elevado para ela. O excesso que vicia sua atitude está na desproporção do fim aos meios de que ela dispõe para atingi-lo. Alguns se enganam na quantidade, como aqueles que se creem mais inteligentes do que são; outros se enganam na qualidade, como aqueles que se creem grandes por serem ricos, tomando assim pela grandeza mesma aquilo que não é mais do que um meio para ela[27].

Nisso, entretanto, não reside ainda a falta mais comum e mais difícil de evitar. A pior das desordens que corrompem a grandeza de alma é querer coisas grandes a fim de tornar-se grande. Seria numa grandeza de alma sem orgulho que a história encontraria, a justo título, a ocasião de opor certas tendências modernas ao ideal moral da Idade Média. Tal como a concebe Santo Tomás, a pessoa magnânima conhece sua grandeza, mas sabe que a deve a Deus. Sua excelência é, nela, como algo de divino; se, portanto, ela merece ser honrada, Deus merece muito mais. A pessoa magnânima só aceita por Deus a honra que outros rendem a seu mérito ou pelas facilidades maiores que ela mesma encontra na hora para prestar serviço aos outros. Perseguir a honra pelo prazer de ser honrado e como um fim último não é mais grandeza de alma, é ambição[28].

---

[25] Cf. *idem*, 129, 6, Resp.

[26] Cf. *idem*, 8, Resp.

[27] Cf. *idem*, 130, 1-2.

[28] Cf. *idem*, 131, 1, Resp.

Note-se bem: não é o fato de conquistar a glória que corrompe a magnanimidade; também não é o fato de saber que se a merece; menos ainda o querer obtê-la. Não há nada mais natural do que uma pessoa verdadeiramente grande ser admirada pela massa; e pode-se até aspirar à aprovação somente de uma elite, ou de uma única pessoa, mesmo que seja a própria pessoa aspirante. É uma virtude conhecer-se a si mesmo; e, se alguém se sabe digno de glória, por que fingir ignorar? Por que não desejar, para sua obra, a aprovação que sabemos merecer? A verdadeira falta está em buscar a glória naquilo que não é digno, como as coisas perecíveis e passageiras, ou em entregar-se à incerta avaliação dos seres humanos para assegurar-se de que se a merece e, enfim, em não remeter ao fim necessário o desejo de glória que se experimenta. Cometer um ou outro desses erros é decair da grandeza de alma na glória vã. Só uma glória não é vã: aquela que a verdadeira grandeza, que a merece, tem a sabedoria de oferecer em homenagem a Deus[29].

Quanto à ninharia da glória vã, ela existe em abundância; encontramo-la por toda parte. Uma de suas formas mais conhecidas é a jactância, essa fanfarronice que se gasta em palavras. Por vezes, alguém se sente consumido pelo desejo de se fazer notar e, como se diz, de singularizar-se; donde a mania de surpreender, agindo de modo diferente dos outros (*praesumptio novitatum*, a presunção de novidades). Outros, porém, contentam-se de surpreender, dando a aparência de fazer coisas admiráveis que eles realmente não fazem: são os hipócritas; e nada mais comum do que o desejo de glorificar-se provando que se tem o valor de outrem. Há os teimosos, a quem nada consegue separar de suas opiniões, pois pareceria que admitem a possibilidade de alguém ser mais inteligente do que eles. Em outros, não é a razão, mas a vontade, que recusa ceder: não se trata mais de um caso de teimosia (*pertinacia*), mas de obstinação, mãe da discórdia. Há, ainda, quem não têm escrúpulo algum em impor-se a outrem sem a penetração da inteligência ou a firmeza da vontade, mas somente por palavras: são os brigões, possuídos pelo espírito de contenda. Há, enfim, aqueles que preferem manifestar seu valor próprio por atos, recusando-se a submeter-se às ordens de seus superiores. É a desobediência. Nenhum desses defeitos é simples. Há arrogância na jactância, como há cólera no espírito de discórdia e de contenda. No entanto, é fundamentalmente da glória vã que eles derivam, como um desejo de excelência mal regulado pela razão[30].

Há virtude que se confunde às vezes com a grandeza de alma e que, porém, é dela distinta, embora ambas nasçam da mesma virtude cardeal da força: a magnificência. Afinal, a magnificência é uma virtude. Por que não seria? Toda virtude humana é uma participação na virtude divina, e Deus faz

---

[29] Cf. *idem*, 132, 1, Resp. e ad 3m.
[30] Cf. *idem*, 5, Resp. Sobre a teimosia, ver também *idem* 138, 2.

todas as coisas com grandiosidade: *Magnificentia ejus et virtus ejus in nubibus* (Em tudo [nos ares, nos céus] está sua magnificência e sua virtude – Sl 67, 35). Para constatar isso, basta olhar para a sua criação.

Mostrar-se magnificente não é simplesmente tender para algo grande, mas fazer algo grande, ou, pelo menos, tender a fazê-lo. A noção da obra a ser feita é, pois, essencial para essa virtude; é por ela que a magnificência distingue-se da magnanimidade. Em outros termos, assim como se é magnânimo na ordem do agir, dá-se prova de magnificência na ordem do fazer, empreendendo-se na produção de algo verdadeiramente grande ou mesmo simplesmente fazendo grandemente as coisas. O ideal da magnificência será fazer grandemente algo grande.[31]

Assim entendida, a magnificência consiste fundamentalmente em saber gastar a riqueza. Nem todos os ricos conseguem fazer isso, e muitos entre eles dão, ao contrário, prova de mesquinharia, querendo construir mansões esplêndidas a baixo custo ou ordenar que se ofereça a seus amigos boa mesa a baixo custo. Isso é infelizmente impossível, pois precisa-se de dinheiro para bem fazer as coisas. Magnificente é precisamente quem não recua diante do gasto para realizar projetos verdadeiramente grandes. A matéria mesma sobre a qual essa virtude se exerce é, então, o gasto que a pessoa magnificente deve aceitar para fazer grande obra, o dinheiro mesmo que ela deve gastar e também o amor ao dinheiro, que ela deve dominar para levar a bom termo sua obra[32]. Há ocasião para magnificência mesmo nas vidas mais simples, proporcionalmente aos bens de que se dispõe (por exemplo, pelo menos para a celebração de um casamento). Mas essa é uma virtude que convém particularmente aos ricos e aos governantes. Lourenço, o Magnífico, era esperado pela moral de Santo Tomás de Aquino.

Adiantar-se espontaneamente às dificuldades é bom, mas também é bom suportá-las quando elas são inevitáveis, pois suportá-las não significa deixar-se esmagar pela tristeza que elas provocam. Conservar uma alma constante na adversidade, sem deixar que a tristeza roube a energia necessária para sair da contrariedade, é uma virtude. A ela se nomeia paciência[33]. Como a magnificência, ela é uma virtude secundária, pois se liga à força como sua virtude principal. Pela força, fica-se firme contra o medo; pela paciência, suporta-se bem a tristeza[34], o que é menos difícil. Ter paciência, aliás, não é perseverar. A virtude da perseverança consiste em poder persistir em alguma ação

---

[31] Cf. *idem*, 134, 1, Resp.; 4, Resp.

[32] Cf. *idem*, 3, Resp. Sobre a mesquinharia (*parvificentia*), ver também *idem*, 135, 1.

[33] Cf. *idem*, 136, 1, Resp.

[34] É por isso que a fortaleza concerne ao que é irascível, ao passo que a paciência concerne ao concupiscível. Sobre a razão pela qual a paciência, no entanto, liga-se à fortaleza, cf. *idem*, *ibidem*, 4, ad 2m. Sobre a longanimidade, virtude daqueles que sabem esperar a longo termo, cf. *idem*, *ibidem*, 5.

virtuosa tanto tempo quanto for necessário para chegar a bom termo. A perseverança liga-se, então, à fortaleza porque permite vencer a dificuldade suplementar implicada em todo esforço prolongado, mas, sem dúvida, está longe de igualar-se à própria virtude da fortaleza, pois perseverar no bem é mais fácil do que manter-se com firmeza na presença da morte. Ela é, no entanto, uma das virtudes mais importantes pela amplitude mesma do domínio em que ela se exerce, uma vez que não há uma só busca virtuosa na qual não possa tornar-se necessário perseverar por mais tempo antes de lográ-la. É por ela que se luta eficazmente contra a apatia ou a falta de fortaleza, bem como contra a teimosia, a qual, como já mostramos, é uma falsa imitação da perseverança[35].

É da essência da virtude ser um hábito solidamente estabelecido de agir bem. Agir bem, no caso do ser humano, é agir segundo a razão. Ora, uma das funções mais importantes da razão é introduzir em tudo a moderação e o equilíbrio. Nomeia-se temperança a virtude que os introduz nos atos humanos[36].

Encarregada de introduzir o equilíbrio e a medida em nossas ações, a temperança deve exercer-se sobre aquilo que ameaça mais diretamente essas qualidades, quer dizer, as cobiças e as voluptuosidades, particularmente aquelas que, por serem ligadas ao exercício da vida animal, são as mais intensas de todas. A temperança exerce-se, então, principalmente, sobre o beber, o comer e os prazeres sexuais; em resumo, sobre os prazeres do tato. Os prazeres do paladar, do olfato e da visão podem, aliás, envolver a temperança na medida em que preparam os primeiros, os acompanham ou os reforçam. É o que ocorre com o sabor e mesmo com o aroma dos alimentos, com a beleza de uma mulher ou com a sua elegância[37]. Convém dizer que a temperança não tem por objeto a eliminação desses prazeres. Tomados em si mesmos, os bens sensíveis e corpóreos não são inconciliáveis com a razão. São, antes, instrumentos a serviço dela, e dos quais ela deve fazer uso para atingir seus fins próprios. Se eles a incomodam, é porque a tendência do desejo sensorial rumo a esses bens extrapola regras que a reta razão impõe-lhes. A razão mesma encontra essas regras na natureza de tudo. Tratando-se, aqui, de prazeres ligados aos atos necessários à conservação da vida, a regra geral imposta pela razão é, pois, de não se servir desses prazeres senão na proporção em que a vida o exige para sua conservação. Regra firme, e, no entanto, flexível, pois os

---

[35] Cf. *idem*, 137, 2, Resp. A constância não difere da perseverança porque, em vez de superar a longa duração do esforço, ela se empenha em superar os impedimentos externos que fazem crescer a dificuldade desse esforço. Cf. *idem, ibidem* 3, Resp. Sobre o desânimo e a obstinação, ver *idem*, 138, 1-2.

[36] Cf. *idem*, 141, 1, Resp. A fonte principal está no *Comentário à Ética Nicomaqueia de Aristóteles* III, lições 19-22 (ed. Pirotta, pp. 203-220).

[37] Cf. *Suma de teologia* IIaIIae, 141, 6, Resp.

prazeres necessários à vida não incluem somente aqueles sem os quais a vida seria absolutamente impossível, mas também os prazeres sem os quais a vida não seria como convém. Jamais a pessoa temperante usará o que prejudica a saúde ou o bem-estar, mas ela se oferecerá com medida todo o restante, em função dos lugares, dos momentos e da comodidade daqueles cuja existência ela compartilha. Entram também aqui em consideração mesmo os recursos pessoais e as obrigações implicadas pela condição de cada pessoa. A regra da temperança no beber e no comer não é a mesma para um monge, um atleta ou uma alta autoridade que deve receber à mesa ou mesmo organizar festas com vistas ao interesse de seus negócios ou ao dos negócios do Estado[38].

Nós já definimos como *cardeais* as virtudes cujo mérito principal é um dos elementos constitutivos da noção mesma de virtude. Ora, a medida entra na composição de toda virtude, e, visto que nos prazeres sensíveis é mais difícil manter a medida – a começar pelo fato de eles serem, até certo ponto, necessários –, a temperança é, por excelência, a virtude da medida. Ela não é, verdadeiramente, a maior das virtudes, pois, ao contrário, ela é a menos heroica de todas, mas é uma virtude cardeal. Sem ela, nenhuma outra virtude pode existir[39].

Para precisar regular seus desejos, um ser humano deve ter desejos a regular. Assim como a coragem não consiste em ser inacessível ao medo[40], mas em dominá-lo, assim também a temperança não consiste em ser insensível ao prazer, mas em regular sua sensibilidade. Toda operação natural necessária à vida acompanha-se normalmente de prazer, e, dado que esse prazer é um convite a cumprir as operações naturais, ele desempenha uma função útil. Ser incapaz de experimentá-lo é uma diminuição do existir, uma lacuna; em suma, é um vício. Mas não convém confundir com insensibilidade a abstenção voluntária de certos prazeres naturais que alguém se impõe com vista a algum fim mais elevado. Deve-se saber privar-se dos prazeres da mesa e abster-se de relações sexuais por motivos de saúde; se alguém é um atleta, para manter-se em forma; se é preciso fazer penitência, para reencontrar a saúde da alma; se alguém quer dedicar-se à contemplação, para manter livre o espírito. Alguns criticam os contemplativos de pecar contra a natureza porque se recusam a contribuir na propagação da espécie, mas há uma hierarquia das operações naturais, e pode ser a vocação de muitos o consagrar-se a esta operação natural mais elevada de todas: a contemplação da verdade. É muito

---

[38] Cf. *idem, ibidem*, 7, Resp., ad 2m e ad 3m.

[39] Cf. *idem, ibidem*, Resp.

[40] Sobre a impavidez ou impermeabilidade ao medo, concebida como oposta à coragem, ver *Suma de teologia* IIaIIae, 126, 2. O medo é uma reação natural útil e, portanto, normal. É igualmente perigoso tanto ser incapaz de medo como ser incapaz de dominá-lo. O mesmo vale para os prazeres.

difícil que a vida de uma pessoa contemplativa seja estéril. Fala-se, a justo título, de "paternidade espiritual" e de "filiação espiritual" entre aqueles que geram outros para a vida do espírito e aqueles que lhes devem o nascimento para essa vida[41]. Não é, pois, o ascetismo bem entendido e prudentemente regulado que ofende a temperança, mas a intemperança, vício duplamente desonrante e execrável por rebaixar o ser humano ao nível do bruto e por nele apagar o que faz sua humanidade e sua honra mesma, a luz da razão[42].

A temperança é toda uma série de temperanças. Tantas quantas são as ordens de prazeres sensíveis, tantas são as ocasiões que a pessoa virtuosa encontra para mostrar-se temperante. Temperante é a "pessoa de bem", no sentido clássico da expressão*, pois a honestidade nos costumes é um tipo de beleza espiritual; e, ainda que ela acompanhe toda virtude, ela segue particularmente a temperança, que poupa ao ser humano a indecência suprema de comportar-se como um bruto. A honestidade dos costumes não é, pois, uma virtude que se acrescentaria à temperança, pois é parte integrante dela, e, por assim dizer, não é diferente da condição mesma da pessoa temperante[43]. Capaz de uma frugalidade que pode chegar até uma sábia abstinência no comer, a pessoa temperante possui também sobriedade na bebida. Ela evita assim o excesso no comer (*gula*), sob todas as suas formas, que são inúmeras. A pessoa frugal sabe esperar a hora da refeição, não se preocupa com pratos requintados, não se empanturra, e essa medida no uso dos alimentos protege-a contra as faltas ordinárias que a intemperança engendra: o embotamento mental, a estupidez extravagante, modos de bufão, uma inesgotável loquacidade e aquele erotismo perpétuo de quem vive empanturrado de comida[44].

---

[41] Cf. *idem*, 142, 1, Resp. (cf. também 152, 2, ad 1m).

[42] Cf. *idem*, *ibidem*, Resp.

* [Étienne Gilson emprega a expressão *honnête homme*, consagrada a partir do século XVII na língua francesa para designar o indivíduo exercitado na arte de gerir contrastes e atingir equilíbrio. Diferentemente do cortês, seu ancestral histórico (indivíduo em geral bem colocado socialmente por sua riqueza ou por seu nascimento, membro ou frequentador da corte e ligado a um soberano a quem se deve cortejar ou adular, para conservação de influências e privilégios), o honesto, na Modernidade, encarna uma tensão positiva entre as exigências da vida e do pensamento, as virtudes antigas e as novas. O sentido clássico da expressão *honnête homme* unirá, então, o ideal grego da pessoa bela e boa (*kalós kagathós*) ao ideal medieval da honestidade (*honestas*), ambos referentes à harmonia de corpo e alma, sem corresponder propriamente à posse de algum tipo específico de saber, mas, em vez disso, à de uma representação unificada dos saberes, representação esta que possibilita justamente gerir contrastes e obter equilíbrio. Tal modelo observa-se, por exemplo, em Montaigne, para quem era preferível ter uma cabeça benfeita, e não bem cheia; ou ainda em Descartes, que insistia na desnecessidade de saber grego ou latim para alguém dedicar seu tempo a coisas úteis. Ele se encontra também em culturas não francófonas, como é o caso do *gentleman* (pessoa cultivada, razoável e exercitada em uma curiosidade saudável), em ambiente inglês, e do *Aufklärer* (espírito esclarecido), representante do Iluminismo alemão. N. do T.]

[43] Cf. *Suma de teologia* IIaIIae, 145, 4, Resp.

[44] Sobre a impureza (*immunditia*), ver *idem*, 148, 6, Resp.; 154, 11, Resp.

Frugal em seus alimentos, a pessoa de bem não é menos sóbria na bebida. Ela não se proíbe o vinho como bebida condenável, pois nenhum alimento nem nenhuma bebida são por si condenáveis; tudo depende do uso que deles se faz; mas a temperança exclui estritamente a embriaguez, que resulta de um abuso no uso do vinho. Toda pessoa pode ser surpreendida por uma bebida de cuja força ela não pode suspeitar. Isso ocorreu outrora a Noé e pode acontecer ainda, sendo mais um acidente do que um erro. Todavia, saber que uma bebida é embriagante e preferir a embriaguez ao esforço de abster-se é uma falta grave, à qual se deve considerar tanto mais degradante quanto mais ela priva o ser humano do que faz a sua dignidade, o uso da razão[45]. Somente as faltas cometidas contra Deus são mais graves do que as faltas cometidas contra a razão[46].

Assim como ela exerce sua vigilância sobre os prazeres do beber e do comer, a temperança controla os prazeres sexuais. Sob essa forma particular, ela assume o nome de *castidade*, ao incidir sobre o ato sexual mesmo, e de *pudicícia*, ao incidir sobre as palavras, gestos e atitudes que preparam o ato sexual ou o acompanham[47]. Sob sua forma mais extrema, a temperança nessas matérias chega à abstenção completa de todos os prazeres sexuais e ao firme propósito de abster-se deles. Trata-se, então, da virgindade, virtude não somente lícita, pois é legítimo proibir-se completamente certos prazeres a fim de conservar o pensamento completamente livre para a contemplação, mas mesmo muito elevada, parecendo concretizar o tipo mesmo da beleza espiritual. Quem deplora a virgindade como uma falta contra a espécie inquieta-se equivocadamente. Há poucas chances de que ela se universalize. Prescrevendo aos humanos crescer e multiplicar-se, Deus endereçou-se à espécie humana em seu conjunto; ele não disse para cada ser humano, tomado individualmente, colaborar com isso. Os indivíduos dividem entre si as funções para corresponder às necessidades da espécie. Alguns contribuem para assegurar a propagação dela, e é muito bom que seja assim, mas a espécie humana tem também outras necessidades, como a do progresso espiritual, por exemplo, e é excelente que outros indivíduos dediquem-se a satisfazer essa necessidade conservando-se totalmente livres para consagrar-se à contemplação[48].

No extremo oposto da virtude da castidade encontra-se a luxúria, quer dizer, a incapacidade de dominar as paixões sexuais. Dizer que uma pessoa

---

[45] Cf. *idem*, 150, 2, Resp. A respeito da influência da embriaguez sobre a culpabilidade dos atos, ver *idem* 151, 1.

[46] Cf. *idem*, 150, 3, Resp.

[47] Cf. *idem*, 151, 9, Resp. Santo Tomás distingue da castidade propriamente dita a continência, que ele não considera dotada de todas as características de uma virtude. A continência é a aptidão a reprimir ocasionalmente maus desejos. Uma continência solidamente enraizada e estável seria uma virtude porque se tornaria castidade. Cf. *idem*, 155, 1.

[48] Cf. *idem*, 152, 2, Resp. e ad 1m.

luxuriosa é "dissoluta" não é apenas indicá-la, mas descrevê-la, pois o efeito da luxúria é um tipo de dissolução geral da personalidade. Considerados em si mesmos, os prazeres sexuais são tão normais e legítimos como aqueles da mesa. Assim como estes acompanham naturalmente atos necessários à conservação do indivíduo, aqueles acompanham naturalmente atos necessários à conservação da espécie. Se os prazeres sexuais são mais expostos a transformar-se em vícios, é porque, por sua intensidade mesma, eles oferecem mais dificuldade à razão para controlá-los; mas é também porque, se eles se desregulam, a pessoa humana inteira entra em via de dissolução[49].

A pessoa luxuriosa torna-se cada vez menos capaz de usar a inteligência e a razão. O desejo engana-a a respeito da beleza, e a própria beleza cega-a a respeito de sua impotência para cumprir suas promessas. Incapaz de ver as coisas como elas são, a pessoa luxuriosa é também incapaz de deliberar sobre elas; a precipitação impede-a de refletir maduramente e de julgar corretamente. Tomada uma decisão, valha o que valer, a pessoa dissoluta raramente é capaz de cumpri-la. Conhecem-se suficientemente as querelas de pessoas apaixonadas que não fazem mais do que crer naquilo que elas querem que lhes seja proporcionado e às quais a mais ínfima lágrima fingida basta para fazer mudar de opinião. Mas a luxúria não dissolve menos completamente a vontade do que a inteligência. Buscar em tudo os seus prazeres é tomar-se a si mesmo por fim, sem se preocupar com os outros, e menos ainda com Deus, que continua, no entanto, o nosso verdadeiro fim; é também se enganar quanto aos meios, pois a pessoa dissoluta busca a felicidade em prazeres carnais, desprezando as alegrias espirituais, que são as únicas a poder conduzir-nos à felicidade. Como ela fala a partir da abundância do coração, a pessoa extraviada pela luxúria é reconhecida facilmente pela grosseria de sua linguagem; e, porque ela não é mais capaz de usar a razão, ela se dispersa em palavras irrefletidas, em brincadeiras e afirmações absurdas, marcas da estupidez que a faz tomar por uma maravilha única aquilo que metamorfoseia seu desejo[50].

O mais grave, porém, não está aí. Abusar da natureza é ir além dos limites, e quem transgride os limites da natureza encontra-se em grande perigo de voltar-se contra ela. O estudo das paixões permitiu-nos estabelecer que há prazeres contra a natureza. Há também, portanto, vícios contra a natureza, os quais consistem na busca habitual desses prazeres. Violar a natureza é dirigir-se contra Deus, o ordenador da natureza. Ora, a pior maneira de violá-la está em corrompê-la até em seu princípio. A fornicação, o estupro, o adultério e o incesto são certamente faltas graves, mas nenhuma delas iguala em gravidade o vício contra a natureza na realização do ato sexual. Só o vício contra a

---

[49] Cf. *idem*, 153, 1 e 3.
[50] Cf. *idem*, 153, 5, Resp. e ad 4m.

natureza nega a ordem estabelecida pela natureza na realização deste. Esse vício é, pois, a pior das luxúrias: em primeiro lugar, sob sua forma mais repugnante, a bestialidade; em seguida, a sodomia, os desregramentos do ato sexual normal e, enfim, o onanismo[51]. Sob qualquer forma que esse vício danifique o ato sexual, ele atinge a pessoa no que ela tem de mais íntimo, a natureza humana mesma, e é isso que faz a excepcional gravidade desse vício[52].

É no controle dos prazeres que a temperança exprime-se de maneira mais completa, mas as paixões da dimensão irascível também oferecem à temperança matéria sobre a qual se exercer. Fala-se comumente de "controlar" a cólera; trata-se da virtude da mansidão. Saber moderar-se ao impor um castigo, ainda que merecido, é a virtude da clemência. Ambas merecem o título de virtudes, pois consistem em submeter duas paixões (a cólera e o desejo de vingança) ao controle da razão. Para avaliar a importância delas, basta imaginar o caráter de uma pessoa a quem elas faltam.

A pessoa colérica não é simplesmente alguém que tem um acesso de cólera. A cólera é uma paixão que já estudamos com as outras e que, como as outras, não é, por si mesma, nem boa nem má. Seu valor moral depende do uso que dela se faz. Uma pessoa absolutamente incapaz de sentir cólera é anormal. Trata-se de uma vontade débil; em poucas palavras, uma natureza viciada porque incapaz de uma reação que seria totalmente normal em certos casos[53]. É preciso dizer o mesmo a respeito de alguém incapaz da força de vontade necessária para punir. Fala-se com razão de "pais fracos" ou "juízes fracos" a fim de designar essa inaptidão para castigar quem merece ser castigado e de como o merece. Não é, portanto, sobre essas paixões, precisamente como paixões, que se exercem a mansidão e a paciência, mas sobre essas paixões quando transformadas em dominantes e passadas ao estado de vícios. Uma cólera que se transforma em perda de autocontrole, não justificada por nada, e se desencadeia em todas as ocasiões, eis o mal. Alguns têm acessos de cólera súbita, que explodem com o menor motivo: são pessoas de difícil convivência, a quem se costuma chamar de pessoas de caráter difícil; outros ruminam sem fim os pesares que os indignam: são pessoas amarguradas; outros, ainda, insistem em cada ocasião para obter a satisfação completa à qual eles creem ter direito: são pessoas duras, que não se acalmam até que não se lhes faça justiça[54]. Esses últimos têm frequentemente tendência a exagerar a

---

[51] Cf. *idem*, 154, 12, Resp. e ad 4m.

[52] Daí o porquê de o vício contra a natureza ser mais grave do que o próprio incesto; afinal, *unicuique individuo magis est conjuncta natura speciei quam quodcumque individum. Et ideo peccata quae sunt contra naturam speciei sunt graviora* ("a natureza da espécie é mais unida ao indivíduo singular do que a qualquer indivíduo. Por isso, os pecados que são contra a natureza da espécie são mais graves") – *Suma de teologia* IIaIIae, 154, 12, ad 3m.

[53] Cf. *idem*, 158, 8, Resp.

[54] Cf. *idem*, *ibidem*, 5, Resp.

injustiça que sofreram e, por conseguinte, o castigo que eles exigem. A dureza degenera facilmente, então, em crueldade[55], a menos que a virtude da clemência intervenha para controlá-la.

Feliz é quem não precisa lutar sempre contra paixões tão intensas como o amor e a cólera. No entanto, virtudes são requeridas em todas as ocasiões, mesmo as mais banais. A magnificência, por exemplo, só é requerida em grandes empreendimentos; se é o caso de dar uma gorjeta, a magnificência seria ridícula; o que deve haver é liberalidade. De modo semelhante, a temperança só é requerida contra as paixões difíceis de vencer; no caso de dificuldades menores, não se fala mais de controle de si, mas de contenção, medida, moderação, ou, em resumo, modéstia[56].

A modéstia é uma virtude sem brilho, mas há poucas virtudes mais úteis do que ela, precisamente porque ela é a virtude das pequenas dificuldades, das quais a vida é repleta. Entre as fontes dessas dificuldades, uma das mais comuns é o orgulho. Os apelos do orgulho não têm a urgência das necessidades vitais cujo exercício é controlado pela temperança, mas constituem um erro profundamente enraizado na vontade. É bom, ou mesmo excelente, que alguém pretenda visualizar plenamente a perfeição de sua própria natureza; é o princípio mesmo da moral; mas é perverso, e contra a razão, pretender ser mais do que se é e agir como se de fato o fosse. O movimento pelo qual a vontade de um ente encaminha-se rumo a fins que excedem seus limites reais é o orgulho mesmo. Não há orgulho em todos os pecados, mas não há pecado que não possa eventualmente nascer do orgulho[57]. Querer como se se fosse mais do que se é, é uma desordem fundante da qual pode surgir todo tipo de desregramento. Mas a recusa permanente e deliberada a aceitar seus próprios limites é, antes de tudo, a revolta de um ente contra sua própria natureza. É verdade que tais limites machucam-nos, e que às vezes nos é custoso aceitá-los. É por isso que o orgulho aparenta-se com o irascível, embora haja também um orgulho da inteligência, do qual mesmo os puros espíritos são capazes, uma vez que se pode falar do orgulho dos demônios[58].

---

[55] Santo Tomás distingue da crueldade (intemperança no desejo de castigar) a ferocidade (*saevitia*; *ferocitas*), a qual se compraz em fazer sofrer pelo simples prazer de fazer sofrer. A crueldade é uma deformação do desejo de justiça; a ferocidade, por sua vez, não é mais do que uma das formas da bestialidade. Cf. *idem*, 159, 2, Resp.

[56] Cf. *idem*, 160, 1-2.

[57] Cf. *idem*, 162, 1-2. Sobre o sentido da fórmula *initium omnis peccati est superbia* (o início de todo pecado é a soberba), ver *idem, ibidem*, 7.

[58] Cf. *idem, ibidem*, 3, Resp. Como movimento de aversão pelo qual a vontade desvia-se de Deus e recusa-se a submeter-se à sua regra, o orgulho é um verdadeiro desprezo de Deus. Dado que todo pecado comporta uma parte de rebelião contra Deus, o orgulho, que é a essência mesma dessa rebelião, é o pecado dos pecados; portanto, também o mais grave de todos. Cf. *idem*, 152, 6, Resp.

Específica contra o orgulho é a humildade, que nos impede de querer além dos limites de nossa natureza, como membros da espécie, e de nossas capacidades pessoais, como indivíduos. Essa virtude se exerce, antes de tudo, sobre os desejos que ela freia e dirige para fins adequados; mas ela implica também o conhecimento de si, que permite a cada pessoa conhecer seus próprios limites, e previne contra toda ambição de ir além deles. Ser humilde não consiste, aliás, em considerar-se a última das pessoas, mas, antes, em compreender que se deve a Deus tudo o que se é, e, à medida que se é uma boa pessoa, em atribuir a ele o mérito. No que diz respeito às outras pessoas, quem é humilde sabe reconhecer aquelas que lhe são superiores, discernir em que elas lhe são superiores e relacionar-se com elas de maneira consequente; mas a humildade não exige sentir-se inferior a quem não nos iguala. É preciso respeitar os dons de Deus em si e nos outros. Em suma, a verdadeira humildade consiste em julgar-se com exatidão, em medir o que se tem direito a esperar de si mesmo e em comportar-se, em todos as relações, de acordo com o lugar que se tem o direito de ocupar. Regular assim as ambições do ser humano é agir diretamente sobre os movimentos passionais da esperança. A humildade é, então, uma forma da temperança, pois freia as expectativas desmedidas e conserva-as nos limites da razão[59].

Todo desejo presta-se à intemperança, mesmo o desejo de conhecer. Tomado em si mesmo, o gosto pelo estudo é excelente, mas as formas patológicas desse gosto não são raras. Alguns escolhem mal o objeto de suas pesquisas e são aqueles que sempre estudam coisas de todo tipo, em vez daquilo que deveriam aprender; outros perseguem o conhecimento das criaturas pelo simples conhecimento, em vez de remetê-lo ao seu fim legítimo, o conhecimento de Deus; outros ainda se obstinam em querer conhecer verdades que para cuja compreensão eles não são suficientemente inteligentes, arriscando-se a acumular contrassensos e erros[60]. Tal é o vício que se chama de curiosidade, e, como se acaba de ver, ele ameaça a inteligência, mas seus estragos são ainda mais vastos quando ele se apossa da sensibilidade. Os sentidos nos foram dados para um fim duplo: de início, como para os outros animais, a fim de permitir-nos encontrar os alimentos necessários à conservação da vida; em seguida, como somos seres racionais, a fim de possibilitar nosso conhecimento, tanto especulativo como prático. Servir-nos de nossos sentidos para esses diferentes fins é natural e, por conseguinte, legítimo; mas servir-nos deles simplesmente por servir-nos deles (sendo devorados pela necessidade de tudo ver, tudo ouvir, tudo tocar, sem outro objeto a não ser o prazer que isso proporciona) é a forma mais baixa da vã curiosidade[61]. Deve haver,

---

[59] Cf. *idem*, 161, 3-4.
[60] Cf. *idem*, 167, 2, Resp.
[61] Cf. *idem*, *ibidem*.

então, uma virtude especial para frear essas desordens do conhecimento: é aquela que se denomina *studiositas* (estudiosidade) e que consiste em saber estudar. A pessoa estudiosa não é menos capaz do que a curiosa para colecionar as experiências sensíveis, mas a sua curiosidade é útil e bem ordenada. Buscando a experiência sensível em vista da ciência, a pessoa estudiosa nunca se dedica a estudos dos quais ela não se julga capaz; e aquilo que ela pode adquirir como saber nos estudos a que ela se dedica não passa, para ela, de um meio de conhecer Deus[62]. É, como se diz, um espírito modesto, quer dizer, capaz de moderar seus desejos até mesmo na ordem do que é do espírito.

Além das paixões animais e dos desejos do espírito, o que resta a poder ser regulado pela temperança? Os movimentos do corpo e o cuidado que dedicamos à sua aparência. O que chamamos de modéstia no modo de ser, ou uma postura modesta, refere-se manifestamente à virtude da modéstia, mas mesmo que a consideremos apenas moderadora das atitudes, o domínio dessa virtude estende-se bastante além.

Consideremos, por exemplo, aquela atividade corporal que é o jogo. É um relaxamento necessário e que é preciso saber conceder-se, ao menos para descontrair o espírito e permitir-lhe melhor retomar sua tarefa. Um arco sempre tenso termina por romper-se, e, então, fala-se com razão do jogo como uma descontração do espírito. Requer-se novamente medida, não somente no sentido de evitar diversões baixas e obscenas, mas também de adequar os jogos à idade, ao sexo, às pessoas, ao tempo e ao lugar. A ludicidade (*eutrapelía*) é uma virtude[63], mas a paixão do jogo é um vício, assim como é outro vício a incapacidade de divertir-se. Este, sem dúvida, é um vício menor do que o seu contrário. Alguém se diverte para melhor trabalhar; então, é melhor trabalhar sem jamais divertir-se do que divertir-se sem jamais trabalhar. Todavia, quem sempre trabalha trabalharia ainda de modo melhor se se permitisse divertir-se. Ademais, quem não se diverte, diverte ainda menos os outros. Diz-se dessas pessoas que elas são *duri et agrestes*: irritantes e grosseiras[64].

Problemas morais da mesma ordem concernem à vestimenta e à postura. Algumas mulheres, e mesmo alguns homens, exibem uma elegância rebuscada, seja para atrair a atenção, seja pelo prazer pessoal que nela encontram. Não há mal em vestir-se bem. As vestimentas são uma necessidade da vida humana, e nada é mais natural do que delas servir-se para proteger-se do frio, do calor, das intempéries, mas é preciso usá-las com decência e simplicidade, considerando os hábitos recebidos e os deveres da condição de cada pessoa.

---

[62] Cf. *idem*, 166, 2, Resp.
[63] Cf. *idem*, 168, 3, Resp.
[64] Cf. *idem*, 168, 4, Resp.

Ao vestir-se, não cabe nem ostentação nem negligência[65], e é desse duplo ponto de vista que convém julgar cada caso particular.

Tal é o caso, por exemplo, da elegância feminina, na qual alguns seriam tentados a ver um pecado mortal. A isso Santo Tomás responde, pelo *sed contra* mais surpreendente de toda a *Suma de teologia*, dizendo que, se a elegância feminina fosse um pecado mortal, todos os costureiros e todos os especialistas da moda estariam em pecado mortal. Na verdade, o problema é um pouco mais complicado. O que acontece se uma mulher casada negligencia sua higiene pessoal? Seu marido não presta mais atenção nela; e, quando um marido não se ocupa mais de sua mulher, ele começa a ocupar-se de outras. É, portanto, perfeitamente legítimo que uma mulher procure agradar seu marido, mesmo que apenas para não o incitar ao adultério. O problema é inteiramente diferente se se trata de mulheres que, não sendo casadas, não podem ou não querem casar-se. Estas não têm nenhuma razão para querer agradar aos homens, a menos que seja para seduzi-los ou tentá-los. Querer ser elegante para provocar o mal é pecar mortalmente. Mas muitas pessoas elegantes não são mais do que cabeças vazias ou vaidosas; elas se vestem bem para tirar vantagens insignificantes e não vão muito além disso. Seu caso não é necessariamente muito grave; pode não passar de um pecado venial. Outras considerações devem, aliás, ser levadas em conta. O apóstolo Paulo não queria que as mulheres saíssem com os cabelos descobertos. Santo Agostinho também não, e, por conseguinte, tampouco Santo Tomás. Mas o que farão as mulheres em um país onde não é costume cobrir a cabeça? É um mau costume, declara firmemente Santo Tomás; mas, se não é moda usar chapéus, nem sequer é um pecado venial não os usar[66]. Para um homem como Santo Tomás, a quem já se censurou o fato de não conhecer a mulher a não ser por meio de livros[67], todos esses arrazoados são até benfeitos.

Como se pode ver, o que há de universal em moral são apenas os princípios. Quando se trata de decidir sobre uma ação voluntária qualquer, todo um jogo de princípios faz-se necessário, além da discussão detalhada das circunstâncias cujo conjunto define o contexto. Todo ato moral é um ato particular. Mesmo quando ele parece discutir casos particulares, Santo Tomás só pode, portanto, apresentar alguns casos-tipo, a título de exemplo, sabendo bem que a diversidade do concreto vai ao infinito e que o moralista deve contentar-se, uma vez postos os princípios, com colocar ordem na complexidade dos fatos e classificá-los.

---

[65] Cf. *idem*, 169, 1, Resp.
[66] Cf. *idem*, 169, 2, Resp.
[67] Cf. WEBERT, J. *Saint Thomas d'Aquin, le génie de l'ordre.* Paris: Denoel et Steele, 1934, pp. 257-258.

A respeito da aptidão de Santo Tomás para definir e classificar, nada resta a dizer que já não tenha sido dito mil vezes. É incontestável que ele teve a genialidade do ordenamento, e não há outro lugar para melhor observá-la do que na moral, em que todo o tesouro da sabedoria cristã e pagã é sistematicamente explorado. O estudo das fontes da moral tomista iria ao infinito: Bernardo, Beda, Isidoro, Gregório, Agostinho, Jerônimo, São Paulo, Sêneca, Macróbio, Cícero e ainda e sempre a inexaurível *Ética nicomaqueia*, além de muitas outras fontes que se poderiam citar, as quais intervêm em momentos precisos para fornecer uma definição, propor uma classificação, precisar uma nuance, como se o grande número de obras originais não tivesse sido concebido por seus autores senão para preparar a síntese de Santo Tomás de Aquino.

Todavia, essa síntese e esse ordenamento resultam de algo inteiramente diferente de uma simples habilidade ou algo como uma técnica intelectual. Se os elementos dos quais se serve Santo Tomás prestam-se tão facilmente ao ordenamento que ele impõe, é porque sua moral, acima de tudo, é uma criação. Falar de *moral pessoal* é empregar uma expressão que não pertence à língua de Santo Tomás, mas o termo *pessoa* faz parte de sua língua, e não significa em nada trair seu pensamento sublinhar, por meio dessa expressão, o caráter intensamente pessoal de sua moral.

Uma pessoa é um indivíduo dotado de razão. Essa noção, que desempenha um papel tão considerável na teologia cristã, e, por conseguinte, na filosofia cristã, parece ter permanecido estranha ao pensamento de Aristóteles. Ela foi provavelmente tomada de outra fonte, o Direito Romano[68]. Tal como a entende Santo Tomás de Aquino, ela significa essa classe definida de substâncias individuais que se distinguem das outras por terem o controle de seus atos, *dominium sui actus*. Senhoras do que elas fazem, essas substâncias não são simplesmente "atuadas" pelas outras; elas agem, e isso quer dizer que cada uma delas é, direta e em última instância, a causa de cada um dos atos singulares que cada uma delas realiza[69]. Não há, portanto, nada de superior à pessoa em toda a Natureza: *persona significat id quod est perfectissimum in tota natura* ("a pessoa significa o que é perfeitíssimo em toda a Natureza")[70]. Ora, cada ser humano é uma pessoa. Como substância, cada ser humano forma um núcleo ontológico distinto, cujo ser não é devido senão a seu ato próprio de existir. Como substância racional, cada ser humano é um centro autônomo

---

[68] A respeito das controvérsias relativas à noção de pessoa, cf. as indicações bibliográficas do *Bulletin thomiste*, 1939, pp. 466-477. Embora seja útil ter seguido essas indicações, poderemos continuar, com toda tranquilidade, a considerar a noção de pessoa como absolutamente essencial para a compreensão da antropologia e da moral de Santo Tomás de Aquino.

[69] Cf. *Suma de teologia* I, 29, 1, Resp. Sobre o conjunto de problemas ligados a essa noção, ver GILSON, É., *O espírito da filosofia medieval*, capítulo 10 (tradução brasileira publicada pela WMF Martins Fontes, São Paulo, 2006).

[70] *Suma de teologia* I, 29, 3, Resp.

de atividade e a fonte de suas próprias determinações. Mais ainda, é seu ato de existir que constitui cada ser humano em seu duplo privilégio de ser uma razão e de ser uma pessoa; tudo o que cada ser humano sabe, tudo o que ele quer, tudo o que ele faz jorra do ato mesmo pelo qual ele é o que ele é.

Se se aplica à moral essa noção do ser humano, veem-se logo as consequências que tal noção implica. Seja qual for a maneira como eles são encarados, é necessário então remeter todos os nossos atos morais àquilo que faz de cada um de nós uma pessoa, a fim de determinar o caráter de bem ou de mal desses atos. Moral pessoal significará, então, aqui, antes de tudo, moral da pessoa tomada como pessoa, quer dizer, moral em que a pessoa sente-se ao mesmo tempo legisladora, fazedora de justiça e submissa à lei do bem e do mal, que ela mesma promulga, aplica e sanciona em nome das exigências exclusivas da razão. Mas, um dos atos principais dessa razão é reconhecer-se, por um lado, dependente de sua própria fonte, e, por outro, determinada pelas condições concretas de seu exercício. A moral pessoal exige, então, em nome dessa mesma razão constituinte da pessoa, que o agente moral sinta-se obrigado por uma lei da qual a consciência não é mais do que a porta-voz. Há certamente limitação de sua autonomia, mas uma limitação que, em relação a tal autonomia, respeita duplamente a parte inalienável e coessencial a seu existir. Essa limitação é imposta tão-somente pelo conhecimento metafísico. Conceber a pessoa como um efeito de Deus é fazer dela uma imagem de Deus, e, como a pessoa é o ápice da Natureza, ela é a imagem de Deus mais perfeita que se possa contemplar na Natureza. O ser humano não é racional e livre a despeito de ter sido criado por Deus à imagem dele, mas precisamente por essa razão. A pessoa não é autônoma senão porque ela depende de Deus; ela o é em virtude do ato criador que, constituindo-a como participação de uma potência infinitamente sábia e livre, cria generosamente cada pessoa como um ato de existir dotado da luz do conhecimento e das iniciativas da vontade.

Que amplificação das perspectivas que limitavam a moral de Aristóteles! Ver-se-ia isso muito melhor se o próprio Santo Tomás tivesse acreditado dever dar-se ao trabalho de expor o que teria sido sua própria moral natural e fazê-lo em termos de filosofia pura. É o que o levamos a fazer hoje, mas que ele mesmo nunca fez. Construir uma moral que se constituiria completamente como se a revelação cristã não existisse ou não fosse verdadeira serviria a quê, posto que ela existe e é verdadeira? Ao menos é esse o ponto de vista que se impunha a Santo Tomás. Doutor Cristão[71], era seu dever de estado

---

[71] Em vez de acentuar, atenuamos aqui o rigor do preceito. Se podemos estar certos de que Santo Tomás o aplicava ao sábio cristão, é porque ele considerava seu esquecimento, de uma maneira absolutamente geral, a raiz mesma do vício de "vã curiosidade". Cf. *Suma de teologia* IIaIIae, 167, 1, Resp.: *Tertio quando homo appetit cognoscere veritatem circa creaturas, non referendo ad debitum finem, scilicet ad cognitionem Dei* ("em terceiro lugar, quando o ser humano deseja

viver com Deus para dele falar: *aut de Deo aut cum Deo* ([falar] ou sobre Deus ou com Deus). Acima de tudo, ele não podia falar diferentemente da moral, porque, se Deus existe, não há deveres pessoais que não sejam, primeiramente, deveres para com Deus.

É nisso – e Santo Tomás bem o viu – que sua moral difere profundamente daquela de Aristóteles. A *Ética nicomaqueia* é e permanece um livro de importância planetária, da qual devem sempre inspirar-se aqueles cujo ideal será formar sujeitos morais completamente adaptados à vida social e política da cidade. Compreende-se assim que certas virtudes tenham mais ou menos escapado à atenção de Aristóteles, pois elas não tinham nenhum papel a desempenhar na vida coletiva, cujas exigências continuam para ele a norma do bem e do mal. É seguramente uma virtude alguém consentir a seus próprios limites e restringir sua ambição ao que seu valor e suas possibilidades permitem-lhe alcançar. Digamos que é essa submissão ao ordenamento estabelecido que, dado ser justo esse ordenamento, faz parte da virtude da justiça. Bem além disso está o respeito que experimentamos em relação à excelência dos outros, a essa alegria que provamos ao reconhecer a verdadeira grandeza lá onde ela se encontra, e ao inclinarmo-nos diante dela, mesmo que isso custe à nossa vaidade. Afinal, é de humildade que se trata aqui, e a sociedade não gosta dos humildes; neles, ela só vê fracos, porque conscientes de sua fraqueza, e julga suas sinceridades como confissões de culpa. Para incorrer deliberadamente nessa desvantagem social, é preciso que a pessoa humilde ponha antes de tudo o dever que lhe cabe de ser clarividente e sincera consigo mesma, e, como as superioridades que ela reconhece nos outros vêm de Deus, a pessoa humilde sabe que é grande mesmo humilhando-se diante dos outros, porque toda virtude é grande e porque é particularmente grande ser humilde diante de Deus. Eis aqui pensamentos bem alheios ao ensinamento de Aristóteles; compreende-se por que esse filósofo nunca mencionou a virtude da humildade[72].

Trata-se do esquecimento de uma virtude, e não daríamos nenhuma importância a esse fato se ele não revelasse uma diferença geral tão importante entre as duas morais. A bem da verdade, essas morais orientam-se em sentidos diferentes, porque dependem de teologias naturais diferentes. Não importa como se interprete a teologia natural de Aristóteles, ninguém chegará ao ponto de afirmar que o Pensamento Puro preocupa-se com o detalhe de

---

conhecer a verdade a respeito das criaturas não se referindo ao devido fim, quer dizer, ao conhecimento de Deus").

[72] Cf. *Suma de teologia* IIaIIae, 161, 1, ad 4m. O texto análogo sobre a virtude da paciência (IIaIIae, 136, 3, ad 2m) levanta um problema de natureza especificamente teológica e põe em questão a possibilidade mesma da paciência como virtude natural. Como não se vê *a priori* por que apenas a paciência entra nesse caso, surge o problema da possibilidade mesma de uma moral natural tomista. Voltaremos a isso quando tratarmos da virtude da caridade.

nossos atos, tenha direito de exigir que lhe prestemos contas e que refiramos a ele cada um desses atos. O deus de Aristóteles vive sua beatitude eterna; cada ser humano vive para imitar o melhor possível essa beatitude; mas, mesmo que seja dado a alguns raros sábios, por raros instantes, participar das alegrias de uma contemplação quase divina, não é pela vida de seu deus que esses privilegiados regulam sua vida moral. Tal desmedida, aos olhos deles, não seria mais do que loucura; o ideal que eles não perdem de vista, na busca de uma sabedoria do ser humano como ser humano, é aquele do bem humano sob sua forma mais perfeita, o bem da cidade.

É completamente diferente a moral tomista. Criado por um Deus que permanece intimamente presente em seu existir, em suas faculdades, em suas operações e em cada um dos atos que daí decorrem, o ser humano não pode fazer nada que não seja por Deus, e, sabendo isso, o ser humano não deve nada fazer a não ser para Deus. A questão, aqui, não é saber se o ser humano pode ou não aspirar à vida em Deus como à beatitude suprema. Que Deus tenha ou não decidido conceder-lhe essa graça, o dever moral do ser humano permanece exatamente o mesmo. Como a moral de Aristóteles segue a sua teologia natural, a moral de Santo Tomás de Aquino segue a teologia natural de Santo Tomás de Aquino. É por isso que não somente a humildade, mas também a fortaleza e a temperança, com todas as virtudes particulares que a elas se conectam, aparecem aqui proporcionalmente como meios que o ser humano adquire, ao preço de um exercício paciente, para cumprir em si a imagem cada vez mais perfeita de Deus, na qual ele tem por fim transformar-se.

# CAPÍTULO 4

# A VIDA SOCIAL

A noção de moral social traz imediatamente ao espírito aquela de justiça social; e a noção de justiça evoca, por sua vez, aquela de direito. O que o direito (*jus*) exige é o que é justo (*justum*); e fazer o que é justo em todas as circunstâncias da vida em sociedade é precisamente o objeto ao qual visa a virtude da justiça (*justitia*)[1]. Para analisar suas formas, é preciso, então, examinar inicialmente as diversas formas do direito.

O que distingue a justiça entre as outras virtudes é que ela regula as relações entre os seres humanos; e a forma mais simples sob a qual concebemos de saída o que tais relações deveriam ser é aquela da igualdade. Como se diz popularmente, igualar duas coisas é "ajustá-las". As virtudes que estudamos até aqui podiam definir-se inteiramente do ponto de vista do agente; agora, precisamos necessariamente ter em conta outra coisa que o agente, e, pode-se mesmo, em certo sentido, falar de justiça sem considerar o agente. Não há dúvida de que se fala, a justo título, de pessoa justa, mas ela é justa sempre em relação a alguém; mas igualmente de maneira adequada pode-se falar de "algo justo", entendendo-se por essa expressão aquilo que a justiça exige fazer, mesmo que ninguém o faça. Designa-se precisamente "o que é justo" pelo nome de *direito*[2].

Essa noção, aliás, não é simples. O direito apresenta-se, com efeito, sob dois aspectos, conforme dois aspectos do justo e da igualdade. Há a igualdade natural das coisas mesmas, suficiente para fundar uma relação de direito e, portanto, de justiça. Por exemplo, posso dar tanto, a fim de receber o equivalente,

---

[1] Fonte principal: *Comentário à Ética nicomaqueia de Aristóteles*, livro V (ed. Pirotta, pp. 293-368). Sobre o conjunto dessas questões, cf. GILLET, M. *Conscience chrétienne et justice sociale.* Paris, 1922.

[2] Cf. *Suma de teologia* IIaIIae, 57, 1, Resp. Cf. LOTTIN, O. *Le droit naturel chez Saint Thomas d'Aquin et ses prédécesseurs.* Bruges: Beyaert, 1931. Sobre a transformação da noção romana de direito pelo cristianismo, ver HÖLSCHER, F. *Die ethische Umgestaltung der römischer Individual--Justitia durch die universalistische Naturrechtslehre der mittelalterlichen Scholastik.* Paderborn: Schöning, 1932.

mesmo que seja o valor de uma moeda. É o que se nomeia *direito natural*, expressão que significa acima de tudo aquilo que é naturalmente justo e, por conseguinte, de direito. Totalmente diferente é o caso em que há igualdade, equivalência, em virtude de uma convenção, seja privada seja pública. Assim, duas pessoas podem pôr-se de acordo para admitir que o gozo de uma propriedade vale certa soma de dinheiro; e um povo inteiro pode pôr-se de acordo para fixar uma escala dos preços, assim como os representantes do povo ou o chefe do Estado podem validamente fazer isso por ele. Essas decisões criam relações de equivalência mais maleáveis do que aquelas da estrita igualdade natural; e o que é assim de direito, em virtude de uma convenção, nomeia-se *direito positivo*[3]. Por fim, certas noções sobre a equidade decorrem tão manifestamente das exigências da razão que elas podem ser encontradas em praticamente todas as sociedades humanas. Como a razão é comum a todos os seres humanos, as convenções que dela derivam o são também. Forma-se, assim, um direito positivo comum a todas as pessoas, ao que se nomeia *direito das gentes*. Ditado pela razão natural, o direito das gentes não constitui o objeto de uma instituição especial; ele se depreende espontaneamente lá onde prevalece a razão[4].

Outras distinções impõem-se ainda, se se quer discernir, para além dos vários tipos de direito, as diferentes relações que ele estabelece entre as pessoas. Para ater-nos aos casos fundamentais, situaremos em primeiro lugar a relação estabelecida pelo direito entre duas pessoas a quem nenhuma ligação une reciprocamente. Por exemplo, um contrato firmado entre dois cidadãos: trata-se de relações de direito puro e propriamente dito; e esse direito é, então, o mesmo para todos e em todos os casos. Que alguns cidadãos sejam militares; outros, magistrados; e assim por diante, em nada se altera esse fato. Sem dúvida, há um direito militar, um direito da magistratura, um direito sacerdotal, e tantos outros, mas, quaisquer que sejam suas funções, os cidadãos não têm nenhuma autoridade *pessoal* uns sobre os outros; todos são imediatamente vinculados à comunidade nacional e a seu chefe. As relações que os unem são, então, relações de direito e de justiça propriamente ditas.

---

[3] Cf. *Suma de teologia* IaIIae, 57, 2, Resp.

[4] Cf. *idem, ibidem*, 3, Resp. e ad 3m. Sobre o *jus gentium* ou direito das gentes, cf. *idem* IaIIae, 95, 4, ad 1m. A servidão e a escravidão, por exemplo, não são de direito natural; elas se justificam apenas à medida que mestre e escravo nelas encontram juntos seu interesse: *inquantum utile est huic quod regatur a sapientiori, et illic quod ab hoc juvetur, ut dicitur in I Polit., lect. 4* ("enquanto é útil a este ser dirigido por alguém mais sábio e àquele ser ajudado por este, como se diz no primeiro livro da Política, lição 4" – *idem, ibidem*, ad 2m). Santo Tomás está, assim, bem longe de considerar a condição de escravo como natural; desde que ela cessa de ser útil às duas partes, ela perde todo caráter de direito. Sobre o valor atual da noção tomista de direito, consultar PIOT, A. *Droit naturel et réalisme. Essai critique sur quelques doctrines françaises contemporaines*. Paris: Librairie Générale de Droit e de Jurisprudence, 1930.

Algo semelhante ocorre entre pai e filho, no interior de uma família, pelo simples fato de o filho ser uma pessoa distinta do pai. A prova da existência de relações de direito puro entre eles é que certos direitos do filho são sancionados pela lei. Aqui, todavia, nem todas as relações repousam sobre o direito puro. O filho não é completamente distinto do pai, que nele se prolonga e sobreviverá. Como diz Santo Tomás, *filius est aliquid patris*, o filho é parte do pai. Ora, não temos direitos em relação a nós mesmos. Portanto, o pai pode fazer certas coisas em virtude um direito inteiramente diferente daquele a que se nomeia "o direito": trata-se do *direito paterno*. No entanto, relações de direito e de justiça puros devem estabelecer-se, no interior de uma mesma família, entre esposo e esposa. Sem dúvida, a mulher pertence a seu marido; segundo a palavra de São Paulo, "os maridos devem amar suas mulheres como a seus próprios corpos" (Ef 5, 28); mas não é o caso de dizer que a mulher seja menos distinta de seu marido do que um filho é distinto de seu pai. Seu marido escolheu-a livremente como parceira para fundar um tipo de sociedade. Por conseguinte, as relações entre esposos fornecem, de maneira mais completa, mais matéria ao direito e à justiça puros do que as relações entre pai e filho. Poder-se-ia, para distinguir esse caso dos outros, falar de *justiça doméstica*, porque as relações de direito são aí dirigidas pelo bem comum da família como fim mesmo dessas relações[5].

Sendo esse o direito, em que consiste a justiça? Ela é uma disposição permanente da vontade para restituir a cada um o seu direito[6]. Sempre se é justo ou injusto em relação a outrem, mas, como essa disposição tem por efeito, tal como quer a razão, assegurar que se age com retidão em relação a outrem, então ela torna melhor quem a possui; em resumo, trata-se de uma virtude[7]. Em certo sentido, poder-se-ia chegar a dizer que se trata da virtude mesma, ou, se se preferir, que toda virtude é uma justiça e que a justiça é todas as virtudes. É o que afirma Aristóteles na *Ética nicomaqueia*[8], e ele tem razão, ao menos naquele que é o seu ponto de vista. A virtude na qual ele pensa, como já observamos, é aquela do cidadão. A justiça da qual ele fala nessa passagem é, então, a justiça legal, aquela que a lei define ao prescrever a cada um conduzir-se como convém em vista do bem comum da

---

[5] Cf. *idem*, 57, 4. Santo Tomás assimila às relações entre pai e filho aquelas entre senhor e servo porque *servus est aliquid domini, quia est instrumentum eius* ("o servo é parte de seu senhor, pois é seu instrumento" – *idem, ibidem*, Resp.). A interpretação histórica desse texto pressuporia um estudo da servidão na Idade Média. A esse respeito, ver BLOCH, M. *La société féodale, la formation des liens de dépendance*. Paris: Albin Michel, 1939; *La société féodale, les classes et le gouvernement des hommes*. Paris: Albin Michel, 1940.

[6] Essa definição provém de *Digesto* I, 1, e é retomada e comentada na *Suma de teologia* IIaIIae, 58, 2, Resp.; 4, Resp.

[7] Cf. *Suma de teologia* IIaIIae, 58, 3, Resp.

[8] Cf. ARISTÓTELES, *Ética nicomaqueia* V, 3, 1130a9-10.

cidade. Dessa perspectiva, cada indivíduo não é considerado senão como parte daquele todo que é o corpo social, e, visto que a qualidade das partes importa para a qualidade do todo, mesmo as virtudes pessoais que cada um pode adquirir contribuem para o bem comum ao qual a justiça da lei ordena todos os cidadãos. Se, então, não se consideram os seres humanos senão como membros do corpo social, todas as virtudes deles concernem à justiça, o que equivale a fazer dela algo como uma virtude geral que inclui todas as outras virtudes[9].

Notemos, no entanto, que, mesmo do ponto de vista de Aristóteles, não se poderia considerar a essência da justiça idêntica à essência de toda outra virtude. A justiça legal não inclui todas as outras senão porque ela as dirige e as ordena ao fim que é o seu, o bem da cidade. O próprio Aristóteles reconhece-o: não é exatamente a mesma coisa ser uma pessoa de bem e ser um bom cidadão[10]. Santo Tomás apressa-se em aproveitar dessa concessão para distinguir dessa justiça grega, inteiramente voltada para o bem da cidade, uma justiça particular, aquela que enriquece a alma que a adquire e a exercita com uma de suas mais preciosas perfeições. Agora, não é mais em Aristóteles que Santo Tomás encontra o texto que o autoriza a proclamar a existência dessa outra justiça, mas no Evangelho de São Mateus 5, 6: *Beati qui esuriunt et sitiunt justitiam* ("Felizes os que têm fome e sede de justiça"), flagrante exemplo da metamorfose que deve sofrer a moral grega para poder durar em ambiente cristão. Como todas as outras virtudes, a justiça deve interiorizar-se para tornar-se cristã: antes de ser justo perante a Cidade, é preciso sê-lo perante si mesmo, a fim de sê-lo perante Deus[11].

Distinguir-se-á, então, a justiça legal, virtude de conduzir-se de maneira justa em relação ao grupo, entre a justiça legal e a justiça particular, virtude tão bem delineada quanto a temperança ou a fortaleza e pela qual cada pessoa em particular conduz-se de maneira justa em relação a cada pessoa em particular[12]. A matéria sobre a qual ela se exerce diretamente não são mais as paixões da alma, como era o caso para as virtudes pessoais que já estudamos, mas ações das pessoas em suas relações com outras pessoas, seu comportamento, seus agires. Como poderia ela incidir sobre as paixões? Os atos que a justiça regula são atos voluntários, e a vontade não é da ordem do desejo sensível, sede das paixões, mas da ordem da apetição racional. Sem dúvida, acontece de a paixão conduzir à injustiça; por exemplo, roubar para vingar-se ou por cobiça imoderada das riquezas, mas não cabe à justiça corrigir essas paixões, e sim à fortaleza ou à temperança. A justiça só pode intervir para

---

[9] Cf. *Suma de teologia* IIaIIae, 58, 5, Resp.
[10] Cf. *Comentário à Política de Aristóteles* III, lição 3.
[11] Cf. GILSON, É., *O espírito da filosofia medieval, op. cit.*, capítulo VII.
[12] Cf. *Suma de teologia* IIaIIae, 58, 7, Resp.

corrigir o ato injusto como tal. Qualquer que seja a razão pela qual uma pessoa possa ter assaltado, a justiça exige que o bem adquirido de maneira má seja restituído a quem o possui legitimamente. É, portanto, sobre os atos mesmos que incide essa virtude[13], e não sobre o que devem ser interiormente tais atos em relação a quem os efetua (como fazem as virtudes da força e da temperança), mas sobre o que devem ser nossos atos externos, em função da pessoa ou das pessoas a que eles concernem. Em outros termos, as virtudes que regulam as paixões permitem à pessoa virtuosa manter as paixões em um justo meio em relação a essa mesma pessoa: ter cólera ou sentir medo quando é preciso, como é preciso e de modo tão justo quanto é preciso; mas a justiça busca essa mediedade na relação de dois elementos externos à própria pessoa virtuosa: seu ato e a pessoa a quem esse ato concerne. Não se trata mais, então, de *alguém que se mantém em um justo meio*, mas *do justo meio de algo*. O que a justiça tem em comum com as outras virtudes é que o justo meio por ela visado permanece aquele da razão, e isso é o que faz dela uma virtude moral com toda a força dessa expressão[14].

Esse meio termo da coisa mesma é o direito da pessoa interessada pelo ato que o determina. Vê-se bem sua natureza nos vícios que corrompem esse tipo de relações. A justiça legal é levada ao fracasso pela ilegalidade, o desprezo do bem comum que dispõe a pessoa viciada a só perseguir seu interesse individual mais imediato, sem se preocupar com repercussões possíveis de seu ato sobre o interesse geral da comunidade. Vício tão geral quanto a virtude que ele fere, a ilegalidade pode conduzir a pessoa viciada a todos os tipos de faltas, pois ela a dispõe a violar todas as leis, por menor que seja o incômodo que estas lhe causem. Mas a injustiça propriamente dita consiste em falsear a igualdade em nossas relações com outras pessoas, quer dizer, em não respeitar a igualdade que convém estabelecer entre cada um de nossos atos e cada um dos direitos dessas pessoas. Um ato injusto é um ato *iníquo*, uma *iniquidade*, ou, se se quiser, uma *in-equidade* cometida em relação a alguém. Assim, é um rompimento dessa igualdade fundamental do ato com o direito que a justiça exige querer tirar de um comprador mais dinheiro do que vale aquilo que se lhe vende ou querer tirar de um vendedor um objeto de maior valor do que o valor que se lhe paga, ou ainda querer obter mais dinheiro do que se fornece como trabalho ou mais de trabalho do que se dá como dinheiro. Dadas certas condições de existência, então uma hora de determinado trabalho ou uma quantidade do produto de determinado trabalho valem sensivelmente tal soma de moeda de um poder de compra determinado. Cabe à razão bem informada fixar essa relação com toda a retidão; a pessoa

---

[13] Cf. *idem, ibidem*, 9, Resp.
[14] Cf. *idem, ibidem*, 59, 10, Resp. e ad 1m.

justa é, portanto, aquela cujos atos respeitam sempre a relação de equidade determinada pela razão[15].

Não se deve, porém, identificar pura e simplesmente com a justiça o fazer algo justo, nem com a injustiça o fazer algo injusto. O justo e o injusto são como que a matéria mesma da justiça e da injustiça, mas não bastam para constituí-las. Uma pessoa justa pode cometer uma injustiça por ignorância ou por erro de boa-fé, e ela não deixa de ser justa por isso. Podemos ir mais longe: pode-se ser profundamente justo e expor-se a ser levado a cometer uma injustiça por raiva ou por cobiça. É-se, então, uma pessoa justa que negligencia, equivocadamente, o apelo à sua justiça no momento em que isso seria necessário; mas não se perde essa virtude por isso; mostra-se que ela é incompleta e não adquiriu ainda a estabilidade de uma virtude perfeita. A injustiça propriamente dita é o hábito de praticar atos injustos, sabendo-se que eles são injustos e cometendo-os com propósito deliberado. A *intenção habitual* de fazer o que é injusto é, portanto, essencial ao vício da injustiça, assim como a intenção contrária é coessencial à justiça tomada como virtude[16]. Fazer sem saber ou em um acesso de paixão coisas justas ou injustas significa encontrar a justiça ou a injustiça apenas por acidente.

Posto que a vontade da pessoa justa regula-se com base em sua razão, pode-se dizer que essa pessoa comporta-se como um juiz que não deixaria nunca de promover a justiça e de pronunciar julgamentos. Mas essa é apenas uma metáfora ou, no mínimo, uma enorme ampliação de sentido. Em sentido estrito, o julgamento que define a justiça é privilégio do chefe do Estado, pois é ele quem estabelece o direito positivo, promulgando a lei. O juiz não faz mais do que aplicar a lei assim estabelecida. Julgando, ele simplesmente põe em ação o julgamento do soberano. Quanto aos julgamentos pessoais proporcionados pela razão de cada indivíduo, eles são ditos julgamentos apenas por analogia. Em sentido primeiro, *julgamento* significa a determinação correta do que é justo. A partir daí esse termo foi estendido até significar a determinação correta em alguma matéria, na ordem especulativa tanto quanto na ordem prática[17]. Seja como for, mesmo quando se toma o termo *julgamento* em sentido estrito, é sempre a razão que julga, e, se se designa esse ato pelo nome de *judicium* (juízo), é porque ele é regido por aquela disposição

---

[15] Cf. *idem*, 59, 1, Resp.

[16] Cf. *idem, ibidem*, 2, Resp. Note-se, aliás, que o que é *injusto* não é necessariamente um mal, pois pode-se perder o justo meio por excesso tanto quanto por falta: por exemplo, dar voluntariamente a alguém mais do que lhe é devido (cf. *idem, ibidem*, 3, Resp.). O sentido costumeiro do termo não é, porém, menos pejorativo, mesmo na língua de Santo Tomás.

[17] É sem dúvida por essa razão que Santo Tomás evita geralmente o termo *judicium* para designar o que nomeamos hoje em lógica, por exemplo, o juízo. Em seu pensamento, *judicium* continua a conotar fundamentalmente o julgamento do príncipe que define a justiça ou do juiz que aplica esse julgamento.

estável para julgar estritamente e à qual se chama *justitia* (justiça). Um ato na ordem do direito é, então, um *actus justitiae* (ato de justiça), quer dizer, um ato cuja origem e causa são a virtude mesma da justiça de quem pronuncia o julgamento[18]. Como *actus justitiae*, o julgamento é um ato legítimo, desde, entretanto, que satisfaça ainda duas outras condições.

A primeira é de que quem exerce a justiça tenha recebido do soberano autoridade para fazê-lo e só pronuncie julgamento em matéria na qual possui efetivamente essa autoridade. Todo julgamento dado sem que essa condição seja respeitada é um julgamento *usurpado*. A segunda é de que o juiz só se pronuncie em caso de certeza racional. Seguramente, aqui, falando de matérias contingentes, não se trata de uma certeza demonstrativa de tipo científico, mas deve-se exigir do juiz que a sua razão, nessas matérias, seja certa como ela pode ser. Dado em casos duvidosos ou obscuros, em função de conjecturas relativamente frágeis, o julgamento deve ser qualificado de *temerário*[19]. Com feito, um julgamento como esse não se funda senão sobre suspeitas; e suspeitar, como diz Cícero, é presumir o mal com base em indícios frágeis. Pessoas malvadas suspeitam facilmente, pois julgam as outras com base nelas mesmas. Mas também basta desprezar alguém, odiá-lo ou irritar-se com ele para que se pense facilmente mal a seu respeito; é por isso que muitos idosos, tendo já conhecido tantas situações como essas, mostram-se geralmente bastante desconfiados. A bem da verdade, somos todos desconfiados. Duvidar da bondade de alguém com base em indícios frágeis é uma daquelas tentações humanas que sempre aparecem na vida de todos; e ceder a essa dúvida é uma falta leve. Grave, porém, é julgar uma pessoa como decididamente má apenas sobre a base de conjecturas, pois, embora não dominemos o surgimento de nossas suspeitas, podemos dominar nossos julgamentos. Por isso, o juiz que, pretendendo fazer justiça, condena com base em meras suspeitas comete a mais grave das faltas contra a própria justiça, pois, em vez de julgar segundo o direito, ele o viola. Seu ato é uma ofensa direta à virtude mesma cujo exercício é a sua função[20]. Na ausência de certeza, a dúvida deve beneficiar a pessoa acusada. Não há dúvida de que o dever de um juiz inclui castigar quem é culpado (e mesmo todos nós, em nosso foro íntimo, devemos condenar os malvados), mas é melhor enganar-se frequentemente, absolvendo culpados, do que raramente, condenando inocentes. O primeiro desses erros não prejudica ninguém; já o segundo é uma injustiça, e é preciso, portanto, evitá-lo[21].

---

[18] Cf. *Suma de teologia* IIaIIae, 60, 1, Resp.
[19] Cf. *idem, ibidem*, 2, Resp.
[20] Cf. *idem, ibidem*, 3, Resp.
[21] Cf. *idem, ibidem*, 4, Resp.

Voltemos do julgamento à justiça, a fim de distinguir suas espécies. No livro V da *Ética nicomaqueia*[22], Aristóteles distingue entre a justiça que regula as trocas e aquela que preside as distribuições. Nomeia-se-as respectivamente *justiça comutativa* e *justiça distributiva*. Ambas remetem à justiça privada (como distinta da justiça legal), pois concernem a alguma pessoa particular, tomada como parte do corpo social que é o seu todo. Se se trata de regular as relações de duas dessas partes, quer dizer, de duas pessoas privadas, é a justiça comutativa que se encarrega de fazê-lo. Se se trata, em vez disso, de regular uma relação entre o todo e uma de suas partes, quer dizer, atribuir a alguma pessoa particular sua porção nos bens que são propriedade coletiva do grupo, o tema é do âmbito da justiça distributiva. Entre duas pessoas privadas, com efeito, tudo se reduz sempre, de alguma forma, a uma troca; já entre o corpo social e seus membros, tudo se reduz sempre a alguma distribuição[23].

Esses dois tipos de relação legitimam a distinção de duas espécies de justiça, pois elas procedem de dois princípios diferentes. Quando o Estado quer distribuir a seus membros a porção dos bens da comunidade que lhes cabe, ele considera o lugar que cada uma das partes ocupa no todo. Ora, essas partes não são iguais, pois toda sociedade possui uma estrutura hierárquica; e compõe a essência mesma de um corpo político organizado que todos os seus membros não ocupem nele os mesmos estratos. Isso ocorre em todos os regimes. Em uma aristocracia, os estratos são marcados pelo valor e pela virtude; em uma oligarquia, a riqueza substitui a nobreza; já em uma democracia o que hierarquiza os membros da nação é a liberdade, ou, como se diz, as liberdades das quais gozam as partes. Em todos os casos, e poder-se-iam citar outros, cada pessoa recebe benefícios proporcionais ao estrato que lhe corresponde em função de sua nobreza, de sua riqueza ou dos direitos que ela soube conquistar. Tais relações não são fundadas sobre uma igualdade aritmética, mas, antes, de acordo com a fórmula de Aristóteles, sobre uma igualdade geométrica. É, então, natural que alguém receba mais do que outrem, uma vez que a distribuição dos benefícios faz-se proporcionalmente aos estratos. Desde que cada um receba proporcionalmente tanto quanto outrem, considerado o lugar que ocupa, a justiça é salvaguardada, e o direito, respeitado.

Nas trocas de pessoa a pessoa, os problemas apresentam-se diferentemente. Trata-se de dar algo a alguém, em contrapartida do que dele se recebeu. Tal é eminentemente o caso das compras e vendas, que são o tipo mesmo da troca. Trata-se, então, de ajustar as transações de tal maneira que cada um receba tanto quanto recebeu ou deu. É, portanto, a uma igualdade aritmética

---

[22] Cf. *Comentário à Ética nicomaqueia de Aristóteles*, V, lição 4 (ed. Pirotta, n. 927-937, pp. 308-311).

[23] Cf. *Suma de teologia* IIaIIae, 61, 1, Resp.

que se deve chegar, de modo que as duas partes tenham, no fim das contas, tanto quanto tinham antes. Proporcional ou aritmética, a relação que a justiça visa estabelecer é sempre uma relação de igualdade[24].

Como todas as virtudes, essas duas espécies de justiça são ameaçadas por vícios correspondentes. Aquele que arruína mais frequentemente a justiça distributiva é a acepção de pessoas (tratá-las com medidas diferentes de julgamento). Nessa expressão, o termo *pessoa* designa toda condição desvinculada da causa que justifica certo dom. Já dissemos que a justiça distributiva consiste em dar a cada um o que é proporcional a seu mérito; fazer acepção de pessoa é tornar o dom proporcional a algo diferente de seu mérito. Não é mais, então, um direito que se retribui; é a pessoa de Pedro ou Martinho que se favoriza, sob a aparência de se reconhecer um direito. Assim entendida, a "pessoa" varia segundo os casos. Levar em conta laços de sangue para regular uma herança não significa fazer acepção de pessoa (ao contrário, esse é eminentemente um caso em que se deve levar em conta tais laços), mas é fazer acepção de pessoa nomear alguém professor porque é nosso parente ou filho de amigos. Somente a ciência do candidato deveria ter peso; todo o restante é sua pessoa, salvo, neste caso, sua competência como professor, que deveria ser a única coisa a intervir aqui[25].

Tudo isso é perfeitamente claro, simples e explicitamente resolvido em teoria. Na prática, é outra história. Enquanto se trata apenas de distribuir cargos públicos ou de fazer justiça no tribunal, a acepção de pessoas é sempre condenável, mas é muito raro haver uma distinção perfeitamente estabelecida entre o que é e o que não é "pessoa". A ciência, sozinha, não basta para fazer um bom professor; nem mesmo a santidade para um bom bispo; e, para as funções de embaixador, uma considerável fortuna pessoal, bem como altas relações de amizade íntima com soberanos, podem reforçar a habilidade diplomática. É preciso bem distinguir, sobretudo, estes dois casos: conceder cargos e conceder distinções de honra. No segundo, é um fato bem conhecido que as honras acompanham o cargo, e com razão. Sem dúvida, apenas a virtude tem direito de ser honrada, mas quem ocupa um cargo público representa sempre algo que o ultrapassa: a autoridade pela qual ele ocupa tal cargo. Mesmo que um bispo seja mau, ele representa Deus; por isso, é preciso respeitar Deus nesse bispo. Mestres deveriam ser eruditos, pais deveriam ser bons, anciãos deveriam ser pessoas que encontraram tempo para tornar-se sábios: honremos, pois, todos os mestres, todos os pais e todos os anciãos, mesmo que nem todos sejam tão eruditos, tão bons nem tão sábios

---

[24] Cf. *idem, ibidem*, 2, Resp. Sobre as noções de indenização e multa, ver *idem, ibidem*, 4, Resp. Sobre os problemas relativos à restituição, ver *idem*, 62.

[25] Cf. *idem*, 63, 1, Resp. Esse vício é ainda mais grave quando se trata de distribuir cargos eclesiásticos, os quais são ligados aos interesses espirituais das pessoas, o que há de mais sagrado (cf. *idem, ibidem*, 2, Resp.).

quanto deveriam. E quanto aos ricos? Queiramos ou não, os ricos ocupam mais espaço na sociedade do que os pobres; os recursos de que eles dispõem criam-lhes deveres, e, nem que seja apenas pelo que ela permite fazer, a riqueza é honrável. Honremos, então, os ricos, pois isso é preciso; mas o que devemos honrar neles é o poder de fazer o bem que eles representam. Honrar neles *suas riquezas*, cuja simples observação já desperta em tanta gente marcas de respeito, é fazer acepção de pessoas. Não é mais uma virtude, mas um vício[26]. Não há dúvida de que podemos sempre contar com o bom senso de Santo Tomás de Aquino.

Os vícios que se opõem à justiça comutativa são mais numerosos, por causa da diversidade dos bens que se podem trocar, mas os vícios mais graves consistem em tomar sem nada dar em troca; e o mais grave de todos os ataques à justiça é tomar de alguém aquilo cuja perda priva-o de todo o resto: sua vida. Sacrificar as plantas em benefício dos animais, e os animais em benefício do ser humano, é manter-se na ordem. É, porém, a morte injustificada de um ser humano, nosso associado e nosso irmão pela razão. Há mortes justificadas; trata-se daquelas decididas pelos juízes ao aplicar a pena de morte. Em uma sociedade determinada, os indivíduos são partes de um todo, e, assim como pode ocorrer que um cirurgião, para salvar a vida de alguém, deva amputar um membro gangrenado, também pode ocorrer que se deva amputar um dos membros da sociedade se, corrompido, tal membro ameaça corromper o corpo social. Nesse caso, a pena de morte é justificada[27]. Mas é necessário que ela seja decretada pela justiça devidamente constituída. Nenhuma pessoa privada tem o direito de arvorar-se em juiz; apenas os tribunais são habilitados para condenar malfeitores à morte[28].

Suicidar-se, por sua vez, é cometer homicídio contra si mesmo. Sem autoridade, não se tem direito de matar nem a si mesmo nem aos outros. Primeiro, o suicídio é contra a natureza, pois cada um se ama e trabalha naturalmente para conservar-se. Se a lei natural possui aos olhos da razão valor de lei moral, é então uma falta grave violá-la. Além disso, cada parte, como tal, pertence ao todo; ora, cada pessoa faz parte do corpo social, e, matando-se, prejudica a comunidade, a qual tem direito aos seus serviços; é, portanto, uma injustiça, tal como Aristóteles já observava[29]. O que Aristóteles não diz, e que é muito mais importante, é que o suicídio é uma injustiça em relação a Deus. Afinal, é Deus quem nos dá a vida e a conserva. Privar-se da vida é

---

[26] Cf. *idem, ibidem*, 3, Resp., e *Questões quodlibetais* X, 6, 1.

[27] Cf. *idem*, 64, 2, Resp.; 6, Resp.

[28] Cf. *idem, ibidem*, 3, Resp.; *idem*, 65, 1, ad 2m. É até proibido que os clérigos assumam tais funções, pois eles são chamados ao ministério do altar, no qual se reapresenta a paixão de Cristo sacrificado, ele que, "mesmo agredido, não agredia" (1Pe 2, 23) – cf. *idem*, 64, 6, Resp. Sobre os problemas relativos às mutilações, castigos, ferimentos e encarceramento, cf. *idem*, 65.

[29] Cf. *Comentário à Ética nicomaqueia de Aristóteles* V, lição 17.

cometer contra Deus a falta que se comete contra alguém quando se mata seu servidor; mais ainda, é cometer a falta de usurpar um direito de julgamento que não se possui. Só Deus é juíz dos limites de nossa vida. "Sou eu que farei morrer; sou eu que farei viver", diz-se no *Deuteronômio* (32, 39). A lei natural e a lei divina convergem, então, na condenação do suicídio como uma falta contra a própria pessoa, contra a sociedade e contra Deus[30].

Subtrair a vida a si mesmo ou aos outros apresenta-se aos olhos de Santo Tomás como um ato de uma tal gravidade que se pode dizer, apesar de aparentes exceções, que não há *nenhum caso* em que esse ato seja moralmente justificado. Entendamos com isso que em nenhum caso é lícito matar com a intenção de matar. Pode acontecer que a busca de um fim inteiramente diferente e legítimo obrigue necessariamente a matar. Mesmo assim, porém, o matar não pode ser desejado por si mesmo e a título de fim. Já enfatizamos, repetidas vezes, que os atos morais são especificados pela intenção que os dirige. Matar com a intenção final de matar é sempre um crime. Para que o matar seja desculpável, ele deve permanecer, por assim dizer, fora da linha da intenção e apresentar-se como não essencial em relação ao fim almejado. Tal é o caso da morte provocada por legítima defesa. O que nela é legítimo é querer salvar a própria vida; mas não é legítimo matar o agressor se se pode proteger-se sem matar, assim como nem sequer é legítimo ter a intenção de matar para defender-se: deve-se ter a intenção de unicamente defender-se contra o agressor, e, caso isso leve a precisar matá-lo, que se o faça como defesa contra um ataque[31].

Mesmo sem prejudicar alguém em sua pessoa, pode-se prejudicá-la em seus bens. Daí derivam numerosas espécies de ataques à justiça, que são igualmente violações do direito à propriedade. Tal direito já foi causa de muitas controvérsias; alguns chegaram até a negá-lo; mas nem por isso ele deixa de ser um verdadeiro direito. Dotado de razão e vontade, o ser humano é naturalmente capaz de servir-se das coisas, e, como não poderia subsistir sem delas se servir, ele tem naturalmente o direito de fazê-lo. Poder servir-se de uma coisa segundo suas necessidades é ter a propriedade dela. Não é possível, então, conceber a vida humana sem esse *mínimo* que é o direito à propriedade dos bens necessários para viver. O direito à propriedade é um direito natural. A isso se pode acrescentar que é um direito sagrado. O ser

---

[30] Cf. *Suma de teologia* IIaIIae, 64, 5, Resp.

[31] Cf. *idem, ibidem*, 7, Resp. Trata-se aqui apenas de uma relação entre pessoas privadas. Nos casos em que matar torna-se uma função pública (soldados em tempo de guerra, polícia em perseguição de um criminoso), a intenção torna-se legítima, mas somente em virtude de uma delegação da autoridade pública e desde que aqueles que são encarregados dessas funções cumpram-nas como tais, sem deixar-se dominar pelo desejo pessoal de matar nem se aproveitar da ocasião para satisfazer-se. Os assassinatos involuntários e completamente isentos de toda suspeita de homicídio por imprudência são apenas acidentes; não são faltas (cf. *idem, ibidem*, 8, Resp.).

humano só é capaz de exercer sua dominação sobre as coisas de que se serve porque é dotado de razão. Ora, a razão é, nele, a imagem de Deus. O proprietário supremo e absoluto da Natureza é Deus, que a criou; mas ele fez o ser humano à sua imagem e semelhança, e, por conseguinte, capaz não de mudar a Natureza a seu bel-prazer, mas, no mínimo, de explorar em seu benefício os recursos dela. Possuidor, por uma delegação divina, do poder de servir-se das coisas postas à sua disposição, o ser humano tem o direito de fazê-lo na justa medida de suas necessidades[32].

É verdade que o direito à propriedade, tal como entendido ordinariamente, parece estender-se para além do simples direito de uso. Possuir mostra-se não apenas como um ter alguma coisa para si, mas como um ter alguma coisa como sua, como própria, e a tal ponto que o bem possuído parece, por assim dizer, fazer parte da pessoa mesma. Se se coloca, porém, sob a perspectiva do direito natural, tal apropriação dos bens não se impõe. Não queremos dizer nem que o direito natural condena a comunidade dos bens nem que a apropriação individual deles seja contrária ao direito natural, mas simplesmente que o direito natural ignora o tema. Foi a razão que acrescentou ao direito natural a apropriação individual dos bens, porque é necessário à vida humana que cada ser humano possua alguns bens a título próprio. Quando alguma coisa pertence a todos, ninguém dela se ocupa, ao passo que cada pessoa ocupa-se de boa vontade daquilo que só pertence a ela. Além disso, os negócios fazem-se com mais ordem se cada pessoa é encarregada de um tipo particular de necessidade, em vez de todos encarregarem-se de tudo; essa divisão do trabalho, como se diz em nossos dias, parece implicar, no pensamento de Santo Tomás, certa individualização da propriedade. Por fim, relações mais pacíficas estabelecem-se assim entre os seres humanos, com a satisfação que todos experimentam ao possuir algo, fazendo que cada um esteja contente com sua parte. Para convencer-se desse fato, basta ver o quanto é frequente que a posse indivisa de bens é fonte de disputas. Como dizem os juristas, é sempre preciso sair da indivisão.

Dito isso, não se deve esquecer, porém, que, por direito natural, o uso de todas as coisas está à disposição de todos. Esse fato fundamental não poderia ser destruído pelo estabelecimento progressivo da propriedade individual. É sem dúvida excelente que cada qual possua, a título próprio, o que é necessário ao seu uso, pois ninguém ficará em carência nem será negligenciado. Mas

---

[32] Cf. *idem, ibidem*, 66, 1, Resp. Cf. também HORVATH, A. *Eigentumsrecht nach dem hl. Thomas von Aquin*. Graz: Moser, 1929; TONNEAU, J. Propriété. In: *Dictionnaire de Théologie Catholique*, tomo XIII, cols. 757-846. Informações bibliográficas sobre o tema do direito à propriedade podem ser encontradas no *Bulletin Thomiste*, 1932, pp. 602-613; 1935, pp. 474-482. A grande complexidade do tema do direito à propriedade segundo Santo Tomás pode ser bem visualizada em PÉRES-GARCIA, J. *De principiis functionis socialis proprietatis privatae apud divum Thomam Aquinatem*. Friburgo, 1924.

algo totalmente diferente ocorre a partir do momento em que alguns acumulam, a título de propriedades individuais, muito mais bens do que podem utilizar. Apropriar-se daquilo de que não se tem necessidade significa fazer suas as coisas fundamentalmente comuns e cujo uso deve permanecer comum. O remédio para esse abuso é nunca considerarmos como reservados ao nosso uso exclusivo até mesmo aqueles bens que possuímos a título próprio. Tenhamo-los, pois são nossos, mas mantenhamo-los sempre à disposição de quem pode precisar deles. O rico que não distribui o que não lhe é essencial desfavorece os necessitados dos bens cujo uso pertence a eles por direito e dos quais o rico os despoja por violência. As riquezas, lembremos, não são más em si; porém, é preciso saber servir-se delas segundo a razão[33].

Posto que é lícito possuir certos bens a título próprio, toda violação desse direito é um crime. Um caso é o furto, que consiste em apropriar-se sub-repticiamente do bem alheio; outro caso é o assalto, que consiste em apoderar-se com violência do bem de outrem[34]. Se tais atos se generalizassem, a sociedade humana seria destruída; e, aliás, eles agridem, por causa do amor que devemos ter por nosso próximo, o amor que devemos ter por Deus[35]. Todavia, não se trata de roubo apoderar-se, em caso de necessidade, daquilo de que se tem necessidade. Já lembramos que, por direito natural, as coisas foram postas por Deus à disposição de todos os humanos para prover as necessidades deles. O fato de que o direito humano tenha dividido a posse dos bens e estabelecido a propriedade dessa posse não poderia ter por efeito a abolição do direito natural ao qual ele se acrescenta. O que os ricos possuem como excesso em relação a suas necessidades é, portanto, destinado *por direito natural* a prover as necessidades dos pobres. Sem dúvida, aqueles que possuem tais bens são livres para dispor deles conforme julgarem melhor, a fim de nutrir quem tem fome e vestir quem está nu; mas, em caso de necessidade urgente e manifesta, uma pessoa que se encontra na necessidade pode apoderar-se do bem de outrem, seja com algum ardil sutil, seja com violência, sem que isso configure nenhum crime de sua parte[36].

Além das injustiças em atos, há também aquelas que consistem em palavras[37]. As palavras mais importantes, a esse respeito, são as do juiz, cuja função própria é fazer justiça. A sentença pronunciada por um juiz é como que uma lei particular, feita para um caso particular. É, aliás, por isso que, como a lei geral mesma, a sentença do juiz tem força vinculante; ela liga as duas partes,

---

[33] Cf. *Suma contra os gentios* III, 127, *Quia vero...*; *Suma de teologia* IIaIIae, 66, 2, Resp. e ad 2m.

[34] A respeito da propriedade de objetos encontrados, ver *Suma de teologia* IIaIIae, 66, 5, ad 2m.

[35] Cf. *Suma de teologia* IIaIIae, 66, 6, Resp.

[36] Cf. *idem, ibidem*, 7, Resp.

[37] Estamos sempre no registro dos vícios contrários à justiça comutativa, que almeja o estabelecimento de relações de igualdade.

e o seu poder de obrigar as pessoas privadas é o sinal certeiro de que o juiz que a pronuncia fala, então, em nome do Estado. Ninguém, portanto, tem o direito de julgar sem ter recebido regularmente o mandato para tal efeito[38]. O caráter de pessoa pública é de tal maneira inseparável do juiz que ele nem sequer tem o direito de considerar, em seus julgamentos, aquilo que ele sabe apenas a título de pessoa privada. É somente sobre o que o juiz sabe *como juiz* que ele pode fundar seus julgamentos. Ora, exercendo uma função pública, o juiz conhece, por um lado, as leis divinas e humanas, e, por outro, as declarações das testemunhas e as peças probantes que constituem o dossiê do caso. Certamente, aquilo que ele, a título privado, eventualmente sabe sobre o caso pode ajudá-lo a conduzir uma discussão mais cerrada sobre as provas alegadas e a mostrar a fraqueza delas; no entanto, se ele não pode recusá-las juridicamente, é sobre elas que deve fundar seu julgamento[39]. Pela mesma razão, um juiz não poderia pronunciar-se sobre um caso em que ele figurasse como acusador, nem se comportar como acusador em um caso no qual ele é juiz. Como juiz, ele não é mais do que intérprete da justiça. Como diz Aristóteles, ele é uma justiça viva[40]. Portanto, assim como o juiz deve esquecer o que talvez saiba como testemunha, assim também deve fazer completamente abstração do que poderia ter a dizer como acusador. Em resumo, não se pode ser, ao mesmo tempo, juiz e parte do julgamento. Isso significaria exercer a justiça com base em si mesmo, o que não pode ser dito senão por metáfora, pois, como já dissemos, a virtude da justiça visa diretamente a outrem[41]. Por fim, o juiz não tem autoridade para dispensar do castigo a um culpado. Se a queixa mostra-se justificada, seu autor tem direito a que o culpado seja punido; e o juiz está aí para que esse direito seja reconhecido. Além disso, o juiz é encarregado, pelo Estado, de aplicar a lei; se, então, a lei exige o castigo do culpado, o juiz é ainda mais obrigado a fazer abstração de seus sentimentos como pessoa privada e aplicar exatamente a lei. Por outro lado, é claro que o chefe do Estado, juiz supremo, não se encontra na mesma situação que os outros juízes. Tendo pleno poder, ele também tem a possibilidade de dispensar do castigo a um culpado se considera que pode fazê-lo sem prejudicar os interesses da comunidade[42].

Forçado a ater-se às peças do processo para fundamentar sua sentença, o juiz estaria à mercê do acusador, do defensor e das testemunhas caso eles também não fossem obrigados a observar a justiça. Acusar é um dever quando se trata de uma falta que ameaça o bem público e cuja acusação pode ser

---

[38] Cf. *Suma de teologia* IIaIIae, 67, 1, Resp.

[39] Cf. *idem, ibidem,* 2, Resp.

[40] Cf. *Comentário à Ética nicomaqueia de Aristóteles,* lição 6 (ed. Pirotta, n. 955, p. 318).

[41] Cf. *Suma de teologia* IIaIIae, 67, 3, Resp.

[42] Cf. *idem, ibidem,* 4, Resp.

provada. Se, em vez disso, não se trata senão de uma falta sem repercussão concebível sobre o bem da coisa pública, não há obrigação de acusar. Ninguém, aliás, é obrigado a fazer acusação em nenhum caso no qual não se sinta em condições de sustentá-la com provas, pois nunca se é obrigado a fazer algo quando não se pode fazê-lo tal como deve ser feito[43]. Todavia, se se deve e se pode acusar, deve-se fazê-lo por escrito, para que o juiz saiba exatamente a que se ater, mas é preciso sobretudo velar para nunca fazer uma acusação que não seja fundamentada. Cometer essa falta é caluniar. Alguns caluniam porque são levianos ou porque creem nos "dizem que", mas outros caluniam com propósito deliberado e por pura malícia, o que é muito mais grave. Nada pode justificar uma acusação caluniosa, nem mesmo a intenção de servir à coisa pública, pois não temos o direito de servir ao bem comum prejudicando alguém injustamente[44]. Todavia, se a acusação é fundada, e se se decide fazê-la, tem-se o dever de sustentá-la até o fim. Por fim, dissimular fraudulosamente os fatos relativos à acusação feita e abster-se de fornecer suas provas significam pôr-se em conivência com o culpado e tornar-se seu cúmplice. Trata-se do crime de prevaricação[45].

Assim como o acusador, também o acusado tem seus deveres para com a justiça. O primeiro de todos eles é que ele reconheça a autoridade do juiz e submeta-se a ela. O acusado deverá, então, de início, expor a verdade ao juiz quando este a exigir segundo os limites previstos pela lei. Recusar-se a confessar uma verdade que se é obrigado a dizer ou negá-la de maneira mentirosa são faltas graves; mas, se o juiz extrapola sua atividade para além dos limites legais, pode-se recusar a responder, recorrer dessa atividade como abuso ou ainda tentar qualquer artifício autorizado no procedimento. Seja como for, jamais se deve mentir. Quem mente para desculpar-se peca contra o amor de Deus, a quem pertence o julgamento, e peca duplamente contra o amor do próximo porque omite ao juiz a verdade que lhe é devida e expõe o acusador à punição com a qual se atacam as acusações mal fundadas[46]. Chega-se então à seguinte questão: quando o acusado sabe-se culpado, é obrigado

---

[43] Cf. *idem, ibidem*, 68, 1, Resp. Esse artigo da *Suma* distingue entre a denúncia e a acusação: *Haec est differentia inter denuntiationem et accusationem, quod in denuntiatione attenditur emendatio fratris, in accusatione autem attenditur punitio criminis* ("Esta é a diferença entre a denúncia e a acusação: na denúncia espera-se a correção do irmão; já na acusação espera-se a punição do crime"). A acusação não é obrigatória (salvo se o interesse público estiver em jogo) porque seu único objeto é a punição do culpado nesta vida; ora, não é nesta vida que as faltas devem finalmente receber seu castigo. Aristóteles teria ficado muito surpreso com esse argumento.

[44] Cf. *idem, ibidem*, 3, Resp. e ad 1m.

[45] Cf. *idem, ibidem*, ad 2m. É evidente que se, ao longo dos debates, damo-nos conta de que a acusação feita não tem fundamento, temos não somente o direito, mas o dever de desistir do processo (cf. *idem, ibidem*, ad 3m).

[46] Cf. *idem, ibidem*, 69, 1, Resp. A ideia de que, mentindo a seu juiz, se pode ofender a caridade para com Deus é, deve-se dizê-lo, claramente alheia à moral de Aristóteles.

a confessá-lo? Ele é obrigado a reconhecer aquilo de que se o acusa quando se lhe pergunta se a acusação é verdadeira, mas não é de modo algum obrigado a reconhecer aquilo de que não se o acusa, e mesmo nada o proíbe de servir-se das reticências necessárias para que, entre suas faltas, aquelas que não são ainda conhecidas se revelem em plena luz. Há acusados que não somente reconhecem o crime de que são acusados – o que devem fazer –, mas também confessam espontaneamente um ou vários crimes que ninguém imaginava imputar-lhes. Nada os obriga a fazê-lo; e é mesmo legítimo que eles escondam, por meios convenientes, a verdade que não são obrigados a admitir.

Considerar o acusado como moralmente obrigado a reconhecer a falta de que é acusado a justo título significa ir muito além do que a justiça dos tribunais exige. Santo Tomás não ignorava esse dado. Ele mesmo se pôs a objeção segundo a qual a lei que, em matéria criminal, declarava permitido a cada um corromper seu adversário. Ele também notou que, se a lei pune a conivência entre o acusador e o acusado, ela não prevê, porém, nenhuma sanção para a conivência entre o acusado e seu acusador. Por que, então, a moral interdiria aquilo que as leis autorizam? É que, responde Santo Tomás, as leis humanas deixam impunes muitos atos que o julgamento de Deus condena como faltas. Não há lei contra a fornicação. Mas ela não deixa de ser uma falta moral grave. O mesmo ocorre aqui: um acusado faz tudo o que pode para corromper seu acusador, a fim de este retirar sua queixa. Há engano explícito do juiz, mas o que pode fazer o juiz se não há mais acusação? Nada, evidentemente. O que Santo Tomás espera do culpado é o que ele mesmo diz em seus próprios termos: um ato de virtude perfeita (*perfectae virtutis*), a recusa de corromper seu acusador, até mesmo quando, ao se recusar a fazê-lo, expõe-se à pena capital. A lei não exige de ninguém esse heroísmo. A função própria da lei humana é manter todo o povo na ordem, e não se pode esperar de um tão grande número de pessoas tal respeito escrupuloso de todas as virtudes, o qual será sempre o caso de apenas um pequeno número. Corromper seu adversário é, então, permitido pela lei, mas proibido por Deus[47]; o culpado que se sabe culpado recusar-se-á, então, a tais subterfúgios e, uma vez condenado, ele se interdirá até mesmo a possibilidade de recorrer de uma condenação pela qual ele sabe ser atingido justamente[48].

Além do acusador e do acusado, há as testemunhas. O código moral delas é bastante complicado, e as dificuldades começam assim que se trata de saber se elas são obrigadas a testemunhar. Sim, elas são obrigadas desde que a intimação lhes é feita pelas autoridades judiciárias e se, aliás, os fatos são de notoriedade pública ou evidentes; mas, se se exige a revelação de faltas

---

[47] Cf. *idem, ibidem*, 2, Resp., ad 1m e ad 2m. Essa discussão levanta, de maneira particularmente urgente, a temática do caráter específico da moral tomista, temática à qual voltaremos.

[48] Cf. *idem, ibidem*, 3-4.

que permaneceram secretas e cujo rumor nem sequer correu, não somos obrigados a testemunhar. Pode acontecer que quem recorre ao nosso testemunho seja uma simples pessoa privada, sem autoridade sobre nós. Aqui se devem distinguir dois casos. Se se trata de salvar de uma condenação injusta um acusado, somos moralmente obrigados a apresentar-nos como testemunhas de defesa, e, até no caso em que nós mesmos não o conseguirmos fazer, devemos comunicar a verdade a alguém que possa testemunhar por nós; todavia, se se trata, em vez disso, de levar alguém à condenação, nada constitui para nós uma obrigação de intervir, nem a fim de evitar que o acusador sofra os prejuízos de ter feito uma acusação moralmente justificada, sem dúvida, porém juridicamente mal fundada. Afinal, nada o obrigava a correr tal risco. Lembremos que, para ser obrigado a acusar, é preciso ter como provar. Cabia a esse acusador prever que fracassaria na prova de sua acusação[49].

Uma vez admitida para testemunhar, põe-se à testemunha o problema de saber como proceder. Não há nada mais óbvio do que afirmar que ela deve dizer a verdade. De início, ela não seria admitida a testemunhar em justiça a não ser pela fé em seu juramento; se, portanto, fizer uma falsa deposição, comete perjúrio. Além disso, ela pecaria contra a justiça ao injustamente impingir a falta ao acusado ou ao desresponsabilizá-lo dela. Por fim, já o fato de tratar-se de uma mentira torna proibido o falso testemunho[50]. É a partir desse quadro que as verdadeiras dificuldades começam. Testemunhar segundo a justiça exige que não se afirme como certo aquilo de que não se está seguro, bem como que se apresente como duvidoso aquilo do que há razões de duvidar. Sentir-se seguro de algo não prova como indubitável aquilo que se afirma. A memória engana; e, mesmo que falhas de memória cometidas de boa-fé eximam do perjúrio[51], é necessário munir-se de todas as precauções possíveis a fim de evitá-las.

O juiz deverá, aliás, ter em conta a possibilidade de falhas como essas. É para proteger-se contra elas que se exige das testemunhas a deposição sob juramento. A partir do momento em que jurou dizer a verdade, a testemunha que a falseia comete perjúrio, o que é uma das faltas mais graves, pois atinge Deus[52]. Mas a boa-fé da testemunha não basta para proteger contra o erro. É por isso que, geralmente, um só testemunho não é considerado como prova; exigir-se-ão dois, ou, melhor ainda, três testemunhos concordantes. Por outro lado, é também verdade que a concordância do que dizem três testemunhas não é necessariamente, no sentido estrito do termo, uma prova, mas nem a de vinte testemunhas o será. Os testemunhos em justiça versam sobre essa

---

[49] Cf. *idem, ibidem*, 70, 1, Resp.
[50] Cf. *idem, ibidem*, 4, Resp.
[51] Cf. *idem, ibidem*, ad 1m.
[52] Cf. *idem, ibidem*, ad 3m.

matéria eminentemente particular, contingente e variável como são os atos humanos. Não se pode, então, esperar mais do que obtenção de uma segurança provável na maioria dos casos. Preparemo-nos para certa porcentagem de erros e não pretendamos nunca alcançar a certeza demonstrativa. É, portanto, razoável admitir como válida a deposição de alguém que presta queixa quando tal deposição é confirmada pela concordância de duas testemunhas[53].

Ainda é necessário que as testemunhas mostrem concordância ao menos no essencial. Se várias testemunhas dizem-se em concordância quanto ao fato, mas mostram-se em discordância sobre certas circunstâncias essenciais, suficientes para afetar a natureza do fato (por exemplo, o tempo, o lugar ou as pessoas), é como se o que elas dizem não correspondesse ao fato mesmo. A bem da verdade, elas não falam da mesma coisa; cada uma não passa de uma testemunha isolada. Se, todavia, uma delas declara simplesmente não mais se lembrar de uma das circunstâncias principais, a concordância geral dos testemunhos subsiste, embora levemente enfraquecido. Enfim, se a discordância só recai sobre detalhes de importância secundária (por exemplo, se fazia bom tempo ou se chovia, a cor de uma casa etc.), a concordância fundamental das testemunhas conservará todo o seu valor. Trata-se de coisas às quais se presta geralmente pouca atenção e que escapam facilmente à memória. Essas ligeiras discordâncias contribuiriam, antes, para reforçar a credibilidade dos testemunhos, pois, quando várias testemunhas revelam concordância sobre os mínimos detalhes, há de se recear que elas se tenham previamente posto de acordo e que o testemunho delas seja enganoso. De todo modo, nem sequer isso é seguro, e cabe à prudência do juiz decidir a respeito. É sempre a ele que, no fim das contas, incumbe a tarefa de pesar os testemunhos. Se ele se encontra na presença de testemunhas que se contradizem, encontrando-se umas em benefício de quem presta queixa, e outras, do acusado, o juiz terá o delicado dever de avaliar a credibilidade das testemunhas presentes e pronunciar-se-á, na sequência, em favor da tese apoiada pelas testemunhas mais autorizadas. Se, em vez disso, o valor dos testemunhos parecer igual, a dúvida deverá beneficiar o acusado[54].

Ainda não terminamos a análise dos atores do drama ou da encenação judiciários. Além do juiz, do acusador, do acusado e das testemunhas, há a personagem que se atribui de pronto um papel de primeira importância: o advogado. Pleitear em juízo é uma profissão; é, portanto, justo que quem a exerce receba honorários. Quando um indigente precisa dos serviços de um

---

[53] Cf. *idem, ibidem*, 2, Resp. e ad 1m.

[54] Cf. *idem*, 70, 2, ad 2m. Mesmo essa última conclusão não é, porém, absoluta, pois um juiz deve hesitar absolver alguém inculpado cuja liberação arriscaria pôr em perigo interesses públicos consideráveis. Aqui, como em outras situações, pertence à sua prudência decidir. Sobre os diversos aspectos que contribuem para medir o valor de uma testemunha, cf. *idem, ibidem*, 4, Resp.

advogado, não se pode dizer que este é pessoalmente obrigado a pleitear por ele. Se o faz, o faz como obra de misericórdia, e ele não tem de fazê-lo, mesmo a título de misericórdia, a não ser se se trata de casos urgentes e se ninguém é mais indicado do que ele para fazê-lo. Dedicar-se à defesa judiciária dos pobres seria uma obra magnífica, mas precisar-se-ia abrir mão completamente dos próprios afazeres para devotar-se a ela. Como diz Santo Tomás, "não somos obrigados a correr o mundo em busca dos indigentes; basta fazer obra de misericórdia para com aqueles que encontramos." O caso dos médicos é, aliás, inteiramente semelhante. Assim como o advogado, o médico é obrigado a socorrer gratuitamente os pobres que estão na necessidade urgente do seu socorro desde que nenhum outro médico seja mais naturalmente indicado para fazê-lo. Obviamente, ele faz bem de tratá-los, mesmo quando esse dever caiba a algum confrade mais rico ou mais próximo dos pacientes; de sua parte, é um ato louvável, mas, estritamente, ele não é obrigado a tanto. A clientela de um advogado ou de um médico que passassem seu tempo a procurar indigentes para assisti-los em justiça ou para tratá-los aumentaria muito mais rápido do que seus salários. Nessa linha, por que os comerciantes, em vez de vender suas mercadorias, não a distribuiriam aos indigentes?[55]

Para exercer de maneira conveniente sua profissão, o advogado deve ser capaz de provar a justiça das causas que deverá defender. É-lhe, pois, necessária, uma competência profissional específica, bem como os dons naturais requeridos para falar em público. Não se imagina um advogado surdo e mudo; mas um advogado sem moralidade também não deveria ser menos imaginável, pois é moralmente proibido ao advogado pleitear por uma causa injusta. Se ele o faz por erro e de boa-fé, então não comete nenhuma falta, mas, se sabe ser injusta a causa por ele defendida, então ofende gravemente a justiça e deverá até considerar-se obrigado a reparar, junto da parte adversa, o dano injustamente causado[56]. A situação do advogado, aqui, é completamente diferente daquela do médico que se empenha em tratar um caso desesperado. Sem dúvida, curar um caso desesperado e ganhar uma causa má exigem talentos excepcionais, mas, se o médico fracassa, não causa dano a ninguém, ao passo que o advogado, se tiver sucesso, causa dano a alguém. Ganhar uma causa má pode ser profissionalmente um sucesso, mas, moralmente, é um crime[57]. Que o advogado somente se encarregue, portanto, daquelas causas que tudo o faz considerar justas, e as defenda tão habilmente quanto será capaz, sem jamais fazer uso de mentira, mas também sem se

---

[55] Cf. *idem*, 71, 1, Resp. Sobre o direito dos advogados e dos médicos a receber honorários, cf. *idem, ibidem*, 4, Resp. e ad 1m.

[56] Cf. *idem, ibidem*, 3, Resp.

[57] Cf. *idem, ibidem*, ad 1m.

privar dos artifícios e das reticências úteis ao triunfo da justiça. Caso, no decurso de um processo, ele venha a convencer-se de que não é justa a causa por ele até então considerada justa, não se espera que ele traia essa causa, passe para o campo adverso e lhe revele os segredos da causa injusta; mas ele pode – aliás, ele deve – renunciar à defesa da causa injusta e tentar levar seu cliente a reconhecer-se culpado ou, ao menos, a obter uma solução amigável pela qual o direito da parte adversa seja reconhecido[58].

Deixemos o tribunal para retornar à vida comum. Nela, não são raras as ocasiões de lesar a justiça por meio de palavras, como se faz pelas injúrias, as quais atentam contra a honra do próximo. A esse título, a injúria (*contumelia*) é ainda mais ofensiva quando o feito de alguém é dito na presença de um maior número de pessoas[59]. O que faz da injúria ou do insulto faltas graves é precisamente o que os constitui como tais: ser palavras pronunciadas com a intenção de privar alguém de sua honra[60]. Não se trata de uma ofensa menos séria do que o furto ou o assalto, pois uma pessoa não valoriza mais os seus bens do que a sua honra. É preciso, portanto, mostrar extrema discrição e prudência ao administrar-se uma repreensão pública. Pode-se estar no direito de infligi-la; pode-se até ter o dever de fazê-lo; mas em nenhum caso, nem sob nenhum pretexto, tem-se o direito de desonrar alguém. Não dizemos simplesmente que *não se deve jamais ter a intenção de desonrar*, mas sim que *não se deve jamais despojar alguém de sua honra*. Fazer isso por uma escolha inábil das palavras de que se serve pode ser um pecado mortal, mesmo que não se tenha a intenção de lesar alguém.

A injúria não deve, aliás, ser confundida com a provocação ou a gozação, passatempo favorito das personalidades brincalhonas. Não se provoca para machucar, mas, antes, para fazer graça e rir. Com certos limites, não há nenhum mal nisso. Mas só se deve rir de alguém para fazer rir esse mesmo alguém que provocamos. Por menos que se pese a mão, podemos machucá-lo, o que não tem mais legitimidade do que ferir alguém apenas porque se bate forte demais por brincadeira. Acima de tudo, é a pessoa a quem provocamos que devemos fazer rir, em vez de fazer os outros rirem dela, o que seria uma verdadeira injúria[61].

---

[58] Cf. *idem, ibidem,* ad 2m e ad 3m.

[59] Cf. *idem,* 72, 1, ad 1m. Sobre as nuances que distinguem a injúria (*contumelia*), o insulto (*convicium,* investir contra a integridade física de alguém) e a difamação (*improperium,* palavras destinadas a menosprezar alguém) – cf. *idem, ibidem,* ad 3m.

[60] A injúria (*contumelia*) consiste essencialmente em palavras; quanto ao insulto, ele pode ser praticado por injúrias, mas também por gestos e vias de fato, como um tapa na cara, por exemplo. Mas trata-se sempre de gestos e feitos tomados como *sinais* do desejo de infligir uma injúria. Eles formam, portanto, um tipo de linguagem, donde, por extensão, dizer-se que um tapa na cara é uma afronta ou injúria (cf. *idem,* 72, 1, Resp.).

[61] Cf. *idem,* 72, 2, ad 1m.

Em geral, a injúria é inspirada por um movimento de raiva. Lembramos que essa paixão implica um desejo de vingança; e a primeira vingança da qual todos dispõem, aquela que está à disposição a todo momento, é uma palavra de insulto dirigida à pessoa que nos ofendeu. Sentindo-nos diminuídos por essa pessoa em nossa honra, buscamos agredi-la naquilo que lhe é peculiar. Assim, não é o orgulho que inspira diretamente as palavras ultrajantes, mas leva a elas, pois aqueles que se creem superiores aos outros estão prontos a dirigir-lhes palavras de desprezo; e, como eles têm, ademais, uma raiva fácil, tomando toda resistência à sua própria vontade por uma injúria, os orgulhosos não hesitam injuriar os outros[62]. Quando somos nós as vítimas da raiva deles, suportemo-la pacientemente. A paciência relaciona-se tanto com o que se diz como com o que se faz contra nós. Ser verdadeiramente paciente sob a injúria é ser capaz de aceitá-la sem nada dizer. Em outros termos, não há injúria que uma pessoa paciente não possa aguentar. Isso não significa, entretanto, que seja necessário aguentar sempre as injúrias sem protestar. Conseguir fazê-lo, se for preciso, é uma virtude; mas nem sempre é preciso. É benéfico, até mesmo para aqueles que ultrajam os outros, reprimir a audácia deles, pondo-os em seu lugar; fazer isso significa prestar um serviço a muitos outros. Não somos responsáveis apenas pelo que somos, mas também pelo que representamos. Por exemplo, um pregador do Evangelho que se deixe publicamente desonrar sem nenhuma palavra de protesto permitiria desonrar o próprio Evangelho; e aqueles cujos costumes ele deveria corrigir ficariam muito felizes por crer que seus costumes não são maus. Não podem desejar melhor pretexto para não corrigir os próprios costumes[63].

A difamação procura em segredo aquilo que a injúria faz abertamente, e mesmo às vezes publicamente[64]. Alguns difamam para atingir o bom renome de alguém; outro sentem um prazer culpável em sussurrar nos ouvidos de amigos palavras envenenadas que destruirão a amizade deles[65]; outros, enfim, recorrem ao escárnio para envolver alguém em confusão. O ridículo é uma arma terrível, e, se a simples gozação pode não passar de um jogo, ou, no máximo, uma falta leve, o escárnio propriamente dito é uma falta grave, mais grave do que a difamação e até do que a injúria. Quem insulta leva a sério

---

[62] Cf. *idem, ibidem*, 4, Resp. e ad 1m.

[63] Cf. *idem, ibidem*, 3, Resp.

[64] A difamação (*detractatio*) distingue-se da injúria pela maneira de usar a linguagem e pela finalidade que ela se propõe. Alguém que insulta fala abertamente; um difamador fala em segredo; alguém que insulta atenta contra a honra, enquanto o difamador fere a reputação (cf. *idem*, 73, 1, Resp.). Pode-se precisar diminuir a reputação de alguém, mas tal não deve ser a finalidade a que nos propomos. Difamar é ferir uma reputação pelo prazer de a ferir, e é nisso que reside um pecado (cf. *idem, ibidem*, 2, Resp.).

[65] Cf. *idem*, 74, 1, Resp. É à forma da difamação (*detractio*) que Santo Tomás chama de *susurratio*, insinuação de quem semeia a discórdia.

pelo menos o mal de que acusa os outros; quem os ridiculariza considera-os tão desprezíveis que ele não faz mais do que divertir-se com eles⁶⁶.

Ao falar dos vícios que corrompem a justiça comutativa, descrevemos aqueles que consistem em pura e simplesmente apoderar-se de algum bem, sem indenizar seu possessor por ele. Tais são, por exemplo, o furto e o assalto. Precisamos agora examinar aqueles que violam as trocas voluntárias, e, em primeiro lugar, a fraude, pela qual a injustiça introduz-se nas compras e vendas, quer dizer, falando em geral, nas trocas comerciais.

Fraudar é vender algo mais caro do que ele vale; o que algo vale nomeia-se seu *justo preço*; todo o problema reduz-se, então, a determinar essa última noção. Ela é, em si mesma, solidária destes dois fatos: a compra e a venda. Trata-se, aqui, de práticas introduzidas tanto para a comodidade do comprador como a do vendedor. Cada um deles precisa daquilo que o outro possui; eles devem, então, proceder a uma troca de bens; mas, como essa troca tem por objeto prestar serviço a ambos, ela não deve tornar-se um peso nem para um nem para o outro. O contrato que se estabelece entre o comprador e o vendedor deve, então, soldar-se por uma igualdade. Em outras palavras, é preciso haver igualdade entre o que é entregue pelo vendedor e o preço pago pelo comprador. O preço é, assim, a medida de grandeza das coisas úteis à vida. Cada quantidade dessas coisas mede-se por um dado preço. A moeda foi inventada para representar esse preço⁶⁷. Se o preço fosse superior ao valor da coisa, ou, inversamente, se o valor da coisa fosse superior ao preço, seria abolida a igualdade requerida pela justiça. É, então, por si, injusto e ilícito vender algo mais caro ou com valor menor do que ele vale.

Tal é o princípio; na prática, as coisas são muito mais complicadas. O valor médio e normal de um objeto não é sempre idêntico ao valor real que ele tem para um comprador e um vendedor determinados. O vendedor pode precisar muito desse objeto, ser fortemente apegado a ele e, por conseguinte, experimentar a mais viva repugnância a desfazer-se dele, ao passo que o comprador pode ter tanta necessidade desse objeto que ainda lhe seria um bom negócio mesmo que pagasse por ele acima de seu preço. Em um caso como esse, o justo preço deve levar em conta o sacrifício aceito pelo vendedor. Este pode, então, licitamente vender o objeto mais caro do que vale em si, no preço que o objeto vale para ele. No entanto, a necessidade do objeto, por parte do comprador, não autoriza o vendedor a aumentar seus preços e ele mesmo não faz nenhum sacrifício excepcional ao aceitar vendê-lo. Só podemos vender aquilo que temos. Se vender acarreta para nós um prejuízo, trata-se de

---

⁶⁶ Cf. *idem*, 75, 2, Resp.

⁶⁷ Sobre as razões que levaram a escolher o ouro e a prata como representações privilegiadas, ver algumas indicações sumárias na *Suma de teologia* IIaIIae, 77, 2, ad 1m. Sobre o conjunto dos problemas relativos à noção de preço justo, cf. HAGENAUER, S. *Das* justum pretium *bei Thomas von Aquino, ein Beitrag zur Geschichte der objektiven Werttheorie*. Stuttgart: Kolhammeer, 1931.

*nosso* prejuízo; ele é nosso, nós podemos fazer pagar por ele; mas a necessidade urgente que pressiona o comprador é *sua* necessidade, e, posto que é sua, não podemos vendê-la a ele. Nesse caso, cabe sobretudo ao comprador acrescentar espontaneamente algo ao preço que lhe é pedido, a fim de agradecer honestamente o vendedor pelo serviço excepcional que ele lhe prestou[68].

Pensar-se-á que essas são condições bastantes estritas, talvez mesmo excessivas, e que o direito civil não exige tantas condições desse tipo. A lei deixa, inteligentemente, certa margem que permite ao comprador e ao vendedor enganar-se um pouco reciprocamente. Somente em caso de fraude explícita e grave um tribunal obrigará uma das partes à restituição. É verdade, mas lembremos uma vez mais, que o objeto da lei não é o objeto da moral. As leis humanas são feitas para o povo, que não se compõe apenas de gente virtuosa. O código civil não pode, então, proibir tudo o que fere a virtude. Basta-lhe proibir tudo o que tornaria impossível a vida em sociedade. Pouco lhe importa se vendemos um pouco caro demais, desde que a regularidade das trocas comerciais não seja afetada. Mas nós falamos aqui de moral, cuja regra não é mais a lei civil, mas a lei da razão, quer dizer, no fim das contas, a lei de Deus. Ora, a lei divina não deixa impune nada do que lesa a justiça, e, como ela exige uma justa igualdade entre as mercadorias e seus preços, o vendedor que recebe mais do que vale sua mercadoria é moralmente obrigado à restituição. Apressemo-nos em acrescentar, aliás, que se requer medida mesmo na apreciação da medida. O justo preço não se mede com rigidez. É assunto de estimação, e um pouco mais ou um pouco menos não impedirá que a transação seja justa. O que importa à moral é que o vendedor tenha a firme intenção de manter-se sempre o mais próximo possível do justo preço e logre fazê-lo[69].

Como se pode ver, esse não é assunto dos mais fáceis. Se o vendedor sabe que o que ele vende é outra coisa do que pretende vender, ou se engana conscientemente o comprador sobre a quantidade que afirma entregar, o caso é claro: há fraude, e o fraudador é obrigado à restituição. As verdadeiras dificuldades referem-se à apreciação da qualidade dos produtos vendidos. Em certos casos, o objeto à venda contém um defeito explícito, e o vendedor tem isso em conta na fixação do preço. Suponhamos, por exemplo, que eu venda um cavalo caolho e que, por esse motivo, eu o venda muito barato: eu não sou, de modo algum, obrigado a proclamar na feira que meu cavalo é caolho[70]; cabe ao comprador constatá-lo, sobretudo porque o preço excepcionalmente baixo que peço pelo cavalo adverte de maneira suficiente quanto à

---

[68] Cf. *Suma de teologia* IIaIIae, 77, 1, Resp.

[69] Cf. *idem, ibidem,* ad 1m.

[70] Os compradores teriam medo e, da minha confissão do problema, concluiriam que o cavalo em questão deve ter certamente outros vícios. Porém, mesmo caolho, um cavalo ainda pode servir. Cf. *idem,* 3, ad 2m.

presença de uma anormalidade. Se algum comprador for de tal modo desonesto a ponto de pagar tão pouco por um cavalo sem defeitos, ele terá bem merecido seu inconveniente. Mas o vendedor deve, então, diminuir proporcionalmente seu preço e, se o vício não for aparente, ele deverá, de todo modo, declará-lo. Se o alicerce de uma casa ameaça fazê-la ruir, é preciso vendê-la bem barato para que ela esteja em seu preço[71]. Aliás, os casos de consciência são inúmeros para um comerciante que quer ser honesto. Se levo trigo a uma região onde reina a carestia, poderei vendê-lo por um bom preço. Com efeito, mesmo sem abusar da situação, só me restará vendê-lo por quanto me será oferecido para fazer um bom negócio. Mas, se eu sei que muitos vendedores vêm depois de mim, seduzidos pela esperança do lucro, sou obrigado a advertir os compradores a esse respeito? Se o faço, comprarão meu trigo menos caro ou esperarão a chegada dos outros para me pôr em concorrência com eles. Santo Tomás considera que o vendedor não parece lesar a justiça se deixa de anunciar a chegada de seus concorrentes e vende seu trigo pelo preço que lhe é proposto, mas acrescenta que haveria mais virtude de sua parte tanto pelo anúncio como pela diminuição de seu preço[72].

Todas as questões desse tipo giram em torno deste problema central: é justo vender com lucro? Muitos terão certa dificuldade em ver nisso um problema, mas, se se pensa nas discussões presentes a respeito dos "intermediários inúteis", ver-se-á que se trata de um verdadeiro problema. Como todos os problemas ligados à natureza das coisas, este permanece sempre atual. A sociedade em que pensa Santo Tomás de Aquino diferiria grandemente em estrutura se comparada às sociedades de livre comércio, nas quais tudo é objeto de comércio, e um comércio regulado apenas pela lei da oferta e da procura. Tal como Santo Tomás o concebe, o comércio reduz-se ao conjunto das trocas – seja de dinheiro por dinheiro, seja de dinheiro por bens e vice-versa – cujo objeto é o lucro. O comércio é, então, na sua maneira de ver, negócio essencialmente privado e que busca um fim privado, o de enriquecer o comerciante. Santo Tomás jamais admitiria que o comércio pudesse controlar com legitimidade – como é o caso nas sociedades capitalistas – a troca e a distribuição dos bens necessários à vida. Todos os problemas desse tipo dizem respeito direta ou indiretamente ao Estado, cuja função própria é assegurar o bem comum dos súditos. Em uma sociedade tal como a desejada por Santo Tomás (porque assim exige a justiça), prover às famílias e ao conjunto dos cidadãos bens necessários à vida competiria aos economistas (*oeconomicos*) e àqueles que são encarregados de funções públicas (*politicos*). Aqui não se trata de comércio, iniciativa sempre privada, mas de um serviço público.

---

[71] Cf. *idem, ibidem*, Resp. e ad 1m.
[72] Cf. *idem, ibidem*, ad 4m.

Compreendamos bem a posição de Santo Tomás. Aqui não há um sistema; há somente princípios. O princípio ao qual ele se apega acima de tudo é aquele segundo o qual um serviço público não é um comércio, de maneira que, por conseguinte, os membros do corpo político devem receber a preço de custo os bens necessários à vida. O modo como o Estado deverá organizar-se para obter esse resultado é a tarefa dos políticos e dos economistas. Poder-se-ão socializar as iniciativas desse tipo, desde que isso não se torne mais oneroso do que deixá-las na situação de iniciativas privadas. Poder-se-á, em vez disso, encarregar comerciantes de prover o público, e eles poderão fazê-lo legitimamente, mesmo encontrando nisso seu lucro, contanto que esse lucro represente o justo salário pelo trabalho que eles terão realizado para o público, e não o benefício excedente que é o lucro como lucro. O que domina a questão é o fato de que todo ser humano tem direito, por direito natural, aos meios necessários à existência. Promover um lucro sobre um direito é uma injustiça. Então, nenhuma troca desse tipo deve ser, para aqueles que a ela se dedicam, uma ocasião de enriquecer-se[73].

Resta analisar o comércio propriamente dito. Já o afirmamos, o fim que se propõe o comerciante é o lucro (*lucrum*). Considerado em si mesmo, ganhar dinheiro não tem nada de mal. Na situação atual de nossas sociedades, isso é até necessário, posto que, de outra maneira, a vida seria impossível. Vamos mais longe: podemos propor-nos um fim nobre procurando ganhar dinheiro. É o caso, por exemplo, de um comerciante que procura no negócio o meio de sustentar sua casa, educar convenientemente seus filhos e ter ainda uma sobra para socorrer a quem necessita. Alguns comércios podem, em circunstâncias determinadas, prestar serviço ao Estado, e, no entanto, devem trazer um lucro àqueles que a eles se dedicam. O que importa é que, em todos os casos desse tipo, o lucro tem uma medida e, por conseguinte, um limite. Ele se limita às necessidades e mede-se pelos serviços prestados. Mas, quando o lucro é ele mesmo tomado como seu próprio fim, não há mais medida, e os limites são abolidos. É por isso que Santo Tomás parece pensar, malgrado o que acaba de ser dito, que certa baixeza faz parte da essência do *comércio como tal*. Com efeito, seu fim próprio é certamente o lucro, que não contém em si mesmo a sua própria medida. Para tornar honroso esse fim, é preciso fazer dele um simples meio em vista de um fim nobre e necessário: *negotiatio, secundum se considerata, quamdam turpitudinem habet inquantum non importat, de sui ratione, finem honestum vel necessarium* (o comércio, considerado em si mesmo, possui certa baixeza por não conter, naquilo

---

[73] Cf. *idem*, 4, Resp. No entanto, essas trocas são perfeitamente lícitas – e a tal ponto que Santo Tomás autoriza mesmo os clérigos a dedicar-se a elas – se se trata de comprar ou vender com vistas a prover as necessidades da vida (cf. Cf. *idem, ibidem*, ad 3m). A unidade econômica que era um mosteiro beneditino, por exemplo, não poderia, em absoluto, subsistir sem um mínimo de trocas desse tipo.

mesmo que constitui sua noção, um fim honesto ou necessário). Ao dedicar-se ao comércio, que o comerciante dedique-se sem escrúpulo a seu negócio e obtenha lucros justos e moderados. Assim como o lucro, o comércio só se torna mau se é tomado como fim em si mesmo[74].

O problema dos juros é talvez ainda mais complexo do que o do lucro. É de notar que Santo Tomás dispõe de um único termo, *usura*, para designar tanto o que chamamos de juro como o que chamamos de usura. A usura, em seu sentido mais geral, é o preço que se paga pelo uso de certo bem: *pretium usus, quod usura dicitur* (o preço do uso, que se diz *usura*). Essa noção liga-se, então, estreitamente, às de empréstimo e de crédito. Preciso de uma quantia de dinheiro e a tomo de empréstimo junto a alguém; ela me é creditada. Se se me pede uma retribuição pelo usufruto dessa quantia a mim temporariamente concedida, a quantia que se exige é uma *usura*, um juro. Ora, segundo Santo Tomás, é ilícito aceitar um juro sobre o dinheiro que se credita. É ilícito porque é injusto; e é injusto porque isso equivale a vender algo que não existe: *quia venditur id quod non est*[75].

Há, com efeito, coisas cujo uso implica seu consumo. Usar um vinho é bebê-lo; usar um pão é comê-lo. Em casos como esses, não se pode contar o uso da coisa separadamente da coisa mesma, pois possuir um é possuir a outra: *cuicumque conceditur usus, ex hoc ipso conceditur res* (concedendo-se a quem quer que seja o uso, dele mesmo decorre que se concede a coisa). Isso se vê bem no caso da venda. Se alguém quisesse vender separadamente o vinho e o direito de usar o vinho, venderia duas vezes a mesma coisa ou venderia algo que não existe. De todo modo, ele cometeria uma injustiça. Ocorre exatamente o mesmo se se trata de um crédito. Quando creditamos algo a alguém, é para que ele se sirva desse algo. Se lhe creditamos vinho, é para que ele o beba. Tudo o que temos direito de esperar é que ele devolva posteriormente o equivalente do que lhe foi creditado, mas não é razoável pretender que ele deva, além disso, uma indenização por tê-lo bebido.

O dinheiro é uma dessas coisas cujo uso implica o consumo. O dinheiro é feito para ser gasto, assim como o vinho é feito para ser bebido. Isso é literalmente verdadeiro, pois a moeda é uma invenção humana expressamente destinada a tornar possíveis as trocas. Se creditamos dinheiro a alguém, é para que se sirva dele, quer dizer, para que o gaste. Quando ele devolver

---

[74] Cf. *idem, ibidem*, Resp. e ad 2m. No tocante à fonte aristotélica dessas noções, cf. ARISTÓTELES, *Política* I, 7-8.

[75] Cf. *idem*, 78, 1, Resp. e ad 5m. Toda a discussão que segue não faz mais do que resumir esse artigo. A objeção tirada do fato de que a lei autoriza o crédito com juro é eliminada por Santo Tomás como a cada vez que ela se apresenta: a lei humana deixa passar a usura, como também outros pecados: cf. *idem, ibidem,* ad 3m, em que Aristóteles é louvado por ter visto *naturali ratione ductus* (conduzido pela razão natural) que essa maneira de ganhar dinheiro é *maxime praeter naturam* (absolutamente alheia à natureza).

posteriormente esse dinheiro, pediríamos para ser reembolsados duas vezes pela mesma quantia se exigíssemos que ele acrescente ao dinheiro que nos devolve uma indenização por se ter servido dele[76].

É certo que Santo Tomás não previa a complicação dos métodos bancários modernos. Foi o que lhe permitiu mostrar-se intransigente quanto ao princípio. O caso em que ele pensa é manifestamente aquele, muito simples e todo constante, de uma pessoa que solve seus créditos e que, precisando de dinheiro, dirige-se a um vizinho mais favorecido, cujo dinheiro ficaria dormindo em seus cofres se ele não concedesse créditos. É por isso que Santo Tomás não se deixa dobrar pela objeção clássica, segundo a qual, concedendo crédito com seu dinheiro, perde-se aquele que se poderia ganhar com ele. Sem dúvida, responde ele; mas, quanto ao dinheiro que vocês poderiam ganhar, vocês não o têm; e quanto àquele que vocês teriam podido ganhar, talvez vocês jamais o tivessem visto. Vender o dinheiro que se poderia ganhar é vender o que não ainda não se tem e que talvez nunca se venha a ter[77].

Se essa objeção não faz Santo Tomás parar, ele ainda previu pelo menos mais uma, cujo valor ele mesmo reconheceu. Suponhamos que, ao conceder seu dinheiro em crédito, o credor sofresse um real prejuízo: não tem ele direito a alguma compensação? Sim, responde Santo Tomás, mas isso não corresponde a vender o uso de seu dinheiro; é receber uma indenização pelo prejuízo sofrido. Isso é tão justo que, graças ao crédito recebido, quem pede tal empréstimo evita, às vezes, um prejuízo mais sério do que aquele que o credor sofre ao conceder-lhe crédito; quem pede empréstimo pode, então, facilmente extrair do prejuízo que ele evita algo para compensar o prejuízo que o credor sofre[78]. Eis que aqui, porém, se vai mais longe. Fiel a seu princípio, Santo Tomás mantém firmemente que o uso do dinheiro que se credita não pode ser vendido, mas há outros empregos a fazer do dinheiro, para além de o gastar. Por exemplo, pode-se depositar uma quantia em penhor, o que não é gastá-la. Em um caso como esse, o uso do dinheiro permanece distinto do dinheiro mesmo; ele pode ser vendido separadamente e, por conseguinte, o credor tem direito de receber mais do que cedeu em crédito[79]. Muitos

---

[76] O caso dos objetos que não são consumidos pelo uso que deles se faz é completamente diferente. Por exemplo, servir-se de uma casa é habitá-la, não consumi-la. Pode-se, então, vender um sem o outro. É o que se faz quando vendemos uma casa cujo usufruto reservamos até o fim de nossa vida, ou quando vendemos o usufruto (pela locação), conservando a propriedade. Receber um aluguel é, portanto, legítimo. Cf. *idem*, 1, Resp.

[77] Cf. *idem*, 2, ad 1m.

[78] Cf. *idem, ibidem*.

[79] Cf. *idem*, 1, ad 6m. Pôr dinheiro em um negócio é um caso inteiramente diferente. Não se trata mais de crédito, mas de uma associação comercial, na qual os benefícios, como os riscos, devem ser postos em comum – cf. *idem*, 2, ad 5m.

créditos com juro, tais como praticados hoje em dia, encontrariam talvez nessa distinção uma base para justificar-se. Mas não são os credores que interessam Santo Tomás, é aos que pedem empréstimo que vão todas as suas complacências. Impiedoso com os usurários, absolve quem a eles recorre. Se há uma injustiça na usura, observa, é o usurário que a comete; quem pede empréstimo não é senão sua vítima. A pessoa pobre tem necessidade de dinheiro; se ela só encontra um usurário para lhe emprestar, é-lhe necessário aceitar as condições que se lhe impõem. Ninguém detesta respeitosamente o pecado da usura mais do que aqueles que dele se servem. Não é a usura que eles querem, mas um crédito[80].

Por mais múltiplos e complexos que sejam os deveres de justiça entre pessoas privadas, no seio da cidade, eles parecem simples em comparação com aqueles que se impõem ao chefe do Estado em relação a seus súditos. Os problemas políticos são inevitáveis, porque é da natureza mesma do ser humano viver em sociedade. Quando se define o ser humano como *um animal sociável*, pensa-se às vezes simplesmente que o ser humano é levado a buscar a sociedade de seus semelhantes por algo como um instinto, que seria a sociabilidade. Mas trata-se, na realidade, de outra coisa. A natureza do ser humano é tal que lhe é praticamente impossível subsistir a menos que viva em grupo. A maior parte dos outros animais pode se virar sozinha: eles têm dentes, garras e vigor físico para atacar, rapidez para escapar, pelagem para vesti-los. O ser humano não tem nada disso, mas tem a sua razão para inventar instrumentos, bem como mãos para deles se servir. É difícil, porém, que um indivíduo isolado prepare sozinho tudo aquilo de que precisa, para si e para sua família. A vida em comum facilita a solução desse problema pela divisão do trabalho que se estabelece. Essa colaboração, que exige a existência de grupos sociais, repousa, então, antes daquela dos braços e das mãos, sobre aquela das razões. Os seres humanos põem em comum suas razões pela linguagem. Os termos e proposições permitem a cada um exprimir aos outros seu pensamento e instruir-se sobre o deles. O termo *sociedade* designa, então, grupos de natureza bem diferente, por se aplicar às sociedades humanas e ao que se nomeia, às vezes, de "sociedades animais". Não se pode comparar a colaboração inteiramente prática das formigas ou das abelhas entre si com o comércio íntimo que a linguagem articulada estabelece entre os humanos. A ligação última das sociedades humanas é a razão.

Falar de *um* grupo social é admitir que ele é *uno*. Ele é, com efeito, aproximadamente como são os organismos que são chamados de corpos vivos. Em outros termos, o grupo social não é um organismo no sentido fisiológico do termo, mas não pode existir e durar a não ser que seja organizado. Essa necessidade deriva da distinção entre o bem do indivíduo e o bem do grupo

---

[80] Cf. *idem*, 4, ad 1m.

ou bem comum[81]. O primeiro é o que se oferece como imediatamente desejável ao indivíduo como tal; o segundo é o que se apresenta como finalmente desejável para o bem do grupo como tal. Entre esses dois pontos de vista, conflitos são inevitáveis. Cada pessoa preferiria naturalmente fazer apenas o que lhe agrada, como se vivesse isolada; mas ela vive em grupo, e lhe é preciso, portanto, colaborar com o bem dos outros assim como os outros colaboram com o seu, especializar-se em seu trabalho e submeter-se a regras comuns estabelecidas todas com vistas a assegurar o bem comum. O corpo social não pode atingir seu fim sem que se o conduza a ele. Assim como a cabeça governa os membros do corpo, e a alma governa o corpo mesmo, requer-se ao corpo social uma cabeça (*caput*), um *chefe*, para organizá-lo e conduzi-lo. Seja qual for o título com o qual se o designe – rei, príncipe ou presidente –, esse chefe tem por dever primeiro e principal governar seus súditos, segundo as regras do direito e da justiça, em vista do bem comum da coletividade. Se ele respeita o direito e a justiça, ele governa os seres humanos no respeito da natureza deles, que é aquela de seres livres. É verdadeiramente um chefe de humanos. Caso perca de vista o fim pelo qual exerce esse poder, servindo-se dele para si mesmo em vez de o usar para o bem do grupo, ele reina sobre um rebanho de escravos e não é mais um chefe de Estado, mas um tirano.

A tirania, porém, não é necessariamente o feito de uma só pessoa. Pode ocorrer que, em um povo, um pequeno grupo chegue a dominar todo o restante e a explorá-lo para seus próprios fins. Ainda que esse grupo preocupe-se em identificar com seus fins o bem comum do povo não muda nada na situação. Essa tirania pode talvez ser exercida por um grupo financeiro, por um partido político ou por um partido militar; independentemente de quem a exerça, ela se designa pelo nome de *oligarquia*. Se o grupo dominante chega às dimensões de uma classe social, decidida a exercer o poder em seu benefício ou a impor ao restante do povo as maneiras de viver que lhe são próprias, essa forma de tirania chama-se *democracia*. O termo *democracia* é, então, tomado aqui em um sentido diferente daquele que se lhe dá comumente hoje; ele significa propriamente a tirania exercida pelo povo mesmo sobre certas classes de cidadãos. Cada uma dessas tiranias é, aliás, a corrupção de uma forma correspondente de governo justo. Quando o povo toma o poder e o exerce justamente no interesse de todos, há uma *república*. Se é um pequeno grupo que governa segundo o direito, o país encontra-se sob o regime nomeado *aristocracia*. Se o governo está nas mãos de um só, e se ele regula

---

[81] Cf. MICHEL, S. *La notion thomiste du Bien commun. Quelques-unes de ses applications juridiques*. Paris: Vrin, 1932; ESCHMANN O.P., I. T. Bonum commune melius est quam bonum unius. *Mediaeval Studies* 6 (1944), pp. 62-120; Studies in the notion of Society in St. Thomas Aquinas. *Mediaeval Studies* 8 (1946), pp. 1-42; 9 (1947), pp. 19-55.

sua autoridade pela justiça, o chefe do Estado recebe o nome de príncipe ou rei, e o regime chama-se *monarquia*. O termo *rei* designa, aliás, aqui, de maneira geral, todo chefe único de um grupo político qualquer, com qualquer dimensão que seja – cidade, província, reino –, e que o governa em benefício do bem comum desse grupo, não do seu próprio[82].

Dessas diversas formas de governo, qual é a melhor? Pondo-se essa questão, Santo Tomás não esquece que se trata de um problema teórico cuja solução requer seguramente conclusões práticas, mas não consequências práticas a aplicar *hic et nunc* (aqui e agora), qualquer que seja a conjuntura histórica. Ele mesmo constatou a diversidade de fato dos regimes; a história romana e a história judaica estavam lá, aliás, para lembrar-lhe que os países frequentemente se governam como podem, mais do que como quereriam. Os romanos, diz-se, foram de início governados por reis, mas, tendo a monarquia romana degenerado em tirania, os reis foram substituídos por cônsules. Roma tornou-se, então, uma aristocracia. Vindo, por sua vez, a também ser tirânica, a aristocracia degenerou em oligarquia, que, depois de algumas tentativas na direção da democracia, trouxe novamente, por reação, a monarquia sob a forma do império. A história dos judeus forneceria fatos análogos[83], e, ao que tudo indica, a de vários povos modernos confirmaria essas observações. Não se trata, aqui, de uma lei necessária, mas de fatos que dizem respeito ao que hoje se chama de psicologia coletiva. Que os povos reajam frequentemente assim não prova que eles tenham razão. Em vez de perguntar-se qual o melhor regime e de apegar-se a ele, flutuam entre o desejo da monarquia, com o risco de dar-se um tirano, e o receio da tirania, que os faz hesitar dar-se um rei. Os povos são feitos assim. Seu rancor contra a corrupção de um regime dura mais tempo do que sua gratidão pelos benefícios que dele receberam. O moralista deve, então, evitar dois sofismas contrários: um que, sob o pretexto de que o melhor regime não teria no presente nenhuma chance de sucesso, conclui pela inferioridade desse regime; outro que, sob o pretexto de que certo regime é intrinsecamente o melhor, conclui que cada cidadão deve orientar sua ação política, *hic et nunc*, rumo ao estabelecimento ou restabelecimento desse regime. Como toda ação, a ação política exerce-se *in particularibus* (em casos particulares); ela só pode, portanto, propor duas coisas: evitar a tirania sob todas as suas formas, pois esta é sempre má, e, consideradas as circunstâncias, tornar o regime do Estado tão semelhante quanto possível àquele que a ciência moral recomenda como o absolutamente melhor.

---

[82] Cf. *O regime dos príncipes* I, 1 (in: *Opuscula omnia*, ed. Mandonnet, tomo I, p. 314).

[83] Cf. *idem*, I, 4. Cf. também *Suma de teologia* IaIIae, 97, 1, Resp., onde se notará a citação de Santo Agostinho.

Esse regime é a monarquia, desde que completada pelo que de bom têm os outros regimes, como diremos[84]. Se a monarquia é o melhor regime em si, é antes de tudo porque, para o corpo social, como para o que quer que seja, ser é ser uno. Tudo o que lhe assegura a unidade assegura, portanto, sua existência, e nada poderia assegurá-lo mais completamente, nem de maneira mais simples, do que o governo de um só. Por outro lado, dado que aquilo que desvia alguns povos da monarquia é o receio da tirania, importa notar que todos os regimes podem corromper-se como tirania e que, de todas as tiranias, a menos insuportável é a tirania de um só. Aquela que nasce de um governo coletivo conduz comumente a tirania na discórdia; a tirania de um só mantém geralmente a ordem e a paz. Além disso, é raro que a tirania de um só atinja todos os membros do corpo social; ela se concentra mais frequentemente sobre alguns indivíduos. Por fim, a história mostra que, mais do que o governo de um só, os governos coletivos conduzem com mais frequência e rapidez a essa tirania tão temida[85]. É, pois, da essência da monarquia ser o melhor regime político.

Com essa afirmação, entendamos que o melhor dos regimes políticos é aquele que submete o corpo social ao governo de um só, mas não que o regime melhor seja o governo do Estado por um só. O príncipe, o rei ou o designado por não importa qual título não pode assegurar o bem comum do povo a senão apoiando-se sobre ele. Ele deve, então, apelar para a colaboração de todas as forças sociais úteis ao bem comum, a fim de dirigi-las e uni-las. Nasce daí o que Santo Tomás mesmo chamou de um *regime bem dosado*, que ele toma pelo melhor[86].

Esse regime não se parece em nada com as monarquias absolutas e fundadas sobre o direito de sangue que algumas vezes se puseram sob a autoridade de Santo Tomás de Aquino. Para descrever o regime por ele concebido, Santo Tomás volta-se simplesmente para o Antigo Testamento. Ele tira sua política da Escritura[87] e também de Aristóteles, em um texto que devemos

---

[84] Cf. Zeiller, J. *L'idée de l'Etat dans Saint Thomas d'Aquin*. Paris: F. Alcan, 1910. Cf. também Demongeot, M., *La théorie du régime mixte chez Saint Thomas d'Aquin*. Paris: F. Alcan, 1927, trabalho muito útil que, infelizmente, parece ser apenas a publicação de uma tese de Direito, sem indicação de data nem de editor. Ver ainda Roland-Gosselin, B. *La doctrine politique de Saint Thomas d'Aquin*. Paris: M. Rivière, 1928; Schilling, O. *Die Staats-und Soziallehre des h. Thomas von Aquin*. Paderbonr: Schöningh., 1930.

[85] Cf. *O regime dos príncipes* I, 5 (ed. Mandonnet, tomo I, pp. 321-322).

[86] Cf. *Suma de teologia* IaIIae, 95, 4, Resp.: *Est etiam aliquod regimen ex istis commixtum, quod est optimum* (Há também certo regime misto, formado a partir desses, e que é perfeito).

[87] É certo que o *regimen commixtum* (regime misto) da citação precedente é o mesmo descrito na *Suma de teologia* IaIIae, 105, 1, Resp. Com efeito, nesse texto se lê: *Talis enim est optima politia, bene commixta* (Tal é o regime perfeito, convenientemente misto). De fato, *hoc fuit institutum secundum legem divinam* (esse foi instituído segundo a lei divina): o regime político instituído segundo a lei de Deus é certamente o melhor de todos.

citar inteiramente como exemplo desses ensinamentos dos quais aparentemente Santo Tomás toma tudo de empréstimo e que, no entanto, não pertencem senão a ele: "Para que o ordenamento dos poderes seja bom, em uma cidade ou em um povo quaisquer, é preciso atentar para duas coisas. A primeira é que todos os cidadãos tenham certa parte de autoridade. É o meio de manter a paz entre o povo, pois todos amam um arranjo desse tipo e cuida para conservá-lo, como diz Aristóteles no livro II de sua *Política* (lição 14). A segunda refere-se às diversas espécies de regimes ou de repartição das autoridades. Afinal, há várias espécies de regimes, expostas por Aristóteles em sua *Política* (III, 6), das quais as duas principais são: a realeza (*regnum*), na qual um só exerce o poder em razão de sua virtude, e a aristocracia, quer dizer, o comando de pessoas de elite (*potestas optimatum*), na qual um pequeno grupo exerce o poder em razão de sua virtude. Em consequência, eis a melhor repartição dos poderes em uma cidade ou em um reino quaisquer: em primeiro lugar, um chefe único, escolhido por sua virtude e que seja a cabeça de todos; na sequência, abaixo dele, alguns chefes escolhidos pela virtude deles. Mesmo sendo de alguns, a autoridade deles não é menos do que aquela de todos, porque eles podem ser escolhidos em todo o povo, ou mesmo, na verdade, é aí que eles são escolhidos. Eis então o melhor regime (*politia*) de todos. Ele é bem dosado (*bene commixta*): de realeza, enquanto nele um só comanda; de aristocracia, enquanto vários nele exercem o poder em razão da virtude deles mesmos; enfim, de democracia, quer dizer, de poder do povo (*ex democratia, id est, potestate populi*), enquanto os chefes podem nele ser escolhidos nas fileiras do povo, e enquanto é ao povo que pertence a eleição dos chefes."[88]

Vê-se, assim, quanto a monarquia de Santo Tomás difere daquilo que depois se designou por esse nome. De início, não se trata de uma monarquia absoluta, e Santo Tomás até refutou expressamente a tese que desejava que o rei fosse monarca absoluto de direito divino. Deus não instituiu primeiro reis, absolutos ou não, mas Juízes, porque desconfiava que a realeza degenerasse em tirania. Foi somente mais tarde, e dir-se-á quase em um novo movimento

---

[88] *Suma de teologia* IaIIae, 105, 1, Resp. Pode-se, ademais, traduzir *secundum virtutem* por "segundo a virtude" (regrando-se pela virtude) ou por "em razão da virtude deles", "graças à virtude deles". O segundo sentido pareceu melhor por causa dos comentários dos textos bíblicos que essa resposta invoca (*Eligebantur autem...* – eram, no entanto, eleitos... – e outros), nos quais se vê que os juízes de Israel *eligebantur... secundum virtutem* (eram eleitos... segundo a virtude). A virtude dos reis é, aliás, a única proteção dos povos contra a tirania: *Regnum est optimum regimen populi, si non corrumpatur; sed, propter magnam potestatem quae regi conceditur, de facili regnum degenerat in tyrannidem, nisi sit perfecta virtus ejus cui talis potestas conceditur* (A realeza é o melhor regime do povo, se ela não se corrompe; mas, por causa do grande poder que se concede ao rei, degenera facilmente em tirania, a não ser que seja perfeita a virtude daquele a quem se concede tal poder) – cf. *Suma de teologia* IaIIae, 105, 1, ad 2m. O sentido do texto não deixa dúvida.

de cólera, que Deus concedeu reis a seu povo, mas com quantas precauções! Bem longe de estabelecer a monarquia absoluta de direito divino, Deus "anunciava antes a usurpação dos reis que se arrogam um direito iníquo porque degeneram em tiranos e saqueiam seus súditos"[89]. O povo em que pensa Santo Tomás tinha Deus por rei, e seus únicos chefes de direito divino foram os Juízes. Se os judeus pediram reis, foi para que Deus cessasse de reinar sobre eles. É por isso que, embora mantenha firmemente o princípio segundo o qual o melhor regime político é a monarquia, Santo Tomás está bem longe de pensar que um povo tem grandes chances de ser bem governado pelo simples fato de ter um rei. Se sua virtude não é perfeita (*nisi sil perfecta virtus ejus*), a pessoa a quem cedemos um tal poder degenerará facilmente em tirano; ora, a virtude perfeita é rara: *perfecta autem virtus in paucis invenitur* (a virtude perfeita, no entanto, ocorre em poucos)[90]; vê-se o quanto são poucas as chances de um povo ser bem governado.

Não parece que Santo Tomás, tenha, nesse ponto, ultrapassado a determinação dos princípios. Nenhum plano de reforma política nem de constituição é previsto por ele para o futuro. Diríamos, antes, que seu pensamento move-se em um mundo ideal no qual tudo se desenvolve segundo as exigências da justiça, sob um rei perfeitamente virtuoso. Encontramo-nos em qualquer lugar, em uma cidade ou em um reino, um reino de três ou quatro cidades. Eleições populares levaram ao poder certo número de chefes, todos escolhidos por sua sabedoria e sua virtude: *Tuli de vestris tribubus viros sapientes et nobiles, et constitui eos principes* ("Tomei de vossas tribos homens sábios e nobres, e os constituí príncipes" – Deuteronômio I, 15). Aristocracia, dir-se-á; sem dúvida, *hoc erat aristocraticum, sed democraticum erat quod isti de omni populo eligebantur, dicitur enim Exod. XVII, 21: Provide de omni plebe viros sapientes* (isso era aristocrático, mas era democrático por esses [homens sábios e nobres] serem escolhidos dentre todo o povo, como se diz em Êxodo 17, 21: "Proveja, dentre todo o povo, homens sábios")[91]. Dentre esses homens sábios, saídos das fileiras do povo, o mais virtuoso e o mais sábio é, então, eleito rei[92]. Ei-lo, pois, encarregado da grave tarefa de conduzir um

---

[89] *Idem, ibidem*, ad 2m e ad 3m.

[90] *Idem, ibidem*, ad 2m. O engenhoso Prefácio do Pe. Garrigou-Lagrange OP à tradução de *O regime dos príncipes* dá um tom mais otimista. A fórmula que ele assume como sua, *monarchia est regimen imperfectorum..., democratia est regimen perfectorum* – a monarquia é o regime dos imperfeitos..., a democracia é o regime dos perfeitos (cf. *Du gouvernement royal*, ed. Gazette Française, Paris, 1926, p. XVI) –, só é defensável da perspectiva dos súditos; porém, da perspectiva dos soberanos, dá-se inteiramente o contrário. Se há, para Santo Tomás, um regime que exige do detentor do poder ser perfeito, é a monarquia.

[91] *Suma de teologia* IaIIae, 105, 1, Resp.

[92] Cf. *idem, ibidem*, ad 2m: *Instituit tamen a principio, circa regem instituendum primo quidem modum eligendi* (Determinou por primeiro, todavia, desde o princípio, no tocante à instituição

povo inteiro à sua finalidade última, a de viver segundo a virtude, para que sua vida seja boa neste mundo e bem-aventurada no outro. Donde ser da essência da monarquia que o rei seja virtuoso. Se a finalidade do ser humano fosse a saúde, seriam necessários reis médicos; se fosse a riqueza, reis negociantes; se fosse a ciência, reis professores. Mas a finalidade da vida social é viver bem, e como viver bem é viver segundo a virtude, são necessários reis virtuosos. Ora, tal rei perfeitamente virtuoso sobe ao trono: o que vai ele fazer? O que ele precisa saber são quais caminhos conduzem, aqui na vida terrestre, pela virtude, à felicidade eterna. Os sacerdotes conhecem esses caminhos (cf. *Malaquias* 2, 17). Que o rei instrua-se, então, junto a eles, sobre o que deve fazer, o que se resume em três pontos: fazer reinar a honra e a virtude no povo que ele governa; manter esse estado de coisas, uma vez estabelecido; e, enfim, não apenas o manter, mas melhorá-lo. Toda a arte de governar encontra-se, com efeito, resumida aí. Sem cidades sãs, bem organizadas e providas de recursos suficientes, impossível haver virtude moral[93]; sem leis justas, nada de paz; sem a paz, nada de ordem nem tranquilidade para viver vidas verdadeiramente humanas na prática da justiça e da caridade. O bom rei só pensa nisso, e é nisso que ele encontra, aqui na vida terrestre, sua recompensa. O que a alma é no corpo, o que Deus é no mundo, o rei é em seu reino. Amado por seu povo, ele encontra nesse amor um sustento sólido, bem diferente do temor que protege o trono dos tiranos; as riquezas afluem para ele sem que ele pratique extorsão, a glória o circunda, a fama faz seu nome ser conhecido longe, mas, ainda que essas recompensas terrestres não lhe fossem concedidas, ele poderia esperar com confiança aquela que Deus lhe reserva. Afinal, o chefe do povo é o servidor de Deus; é, pois, de Deus que esse bom servidor receberá sua recompensa. Honra e glória: recompensas verdadeiramente da realeza, que ele obterá segundo uma medida tão mais ampla quanto a função de rei é mais elevada e mais divina. Disso tiveram certa intuição confusa aqueles pagãos que acreditaram que seus reis tornavam-se deuses depois de sua morte. Não é por esse motivo que o bom rei governa segundo a justiça, mas, sendo vigário de Deus junto a seu povo, ele pode, então, esperar justamente, depois de ter conduzido seu povo para Deus, estar mais próximo dele, e, por assim dizer, unido mais intimamente a ele[94].

---

do rei, o modo de escolher). Trata-se aqui da Antiga Lei, mas não esqueçamos que Santo Tomás vê aí o tipo mesmo da *optima politia* (o melhor regime político). Cf. o *Sed contra* do mesmo artigo: *Ergo per legem populus fuit circa principes bene istitutus* (Pela lei, o povo foi, então, bem constituído no que diz respeito aos príncipes).

[93] O detalhe das medidas a tomar teria sido descrito no livro II do *O regime dos príncipes*, infelizmente inacabado.

[94] Cf. *O regime dos príncipes* I, 7-14. Sobre a questão de saber se esse escrito é um tratado de teologia política ou de filosofia política, ver MARITAIN, J. *De la philosophie chrétienne*. Paris: Desclée de Brouwer, 1933, pp. 163-165; *Science et sagesse*. Paris: Labergerie, 1935, p. 204, nota 1.

Com o soberano virtuoso, alcançamos a forma mais nobre da virtude da justiça da qual Aristóteles diz ser a virtude mesma. Digamos, ao menos, que ela é a regra de nossas relações com as outras pessoas e a guardiã da vida social. Poderíamos parar aqui seu estudo, numa moral que não proporia a si mesma outra finalidade senão adaptar o ser humano ao bem comum da cidade; mas a moral de Santo Tomás tem horizontes mais elevados, que lhe são impostos pela metafísica mesma da qual ela recebe seus princípios. O ser humano de Aristóteles não era uma criatura; o de Santo Tomás é. As ligações íntimas que unem uma criatura inteligente a seu criador não estabeleceriam entre ambos um tipo de sociedade? Se essa sociedade existe, não é também ela submetida à regra suprema da virtude da justiça? Alargamento de perspectiva quase infinito, ao qual, no entanto, posto que a metafísica assim exige, a moral não tem o direito de opor-se.

---

Cf. também as observações do Pe. M.-D. Chenu no *Bulletin thomiste*, 1928, p. 198. Retomaremos esse problema no quadro geral da moral tomista, pois é certo que *O regime dos príncipes* é um escrito teológico. Mas, se nisso haveria uma razão para dizer que ele não contém a política de Santo Tomás, seria preciso acrescentar, pela mesma razão, que a *Suma de teologia* não contém sua moral. Veremos, por conseguinte, que enormes dificuldades levantaria tal asserção.

# CAPÍTULO 5

# A VIDA RELIGIOSA

Praticar um ato de justiça é dar a alguém o que lhe é devido, de maneira que aquilo que se dá seja igual àquilo que se deve. Duas noções são, portanto, inseparáveis da de justiça: a noção de dívida e a noção de igualdade. Há, entretanto, virtudes cuja definição contém apenas uma dessas noções, por exemplo, a noção de dívida. Por meio dessa noção, elas se associam, então, à virtude da justiça, à qual são anexadas, mas da justiça elas se distinguem nisto: não obrigam quem as pratica a dar tudo o que deve.

O exemplo mais impactante de uma relação desse tipo é aquele da relação que une o ser humano a Deus. O que deve o ser humano a Deus? Tudo. Não é de se esperar, porém, que o ser humano quite sua dívida em relação a Deus. É precisamente porque deve tudo a Deus que o ser humano não tem como devolver-lhe na mesma proporção. Se meu vizinho me dá do seu trigo e eu lhe dou do meu vinho, justiça é feita, mas que sentido haveria em dar-lhe do meu vinho se, para poder fazer isso, seria necessário que primeiro o vinho me fosse dado? Tal é exatamente a situação do ser humano: não podemos dar a Deus nada que ele não nos tenha dado primeiro. Criados racionais, nós somos o objeto de uma condução especial de sua Providência, que governa o ser humano para o bem do próprio ser humano, assim como governa todas as outras criaturas deste mundo unicamente em vista desse mesmo bem. É por isso que a Providência divina não visa apenas o bem comum da espécie humana, mas o bem de cada ser humano em particular, a quem a lei divina dirige-se pessoalmente para submetê-lo a Deus, associá-lo a Deus e, finalmente, uni-lo a Deus pelo amor. Afinal, tal é o fim dessa Lei, que assim prepara o bem supremo do ser humano, fazendo-o entrar, pela caridade, em uma sociedade de união com Deus[1]. Seguramente, tais benefícios não podem ser restituídos, mas a incapacidade de quitar uma dívida não autoriza ninguém a negá-la; ao contrário, só se é ainda mais estritamente instado a reconhecê-la e a declarar-se obrigado em relação a quem se sabe devedor. Para

---
[1] Cf. *Suma contra os gentios* III, 116.

tanto, requer-se uma virtude especial, um substituto da justiça que se sabe incapaz de exercer. A virtude pela qual reconhecemos ter para com Deus uma dívida que não podemos quitar é a *virtude da religião*[2].

O ser humano não pode exercer a religião senão unicamente para com Deus. Como diz Cícero, é a religião que rende um culto a essa natureza superior que se nomeia *natureza divina*[3]. Ela constitui, então, uma ligação (*religio = religare*, em latim: *religio = religião*) cujo efeito é unir-nos, antes de tudo, a Deus como fonte contínua de nossa existência e como fim último que cada uma de nossas decisões voluntárias deve ter por objeto[4]. Dado que a disposição estável para assim agir não pode senão tornar-nos melhores, a religião é uma virtude; e, como não há senão um único Deus verdadeiro, não pode haver senão uma única virtude de religião digna desse nome[5]. É o que se exprime, sob uma forma mais breve, ao se dizer que só pode haver uma única religião verdadeira. E é mesmo uma virtude distinta, posto ser a única a garantir este bem definido: render a Deus a honra que lhe é devida. Toda superioridade tem direito que se lhe renda homenagem; ora, a superioridade de Deus é única, pois ele transcende infinitamente tudo o que existe e o ultrapassa de todas as maneiras. Excelência única, honra única. Honramos um rei de maneira diferente daquela como honramos um pai; assim, devemos honrar de maneira diferente daquela como honramos tudo o mais aquele cuja perfeição prevalece infinitamente sobre todo o restante. A religião não se confunde, portanto, com nenhuma outra virtude; e devemos tomar essa conclusão no sentido forte. Ela não significa simplesmente que a virtude da religião consiste em honrar Deus muito mais do que o restante. A bondade de um ente infinito não é somente *muito maior* do que aquela do melhor dos

---

[2] Cf. *Suma de teologia* IIaIIae, 80, 1, Resp. Outras virtudes anexas à justiça encontram-se no mesmo caso. A criança não pode dar a seus pais tudo o que lhes deve; donde a virtude da *piedade filial* (cf. *idem*, 101). Há méritos que devem ser reconhecidos, mas pelos quais também é impossível recompensar; donde a virtude do *respeito* (cf. *idem*, 102). Inversamente, podemos sentir-nos moralmente obrigados a dar a alguém o que lhe é devido, sem que se trate de uma dívida legal propriamente dita. Em casos desse tipo, não é a igualdade que falta, mas a dívida. Por exemplo, é verdade que "devemos a verdade a todos", mas essa dívida é inteiramente metafórica; ela consiste antes em nosso estrito dever de dizer a verdade; donde essa nova virtude anexa à justiça, a *veracidade* (cf. *idem*, 109), cujo contrário é a mentira (cf. *idem*, 110). Outro exemplo: às vezes prestam-nos favores "impossíveis de pagar"; a única maneira que temos de reconhecê-los é praticar a virtude da *gratidão* (cf. *idem*, 106), cujo vício contrário é a ingratidão (cf. *idem*, 107). Há mesmo *virtudes sociais de refinamento*, se assim se pode dizer, que não são devidas senão para embelezar a existência e torná-la mais agradável, como a *afabilidade* e a *liberalidade* (cf. *idem* 114; 117), com seus vícios contrários da chicana (*litigium* – cf. *idem*, 116) e da avareza (cf. *idem*, 118). Nesses últimos casos, mal se trata de um débito, a menos que o sentido seja o de devermos fazer tudo o que podemos para aumentar a honestidade dos costumes, o que já é o bastante para associar tais virtudes à justiça.

[3] Cf. CÍCERO, *A arte retórica* II, 53. Apud *Suma de teologia*, IIaIIae, 81, 1, Sed contra.

[4] Cf. *Suma de teologia* IIaIIae, 81, 1, Resp.

[5] Cf. *idem, ibidem*, 3, Resp.

entes finitos; ela é *essencialmente outra*. Para honrar Deus como se deve, é preciso, então, que a honra a ele rendida seja *essencialmente diferente*. Tal é o sentido pleno da fórmula cuja força só faz perder-se demasiado facilmente quando é repetida: a virtude da religião consiste em render a Deus uma homenagem que é devida *somente a ele*[6].

Pode parecer que, falando de religião, abandonamos decididamente o campo da moral natural. O simples fato de Santo Tomás tomar emprestado de Cícero sua definição de religião já bastaria, porém, para mostrar que, em seu pensamento, a virtude da religião não concerne exclusivamente, nem necessariamente, à revelação cristã. Cícero era uma alma religiosa; sua religião era aquela de um pagão bem distante de imaginar a existência da graça, mas persuadido de que há uma "natureza divina" e de que, posto que ela existe, ela tem direito a que o ser humano renda-lhe um culto. A virtude que permite cumprir esse dever é, então, uma virtude natural aparentada com a justiça; e a ciência da moral é, por conseguinte, autorizada a tratar dela[7].

Essa conclusão pode surpreender aqueles que, tomando a noção de religião em um sentido estreito, confundem-na praticamente com a vida sobrenatural; no caso, com a vida cristã. Não é esse o entendimento de Santo Tomás. O ato pelo qual um ser humano rende a Deus o culto que lhe é devido é seguramente dirigido a Deus, mas não o atinge. O que dá valor a tal ato é a intenção de render homenagem a Deus, pela qual esse ato é inspirado. Um sacrifício, por exemplo, é a manifestação concreta do desejo por nós experimentado de reconhecer a excelência infinita da natureza divina; no entanto, o objeto desse desejo não é Deus, mas somente render homenagem a Deus. Santo Tomás formula essa importante distinção ao dizer que, pela virtude da religião, Deus não é objeto, mas fim. Se a religião fosse uma virtude teologal, Deus não seria o fim, mas o objeto dela[8]. Tal é, por exemplo, o caso da virtude

---

[6] Cf. *idem, ibidem*, 4, Resp. e o sobremaneira importante ad 3m, que mostra por que, ao contrário, a virtude da caridade permanece a mesma, quer ela se enderece a Deus, quer ao próximo. Ocorre que, criando-as, Deus comunica sem dúvida a *sua* bondade às criaturas; ora, como veremos, a caridade consiste em amar a bondade de Deus na bondade do próximo. Mas Deus não comunica sua excelência única e infinita a suas criaturas; é, portanto, somente nele mesmo que se pode honrá-lo como se deve.

[7] Cf. *idem, ibidem*, 5, Resp. Eis aí, aliás, o porquê de Santo Tomás, na *Suma contra os gentios* III, 119-120, demonstrar que a virtude da religião impõe-se ao ser humano, quer dizer, ao número daquelas questões *quae ratione investigantur de Deo* (que são investigadas a respeito de Deus pela razão – *Suma contra os gentios* IV, 1, ad Quia vero). Trata-se aqui, portanto, mais uma vez, de problemas que dizem respeito diretamente à filosofia propriamente dita.

[8] Cf. *Suma de teologia* IIaIIae, 2, 2, Resp. Sobre a distinção entre as virtudes intelectuais, morais e teologais, ver *idem*, IaIIae, 62, 2, Resp. Por ser Deus objeto das virtudes teologais, elas se dirigem a um objeto que excede o alcance da razão humana, o que não é o caso das virtudes intelectuais nem das virtudes morais. Já por esse sinal reconhecer-se-ia que a religião não é uma virtude teologal.

da fé. O ato pelo qual se crê não somente que aquilo que Deus diz é verdadeiro, mas se crê *em Deus* – esse ato pelo qual nos fiamos nele e apegamo-nos a ele mesmo como à verdade primeira que justifica nossa fé em sua palavra –, é verdadeiramente um ato de virtude do qual Deus é diretamente o objeto. Donde a fé ser uma virtude teologal, mas não a religião.

Apressemo-nos a acrescentar que, simples virtude moral, a religião é a mais elevada de todas, porque a função das virtudes é a de dirigir-nos a Deus como ao nosso fim e porque nenhuma virtude aproxima-nos tanto dele como aquela que consiste em honrá-lo por um culto. É seguramente pouca coisa aquilo que o ser humano pode fazer para honrar Deus, e, neste ponto, estamos bem longe daquela igualdade perfeita a que visa a virtude da justiça; mas é a intenção da vontade que dá à virtude o seu mérito, e, embora a religião careça daquela exatidão na retribuição que faz a excelência da justiça, a religião supera a justiça pela nobreza da intenção que a anima[9]. Se algo desse tipo fosse possível, a religião seria a justiça em relação a Deus.

Tal como ele é e pode ser, o culto religioso consiste, em primeiro lugar, nos atos interiores pelos quais nós nos reconhecemos subordinados a Deus e afirmamos sua glória. Esses atos são o principal da religião. Há quem preferiria que apenas esses atos fossem o todo da religião, mas tal é a atitude de quem se toma por anjo. Tudo o que é culto e cerimônia aparece-lhes como uma corrupção da religião verdadeira, que consiste em servir a Deus em espírito e em verdade. Ninguém ignora que, nesse sentido, o *Tractatus theologico-politicus* exerceu uma influência profunda. Nutrido no judaísmo, Espinosa nunca pôde conceber o rito religioso a não ser sob o aspecto do ritualismo judaico, embora se poderia dizer dele, e de alguns outros depois dele, que o que neles resta de mais judaico é o seu antijudaísmo mesmo. O culto ao qual Santo Tomás pensa é muito diferente do que eles criticam. Trata-se do culto rendido a Deus pelo ser humano tomado na unidade substancial de seu corpo e de sua alma. Se o corpo aí participa é porque, antes de tudo, o ser humano é seu corpo e porque não há nada de indigno de Deus na homenagem de um corpo que Deus mesmo não julgou indigno de ser criado; mas é também porque o ser humano não pensa sem seu corpo, nem sem os corpos cuja contemplação o encaminha rumo ao conhecimento da natureza divina. O corpo tem, portanto, direito, ao seu lugar na religião. De fato, porque nosso conhecimento de Deus depende do corpo, ele ocupa esse lugar. Os ritos e as cerimônias tiram proveito desse fato. É preciso ver neles sinais dos quais o pensamento humano serve-se para elevar-se àqueles atos interiores nos quais se completa sua união a Deus[10].

---

[9] Cf. *idem*, 81, 6, Resp. e ad 1m.

[10] Cf. *idem, ibidem*, 7, Resp.; *Suma contra os gentios* III, 119. Santo Tomás não ignora o texto de São João: *Spiritus est Deus, et eos qui adorant eum, in spiritu et veritate oportet adorare* ("Deus

Eis aqui, então, a religião estabelecida como virtude moral. Todavia, após essa abordagem que poderá inicialmente surpreender, Santo Tomás perfaz uma segunda, que corre o risco de surpreender ainda mais, ao identificar a religião à santidade; e, no entanto, isso é bem necessário, se o que dá o sentido às cerimônias do culto é a honra e a vontade de render homenagem a Deus. A santidade não é uma virtude distinta da religião; ela só difere da religião para a razão, que considera, então, na religião, menos as cerimônias, oblações e sacrifícios do que a intenção que lhes dá um sentido religioso. Fazer algo por Deus exige, antes de tudo, que o pensamento desvie-se do resto para voltar-se completamente para Deus. Esse movimento de conversão é uma purificação. Como a prata purifica-se do chumbo que a degrada, o pensamento (*mens*) libera-se das coisas inferiores cujo peso o solicita para baixo. Em vez de empenhar-se nessa descida, dela se separa tanto quanto possível, apoiando-se simplesmente sobre elas para elevar-se rumo a Deus. Do fato de ela visar diretamente a realidade suprema, a virtude da religião implica, então, de início, uma purificação do pensamento, e a pureza (*munditia*) que daí resulta é um primeiro elemento de santidade. Além disso, a religião fixa duplamente sobre Deus o pensamento assim purificado, pois ela lhe rende um culto a título de princípio e o endereça a ele como ao seu fim. O *sanctum*, segundo os latinos, era, ao mesmo tempo, o *purificado* e o *sancionado* (*sancitum*). Os antigos chamavam de *sanctum* aquilo cuja violação era proibida pela lei. Um pensamento puro e orientado firmemente por esses dois polos inabaláveis – seu Princípio primeiro e seu Fim último – é, portanto, um pensamento santo. Assim, a santidade é realmente idêntica à religião[11].

Mas a religião exige ainda mais. Rendendo a Deus o culto que lhe é devido, o pensamento não pode fixar-se em seu princípio sem se reconhecer, em relação a ele, devedor de tudo o que o próprio pensamento é. Mas não apenas o pensamento, e sim a pessoa inteira. Desse sentimento de dependência nasce espontaneamente sua aceitação. A pessoa que se sabe toda de Deus, quer-se inteiramente para Deus. Uma vontade interiormente dedicada, que se oferece à sua causa suprema e se dedica ao serviço dela, possui a virtude da devoção. Os antigos a conheciam bem. Lembremo-nos daqueles heróis que se devotavam a seus falsos deuses e ofereciam suas vidas em sacrifício pela salvação do exército, como os Décios de que fala Tito Lívio. Tratava-se de devoção, quer dizer, da virtude de uma vontade sempre pronta para servir a Deus[12].

---

é espírito, e convém que seus adoradores o adorem em espírito e verdade" – Jo 4, 24), mas desse texto ele conclui *quod Dominus loquitur quantum ad id quod est principale et per se intentum in cultu divino* ("que o Senhor fala quanto ao que é principal e desejado por si no culto divino" – *Suma de teologia* IIaIIae, 81, 7, ad 1m).

[11] Cf. *idem, ibidem*, 1, Resp.

[12] Cf. *idem*, 82, 1, Resp.

A partir desse ponto, a mais elevada das virtudes morais faz perceber algumas de suas mais secretas riquezas. Realizar uma cerimônia que não seja vivificada por uma santidade de pensamento não é render um culto nem praticar a religião. Ritos desse tipo não passam de sinais que não significam nada. Em vez disso, para que o pensamento se fixe em Deus tão firmemente, a ponto de esquecer o restante, e para que dessa santidade do pensamento nasça nele a vontade de oferecer-se inteiro a Deus, é preciso que a alma considere, primeiro, a bondade de Deus e a generosidade de seus benefícios, e, na sequência, sua própria insuficiência e sua necessidade do apoio divino. Pouco importa se chamamos de meditação ou de contemplação as considerações desse tipo, mas elas são necessariamente requeridas como causas da devoção[13]. Religião, santidade, devoção e contemplação são, então, inseparáveis. Essa contemplação não é necessariamente assunto de ciência. Pode ocorrer que, ocupando completamente o pensamento, a ciência inspire excessivamente ao ser humano a confiança em si mesmo e o desvie da entrega a Deus sem reserva. Em vez disso, as simples e bravas mulheres às quais nenhuma ciência incomoda são, muitas vezes, de superabundante devoção. Mas não se deve concluir daí que a devoção cresce com a ignorância, pois quanto mais alguém tem ciência ou outra perfeição qualquer a submeter perfeitamente a Deus, a fim de render-lhe homenagem, tanto mais cresce também sua devoção. Estabelece-se, então, entre o ser humano e Deus aquela sociedade que é a religião mesma. O ser humano fala a Deus, e esta é a *oração*, pela qual a razão humana, após ter contemplado seu Princípio, ousa endereçar-se a ele com confiança para expor-lhe nossas carências. Afinal, um Deus criador não é uma Necessidade, mas um Pai, e, se o ser humano pode esperar que Deus mude a ordem da providência para atender a suas preces, ele pode, e mesmo deve, solicitar a Deus que a vontade de Deus seja feita; assim, o ser humano merecerá, por suas preces, receber o que Deus, desde toda a eternidade, decidiu conceder-lhe[14].

Manifestamente, Santo Tomás pensa, aqui, na oração cristã, mas ele não excluía as outras orações, nem os outros cultos, nem as outras formas de virtude de religião. Como teria ele ignorado que falsas religiões, os paganismos, fossem, no entanto, religiões? O problema não se põe menos aqui, sob uma forma urgente, de saber de qual moral e de quais virtudes falamos ao seguir a exposição de Santo Tomás. A resposta não é simples. Como seguimos a *Suma de teologia*, é certamente de uma moral cristã e sobrenatural que se trata. Tudo indica, entretanto, que Santo Tomás não esquece jamais a moral natural. Ele não pretende que o cristianismo tenha inventado as quatro virtudes

---

[13] Cf. *idem, ibidem*, 3, Resp. e ad 3m. Sobre os efeitos psicológicos – alegria e tristeza – dos quais a devoção é acompanhada, ver *idem, ibidem* 4, Resp. Sobre os atos do culto: prece, adoração, sacrifícios e oferendas, ver *idem*, 83-86.

[14] Cf. *idem*, 83, 2, Resp.

cardeais, e não terminaríamos de elencar seus empréstimos de Aristóteles, de Cícero e de tantos outros moralistas pagãos na descrição das virtudes dadas por ele. O revelado apropria-se, então, uma vez mais do revelável para retificá-lo e levá-lo à perfeição.

Que os pagãos tenham conhecido e praticado a virtude, Santo Tomás o afirma mais de uma vez. A natureza humana exigia, aliás, que fosse assim. O germe, a semente das virtudes morais adquiridas, é inato no ser humano, e, notemos bem, tais germes são, por si só, de uma ordem superior às virtudes mesmas que eles podem gerar[15]. São as virtudes naturais, formadas pelo exercício de atos moralmente bons, que o ser humano adquire o hábito estável de efetuar. Tais são as virtudes dos pagãos. As virtudes que o cristianismo veio acrescentar a essas são de uma natureza inteiramente diferente. Todas as virtudes definem-se em relação ao bem que elas visam. O fim das virtudes naturais é o bem humano mais elevado, pois inclui e domina todos os outros: é o fim da cidade. Trata-se, é claro, da cidade terrestre, quer dizer, daqueles corpos políticos cuja história conhecemos, Atenas e Roma, por exemplo, ou aqueles em que vivemos. Ora, o fato central do cristianismo, a Encarnação, transformou completamente a condição do ser humano. Divinizando a natureza humana na pessoa de Cristo, Deus fez-nos participantes da natureza divina: *consortes divinae naturae* (2Pd 1, 4). Eis aí um profundo mistério. A Encarnação é o milagre absoluto, norma e medida de todos os outros. Ele é, ao menos para os cristãos, a fonte de uma nova vida e o elo de uma sociedade nova, aquela que se funda sobre a amizade do ser humano com Deus e sobre a amizade de todos aqueles que se amam em Deus. Essa amizade é a caridade mesma. Substituindo a cidade humana por Deus como fim da vida moral, o cristianismo devia, então, acrescentar às virtudes morais naturais todo um ordenamento de virtudes, sobrenaturais como o fim mesmo que elas devem possibilitar atingir. Dito de outra maneira, como a cidade terrestre tem suas virtudes, a cidade de Deus tem as suas, aquelas pelas quais nos tornamos não mais concidadãos dos atenienses ou romanos, mas *cives sanctorum et domestici Dei* ("cidadãos dos santos e familiares de Deus" – Ef 2, 19)[16]. Sobrenaturais em seu fim, essas virtudes morais devem sê-lo em sua origem. O ser humano natural não tem meios para transcender sua natureza; os germes dessas virtudes não estão nele; elas lhe vêm todas de fora, infundidas nele por Deus como graças. Não se pode pedir ao ser humano que se dê o que ele é naturalmente incapaz de adquirir[17].

Existe, pois, uma dupla distinção das virtudes: de início, aquela entre as virtudes teologais e as virtudes morais; em seguida, aquela entre as virtudes

---

[15] Cf. *idem*, IaIIae, 63, 2, ad 3m; 1, Resp.

[16] Cf. *idem, ibidem*, 4, Resp.

[17] Cf. *idem, ibidem*, 3-4.

morais naturais e as virtudes morais sobrenaturais. As virtudes teologais e as virtudes morais sobrenaturais têm isto em comum: elas não são adquiridas nem adquiríveis pela prática do bem. Como já dissemos, o bem em questão não é naturalmente praticável pelo ser humano: como se habituaria ele a fazer o que ele é incapaz de efetuar? Por outro lado, as virtudes teologais distinguem-se das virtudes morais sobrenaturais nisto: aquelas têm Deus por objeto imediato, ao passo que estas incidem diretamente sobre certas ordens definidas de atos humanos. Certamente, posto tratar-se de virtudes morais sobrenaturais, esses atos são ordenados a Deus como a seu fim, mas, ainda que eles o visem, eles não o atingem. A virtude da religião forneceu-nos um marcante exemplo dessa diferença. Se há uma virtude ordenada a Deus, é precisamente a da religião. No entanto, uma pessoa religiosa deve à sua virtude de religião render a Deus o culto que é preciso, quando é preciso e onde é preciso. As virtudes morais sobrenaturais permitem agir *para Deus*; as virtudes teologais, por sua vez, permitem agir *com Deus* e *em Deus*. Pela fé, cremos Deus e cremos em Deus; pela esperança, fiamo-nos a Deus e esperamos em Deus, pois ele é a substância mesma daquilo que se crê e espera; pela caridade, o ato de amor humano alcança Deus mesmo, querido como um amigo que amamos e por quem somos amados, que se extasia em nós pela amizade, e nós, nele. Para meu amigo, eu sou um amigo; logo, eu sou para Deus o que ele é para mim[18].

À questão de saber a quais virtudes morais Santo Tomás se refere na *Suma de teologia*, a resposta, por princípio, é simples: virtudes morais sobrenaturais infusas, e não virtudes morais naturais adquiridas. Não se deve, todavia, esquecer que a filosofia jamais está ausente dessa síntese do revelado e do revelável. Ela entra aí, tanto em moral como em outros campos, e mais ainda talvez, porque ela representa em tal síntese aquela natureza que a graça pressupõe para aperfeiçoá-la e conduzi-la a seu fim. Somos, portanto, reconduzidos, pela força das coisas, ao problema que se apresentava a nós desde o início de nossa investigação, mas, no lugar de o pôr para a metafísica, devemos pô-lo para a moral. Existe uma *moral natural*, feita de virtudes morais naturais, que possa legitimamente reivindicar o nome de Santo Tomás de Aquino? A única maneira de abordar esse problema sob o ângulo da história é pô-lo como o próprio Santo Tomás o pôs: podem existir, a partir da Encarnação, virtudes morais dignas desse nome sem a virtude teologal da caridade?

---

[18] Cf. *idem*, IIaIIae, 23, 1, Resp. As virtudes morais sobrenaturais distinguem-se concretamente das naturais porque os atos mesmos que elas prescrevem podem ser diferentes nos dois casos. Assim, ser temperante como se deve por si ou para a ordem pública não é ser temperante como se deve ser para Deus. O justo meio é deslocado com o fim que o mede: cf. *idem*, IaIIae, 63, 4, Resp. Para falar concretamente, digamos que, em relação à temperança natural, o jejum monástico é exagerado, mas, em relação à temperança sobrenatural, muitas pessoas sóbrias não são temperantes o bastante.

Assim formulado, o problema é claro, pois toda virtude moral gerada no ser humano pela caridade é, de pleno direito, uma virtude moral infusa e sobrenatural. Trata-se, pois, de saber, primeiro, se Santo Tomás admite um ordenamento moral anterior à caridade, e, na sequência, se ele admite que um ordenamento moral natural subsiste em conjunção com a caridade.

Não há a menor dúvida de que um ordenamento das virtudes morais naturais é possível sem a caridade. Tais eram, e são ainda, as virtudes dos pagãos; trata-se de saber o que elas valem. Para resolver um problema concernente às relações da natureza e da graça, somente o teólogo é competente. Recusar a teologia seria recusar o problema. Ora, uma primeira observação teológica impõe-se no tocante ao estado do ser humano natural sem a graça. Ferido pelo pecado original, sua vontade sofre de um desregramento da concupiscência que não lhe permite mais agir em tudo e sempre como o quereria sua razão. Mesmo que ele não o admita como dogma religioso, um filósofo deve poder, no mínimo, compreender aquele sentimento – tão vivaz em Santo Tomás e sobre o qual repousa toda a moral de Kant – que o ser humano parece ter por ser melhor do que é. O problema do divórcio de sua razão e de sua sensibilidade, seja qual for a maneira que se o interprete, é fonte de muitos outros problemas. A solução cristã é o dogma do pecado original. Se o aceitamos tal como explicado no *Gênesis*, somos teólogos; se preferimos a tradução conceitual dessa narrativa tal como feita pela *Crítica da razão prática*, somos filósofos; e, quanto mais profundo é o mistério que buscamos compreender, tanto mais somos profundamente metafísicos. Procedendo como teólogo, Santo Tomás diz simplesmente que, sem o pecado original, nossa vontade seria naturalmente capaz de dobrar-se às ordens que lhe dá a razão. Não é mais esse o caso, e eis portanto aí uma primeira causa de fraqueza para toda virtude moral natural não enformada pela caridade[19].

Comparadas a seu fim, as virtudes sofrem de uma deficiência ainda mais grave. Com efeito, todo o valor de uma virtude, aquilo mesmo que a faz ser tal, é tornar melhor quem a possui. Ora, ela não o torna melhor senão porque o dirige para o bem. É, portanto, o bem que, em moral, exerce o papel que, nas ciências, é desempenhado pelos princípios indemonstráveis dos quais elas derivam. Se nos enganamos sobre os princípios, podemos adquirir uma ciência verdadeira? Seguramente, não. Se nos enganamos sobre o fim, podemos adquirir virtudes que merecem plenamente esse título? Não, e pela mesma razão[20]. Visto que apenas o Evangelho revelou aos humanos que o fim deles é a união a Deus, é, portanto, coessencial às virtudes morais puramente naturais propor-se fins que permanecem aquém do fim sobrenatural delas. Sofrendo todas dessa falta inelutável, nenhuma delas pode realizar plenamente

---

[19] Tese defendida a respeito da virtude da paciência: *Suma de teologia* IIaIIae, 136, 3, ad 1m.
[20] Cf. *idem*, 23, 7, ad 2m.

a definição da virtude[21]. Se se objetasse que os pagãos puderam constituir ciências e técnicas correspondendo perfeitamente às exigências do saber e da arte, seria preciso replicar que o argumento não se impõe. Toda ciência, toda técnica, volta-se por definição para algum bem particular. O matemático quer conhecer as relações de quantidade, o físico pesquisa a natureza dos corpos, o metafísico propõe-se a perscrutar o ente como ente, e mesmo esse objeto mais geral de todos (o ente como ente) não é mais do que um objeto particular, pois o objeto da metafísica não é nem aquele da física nem aquele da matemática. Concebe-se, então, que as ciências, essas virtudes, tenham sido e permaneçam acessíveis ao ser humano sem a graça. Alcançando o objeto definido que a especifica, cada uma delas atinge seu fim.

Mas outro é o caso das virtudes morais. A virtude é o que torna bons, a um só tempo, quem a possui e a obra que ele faz. A função própria das virtudes morais é, portanto, "pura e simplesmente tornar bom o ser humano": *virtutes morales (...) simpliciter faciunt hominem bonum*. Para tanto, é preciso que elas remetam o ser humano não a tal ou tal bem particular, mas ao bem supremo e absoluto que é o fim último da vida humana. Somente a virtude da caridade pode fazê-lo. Nenhuma virtude moral natural satisfaz, então, perfeitamente à definição de virtude: por não possuir perfeitamente a sua essência, não é perfeitamente virtude[22]. Quando se vai até esse ponto, torna-se inevitável perguntar se elas são ainda verdadeiramente virtudes. Santo Tomás explicou-se sobre esse ponto, com sua brevidade e clareza costumeiras, em um artigo da *Suma de teologia* no qual ele pergunta se pode haver virtude verdadeira sem caridade sobrenatural. Vê-se imediatamente o desafio da questão. Suponhamos que Santo Tomás tivesse respondido que, sem a caridade sobrenatural, nada de verdadeira virtude; seguiria imediatamente daí que nenhuma moral natural e nenhuma filosofia moral seriam possíveis. Por outro lado, uma e outra serão possíveis se Santo Tomás concluir que podem existir verdadeiras virtudes, mesmo sem caridade. Ora, sua resposta é firme: podem existir verdadeiras virtudes sem a caridade. Todavia, ele acrescenta que, mesmo sendo elas virtudes verdadeiras, nenhuma delas é perfeita sem a caridade.

Ser uma verdadeira virtude é ser verdadeiramente uma virtude, quer dizer, satisfazer à definição da virtude. Para que uma virtude seja tal, é preciso, primeiro, que ela disponha para o bem quem a possui. Nesse sentido, toda disposição estável a agir que tem por efeito tornar melhor quem a possui é uma verdadeira virtude. Por outro lado, há uma hierarquia dos bens. Para um

---

[21] Encontrar-se-á esse argumento, detalhado e explorado sem reservas, nas profundas análises de MARITAIN, J. *De la philosophie chrétienne*. Paris: Desclée de Brouwer, 1933, pp. 101-166; *Science et Sagesse*. Paris: Labergerie, 1935, pp. 227-386. Esse último título remeterá o leitor às críticas levantadas pela posição pessoal de Jacques Maritain sobre essa questão.

[22] Cf. *Suma de teologia* IIaIIae, 23, 7, ad 3m.

ente determinado, pode-se sempre assinalar um bem principal e absoluto, regra e medida de todos os outros. Suas virtudes merecerão, então, tanto mais esse título quanto mais elas aproximarão tal ente daquele limite. Todas serão, sem dúvida, verdadeiras virtudes, mas realizará perfeitamente a definição da virtude somente aquela que o disporá ao bem supremo. No caso do ser humano, o bem supremo é a visão de Deus, e a virtude que o habilita para tanto é a caridade. Só merece perfeitamente, portanto, o título de virtude a caridade, ou, ao menos, toda virtude regulada e enformada pela virtude da caridade. Nesse sentido, "não pode haver virtude verdadeira, absolutamente falando, sem a caridade": *simpliciter vera virtus sine caritate esse non potest.*

Não segue daí, entretanto, que, sem a caridade, os outros hábitos de bem agir não são verdadeiramente virtudes. Consideremos qualquer uma delas, por exemplo, aquela "devoção" pagã dos heróis de Roma, que se "devotavam" em sacrifício aos deuses para a salvação do exército. O objeto dessa virtude era um bem real: o bem comum do exército e da cidade. Todo ato ditado pela vontade de um bem é um ato virtuoso. Esse sacrifício partia, pois, de uma virtude verdadeira, porque era consentido para um verdadeiro bem. No entanto, tratava-se apenas de um bem particular, não do bem supremo. A esse sacrifício faltava ser ditado, para além do amor da pátria, pelo amor de Deus, bem supremo em quem são incluídos todos os bens. Em todo ato realizado nessas condições dir-se-á que a virtude que o realiza "será certamente verdadeira, mas imperfeita": *erit quidem vera virtus, sed imperfecta*[23]. Hoje diríamos que há sacrifícios como o dos Décios e sacrifícios como os de Joana d'Arc.

Vê-se imediatamente quais consequências resultam daí para a moral. A caridade é uma virtude teologal e sobrenatural; sem caridade, nada de virtude perfeita; nenhuma vida moral perfeitamente virtuosa é, então, possível, sem aquela virtude sobrenatural e sem a graça.

Ao mesmo tempo, porque toda disposição estável a bem agir é uma verdadeira virtude, uma vida moral virtuosa permanece possível sem a caridade e sem a graça. Aliás, a Ética nicomaqueia, os tratados de Cícero ou as histórias de Tito Lívio estão aí para provar que tais virtudes realmente existiram. As vidas morais que elas dirigiram não foram perfeitamente virtuosas, mas as pessoas que as possuíram foram verdadeiramente virtuosas.

---

[23] *Suma de teologia* IIaIIae, 23, 7, Resp. Santo Tomás não sustenta outra coisa, mesmo nas passagens em que ele declara que *solae virtutes infusae sunt perfectae, et simpliciter dicendae virtutes* ("somente as virtudes infusas são perfeitas e devem ser chamadas pura e simplesmente de virtudes" – *idem*, IaIIae, 65, 1, Resp.). A respeito de nenhuma virtude moral sem a caridade pode-se dizer pura e simplesmente: trata-se de uma virtude. É preciso acrescentar (ou subentender): imperfeita. No entanto, por mais imperfeita que ela seja, uma virtude permanece uma virtude. Para que um *habitus* perca o direito a esse título, é preciso que seu objeto seja um falso bem, um bem apenas aparente: não há mais, então, uma *vera virtus, sed falsa similitudo virtutis* ("uma verdadeira virtude, mas uma falsa semelhança da virtude" – *idem*, IIaIIae, 23, 7, Resp.).

Essa observação, porém, não resolve de modo algum o problema posto pela noção tomista de moral, ou, antes, por uma moral natural tomista. Quando se voltava para o passado, Santo Tomás descobria, afogadas na obscuridade ou lutando em um claro-escuro, as pessoas anteriores à graça. As melhores entre elas tinham virtudes morais imperfeitas, a temperança ou a força, por exemplo, mas não se tratava então, nelas, mais do que inclinações naturais ou adquiridas para bem agir. Não somente esses bons hábitos não eram inabaláveis, mas encontravam-se de certa maneira desunidos. Faltava-lhes aquele enraizamento no fim último que, uma vez garantido pela caridade, faz que uma única virtude implique todas as outras assim como é implicada por elas. Como diz Santo Tomás, as virtudes imperfeitas não são *conexas*, mas as virtudes perfeitas o são[24]. Ora, somente as virtudes infusas são perfeitas; somente elas merecem sem reserva o título de virtudes, porque somente elas ordenam o ser humano ao seu fim absolutamente último. Quanto às outras virtudes, aquelas adquiridas e que só ordenam o ser humano a um fim relativamente último, quer dizer, último em certo ordenamento unicamente, trata-se de virtudes apenas relativamente, e não absolutamente falando. À luz do Evangelho, toda glória moral da Antiguidade não parece mais do que treva. "Tudo o que não é da fé é pecado", dizia São Paulo (cf. Rom 14, 23), o que é glosado por esta palavra de Agostinho, que Tomás faz sua: "Onde falta o reconhecimento da verdade, mesmo se os costumes são excelentes, a virtude é falsa."[25] Mas nada permite crer que Santo Tomás tenha previsto o retorno de semelhantes tempos, salvo talvez na proximidade da catástrofe final. De todo modo, é para as pessoas de seu tempo que Santo Tomás escrevia a *Suma de teologia*, e é uma moral para cristãos que ele pretendia propor-lhes. Perguntar qual tipo de moral natural pura Santo Tomás proporia a nossos contemporâneos e responder por ele significa pôr uma questão que a história como tal não pode resolver, mas, com base no que ele mesmo disse, parece claramente que essa moral situar-se-ia entre limites muito menos ambiciosos do que se quer às vezes atribuir-lhe.

Alheia ao ordenamento da graça, essa moral deveria designar como fim último ao ser humano aquilo que é, com efeito, o fim humano supremo, o bem comum da cidade. A partir desse momento, a moral terá direito de exigir

---

[24] Cf. *idem*, IaIIae, 65, 1, Resp.

[25] *Idem, ibidem*, 2, Resp. Essa fórmula é, aliás, extrema, excedendo a terminologia habitual de Santo Tomás. Ele mesmo, como já vimos, prefere dizer que essas virtudes são verdadeiras, porém imperfeitas. Que elas sejam "falsas" na ordem do mérito sobrenatural – e é isso que Santo Agostinho quer dizer –, Santo Tomás admite certamente. Afirmando-as como relativamente verdadeiras, ou verdadeiras em certo sentido e sob certo aspecto (*secundum quid*), Santo Tomás sustenta, em um plano pelo qual Santo Agostinho não se interessava, que elas merecem o nome de virtudes à medida exata que elas satisfazem à definição da virtude. Cada uma é uma virtude segundo o que cada uma realiza dessa definição.

de cada um tudo o que esse bem comum requer, e apenas isso. Uma primeira ordem de leis morais oferecer-se-á tão logo como estritamente imperativas: as leis civis que, promulgadas pelo soberano (independentemente do regime político em vigor), garantirão a submissão dos indivíduos ao fim comum deles. Assim entendida, a moral constituir-se-á como um eudaimonismo social cujas regras confundir-se-ão com as leis do Estado. Ora, o Estado não se interessa senão pelos atos. Pode acontecer que a determinação da intenção seja requerida para estabelecer a natureza do ato; por exemplo: há imperícia do chefe ou traição, acidente ou assassinato? Fora desses casos precisos, a ordem da intenção escapará sempre à moral da cidade; e não apenas a das intenções, mas ainda, em grande medida, aquela dos atos. Muitos atos moralmente bons não serão prescritos por ela; muitos atos maus não serão proibidos. Santo Tomás fez várias vezes a observação: as leis são feitas para a multidão; exigir de todos o que só se pode esperar de alguns seria condenar a maioria a estar constantemente em falta; o bem comum quer, portanto, que a lei não exija de todos nem todas as virtudes nem toda a virtude.

Há, então, outra virtude que aquela exigida pela lei? Sim, e Aristóteles mesmo o disse: ser bom é outra coisa que ser um bom cidadão. Estejamos, porém, atentos, pois essa correção não pode ter por efeito mudar a natureza do fim último, regra da moralidade. O bem e o mal continuarão, então, determináveis do ponto de vista do bem comum. Nomear-se-á, então, virtuoso quem, espontaneamente e por simples obediência à razão, comportar-se tal como exige o bem comum, segundo aquilo que sua consciência moral lhe prescreve. A amizade virá, então, aliviar as exigências da justiça, e todo o cortejo das virtudes pessoais completará o simples respeito das leis. O bem comum não deixará de tirar proveito; afinal, se semelhante coisa for possível, nada será mais vantajoso para a cidade do que contar apenas com cidadãos virtuosos. Cada um de nós o sente tão bem que, na condução de sua vida, faz tudo para regular seus atos pelas prescrições da moral, vivendo assim, sob a lei, além do que a lei o exige, porque sua vontade sintoniza-se, para além da lei, com o princípio da lei.

Subsiste, no entanto, a questão de saber, primeiro, o que o ser humano *poderá* fazer dentre o que ele deseja fazer, e, em seguida, o que ele *saberá* que a virtude exige dele. Sobre o primeiro ponto, Santo Tomás já respondeu: no estado de natureza decaída, o ser humano não é mais capaz de cumprir todo o bem que desejaria. Boas naturezas acostumar-se-ão progressivamente a bem agir; serão relativamente virtuosas. Vez ou outra, movida por um grande amor do bem comum, e, aliás, não *absque auxilio Dei* (não "sem o auxílio de Deus", pois a providência divina atinge a natureza tanto como faz a graça), uma delas se elevará até o heroísmo; mas uma tara revela que mesmo esses heróis não possuem perfeitamente a virtude que os move: heroicos em um domínio, e por paixão talvez tanto quanto por virtude, serão frágeis nos outros. Alguém forte não será temperante; outro, prudente, não será justo. Sem a caridade – que, levando cada virtude a fixar-se no fim supremo, faz de todo ato virtuoso, qualquer que seja sua natureza, uma vontade do bem absoluto –, todas aquelas virtudes relativas serão tão desarticuladas que a presença de uma não garantirá a das outras. Na ordem da moral natural pura, no estado atual da natureza humana, o moralista sabe muito bem em que a virtude perfeita consiste: Aristóteles a definiu de maneira excelente, mas nenhuma pessoa a possui em sua plenitude. O moralista sabe também que as virtudes perfeitas são *conexas* e de tal modo entrelaçadas que uma delas já exige todas as outras: Aristóteles definitivamente o estabeleceu, mas as virtudes, para ele, não chegam a ser assim ligadas em ninguém. Em suma, a ordem da moral natural pura é aquela em que mesmo os melhores não são senão relativamente virtuosos.

Aliás, não são relativamente virtuosos senão para aquilo que eles sabem da virtude. E que sabem eles da virtude? Todos ignoram que o amor do ser humano por Deus é a raiz, a forma e o elo sem o qual nenhuma virtude é perfeita; ou, se os relativamente virtuosos ouviram falar disso, eles o negam. Dentre todos os atos bons que eles efetuam, nenhum é bom pela razão que deveria. Em uma ordem na qual, eles mesmos o admitem, a intenção decide, por seu próprio propósito, o valor do ato, nenhum ato é efetuado na intenção que deveria ser. Isso já seria grave, porém, ademais, não sabendo a intenção com a qual deveriam agir, eles ignoram frequentemente o que julgariam ser obrigados a fazer se o soubessem. Para determinar o conjunto das virtudes que deveriam constituir tal moral, seria necessário, então, assegurar-se, antes de tudo, que nenhuma das virtudes retidas é solidária da graça e, na sequência, retomando uma a uma cada uma das virtudes que restam, *descristianizá-las completamente*. Santo Tomás não acreditou dever impor-se semelhante tarefa, pela simples razão que, de seu ponto de vista, ela teria sido absurda. *Não há sentido em pretender atingir as virtudes naturais, separando-as da graça, em uma doutrina em que a graça, curando a natureza, torna-a capaz de ter virtudes*. Uma vez mais, exorcizemos do concreto os fantasmas das essências puras. O pensamento de Santo Tomás não nos pede para optar entre a natureza e a graça, mas para reencontrar a natureza pela graça. Não somos obrigados a escolher entre as virtudes naturais e as virtudes teológicas; nem sequer somos convidados a acrescentar simplesmente as virtudes teológicas às virtudes naturais, mas a solicitar às virtudes teológicas que ajudem as virtudes naturais a realizar em plenitude sua perfeição própria de virtudes[26].

---

[26] Entre os defensores tomistas de uma moral natural pura, é visível por toda parte a tendência a não cortar os vínculos entre eles e aqueles que defendem uma moral sem religião. É um motivo muito nobre, como também o desejo deles – diante do naufrágio da religião em certas sociedades ou classes sociais – de salvar ao menos a moral. Talvez não se calcule exatamente o desafio da empreitada. De início, corre-se o risco de tornar detestáveis as virtudes cristãs, cedendo

Alguns exemplos concretos ajudarão a captar a natureza do problema. Retomemos a virtude da *humildade*. Já observamos, com Santo Tomás de Aquino, que Aristóteles não falou de humildade e não tinha, aliás, de falar, pois sua moral era essencialmente uma moral da cidade. Sublinhemos agora outro aspecto do problema: se Aristóteles conheceu ou não a humildade, ela não deixa de ser uma virtude moral, e não uma virtude teologal. Desde que cristãos vivam na cidade e saibam moderar suas ambições pelo respeito constante da grandeza de Deus por eles experimentada, haverá humildes nas moradas da cidade. Podíamos prever isso, posto que Santo Tomás classifica a humildade entre as virtudes morais, reconhecendo ao mesmo tempo que um bom cidadão não precisa ser humilde e que não deve nada à cidade além de ocupar o seu lugar e obedecer às leis[27], mas toda conjectura aqui é supérflua, pois a objeção figura na *Suma de teologia* e recebe a resposta mais formal possível: "Parece que a humildade não faz parte da moderação ou temperança. Com efeito, a humildade concerne, antes de tudo, ao respeito que submete o ser humano a Deus. Ora, ter Deus por objeto pertence a uma virtude teologal; a humildade deve, então, ser posta antes como uma virtude teologal do que como uma parte da temperança ou moderação. – Respondamos que as virtudes teologais, porque se remetem ao fim último, que é o princípio primeiro na ordem do desejável, são as causas de todas as outras virtudes (*sunt causae omnium aliarum virtutum*). Que a humildade seja causada pelo respeito a Deus não impede que ela faça parte da moderação ou temperança."[28] Eis um caso perfeitamente definido de virtude moral que deve sua existência a uma virtude teologal.

---

o título delas a atos que as imitam do exterior, mas cuja seiva cristã secou. Não se pode "fazer caridade" sem ter a caridade. Além disso, exigir do ser humano virtudes cristãs em nome da simples moral é impor obrigações sem fundamento. Cedo ou tarde, as pessoas perceberão isso, e as falsas virtudes naturais desmoronarão sob uma crítica que as autênticas virtudes cristãs mesmas acabarão por sofrer. O perigo será tanto mais grave para a religião, pois todo dever em relação a Deus e destituído de sua destinação primeira é rapidamente captado por um interesse que o explora. Quando a moral cristã busca manter-se, embora não mais por Cristo, ela só dura para que o Outro dela se aproveite. É então que as virtudes cristãs veem-se reprovadas por seus adversários como apenas o ópio do povo. Elas são, certamente, mais do que isso, desde que permaneçam cristãs; desde que deixam de sê-lo, não se vê nada mais que elas possam tornar-se. De qualquer maneira que se encare o problema, até mesmo do ponto de vista da apologética, o pensamento de Santo Tomás não parece aconselhar essa atitude. Há aqui, inteiramente contra a intenção daqueles que adotam tal atitude, pretexto para um desvio de bens do qual basta que o cristianismo seja a primeira vítima, sem que ele se exponha, aliás, a parecer cúmplice disso tudo. Por ter direito de recusar essa reprovação, é preciso lembrar sem cessar à sociedade humana que, se ela quer ainda as virtudes naturais da moral cristã, será preciso que ela continue a querer Cristo.

[27] Cf. *Suma de teologia* IIaIIae, 161, 1, ad 5m.

[28] *Idem, ibidem*, 4, ad 1m. Poder-se-ia objetar que Santo Tomás considera aqui a humildade uma virtude moral infusa. É possível, mas resultaria então daí que a humildade deveria ser riscada do catálogo das virtudes naturais e excluída da moral. Ou é uma virtude cristã ou ela deixa de existir.

Um caso análogo, mas não idêntico, é o da virtude da *paciência*. Essa virtude, tão humilde como parece, é uma daquelas que estimaríamos, de bom grado, mais comuns, pois não são raras as ocasiões em que nos vemos forçados a exercê-la. Talvez não saibamos bem em que ela consiste, pois, salvo engano, é a única virtude moral a respeito da qual Santo Tomás perguntou-se, em um artigo da *Suma de teologia* expressamente consagrado a essa questão, se podemos possuí-la sem a graça. Aqui, novamente, notamos que se trata de uma virtude moral propriamente dita. Santo Tomás não podia hesitar nesse aspecto, pois ele vincula a paciência à virtude cardeal da força, seguindo a autoridade de Cícero (*A arte retórica*, cap. 54): *Tullius ponit eam fortitudinis partem* ("Túlio [Cícero] considera-a parte da força")[29]. Cícero não sabia nada sobre a Encarnação nem sobre as virtudes teologais quando falava de paciência; tratava-se sem dúvida de uma virtude natural. Santo Tomás tinha tanta clareza sobre isso que se endereçou a si mesmo a objeção: "Entre aqueles que não estão em estado de graça, alguns têm mais horror do mal do vício do que dos males corporais; daí vem o que nos contam sobre os pagãos que suportaram tantos males para não trair sua pátria ou para não cometer qualquer outra infração. Isso é ser verdadeiramente paciente. Parece, então, que se pode possuir a paciência sem o socorro da graça."

Como se podia prever, Santo Tomás não ignorava a história de Horácio Cocles, mas, se aquela força de alma se nomeia paciência, é preciso começar mais baixo. Podemos suportar uma operação cirúrgica para salvar nossa vida; em um tempo em que se amputava sem anestesia, o paciente que aceitava a operação dava prova de certa força de vontade. Tratava-se de paciência? Suportar sofrer para curar-se é amar seu corpo o bastante para aceitar sofrer a fim de salvá-lo. Chamemos a isso, se quisermos, de *resistência* (*tolerantia malorum* – tolerância de males). É bom ter resistência, mas trata-se de uma virtude especificamente distinta daquela de um herói que aceita sofrer torturas para salvar não o seu corpo, mas seu país. Suportar a morte por seu país é bem diferente de suportar o sofrimento para evitar a morte. É o que os antigos nomeavam "paciência", e não sem razão, pois, humanamente falando, morrer por sua pátria é o sacrifício ao mesmo tempo mais duro e mais belo a que alguém possa consentir. Notemos, entretanto, que não se trata ainda, aqui, de uma virtude sobre-humana. Criando o ser humano para viver em sociedade, Deus o tornou capaz das virtudes naturais requeridas para que a sociedade subsista: *bonum politicae virtutis commensuratum est naturae humanae* ("o bem da virtude política é comensurado com a natureza humana"). Deve haver, portanto, pessoas naturalmente capazes de tais sacrifícios; a vontade delas pode esforçar-se para tanto, e aliás, não *absque auxilio Dei*, precisa Santo Tomás, que não confunde os heróis com a multidão. O socorro divino que leva a natureza a

---

[29] *Idem*, 136, 4, Sed contra.

seu limite não é ainda a graça que leva a natureza para além de seus limites. Em vez disso, é preciso ter essa graça sobrenatural para ser capaz de resistir a todos os males, todos os sofrimentos, antes que perder a graça mesma. Preferir esse bem sobrenatural a todos os bens naturais é amar Deus acima de todas as coisas, no que, aliás, consiste a caridade. *Et ideo non est similis ratio* ("e certamente a consideração não é de mesmo tipo"); não se trata mais, portanto, da mesma coisa: *patientia non potest haberi sine auxilio gratiae* ("não se pode ter paciência sem auxílio da graça"), e a verdadeira paciência é essa[30].

Parece, portanto, difícil, no pensamento de Tomás de Aquino, isolar da caridade sobrenatural as virtudes da vida pessoal e da vida social. A religião natural, que não passa, ela mesma, de uma virtude moral natural entre as outras, não poderia bastar para estabelecê-las em sua perfeição de virtudes. A vida religiosa sobrenatural é, portanto, de fato, a condição praticamente necessária de toda vida pessoal e de toda vida social fundadas sobre virtudes naturais plenamente dignas desse título. Essa vida religiosa é, em nós, obra da graça. A participação na vida divina é, para o ser humano, o germe de uma vida nova. Desde que recebe esse dom gratuito, o ser humano, ente natural, tem em si algo de sobrenatural que lhe vem de Deus; esse algo é próprio a ele; ele o possui verdadeiramente, como aquilo que lhe permitirá doravante atingir, *ele mesmo*, o bem natural que é seu fim último. Ei-lo, pois, conduzindo, a partir de então, pela presença e pela vida, nele, desse princípio, uma vida de participação na vida divina. É o que nomeamos *vida sobrenatural*. Germe dessa vida, a graça alcança o ser humano naquilo que ele tem de mais profundo, a essência mesma de sua alma, cuja regeneração, e como que uma recriação, ela determina. Todavia, a essência da alma é aquela de uma alma dotada de razão e de inteligência; é como alma capaz de conhecimento intelectual, e, por esse meio, capaz também de amizade com Deus, que a alma é suscetível daquele dom sobrenatural e divino. Compreende-se, pois, que, difundindo-se a partir da essência da alma humana nas diversas faculdades dela, a graça alcança de início a mais elevada de todas, a faculdade de conhecer ou o intelecto, com a razão que não é mais do que o movimento mesmo dessa faculdade. Isso pelo qual a natureza humana é uma natureza inteligente designa-se pelo termo *pensamento* (*mens*). É por aí que, diferentemente dos entes sem razão, o ser humano é criado à imagem e semelhança de Deus. Por fazer-se una com a racionalidade de sua natureza, a qualidade de imagem de Deus é coessencial ao ser humano. Ser um pensamento é ser naturalmente capaz de conhecer e amar Deus. Essa aptidão constitui uma unidade com a natureza

---

[30] *Idem, ibidem*, 3, Resp. e ad 2m. Esse artigo foi, aliás, redigido sob influência direta de um escrito de Santo Agostinho ao qual Santo Tomás refere-se expressamente: o *De patientia* (A paciência): cf. *Patrologia Latina Migne*, tomo 40, cols. 611-626, particularmente cap. XV, n. 12, cols. 616-618, e cap. XVI, nn. 13-14, cols. 618-619.

mesma do pensamento. Ser imagem de Deus é tão natural para o ser humano como ser animal racional, quer dizer, simplesmente ser humano. O efeito primeiro da graça é, então, completar a semelhança do ser humano a Deus, divinizando sua alma, seu pensamento e, por conseguinte, sua natureza toda inteira[31]. A partir desse momento, o ser humano pode amar a Deus com um amor digno de Deus, porque esse amor é divino em sua origem; Deus pode, então, aceitar esse amor; e, pela graça de Deus, o ser humano torna-se santo e justo aos olhos de Deus. A vida da graça consiste, então, no conhecimento e amor de Deus por uma alma racional que se tornou participante da natureza divina e capaz, graças a Deus, de viver em sociedade com ele[32].

O preceito de Sócrates, retomado e aprofundado pelo pensamento cristão, recebe aqui o seu pleno valor. O ser humano tem o dever de conhecer a si mesmo, de não se enganar sobre sua natureza e de discernir, nessa natureza, o que lhe confere sua eminente dignidade[33]. É preciso que todos o façam. Unidade substancial de um intelecto e de um corpo, o ser humano é a fronteira de dois mundos, aquele do inteligível, que ele alcança pela inteligência, e aquele da matéria, que ele percebe pela sensibilidade. Disso decorrem, para a única vida de que o ser humano dispõe, duas maneiras possíveis de utilizá-la, segundo a escolha que ele fará de voltar-se mais para os inteligíveis ou para os corpos. De fato, a natureza exige que ele se mova tanto em um mundo como no outro. Tal como o descrevemos, o conhecimento humano não pode aceder ao inteligível a não ser pelo sensível. O movimento natural da razão começa, então, necessariamente, por orientá-lo rumo ao mundo dos corpos, cuja existência e cujas qualidades percebemos pelos sentidos, e cuja ciência construímos progressivamente, determinando com uma exatidão crescente a natureza e as leis. Assim se adquire pouco a pouco esse *habitus* ("habilitação", "hábito"), essa virtude intelectual que já classificamos em seu lugar sob o nome de *ciência*. Por mais elevadas e perfeitas que elas sejam, todas as ciências têm isto em comum: elas incidem sobre o inteligível incluído no sensível. Mesmo a matemática permanece ligada ao sensível por seu objeto, que é a quantidade. Ora, a matéria dura no tempo. Pode-se, então, dizer que todas as ciências da natureza incidem sobre coisas temporais. Como razão humana que permanece una e a mesma e exerce-se na aquisição da ciência, ela recebe o nome de *razão inferior*, termo que designa a razão mesma no *emprego* (*officium*) que acaba de ser definido[34]. Mas a razão pode voltar-se, por um esforço

---

[31] Sobre essa problemática teológica, cf. GARDEIL, A. *La structure de l'âme et l'expérience mystique*. 2 vols. Paris: Gabalda, 1927.

[32] Sobre a concepção de Santo Tomás da vida espiritual, cf. GARDEIL, A. *La vraie vie chrétienne*. Paris: Desclée de Brouwer, 1935.

[33] Cf. GILSON, É., *O espírito da filosofia medieval*, op. cit., capítulo XI, "O socratismo cristão".

[34] Sobre a origem agostiniana da distinção entre *ratio inferior* (razão inferior) e *ratio superior* (razão superior), ver GILSON, *Introduction à l'étude de Saint Augustin*, p. 142 (edição brasileira,

do qual ela não é incapaz, para o mundo daquelas realidades suprassensíveis como são Deus, o ente como ente, o bem, o verdadeiro e o belo. É o campo do incorpóreo, do intemporal; em suma, do eterno. Posto que seu objeto distingue-se especificamente daquele das ciências, é preciso considerar especificamente distinto do saber científico o conhecimento que podemos adquirir nesse campo. Nós o nomeamos *sabedoria*. O "emprego" feito pelo ser humano de sua razão enquanto trabalha para adquirir a sabedoria (aquela que é a metafísica ou, mais ainda, aquela que é a teologia) nomeia-se *razão superior*. Se se pensa que é pelo intelecto que o ser humano é especificamente constituído em sua dignidade própria, à imagem de Deus e superior ao animal irracional, julgar-se-á que ele deveria dirigir-se, como num movimento natural, para os objetos mais nobres que seu intelecto possa conhecer. De direito, deveria ser assim, mas, se, de fato, o que se dá é diferente, essa não é senão mais uma marca daquela ruptura de equilíbrio de que parece sofrer a natureza humana e que põe ao filósofo uma questão para a qual o teólogo possui a resposta. Porém, não reside nisso o mais grave. O ser humano não se contenta em preferir a ciência à sabedoria, a ponto de crer que compreende sempre melhor o superior quando pode reduzi-lo ao inferior; a ciência mesma é ainda muito mais elevada para muitos de nós. Retidos embaixo pelo poderoso peso de uma sensibilidade sem controle, numerosos são aqueles que não percebem mais do que apenas o chamado da inteligência e da razão. A alma desceu-lhes à barriga. Reencontra aqui o seu pleno valor a verdade profunda do platonismo: quando um ser humano encerrou seu intelecto na tumba de seu corpo, pode-se dizer com toda certeza que ele não se conhece mais a si mesmo. Talvez ele se saiba sempre composto de uma alma e de um corpo, mas abdicou tão completamente de sua realeza que parece ter dela perdido até a lembrança. Esquecendo-a, ele se esquece de si mesmo, pois o que o ser humano faz é o que faz, nele, aquilo que é o seu "chefe": aquela *mens rationalis* ("mente/pensamento racional") cuja existência não podemos ignorar para saber o que somos[35].

Divinizando a alma humana, a graça tem precisamente por efeito não somente restabelecer, em favor do eterno, o equilíbrio indevidamente rompido em favor do temporal, mas fazer jorrar uma vida nova, dada gratuitamente à natureza e que, precisamente por participar do divino, vai, por direito de nascimento, desdobrar-se espontaneamente na ordem do eterno. A ela nomeamos *vida espiritual*, expressão cujo sentido forte implica aquela transcendência

---

p. X). Santo Tomás refere-se a Santo Agostinho, interpretando-o com perfeita exatidão, na *Suma de teologia* I, 79, 9, Resp. e ad 3m. A importância do papel que essa distinção conserva em Santo Tomás foi trazida à luz, em um acordo não calculado, por MARITAIN, J., *Science et sagesse, op. cit.*, pp. 257-267, e por CHENU, M.-D. Ratio superior et inferior, un cas de philosophie chrétienne. *Revues des sciences philosophiques et théologiques* 29 (1940), pp. 84-89.

[35] Cf. *Suma de teologia* IIaIIae, 25, 7, Resp.

absoluta em relação ao corpo e ao tempo, própria do que é divino; e, como é pela caridade que a participação do ser humano no divino se completa, a vida espiritual é a vida sobrenatural de uma alma divinizada pela caridade[36].

Parece que devemos partir daqui para compreender a imbricação das virtudes morais naturais nas virtudes morais infusas e nas virtudes teologais que o autor da *Suma de teologia* quis manifestamente. Desintegrar as virtudes desse organismo teológico para reconduzi-las ao estado de virtudes puramente naturais é um engodo se se quer que a moral assim obtida possa ainda reclamar-se de Santo Tomás. Dissociar as virtudes da graça não é conduzi-las ao estado de natureza, mas ao estado de natureza decaída; é fazê-las passar de um estado teológico a um outro. É exatamente conduzi-las ao estado dentre todos os seus estados, no qual a natureza é o menos possível ela mesma, ferida em seus poderes de operar em vista do bem e de munir-se das virtudes dignas desse nome, as únicas que podem possibilitar-lhe plenificar-se. É por isso que a moral natural descrita por Santo Tomás é aquela de uma natureza curada pela graça e que reencontra, enfim, sua quase-plenitude na vida divina que a habita em suas profundezas.

Donde a impossibilidade de considerar a moral natural em uma perspectiva verdadeiramente tomista sem religá-la à vida espiritual cujo fruto é a sua perfeição mesma. Nunca será demais advertir aqueles que gostariam de desenvolver o seu estudo contra o erro fundamental que consiste em representar-se cada virtude moral como recoberta de um duplo teológico encarregado de melhor fazer a mesma coisa e da mesma maneira. As virtudes naturais permanecem o que elas são; é quem as tem que se vê mudar. A razão superior natural adquire, pacientemente e por um longo esforço, a virtude da sabedoria, ápice da vida intelectual e da vida moral. Quem a possui é o sábio. Graças a essa virtude intelectual, ele tornou-se capaz de conhecer as coisas divinas e eternas segundo o reto juízo de uma razão bem informada. Na alma do ser humano regenerado pela graça, o dom natural da sabedoria age de modo inteiramente diferente. Ele torna a alma do sábio familiar às coisas divinas mesmas, divinizando-a. O dom da sabedoria não acrescenta, então, uma razão superior à razão superior natural, mas faz que, empregando-se na investigação do divino, a razão aí se sinta, por assim dizer, em casa, farejando instintivamente o verdadeiro bem, antes mesmo que a demonstração o atinja, capaz de guiar essa demonstração rumo ao verdadeiro bem, se assim o ser humano deseja, e, no caso de muitos, suficiente para dispensá-los dela. A teologia natural de um cristão é a obra de uma razão superior essencialmente

---

[36] A vida sobrenatural desenvolve-se, então, no pensamento (*mens*). O fato de o sujeito da caridade ser a vontade (cf. *Suma de teologia* IaIIae, 24, 1, Resp.) não se opõe a isso de maneira alguma: posto que a vontade é um *appetitus intellectivus* (apetite intelectivo), ela pertence de pleno direito à ordem do pensamento. O ensinamento da imagem da Trindade na alma do ser humano implica isso, aliás, manifestamente.

idêntica àquela de todo outro metafísico, porém penetrada de uma vida espiritual profunda que a conaturaliza às realidades das quais fala. É por isso que ela fala melhor[37].

Toda sabedoria é um conhecimento das coisas divinas que permite julgar de maneira sã a respeito delas. O dom da sabedoria habita, então, o entendimento, que ele conaturaliza à coisas divinas, fazendo-o participar da luz e da estabilidade das ideias de Deus. O sábio não apenas contempla à luz dessas regras *eternas*, como Santo Agostinho gostava de nomeá-las, a fim de conhecer, mas também as consulta para agir. Em uma alma que é familiarizada com o divino por sua vida espiritual, o dom da sabedoria tem, então, uma eficácia não somente especulativa, mas prática. Ele não dirige somente a contemplação, mas também a ação[38].

Nada ilustra melhor o caráter "vital" da espiritualidade do que essa reivindicação de uma função prática por parte da sabedoria sobrenatural. Tomada como virtude natural adquirida, a sabedoria é um desses *habitus* intelectuais puramente especulativos dos quais declara Santo Tomás que *non perficiunt partem appetitivam, nec aliquo modo ipsam respiciunt, sed solam intellectivam* ("não completam a parte apetitiva, nem dizem respeito a ela de algum modo, mas apenas a intelectiva")[39]. Feita de conhecimentos, ela tem por função regular todos os outros conhecimentos como tais, quer dizer, permitir-nos ver o verdadeiro, não fazer o bem. É, portanto, uma virtude da qual o intelecto é não somente a sede, mas a causa. Não é o que ocorre com a sabedoria infusa, dom do Espírito Santo. Sua função própria não é fazer-nos ver em Deus os princípios primeiros do conhecimento, mas fazer-nos participar deles tal como eles são, quer dizer, a verdade divina mesma. Essa virtude sobrenatural não nos desvela as Ideias, aquelas regras divinas pelas quais a razão humana julga todas as coisas; em suma, ela não constitui, de maneira alguma, uma visão intelectual da causa suprema que é Deus; mas, participação vivida em Deus, ela nos permite perscrutar Deus e manejar os princípios primeiros do conhecimento com um entendimento divinizado.

A raiz dessa sabedoria é, pois, menos uma intuição cognitiva do que uma comunhão da natureza cognoscente mesma com o divino. Seu efeito,

---

[37] Cf. *Suma de teologia* IIaIIae, 45, 2, Resp. Santo Tomás usa, nesse texto, um exemplo que se tornou clássico e que ele frequentemente retomou. Há duas maneiras de falar da castidade: uma é a do professor de moral, que conhece e ensina essa virtude porque possui a ciência da moral; outra é a da pessoa casta, que, mesmo que ignore a ciência moral, avalia instintiva e corretamente o que é casto e o que não é. Ela julga *per quamdam connaturalitatem* ("por certa conaturalidade"); é assim que o dom da sabedoria enriquece a razão superior tornando-a familiar ao divino, que é seu objeto. Note-se que esse dom pertence a todo ser humano que tem a graça e não se encontra em estado de pecado mortal (cf. *idem, ibidem*, 5, Resp.).

[38] Cf. *idem, ibidem*, 3, Resp. Cf. também *idem* I, 64, 1, Resp.

[39] Cf. *idem*, IaIIae, 57, 1, Resp.

"a retidão de um juízo que segue as razões divinas", não é aqui produzido pelo hábito, desenvolvido pelo metafísico, de usar corretamente sua razão nesses assuntos; a retidão de seu juízo vem-lhe de mais longe, daquela familiaridade sobrenatural que o faz membro da família das coisas divinas. Ora, nada pode familiarizar mais o ser humano a Deus do que a caridade. Para "cossentir" com o divino, como dizia Dionísio – quer dizer, em vez de o *ver* de fora, para acolhê-lo em si, impregnar-se dele, embeber-se de sua substância em sua substância –, é preciso amá-lo com amizade: *compassio sive connaturalitas ad res divinas fit per caritatem, quae quidem nos unit Deo* ("o cossentir ou a conaturalidade com o que é divino faz-se pela caridade, que a seu modo nos une a Deus"). Eis por que a sabedoria sobrenatural, cuja essência sedia-se no entendimento, tem, no entanto, sua causa na vontade. Essa causa é a Caridade[40].

Nascida da caridade sobrenatural, que fixa a alma no fim último do ser humano, a sabedoria não tem, então, somente uma função prática particular, legítima somente em alguns casos definidos, mas é por ela que a caridade alcança, penetra e dirige todos os nossos atos, orientando-os para o Bem supremo que lhes é necessário atingir, sob pena de não passarem de atos defeituosos. Não se trata, pois, aqui, simplesmente de uma transferência geral de intenção. Não se pode tomar a moral natural para incluí-la tal qual na moral cristã. A caridade não deixa uma única virtude moral no estado em que se encontra. Não há um só ato moral que não se torne, pela caridade, *outro ato*, como podemos nos assegurar por um simples olhar sobre a metamorfose que os faz sofrer a caridade[41].

Reconduzida a seu fundamento último, essa virtude repousa sobre o fato, humanamente imprevisível e impossível, de que o ser humano deve compartilhar um dia a beatitude eterna de Deus. Temos amizade por nossos familiares porque vivemos com eles; podemos ter amizade por nossos concidadãos porque compartilhamos a mesma vida nacional. Pela graça da Encarnação que divinizou a natureza humana, podemos ter amizade por Deus porque podemos viver com ele. Ter parte na vida de Deus, ter valor para ele, significar

---

[40] Cf. *idem*, IIaIIae, 45, 2, Resp.

[41] Talvez nos interessemos, em vista da luz que essa tese teológica lança sobre a unidade profunda do tomismo, pela posição tomada por Santo Tomás sobre o problema-chave que atravessa toda a história do cristianismo, incluindo a Reforma: a caridade é, no ser humano, Deus mesmo ou um dom sobrenatural criado por Deus? A primeira hipótese parece exaltar a caridade ao ponto mais elevado, mas, de fato, ela teria por resultado o impedimento de que o ato de caridade seja efetuado pelo ser humano mesmo. A caridade não seria mais, então, o princípio, interior ao ser humano, dos movimentos de caridade que conduzem a vontade. Em suma, a vontade não seria movida por *sua* caridade; ela seria apenas movida pela caridade de Deus. É por isso que Santo Tomás situa a caridade como *aliquid creatum in anima* ("algo criado na alma" – *Suma de teologia* IIaIIae, 23, 2, Resp.). Sobre o contexto histórico dessa problemática, cf. VIGNAUX, P. *Luther commentateur des Sentences*. Paris: Vrin, 1935.

algo na vida dele, e saber tudo isso, eis o princípio mesmo de nossa amizade por ele[42]. Nenhuma outra virtude, mesmo entre aquelas que são dons gratuitos, pode comparar-se a essa, porque nenhuma alcança Deus nessa íntima profundeza. A fé e a esperança fazem-nos alcançá-lo como causa da verdade que ele revela e do bem que ele promete. Elas só nos fazem, portanto, alcançá-lo como causa dos dons que ele nos faz, mas a caridade nos faz alcançar Deus mesmo. Cremos a verdade de Deus; esperamos de Deus a beatitude; cremos e esperamos mesmo *em Deus* como substância e causa da verdade revelada e da beatitude prometida. Mas amamos a Deus em vista de Deus e porque ele é Deus[43]. A caridade o alcança, e ela aí para. Ela não tem mais nada a alcançar, pois ela tem tudo.

Uma alma que vive da caridade sobrenatural não pode, então, querer mais nada do que Deus mesmo, ou, se ela quer algo restante, o quererá em união de vontade com ele. Amar o que Deus ama, como ele ama, eis aquele *eadem velle, eadem nolle* ("querer o mesmo; repugnar o mesmo") no qual consiste a amizade. Ora, acabamos de dizê-lo, essa amizade repousa sobre o fato de que Deus compartilha com o ser humano certo bem, sua beatitude, que é ele mesmo. É por isso que o ser humano deve amar a Deus acima de todas as coisas, como a causa e a substância de sua amizade com ele. A caridade sobrenatural conduz, assim, a seu termo aquela aspiração mais profunda e mais universal da natureza. Todo movimento natural é a operação de um corpo que, sabendo-o ou não, opera em vista de certo fim. Cada operação natural é, pois, a atualização de um desejo. Tudo ama, desde o que se move até aquilo que é movido. A pedra que cai, a chama que sobe, a árvore que cresce, o animal em busca de sua presa, ser vivo ou não, cada ente é movido por um amor: natural, se é privado de conhecimento, animal, se é um ente cognoscente. Dotado de inteligência e de razão, o ser humano é capaz de conhecer que Deus existe, que nos criou e convidou a possuir em comum com ele todos os bens. Disso decorre um amor natural do ser humano por Deus, um tipo de primeira amizade natural, pela qual o ser humano ama naturalmente Deus acima de todas as coisas (conviria dizer "amaria", pois a natureza do ser humano não é mais intacta[44]. O primeiro efeito da graça é, pois, restaurar aquele amor natural de Deus acima de todas as coisas, que certamente não se encontrará, doravante, destruído, mas integrado ao amor sobrenatural do ser humano por Deus. A amizade sobrenatural fundada sobre a partilha da beatitude divina restitui primeiro ao ser humano a amizade natural que ele tinha primitivamente com Deus. A partir desse momento, toda a moral natural ressuscita, com a ordem e a hierarquia das virtudes que a compõem. Mas ela

---

[42] Cf. *Suma de teologia* IIaIIae, 23, 5, Resp.
[43] Cf. *idem, ibidem.*
[44] Cf. *idem*, 26, 3, Resp.

não poderia durar fora das condições que já a fizeram renascer. Para o ser humano em estado de natureza decaída, somente a graça torna possível aquela vontade estável do bem que, na natureza mesma, não ama ternamente senão a vontade de Deus.

# CAPÍTULO 6

# O FIM ÚLTIMO

A ordem inteira das criaturas deriva de uma única causa e tende para um único fim. Podemos, então, esperar que o princípio regulador das ações morais seja idêntico àquele das leis físicas; a causa profunda que faz que a pedra caia, que a chama se eleve, que os céus girem e que os seres humanos queiram é a mesma. Cada um desses entes não age senão para atingir, por suas operações, a perfeição que lhe é própria e realizar, por isso mesmo, seu fim, que é o de manifestar Deus: *unumquodque tendens in suam perfectionem, tendit in divinam similitudinem* ("cada qual, tendendo para sua perfeição, tende à semelhança divina")[1]. Todavia, como cada ente define-se por uma essência própria, deve-se acrescentar que ele terá sua maneira própria de realizar o fim comum dos entes. Posto que todas as criaturas, mesmo aquelas desprovidas de intelecto, são ordenadas para Deus como para seu fim último, e posto que todas as coisas atingem seu fim último ao participar de sua semelhança, é claramente necessário que as criaturas inteligentes atinjam seu fim de um modo que lhes seja particular, qual seja, por sua operação própria de criaturas inteligentes e conhecendo o seu fim. É, pois, imediatamente evidente que o fim último de uma criatura inteligente é conhecer Deus[2]. Essa conclusão é inevitável, e outros raciocínios também diretos como esse poderiam confirmar-nos no sentimento da necessidade dessa conclusão. Não seremos, no entanto, intimamente convencidos senão depois de ter visto como esse fim último recolhe e ordena em si todos os fins intermediários, e como todas as felicidades particulares não passam de premissas da beatitude.

O ser humano, ente voluntário e livre, age sempre, dizíamos, em vista de um fim do qual seus atos recebem sua especificação, quer dizer, seus atos se situam sob espécies diversas segundo os fins que constituem, ao mesmo tempo, o princípio e o termo delas[3]. Ora, não há dúvida de que existe, além da

---

[1] Ver, acima, p. 251.
[2] Cf. *Suma contra os gentios* III, 25.
[3] Cf. *Questões disputadas sobre as virtudes* I, a. 2, ad 3m; II, a. 3, Resp.

multiplicidade dos fins particulares, um fim último da vida humana tomada em seu conjunto. Com efeito, os fins são ordenados e desejados sempre uns por causa de outros, e, se não houvesse fim último, seria necessário recuar ao infinito na série dos fins. Do mesmo modo, nada seria desejado nem nenhuma ação chegaria a seu termo se a série dos motores e dos movidos fosse infinita. Com efeito, toda ação parte de um fim e nele se repousa. Deve-se, então, necessariamente conceder que existe um fim último[4]. Ao mesmo tempo, nota-se que tudo o que o ser humano quer, ele o quer em vista desse fim último: o fim último move o desejo do mesmo modo como o primeiro motor move tudo o que é movido. Ora, é evidente que quando uma causa segunda imprime um movimento, ela não pode fazê-lo senão como movida ela mesma pelo primeiro motor. Assim, por conseguinte, os fins segundos só são desejáveis e movem o desejo como fins ordenados para o fim último, que é o primeiro de todos os objetos desejáveis[5]. Vejamos em que consiste esse fim último.

Se se quer investigar sob quais aspectos os humanos representam o fim último, encontrar-se-ão representações muito diversas e singulares. Riquezas, saúde, poder etc., todos os bens do corpo, numa palavra, foram considerados o Soberano Bem e fim último. Mas tudo isso não passa de erros indubitáveis. O ser humano, com efeito, não é o fim último do universo; ele mesmo é um ente particular, ordenado tanto como todos os outros, em vista de um fim superior. A satisfação ou a conservação de seu corpo não podem, portanto, constituir o Soberano Bem e o último fim. Mesmo que concedêssemos que o fim da razão e da vontade humana fosse a conservação do ser humano, não seguiria daí que o fim último do ser humano consistiria em algum bem corpóreo. O ser humano é composto, com efeito, de uma alma e de um corpo, e, se é verdade que o ser do corpo depende da alma, não é verdade que, inversamente, o ser da alma depende do corpo. É, em vez disso, o corpo que é ordenado em vista da alma, como a matéria o é em vista da forma. Em nenhum caso, o fim último do ser humano, que é a beatitude, poderia ser considerado, então, situado em algum bem de ordem corporal[6].

Seria ele situado na voluptuosidade ou em algum outro bem da alma? Se designamos pelo termo *beatitude* não a aquisição ou a posse da beatitude, que de fato diz respeito à alma, mas aquilo mesmo em que a beatitude consiste, é preciso dizer que ela não é nenhum dos bens da alma, mas subsiste fora da alma e infinitamente acima dela. *Beatitudo est aliquid animae; sed id in quo consistit beatitudo est extra animam* ("a beatitude é algo da alma; mas

---

[4] Cf. *Suma de teologia* IaIIae, 1, 4, Resp.

[5] Cf. *Comentário ao Livro das Sentenças de Pedro Lombardo* IV, dist. 49, q. 1, a. 3; *Suma de teologia* IaIIae, 1, 6, Resp.

[6] Cf. *Suma contra os gentios* III, 32, Resp.; *Compêndio de teologia* II, 9; *Suma de teologia* IaIIae, 2, 5, Resp.

aquilo em que a beatitude consiste é alheio à alma")[7]. Efetivamente, é impossível que o fim último do ser humano seja a alma humana ou o que quer que seja que lhe pertença. A alma, se a considerarmos nela mesma, não é senão em potência; sua ciência ou sua virtude precisam ser reconduzidas da potência ao ato. Ora, o que é em potência está para seu ato assim como o incompleto está para o completo; a potência não existe senão em vista do ato. É, pois, evidente que a alma humana existe em vista de outra coisa e, que por conseguinte, ela não é para si mesma o seu fim último. Mas é ainda mais evidente que nenhum bem da alma humana constitui o Soberano Bem. O Bem que constitui o fim último não pode ser senão o bem perfeito e que satisfaz plenamente o desejo. Ora, o desejo humano, que é a vontade, tende, assim como já vimos, para o bem universal. Por outro lado, é claro que todo bem inerente a uma alma finita, tal como a nossa, é, por esse fato mesmo, um bem finito e participante de outro bem. É, então, impossível que algum desses bens possa constituir o Soberano Bem do ser humano e tornar-se o seu fim último. Digamos, aliás, que, em tese geral, a beatitude do ser humano não pode consistir em nenhum bem criado. Ela só pode residir, dizíamos, em um bem perfeito e que satisfaça plenamente o desejo – ela não seria, com efeito, o fim último se, uma vez adquirida, deixasse ainda algo a desejar –, e, posto que nada pode satisfazer plenamente a vontade humana, a não ser o bem universal, que é seu próprio objeto, é preciso necessariamente que todo bem criado e participado seja impotente para constituir o Soberano Bem e o último fim. É, portanto, em Deus unicamente que a beatitude do ser humano consiste[8] como em um bem primeiro e universal, fonte de todos os outros bens.

Sabemos agora em que reside a beatitude; procuremos determinar qual é a essência dela. Eis aqui a exata significação dessa questão. O termo *fim* pode receber dois sentidos. Pode designar a coisa mesma que se quer obter, e é assim que o dinheiro é o fim perseguido pelo avaro. Mas pode designar também a aquisição ou a posse, ou enfim o uso e o gozo daquilo que se deseja, e é assim que a posse do dinheiro é o fim perseguido pelo avaro. Esses dois sentidos devem igualmente ser distinguidos no tocante à beatitude. Sabemos o que ela é no primeiro sentido, quer dizer, o bem incriado que chamamos *Deus* e que é o único, por sua infinita bondade, a poder satisfazer perfeitamente a vontade do ser humano. Mas em que consiste a beatitude se a tomarmos no segundo sentido? Eis o que devemos examinar agora.

Manifesta-se, de início, que, considerada sob esse aspecto, a beatitude é um bem criado. Sem dúvida, a causa ou o objeto da beatitude é, como já estabelecemos, algo de incriado. Mas a essência mesma da beatitude, quer

---

[7] Cf. *Suma de teologia* IaIIae, 2, 7, Resp.

[8] Cf. *Suma contra os gentios* IV, 54; *Suma de teologia* IaIIae, 2, 8, Resp.; *Compêndio de teologia* I, 108; II, 9.

dizer, a aquisição pelo ser humano e o gozo do fim último, é necessariamente algo humano e, por conseguinte, criado[9]. Podemos acrescentar que esse algo é uma operação e um ato, pois a beatitude constitui a perfeição superior do ser humano, e a perfeição implica o ato assim como a potência implica a imperfeição[10]. Podemos acrescentar, enfim, que essa operação é aquela do intelecto humano, excluindo-se qualquer outra potência da alma. Não se poderia pretender, com efeito, que a beatitude pudesse ser reduzida a uma operação da alma sensitiva. Já estabelecemos que o objeto mesmo da beatitude não reside nos bens corpóreos; ora, esses bens são os únicos que as operações sensitivas da alma podem atingir: elas são, pois, radicalmente impotentes para conferir-nos a beatitude[11]. Manifesta-se, porém, de outra perspectiva, que, entre o intelecto e a vontade (os quais constituem a parte racional de nossa alma), o intelecto é a única potência que pode alcançar, numa apreensão imediata, o objeto de nossa beatitude e nosso fim último. Distingamos, com efeito, no seio da beatitude, aquilo que constitui a essência mesma da beatitude e o deleite que se une sempre a ela e que, porém, em relação à beatitude tomada em sua essência, não constitui, em última análise, mais do que um simples acidente[12]. Posto isso, torna-se manifesto que a beatitude não pode consistir, essencialmente, em um ato voluntário. Todos os seres humanos desejam, com efeito, seu fim último, cuja posse representa para eles o supremo grau de perfeição e, por conseguinte, a beatitude, mas não é à vontade que cabe apreender um fim. A vontade dirige-se aos fins ausentes quando os deseja e aos presentes quando neles se compraz e neles se deleita em repousar. Ora, parece que desejar um fim não é apreendê-lo, mas simplesmente mover-se em direção a ele. Quanto ao deleite, ele não surge na vontade a não ser em razão da presença mesma do objeto. Em outros termos, a vontade só se deleita em um objeto com a condição de que ele esteja presente; e não se deve raciocinar como se objeto se tornasse presente porque a vontade nele se deleita. A essência mesma da beatitude consiste, então, em um ato do intelecto; apenas o deleite que a acompanha pode ser considerada um ato da vontade[13].

As argumentações precedentes supõem todas este princípio: se a beatitude pode ser adquirida por uma operação do ser humano, ela não poderia sê-lo senão pela mais perfeita e mais elevada de suas operações. Esse mesmo princípio permite-nos afirmar ainda que a beatitude deve consistir em uma

---

[9] Cf. *Suma de teologia* I, 26, 3, Resp.; IaIIae, 3, 1, Resp.

[10] Cf. *idem* IaIIae, 3, 2, Resp.

[11] Cf. *Suma contra os gentios* III, 33; *Suma de teologia* IaIIae, 3, 3, Resp.; *Compêndio de teologia* II, 9.

[12] Notemos, todavia, que, se a beatitude não consiste no deleite que a acompanha, o deleite é *necessariamente* unido à beatitude. Cf. *Suma de teologia* IaIIae, 4, 1, Resp.

[13] Cf. *Suma contra os gentios* III, 26; *Suma de teologia* I, 26, 2, ad 2m; IaIIae, 3, 4, Resp.; *Questões quodlibetais* VIII, 9, 1.

operação do intelecto especulativo antes que do intelecto prático. A potência mais perfeita do intelecto é efetivamente aquela cujo objeto é o mais perfeito, qual seja, a essência de Deus. Ora, essa essência é o objeto do intelecto especulativo, não do intelecto prático. O ato que constitui a beatitude deve, então, ser de natureza especulativa, o que equivale a dizer que esse ato deve ser uma contemplação[14]. Mas resta ainda precisar o seu objeto. Essa contemplação, fonte da beatitude, consistiria por exemplo no estudo e na consideração das ciências especulativas? Para responder a essa questão, devemos distinguir entre as duas beatitudes acessíveis ao ser humano: uma perfeita, outra imperfeita. A beatitude perfeita é aquela que alcança a essência verdadeira da beatitude; a beatitude imperfeita não a alcança, mas participa, sob certos aspectos particulares, a algumas das características que definem a verdadeira beatitude. Ora, é certo que a beatitude verdadeira não pode ser reduzida, em sua essência mesma, ao conhecimento das ciências especulativas. Quando consideramos tais ciências, constatamos que o alcance de nosso olhar não poderia, com efeito, estender-se para além dos princípios primeiros dessas ciências; afinal, a totalidade de cada ciência está virtualmente contida nos princípios dos quais ela se deduz. Ora, só conhecemos os princípios primeiros das ciências especulativas graças ao conhecimento sensível; portanto, mesmo a consideração da totalidade das ciências especulativas não pode elevar nosso intelecto para além do ponto a que o conhecimento das coisas sensíveis pode conduzi-lo. Basta examinar se o conhecimento do sensível pode constituir a beatitude superior do ser humano, quer dizer, sua mais elevada perfeição. Manifesta-se imediatamente que não. O superior não encontra sua perfeição no que lhe é inferior como tal. O inferior não pode contribuir para a perfeição do que lhe é superior senão à medida que participa, por mais miseravelmente que seja, de uma realidade que ultrapassa ele mesmo e ultrapassa igualmente aquilo a que ele oferece alguma perfeição. Ora, é manifesto que a forma da pedra, por exemplo, ou de não importa qual objeto sensível, é inferior ao ser humano. Se, pois, no conhecimento sensível, a forma da pedra confere ao intelecto humano alguma perfeição, ela não o faz simplesmente como forma da pedra, mas como participante de certa realidade de ordem superior ao intelecto humano: a luz inteligível, por exemplo, ou o que quer que seja do mesmo gênero. Todo conhecimento capaz de conferir ao intelecto humano alguma perfeição supõe, então, um objeto superior ao intelecto, e isso é eminentemente verdadeiro a respeito do conhecimento humano absolutamente perfeito que lhe conferiria a contemplação beatífica. Recolhemos aqui o benefício das conclusões às quais chegamos ao tocar o valor e o alcance do conhecimento humano. O sensível é seu objeto próprio; não é, pois, na consideração do sensível, ao qual se limitam as ciências

---

[14] Cf. *Suma de teologia* IaIIae, 3, 5, Resp.

especulativas, que o intelecto humano pode encontrar a beatitude e sua mais alta perfeição[15]. Mas ele pode encontrar aí a beatitude imperfeita, única acessível a nós aqui embaixo. Assim como as formas sensíveis participam de alguma semelhança das substâncias superiores, assim também a consideração das ciências especulativas é um tipo de participação na verdadeira e perfeita beatitude[16]. Por elas, com efeito, nosso intelecto é levado da potência ao ato, mesmo que elas não o conduzam até sua completa e última atualidade.

Isso tudo quer dizer que a beatitude essencial e verdadeira não é deste mundo; ela não pode se encontrar senão na clara visão da essência de Deus. Para descobrir a verdade dessa conclusão, importa ter presentes no pensamento os dois princípios seguintes: primeiro, o ser humano não é perfeitamente feliz enquanto há algo a desejar e a buscar; segundo, a perfeição de uma potência da alma mede-se sempre pela natureza de seu objeto. Ora, o objeto do intelecto é o *quod quid est*, quer dizer, a essência de algo. A perfeição do intelecto mede-se, portanto, pelo seu conhecimento mais ou menos profundo da essência de seu objeto. Se, por exemplo, certo intelecto conhece a essência de algum efeito sem que o conhecimento desse efeito permita-lhe conhecer a essência daquilo que é a sua causa, poder-se-á dizer que ele conhece a existência dessa causa, mas não a natureza dela: ele conhece o *an sit* (se existe), e não o *quid est* (o que é). Numa palavra, não se poderá dizer pura e simplesmente que ele conhece essa causa. Subsiste, então, no ser humano que conhece e que sabe que esse efeito tem uma causa, um desejo natural de conhecer o que é essa causa. Tal é a fonte daquela curiosidade e daquela admiração que, segundo o Filósofo, estão na origem de toda busca. Se alguém vê um eclipse do sol, julga imediatamente que esse fato tem uma causa; mas, como ignora qual é essa causa, admira-se ao pensar nela e, porque se admira, busca-a; e essa busca não terminará senão quando ele terá descoberto, em sua essência mesma, a causa desse fenômeno. Lembremo-nos agora do que o intelecto humano conhece sobre seu criador. Pudemos ver que, propriamente falando, ele não conhece outras essências além daquelas de alguns objetos sensíveis e criados; e ele se eleva, a partir daí, até saber que Deus existe, mas sem alcançar jamais, em sua perfeição, a essência mesma da causa primeira[17]. O ser humano vivencia, portanto, o desejo natural de conhecer

---

[15] Cf. *Suma contra os gentios* III, 48; *Suma de teologia* IaIIae, 3, 6, Resp.

[16] Cf. *Suma de teologia* IaIIae, 3, 5, Resp.; 6, 3, Resp. Cf. também *Questões disputadas sobre a verdade*, q. 20, a. 3, Resp.: *Et ideo quidam philosophi attendentes naturalem perfectionem hominis, dixerunt ultimam felicitatem hominis in hoc consistere quod in anima hominis describatur ordo totius universi* ("E, por isso, alguns filósofos atentos à perfeição natural do ser humano disseram que a felicidade última do ser humano consiste nisto: que na alma humana se reproduza a ordem de todo o universo").

[17] Cf. *Suma de teologia* I, 12, 1; IaIIae, 3, 8, Resp; *Questões disputadas sobre a verdade* 8, 1, Resp.; *Questões quodlibetais* 10, q. 8, Resp.; *Suma contra os gentios* III, 37.

plenamente e ver diretamente a essência dessa causa, mas, mesmo desejando naturalmente a visão de Deus, ele é incapaz de elevar-se até ela por si mesmo. O fim último do ser humano é um fim natural que somente a graça permite-lhe conhecer distintamente e alcançar. Criando livremente as substâncias intelectuais, Deus não podia ter outro fim senão o de elevá-las à visão beatífica, única capaz de satisfazer o desejo natural de ver o Ente, que é o objeto de tais substâncias[18].

Essa beatitude, transcendente ao ser humano e à natureza, não é, entretanto, um termo adventício, imaginado para concordar a moral com a religião; entre a beatitude terrestre, que nos é acessível aqui embaixo, e a beatitude celeste à qual somos chamados, há acordo íntimo de continuidade de ordem[19]. O fim último não é a negação de nossos fins humanos; em vez disso, ele os recolhe, sublimando-os, de modo que nossos fins humanos são, por sua vez, como que tantas imitações parciais e substitutivos imperfeitos de nosso fim último. Não há uma única coisa por nós desejada, cujo desejo, interpretado e regulado pela razão, não possa receber uma significação legítima. Nós desejamos, aqui embaixo, a saúde e os bens do corpo; mas a saúde e a perfeição do corpo são, com efeito, condições favoráveis às operações do conhecimento pelas quais nós atingimos a mais perfeita felicidade humana. Desejamos nesta vida os bens exteriores, tais como os da fortuna, mas é porque eles nos permitem viver e efetivar as operações da virtude contemplativa e da virtude ativa; assim, mesmo não sendo essenciais à beatitude, eles são, pelo menos, instrumentos dela. Desejamos também, aqui embaixo, a companhia de nossos amigos, e temos razão, pois, se se trata da felicidade da vida presente, o ser humano feliz tem necessidade de amigos, não a fim de obter alguma utilidade com eles (o sábio basta-se a si mesmo), nem a fim de ter prazeres com eles (o sábio encontra o prazer perfeito no exercício da virtude), mas para ter uma matéria sobre a qual a sua própria virtude possa exercer-se.

---

[18] É o que prova a *possibilidade* natural da visão beatífica, apesar de a atualização dessa possibilidade natural (ligada à natureza do intelecto) ser realizável somente pela graça: *Omnis intellectus naturaliter desiderat divinae substantiae visionem. Naturale autem desiderium non potest esse inane. Quilibet igitur intellectus creatus potest pervenire ad divinae substantiae visionem, non impediente inferioritate naturae* ("Todo intelecto *deseja naturalmente a visão da substância divina*. O desejo natural, por sua vez, não pode ser inane. Portanto, qualquer que seja o intelecto criado [anjo ou ser humano], ele pode chegar à visão da divina substância, a despeito da inferioridade de natureza" – cf. *Suma contra os gentios* III, 57). Uma vez mais, a graça aperfeiçoa a natureza (e a fé aperfeiçoa a razão); ela não a suprime.

[19] Cf. todo o capítulo 25 da *Suma contra os gentios* III, cujo título basta para definir a posição de Santo Tomás: *Quod intelligere Deus est finis omnis intellectualis substantiae* ("Inteligir Deus é o fim de toda substância intelectual"). Ora, aí se diz que *est igitur ultimus finis totius hominis et omnium operationum et desideriorum ejus cognoscere primum verum, quod est Deus* ("é, pois, o fim último do ser humano inteiro, de todas as suas operações e desejos, conhecer o que é verdadeiro por primeiro, que é Deus").

Seus amigos servem para receber os benefícios que ele lhes aporta; eles são o terreno sobre o qual desdobra-se a perfeição de sua virtude. Inversamente, dizíamos, todos os bens encontram-se ordenados e sublimados na beatitude celeste. Mesmo então que ele veja Deus face a face, mesmo que a alma se torne semelhante a alguma Inteligência separada, a beatitude do ser humano não é aquela de uma alma totalmente separada do corpo. Trata-se do composto que reencontramos até na própria glória do céu: *cum enim naturale sit animae corpori uniri, non potest esse quod perfectio animae naturalem ejus perfectionem excludat* ("como, pois, é natural que a alma se una a um corpo, não pode ser o caso de a perfeição da alma excluir a perfeição natural dela"). Antes da beatitude, o corpo é o ministro da alma e o instrumento das operações inferiores que nos facilitam acessá-las; durante a beatitude, é a alma, ao contrário, que recompensa seu servidor, confere-lhe a incorruptibilidade e o faz participar da sua imortal perfeição: *ex beatitudine animae fiet redundantia ad corpus, ut et ipsum sua perfectione potiatur* ("da beatitude da alma dar-se-á uma irradiação para o corpo, de modo que também ele mesmo goze de sua perfeição")[20]. Unida a esse corpo outrora animal e ao qual ela agora espiritualiza por sua glória, a alma não tem mais o que fazer dos bens materiais ordenados aqui embaixo em vista de nossa vida animal; ela não precisa mais de outro amigo além de seu Deus, que a conforta com sua eternidade, sua verdade e seu amor. Talvez, entretanto, não nos seja proibido crer que a alegria do céu não é uma alegria solitária, e que a beatitude celeste, consumada pela visão que os bem-aventurados têm de sua alegria recíproca, embeleza-se ainda de uma eterna amizade[21]. Assim, o tomismo continua a natureza pela sobrenatureza, pois, após ter determinado a descrição do ser humano total (e não da alma humana) como objeto imediato da filosofia, é também o destino do ser humano total (e não simplesmente da sua alma) que ele define. A beatitude do ser humano cristão, tal como a concebe Santo Tomás, é a beatitude do ser humano todo inteiro.

---

[20] *Suma de teologia* IaIIae, 4, 6, Resp.
[21] Cf. *idem, ibidem*, 8, Resp.

CAPÍTULO 7

O ESPÍRITO DO TOMISMO

Adotamos até aqui certo número de perspectivas sobre os problemas mais importantes que foram abordados pela filosofia tomista; e já nos esforçamos, ao discutir esses problemas, por fazer manifestar-se o elo que garante a continuidade de suas soluções. Não será, porém, inútil, chegando ao termo dessa exposição, lançar um olhar de conjunto sobre o caminho percorrido e extrair, tão precisamente quanto possível, o que há de constante na atitude filosófica de Santo Tomás de Aquino.

Notamos, ou pelo menos sentimos, o potente caráter unificante de seu pensamento, que constitui uma explicação total do universo, dada da perspectiva da razão. Esse caráter deve-se, sobretudo, ao fato de a trama do tomismo ser inteiramente costurada por um pequeno número de princípios que se cruzam perpetuamente, e talvez também, no fundo, por ser ela emprestada toda inteira dos diversos aspectos de uma mesma ideia, a ideia de ser. O pensamento humano não se satisfaz senão quando se apropria de uma existência; ora, um ente nunca reduz nosso intelecto à constatação estéril de um dado; em vez disso, ele convida o intelecto a sondá-lo de todos os lados e solicita nossa atividade intelectual pela multiplicidade dos aspectos que lhe descortina. Como o ente não se distingue de si mesmo, ele é uno, e, nesse sentido, pode-se dizer que o ente e o uno equivalem-se; cada essência não pode fragmentar-se sem perder simultaneamente seu ser e sua unidade. Ademais, pelo fato de que, por definição, um ente se põe como inseparável de si mesmo, ele põe o fundamento da verdade, permitindo afirmar: dizer o verdadeiro será dizer o que é e atribuir a cada ente o ser mesmo que o define; é, portanto, o ser do ente que define a verdade do ente, e é a verdade do ente que funda a verdade do pensamento. Nós pensamos o verdadeiro a respeito de um ente quando lhe atribuímos o ser que ele é; estabelece-se, assim, o acordo entre nosso pensamento e a essência do ente, e é esse acordo que funda a verdade de nosso conhecimento, assim como o acordo íntimo que subsiste entre a essência do ente e o pensamento eterno que dela tem Deus funda a verdade do ente fora de nosso pensamento. A linha das relações de verdade não é, então, mais do que um aspecto da linha das relações de ser. Ocorre exatamente o mesmo no que concerne ao bem. Como cognoscível, todo ente é o fundamento de uma verdade, mas, como ele se define por certa quantidade de perfeição e, por conseguinte, como ele existe, ele é desejável e oferece-se a nós como um bem; donde o movimento que se desenvolve em nós para dele nos apoderarmos quando nos encontramos em sua presença. Assim, o ente mesmo, sem que nada de exterior seja-lhe acrescentado, põe-se em sua unidade, sua verdade e sua bondade. Qualquer que seja a relação de identidade que nosso pensamento possa afirmar em qualquer dos momentos da síntese que constitui o sistema, qualquer que seja a verdade que afirmemos ou o bem que desejemos, é sempre, então, ao ente que nosso pensamento refere-se para estabelecer o ente em seu acordo com o pensamento mesmo, para assimilar a natureza do ente ao modo de conhecimento ou gozar de sua perfeição ao modo de vontade.

Mas o tomismo não é um sistema, se por sistema entende-se uma explicação global do mundo, que se deduziria ou construiria, de maneira idealista, a partir de princípios postos *a priori*. O próprio ser não é uma noção cujo conteúdo possa ser definido uma vez por todas e posto *a priori*; não há apenas uma maneira de ser, e as diferentes maneiras exigem ser constatadas. Aquela que nos é dada mais imediatamente é a nossa e a das coisas corporais em meio às quais vivemos. Cada um de nós existe, mas de maneira incompleta e deficiente; no campo de experiência que nos é diretamente acessível, encontramos somente compostos substanciais análogos a nós, formas engajadas imersas em matérias por uma ligação tão indissolúvel que essa imersão mesma define os entes e que a ação criadora de Deus, quando ela os determina, termina diretamente na união de matéria e forma que os constitui. Ora, por mais imperfeito que seja um ente desse tipo, ele possui certa perfeição à medida mesma que ele possui o ser. Descobrimos já nele as relações transcendentais que dele são inseparáveis e que definimos, mas constatamos ao mesmo tempo que, por uma razão cuja natureza profunda resta a determinar, essas relações não são fixas, imóveis, definidas. Tudo se passa – e eis aí um fato de experiência – como se nós tivéssemos de lutar para estabelecer essas relações em vez de delas gozar tranquilamente como se goza de um dado bem. Nós existimos e somos idênticos a nós mesmos, mas não completamente. Algo como uma margem mantém-nos um pouco aquém de nossa própria definição; nenhum de nós realiza plenamente a essência humana nem mesmo a noção completa de sua própria individualidade, donde decorre, em vez de uma simples maneira de ser, um esforço permanente para manter-se no ser, para conservar-se e para realizar-se. Isso se dá com todos os entes sensíveis que descobrimos ao nosso redor; o mundo é perpetuamente trabalhado por forças, agitado por movimentos e em contínuo devir, assim como o ser humano está sem cessar a caminho para passar de um estado a outro.

A constatação desse devir universal encontra sua fórmula na distinção entre potência e ato, distinção essa que rege todos os entes dados em nossa experiência e que não pretende nada além de exprimir essa experiência mesma. Como fizera Aristóteles, que constata a universalidade de sua aplicação e a impossibilidade de defini-la, Santo Tomás, de bom grado, mais se serve dessa distinção do que a explica. É que se trata de algo como um postulado, uma fórmula na qual se inscreve um fato, a aceitação de uma propriedade, não mais, agora, do ente como ente, mas do modo de ser definido que nos é dado na experiência. Toda essência que não realiza completamente sua definição é ato à medida que a realiza; potência, à medida que não a realiza; privação, à medida que é incapaz de a realizar. Como ato, ela é o princípio ativo que vai desencadear o movimento de realização; é da atualidade da forma que partirão todas as tentativas desse tipo; ela é a origem do movimento, a razão do devir, causa. Aqui novamente, então, o que de ser há nas coisas é a razão última de todos os processos naturais que constatamos; é o ser como tal que, como causa eficiente, comunica sua forma; como causa motora produz a mudança; e como causa final atribui-lhe uma razão de produzir-se. Eis o que nos é dado: entes que se movem sem cessar por uma necessidade fundamental de conservar-se e de completar-se.

Ora, não podemos refletir sobre uma experiência desse tipo sem perceber que ela não contém a razão suficiente dos fatos que ela coloca sob nosso olhar. O mundo do devir que se agita por se encontrar, as esferas celestes que se procuram perpetuamente em cada um dos pontos sucessivos de suas órbitas, as almas humanas que captam o ser e o assimilam pelo intelecto, as formas substanciais que buscam sem cessar novas matérias nas quais se realizar, não contêm em si mesmos a razão do que são. Se tais entes se explicassem por si mesmos, não lhes faltaria nada, ou, inversamente, seria preciso que nada lhes faltasse para que se explicassem por si mesmos, mas, então, eles também cessariam de mover-se para buscar-se; eles se repousariam na integridade da sua essência enfim realizada e cessariam de ser o que são.

É, então, fora do mundo da potência e do ato, acima do devir e em um ente que seja totalmente o que ele é, que devemos procurar a razão suficiente do universo. Mas esse ente a cujo respeito o pensamento chega a uma conclusão será manifestamente de uma natureza diferente do ente que constamos, pois, se ele não fosse outro que o ente dado na experiência, não ganharíamos nada em afirmá-lo. O mundo do devir postula, portanto, um princípio alheio ao devir e situado totalmente fora do devir. Mas, então, põe-se um novo problema: se o ente postulado pela experiência é radicalmente diferente daquele que nos é dado, como poderemos conhecê-lo a partir dessa experiência e em que poderá ele mesmo servir-nos para explicá-la? Não se poderá jamais deduzir nem inferir algo de um ente a respeito de outro ente que não existe no mesmo sentido em que existe o primeiro. Com efeito, jamais nosso pensamento bastaria para concluir algo a seu respeito se a realidade na qual estamos imersos não constituísse, por sua estrutura hierárquica e analógica, um tipo de escala ascendente que nos conduz a Deus. Precisamente porque toda operação é a realização de uma essência e porque toda essência é certa quantidade de ser e de perfeição, o universo se apresenta a nós como uma sociedade de superiores e inferiores, com a definição mesma de cada essência situando-a imediatamente no nível que lhe convém nos graus dessa hierarquia. Explicar a operação de um indivíduo não requer, portanto, somente a definição desse indivíduo mesmo; é preciso ainda acrescentar a definição da essência que ele encarna de maneira deficitária; e a espécie mesma também não basta, uma vez que os indivíduos que a encarnam agitam-se sem cessar para realizar-se; será preciso, pois, ou renunciar a dar conta deles ou procurar sua razão suficiente acima da espécie, em um grau superior de perfeição.

A partir desse momento, o universo aparece como essencialmente uma hierarquia; e o problema filosófico consistirá, então, em marcar o ordenamento exato dessa hierarquia, situando cada classe de entes em seu verdadeiro grau. Para chegar a tanto, um princípio de valor universal não poderá jamais ser perdido de vista: o mais ou o menos não podem ser avaliados e situados senão em referência ao máximo; o relativo, em relação ao absoluto. Entre Deus, que é o Ser puro e simples, e o nada completo vêm situar-se, assim, as inteligências puras que são os anjos, *prope Deus* ("vizinhança de Deus"), e as formas materiais, *prope nihil* ("vizinhança do nada"); entre o anjo e a natureza material vem inserir-se a criatura humana, fronteira e linha de horizonte entre os espíritos e os corpos, de tal modo que o anjo diminui a infinita distância que separa o ser humano de Deus, assim como o ser humano vem preencher o intervalo que separa o anjo da matéria. A cada um desses graus corresponde um modo de operação que lhe é próprio, pois cada ente opera segundo o seu ser em ato e seu grau de atualidade confunde-se com seu grau de perfeição. A hierarquia ordenada dos entes completa-se, assim, pela hierarquia ordenada de suas operações, com o nível mais baixo do grau superior fazendo fronteira sempre com o ápice do grau inferior. O princípio de continuidade vem, então, precisar e determinar o princípio de perfeição. A bem da verdade, esses dois princípios exprimem simplesmente a lei superior que rege a comunicação do ser. De ser, não há senão o ser divino do qual participam todas as criaturas, e as criaturas não diferem entre si a não ser pela dignidade mais ou menos eminente do grau de participação que elas realizam[1]. É preciso, então, necessariamente, que a perfeição delas seja

---

[1] *Necesse est igitur omnia quae diversificantur secundum diversam participationem essendi, ut sint perfectius vel minus perfecte, causari ab uno primo ente quod perfectissime est* ("É necessário, pois, que tudo o que se diversifica segundo uma diferente participação do ser para serem mais ou menos perfeitamente seja causado por um primeiro ente que é de maneira perfeitíssima") – *Suma de teologia* I, 44, 1, Resp.

medida pela distância que as separa de Deus e que, dele se diferenciando, elas se hierarquizem.

Mas, se é assim, é unicamente a analogia que permitirá à nossa inteligência, a partir do mundo sensível, concluir por um Deus transcendente, e é também unicamente ela que permitirá explicar que o universo obtém seu ser de um princípio transcendente, sem se confundir com ele nem acrescentar-se a ele. A semelhança do análogo deve, com efeito, explicar-se por aquilo que o análogo imita e não pode explicar-se senão dessa maneira: *non enim ens de multis aequivoce dicitur, sed per analogiam, et sic oportet fieri reductionem in unum* ("portanto, não se diz *ente* equivocamente de muitos, mas por analogia, e, assim, convém fazer-se a redução ao uno")[2]. Mas, ao mesmo tempo que o ente possui suficientemente do ser de seu modelo para requerê-lo como causa, ele o possui de maneira tal que o ser dessa causa não se encontra imerso no seu. É porque a palavra *ser* significa dois modos de existência diferentes, conforme se aplique a Deus ou às criaturas, que nenhum problema de adição nem de subtração poderia pôr-se à ocorrência dos dois modos. O ser das criaturas é uma imagem, uma imitação do ser divino: assim como reflexos brilham em torno de uma chama, multiplicam-se, diminuem e extinguem-se sem que a substância da chama seja afetada por eles, assim também as semelhanças que a substância divina cria livremente devem tudo o que elas têm de ser a essa substância; elas não subsistem senão por ela, e, no entanto, nada tomam de empréstimo do modo de ser por si, que não é o modo de ser delas, assim como não lhe acrescentam nada nem dela desviam a mínima parcela. Esses dois princípios – o da analogia e o da hierarquia –, que permitem explicar a criatura por um Criador entretanto transcendente, permitem também mantê-las em relação e estabelecer vínculos que se tornarão os princípios constitutivos das essências criadas e as leis de explicação delas. Qualquer que possa ser, ulteriormente, a física das coisas, ela deverá necessariamente subordinar-se a uma metafísica das essências e da qualidade. Se as criaturas são, por sua origem radical, semelhanças, é preciso esperar que a analogia explique a estrutura do universo assim como ela explica a criação dele. Dar conta da operação de um ente será sempre mostrar que ela se funda em sua essência; e dar a razão suficiente dessa essência será sempre mostrar que uma determinada semelhança do ato puro – correspondente exatamente ao que é essa essência – devia ter lugar em nosso universo. Por que, enfim, tal semelhança determinada era requerida por um universo como o nosso? Porque as imitações de todo modelo só podem ser essencialmente diferentes com a condição de serem mais ou menos perfeitas. Um sistema finito de imagens de um ente infinito deverá, portanto, apresentar todos os graus reais de semelhança que podem ter lugar entre os limites

---

[2] *Suma contra os gentios* II, 15.

designados a esse sistema pela livre escolha do criador: a explicação metafísica de um fenômeno físico conduz sempre a designar o lugar de uma essência em uma hierarquia.

No tocante a esse sentido da hierarquia reconhecemos a influência exercida por Dionísio Pseudoareopagita sobre o pensamento de Santo Tomás de Aquino. Ela é incontestável e explica, em certa medida, que se tenha desejado classificar o autor da *Suma de teologia* entre os discípulos de Plotino. Mas essa tese só é aceitável se limitarmos exatamente o seu alcance. O Pseudoareopagita fornece o quadro da hierarquia, implanta profundamente no pensamento a necessidade dessa hierarquia, faz que não se possa mais deixar de considerar o universo uma hierarquia, mas deixa a Santo Tomás o cuidado de a completar e, mesmo quando determina os graus dessa hierarquia, ignora a lei que rege sua ordem e sua repartição. Aliás, perguntemos: pode-se dizer que o conteúdo dessa hierarquia universal é concebido pelo autor das duas *Sumas* em um espírito neoplatônico? Se se faz exceção – mesmo assim com numerosas reservas – do que concerne aos puros espíritos, percebe-se facilmente que não é o caso. O Deus de Santo Tomás de Aquino teólogo é o mesmo de Santo Agostinho, e não basta dizer que Santo Agostinho foi influenciado pelo neoplatônico para que seu Deus confunda-se com aquele de Plotino. Entre a especulação plotiniana e a teologia dos Padres da Igreja veio interpor-se Javé, Deus pessoal, agente por inteligência e vontade, que livremente estabelece fora de si mesmo o universo real escolhido por sua sabedoria entre a infinidade de universos possíveis. Entre esse universo livremente criado e o Deus criador há um abismo insuperável e nenhuma outra continuidade que não aquela do ordenamento. Propriamente falando, o mundo é uma descontinuidade ordenada. Como não ver que estamos aqui na antípoda da filosofia neoplatônica? Fazer de Santo Tomás um plotiniano ou mesmo um plotinizante é confundi-lo com os discípulos de Avicena e de Averróis, quer dizer, com os adversários que ele mais energicamente combateu.

A distância entre as duas filosofias não é menos sensível se passamos de Deus ao ser humano. Dissemos que o Deus de Santo Tomás de Aquino não é o Deus de Plotino, mas o Deus cristão de Agostinho. Podemos acrescentar que o ser humano de Santo Tomás não é o de Plotino, mas o de Aristóteles. A oposição é particularmente clara no que concerne a este problema central: as relações entre a alma e o corpo e o ensinamento sobre o conhecimento que delas resulta. De uma parte, o que há é a afirmação de uma extrema independência e de uma asseidade quase completa da alma, o que permite a reminiscência platônica e mesmo o retorno momentâneo ao Uno pela união extática; de outra parte, a afirmação bastante enérgica da natureza física da alma e o cuidado vigilante de fechar todas as vias que conduziriam a uma intuição direta do inteligível, a fim de não deixar aberto senão o caminho do conhecimento sensível. O platonismo situa a mística no prolongamento natural do conhecimento humano; no tomismo, a mística acrescenta-se ao conhecimento natural e a ele se coordena, mas não o continua. Tudo o que sabemos de Deus sustenta-se no que nos ensina nossa razão ao refletir sobre os dados dos sentidos. Se se quer encontrar uma doutrina neoplatônica do conhecimento na Idade Média, será necessário buscá-la fora da filosofia de Santo Tomás.

É o que se perceberá talvez ainda mais claramente se, deixando de lado a consideração desse problema particular, encarar-se diretamente e nela mesma a hierarquia tomista do universo. Dissemos muitas coisas sobre Deus e sua força criadora, sobre os anjos e suas funções, o ser humano e suas operações. Mas, se consideramos sucessivamente a universalidade das criaturas dotadas de intelecto e a Inteligência primeira mesma, a natureza e o alcance dos conhecimentos que pudemos obter variaram consideravelmente segundo a perfeição mais ou menos elevada da realidade que constituía o objeto deles. Para quem deseja extrair claramente o espírito da filosofia tomista importa, pois, depois de ter percorrido a escala do ser, proceder a uma revisão dos valores que situa cada ordem de conhecimento em seu verdadeiro grau.

O que é conhecer? É apreender o que existe; e não há outro conhecimento perfeito para além desse. Ora, manifesta-se imediatamente que todo conhecimento propriamente dito dos graus superiores da hierarquia universal é-nos inacessível. Sobre Deus, e mesmo sobre as inteligências puras, sabemos que existem, mas não sabemos o que são. Não há, aliás, como duvidar de que o sentimento da deficiência em nosso conhecimento de Deus deixa em nós o desejo ardente de um conhecimento mais completo e mais elevado. Não é menos verdadeiro que, se conhecer consiste em colher a essência do objeto conhecido, então Deus, o anjo e, de maneira geral, tudo o que entra na ordem do puro inteligível escapam por definição do alcance de nosso intelecto. Foi por isso que tivemos de substituir à intuição ausente da essência divina uma multiplicidade de conceitos cuja reunião imita confusamente o que seria uma ideia verdadeira do ente divino. Mesmo que juntemos tudo o que pudemos dizer no tocante a esse objeto, obtemos um feixe de negações ou de analogias, e nada mais.

Onde, então, nosso humano conhecimento encontra-se em seu domínio verdadeiro e na presença de seu próprio objeto? Unicamente no ponto em que ele entra em contato com o sensível. Aí, embora a razão não penetre totalmente o real – posto que, em razão da matéria que ele supõe, o indivíduo, como tal, é inefável –, ela se sente mestra do terreno sobre o qual ela se move. O conhecimento racional continua proporcionado às diversas ordens de objetos que ele explora, quer descreva o ser humano (quer dizer, o composto humano), o animal e suas operações, os corpos celestes e suas forças, os mistos ou os elementos. O conteúdo do conhecimento racional, mesmo não sendo completo, é, no entanto, um conteúdo verdadeiramente positivo. Todavia, considerado no que tem de mais original e de mais profundo, o tomismo não é um esforço para fundar mais solidamente a ciência nem para ampliá-la. Santo Tomás, que situa no sensível o objeto próprio do intelecto humano, não considera que a função mais elevada de nossa faculdade de conhecer consista em estudá-la. Afinal, o intelecto, que tem por objeto próprio o sensível, tem por função própria torná-lo inteligível[3]. Do objeto particular sobre o qual se dirige sua luz o intelecto obtém o universal, graças à semelhança divina que ele carrega naturalmente impressa como marca de sua origem. No sentido próprio e forte do termo, o intelecto é nascido do universal e feito para ele. Donde o esforço que o leva para o objeto que lhe permanece, por definição, rigorosamente inacessível: a essência divina. Aqui a razão conhece menos; porém, a mais humilde das verdades que ela conhece supera em dignidade e em valor todas as outras certezas[4].

Como todas as grandes filosofias, a de Santo Tomás oferece aspectos diversos, segundo as necessidades dominantes das diversas épocas, a quem os consulta. Não é, então, surpreendente que, em um tempo como o nosso – em que tantos espíritos buscam restabelecer entre a filosofia e o real concreto elos que a experiência idealista deploravelmente rompeu –, diversos intérpretes de Santo Tomás tenham insistido sobre o papel que desempenha a noção do *existir* em seu pensamento. A independência explícita dos caminhos que os conduziram a conclusões análogas torna sua convergência ainda mais significativa. Assim, para ater-nos a fórmulas recentemente propostas, evocaremos uma que, depois de haver especificado que o objeto próprio da inteligência é o ser "não somente *essencial* ou quiditativo, mas *existencial*" e que, por conseguinte, todo o pensamento de Santo Tomás "é dirigido para a existência mesma (não aquela a efetuar, a menos que se trate da filosofia prática, mas a conhecer)", acrescentava que "a filosofia tomista é uma filosofia *existencial*"[5]. O que nosso intérprete tem em mente encontra-se explicado em uma parte especial de seu livro, intitulada *Digressão sobre a existência e a filosofia*. Qualificando assim o pensamento de Santo Tomás, ele quer, sobretudo, fazer-nos entender que todo conhecimento humano, até mesmo o conhecimento do metafísico, parte do conhecimento sensível e finalmente retorna

---

[3] *Contemplatio humana secundum statum praesentis vitae non potest esse absque phantasmatibus (...), sed tamen intellectualis cognitio non consistit in ipsis phantasmatibus, sed in eis contemplatur puritatem intelligibilis veritatis* ("A contemplação humana, segundo o estado da vida presente, não pode passar-se das figurações (...), mas o conhecimento intelectual não consiste nessas mesmas figurações, e todavia nelas se contempla a pureza da verdade inteligível") – *Suma de teologia* IIaIIae, 180, 5, ad 1m. Cf. também *Questões disputadas sobre a verdade*, q. 13, a. 3, Resp.: *intellectus qui summum cognitionis tenet, proprie immaterialium est* ("o intelecto que detém o ápice do conhecimento é propriamente [conhecimento] do que é imaterial").

[4] Cf. *Suma contra os gentios* 1, 5, Apparet.

[5] MARITAIN, J. *Sept leçons sur l'être et les premiers principes de la raison spéculative*. Paris: P. Téqui, s. d., p. 27 (versão brasileira: MARITAIN, J. *Sete lições sobre o ser*. Trad. Nicolás N. Campanário. São Paulo: Loyola, 1996).

a ele "não mais para saber a essência delas [as coisas sensíveis], mas para saber como elas existem (pois ele deve conhecer isso também), a fim de alcançar a condição existencial delas e para conceber, por analogia, a existência do que existe imaterialmente, a existência do puro espiritual"[6].

Lição de importância capital, da qual a única coisa a temer é que a extrema densidade das fórmulas que a exprimem diminua-lhes o alcance. Lembrar que a filosofia tomista é *existencial*, no sentido que acaba de ser explicado, é opor-se à tendência excessivamente natural que leva o espírito humano a concentrar-se no plano da abstração. Sabe-se o suficiente quanto as necessidades do ensino reforçam essa tendência. Como ensinar sem clarificar, simplificar, abstrair? É mais do que real o perigo de apoiar-se a si mesmo sobre o plano da abstração conceitual e de aí reter os outros, plano esse tão satisfatório para o espírito. Tendo desenrolado o novelo do concreto para destacar as essências que entram na sua textura, adiamos o momento em que será preciso mesclar novamente essas essências na unidade do concreto. Tememos recair na confusão da qual havíamos partido e que a análise tinha precisamente por objeto dissipar. Alguns adiam esse momento por tanto tempo que não mais lhe permitem chegar. A filosofia limita-se, então, a praticar sobre o real uma série de cortes, seguindo o plano de clivagem das essências como se saber de quais essências compõe-se o real equivalesse a conhecer o real existente. É no e pelo conhecimento sensível que apreendemos o real por uma apreensão direta; e é por isso que nossos juízos não atingem seus objetos a menos que, direta ou indiretamente, eles se resolvam neles: "A *res sensibilis visibilis* ('coisa sensível visível') é a pedra de toque de todo juízo, *ex qua debemus de aliis judicare* ('a partir da qual devemos emitir juízos sobre tudo mais'), pois ela é a pedra de toque da existencialidade."[7] Para prevenir contra o esquecimento desse princípio, ou antes, aquele da atitude que ele impõe, recomenda-se, então, ao metafísico mergulhar na existência e nela entrar sempre mais fundo "por uma percepção sensitiva (e estética) tão afiada quanto possível, pela experiência também do sofrimento e dos conflitos existenciais, para ir devorar, lá em cima, no terceiro céu da inteligência natural, a substância inteligível das coisas." E se acrescente: "Seria necessário acrescentar que a condição do professor que não seria mais do que professor, retirado da existência e *insensibilizado* a esse terceiro grau de abstração, é precisamente o oposto da condição própria do metafísico? A metafísica tomista é chamada *escolástica* em função do nome de sua mais cruel provação. A pedagogia escolar é sua própria inimiga. É preciso que ela triunfe sem cessar sobre seu adversário íntimo, o Professor."[8]

---

[6] *Idem*, p. 29.

[7] MARITAIN, *op. cit.*, p. 29.

[8] *Idem*, p. 30.

Não conseguiríamos dizer melhor. Mas vejamos o que se passa quando se negligencia levar os juízos para além das essências abstratas, até o concreto atualmente existente. O próprio Santo Tomás notou que as propriedades da essência não são idênticas se a consideramos abstratamente nela mesma ou se a consideramos no estado de atualização concreta em um ente realmente existente. Ele até se explicou tão claramente a esse respeito que o melhor a fazer é dar-lhe a palavra: "Qualquer que seja o objeto considerado em abstrato, é verdadeiro dizer, nesse caso, que o objeto não contém nenhum elemento alheio, isto é, nada que nele se encontraria para além de sua essência. É dessa maneira que se fala da *humanidade,* da *brancura* e de todos os objetos do mesmo tipo. A razão disso é que a *humanidade* é, então, designada como aquilo pelo que algo é um ser humano; e a *brancura,* aquilo pelo que algo é branco. Ora, algo não é humano, formalmente falando, senão por aquilo que pertence à noção formal de ser humano; e, de modo semelhante, algo não é branco, formalmente, senão por aquilo que pertence à noção formal de branco. Donde os abstratos desse tipo não poderem incluir nada que lhes seja alheio. Dá-se diferentemente com o que se significa no sentido concreto. Com efeito, *ser humano* significa o que tem a humanidade; e *branco,* o que tem a brancura; ora, o fato que o ser humano tem a humanidade ou a brancura não impede que ele tenha algo a mais e que não diga respeito à noção formal nem da humanidade nem da brancura. É, aliás, por essa razão que a *brancura* ou a *humanidade* são atribuíveis a título de partes, mas não se predicam de entes concretos, pois nenhuma parte se predica de seu todo."[9]

Basta aplicar essas observações à filosofia mesma para perceber quais deslocamentos de perspectiva impõem-se aos problemas se elas são negligenciadas ou respeitadas. A experiência de que parte o filósofo é a de todos; e é a essa mesma experiência comum que, no fim das contas, ele deve chegar,

---

[9] *Circa quod considerandum est quod circa quodcumque abstracte consideratum, hoc habet veritatem quod non habet in se aliquid extraneum, quod scilicet sit praeter essentiam suam, sicut humanitas, et albedo, et quaecumque hoc modo dicuntur. Cujus ratio est, quia humanitas significatur et quo aliquid est homo, et albedo quo aliquid est album. Non est autem aliquid homo, formaliter loquendo, nisi per id quod ad rationem hominis pertinet; et similiter non est aliquid album formaliter, nisi per id quod pertinet ad rationem albi; et ideo hujusmodi abstracta nihil alienum in se habere possunt. Aliter autem se habet in hisquae significantur in concreto. Nam homo significatur ut qui habet humanitatem, et album ut quod habet albedinem. Ex hoc autem quod homo habet humanitatem vel albedinem, non prohibetur habere aliquid aliud, quod non pertinet ad rationem horum, nisi solum quod est oppositum his: haec ratio quare albedo verl humanitas significatur per modum partis, et non praedicantur de concretis, sicut nec aliqua pars de suo toto. Quia igitur, sicut dictum est ipsum esse significatur ut abstractum, id quod est ut concretum, consequens est verum esse quod hic dicitur, quod "id quod est potest aliquid habere, praeterquam quod ipsum est," scilicet praeter suam essentiam, sed "ipsum esse nihil habet admixtum praeter suam essentiam."* – Comentário aos Septenários de Boécio, cap. II (edição dos *Opuscula omnia* por P. Mandonnet, tomo I, pp. 173-174).

porque é isso mesmo que ele se propõe a explicar. A única maneira de consegui-lo é começar por uma análise tão cerrada quanto possível dos diversos elementos incluídos nos dados de fato que compõem essa experiência. Há, portanto, aí, um primeiro trabalho de decomposição do concreto em seus elementos de inteligibilidade. É preciso dissociar e pôr à parte o que, um no outro, se dá a nós. Só é possível fazê-lo representando cada elemento por um conceito distinto. Ora, a condição necessária para a distinção de um conceito é precisamente que ele contenha tudo o que inclui sua definição, e nada mais. É por isso que, entre as essências abstratas, uma se distingue das outras como seu conceito se distingue do das outras, porque ela as exclui. *Humanidade* é aquilo pelo qual um ser humano é ser humano e exclusivamente isso. *Humanidade* inclui tão pouco *brancura*, que há seres humanos que não são brancos. Inversamente, *brancura* é aquilo pelo qual o que é branco, é branco, e isso inclui tão pouco *humanidade* que pode haver uma inacreditável variedade de entes brancos sem que nenhum deles seja ser humano. Nossa investigação sobre o real conduz-nos, então, a resolver a confusão do concreto em uma multiplicidade de essências inteligíveis das quais cada uma é distinta em si mesma na justa medida em que é irredutível às outras.

Surge, então, outro problema: a filosofia consiste naqueles conhecimentos abstratos, tomados no estado de abstração em que se encontram naquele momento? Responder afirmativamente é comprometer-se com uma filosofia do conceito. Não entendemos com isso simplesmente uma filosofia que recorra ao conceito, pois essa necessidade é coessencial a todo conhecimento humano, mas uma filosofia segundo a qual a consideração adequada do real opera-se no e pelo conceito. A história oferece a nosso estudo diversas filosofias desse tipo, e pode-se mesmo dizer que a variedade delas é inumerável, sem a necessidade de tentar listá-las aqui. Essa atitude nos interessa principalmente como expressão de uma tendência natural da razão a pensar por "ideias claras e distintas" e a rejeitar, por conseguinte, como obscuro e confuso, tudo o que se recusa a deixar-se incluir nos limites de noções exatamente definidas. Desse ponto de vista, as "naturezas simples" sobre as quais operava Descartes não diferiam em nada dos conceitos da árvore de Porfírio cuja esterilidade, no entanto, Descartes pretendia denunciar. Sigamos mais longe. Qualquer que seja o método que reivindicamos, e mesmo se começamos por declarar que a filosofia não poderia ter o conceito por objeto último, chegamos, de fato, a uma filosofia do conceito se deixamos de levar a verdadeiramente a pesquisa para além da essência. O problema permanece o mesmo se se trata da simples interpretação histórica dos pensamentos. Apenas para ater-nos ao problema posto pela interpretação do tomismo, devemos escolher entre situar o objeto último dessa filosofia na consideração das essências das quais se compõe o real, caso em que nosso modo mais elevado de conhecer seria algo como uma intuição intelectual das essências puras, ou então atribuir-lhe como termo o conhecimento racional, por meio dessas mesmas essências, do real concreto em cuja tecitura metafísica elas estão incluídas. O que quer que seja que possamos pensar a respeito, está fora de dúvida que todo o pensamento de Santo Tomás voltava-se, por intenção primeira, para o conhecimento do ente concreto, dado na experiência sensível, bem como das causas primeiras desse dado mesmo, sejam elas sensíveis ou não. Da sua metafísica à sua moral, toda a filosofia que acabamos de estudar dá testemunho disso. Precisamente por isso, ela é e permanece uma filosofia propriamente dita, e não, no sentido pejorativo do termo, uma "escolástica". Toda filosofia gera sua "escolástica", mas esses dois termos designam dois fatos especificamente distintos. Toda filosofia digna desse nome parte do real e a ele retorna; toda "escolástica" parte de uma filosofia e a ela retorna. A filosofia se degenera então em escolástica assim que, em vez de tomar o concreto existente como objeto de reflexão, para perscrutá-lo, penetrá-lo e iluminá-lo cada vez mais, ela se concentra nas fórmulas propostas para explicá-lo, como se essas fórmulas, e não o que iluminam, fosse a realidade mesma. Cometer esse erro é tornar-se incapaz de compreender até mesmo a história da filosofia, pois compreender um filósofo não é ler o que ele diz em um lugar em função do que ele diz em outro lugar, mas é lê-lo, a cada momento, em função daquilo de que ele fala. Mais ainda do que no tocante à história da filosofia, esse erro é nocivo para a filosofia mesma. O pensamento de Santo Tomás pôde degenerar em "escolástica" a cada vez que foi cortado do real que tinha por único objeto a esclarecer. Essa não é uma razão para crer que seu pensamento seja uma "escolástica", pois o objeto do tomismo não é o tomismo, mas o mundo, o ser humano e Deus, alcançados como entes em sua existência mesma. É, pois, verdadeiro dizer que, nesse primeiro sentido, a filosofia de Santo Tomás é existencial de pleno direito.

Além desse primeiro sentido, há outro, mais radical ainda, que talvez não se imponha menos imperiosamente. Aqui, entretanto, a fórmula mesma *filosofia existencial*, que somos tentados a empregar, presta-se a mal-entendidos, a ponto de devermos desconfiar da eclosão e do pulular de novas controvérsias "escolásticas" se a empregarmos sem tomar as precauções necessárias. A expressão é moderna, e embora as preocupações que a inspiraram sejam tão antigas quanto o próprio pensamento ocidental, mal é possível aplicá-la ao pensamento de Santo Tomás sem parecer desejar rejuvenescê-lo de fora, vestindo-o segundo a moda de hoje. Uma preocupação como essa não seria nem inteligente nem mesmo hábil, e teria ainda por efeito agregar o tomismo a um grupo de pensamentos dos quais, em certos pontos fundamentais, ele é exatamente o contrário. Falar hoje de *filosofia existencial* é evocar os nomes de Kierkegaard, Heidegger, Jaspers, entre outros ainda, cujas tendências, aliás, nem sempre são convergentes e às quais, por conseguinte, um tomismo consciente de sua própria essência não poderia, de todo modo, agregar-se como a um bloco sem fissura. Ele seria tão equivocado se tentasse fazê-lo que poderíamos acusá-lo de buscar um rejuvenescimento artificial e algo como um sursis do fim com que a sua idade o ameaça, fantasiando-o com um título feito para pensamentos de fato recentes e ainda plenos de vitalidade. Empreitada sem elegância e sem proveito para nenhuma das partes interessadas, arriscando criar mal-entendidos cujas repercussões far-se-iam sentir por muito tempo.

O primeiro e mais grave desses mal-entendidos seria fazer crer que o pensamento de Santo Tomás é, *ele também*, uma filosofia existencial, quando a verdadeira questão seria, antes, a de saber se os pensamentos dos quais se pretenderia aproximá-lo merecem verdadeiramente esse título. Seguramente, trata-se de filosofias nas quais se dá importância à existência, mas elas não a consideram senão como objeto de uma fenomenologia possível da existência humana, como se o primado da existência significasse, sobretudo para elas, aquele primado da ética sobre o qual Kierkegaard tão fortemente insistiu. Se se buscar nesse grupo um filósofo que, ultrapassando o ponto de vista fenomenológico, tenha posto o ato de existir como a pedra angular de toda a metafísica, haverá, parece-me, grande dificuldade em encontrá-lo aí. Ora, é manifestamente isso que fez Santo Tomás mesmo. Como *metafísica do existir*, o tomismo não é, pois, *também* uma filosofia existencial, mas a única; e todas as fenomenologias em busca de uma ontologia parecem inconscientemente movidas em sua direção como que pelo desejo natural da justificação última delas mesmas.

O que caracteriza o tomismo é, com efeito, a decisão de situar a existência no coração do real como um ato que transcende todo conceito, evitando o duplo erro de se permanecer mudo diante de sua transcendência ou de desnaturá-la objetivando-a. O único meio de falar do existir é apreendê-lo em um conceito, e o conceito que o exprime diretamente é o conceito de ente. O ente é *aquilo que é*, quer dizer, *aquilo que tem o existir*. Querer alcançar o existir por uma intuição intelectual que o colheria diretamente e apenas ele é impossível. Pensar é, antes de tudo, conceber. Ora, o objeto de um conceito é sempre uma essência ou algo que se oferece ao pensamento como uma essência; em suma, um objeto. Ora, o existir, por sua vez, é um ato. Não podemos apreendê-lo senão pela e na essência da qual ele é o ato. Um puro *é* não é pensável, mas se pode pensar um *id quod est* ("isto que é"). Ora, todo *id quod est* é, em primeiro lugar, um ente, e, porque nenhum outro conceito é anterior a ele, o ente é o princípio primeiro do conhecimento. Ele o é em si, e o é no pensamento de Santo Tomás de Aquino. É por isso que se pode, com plena razão, designar seu pensamento como uma *filosofia do ente*, desde que se pense no *ens*, o *ente*, com o ato de ser (*esse*) que ele inclui. Se é verdade que a possibilidade mesma da filosofia é ligada ao uso do conceito, o nome que designa corretamente uma filosofia é tirado do conceito que ela toma como seu primeiro princípio. No caso do tomismo, não pode ser o *esse*, pois, tomado em si, o *esse* não é objeto de conceito quiditativo. É, então, inevitavelmente, o ente. Dizer que o tomismo é uma filosofia existencial não pode, então, pôr em causa a legitimidade de seu título tradicional; é, antes, confirmá-lo. O ato de existir, sendo concebível somente no conceito de ente, faz que o tomismo seja e permaneça uma filosofia do ente, mesmo que se deva dizer que ela é existencial. Se parece útil acrescentar uma precisão, trata-se de dizer que a noção abstrata de ente é ambivalente, e em razão de sua definição mesma. Em um *id quod est* ("isto que é") ou um *esse habens* ("isto que tem ser"), pode-se espontaneamente acentuar, por um lado, o *id quod* ("isto que") e o *habens* ("isto que tem"), e, por outro lado, o *est* ("é") e o *esse* ("ser"). Não somente se pode fazê-lo, mas se o faz, e é geralmente o *id quod* e o *habens* que se acentuam, pois representam a *res* ("algo", "coisa") que existe, quer dizer, o ente como objeto de conceito. Essa tendência natural a conceitualizar e a concentrar-se no conceito é tão forte que deu nascimento a numerosas interpretações do tomismo, nas quais o *esse*, ou seja, o ato mesmo de existir, parece não mais exercer nenhum papel efetivo. Cedendo completamente a essa inclinação natural, far-se-ia do tomismo uma filosofia do *id quod*, abstração feita do seu *esse*. Para promover, enquanto é tempo, uma correção que se impõe, pode ser útil, então, qualificar o tomismo de *filosofia existencial*. Relembrar, assim, o sentido pleno do termo *ens* na língua de Santo Tomás é alertar para o empobrecimento que esse termo sofreria, assim como o pensamento do qual ele é o princípio primeiro, caso se esquecesse que o conceito que ele significa implica referência direta à existência: *nam ens dicitur quasi esse habens* ("diz-se *ente* como aquilo que tem ser")[10].

Objetar-se-á, talvez, que essa nova fórmula é supérflua porque todos já sabem o que ela quer dizer. Pode até ser, mas não basta que todos saibam; é preciso que todos pensem nela, e pensar nela é talvez menos cômodo do que se crê. A história da distinção entre essência e existência, com as intermináveis controvérsias às quais ela dá espaço ainda hoje, mostra bem a sua dificuldade. Por si só o nome da controvérsia já é revelador: ele substitui a noção concreta de existir pelo conceito abstrato de existência; ele "essencializa", pois, o existir, fazendo daquilo que é um ato o objeto de um simples conceito. A tentação de o fazer é tão forte que já a primeira geração que seguiu a de Santo Tomás cedeu a ela. No estado atual das pesquisas históricas, o ponto de partida das controvérsias sobre a essência e a existência é a obra de Egídio Romano (1243-1316). Ora, notou-se frequentemente que esse defensor resoluto da distinção exprimia-se espontaneamente como se a essência fosse uma coisa, e a existência, outra. A questão de saber se ele chegou conscientemente até a reificar o ato de existir demandaria um exame mais atento. Ao

---

[10] *Comentário à Metafísica de Aristóteles* XII, lição 1 (ed. Cathala, n. 2419).

nosso propósito, basta observar que sua língua deixa entrever uma clara tendência a conceber o *esse* como uma coisa e, por conseguinte, a compreender a distinção entre essência e existência como uma distinção entre duas coisas. *Esse et essentia sunt duae res* ("Ser e essência são duas coisas")[11], afirmava ele. Muitos outros, que dizem professar o tomismo, exprimiram-se, na sequência, com termos semelhantes. Não se ganha nada, entretanto, em sustentar a distinção entre essência e existência se se concebe a existência mesma como uma essência. Dizer que o tomismo é uma *filosofa existencial* é chamar a atenção para esse ponto.

Não chegamos ainda, porém, à justificação última dessa fórmula. Com efeito, não basta dizer que o conceito de todo ente conota o *esse*, e que tal *esse* deve ser posto como um ato; é preciso acrescentar que o *esse* é o ato do ente mesmo cujo conceito o conota. Em todo *esse habens*, o *esse* é o ato do *habens* que o possui, e o efeito desse ato sobre o que o recebe é precisamente de fazer dele um ente. Se tomamos essa tese em toda a sua força e com todas as suas implicações ontológicas, reencontramos imediatamente a fórmula tomista bem conhecida: *nomen ens imponitur ab ipso esse* ("o nome *ente* se impõe a partir do ser mesmo")[12]. Melhor ainda é dizer que o ato de ser é o coração mesmo do ente, posto que este recebe do *esse* até o seu nome. O que caracteriza a ontologia tomista assim compreendida é menos a distinção entre essência e existência e mais o primado do existir, primado esse não sobre o ente, mas nele. Dizer que a filosofia tomista é *existencial* significa, então, marcar, um pouco mais fortemente do que se faz de costume, que uma filosofia do ente assim concebido é, antes de tudo, uma filosofia do existir.

Não se ganharia nada ao se dizer isso se se exaltasse o existir a ponto de esquecer a realidade da essência ou mesmo de se crer autorizado a depreciar o valor dela. As essências são o estofo inteligível do mundo. É por isso que, desde os tempos de Sócrates, Platão e Aristóteles, a filosofia é uma caça às essências, mas o problema é saber se tentaremos pegá-las vivas ou se nossa filosofia não passará de um herbário de essências mortas. A essência morta é o resíduo que ela deposita no entendimento sob forma de conceito quando ela perde contato com seu ato de existir. Mortas, as essências são seguramente mais fáceis de manejar. A razão as esquadrinha, então, por todos os lados, graças às definições que delas ela se dá. Sabendo o que contém cada uma delas, convencido de que cada uma é e não pode ser nada de diferente do que

---

[11] Egídio Romano. *Theoremata de esse et essentia*. Ed. E. Hocedez, SJ. Lovaina, 1930, p. 127, linha 12. Sobre o problema de interpretação que põe essa fórmula, ver, na excelente introdução escrita para essa obra, as pp. 54-56. Como diz muito bem o Pe. Hocedez, tomada ao pé da letra, a expressão de distinção *inter rem et rem* ("entre coisa e coisa") chegaria a fazer da distinção entre essência e existência uma distinção *inter essentiam et essentiam* ("entre essência e essência"). Cf. *idem*, p. 55.

[12] *Comentário à Metafísica de Aristóteles* IV, lição 2 (ed. Cathala, n. 558).

ela é, o entendimento sente-se protegido contra toda surpresa. Ele pode, então, se pôr sem medo a deduzir *a priori* as propriedades de cada uma e mesmo a calcular antecipadamente todas as combinações possíveis delas. Uma filosofia do existir não poderia, entretanto, contentar-se com semelhantes métodos. Ela quererá, em primeiro lugar, saber, entre as combinações possíveis dessas essências, quais são atualmente realizadas, o que a conduzirá provavelmente com bastante rapidez a constatar que muitas combinações reais de essências encontram-se em meio àquelas que o entendimento teria considerado as menos verossímeis ou cuja impossibilidade mesma ele teria proclamado *a priori*. Talvez as essências vivas encontrem em seus atos próprios de existir fontes de fecundidade e de invenção que as definições nuas de seus conceitos não conseguem formular. Nem a essência nem a existência têm sentido separadas uma da outra. Tomadas nelas mesmas, elas são duas abstrações. A única realidade finita que o entendimento pode explorar de maneira frutuosa é aquela do ente concreto mesmo, atualização original única, e, no caso do ente humano, imprevisível e livre, atualização de uma essência inesgotável, por seu ato próprio de existir.

Dificilmente se encontrará em Santo Tomás mesmo um único problema concreto cuja solução não dependa, em última instância, desse princípio. Teólogo antes de tudo, é na construção de sua teologia, de uma novidade técnica então assaz impressionante, que ele melhor provou a fecundidade desse princípio. Em todos os aspectos nos quais sua filosofia toca sua teologia, ela parece esclarecida por essa luz nova que o existir projeta sobre tudo o que toca. À medida que os problemas postos ou as noções usadas distanciam-se do centro de sua obra pessoal, vê-se Santo Tomás acolher, como à margem de sua obra, essências já esclerosadas, sem sempre ter tomado o tempo, nem talvez ter sentido a necessidade, de rejuvenescê-las no contato com o existir. Mas notemos bem que, mesmo se ele tivesse feito esse trabalho, seu pensamento, hoje, continuaria ainda aberto ao futuro; e assim permanecerá para sempre, precisamente porque o princípio por ele reivindicado é a energia fecunda de um ato, em vez da fórmula imóvel de um conceito. Um universo desse tipo não cessará nunca de revelar seu segredo, a menos que ele mesmo cesse de atualizar-se.

O fato é que esse universo é uma pluralidade ordenada de essências reais e levadas a acabamento por seus atos de existir. É preciso que seja assim, pois tal universo é feito de entes, e um ente é *aquilo que tem o existir*. Nele, cada ente tem o que lhe é próprio, distinto daquele de todo outro ente: *Habet enim res unaquaeque in seipsa esse proprium ab omnibus aliis distinctum* ("Tudo tem em si mesmo um ser próprio, distinto de todos os outros")[13]. Vamos mais longe: o ente é um ente pelo existir que ele tem, porque é por ele que

---

[13] *Suma contra os gentios* I, 14, Est autem.

ele é: *Unumquodque est per suum esse* ("Cada qual [ente] é pelo seu ser")[14], e, como se repete frequentemente, se o agir de um ente flui de seu existir – *operatio sequitur esse* ("a ação segue o ser") –, isso não se dá simplesmente no sentido de que, havendo tal ente, há tal operação, mas também e sobretudo porque o agir de um ente é o desdobramento no tempo do ato primeiro de existir que o põe no ser. Obtém-se, assim, uma noção da causa eficiente que, de acordo com as certezas imediatas do sentido comum, confere-lhes a profundidade metafísica das quais elas são naturalmente desprovidas. O sentimento, bastante forte em todos, de que a causa eficiente atinge até a existência mesma de seu efeito, encontra aqui sua justificação completa: *causa importat influxum quemdam in esse causati* ("a causa introduz certo influxo no ser do causado")[15]. Deus é o único ente a quem a fórmula que vale para os outros não pode ser aplicada corretamente tal qual, pois, em vez de *ser por seu existir*, ele é seu existir. Dado que não podemos pensar senão em termos de ente, e que um ente não nos é alcançável a não ser como essência, somos levados a dizer que Deus tem uma essência, acrescentando imediatamente que aquilo que, para ele, faz as vezes de essência é seu existir: *In Deo non est aliud essentia vel quidditas quam suum esse* ("Em Deus a essência ou quididade não é outra que seu ser")[16]. Ato dos atos, o existir de um ente é a energia primeira da qual nascem todas as suas operações – *operatio sequitur esse* –, e, por ser Deus o ato mesmo de existir, a operação que lhe convém como própria é a de produzir atos de existir. Produzir o existir é o que se nomeia *criar*; portanto, "criação é ação própria de Deus": *ergo creatio est propria Dei actio*[17], e, por ser como Existir que unicamente ele tem o poder de criar, "o existir é seu efeito mais próprio": *esse est ejus proprius effectus*[18]. A ligação dessas noções fundamentais é rigorosamente necessária; "como Deus é por essência o Existir mesmo, é preciso que o existir criado seja efeito próprio dele": *cum Deus sit ipsum esse per suam essentiam, oportet quod esse creatum sit proprius effectus ejus*[19]. Uma vez obtida, essa conclusão torna-se, por sua vez, o princípio de uma linhagem de numerosas consequências, pois todo efeito assemelha-se à sua causa: seja pela sua dependência profunda em relação a

---

[14] *Idem, ibidem*, 22, Item, unumquodque. Cf. ainda: *Ipsum autem esse est complementum substantiae existentis: unumquodque enim actu est per hoc quod esse habet* ("O próprio ser é complemento da substância existente: cada qual é, pois, em ato porque tem ser") – *idem*, II, 53.

[15] *Comentário à Metafísica de Aristóteles* I, lição 1 (ed. Cathala 751). O vínculo que religa todas as operações da substância a seu ato de *esse* (ser/existir) foi posto em evidência de modo excelente em um trabalho cuja leitura não exageraríamos nunca em recomendar: DE FINANCE, J. *Être et agir dans la philosophie de Saint Thomas*. Paris: Beauchesne, 1943.

[16] *Suma contra os gentios* I, 21, Ex his autem.

[17] *Idem* II, 21, Adhuc effectus.

[18] *Idem* II, 22, Item omnis virtus.

[19] *Suma de teologia* I, 8, 1, Resp.

ela seja pelo que ele mais se assemelha a ela. Se, pois, o ente é criado, sua semelhança primeira a Deus vem do seu próprio existir: *omnis ens, in quantum habet esse, est ei simile* ("todo ente, por ter ser, é semelhante a ele [Deus]")[20]. Com isso se entende, em primeiro lugar, que o existir é, em cada ente, o que há de mais íntimo, de mais profundo e de metafisicamente primeiro. Daí decorre, para uma ontologia que não para no plano da essência abstrata, a necessidade de chegar até a raiz existencial de cada ente para alcançar o princípio mesmo de sua unidade: *Unumquodque secundum idem habet esse et individuationem* ("O que quer que haja, segundo o mesmo tem ser e individuação")[21]. Tal é, particularmente, a solução do problema da estrutura metafísica do ente humano. Com a essência do corpo e a essência da alma consideradas cada uma à parte, nunca se refará essa unidade concreta que é um ser humano. A unidade de um ser humano é, antes de tudo, aquela de sua alma, que é ela mesma a do seu próprio *esse*: um só e mesmo ato de existir, proveniente do *Esse* divino, atinge, assim, até as mínimas células de cada corpo humano, passando pela alma que o anima. É por isso, no fim das contas, que, embora a alma seja uma substância, sua união ao corpo não é acidental: *Non tamen sequitur quod corpus ei accidentaliter uniatur, quia illud idem esse quod est animae, communicat corpori* ("Mas não segue daí que o corpo seja unido acidentalmente a ela, porque comunica ao corpo aquele mesmo ser que é da alma")[22]. Assim ligado a Deus por sua raiz ontológica mais profunda, o ente cognoscente que é o ser humano não precisará buscar mais longe a entrada das vias que conduzirão a reconhecer sua causa. Se ele vai longe o bastante com a análise metafísica, qualquer ente o colocará na presença de Deus. Afinal, Deus está em cada coisa, a título de causa, e, posto que sua ação atinge a coisa em seu existir mesmo, é no seu mais íntimo que Deus está atualmente presente: *Oportet quod Deus sit in omnibus rebus, et intime*[23]. Provar Deus é, então, retroceder, pela razão, de um ato de existir finito qualquer até o Existir puro que o causa; e é nesse ponto que o conhecimento do ser humano atinge seu termo mais extremo. Afirmando Deus como o Existir

---

[20] *Suma contra os gentios* II, 22, Nullo autem. Cf. também: *Assimilatio autem cujuslibet substantiae creatae ad Deum est per ipsum esse* ("O assemelhar-se a Deus, por parte de qualquer substância criada, dá-se pelo próprio ser") – *idem* II, 53.

[21] *Questão disputada sobre a alma*, a. 1, ad 2m. Para prevenir um equívoco possível precisamos que essa tese não se opõe a que, na substância corporal, a matéria seja princípio de individuação. Para que a matéria individue, é preciso que ela seja; ora, ela não é senão pelo ato de sua forma, que não é, ela mesma, senão por seu ato de existir. As causas se causam umas às outras, embora sob diversos aspectos.

[22] *Idem*, a. 1, ad 1m. Notemos que, para o teólogo, aqui se encontra a solução do problema tão debatido a respeito do ponto de inserção da graça na alma. A esse respeito, o texto capital é *Suma de teologia* IaIIae, 110, 2, ad 3m.

[23] *Suma de teologia* I, 8, 1, Resp.

supremo, a filosofia termina e a mística começa. Digamos simplesmente: a razão constata que aquilo que ela conhece sustenta-se, por sua raiz mais profunda, no Deus que ela não conhece: *cum Deo quasi ignoto conjungimur* ("pois nos unimos a Deus como nos unimos a algo desconhecido")[24]. Compreender assim o pensamento de Santo Tomás não consistiria, então, de modo algum, em "desessencializá-lo", mas, antes, em restaurar sua essência real e em restabelecê-la na plenitude de seus direitos. Afinal, a essência é outra coisa, e bem mais, do que a quididade da qual a razão abstrata se contenta: *quidditatis nomen sumitur ex hoc quod deffinitionem significat; sed essentia dicitur secundum quod per eam et in ea ens habet esse* ("O termo *quididade* é tomado daquilo que significa a definição; diz-se, porém, *essência* em virtude de, por ela e nela, o ente ter ser")[25]. Não há mais nada a dizer, mas às vezes é preciso repetir, pois o espírito humano é feito de tal modo que mesmo quem repete pode não tardar a esquecer.

Insistimos justamente na distinção entre o *problema* e o *mistério*, bem como na necessidade que se impõe ao metafísico de ultrapassar o primeiro plano para alcançar o segundo. Isso está certo, mas com a condição de não sacrificar nem um nem outro, pois, no ponto onde se abandona o problema para aderir ao puro mistério, a filosofia chega ao fim e a mística começa. Queiramos ou não, o problema é o estofo mesmo do qual a filosofia é feita. Pensar é conhecer por conceitos, e, desde que se começa a interpretar o real em termos de conceitos, entra-se na ordem do problema. Nesse aspecto, há uma necessidade inevitável que aqueles mesmos que tendem o mais fortemente a libertar-se da ordem do problema são forçados a reconhecer: "O não problematizável não pode ser visto ou objetivado, e isso por definição."[26] Se filosofar é certa maneira de olhar o real, ela não pode visá-lo senão como problematizável. Deus só é acessível à reflexão do filósofo por meio do problema da existência de Deus, seguido pelo da natureza de Deus, da sua ação e do governo divino no mundo. Tantos mistérios, tantos problemas; mas não os encontramos somente lá onde a filosofia fala de Deus. A ciência do ser humano é um formigueiro de mistérios: o do conhecimento e o da liberdade são apenas dois exemplos. O mistério habita até o mundo da matéria, pois, nele, há séculos, a razão tromba com fatos tão obscuros como a causalidade

---

[24] *Et hoc est ultimum et perfectissimum nostrae cognitionis in hac vita, ut Dionysius dicit in libro De mystica theologia (cap. I); cum Deo quasi ignoto conjungimur: quod quiddem contingit dum de eo quid non sit cognoscimus, quid vero sit penitus manet ignotum* ("Como diz Dionísio no livro *A mística teológica* (cap. I), esse é o último e mais perfeito de nosso conhecimento nesta vida, pois unimo-nos com Deus como que desconhecido: o que ocorre quando, sobre ele, conhecemos o que ele não é, ao passo que nos permanece totalmente desconhecido o que ele é") – *Suma contra os gentios* III, 149.

[25] *O ente e a essência*, cap. I (ed. Roland-Gosselin, p. 4).

[26] MARCEL, G. *Être et avoir*. Paris: Aubier, 1935, p. 183.

eficiente ou a presença da qualidade. Renunciar a problematizar os mistérios seria renunciar a filosofar. Não é, portanto, nessa direção que convém buscar um desenlace para a crise que sofre hoje a filosofia, mas se não se deve livrar-se do problema, não se deve também querer livrar-se do mistério. O perigo começa realmente no ponto preciso em que, posto pelo mistério mesmo e como que incluído nele, o problema pretende bastar-se a si mesmo e reivindicar uma autonomia que ele não tem. Desde que um filósofo comete esse erro, ele entra, com suas combinações de conceitos abstratos, em uma disputa que não pode terminar. Entra-se, com efeito, então, no domínio das antinomias da razão pura. Kant não se equivocou ao dizer que é impossível sair delas, mas é preciso acrescentar que tudo convida a razão filosófica a nelas não entrar, porque ela não deve ser nem a discussão de puros problemas nem uma abdicação diante do mistério, mas um esforço perpetuamente renovado para tratar todo problema como ligado a um mistério ou para problematizar o mistério, perscrutando-o com a ajuda do conceito.

Ora, há um mistério do qual se pode dizer que ele é, por excelência, o objeto da filosofia, pois a metafísica o pressupõe: o *ato de existir*. Situando-o no coração mesmo do real, a filosofia de Santo Tomás assegurou-se contra o risco, fatal para o pensamento metafísico, de esterilizar-se na pureza da abstração. Aristóteles o precedera nessa via até certo ponto. Tal havia sido o sentido de sua própria reforma: dar à filosofia por objeto não a essência ideal que o pensamento concebe, mas o ente real tal como se sustenta e se comporta. Com Aristóteles, a *ousía*, a realidade, não é mais a Ideia; é a substância que merece esse título. Para medir o alcance dessa revolução, basta comparar as soluções propostas por Aristóteles e Platão ao problema do primeiro princípio de todas as coisas. Às voltas com esse problema, Platão parte de uma análise do real que dele extrai o elemento inteligível e em seguida sobe, de condição em condição inteligível, até alcançar a condição primeira. Trata-se do Bem em si, uma Ideia, quer dizer, de fato, uma abstração hipostasiada. Partindo da substância concreta dada na experiência sensível, quer dizer, do existente, Aristóteles começa, em vez disso, pondo em evidência o princípio ativo de seu ente e suas operações, para depois subir de condição em condição ontológica até atingir a condição primeira. É o Ato Puro que se mostra, então, a realidade suprema, porque ele é o único que merece plenamente o nome de ser, aquele do qual todo o restante depende porque o imita em um esforço eternamente recomeçado para imitar, no tempo, sua atualidade imóvel.

A obra própria de Santo Tomás foi avançar, no interior do ente mesmo, até o princípio secreto que funda não mais a atualidade do ente como substância, mas a atualidade do ente como ente. À questão multissecular (Aristóteles já dizia tratar-se de uma questão antiga) *O que é o ente?* Tomás respondeu: é aquilo que tem o existir. Uma ontologia como essa não deixa perder nada da realidade inteligível e acessível ao ser humano sob forma de conceitos.

Não mais do que a de Aristóteles, essa ontologia não se cansará de analisar, classificar, definir, mas sem jamais esquecer que, pelo mais íntimo dele mesmo, o objeto real cuja definição ela constrói recusa-se a se deixar definir. Ele não é uma abstração, nem mesmo uma coisa; ele nem sequer é somente o ato formal que o faz ser tal ou tal coisa; ele é o ato que o põe como um ente real na existência, atualizando a forma mesma que lhe dá a inteligibilidade. Assim, às voltas com a energia secreta que causa seu objeto, uma filosofia como essa encontra no sentido de seu limite o princípio de sua fecundidade mesma. Ela jamais acreditará ter chegado ao fim de sua busca, porque o termo encontra-se para além do que ela pode enclausurar no espaço de um conceito. Não lidamos mais, agora, com uma filosofia que se "escora na existência" e que se condena, por conseguinte, a perdê-la de *vista*, mas, bem em vez disso, com uma filosofia que a encara face a face e jamais deixa de olhar para ela. É verdade que não podemos ver a existência, mas sabe-se que ela está aí e pode-se ao menos afirmá-la, por um ato de juízo, como a raiz escondida do que se pode ver e do que se pode tentar definir. É também por isso que a ontologia tomista recusa limitar-se ao que o entendimento humano sabia sobre o ente no século XIII; ela recusa mesmo deixar-se deter no que sabemos sobre ele no século XX. Ela nos convida a olhar, para além de nossa ciência atual, rumo a essa energia primitiva da qual nascem, ao mesmo tempo, cada sujeito cognoscente e cada objeto conhecido. Se todos os entes "são" em virtude do ato de existir que lhes é próprio, cada um deles extravasa o quadro de sua própria definição; antes, nenhum tem definição que lhe seja própria. *Individuum est ineffabile* ("o indivíduo é inefável"). Sim, o indivíduo é inefável, mas o é por excesso, e não por falta. O universo de Santo Tomás é povoado de essências vivas, brotadas de uma fonte secreta e fecunda como a vida mesma delas. Por uma filiação mais profunda que tantas dessemelhanças superficiais não permitiriam supô-lo, o mundo de Santo Tomás prolonga-se menos no mundo da ciência de Descartes do que naquele da ciência de Pascal. Aí nossa imaginação se cansará de conceber antes que a natureza de produzir; é que: "todas as coisas cobrem algum mistério; todas as coisas são véus que cobrem Deus"[27]. Não se encontra nisso o que já dissera Santo Tomás, com uma simplicidade não menos expressiva do que a eloquência pascaliana, ao afirmar: *Deus est in omnibus rebus, et intime* ("Deus está em todas as coisas, na intimidade delas")? Afinal, é verdadeiro dizê-lo a respeito de um existir próprio, distinto de todos os outros; e que, no mais íntimo de todas as coisas, esconde-se, entretanto, o mesmo Existir supremo, que é Deus.

É, portanto, para além das teses filosóficas, cuja rede cerrada constitui o pensamento, para o espírito e como que para a alma mesma de Santo Tomás que convém retroceder se se quer reencontrar o sentido verdadeiro do

---

[27] PASCAL, B. *Pensées et opuscules*. Ed. L. Brunschvicg, 4ª ed., p. 215.

tomismo. Ora, o que se encontra na origem dessa potente arquitetura de ideias é uma vida religiosa profunda e o ardor secreto de uma alma que busca Deus. Longas e sutis controvérsias apareceram recentemente para saber se, do ponto de vista tomista, o ser humano pode experimentar o desejo natural do seu fim sobrenatural. É aos teólogos que cabe decidir sobre esses assuntos e pôr-se de acordo sobre as fórmulas que, respeitando a transcendência de Deus, não permitem, entretanto, que o ser humano seja dela separado. O que o historiador pode dizer é, pelo menos, que Santo Tomás multiplicou em seu pensamento aberturas cujos vazios mesmos manifestam aos olhares o que a natureza espera da graça para ser preenchida. Na base dessa filosofia, como, no fundo de toda filosofia cristã, há o sentimento de uma grande carência e a necessidade de um consolador que só pode ser Deus: *naturalis ratio dictat homini quod alicui superiori subdatur, propter defectus quos in seipso sentit, in quibus ab aliquo superiori eget adjuvari, et dirigi, et quidquid illud sit, hoc est quod apud omnes dicitur Deus* ("a razão natural ensina ao ser humano colocar-se sob algo superior, por causa dos defeitos que ele sente em si mesmo e em relação aos quais ele precisa ser ajudado e dirigido por algo superior, o qual, seja ele o que for, é aquele que todos chamam de Deus")[28]. Trata-se de um sentimento natural que a graça exalta em uma alma cristã e que é levado ao máximo pela perfeição da caridade quando essa alma é a alma de um santo. O ardente desejo de Deus que se expandirá em um João da Cruz (1542-1591) com tons líricos traduz-se aqui na linguagem das ideias puras; as fórmulas impessoais delas não devem fazer-nos esquecer que elas se nutrem do ardente desejo de Deus e têm por fim apaziguá-lo.

Seria, então, comprometer-se em uma busca sem objeto procurar, como parece solicitar-se às vezes, uma vida interior subjacente ao tomismo, mas cuja essência fosse especificamente diferente do tomismo mesmo. Não seria preciso crer que o sábio ordenamento da *Suma de teologia* e o progresso contínuo da razão que constrói pedra por pedra esse imenso edifício sejam, em Santo Tomás, produtos de uma atividade de superfície, sob a qual um pensamento mais rico, mais profundo e mais religioso circularia livremente. A vida interior de Santo Tomás, tanto quanto o segredo de uma personalidade tão potente pode ser-nos relevado, parece ter sido precisamente o que ela devia ser para exprimir-se em um tal pensamento. Nada de mais elaborado nem que supõe um querer mais fervoroso do que as demonstrações feitas de ideias exatamente definidas, cravadas em fórmulas de uma precisão perfeita, ordenadas em seus desenvolvimentos rigorosamente equilibrados. Tal maestria na expressão e na organização das ideias filosóficas não se obtém sem um dom total de si; a *Suma de teologia*, com sua limpidez abstrata e sua transparência impessoal, é, cristalizada sob nosso olhos e como que fixada

---

[28] *Suma de teologia* IIaIIae, 85, 1, Resp.

para a eternidade, a vida interior mesma de Santo Tomás de Aquino. Para evocar essa vida no que ela podia ter de mais profundo e de mais intenso, nada melhor do que reordenar, segundo a ordem mesma que ele lhes impunha, os elementos tão diversos desse imenso edifício, estudar a estrutura interna deles e reengendrar em nós o sentimento de sua necessidade. Somente uma tal vontade de compreender, despertada em nós por aquela do filósofo mesmo, pode permitir-nos sentir que essa luz é a realização de um ardor contido e reencontrar, sob a ordem das ideias, o esforço potente que as reuniu.

É somente então que o tomismo aparece em toda a sua beleza. Essa filosofia emociona por ideias puras, graças à fé no valor das provas e à abnegação diante das exigências da razão. Se as dificuldades incontestáveis de uma primeira iniciação ainda impedem a percepção desse aspecto do seu pensamento, ele aparecerá mais claramente, talvez, caso se considere o que foi a espiritualidade religiosa de Santo Tomás. Se fosse verdade que o pensamento tomista tivesse sido animado por um espírito distinto daquele que vivificava sua vida religiosa, precisaríamos captar a diferença desse espírito, comparando-o com aquele que era requerido pela maneira como Santo Tomás pensava. Que se estudem, entretanto, as orações tomistas que chegaram até nós – e cujo valor religioso é tão profundo a ponto de a Igreja inseri-las no Breviário – para constatar-se sem dificuldade que o fervor delas não se constitui nem de exaltações afetivas, nem de exclamações apaixonadas, nem daquele gosto dos deleites espirituais que caracterizam outros modos de oração. O fervor de Santo Tomás exprime-se inteiramente pela vontade de pedir a Deus tudo o que ele deve pedir-lhe e como ele deve pedir-lhe. Fervor real, profundo, sensível, apesar de sua moderação, no balanceamento rítmico e na assonância das fórmulas; mas o fervor de uma espiritualidade cujos movimentos são regrados segundo a ordem e o ritmo mesmo do pensamento: *Precor ut haec sancta communio non sit mihi reatus ad poenam sed intercessio salutaris ad veniam. Sit mihi armatura fidei, et scutum bonae voluntatis. Sit vitiorum meorum evacuatio, concupiscentiae et libidinis exterminatio, caritatis et patientiae, humilitatis et obedientiae, omniumque virtutum augmentatio; contra insidias inimicorum omnium tam visibilium quam invisibilium firma defensio; motuum meorum tam carnalium quam spiritualium perfecta quietatio; in te uno ac vero Deo firma adhaesio, atque finis mei felix consummatio* ("Suplico que esta santa comunhão não seja para mim crime que mereça castigo, mas meio salutar para o perdão. Seja-me armadura da fé e escudo da boa vontade. Esvazie-me de meus vícios, liberte-me da concupiscência e da volúpia e aumente a caridade e a paciência, a humildade e a obediência e todas as virtudes; defenda-me firmemente contra as insídias de todos os inimigos, tanto visíveis como invisíveis; aquiete perfeitamente meus ímpetos, tanto carnais como espirituais; seja firme adesão e feliz consumação em ti, Deus único, verdadeiro e fim meu")²⁹. Uma espiritualidade como essa é menos ávida de sabor e mais desejosa de luz; o ritmo da frase e a sonoridade das palavras não alteram em nada a ordem das ideias; no entanto, qual gosto minimamente sensível não percebe, sob o número cadenciado das fórmulas, uma emoção religiosa e como que uma poesia?

O fato é que, com efeito, pela virtude dessa mesma razão a que ele serve com tão vivo amor, Santo Tomás tornou-se poeta e mesmo – se crermos ser ele um juiz imparcial – o maior poeta em língua latina da Idade Média. Ora, é notável que a beleza tão elevada das obras atribuídas a esse poeta da Eucaristia apoia-se quase unicamente na rigorosa justeza e na densidade das fórmulas que ele emprega. De maneira concentrada, o *Ecce panis angelorum* ("Eis o pão dos anjos") ou o *Oro te devote, latens deitas quae sub his figuris vere latitas* ("Rogo-te devotamente, divindade escondida que sob estas formas te ocultas verdadeiramente"), dos quais se nutre há séculos a adoração eucarística de tantos fiéis, são verdadeiros tratados de teologia. Mas nada talvez seja mais característico da poesia tomista do que o *Pange lingua* ("Canta, língua"), que inspirava a Rémy de Gourmont (1858-1915) linhas de um estilo tão puro como o das linhas que ele descreve: "Santo Tomás é sempre de um mesmo gênio, e seu gênio é feito, sobretudo, de força e de certeza, de segurança e de precisão. Tudo o que ele quer dizer ele o afirma, e com uma tal sonoridade verbal que a dúvida, amedrontada, foge."³⁰

> *Pange lingua gloriosi corporis mysterium*
> *Sanguinisque pretiosi quem in mundi pretium*
> *Fructus ventris generosi Rex effundit gentium.*
> *Nobis datus, nobis natus ex intacta Virgine*
> *Et in mundo conversatus, sparso verbi semine*
> *Sui moras incolatus miro clausit ordine.*\*

Da filosofia de Santo Tomás passamos à sua prece e, de sua prece, à sua poesia, sem o sentimento de mudar de ordem. É que, com efeito, não mudamos. Sua filosofia é tão rica de beleza como sua poesia é carregada de pensamento.

---

[29] É de grande interesse comparar essa oração de Santo Tomás com aquela atribuída a São Boaventura e que a segue imediatamente no Breviário, formando um contraste cativante pela intensa afetividade que aí se propaga.

[30] DE GOURMONT, R. *Le latin mystique*. Paris: Crès, 1913, pp. 274-275. Todos os textos relativos à espiritualidade tomista foram reunidos por SERTILLANGES, A.-G. *Prières de Saint Thomas d'Aquin*. Paris: Art Catholique, 1920.

\* "Canta, língua, o mistério do corpo glorioso / E do sangue precioso que, para o resgate do mundo, / versou o Rei dos povos, fruto de um ventre generoso. / Dado a nós e nascido por nós da Virgem intacta, / tendo vivido no mundo, espalhado a semente da palavra, / conclui sua estada, decorrido tempo, por uma ordem admirável." [N. do T.]

Tanto no que se refere à *Suma de teologia* como ao *Pange lingua*, é permitido dizer que Santo Tomás, em ambos, é sempre de mesmo gênio, feito sobretudo de força e de certeza, de segurança e de precisão. Tudo o que ele quer dizer, ele o afirma, e com tal firmeza de pensamento que a dúvida, amedrontada, foge.

Isso porque talvez, jamais, nenhuma razão mais exigente respondeu ao apelo de amor de um coração tão religioso. Santo Tomás concebeu o ser humano como eminentemente apto ao conhecimento dos fenômenos, mas não acreditou que o conhecimento humano mais adequado fosse também o mais útil e o mais belo ao qual pudéssemos pretender. Ele estabelece a razão humana no sensível como em seu domínio próprio, mas, habilitando-a para a exploração e a conquista desse domínio, ele a convida a voltar de preferência seu olhar a outro domínio que não é mais simplesmente aquele dos seres humanos, mas aquele dos filhos de Deus. Tal é o pensamento de Santo Tomás; e, se concedermos que uma filosofia não deve definir-se pelos elementos que toma de empréstimo, mas pelo espírito que a anima, não veremos nesse pensamento nem plotinismo nem aristotelismo, mas, acima de tudo, cristianismo. O pensamento de Santo Tomás quis exprimir em uma linguagem racional o destino total do ser humano cristão; mas, lembrando-o frequentemente de que ele deve seguir, aqui embaixo, os caminhos sem luz e sem horizonte do exílio, ele jamais cessou de dirigir seus passos aos cumes de onde se descobrem, emergindo de uma bruma longínqua, os confins da Terra prometida.

POSFÁCIO

# PRESENÇA DE TOMÁS DE AQUINO NO HORIZONTE FILOSÓFICO DO SÉCULO XXI

Henrique Cláudio de Lima Vaz SJ
*In memoriam* (1921-2002)

## I. INTRODUÇÃO

O título da nossa exposição requer um esclarecimento preliminar de modo a ficar bem definida a perspectiva em que aqui nos situamos. Apenas pouco mais de dois anos nos separam do início do novo século e do novo milênio. Uma data como essa possui duas significações: uma puramente *cronológica* em que ela é simplesmente uma data a mais no correr dos dias e dos anos. Provavelmente nenhuma mudança sensível poderá ser notada, nas pessoas, nas coisas e na cadeia dos acontecimentos no dia 1º de Janeiro de 2000, que será apenas o amanhã do dia 31 de Dezembro de 1999. A outra significação forma-se dentro do *imaginário social* e essa, sim, é extremamente complexa, rica de temores, esperanças, prognósticos, profecias, análises prospectivas, projetos, configurando para a humanidade a hora solene em que uma ordem dos séculos se encerra e outra começa[1].

Um dos pontos mais sensíveis de condensação do imaginário social em face do novo tempo que se anuncia, e também de exercício da inteligência prospectiva, é aquele em que a humanidade se volta para o que *foi*, para a história até então vivida, e a examina à luz da esperança do que *será*, ou da nova história que se pretende viver. Não se trata aqui da cultura material, impelida por um dinamismo de mudança contínua, mas sobretudo da cultura *simbólica*: das instituições, do direito, das normas, das crenças, dos valores, dos saberes não ligados a desígnios técnicos imediatos, entre eles, eminentemente, a *filosofia*. O que sobreviverá e terá vigência no próximo século desse acervo simbólico da nossa cultura em meio às fantásticas realizações que a técnica nos promete, e o que será recolhido definitivamente aos arquivos da memória

---

[1] Ver H. C. LIMA VAZ, Fim de Milênio, *Síntese* 37 (1986), 5-11. Agradecemos aos editores da *Síntese: Revista de Filosofia* a autorização para publicar o referido artigo à guisa de Posfácio, dada a sua relevância na bibliografia tomasiana.

histórica da humanidade? Pergunta de difícil e sempre arriscada resposta. Mas essa é a pergunta que desejo colocar hoje a respeito de Tomás de Aquino filósofo, se não para respondê-la cabalmente, o que seria da minha parte pretensão e temeridade imperdoáveis, ao menos para indicar alguns pontos que nos podem ajudar a refletir sobre uma questão que considero decisiva para o futuro do pensamento cristão.

Sabemos que nas vicissitudes do mundo cultural cristão, do século XIII até hoje, a presença de Tomás de Aquino, desenhada segundo os diferentes perfis que o espírito dos tempos lhe impunha, foi sempre uma presença maior. As razões dessa preeminência do Mestre medieval ao longo desses sete séculos que dele nos separam são muitas, mas, independentemente de fatores circunstanciais que para isso contribuíram, a razão principal reside sem dúvida na sua própria obra, no valor intrínseco do seu ensinamento. A situação histórica e a situação teórica[2] de Tomás de Aquino conjugaram-se para tornar possível uma obra sob certos aspectos única na história do pensamento cristão. Que perspectivas se abrem para essa preeminência e, mesmo, para a sobrevivência, em termos de atualidade, ao pensamento do teólogo do século XIII num novo século que o nosso imaginário social já antecipa de certo modo, como devendo ser um século que verá nascerem e desenvolverem-se novas e inéditas formas de cultura e que assistirá, talvez, à aurora de uma nova civilização?

A presença de Tomás de Aquino na cultura cristã dos últimos tempos medievais e dos tempos modernos pode ser representada como uma presença a três dimensões. Elas têm uma origem comum que é a própria personalidade espiritual e intelectual de Santo Tomás, ainda recentemente estudada em obra de grande erudição e penetração[3]. No plano vertical situam-se as dimensões do *mestre da vida espiritual* e do *teólogo*. No plano horizontal situa-se a dimensão do *filósofo*. Nesse triedro simbólico o que aparece em primeiro lugar é a unidade *existencial* das três dimensões. Em segundo lugar vê-se que as dimensões *espiritual* e *teológica* repousam sobre um plano *filosófico* que, delas formalmente distinto quanto à natureza, ao conteúdo e à validez das razões nele expostas, transmite-lhes, no entanto, os instrumentos conceptuais que tornam possível, em termos de saber formalmente elaborado ou de ciência, a inteligibilidade humana e a coerência do seu discurso. Foi justamente o êxito excepcional alcançado pela intenção tomásica da *fides quaerens intellectum* que lhe conferiu essa preeminência quase paradigmática na história moderna do pensamento cristão.

---

[2] H. C. LIMA VAZ, *Escritos de Filosofia III: Filosofia e Cultura,* São Paulo: Loyola, 1997, 283-305.

[3] J.-P. TORRELL, *Initiation à saint Thomas d'Aquin: sa personne et son oeuvre,* Friburgo S. / Paris: Éditions Universitaires / Cerf, 1993 (tradução em preparação nas Ed. Loyola, São Paulo); ID., *Saint Thomas d'Aquin, Maître spirituel (Initiation 2),* Friburgo S. / Paris: Éditions Universitaires / Cerf, 1996.

Tomás de Aquino foi, antes de tudo, *teólogo*. Essa a sua vocação, assumida com extraordinária lucidez e generosidade e à qual dedicou totalmente a sua vida[4]. Foi como teólogo, não só especulativo, mas prático e agraciado com inegáveis dons místicos que, por outro lado, o santo dominicano descreveu os caminhos da vida espiritual e por eles avançou no seu itinerário de santidade[5].

Nessa unidade teológico-espiritual da vida e da doutrina de Tomás de Aquino a *filosofia* integra-se harmoniosamente. Ela é, sem perder a sua natureza específica, uma componente orgânica do pensamento teológico tomásico, podendo apresentar-se, desta sorte, como uma das formas emblemáticas, talvez a mais bem-sucedida, de *filosofia cristã*.

É sabido, no entanto, que a clara visão da unidade com que Tomás de Aquino praticava a *filosofia* no exercício do seu mister teológico e que podemos legitimamente atribuir-lhe a partir do estudo das suas obras acabou por perder, aos olhos dos discípulos e comentadores, os traços nítidos da sua forma primeira. Desse obscurecimento da unidade original procede a ampla literatura de controvérsia sobre a verdadeira imagem de Tomás de Aquino *filósofo* e sobre a verdadeira significação da *filosofia* na sua obra. Duas posições caraterísticas, adotadas por dois dos maiores historiadores da filosofia medieval no nosso século, permitem-nos circunscrever claramente os termos dessa questão. Para o mestre incontestado da história do pensamento medieval que foi Étienne Gilson, a filosofia de Tomás de Aquino é uma *filosofia cristã* na medida em que, conservando a sua autonomia de saber da razão demonstrativa, recebe do *ordo theologicus* ou da *sacra doctrina* a sua própria *ordem de razões* e, por conseguinte, a coerência final do seu discurso. Gilson oferece-nos uma brilhante prova da sua tese, expondo a filosofia tomásica na sua célebre obra *Le thomisme*[6] segundo a estrutura da I ͨ e II ͨ partes da *Suma Teológica*: Deus, a Criação, a vida moral. Já o grande medievalista de Louvain, Fernand van Steenberghen, opõe-se a Gilson, reivindicando para a filosofia de Tomás de Aquino uma autonomia bem mais rigorosa e a exigência metodológica de uma ordem de razões independente da ordem teológica[7]. Não nos demoraremos aqui nos aspectos teóricos dessa pendência entre os dois grandes mestres. Desejamos apenas realçar o fato histórico incontestável, sobre o qual se apoia Gilson, de que o exercício do pensamento *filosófico* a que se dedicou Tomás de Aquino se deu, se assim podemos falar, em pleno coração do exercício da sabedoria *teologal*, numa sinergia de fé e razão

---

[4] A esse propósito, convém referir-se à *Summa contra Gentiles*, I, cc. 1 a 8. Ver o ensaio clássico de M.-D. CHENU, *Saint Thomas d'Aquin et la théologie* (col. Maîtres Spirituels), Paris: Seuil, 1959, e INOS BIFFI, *Teologia, Storia e contemplazione in Tommaso d'Aquino*, Milão: Jaca Book, 1995, 131-175.

[5] Ver J.-P. TORRELL, *Saint Thomas d'Aquin, Maître spirituel*, 495-515.

[6] 6ª ed. Paris: Vrin, 1989.

[7] F. VAN STEENBERGHEN, *La Philosophie au XIIIème siècle*, Louvain-Paris: Peeters, 1991.

cujas condições existenciais e teóricas de possibilidade talvez tenham perdido para os epígonos o segredo da realização privilegiada que encontraram no grande teólogo medieval.

Como quer que seja, é importante lembrar que a vida filosófica na Idade Média a partir da segunda metade do século XIII manifestou-se sob duas formas[8]. A primeira tinha lugar exatamente no próprio campo do trabalho teológico, ou institucionalmente, nas Faculdades de Teologia, que recebiam das Faculdades de Artes os instrumentos conceituais necessários para a construção intelectual do edifício teológico. Tinha lugar, assim, a organização, em termos de sistemática do ensino universitário, da tradição do pensamento cristão que vinha desde Clemente de Alexandria e que Santo Agostinho recebera e transmitira à cultura medieval. Nessa tradição situa-se Tomás de Aquino, que não foi professor de Filosofia, mas, exatamente enquanto *teólogo*, foi *filósofo cristão* no mais alto e pleno sentido do termo. A segunda forma de presença da vida filosófica, fadada a tornar-se, a partir de várias vicissitudes, a forma dominante da prática do filosofar nos tempos modernos, tinha origem igualmente nas Faculdades de Artes, mas era herdeira de uma tradição mais antiga, a tradição clássica, retomada por Ibn-Roschd no mundo árabe, e que propugnava a total autarquia do pensamento filosófico, ápice do edifício do saber e, enquanto *sabedoria*, fonte para o filósofo do mais alto prazer e felicidade, tal como Aristóteles a celebrara no décimo livro da Ética de Nicômaco. É sabido que Tomás de Aquino manifestou-se com veemência contra algumas teses desse chamado *averroísmo latino* incompatíveis com afirmações fundamentais da revelação cristã.

Na verdade, tratava-se aqui do primeiro episódio do que será a acidentada história do pensamento filosófico de inspiração cristã nos tempos modernos. Os atores dessa história já aparecem então perfeitamente caracterizados: uma filosofia organicamente integrada à sabedoria teológica e, então, filosofia cristã *de jure*, e uma filosofia plenamente autônoma, hoje diríamos uma filosofia laica e secular, que o filósofo cristão se propõe praticar e dela fazer uma filosofia cristã *de facto*. Esses dois atores encontraram-se na célebre querela sobre a *filosofia cristã* que agitou os meios filosóficos franceses no fim da década de 20 e início da década de 30[9].

Com a grande variedade de correntes filosóficas e de estilos de filosofar que hoje se difundem na nossa cultura e que, de resto, encontram acolhida e receptividade nas instituições católicas de ensino, a questão da especificidade

---

[8] Ver *Escritos de Filosofia III: Filosofia e Cultura*, 293-295.

[9] Ver Yves Floucat, *Pour une philosophie chrétienne*: éléments d'un débat fondamental, Paris: Téqui, 1983. Ver, a propósito, os textos lúcidos e profundos de Joseph Pieper no terceiro volume das suas Obras Completas, sob o título *Schriften zum Philosophiebegriff* (*Werke* III, Hamburgo: Meiner, 1995), em particular "O que significa filosofar IV?" (pp. 57-70), "Sobre o dilema de uma filosofia não cristã" (pp. 300-307) e "O possível futuro da Filosofia" (pp. 315-324).

cristã da filosofia de Tomás de Aquino se repõe nesse novo contexto e nele adquire essa dimensão prospectiva que nos leva à interrogação sobre a possibilidade da sua presença no horizonte filosófico do século XXI.

Poderíamos talvez formular essa questão a partir da hipótese de uma filosofia tomásica autônoma *de jure* e apenas *de facto* considerada apta a prestar seus serviços ancilares à teologia. Ela se alinharia então ao lado de outras propostas filosóficas, autônomas por origem, deliberada intenção e construção conceitual como o kantismo, o hegelianismo, o marxismo, as filosofias fenomenológicas e hermenêuticas, todas oferecidas à opção do teólogo como instrumentos para o seu mister reflexivo sobre os dados da Revelação. Tal parece ser, de resto, a forma assumida pela relação filosofia-teologia no seio do pensamento cristão em tempos recentes. Colocado, no entanto, nesses termos, o problema de um amanhã para a filosofia de Tomás de Aquino no possível mundo da cultura teológica cristã no século XXI torna-se rigorosamente sem sentido, e a sua própria formulação já nos aparece insensata pelo simples fato de que não existe, nunca existiu e não pode existir nem mesmo como hipótese de trabalho uma filosofia tomásica autônoma no sentido moderno do termo. Resta-nos, pois, tentar pensar a possível presença da filosofia de Tomás de Aquino no horizonte filosófico do século XXI a partir da sua natureza intrínseca de *filosofia cristã*. Em outras palavras: é como componente orgânica de uma *cultura cristã* que a filosofia tomásica poderá sobreviver no século que está para iniciar-se. São destinos solidários e procede daí a importância do tema que escolhemos para esta palestra, pois nele está implicada uma interrogação bem mais ampla e mais profunda: que futuro espera o Cristianismo não apenas como tradição religiosa *vivida*, mas como tradição *pensada*, ou seja, como inspiradora de práticas culturais e civilizatórias no novo mundo – e na nova civilização – que esperam a humanidade nesse fim do século XX?

No intento de trazer alguma pequena contribuição a essas graves questões, dividiremos nossa palestra em três tópicos, que passamos a expor de modo bem sintético:

1. Caminhos da filosofia de Tomás de Aquino no mundo da cultura cristã do século XX.

2. Tentativa de esboço do horizonte filosófico na aurora do século XXI.

3. Um lugar possível para Tomás de Aquino no horizonte filosófico que se anuncia.

Uma breve Conclusão deverá encerrar essas nossas considerações.

## 1. Caminhos da filosofia de Tomás de Aquino no mundo da cultura cristã do século XX

É importante ter presente, nas suas grandes linhas, os caminhos percorridos pela filosofia de Tomás de Aquino na cultura cristã e na cultura secular do século XX porque é sem dúvida meditando sobre o que foram esses caminhos que poderemos pensar a presença do pensamento tomásico no já emergente horizonte filosófico do século XXI.

Não obstante a preeminência, como foi assinalado, de Tomás de Aquino na história moderna do pensamento cristão, realçada sobretudo com a consagração das suas doutrinas teológicas no Concílio de Trento e com a sua proclamação como Doutor de Igreja por São Pio V em 1567[10], podemos dizer que a obra filosófico-teológica do Mestre medieval passa a conhecer, ao longo do século XX, uma forma de presença qualitativamente nova, aquela com a qual se procurou assegurar a sua atualidade no campo filosófico-teológico e na cultura em geral desses últimos cem anos. Esse novo estilo de presença nasce no seio de uma conjuntura singular na vida da Igreja na segunda metade do século XIX. Depois do duro confronto com a cultura moderna que se trava ao longo do pontificado de Pio IX, relançado pelas correntes teológicas dominantes no Concílio Vaticano I, o pontificado de Leão XIII foi assinalado, desde o seu início, por uma sensível mudança de estratégia em que à condenação inapelável sucedem os ainda tímidos ensaios de diálogo e, sobretudo, a proposição de modelos alternativos nos campos intelectual, social e político fundados na tradição cristã, que se apresentavam como capazes de acolher e retificar as conquistas legítimas da modernidade. É nessa nova conjuntura que o pensamento filosófico-teológico, e mesmo social e político de Tomás de Aquino adquire a feição caraterística com que se apresentará na cultura do século XX. A data inaugural desse novo ciclo da presença de Santo Tomás é assinalada, no plano intelectual, pela encíclica *Aeterni Patris* (1879), que iria balizar, de certa maneira, o curso do pensamento filosófico-teológico católico até o Concílio Vaticano II. Foi, sem dúvida, obedecendo às diretrizes dessa célebre Encíclica e ao seu intento programático que se formou e fortaleceu na Igreja o movimento de ideias e de ensinamento conhecido como *Neo-Escolástica*. Não é o caso de se evocar aqui o que foi a *Neo-Escolástica* na vida intelectual da Igreja na primeira metade do século, nem lembrar a sua vigorosa sobrevivência pelo menos até o último Concílio. Interessa-nos sobretudo assinalar que foi no seio da *Neo-Escolástica* que se formou o chamado *tomismo* na sua versão moderna[11], e foi sob sua égide que, ao ser erigida

---

[10] Até essa data eram considerados Doutores da Igreja apenas alguns Santos Padres.

[11] A propósito ver G. Prouvost, *Thomas d'Aquin et les thomismes* (Cogitatio Fidei, 195), Paris: Cerf. 1996.

como referência normativa do *tomismo*, a obra filosófico-teológica de Tomás de Aquino compareceu na cultura do século XX.

Obedecendo ao espírito da *Neo-Escolástica* e da própria Encíclica *Aeterni Patris*, o *tomismo* não foi, primeiramente, um programa de investigação histórica ou de grandes comentários, como na escola tomista clássica, destinado a fazer reviver, no seu teor literal, o pensamento de Tomás de Aquino, não obstante as grandes contribuições que trouxe aos estudos históricos sobre o século XIII e sobre o pensamento medieval. Com efeito, a consigna de Leão XIII havia sido *vetera novis augere et perficere* (aumentar e enriquecer o que é antigo com o que é novo) e ao novo *tomismo* cumpria em primeiro lugar, em força da sua própria razão de ser, apresentar-se como uma filosofia viva e com todos os títulos de legitimidade exigidos pela cultura moderna. O pensamento de Tomás de Aquino *repensado* no século XX e, como tal, reivindicando uma atualidade reconhecida e acolhida pela cultura secular: essa a ambição e esse o programa do *tomismo neo-escolástico*.

É necessário reconhecer que esse programa foi executado com grandeza e que essa ambição produziu frutos notáveis no campo da filosofia. Embora o *establishment* filosófico nos principais países não tenha concedido às grandes obras de inspiração *tomista* senão uma importância marginal, apenas assinalada nas histórias da filosofia contemporânea, a justiça intelectual impõe que se atribua a elas uma densidade e uma profundidade de pensamento que nem sempre se encontram nos corifeus da moda filosófica. No entanto, ao contrário da escola tomista clássica, na tarda Idade Média ou na Segunda Escolástica do século XVI, o *tomismo* do século XX viu-se confrontado com um pensamento filosófico já plenamente amadurecido no clima intelectual da modernidade, rico de múltiplas correntes, fundado sobre pressupostos metodológicos, gnoseológicos, críticos e metafísicos firmemente estabelecidos fora do espaço conceitual no qual se edificaram a filosofia antiga e seus prolongamentos cristãos. Em face ou dentro desse universo intelectual que a tradição do tomismo original não conhecera, como se comportaria o *tomismo* renovado do século XX?

Na história do assim chamado *tomismo neo-escolástico*, tornaram-se logo visíveis três tendências ou três modelos que propunham definir um lugar para a filosofia de Tomás de Aquino no espaço filosófico da modernidade. São três, assim, os perfis filosóficos de Santo Tomás que o século XX irá conhecer.

A primeira tendência parte da convicção de que o predicado da *verdade* inerente ao pensamento tomásico restituído ao seu teor original e organizado segundo a ordem sistemática postulada pela razão moderna assegura-lhe a única forma de presença compatível com a sua dignidade filosófica: a presença trans-histórica de uma *verdade* elevada acima das vicissitudes dos tempos. Essa tendência consagrou, de certo modo, a imagem de Tomás de Aquino filósofo e teólogo que predominou sobretudo no imaginário eclesial:

o Mestre de cujo ensinamento procedem as *verdades* normativas em última instância para o exercício, em clima cristão, da reflexão filosófica e teológica[12]. No seu terreno vicejou uma abundante literatura manualística de desigual valor, mas que nos legou igualmente obras notáveis, bastando lembrar as de R. Garrigou-Lagrange e de Joseph de Tonquedéc.

A segunda tendência caracteriza-se por um senso mais agudo da história e pela consciência de que a *verdade* do ensinamento tomásico, que não é posta em discussão, deve, no entanto, comprovar os seus títulos de validez no confronto vivo com as ideias filosóficas modernas. De acordo com essa segunda tendência Tomás de Aquino aparece como uma personagem rediviva na liça filosófica do nosso tempo e, como tal, participante ativo da nossa vida intelectual e da discussão dos nossos problemas filosóficos mais atuais. Nessa segunda tendência manifestam-se, por sua vez, duas linhas que se complementam na prossecução do propósito de tornar o *tomismo* uma presença viva no campo da cultura contemporânea. A primeira linha acentua o perfil *teórico* do pensamento de Tomás de Aquino transmitido por suas obras e pela tradição dos grandes comentadores, como aquele que poderá legitimamente reivindicar um lugar no mundo filosófico do século XX. A segunda confia no pressuposto de que a rigorosa reconstituição *histórica* do pensamento original de Tomás de Aquino, frequentemente obscurecido pela tradição, ao mesmo tempo em que permitirá definir sua situação eminente na história da filosofia, irá mostrar a perfeita atualidade e a fecundidade das grandes teses filosóficas genuinamente tomásicas. Dois nomes tutelares do *tomismo* do século XX poderão, talvez, simbolizar essa segunda tendência e as suas duas linhas: Jacques Maritain a linha *teórica* e Étienne Gilson a linha *histórica*. A esses dois notáveis pensadores, aos quais convém acrescentar o nome de Joseph Pieper na Alemanha, deve-se em grande parte a presença de Tomás de Aquino para além do âmbito da cultura propriamente eclesiástica e o reconhecimento da importância do seu pensamento na tradição filosófica ocidental. Foi, aliás, sob o influxo dessa segunda tendência que se estabeleceu a distinção, hoje corrente, entre o "pensamento tomásico" (*thomanisches Denken*), que se pode historicamente atribuir a Tomás de Aquino, e o "pensamento tomista" (*thomistisches Denken*), representado pelas diversas variantes da escola tomista ao longo do tempo.

Uma terceira tendência deve ser finalmente mencionada, talvez a mais representativa em termos de sensibilidade para com os problemas da cultura pós-medieval e cujo propósito declarado é o de traçar o perfil filosófico de

---

[12] A expressão mais autorizada dessa tendência foi, sem dúvida, a célebre *Revue Thomiste*, publicada pelos Dominicanos da Província de Toulouse. Ver o volume comemorativo do centenário da revista (1893-1993): SERGE T. BONINO (dir.), *Saint Thomas au XXème siècle* (*Actes du Colloque commémoratif du centenaire de la Revue Thomiste*), Paris: Saint Paul, 1994. Ver nossa recensão em *Síntese* 73 (1966) 279-281.

Tomás de Aquino dentro das coordenadas teóricas do pensamento moderno, traduzindo-se no intento de mostrar nas grandes opções tomásicas no campo da filosofia indicações ou antecipações em ordem à solução de problemas levantados a partir da instauração cartesiana de um novo ciclo histórico do filosofar. Trata-se da tendência mais audaz e também a mais cheia de riscos, devendo fazer face ao enorme desafio teórico de repensar doutrinas e conceitos pensados e formulados num mundo cultural já pertencente ao passado, cujos pressupostos e cuja evolução intelectual se encontram frequentemente em franca oposição ao mundo cultural primeiro. Na verdade, os representantes dessa terceira tendência levaram a cabo um empreendimento de grande alcance filosófico e sua obra merece um lugar de relevo na história da filosofia contemporânea. Seria excessivo, no entanto, querer atribuir-lhes um êxito completo no seu intento de mostrar-nos um Tomás de Aquino pensador da modernidade. Mas é, sem dúvida, o perfil do Mestre medieval no seu diálogo com os grandes nomes do calendário filosófico moderno aquele que conserva para nós a atualidade mais viva e que nos convida a antecipar, de alguma maneira, a sua presença no horizonte filosófico do século XXI. Com efeito, os tomistas que empreenderam essa como que migração para as novas terras filosóficas tiveram como meta fundamental repensar a herança doutrinal tomásica inserindo-a, de alguma maneira, na lógica das grandes intuições geratrizes do universo filosófico da modernidade. Tal foi o sentido da releitura das teses filosóficas mais representativas do pensamento de Tomás de Aquino de acordo com o código hermenêutico estabelecido por aqueles que se podem considerar os artífices maiores da filosofia moderna: Descartes, Kant e Hegel. Lembramos aqui apenas que a teoria tomásica da *reflexão* foi confrontada com o *Cogito* cartesiano, entre outros, por Joseph de Finance[13]. O programa *crítico* de Kant inspirou uma nova e original versão da fundamentação tomásica da Metafísica, por obra de Joseph Maréchal e seus discípulos[14]. O desafio maior foi representado por Hegel, cujo pensamento articulava organicamente, com profunda originalidade, História e Sistema. O diálogo com Hegel foi o mais tardio e também o mais árduo para os tomistas ou para os pensadores católicos em geral. Mas não podemos dizer que foi infrutuoso, pois estão aí para comprová-lo obras notáveis como as de Gustav Siewerth[15], Gaston Fessard[16], Bernhard Lakebrink[17] e outros. Aos daqueles três grandes

---

[13] J. De Finance, *Cogito cartésien et réflexion thomiste*, Paris: Beauchesne, 1946.

[14] J. Maréchal, *Le point de départ de la Métaphysique*, cahier V, Paris-Louvain: L'Édition Universelle, ²1949.

[15] G. Siewerth, *Der Thomismus als Identitätissystem*, Frankfurt a. M.: Knecht, 1961.

[16] G. Fessard, *De l'Actualité Historique*, 2 vols., Paris: Desclée, 1959. E os textos reunidos em *Le Mystère de la Société*, com intr. de G. Sales, Namur: Culture et Vérité, 1996.

[17] B. Lakebrink, *Hegels dialektische Ontologie und die thomistische Analektik*, Colônia: J. P. Bachem, 1955.

luminares da filosofia moderna convém acrescentar o nome de Martin Heiddeger, cuja influência difusa em toda a filosofia contemporânea fez-se sentir igualmente entre os pensadores cristãos tanto no campo teológico quanto no filosófico. Seja mencionada aqui apenas a comparação minuciosa e cuidadosamente documentada entre o pensamento de Heidegger e o de Tomás de Aquino proposta por J. B. Lotz[18].

Tal o Tomás de Aquino filósofo nas suas múltiplas faces que o século XX conheceu. Poderá a sua presença prolongar-se e mesmo receber novos contornos no horizonte filosófico do século XXI? A essa interrogação talvez possamos responder se conseguirmos antecipar, ao menos como esboço conjectural, algumas das linhas daquele horizonte que já começa a formar-se diante de nós. Eis o que tentaremos fazer brevemente no segundo tópico da nossa palestra.

## 2. Tentativa de esboço do horizonte filosófico na aurora do século XXI

Seria um exercício de profecia ou de adivinhação, vedado ao filósofo, prever a configuração provável com que o horizonte filosófico do século XXI se apresentaria, pelo menos inicialmente, aos nossos olhos, se o novo século estivesse ainda longe de nós. Mas o século XXI já bate à nossa porta e já nos preparamos para celebrar o seu início. Torna-se possível, pois, antecipar na figura evanescente do século que está para terminar muitos dos traços que comporão a figura do novo século. Tal antecipação vale particularmente para a filosofia, porque sem dúvida os temas que atualmente emergem no campo da reflexão filosófica tornar-se-ão temas dominantes e matrizes de problemas atuais no pensamento filosófico do incipiente século XXI. Com efeito, uma das certezas que nos deixa o nosso século prestes a expirar é a de que o ciclo das revoluções iniciado no século XVII, sejam elas sociais, políticas, científicas, técnicas ou mesmo filosóficas, chegou a seu termo. A rápida aceleração da história e a sucessão quase vertiginosa dos eventos, das ideias, das invenções técnicas, das modas, bem como a sua disseminação imediata no tecido mundial das comunicações, não dão lugar a uma expectativa de rupturas profundas e revolucionárias. O solo da história, salvo inesperadas catástrofes, parece definitivamente estabilizado e firmado para suportar o fluxo enorme e contínuo da produção simbólica e material da nossa civilização tecnicizada. Em particular no campo da filosofia, não há que esperar novas revoluções análogas às revoluções cartesiana e kantiana ou mesmo às revoluções menores da fenomenologia e da linguagem no século XX. Assim sendo,

---

[18] J. B. Lotz, *Martin Heidegger et Saint Thomas d'Aquin* (tr. fr.), col. Théologiques, Paris: PUF, 1988.

serão provavelmente os temas mais significativos e empenhativos do pensamento filosófico atual a permitir-nos traçar as linhas prováveis do horizonte filosófico do século XXI dentro do qual poderemos, num exercício conjectural da razão prospectiva, encontrar um lugar para a herança doutrinal de Tomás de Aquino. Segundo o propósito que aqui temos em vista, vamos considerar dois desses temas que nos parecem fundamentais.

Se refletirmos sobre as condições atuais da pesquisa e da reflexão no campo das disciplinas filosóficas, podemos antecipar com razoável segurança que a linha de fundo do horizonte filosófico do século XXI acompanhará o relevo dessa atividade fundamental do filosofar qual seja a *rememoração* (traduzindo o termo hegeliano *Erinnerung*) *histórica*, tendo por objeto a própria possibilidade e legitimidade do exercício do pensamento filosófico ao longo do tempo. Essa *rememoração*, que se mostra elemento constitutivo da prática do filosofar, tornando a história da filosofia um conhecimento genuinamente filosófico,[19] não é, como sabemos, apenas uma tarefa de erudição, de reconstituição crítica de fontes, de análise textual, mas é sobretudo uma releitura do desdobramento no tempo, sujeito às suas condições e vicissitudes, da original iniciativa de cultura que inaugurou entre os Gregos o exercício do filosofar, rica de todas as virtualidades na ordem teórica e na ordem prática que irão sendo explicitadas e pensadas no correr da história. O atual crescimento quantitativo e qualitativo da pesquisa histórica na atividade filosófica[20] e os múltiplos paradigmas que são propostos para uma renovada hermenêutica dos grandes pensadores e das grandes épocas da história da filosofia atestam a importância e a eminente significação da *rememoração* histórica na prática da reflexão filosófica, e são uma prova incontestável da *necessidade*[21] da filosofia numa cultura como a nossa que avançou tão longe na rota da razão.

Portanto, se levarmos em conta a enorme soma de informações posta à disposição da pesquisa histórica atual, a multiplicação dos modelos interpretativos e seu constante aperfeiçoamento crítico, e a própria riqueza da produção historiográfica no campo dos estudos filosóficos, poderemos prever que o horizonte filosófico do século XXI será traçado a partir do exercício de *rememoração*, cuja intenção fundamental é pensar a história da filosofia como elemento intrínseco da estrutura teórica do filosofar. Não se tratará, pois, apenas, da história da filosofia como disciplina usual do programa didático do ensino filosófico. A prática da reflexão filosófica depois de Hegel integrou definitivamente essa dimensão histórica, nela descobrindo uma es-

---

[19] Ver *Escritos de Filosofia III: Filosofia e Cultura,* 285-288.

[20] Observemos que os estudos históricos constituem a parte preponderante da literatura filosófica contemporânea.

[21] Ver *Escritos de Filosofia III: Filosofia e Cultura,* 89.

pécie de retorno reflexivo da filosofia sobre si mesma na sua realização no tempo, que já ultrapassa dois milênios e meio, e nela reconhecendo os momentos singulares e privilegiados em que, no trabalhoso caminho histórico do conceito, a intuição de um grande pensador descobre uma direção nova ou se eleva a uma altitude de onde se descobre uma nova região de problemas e de ideias. Aí poderemos, sem dúvida, antever uma primeira manifestação da presença de Tomás de Aquino no horizonte filosófico do século XXI.

Um extraordinário fenômeno de cultura e mesmo de civilização de abrangência mundial se desenrola aos nossos olhos ou, mais exatamente, nos envolve e nos arrasta na sua aparentemente irresistível expansão. Sua origem remonta à mudança profunda nas estruturas da relação do ser humano com o mundo, ou nas estruturas da chamada *categoria de objetividade*[22], que teve lugar no século XVII com o advento da nova ciência galileiana da *natureza*. Ela consagra, em última análise, o triunfo da forma *poiética* do conhecimento que constrói nossas relações cognoscitivas e produtivas com o mundo segundo modelos *operativos* tanto *teóricos* quanto *técnicos*, e tem como *telos* sempre reproposto da sua incessante e onipresente atividade a perfeita homologia na ordem do *conhecer*[23] e do *fazer* entre o ser humano e o mundo por ele transformado. É esse o programa grandioso da chamada *tecnociência* que hoje deixou de ser um instrumento setorial do saber e da produção para tornar-se a forma determinante do estilo de civilização que se impõe a nós nesse final do século XX e que verá sem dúvida, no próximo século, seu triunfo definitivo.

Ora, o efeito imediato e tangível, por nós continuamente experimentado, dessa ação da tecnociência sobre o próprio *mundo da vida* onde se movem os indivíduos da nossa civilização é a progressiva invasão do nosso espaço vital pelo fluxo incessante de novos *objetos* produzidos pela tecnociência. São objetos *teóricos* oferecidos à imensa rede de vulgarização do saber científico e, sobretudo, objetos *técnicos* destinados a atender às novas necessidades criadas exatamente pela progressiva orientação do nosso conhecer, agir e fazer para esse horizonte de *objetividade técnica* que passa a ser o envolvente primeiro do nosso estar-no-mundo.

Sabemos, no entanto, que é na *objetividade* mundana que se dá o nosso primeiro encontro com o *ser* e que tem lugar a experiência decisiva da nossa *finitude*, que circunscreve nossa pontual situação no espaço, o breve intervalo da nossa vida no tempo e, sobretudo, a limitação propriamente *ontológica* que nos estabelece como *ser* entre os *seres*. É a nossa finitude que nos impele necessariamente na direção do *outro* e primeiramente do *mundo*, em cuja

---

[22] H. C. LIMA VAZ, *Antropologia Filosófica II*, São Paulo: Loyola, 1992, 9-48.

[23] Esse foi o ideal perseguido pelo jovem L. WITTGENSTEIN no seu *Tractatus Logico-Philosophicus*.

*objetividade* lançamos a âncora da nossa frágil *subjetividade* para nos constituirmos ontologicamente como *seres-no-mundo*. Uma transformação profunda da *objetividade* mundana traz consigo uma mutação não menos profunda do estatuto *natural* ou ôntico do nosso ser-no-mundo e, portanto, da sua inteligibilidade *ontológica*. Dessa mutação somos nós mesmos os artífices, na medida em que estamos empenhados incessantemente na nossa tarefa histórica essencial que é refazer em nós e em torno de nós a *natureza*, dando-lhe a forma da *cultura*[24]. Com efeito, a cultura mostrou-se ao longo da história o abrigo no seio da natureza cuja construção o ser humano prossegue sem cessar. Mas não se trata de uma tarefa inocente porque, ao intervir na natureza por uma ação transformadora, o homem intervém na sua própria condição *natural* e se transforma a si mesmo. É verdade que, aparentemente, a espécie humana representa, do ponto de vista biológico, o termo da evolução de um dos ramos da árvore da vida, não se devendo provavelmente esperar mutações nesse nível que façam surgir uma nova espécie inteligente. No entanto, do ponto de vista *cultural*, a espécie humana evolui e vem se transformando com surpreendente rapidez nos últimos séculos. Com o advento e o predomínio da tecnociência, a transformação cultural do ser humano passa a apresentar uma assimetria crescente entre os dois termos do processo, a *natureza* e a *cultura*. Assistimos, com efeito, a uma ruptura que se aprofunda do equilíbrio até então trabalhosamente mantido pela humanidade entre o *natural* e o *cultural*, e que tem subsistido não obstante o processo histórico contínuo que vai ampliando o domínio da *cultura* sobre a esfera da *natureza*. Tal ruptura representa um evento de civilização cujo imenso alcance apenas começamos a medir e que será sem dúvida olhado um dia como o evento inaugural de uma modalidade do existir histórico radicalmente nova, a ser vivida por aquele que será conhecido como sendo propriamente o *homem moderno*.

Qual o perfil antropológico com que se apresentará, no próximo século, esse *homem moderno*? Não se trata aqui de desenhar projeções futuristas nem de ocupar-se com a ficção de um *pós-moderno* que vem alimentando uma certa moda filosófica. A formação histórica da chamada *modernidade* está provavelmente chegando ao seu fim. O que virá depois não será uma qualquer pós-modernidade, mas a passagem da modernidade como *programa* de civilização para a modernidade, como *forma* definitiva de uma nova civilização. Essa *forma* já opera e já remodela nosso mundo e nosso ser, sem que talvez sua presença seja experimentada em todos os efeitos da sua ação transformadora. É a forma do *existir* sob a norma da *tecnociência*, regendo todos os campos da nossa atividade: o conhecimento, o agir ético, o agir político, a criação artística, o trabalho.

---

[24] *Escritos de Filosofia III: Filosofia e Cultura*, 88-97; 101-118.

A interrogação que aqui levantamos diz respeito à aptidão dessa forma de *existir* segundo a *norma rectrix* da tecnociência para unificar e dar satisfação a todas aquelas exigências e tendências que se manifestaram historicamente e se justificaram reflexivamente como constitutivas de uma autêntica existência humana. Poderá, por exemplo, a tecnociência acolher e explicar a intencionalidade profunda da experiência religiosa e dar-lhe satisfação? Poderá transpor inteiramente para a sua esfera conceitual a vertente ética da vida humana e dar razão plena do imenso fenômeno da experiência moral da humanidade? A responder tais questões e outras análogas aplicam-se há dois séculos as chamadas *ciências humanas*, que se situam justamente no universo epistemológico da tecnociência. Não obstante seu incontestável êxito em investigar determinadas regiões do complexo *objeto* que é o ser humano (cuja "morte", aliás, sob os rigores do duro clima das ciências humanas, foi solenemente anunciada), é permitido pensar que, mesmo sob a determinação da nova forma de existir segundo a norma da tecnociência, permanece a interrogação em torno das regiões mais profundas do nosso ser, onde as limitações epistemológicas e metodológicas das ciências humanas as impedem de chegar. Nessas regiões nasce e aflora no solo da nossa consciência a questão eminentemente *metafísica* sobre o próprio *sentido* da vida, sobre as *razões* de viver, enfim sobre aquelas que Ortega y Gasset denominou as *ultimidades* da existência. Não obstante a suspeita lançada sobre o termo *metafísica* na linguagem filosófica contemporânea, sua longa história temática e semântica na herança intelectual do Ocidente e sua própria estrutura significante o tornam inevitável e plenamente justificável na designação do problema que temos em vista. Com efeito, se, por definição, a tecnociência e as ciências humanas que se situam no seu âmbito não ultrapassam, em virtude da sua estrutura epistemológica e das suas regras metodológicas, o domínio da *physis* ou o mundo dos *fenômenos*, como poderão elas alcançar pelo *conhecimento científico* as regiões do nosso ser das quais procedem questões que não podem ser cabalmente respondidas com procedimentos de observação e de medida ou com a simulação de modelos que reproduzam, nesse campo das questões últimas, tendências e comportamentos do ser humano? Lembremos que uma interrogação análoga já se fez presente nos tempos socrático-platônicos, na aurora da Filosofia, quando, em face do problema do Bem supremo, duas soluções foram propostas, destinadas a tornar-se paradigmas incontornáveis na história da reflexão ético-antropológica: ou a dissolução dialética da questão por obra dos Sofistas, ou a descoberta, por Platão, de uma realidade inteligível *trans-física* que virá a constituir propriamente o domínio *objetivo* da Metafísica[25].

---

[25] Ver H. C. Lima Vaz, Platão revisitado; Ética e Metafísica nas origens platônicas, *Síntese* 61 (1993) 181-197.

Vemos, desta sorte, que o advento vitorioso e dominador da tecnociência na teoria e prática culturais do nosso fim de século repropõe imperiosamente, ainda que paradoxalmente, problemas de natureza *metafísica*. Dizemos paradoxalmente já que a tecnociência foi apresentada exatamente como a comprovação decisiva e final do *fim da Metafísica*: ou porque, segundo a versão heideggeriana, ela é a sucedânea legítima de uma Metafísica que esgotou seu ciclo histórico, ou porque, segundo a versão neopositivista, ela proporciona a prova do sem-sentido, da *Sinnlosigkeit* do modo de pensar metafísico. Ora, vimos que problemas de natureza evidentemente metafísica permanecem em regiões profundas do ser humano não atingidas pela tecnociência e resistem a toda tentativa de dissolução crítica ou de invalidação histórica. Podemos mesmo razoavelmente interpretar a vaga antimetafísica que se espraia na filosofia contemporânea como uma estratégia ideológica, talvez não consciente na maioria dos seus atores, para assegurar o domínio cada vez maior da tecnociência com as consequências de natureza ética, política, cultural e econômica que daí advêm. Falando mais claramente, trata-se de uma estratégia, consciente ou não, tendo em vista a consolidação da hegemonia dos centros de poder que detêm o predomínio absoluto do *know-how* técnico-científico. Tal parece ser, por exemplo, a explicação mais óbvia para certas opiniões recentes do filósofo americano Richard Rorty[26].

Seja como for, ao contrário da opinião predominante na literatura filosófica contemporânea, as questões *metafísicas* irão, sem dúvida, figurar entre os traços mais visíveis do horizonte filosófico do século XXI desde que, sob o nome de *filosofia*, sobreviva o estilo de pensamento presente há vinte e seis séculos na cultura ocidental e nela atuante sob o signo de uma dialética do *paradoxo* e da *necessidade*[27]. Nesse caso, será do próprio âmago do universo da tecnociência, ao constituir-se como forma determinante e envolvente da cultura nesse ocaso do século XX, que as questões metafísicas ressurgirão, a atestar a permanência, na sua profundidade não alcançável pelo pensamento científico ou pelos procedimentos técnicos, da interrogação humana sobre o *ser* e sobre o *sentido*.

3. UM LUGAR POSSÍVEL PARA TOMÁS DE AQUINO NO HORIZONTE FILOSÓFICO QUE SE ANUNCIA

Ao tentar uma antecipação conjectural, mas razoavelmente fundada, do horizonte filosófico do século XXI, fomos levados a prever que nele estarão presentes como linhas de fundo do seu relevo a História e a Metafísica. Talvez seja ocasião de alguma surpresa o fato de não mencionarmos explicitamente

---

[26] Ver P. VALADIER, La fausse innocence du relativisme culturel, *Études*, Août 1997, 47-56.
[27] *Escritos de Filosofia III: Filosofia e Cultura*, 5-16.

também a Ética, pois a prática da reflexão filosófica nesse fim do século XX nos mostra um incontestável predomínio dos problemas éticos nas preocupações dos filósofos. A Ética estará sem dúvida, podemos antecipar, entre os traços mais salientes do horizonte filosófico que tentamos descrever. No entanto, a consideração *ex professo* dos temas éticos prolongaria demasiadamente este nosso texto. Além disso, há uma razão mais profunda pela qual, sem tratarmos explicitamente da Ética, podemos assegurar-nos da sua presença, seja no campo da *rememoração* histórica seja, sobretudo, no campo dos problemas *metafísicos*. Essa razão nos aponta, por um lado, para as implicações éticas evidentes no intento de recuperar filosoficamente a própria *história* da filosofia, tendo em vista legitimar a sua prática e a sua responsabilidade social na cultura contemporânea. Por outro lado, é possível observar em algumas das tendências mais significativas do pensamento ético recente uma direção voltada para a unidade entre Ética e Metafísica, caraterística do pensamento clássico. No primeiro caso, leva-se em consideração a evidência de que foi exatamente no terreno do nascente pensamento filosófico que a Ética fez sua aparição histórica[28], e nele vicejou até tempos recentes, nele cumprindo igualmente a tarefa de legitimar o próprio exercício do pensamento filosófico como intento de abertura do horizonte universal do Ser e do Bem. No segundo caso, e analogamente, é um procedimento teórico de natureza inequivocamente *metafísica* que permite à Ética pressupor os fundamentos do seu *objeto* na esfera transcendental do Bem.

Filosofia como *História da Filosofia* e *Metafísica*: será permitido antever, de alguma maneira, um lugar para Tomás de Aquino filósofo num horizonte de ideias dominado pelos temas e problemas daquelas duas disciplinas filosóficas?

Se representarmos Tomás de Aquino como praticante de um modo de *filosofar* organicamente articulado à reflexão *teológica*, será possível justificar sua presença intelectual num século que se anuncia como cenário das mais espetaculares transformações nas ideias e na vida dos homens, e que assistirá à provável consagração definitiva de uma civilização não religiosa? Eis aí uma interrogação inevitável e que atinge o próprio destino do pensamento cristão no milênio que está por começar. Com efeito, a crise recente do pensamento teológico e a sua rápida desagregação ao impacto sobretudo das ciências humanas devem ser reconduzidas, como a uma das suas causas mais incontestáveis, ao progressivo desinteresse da teologia em fazer uso da conceituação filosófica forjada no intenso diálogo entre Fé e Razão ao longo da tradição do pensamento cristão, desinteresse alimentado sem dúvida pelo declínio e virtual desaparecimento da Neo-Escolástica. As ciências humanas ou sociais

---

[28] Ver H. C. LIMA VAZ, *Escritos de Filosofia II: Ética e Cultura*, São Paulo: Loyola, 1993, 36-78.

não conseguiram, por razões inerentes à sua própria natureza epistemológica, restituir à teologia nem a sua dignidade de ciência e sabedoria, nem alcançar--lhe a legitimidade pretendida no campo do saber moderno[29]. Como, pois, pensar para Tomás de Aquino, indivisivelmente *teólogo* e *filósofo*, uma atualidade que o futuro incerto da teologia torna grandemente problemática?

Tentar responder a essa pergunta é justamente o alvo que temos em vista nesta palestra. Já perto de alcançá-lo, devemos admitir que é apenas um tímido ensaio de resposta que pretendemos propor, nem de longe apresentando-o como resposta cabal e definitiva.

Em primeiro lugar, cabe-nos refletir sobre a relação de Tomás de Aquino com a *história da filosofia*. Como sabemos, não se trata aqui de estabelecer essa relação de um ponto de vista puramente *historiográfico*, mas propriamente *filosófico*, pois é a história da filosofia na sua relação intrínseca com o exercício do modo de pensar filosófico, que se apresenta como uma das linhas fundamentais a compor provavelmente o horizonte filosófico do século XXI. Por outro lado, é evidentemente a partir do perfil historiográfico de determinado pensador, reconstituído segundo os critérios e os resultados de rigorosa pesquisa histórica, que a sua significação filosófica no curso do acontecer histórico da filosofia pode ser avaliada e pensada. A *rememoração* como constitutiva do ato de pensar filosófico deve exercer-se, como Hegel mostrou nas suas *Lições sobre a História da Filosofia*, sobre o terreno *objetivo* dos sistemas e das ideias, tais como a pesquisa historiográfica intenta restituí-los ao seu teor original.

Ora, uma das épocas mais investigadas no atual surto dos estudos históricos no campo da filosofia é justamente a época em que a filosofia medieval atinge seu pleno amadurecimento no século XIII e se prolonga em múltiplas tendências na tarda Idade Média. Além do interesse que esses estudos apresentam em si mesmos, podemos sem dúvida atribuir o seu florescimento atual ao fato de que, ao contrário da interpretação divulgada pela historiografia de inspiração hegeliana, torna-se cada vez mais evidente a continuidade profunda, temática e textual, entre a nascente filosofia moderna e a declinante filosofia medieval.

O lugar eminente e mesmo singular de Tomás de Aquino no pensamento medieval não sofre discussão. A originalidade da sua síntese filosófico--teológica manifesta-se com evidência cada vez mais nítida, à medida em que progridem os estudos sobre a estrutura e as ideias diretrizes das suas grandes obras de síntese, como a *Summa contra Gentiles* e a *Summa Theologiae*[30]. Por outro lado, a filosofia e a teologia pós-tomásicas na tarda Idade

---

[29] Ver JOHN MILBANK, *Theology and Social Theory: beyond secular reason*, Oxford, Blackwell, 1990 (tr. br. *Teologia e Teoria Social*, São Paulo: Loyola, 1995). Ver *Síntese* 53 (1991) 241-254.

[30] INOS BIFFI, *Teologia, Storia e Contemplazione in San Tommaso d'Aquino*, 129-175; 225-312.

Média, de Duns e a escola escotista até Guilherme de Ockham e a escola nominalista, podem ser reconstituídas mediante seu permanente confronto com as grandes opções doutrinais de Tomás de Aquino. Desta sorte, cabe-nos reconhecer que a presença do Mestre do século XIII se estende em alto relevo pelos séculos seguintes, e embora conheça um certo retraimento nos primeiros tempos modernos, ressurge, como vimos, a partir de Leão XIII nos fins do século XIX e nos obriga a interrogar-nos hoje sobre o seu destino no próximo século.

No entanto, voltamos a repeti-lo, não é apenas a uma presença nos textos e manuais de História da Filosofia que aqui desejamos nos referir. A presença que temos em vista é aquela que permite uma *rememoração*, como elemento constitutivo da reflexão filosófica, da estrutura da *filosofia* como obra de cultura e da sua *necessária* presença no universo histórico da razão. Essa *rememoração* é propiciada justamente por aqueles pensadores poderosamente originais e criadores que deixaram depositadas em sua obra as razões seminais das ideias que iriam tornar-se ideias diretrizes no caminho histórico da filosofia. Sem a referência a esses marcos miliares do pensamento a *rememoração* não seria possível, e a filosofia perderia uma das suas atribuições essenciais, a de ser *memoria spiritus*, a memória do espírito no tempo. Para todos os estudiosos dos problemas filosóficos, é evidente que nem mesmo se alcançaria uma formulação adequada de tais problemas se não fosse levada em conta a tradição conceitual nascida dessas fontes primeiras que são o platonismo e o aristotelismo e, mais perto de nós, recebendo das suas águas, o cartesianismo, o kantismo e o hegelianismo, todas elas trazidas até o presente da nossa reflexão pela prática da *rememoração*. Da nossa parte, ousamos afirmar que nessa sequência histórica de fontes originais do pensamento filosófico deve ser enumerado o pensamento tomásico, e é esse um dos títulos entre os que asseguram a sua presença no horizonte filosófico do século XXI. Seria demasiado longo justificar aqui pormenorizadamente essa afirmação. Mas podemos pelo menos lembrar algumas posições doutrinais que atestam a originalidade criadora do pensamento de Tomás de Aquino filósofo.

Em primeiro lugar, a síntese genial entre o religioso e o racional, ou, em categorias cristãs, entre a fé e a razão, problema que remonta às origens gregas da filosofia e que conhece dramático aprofundamento no encontro entre filosofia grega e anúncio cristão, passando a constituir desde então e até tempos recentes, ou, pelo menos, até Hegel, um dos *topoi* clássicos da tradição intelectual e da reflexão filosófica no Ocidente[31].

---

[31] Ler, a propósito, as páginas sempre atuais e profundas de E. GILSON sobre "o espírito do tomismo", ap. *Le Thomisme: introduction à la philosophie de Saint Thomas d'Aquin*, 438-459; J. PIEPER, *Schriften zum Philosophiebegriff*, 57-59.

Em segundo lugar, a síntese, de decisiva significação na história posterior das ideias, entre a gnoseologia platônica herdada e repensada por Santo Agostinho e a gnoseologia aristotélica, estabelecendo a Teoria do Conhecimento sobre um fundamento metafísico cujo alcance e significação têm sido objeto de importantes pesquisas recentes[32].

Em terceiro lugar, a concepção da história a partir dos fundamentos metafísicos da existência humana, numa visão poderosa e original que só encontra paralelo na articulação entre história e Sistema em Hegel[33].

Finalmente, a obra imensa, cuja significação para a história espiritual do Ocidente é universalmente reconhecida, na qual Tomás de Aquino empreende a integração orgânica da Ética clássica, recebida sobretudo na sua conceituação aristotélica, na tradição da Ética cristã. Essa obra é levada a cabo sobretudo na monumental II[a] parte da *Summa Theologiae*, tornando-a uma das referências essenciais do pensamento ético na cultura ocidental[34].

Se a presença de Tomás de Aquino parece assim assegurada na vertente *histórica* do horizonte filosófico que se anuncia no alvorecer do século XXI, resta mostrar como a vertente *metafísica* deverá igualmente acolher essa presença, dela recebendo algumas das ideias mais estimulantes de um provável renascimento da Metafísica.

Em texto recente[35], cujo propósito foi buscar em Tomás de Aquino inspiração e ideias para *pensar* a Metafísica na aurora do próximo século, procuramos investigar onde reside a originalidade e a possível fecundidade do pensamento metafísico tomásico. Lembramos aqui brevemente, sem nos determos na demonstração oferecida no texto citado, as duas teses cuja junção opera, a nosso ver, a unidade estrutural da *metafísica* de Tomás de Aquino e a eleva como um dos cimos mais altos na cadeia histórica da Metafísica ocidental.

A primeira dessas teses, cuja discussão ocupa uma parte considerável da bibliografia tomásica contemporânea, afirma com irradiante clareza, por exemplo nas célebres questões V e VI do Comentário ao *De Trinitate* de Boécio[36], a *inteligibilidade* intrínseca do *existir* (*esse*) na sua natureza de *ato*

---

[32] Ver, a respeito, ANDRÉ DE MURALT, *L'Enjeu de la philosophie médiévale*, Leiden: Brill, 1991, 48-63, e JAN AERTSEN, *Nature and Creature: Thomas Aquina's Way of Thought*, Leiden: Brill, 1988.

[33] Sobre a concepção tomásica da história, ver a obra fundamental de MAX SECKLER, *Das Heil in der Geschichte: Geschichtstheologisches Denken bei Thomas von Aquin,* Munique: Kösel Verlag, 1964 (tr. fr. *Le salut dans l'histoire,* Paris: Cerf, 1967).

[34] Uma exposição penetrante e documentada da ética das virtudes em Tomás de Aquino é a de E. SCHOEKENHOFF, *Bonum Hominis: die anthropologischen und theologischen Grundlagen der Tugendethik des Thomas von Aquin,* Mainz: Mathias Grünewald, 1987.

[35] *Escritos de Filosofia III: Filosofia e Cultura,* 283-342.

[36] *Ibid.,* 318-320.

primeiro e constitutivo da realidade *em-si* do *ser* e como o objeto próprio da Metafísica enquanto ciência. Preparada pela hermenêutica patrística tradicional do *Ego sum qui sum* do Êxodo (3, 14) e por antecedentes neoplatônicos, essa tese tomásica apresenta-se como um *hapax*, um evento especulativo singular na história da Metafísica cuja significação apenas recentemente tem sido posta em plena luz, por obra, entre outros, de Étienne Gilson. A afirmação da primazia do *existir* na ordem da inteligibilidade do *ser* permite a Tomás de Aquino encontrar o fundamento conceitual, posto já desde o início do seu filosofar no opúsculo programático *De Ente et Essentia*, para as teses que irão constituir como que as colunas mestras de todo o edifício da sua reflexão filosófica: a transcendência absoluta de Deus como *Existir* subsistente (*Ipsum Esse subsistens*) na perfeita identidade de *essência* e *existência*, a relação de *criaturalidade* como relação real de dependência na ordem da *existência* e da *essência*, princípios realmente distintos na constituição ontológica do ser finito e, em consequência, a *unidade de ordem* no universo. É sobre esse fundamento que Tomás de Aquino assenta a sua concepção da *sabedoria*, na qual tem lugar a síntese exemplar entre a *sabedoria* da tradição metafísica e a *sabedoria* da tradição teológica[37].

A segunda tese estabelece-se no campo hoje conhecido como *metafísica do conhecimento*. Trata-se, em suma, de determinar no curso da atividade intelectual o ato específico pelo qual a nossa inteligência afirma a inteligibilidade intrínseca do *existir*. Com toda a ênfase, sobretudo na citada passagem do comentário ao *De Trinitate* de Boécio[38], Santo Tomás aponta na síntese judicativa e na afirmação do *esse* (existir) no juízo o lugar inteligível do encontro entre a *inteligência* e o *ser* na sua plenitude existencial, de tal sorte que esse encontro venha a operar a *identidade*, na ordem *intencional*, entre o *sujeito* cognoscente e o *objeto* real conhecido. A afirmação dessa identidade, recebida da tradição platônico-aristotélica, constitui, de fato, um dos assertos fundamentais da metafísica do conhecimento e um marco decisivo na história da gnoseologia.

No entanto, a teoria tomásica do juízo no seu alcance plenamente metafísico somente adquire o significado mais completo e profundo se a interpretarmos à luz da concepção do conhecimento intelectual que Tomás de Aquino deixou-nos nos seus escritos, mas que, assim como a doutrina do *esse*, apenas em tempos recentes foi sistematicamente reconstituída e colocada no centro de uma releitura da metafísica tomásica. Queremos referir-nos à teoria do dinamismo intelectual no conhecimento objetivo, estudada nos textos

---

[37] *Summa contra Gentiles*, I, c. 1, e o *Proemium* ao Comentário à *Metafísica* de Aristóteles, sobre o qual ver *Escritos de Filosofia III: Filosofia e Cultura*, 313-315.

[38] *Escritos de Filosofia III: Filosofia e Cultura*, 160.

de Tomás de Aquino por Joseph Maréchal e seus discípulos[39]. Não obstante correções e complementos a que possa dar margem, essa teoria oferece-nos a possibilidade de articularmos intrinsecamente a tese da primazia do *existir* e suas consequências metafísicas e a própria metafísica do conhecimento. Com efeito, a afirmação do *esse* (existir) no juízo vai além necessariamente, no seu dinamismo intencional, da *limitação eidética*[40] dos objetos *finitos* a que se aplica e, em virtude da *ilimitação tética* do próprio ato de afirmação *põe* inelutavelmente, como horizonte último, não contemplado mas dialeticamente implicado[41], o Existir subsistente *infinito* na sua absoluta transcendência, cuja existência, no âmbito da inteligibilidade analógica, será formalmente demonstrada nas provas clássicas da existência de Deus[42].

Primazia do *existir* na ordem da inteligibilidade metafísica e dinamismo da *afirmação judicativa* orientado para o *Existir absoluto*, eis, portanto, as teses fundamentais com que a metafísica tomásica se apresenta no limiar do novo século.

## 4. CONCLUSÃO

As conclusões que nos parecem resultar dessa nossa exposição concentram-se, segundo pensamos, em torno de três questões principais:

Em primeiro lugar, não devemos considerar a interrogação sobre a presença de Tomás de Aquino no horizonte filosófico do século XXI apenas como um problema tópico em torno dos futuros programas escolares de História da Filosofia. Trata-se, na verdade, de um *enjeu* decisivo do pensamento cristão e mesmo da cultura cristã nas suas alternativas de vitalidade e talvez até de sobrevivência. Essa afirmação pode surpreender e mesmo ser considerada temerária. No entanto, se refletirmos sobre a situação da Teologia nesse final de século ou de milênio que estamos vivendo, a surpresa talvez seja menor. Expressão mais autêntica e fruto mais amadurecido da cultura cristã ao longo da história, a Teologia conhece hoje uma das suas horas de crise mais profunda. Tendo abandonado os instrumentos da conceptualidade filosófica herdados da tradição, ela tentou instalar-se primeiramente no terreno das ciências humanas. Ao tornar-se patente o malogro dessa espécie de migração epistemológica, não restou senão empreender o retorno às terras da filosofia. No entanto, foi aos paradigmas filosóficos da modernidade mais avançada

---

[39] *Ibid.*, 321-326.

[40] Sobre os conceitos de *limitação eidética* e *ilimitação tética* ver H. C. LIMA VAZ, *Antropologia Filosófica I*, São Paulo: Loyola, ³1993, 167.

[41] Ou seja, cuja negação poderá ser refutada por um argumento de *retorsão*.

[42] *Summa Theologiae*, I, q. 2, a. 3; *Contra Gentiles*, I, c. 13.

que a Teologia, em grande parte das suas expressões atuais e mais visíveis, acabou por recorrer. Ora, tal operação demonstrou-se altamente problemática. Por meio dela, abriu-se uma crise ainda mais profunda nos fundamentos epistemológicos da reflexão teológica. Com efeito, os paradigmas filosóficos que passaram a ser utilizados acabaram mostrando, ao fim e ao cabo, seus pressupostos estruturalmente imanentistas, radicalmente incompatíveis com a intenção primeira e constitutiva do pensamento teológico. Parece, pois, não restar à Teologia outro caminho para o reencontro consigo mesma na sua autêntica figura histórica senão o de repensar e refazer, dentro do novo universo cultural em que passa a ser praticada, a relação multissecular com a filosofia clássica que encontrou uma expressão emblemática no pensamento e na obra de Tomás de Aquino.

Se admitirmos que à filosofia do próximo século caberá realçar com particular ênfase esse caráter essencial da reflexão filosófica que é a *rememoração* ou o tornar presente no próprio ato de filosofar a *memória* do espírito no tempo, poderemos, com razoável certeza, concluir que, nesse espaço da *rememoração*, Tomás de Aquino será uma referência essencial. A essa certeza nos conduzem o desenvolvimento atual da pesquisa em História da Filosofia, o relevo historiográfico cada vez maior que adquire a filosofia medieval, e a própria significação para o nosso tempo das teses fundamentais da herança filosófica tomásica. Há, por outro lado, uma notável analogia, que requer maior aprofundamento, entre a *rememoração* filosófica e a *rememoração* essencial e constitutiva da *fé* cristã e, por conseguinte, do pensamento teológico: aquela sendo a *rememoração* das ideias que asseguram a unidade espiritual de uma cultura no tempo, essa sendo a *rememoração* eficaz de uma *presença* sempre misteriosamente *presente* ao longo do tempo e que dá unidade, direção e sentido à história. Nessa analogia reside, talvez, a razão profunda que moveu as opções filosóficas dos sistemas teológicos clássicos, e ela pode explicar igualmente a perene atualidade da síntese tomásica.

Finalmente, encontramo-nos em face do dilema de irrecusável alcance metafísico que já se delineia diante de nós e adquirirá sem dúvida dramaticidade intensa na cultura do século XXI. Tal dilema irá provocar um novo surto do pensamento metafísico, dando, assim cremos, às teses fundamentais de Tomás de Aquino no domínio da Metafísica, que acima brevemente evocamos, uma surpreendente atualidade. Referimo-nos a um dilema não apenas *teórico*, mas eminentemente *prático*, na medida em que se manifesta no próprio terreno das práticas sociais e culturais, e que se arma em torno da maneira de viver e interpretar a relação do ser humano com o domínio da realidade *objetiva*, dita *relação de objetividade*, e que estrutura o seu *estar-no--mundo*. Na relação de *objetividade* que prevalece na nossa cultura, a realidade do mundo passa a oscilar cada vez mais entre a *objetividade produzida* pela atividade técnica e materializada nos *objetos* da produção técnico-industrial de um lado e, de outro, a *objetividade dada* ao ser humano na sua experiência original e fundante – experiência metafísica por definição – da transcendência do *Ser* sobre a finitude dos *seres*. Ora, essa experiência propriamente metafísica implica, em última análise, em virtude do dinamismo da *afirmação*, a posição de um Absoluto na ordem da existência.

Que forma do *existir* irá saciar a fome do *ser* que se eleva das camadas mais profundas do espírito humano, no seu elã incoercível para as expressões mais altas da inteligência e do amor[43]? Nossos semelhantes no século XXI viverão talvez mais dramaticamente do que nós essa interrogação, na medida em que seu universo humano será cada vez mais ocupado pelos *objetos técnicos* em incessante produção. Irá a *objetividade* técnica oferecer-se, finalmente, como único alimento à carência metafísica do nosso espírito? Ao contrário, tudo nos leva a crer que, em meio à abundância sem fim dos objetos técnicos, mais aguda se fará no ser inteligente e livre a fome de um alimento mais substancial para o espírito. Onde buscá-lo senão na tradição teológico-religiosa e na tradição metafísica? Será justamente na encruzilhada desses dois milenares caminhos espirituais que, na aurora do terceiro milênio, se elevarão uma vez mais a figura exemplar de Tomás de Aquino e sua obra imensa.

---

[43] PLATÃO, *Fedro*, 247 d 3-4.

## LISTA DAS OBRAS DE TOMÁS DE AQUINO CITADAS POR ÉTIENNE GILSON

*A natureza do verbo interior* – De natura verbi intellectus [autoria controversa]
*As substâncias separadas* – De substantiis separatis
*Comentário à Carta de São Paulo aos Romanos* – In Epistolam ad Romanos
*Comentário à Ética Nicomaqueia de Aristóteles* – In libros Ethicorum
*Comentário à Física de Aristóteles* – In libros Physicorum
*Comentário à Metafísica de Aristóteles* – In Metaphysicam Aristotelis
*Comentário ao De Anima de Aristóteles* – In Aristotelis De anima
*Comentário ao Evangelho de João* – In Joannem Evangelistam expositio
*Comentário ao Evangelho segundo Mateus* – In Evangelium Matthaei
*Comentário ao Livro das Causas* – In librum De Causis Expositio
*Comentário ao Livro de Jó* – Super Job commentaria
*Comentário ao Livro dos Nomes Divinos de Dionísio Pseudoareopagita* – In Divinis Nominibus
*Comentário ao Perì Hermeneías de Aristóteles* – In Perì Hermeneías Aristotelis
*Comentário ao Símbolo dos Apóstolos* – Expositio super Symbolum Apostolorum
*Comentário aos Septenários de Boécio* – In Boethii De hebdomadibus
*Comentário às Sentenças de Pedro Lombardo* – In libros Sententiarum magistri Petri Lombardi
*Compêndio de teologia* – Compendium theologiae
*Contra os que combatem o culto a Deus e à religião* – Contra impugnantes Dei cultum et religionem
*Os artigos da fé* – De articulis fidei
*Os princípios da natureza* – De principiis naturae
*Questão disputada sobre a alma* – Quaestio disputata de anima
*Questões disputadas sobre as criaturas espirituais* – Quaestiones disputatae de spiritualibus creaturis
*Questões disputadas sobre a verdade* – Quaestiones disputatae de veritate (De veritate)
*Questões disputadas sobre as virtudes* – Quaestiones disputatae de virtutibus (De virtutibus)

*Questões disputadas sobre o mal* – Quaestiones disputatae de malo (De malo)
*Questões disputadas sobre o poder divino* – Quaestiones disputatae de potentia Dei
*Questões quodlibetais* – Quaestiones quodlibetales
*Suma contra os gentios* – Summa contra gentiles
*Suma de teologia* – Summa theologiae

# MODO COMO ÉTIENNE GILSON CITA AS OBRAS MAIS EVOCADAS DE TOMÁS DE AQUINO

Em geral, depois do título da obra citam-se o capítulo (ou a questão) e o artigo. Às vezes, menciona-se também a parte do artigo em que se encontra o trecho que interessa. As citações mais recorrentes vêm da *Suma de teologia*, da *Suma contra os gentios*, das *Questões quodlibetais* e das *Questões disputadas*:

## SUMA DE TEOLOGIA

Depois do título cita-se a parte correspondente (I: Primeira Parte; IaIIae: Parte Primeira da Segunda Parte; IIaIIae: Parte Segunda da Segunda Parte; III: Parte Terceira). Na sequência, citam-se a questão, o artigo e a parte do artigo em que se encontra a citação. No caso das partes dos artigos, utilizam-se as seguintes abreviações: obj.: argumento inicial, geralmente contrário ao que pensa Tomás de Aquino (motivo pelo qual os argumentos iniciais de cada artigo são às vezes chamados de objeções); Sed contra: argumento geralmente de autoridade, contrário aos argumentos iniciais; Resp.: corpo do artigo, iniciado pelo termo latino *Respondeo*; ad 1m: resposta ao primeiro argumento inicial. Exemplos:

*Suma de teologia* IIaIIae, 186, 3, 3a. obj.: *parte segunda da segunda parte, questão 186, artigo 3, terceiro argumento inicial (também conhecido como objeção).*
*Suma de teologia* IIaIIae, 186, 3, Sed contra: *parte segunda da segunda parte, questão 186, artigo 3, texto que vem em seguida aos argumentos iniciais e que sempre se inicia pela expressão* Sed contra *("Em sentido contrário").*
*Suma de teologia* IIaIIae, 186, 3, Resp.: *parte segunda da segunda parte, questão 186, artigo 3, texto em que Tomás de Aquino responde à questão-título do artigo (donde começar pelo termo Respondeo) e que vem em seguida ao texto do* Sed contra.
*Suma de teologia* IIaIIae, 186, 3, ad 3m: *parte segunda da segunda parte, questão 186, artigo 3, resposta ao terceiro argumento inicial (em latim,* ad tertium).

Muitas vezes não se menciona a parte do artigo em que se encontra a citação. Isso quer dizer que a referência é todo o artigo. Ex.:

> *Suma de teologia* IaIIae, 2, 1: parte primeira da segunda parte, questão 2, artigo 1.

Algumas vezes, Tomás de Aquino não responde aos argumentos iniciais. Quando isso ocorre, ele costuma dar a explicação de que o que foi dito no corpo do artigo (*Respondeo*) já responde àqueles argumentos.

## SUMA CONTRA OS GENTIOS

Depois do título citam-se, geralmente, o livro e o capítulo. Em alguns casos, Étienne Gilson cita a frase que inicia o trecho que ele pretende enfatizar. Exemplos:

> *Suma contra os gentios* I, 2: livro I, capítulo 2.
> *Suma contra os gentios* I, 13, Quod autem necesse sit: livro I, capítulo 13, trecho iniciado pela frase latina *Quod autem necesse sit*.

## QUESTÕES QUODLIBETAIS

Depois do título, Étienne Gilson cita o número do conjunto de questões, também chamado *Quodlibetum*. Na sequência, cita o número do artigo, mas contado de forma corrida. O leitor precisa atentar para o fato de que, em geral, nas edições das *Questões quodlibetais*, as questões são reunidas em grupos (*Quodlibetum*), mas os artigos são numerados na ordem em que aparecem no interior de cada questão, e não de maneira corrida no interior do *Quodlibetum*, como faz Gilson. Ex.:

> *Questões quodlibetais* XII, a. 24: *Quodlibetum* XII, artigo 24 (ou artigo 1 da questão IV).

## QUESTÕES DISPUTADAS

Depois do título, vêm o número da questão, o artigo e a parte do artigo em que se encontra a citação. Quando não se cita a parte do artigo, todo o artigo deve ser tomado como referência. Exemplos:

*Questões disputadas sobre a verdade* XIV, 9, ad 2m: questão XIV, artigo 9, resposta ao segundo argumento inicial.
*Questões disputadas sobre a verdade* XIV, 8: questão XIV, artigo 8.

Os leitores devem ficar atentos, pois, algumas vezes, Étienne Gilson cita o título da questão disputada, para, na sequência, citar o número do artigo de forma corrida, não distribuído pelas questões. Ex.:

*Questão disputada sobre as virtudes*, artigo 10, Resp.: nas edições mais recentes, o artigo 10 a que se refere Gilson está na questão 1 (a questão sobre as virtudes possui um total de 5 questões).

# ÍNDICE DE NOMES

Abraão, 104-105, 176
Adelardo de Bath, 68, 116
Agostinho de Hipona, Santo, 14, 21, 25, 36-
    -37, 53, 55-56, 58-59, 88, 98, 102-105,
    108-110, 112-115, 119, 122-123, 162-
    -171, 175, 238, 255, 287-288, 297, 311,
    398-399, 432, 450, 455, 457, 459, 476,
    500, 515
Alano de Lille, 77
Alberto Magno, Santo, 16, 22, 68, 72, 77,
    209, 222, 237, 281
Albrecht, A., 77
Alexandre de Afrodísia, 36
Alexandre de Hales, 53, 58-60, 105, 261,
    555
Alfarabi, 81, 99, 108, 162, 187-188, 220
Al-Ghazali, 187-189
Alkindi, 162
Ambrósio de Milão, Santo, 238
Anaxágoras, 161
Ancel, A., 327
Anderson, J. F., 147
Anselmo de Cantuária, Santo, 53, 56-62,
    85, 105, 183, 311
Apuleio, 108
Aristóteles, 13-14, 23-25, 28, 32, 34-37, 39,
    42, 62, 68-74, 76-77, 80-81, 83-84, 86,
    89, 93, 96-97, 99, 108, 112, 116, 119,
    121, 128, 134, 137, 139, 160-162, 164,
    177-178, 180, 182, 190, 192-196, 198,
    203, 205, 209, 211, 220, 227-229, 237-
    -238, 242-244, 246, 249-251, 253-254,
    260-263, 273-275, 280-282, 288, 291,
    294, 296, 301-303, 305-307, 340, 342,
    379, 381, 399-403, 405-406, 410, 412,
    416-417, 428, 433-434, 437, 445, 451-
    -453, 473, 476, 484-485, 487, 490-491,
    500, 516, 521, 547, 554, 569, 577
Arnou, R., 51, 68-69, 81
Audin, A., 78
Averróis, 14, 36, 93, 96, 108, 139, 162, 188,
    191-192, 220, 241, 281, 476
Avicebron. *Ver* Ibn Gabirol
Avicena, 14, 36, 62-63, 77-78, 81, 83, 93, 99,
    108, 113, 124, 150, 161-162, 187-192,
    209-210, 220, 222, 226, 251, 274, 276,
    282-283, 311, 476, 547, 550

Baeumker, C., 51, 68, 72, 77, 81, 219-222,
    226, 285
Balthasar, N., 301
Bañez, Domingo, 94, 178
Basílio, São, 238
Baudoux, B., 13, 30
Baumgartner, M., 285
Beda, 399
Bernardo de Claraval, São, 37, 167
Bidez, J., 109
Blanche, F.-A., 127
Blic, J. de, 207
Bloch, M., 405
Boaventura, São, 33, 53, 58, 60-61, 64, 206-
    -208, 222, 224, 226, 255, 261, 297, 494
Boécio, 14, 16, 44, 108-110, 181, 229, 329,
    480, 521
Boehm, A., 91, 94

Bonnefoy, J. F., 12, 17
Boyer, C. SJ, 281
Bréhier, E., 221
Bremond, A., 35, 196, 243
Bryar, W., 91

Cajetano (Tomás de Vio), 22, 181, 254
Calcídio, 108
Cappuyns, M., 168
Carame, N., 81, 188
Carteron, H., 227
Chambat, L., 80, 83
Chenu, M.-D., 7, 12, 15, 437, 457, 499
Cícero, 56, 377, 399, 409, 440-441, 445, 449, 454
Clemente IV, 500
Congar, Yves, 12, 16
Coridão, 370
Courcelle, P., 109
Cuervo, M., 88

Daniels, A., 51
Davi, 18
De Couesnongle, V., 83
De Vaux, Carra, 81
Décios, 443, 449
Degl'innocenti, U., 80
Del Prado, N., 176
Demócrito, 62, 291
Demongeot, M., 433
Derisi, O. N., 13
Desbuts, B., 127
Descartes, R., 23, 32, 37, 197, 312, 391, 481, 491, 505
Descoqs, P., 80, 311
Destrez, J., 7
Dionísio, o Pseudoareopagita, 14, 18, 38, 88, 108, 126, 130, 146, 155, 167-175, 214, 221-222, 232, 234, 250, 272, 284, 322, 347, 460, 476, 489, 521, 547
Dubarle, A.-M., 102
Duns Scotus, João, 63, 65, 149, 188, 192, 247, 514
Durantel, J., 147, 172, 214, 219, 230, 290
Dwier, W. J., 207

Egídio Romano, 484-485
Erígena, João Scot, 108, 168-169
Ermecke, G., 335
Eschmann, I. T., 431
Espinosa, B. de, 32
Esser, T., 147

Fabro, C., 127
Fílon, 221
Finance, J. de, 487, 505
Forest, A., 109, 177, 189, 191

Gabriel, Arcanjo, 234
Gagnebet, R., 12
Gardeil, A., 164, 296, 456
Garrigou-Lagrange, R., 90, 301, 435, 504
Geiger, L. B., 127
Gény, P., 80-81, 94-95
Gierens, M., 207
Gilberto de la Porrée, 109-111
Gillet, M., 403
Gilson, É., 12, 54, 60, 65, 67, 83, 91, 93-94, 96, 98, 102, 104, 110, 120, 161, 163, 177--178, 197, 199, 224, 227, 229, 240, 247, 250, 254, 299, 312, 335, 341, 370, 382, 391, 399, 406, 456, 499, 504, 514, 516, 521, 523-525
Goichon, A.-M., 188
Gouhier, Henri, 250
Gourmont, Rémy de, 494
Gregório Magno, São, 238, 399
Gregório de Nissa, 38, 98
Grosseteste, Roberto, 237
Grunwald, G., 69, 78, 84, 87
Guitton, J., 166

Hagenauer, S., 424
Hamelin, O., 196, 220
Hayen, A., 110
Heidegger, M., 482, 506, 511
Henry, P., 51
Héris, C., 80, 83, 88
Hermes Trismegisto, 108
Hervée Nédellec (Herveus Natalis), 147
Hesíodo, 175
Hilário, Santo, 7, 23, 311

# ÍNDICE DE NOMES

Hilduíno, 169
Hocedez, E., 485
Hölscher, F., 403
Holstein, H., 80
Horácio Cocles, 454
Horten, M., 203
Horvath, A., 414

Ibn Gabirol, 229, 251
Isaac, 104-105, 176
Isidoro de Sevilha, 399
Israeli, Isac, 311

Jacó, 104-105, 176
Jâmblico, 221
Jaspers, K., 482
Jellouschek, C.-J., 147
Jerônimo, São, 9
Joana d'Arc, Santa, 449
João, São, 53, 103, 442
João Crisóstomo, São, 238
João Damasceno, São, 52-53, 61, 63-64, 89
João de Santo Tomás, 300-301
João Sarraceno, 172

Kant, I., 32, 187, 314, 447, 490, 501, 505-506, 514
Kierkegaard, S., 482-483
Kirfel, Heinrich, 78, 85
Kleutgen, J., 297
Klubertanz, S., 285
Kluxen, W., 335
Koch, K., 221
Koplowitz, E., 81
Krebs, E., 67

Landry, B., 127
Lanna, D., 285
Le Guichaoua, P., 285
Le Rohellec, J., 32
Leão XIII, 502-503, 514
Lemaitre, C., 83
Lepidi, Alberto, 198, 297
Lessines, Gilles de, 261
Lévy, L.-G., 68, 75, 81, 191, 209
Lottin, O., 403

Lourenço, o Magnífico (Lorenzo de Médicis), 388
Lutz, E., 261

Macróbio, 108, 399
Maimônides, 26, 65, 68, 72, 75, 81-82, 187-188, 191, 209, 220, 222
Mandonnet, P., 7, 16, 22, 24, 26, 32, 35, 89, 137, 139, 150, 161, 172-173, 184, 193, 203, 213-214, 229, 240, 281, 432-433, 480
Marc, A., 193, 197
Marcel, G., 489
Maritain, J., 28, 127, 129, 132-133, 174, 177, 194, 197, 436, 448, 457, 478-479, 504
Martin, J., 255
Mateus, São, 406, 521
Meyerson, E., 273
Michel, S., 431
Moisés, 56, 65, 102-105, 114-15, 162, 164-165, 221, 238
Montagnes, B., 9
Motte, A.-R., 13, 79
Muckle, J.-T., 81, 189
Mugnier, R., 96
Müller, H. P., 221
Muller-Thym, B. J., 275
Muniz, P., 83
Munk, S., 68

Noble, H. D., 360
Noé, 392
Noel, L., 299

Oeing-Hanhoff, L., 177
Olgiatti, F., 177
Orígenes, 256
Owens, J., 76

Pascal, B., 491
Paulo, São, 18, 43, 128, 130, 177, 250, 398-399, 405, 450, 521
Pedro, São, 445
Pedro Abelardo, 16
Pedro Lombardo, 24, 41, 44, 53, 58, 61-63, 68, 113-114, 122, 148, 150, 154, 157,

172, 184, 192-193, 207-208, 224, 226,
233, 238, 255, 274, 311, 335, 343-344,
411, 464, 521
Péghaire, J., 157
Pègues, T., 84-85, 344
Penido, M. T.-L., 127
Péres-Garcia, J., 414
Piot, A., 404
Pitágoras, 124
Platão, 54-56, 72, 79, 83, 86-88, 93, 99, 103,
    105, 108, 122, 124, 160-162, 165, 169-
    -170, 175, 182, 220-221, 228-229, 246,
    251, 255, 259-260, 265, 280, 285-286,
    288-289, 291, 309, 370, 485, 490, 510,
    519
Plotino, 168, 169-170, 173, 220-221
Pomponazzi, P., 254
Porfírio, 221, 481
Pradines, M., 321
Proclo, 221
Pruche, B., 177

Ricardo de São Vítor, 58, 105
Rivière, J., 16
Rohner, A., 147
Roland-Gosselin, M.-D., 299, 303, 314, 433
Rolfes, E., 68, 85-86, 90
Romeyer, B., 296
Roton, P., 343
Rousselot, P., 284-285

Saliba, D., 81, 188, 210
Sampaio, L. F. A., 197
Schilling, O., 433
Schlössinger, W., 219
Schmaus, M., 105
Schmid, A., 219-220
Sêneca, 56, 399
Sertillanges, A.-D., 80, 113, 129, 133, 147,
    285, 299, 335, 494
Sigério de Brabante, 137

Simoni, H.-D., 80
Simplício, 83
Sladeszek, F. M., 147
Sócrates, 72, 79, 116, 138, 181, 193-194,
    259-260, 262, 309, 348, 456, 485
Staab, Karl, 84
Stiglmayer, J., 221
Strauss, L., 26
Synave, P., 26, 238

Tales de Mileto, 122
Tempier, Étienne, 203
Théry, G., 168-169
Tibbon, Ibn, 81
Tibúrcio, São, 257, 383
Tito Lívio, 443, 449
Tonneau, J., 414
Tonquédec, J., 32
Touron, A., 7, 12
Tricot, J., 160, 227
Turmel, J., 221

Van Ackeren, G. F., 12
Van den Bergh, S., 77, 191
Van Riet, C., 299
Verweyen, J., 317
Vicaire, M. H., 109-110
Vignaux, P., 460
Vincent, A., 102

Waitz, T., 196
Weber, S., 69
Webert, J., 398
Witelo, C., 51, 68, 72, 77, 81, 219, 222, 226
Wittmann, M., 335
Wulf, M. de, 247, 261

Zeiller, J., 433
Zeller, E., 196
Zigliara, T. M., 297

# ÍNDICE ANALÍTICO

Abstração, 292-293, 295, 305, 309: e realismo tomista, 311-312
Acepção de pessoas, 411-412
Acidente, definição de, 179: é *entis ens* (ente do ente), 180, nota 42; seu *esse* (ser) *est inesse* (ser em), 180
Acusação (em Justiça), 416-417
Acusado (seus direitos e deveres), 417-418
Acusador, 416-418
*Adaequatio rei et intellectus* (adequação entre a coisa e o intelecto), 310
Adultério, 393
Advogados, 421-422
Afabilidade, 440, nota 2
Agnosticismo, definição de, 129, nota 69, 133, nota 83
Alegria, 361
Alma, *passim*: causa da vida, 253; composta de essência e de existência, 255; dá o *esse* (ser) ao corpo, 253-254; do ser humano, 253-255; é uma forma subsistente, 255; forma do corpo, 255, 260; imortal, 207, 254-255; intelectiva, 279-280; parte do ser humano, 259; sensitiva, 272, 274-275; seu lugar na hierarquia dos entes, 267; unível a um corpo, 255-258; vegetativa, 270-271
Ambição, 386
Amizade: com Deus, 455; com Deus e com aqueles que se amam em Deus, 445; *eadem velle et nolle* (querer o mesmo, repugnar o mesmo), 366, 461

Amor: causas, 363-364, 367; de concupiscência e de benevolência, 362-363; é naturalmente extático, 366; e ódio, 368; efeitos, 367; espécies, 361-362; fonte de toda causalidade, 249; natureza, 360
Analogia, 127-128, 134, 475
Anaxagorismo, 252
*Anitas* (forma latina do termo árabe *Anniya*), 189, nota 60
Anjos: compostos de essência e existência, 225-226; destino decidido desde a origem, 335; distinção entre eles, 226; existência, 222; fontes da doutrina sobre os, 219-223; hierarquia, 232; incorpóreos, 222-224; modo de conhecer deles, 230-233; ordens das hierarquias, 232-234; são criaturas, 219, 222, 224
Apatia, 389
*Appetitus* (Apetite). Ver Desejo
Arcanjos, 233
Aristocracia, 431, 434-435
Arrogância, 387
Artes arquitetônicas, 23
Artigos de fé, 19, 33, 48
Assalto, 414 ss., 422, 424
Assassinato, 412-413, nota 31; por imprudência, 413, nota 31; e guerra, 413, nota 31
Assentimento, 341
Astros, 220, 233, 237
Astúcia, 381
Ato: de ser. Ver *Esse* (ser); e potência, 229, 240-241, 473; primeiro e segundo, 243, nota 14, 244

Atos humanos: bons ou maus, 345-346; especificação, 329; espontâneos ou dirigidos, 340; exercício, 328-329; exercício e especificação, 328; interiores ou exteriores, 346; sempre particulares, 337-338, 347, 398, 432; *ver também* Operações

Atributos divinos: amor, 143-144; asseidade, 74; beatitude, 145; conhece o possível, 138; conhece o singular, 135, 137-138, 140-143, 152; conhecidos no juízo, 131-132; conhecidos por analogia, 125-133; conhecidos por via de negação, 117-124, 133; imutabilidade e eternidade, 123; infinitude, 174; inteligência, 132; inteligibilidade, 135; liberdade, 144; onipresença, 121; perfeição, 118-119, 174; simplicidade, 111, 117-118, 140-141; vida, 144; vontade, 139

Audácia, 375
Aumentativa (potência), 272
Auréola, 10, nota 12
Avareza, 381

Beatitude, *passim*: acessível ao ser humano, 466; condições e essência, 470; definição, 329; fim último, 463-470; imperfeita e perfeita, 467-468; inclui o corpo, 469; naturalmente desejada pelo ser humano, 469

Belo: beleza espiritual, 348, nota 36, 391-392; noção, 124, 363, 364; *id quod visum placet* (aquilo que agrada à visão), 364

Bem, *passim*: comum, 431, 450; é o acordo com a razão, 347; moral e mal moral, 347-348; objeto da vontade, 152, 323, 324-325; proporcional ao ser, 119-121, 144; subordinado ao ser, 119-120; substrato e causa do mal, 215-217; supremo, 331, 352; tende a difundir-se, 155, 157, nota 157

Bestialidade (Zooerastia), 394, 395, nota 55
Bíblia escrita para o uso dos simples, 238
Bispo, 411: e professor, 10
Boa-fé, 408

Cadáver, 253, 261
Calúnia, 417
Cargos públicos, 411
Caridade, 441, nota 6, 445, 447-449, 452--453, 455, 458, 460-461
Casamento, 372-373
Castidade, 392

Causa, *passim*: amor e causalidade, 249; assimilação a Deus, 251; causalidade e existência, 88-89, 173-174; do ser ou do devir, 243-244; eficácia das causas segundas, 270; eficiente, 242, nota 13; eficiente e final, 88-89; equívoca, 126; *importat influxum quemdam in esse causati*, 243, 487; material, formal, motriz, 242; pressupõe a eficácia divina, 79, 96, 245; principal ou instrumental, 76, 90; quatro gêneros de causas, 77, 216, 242, nota 13; seu efeito, 222, 243

Chefe de Estado, 431
Cidade, 445
Cidade de Deus, 445
Ciência: dom do Espírito Santo, 459; virtude intelectual, 349
Ciências (hierarquia e subalternação), 349
Clemência, 394
Cobiça, 363, 365, 367, 389, 408
Cocriação, 242
Cogitativa, 276
Cólera, 321, 323, 330, 376-377, 381, 383, 387, 394-395, 407, 435
Colérico(a), 394
Comércio, 426: *quamdam turpitudinem habet* (tem certa baixeza), 427
Composição: de ato e potência, 183, nota 49; de essência e ser, 186; de matéria e forma, 182; de substância angélica, 183, nota 49, 224, 229; segunda operação do entendimento, 193
Compra, 424
Conaturalidade, 365
Conceito, *passim*: é a semelhança do objeto, 307-309; e conhecimento, 308-309; e definição, 180; ou verbo interior, 306; quiditativo, 309
Concreto (no tomismo), 43

# ÍNDICE ANALÍTICO

Concupiscência, 349
Concupiscente (potência), definição, 318. *Ver* Irascível
Confiança em si, 386
Conhecimento, *passim*: começa pela sensação, 280, 285-286, 288-290; crítica do, 313-315; da alma, 294-295; do incorpóreo, 297; e reflexão, 314-315; imanente do sujeito, 306; proporcional à imaterialidade, 134-135, 254, 271; racional, 281-293; sensorial, 159, 272-275; seu objeto, 27-28, 307-308; sua natureza, 27
*Consensus. Ver* Consentimento
Consentimento, 339-340
Conservação dos entes por Deus, 243-244
*Consilium. Ver* Deliberação
Constância, 389, nota 35
Contemplação, 8-9, 12, 364, 373-374, 390, 392, 444: *contemplata allis tradere* (levar aos outros o que foi contemplado), 8, 11
Contenção, 395
Contenda, 387
Contentamento, 364
Continência, 392, nota 47
Continuidade, lei de. *Ver* Hierarquia
Conversão, 443
Cópula: refere-se ao predicado, 194, nota 71; valor existencial, 193-195
Coragem, 382-383, 390
Corpo, *passim*: bom em si mesmo, 256; e alma, 257-258, 265; humano útil à alma, 256; lugar natural, 239; mundo dos corpos, 237; princípios, 239-240, 242; recebe da alma o seu *esse* (ser), 265, 488; vivo, 253
Credibilidade, motivos de, 25-28, 420
Criação, *passim*: atinge o existir, 244-245; como uma descida, 213; *creatio ex nihilo* (criar do nada), 147, 149, 154; definição, 147-148, 156, 161, nota 6, 162, 205; e Avicena, 209-210; e Dionísio, o Pseudoareopagita, 167-173; e pluralidade dos entes, 150, 152, 209; e Santo Agostinho, 162-167; finalidade da, 222; ignorada por Aristóteles, 161; obra própria de Deus, 149-150, 487; razão da, 150, 156; regida pelo princípio de continuidade. *Ver* Hierarquia; religa a criatura a Deus, 155
Criaturas, *passim*: deduzidas de Deus, 154, nota 147; relação com o criador, 154, 211; são desigualmente perfeitas, 212-213
Cristalino (céu das águas), 238, nota 4
Cristianismo, 444-445
Crueldade, 395
Culto, 440-442
Cupidez própria do ser humano, 368
Curiosidade, 397

Decisão, 339, 340
*Decorum* (decoro, beleza ético-espiritual), 348, nota 36
Defensor, 416
Definição: e conceito, 306-310
*Delectatio* (deleite, gozo, prazer sensível), 368, 369
Deliberação, 328-329, 338-339
Democracia, 431
Desconfiança, 409
Desejo (*Appetitus*), *passim*: análogo ao movimento, 319; e conhecimento, 317; intelectual, 361; natural, 317, 361; natural de Deus, 468; racional, 318; sensorial, 318-319, 389; *ver também* Vontade
Desespero, 374
Desiderativa (potência), 317-318
Desigualdade entre as criaturas, 211-212
Desobediência, 387
Deus, *passim*: alguns dizem que ele não tem essência, 113; da filosofia e da religião, 175, 176; *Deo quasi ignoto conjungimur* (pois nos unimos a Deus como nos unimos a algo desconhecido), 489; é incognoscível, 115-116, 121, 130, 132-133; é o *esse* (ser) de todos os entes, 122; é o *esse* (ser) puro, 101-106, 108-115; é seu existir, 112, 487; é sua divindade, 111; é supra *ens* (além do ente), 184; é virtualmente tudo, 154; imagem

de, 288, 455; imutável, 123; invocado pela consciência, 492; não é causa do mal, 217; não é substância, 180; não é um corpo, 106, 107, 491; no tomismo e no agostinismo, 102-106; objeto da metafísica, 24, 45-46, 400; primeiro Motor Imóvel, 42, 69, 71, 74, 96, 106, 123; sua causalidade, 125-126, 153--155; sua onipresença, 121; transcende a razão, 25-26; único ente por si, 179; uno, 124; *ver também* Existência de Deus

Devassidão e luxúria, 392-393
Devir, 241-243
Devoção, 443
Difamação, 422-423
Dinheiro, 426-429
Direito: conjugal, 405; e propriedade, 414--415; natural, 404; paterno, 405; positivo, 404
Disposição: e hábitos, 330; na verdade e no ser, 24
Divinização, 445
Dominações, 233
Dons do Espírito Santo, 11-12, 23, 27, 35, 39, 113, 129-130, 148, 151, 156, 203, 212, 218, 250, 284, 322, 349, 359, 385, 396, 421, 455, 458-460, 461, 499-500, 516
Dor, 373
Doutor: direito à auréola, 10, nota 12; funções do doutor cristão, 7-9, 400-401; o magistério não é uma honra, mas um encargo, 10; qualidades do, 10; sua relação com a filosofia, 11-12, 22

Economistas, 426
Elegância, 389, 397-398
Elementos, 160-161, 211, 220, 239
Emanação ou criação, 150-153, 161, nota 6
Empíreo, 238, nota 4
Encarnação, 445
Ensino, 8
Ente (*ens*), *passim*: caráter abstrato, 196--197; definido ao *imutável* por Santo Agostinho, 55-56, 104; diz-se daquilo que *est* (é), 57; e ato de existir. *Ver Esse* (ser); é o bem, 119-120; *ens commune* (ente comum), 198; *ens* significa *habens esse* (algo que tem que *ser*), 193, 195; ente e essência segundo Alexandre de Hales, 58-59; ente e essência segundo Ricardo de São Vítor, 58; ente e essência segundo Santo Anselmo, 56--57; ente e essência segundo São Boaventura, 60; evolução do problema, 159-161; identificado ao mesmo por Platão, 54; inseparabilidade recíproca entre *esse* (ser) e *ens* (ente), 197; não é um gênero, 116; objeto da metafísica, 23-24; ou o *quod est* (o que é), 182; por si, 179; princípio do entendimento, 192; princípio primeiro, 192; substancial de Aristóteles, 195, 490; tradução francesa *étant*, 178, nota 40; *ver também Esse* (ser)

Entendimento (atua bem no campo do conceito), 193; *ver também* Intelecto
Episcopado, 10
Equidade, 352, 404, 408
Equivocidade, 126-127, 129, 133
Escolástica (sua essência), 482
Esferas (número e natureza), 238-239
Espécies inteligíveis: não são inatas, 285--286; no anjo, 230-231; no ser humano, 303, 305, nota 10
Espécies lógicas: distinguem-se como os números, 211 ; não existem como tais, 180
Espécies sensíveis: e imaginação, 275; e memória, 276; e sensações, 275; geradas pelos objetos, 273-274; não são corpúsculos, 292; são os próprios objetos, 291, nota 32
Esperança e desespero, 374
*Esse* (ser), *passim*: ato da forma, 183, 484; ato do ente, 181-183, 195; dificuldades de linguagem, 16, 178, nota 40; é o que há de mais perfeito entre todas as coisas, 184, nota 54; é um mistério, 489; efeito próprio de Deus, 487; *est maxime formale omnium* (é o mais formal

de tudo), 121; *ipsum esse* (existir mesmo), 178; noção central do tomismo, 490-491; próprio a cada ente, 486; semelhança divina, 487; *vere esse* (ser verdadeiramente), 55, 183; *ver também* Existência

Essência, *passim*: acompanha todo *esse* (ser) finito, 197, 198, 474; e ente, 54-57, 101-117; e existência, 186-194; e quididade, 179; e substância, 178, 179; *essentia* vem de *esse* (ser) finito, 190; *id quod est* (aquilo que é), 109; ligada à existência, 190; limite do *esse* (ser), 186; nos compostos, 182; o Deus *essentia*, 58, 165; segundo Agostinho, 169; segundo Boécio, 108-109; segundo Gilberto de la Porrée, 110; segundo Platão, 105; segundo Plotino, 169; sua realização, 473

Essência e existência, distinção de, 179--185: criticada por Averróis, 190-191; distinção formal, 211; é de ordem metafísica, 186, 190; é real e exige a unidade da substância, 186-187; em Avicena e em Algazali, 187-189; posição tomista, 189-190, 192

Essencialismo, 63

*Est significat in actu esse* ("É" significa ser em ato), 195. *Ver* Juízo

Estado, 408, 410, 416, 426-427

Estados sob a proteção dos anjos, 233

Estética, 363

Estimativa, 322

Estudiosidade, 397

Estupro, 393

Eternidade: do mundo, não demonstrável e não refutável, 208; do mundo, segundo o averroísmo, 208-209; identificada a Deus por Agostinho, 167

Eubulia (bem deliberar), 380

*Eustochia* (destreza), 380

Eutrapelia (ludicidade), 397

Existência de Deus: e a distinção entre essência e existência, 99, nota 85; não é evidente, 51-53, 61-66; não é objeto de fé, 48; não é um conhecimento inato, 63; número de provas, 78-79; prova pela causa eficiente, 77-80; prova pela causa final, 89-91; prova pela verdade, 59, 90; prova pelo movimento, 67-77, 95-96; prova pelo necessário, 80-83; prova pelos graus de ser, 83-89; sentido e alcance das provas da, 91-100

Existência, existir, *passim*: e ente, 58, 178, nota 40; *ens* (ente) e *esse* (ser), 115, 177, *ver também* Esse (ser); não conceitualizável, 194, 197; não é uma essência, 114-115; primazia do existir, 58, 109, 113

Êxtase e amor, 366-367

Extrinsecismo, 251-252

Faculdades. *Ver* Potências

Fantasia, 275-276

Fantasma, 291-292

Fé, *passim*: artigos de, 18, nota 26; e filosofia, 11-15; e razão, 18-19; e teologia, 20, 23-24

Ferocidade, 395, nota 55

Filosofia, *passim*: *ancilla theologiae* (serva da teologia), 28, 30, nota 52; cristã, 12--16; e a síntese do revelado e do revelável, 17-18; e teologia, 19-20, 28-29, 31--35; e virtudes, 463, 469; ordem de exposição, 13-15, 31-33; primeira, 24

Fim, *passim*: do ser humano, 26, 463-470; do Universo, 23-24, 336; dualidade de sentido, 465; é causa, 23; e meios, 338; é o bem em geral, 465; e princípio, 336; o superior é o fim do inferior, 257; último, 464

Firmeza: de alma, 382

Fisicismo, 250

Forma, *passim*: *complementum substantiae* (completude da substância), 181; *dat esse materiae* (a forma dá existir à matéria), 241; é ato, 229, 241; e distinção, 263; *est principium essendi* (é princípio de ser), 182; individualizada pela potência, 186; não é o *esse* (ser), 182; princípio das operações, 241, 259; recebe acabamento do *esse* (ser), 182; sua unidade, 262-263; substancial, 241, 262

Fornicação, 393, 418
Fortaleza, 381-385
Fraude, 424
Frugalidade, 391
Furto, 414 ss., 422, 424
Futuros contingentes, 136

Glória, 384
*Gnome* (bom ponderado), 380
Gozação (provocação, chiste), 422-424
Graça, 455-460, *passim*: ninguém sabe se a possui, 10; participação na vida divina, 454-455
Grandeza da alma. *Ver* Magnanimidade
Gratidão, 440, nota 2
Grosseria, 393
Guerra, 381-382
Gula, 391

*Habitus* (hábito/habilitação), *passim*: seus sujeitos, 342-343; sua natureza, 341--342; vida do hábito, 344-345
*Haec sublimis veritas* (essa sublime verdade), 102-116
Hierarquia: do universo, 212; e continuidade, 234-235, 284; e participação, 284; nas artes e ciências, 23, 25, nota 41
Hilemorfismo, 228-229
Homicídio, 412-413: e guerra, 413, nota 31; por imprudência, 413, nota 31
Homossexualidade, 370
*Honestum* (honorável), 348, nota 36
Honras (acompanham o cargo), 411
Humildade, 396, 401, 453

Ideias, *passim*: causas das substâncias, 160; em Deus, 152-153; segundo Dionísio, 154, nota 157
Igualdade natural e social, 404
Iluminação: angélica, 230-232; divina, 251--252, 287; humana, 252; pelo intelecto agente, 294-296
Imaginação, 275
Imaterial e divino, 228
Imortalidade. *Ver* Alma
Impavidez, 390, nota 40

Impureza (*immunditia*), 391, nota 44
Incesto, 393
Inclinação/Tendência, 317
Indenização, 411, nota 24
Individuação, 211-212
Indivíduo, 180-181
Infinito e ser, 121, 154-155
Ingratidão, 440, nota 2
Iniciativa privada, 426-427
Iniquidade, 352, 407
Injúria, 422-423
Injustiça, 408
Insensibilidade, 390
Instinto de conservação, 354
Intelecto, *passim*: agente, 293-294, 296; e o inteligível, 296; e vontade, 324-325; forma do corpo, 266; passivo, 277; possível, 292-293; seu primeiro objeto, 192; sua individualidade, 294
Inteligência (virtude intelectual), 349
Intemperança, 391, 396
Intenção: definição, 337-338; e moralidade, 347; habitual, 408; *intellecta* (inteligida), 305-306, nota 11; refere-se ao fim, 337
Intencional, 306, 307, nota 15
Intimação, 340
Intrinsecismo, 252
*Invisibilia Dei* (atributos invisíveis de Deus), 66, 128, 130
Irascível (suas paixões fundamentais), 318, 320-321

Jactância, 387
Jogo, 397
Juiz, 408, 415: é uma justiça viva, 416
Juízo (*compositio*), *passim*: atinge o *esse* (ser), 195; cópula é, 194; cuidado de Santo Tomás no emprego desse termo em sentido lógico, 408, nota 17; de atribuição, 194; de existência, 193; moral, 339; segunda operação do entendimento, 193
Julgamento (*judicium*): *actus justitiae* (ato de justiça), 409; ato do juiz, 408-409; ato do soberano, do príncipe que defi-

ne a justiça, 408-409; juízo moral, 339; temerário, 409
Juros, 428-429
Justiça: aritmética e geométrica, 410-411; definição, 405; doméstica, 405; distributiva e comutativa, 410; e direito, 405; e igualdade, 410; e intenção, 408; e justo meio, 407; legal ou privada, 406
Justo e injusto, 407

Legítima defesa, 413
Lei: definição, 351-352; e sanção, 356-357; eterna, 353; humana, 355; natural, 354-355, 451-453; liberalidade, 395, 440, nota 2; linguagem, 430
*Litigium* (litígio), 440
Livre-arbítrio: e coerção, 327; e necessidade, 327; senhor de seu ato, 330-331
Longanimidade, 388, nota 34
Lucro, 424-428
Luxúria, 380, 392-393
Luz natural, 288-290; *ver também* Iluminação, Intelecto

Má-fé, 30
Magnanimidade, 384, 385, nota 24, 387
Magnificência, 387-388, 395
Mal: não existe, 214, 217; sentido do termo, 214; tem o bem como causa, 216
Malícia (e calúnia), 417
Mansidão, 394
Matéria, 181: boa em si, 256; definição, 181; dos corpos celestes, 238; e forma, 182, 241; não existe separada da forma, 181; não tem "ser" próprio, 240; matéria-prima, 241
Médicos, 421, 436
Meditação, 444
Medo, 375-376, 381-382, 388, 390
Memória, 276-277
*Mens* (pensamento), 455
Mentira, 417, 440, nota 2
Mesquinharia, 388
Metafísica: *scientia divina nominatur* (ciência divina), 24; seu objeto, 24, 48
Misericórdia, 421

Mistério, 489-494
Mística, 476-477, 489
Modéstia, 395-397
Monarquia, 432-434
Monogamia. *Ver* Casamento
Moral: e eudaimonismo social, 451; e lei civil, 451; e teologia, 450; natural, 446-458; naturalismo moral, 369; refere-se ao particular, 359; seu fundamento, 369; tomista, 372, 401-402
Movimento, *passim*: definição, 242; passagem da potência ao ato, 242; requer uma primeira causa, 67-77; sua causa, 242; sua eternidade, 204-205
Mudança. *Ver* Movimento
Multa, 411, nota 24
Mundo: não é eterno, 75; não é o melhor possível, 156; razão de sua excelência, 157

Natural: e normal, 394; e o violento, 327; e sobrenatural, 228; ou físico, 227
Naturalismo, 249-250, 369
Natureza: dotada de eficácia, 245, 250-251; não faz nada em vão, 274; não multiplica os entes sem necessidade, 274; não recusa o necessário, 274; opera uniformemente, 151, 246-247; princípio invariável, 324; princípios da, 240-246; própria de cada coisa, 136
Necessário: e voluntário, 323-324
Norma/normal, 369
Nutritiva (potência), 272

Objetos encontrados, 415, nota 34
Obstinação, 387
Ódio, 368
Oligarquia, 410, 431-432
Onanismo, 394
Ontologia, *passim*: diferente da ontologia de Aristóteles, 160; existencial, 161, 163-164, 173-175, 182, 229, 482-485; *ver também* Essencialismo; nova ontologia, 176-199
Operações (*passim*): causadas por Deus, 245; e graus de perfeição, 255; seguem

a natureza do ente, 345-346; seguem o *esse* (ser) do ente, 487
Oração, 444, 493, 494, nota 29
Ordem, *passim*: do uno ao múltiplo, 270; fim da geração, 153; ordenamento, *passim*: 399; imperativa, 352, 434
Orgulho, 395, 396

Paciência, 388, 394, 401, nota 72, 423, 454-455
Paganismo, 444-449
Paixões: corporais e animais, 360; humanas, 359-360; moralmente neutras, 377; pressupõem o amor, 365
Participação, 153-155
Paternidade: divina, 444; espiritual, 391
Patológico, 369-370
Pecado original, 447
Pena de morte, 412
Perfeições divinas, 133-146; conhecimento das coisas, 135-137; conhecimento de si, 135-136; conhecimento dos possíveis, 138-139; Deus quer-se a si mesmo e a todas as coisas, 140-144; é amor, 143; é feliz, 145; é o bem infinito, 155; é vivo, 144; inteligência, 133-134; quer livremente todo o restante, 142-143; quer-se necessariamente, 142; só quer o possível, 141; vontade, 134-144
Perjúrio, 419
Perseverança, 388-389
Pessoa, 399, 400, 410-411; virtuosa, 391
Piedade filial, 440, nota 2
Poder de compra, 407
*Politia* (regime político), 433-434
Políticos, 426
Possível (noção de), 80
Potências (capacidades/faculdades), *passim*: aumentativa, 272; da alma, 270-271; desiderativa ou apetitiva, 317-318; gerativa, 272; ordenadas ao ato, 270; sensorial, 272-274, 319-321, 337; vegetativa, 271-272
Potências (hierarquia angélica), 233-234
Prazer, *passim*: natural e contra a natureza, 370; qualidade moral, 371-374; *ver também Delectatio*

Prece, 444, 494
Preço, 404, 424-425; justo, 424-427
Predicado e cópula, 194
Presunção, 386; *praesumptio novitatum* (presunção de novidades), 387
Prevaricação, 417
Principados, 233-234
Príncipe, 408, nota 17
Princípios do conhecimento, 290
Privação, 215-216
Proporção. *Ver* Analogia
Proposição, 193-195
Propriedade, direito de, 413-415
Provocação (gozação, chiste), 422
Prudência, 33: animal natural, 322; virtude intelectual, 348-350, 379-381
Pudicícia, 392
Pusilanimidade, 384

Qualidade (é um acidente), 180, nota 42
Querubins, 232
Quididade, 309: assim chamada porque significa a essência, 193, nota 68; contraposta à anidade, 189, nota 60
*Quo est* (pelo que é) e *quod est* (algo que é), 110; *ver também* Distinção

Razão, *passim*: ato racional, 341; desejo natural de ver Deus, 468-469; e bem agir, 379; e fé, 25-29; e intelecto, 279-297; fundamento das sociedades humanas, 430-431; particular, 276; superior e inferior, 457
*Recta ratio agibilium* (reta razão [reto proporcionamento] no campo do agir), 350, 389-390
Regime político (*politia*), 433-434
*Regimen bene commixta*, 434
Reis, 431-432
Relação, 404-405, 410
Religião, 439-440: natural, 455; virtude moral, 441-443
Reminiscência, 276-277
República, 431
Resistência (tolerância de males), 454
Respeito, 440, nota 2

# ÍNDICE ANALÍTICO

Restituição, 276, 411, nota 24
Revelação: doutrina da, 15-17; e teologia, 21; segue uma ordem hierárquica, sua finalidade é a salvação, 18; seu objeto, 17, 21-22; sua unidade, 20
Revelado (*revelatum*), 17-21, 445-446
Revelável (*revelabile*), 19-22, 445-446: concerne à ordem teológica, 22, nota 32; definição, 19; e filosofia, 22-23; e revelado, 21, 446
Ricos, 412-413, 415
Riqueza, 412-415
Ritos, 442, 444
Roubo, 414 ss.

Sabedoria: dom do Espírito Santo, 459; e beatitude, 459-460; e ciência, 10; natural, 24-25; particular, 23; sobrenatural, 11, 458-460, *ver também* Teologia; virtude intelectual, 349, 458
Sábio (definição), 23
*Sacra doctrina* (ensino sagrado). *Ver* Teologia
*Sacra scientia* (ciência sagrada). *Ver* Teologia
*Sacra scriptura* (Sagrada Escritura): como sinônimo de *Sacra doctrina*, 16, nota 23; *ver também* Teologia
Salvação e revelação, 18-20
Sanção, 356-357
*Sancitum* (sancionado), 443
Santidade, 443-444
Sensação, 273
Sensíveis, 274-275
Sensorialidade/Sensibilidade (*sensualitas*), 318; *ver também* Desejo sensorial
Sentido: comum, 98, 275; próprio, 273
Ser humano, *passim*: animal sociável, 430; bondade do corpo, 256; corpo humano, 256, 257; ente cognoscente, 259, 455; fronteira de dois mundos, 456; imagem de Deus, 400, 455, 457; informado pela alma, 261; por ser imagem de Deus é livre, 400; seu instinto de conservação, 354; seu lugar no universo, 267; união de uma alma e de um corpo, 254, 258

Serafins, 232, 234
*Similitudo* (semelhança), 304, nota 9
Síntese, 399
Soberano, 408-409, 451
Soberba, 395, nota 57
Sociabilidade, 430
Socialização de bens, 427
Sociedade: bens necessários à vida, 426; repousa sobre a razão, 430; sua natureza, 430-431
Socratismo cristão, 456
Sodomia, 394
*Studiositas* (estudiosidade), 397
Subalternação (das ciências), 349
Substância, *passim*: e essência, 178-179; é o que tem o *esse* (ser), 179-180; é por si, 180; sua definição, 178, 179 nota 41; *ver também* Acidente
Suicídio, 412-413
Sujeito, 213, 215, 241
*Synesis* (sagacidade), 380

Teimosia, 387, 389
Temeridade, 380, 409
Temperança, 350-351, 389-390
Tendência/Inclinação, 317
Teofania, 170
Teologia, *passim*: as duas teologias, 33, 41-42; "ciência dos santos", 20; e filosofia, 22-24; e sabedoria sobrenatural, 458-461; e *sensus communis* (sentido comum), 98; natural, 159, 402, 458; negativa, 101, 117-124, 129, nota 69, 132; seu objeto, 12, 16, 18; seus nomes, 18; sua unidade, 20-21; uma nova teologia, 159, 176
Terror, 375
Testemunho: em justiça, 418-419; falso testemunho, 419; testemunhas, 418-420
Tirania, 431
Tomismo, *passim*: é uma filosofia diferente da de Aristóteles, 28-29, 34; é uma filosofia do concreto, 16; em qual sentido ele é existencial, 90, 115, 120, 138, 148, 173-175, 265-266, 482-484; estilo tomista, 493; extrinsecismo e intrinse-

cismo, 252; filosofia cristã, 12; filosofia do juízo, 197-199; moral tomista, 384--385; não é um "coisismo", 196; não é um sistema, 472; não é uma dialética, 179--180; naturalismo e fisicismo, 250; oração e poesia, 494; ordem de exposição, 13-16, 22, nota 32, 33; otimismo, 240
Trabalho, 407
Transcendentais, 124
Tristeza, 373, 374
Tronos, 233

União (da alma com o corpo), 258
Universo, *passim*: é sagrado e religioso, 491; origem e fim, 24
Univocidade, 128
Uno, 124
Usura. *Ver* Juros
Usurpação, 409

Vã curiosidade, 396
Vanglória, 387
Venda, 424 ss.
Veracidade, 440 nota 2
Verbo interior, 306, 309, nota 19; *ver também* Conceito
Verdade, *passim*: *adaequatio rei et intellectus* (adequação entre a coisa e o intelecto), 310-311; descoberta progressivamente, 160; finalidade do universo, 26; fundada sobre o *esse* (ser), 193, 311--312; *ver também* Juízo
Verdadeiro (conversível com o ser), 24
Vícios: contra a natureza. *Ver* homossexualidade; definição, 345
Vida: ativa e contemplativa, 8-9; contemplativa não é estéril, 391; religiosa, 455; sobrenatural, 455
Violento, 327
Virgindade, 392
Virtudes: cardeais, 350, 390; definição, 345, 448; dos pagãos, 444-446, 449-452; e caridade, 445, 448-449; hierarquia angélica, 233; infusas, 445-446; intelectuais, 348-349; morais, 350, 458-459; naturais e sobrenaturais, 445-447; natureza, 448-449; são conexas, 452; sociais de refinamento, 440, nota 2; teologais, 441-442, 445-446, 449, 453
Voluntário (sua noção), 155, 327
Vontade, *passim*: definição, 323; divina, 155-156; e disposições do sujeito, 330--331; é ela mesma movida por Deus, 328-329; e intelecto, 324-325; move as outras potências, 326-328; tem o bem por objeto, 323-326, 329